ECONOMICS & MANAGEMENT

教育部经济管理类核心课程教材

Management

管理学

（第2版）

陈　劲　编著

中国人民大学出版社
· 北京 ·

图书在版编目（CIP）数据

管理学/陈劲编著．—2 版．—北京：中国人民大学出版社，2017.6
教育部经济管理类核心课程教材
ISBN 978-7-300-23852-4

Ⅰ.①管…　Ⅱ.①陈…　Ⅲ.①管理学-高等学校-教材　Ⅳ.①C93

中国版本图书馆 CIP 数据核字（2017）第 004823 号

教育部经济管理类核心课程教材
管理学（第 2 版）
陈　劲　编著
Guanlixue

出版发行	中国人民大学出版社		
社　　址	北京中关村大街 31 号	**邮政编码**	100080
电　　话	010－62511242（总编室）		010－62511770（质管部）
	010－82501766（邮购部）		010－62514148（门市部）
	010－62515195（发行公司）		010－62515275（盗版举报）
网　　址	http://www.crup.com.cn		
	http://www.ttrnet.com(人大教研网)		
经　　销	新华书店		
印　　刷	北京玺诚印务有限公司	**版　　次**	2010 年 9 月第 1 版
规　　格	185 mm×260 mm　16 开本		2017 年 6 月第 2 版
印　　张	31.5 插页 1	**印　　次**	2019 年 2 月第 3 次印刷
字　　数	780 000	**定　　价**	58.00 元

前言

FORWORD

《管理学》自2010年出版第一版以来，得到了广大管理学教学和研究者、学习者的关注和积极肯定，在此表示由衷的感谢！

自19世纪末20世纪初泰勒提出科学管理的思想以来，法约尔、甘特、韦伯、孔茨、戴明、罗宾斯等一大批管理学者努力构建管理学体系，管理学成为最为重要的社会学科之一。特别是进入20世纪以来，管理学受到了更为普遍的重视。

以"经济人为假设前提"和"运营效率为先导"的传统管理学思维体系，是第一代管理学的主要特征。以哈罗德·孔茨为代表的管理学者将科学管理系统化，引领了第一代管理学的发展，促进了组织效率的大幅提升，推动了人类文明特别是物质文明的极大进步。

然而，由于无视"情感逻辑"（维尔弗雷德·帕累托语）而陷入"忽略人性的管理"范畴，第一代管理学面临极大的挑战。作为学科范式进化的结果，管理理论进入了"社会人"时代。特别关注人的行为和组织的行为，使得管理这项伟大的人类发明逐步充满了人性，管理学步入第二代的发展轨道，它深刻地影响了组织的管理哲学和管理模式。以组织行为学大师斯蒂芬·罗宾斯等著名学者为代表人物构建了管理学体系，为管理知识体系的完善做出了杰出贡献，为全世界各类组织管理提供了重要的指导作用，促成了一批从卓越走向优秀的全球知名企业和其他组织的诞生与发展。

两代经典的管理学体系都是工业经济时代的产物，其主要目的是提升企业（尤其是工业企业）的运营效率和质量，并降低成本。因此，它们都是效率导向、崇尚资源、强调控制，其根本不足是忽视创新，漠视知识与核心能力，缺乏勇气、自由、责任、关爱等人类美德，没有促进更多知识与善良兼优的"精神人"组织出现。

与工业经济时代相比，当今与未来世界发展中，知识与创新成为组织获得持续竞争优势的主要来源，关爱和仁慈成为先进组织的特征，组织成员需要被给予足够大的学习与成长、自由与创新的空间。以效率、成本为导向或以人际沟通为基础的管理学体系，在知识经济和美德社会时代也显得很不适用。彼得·德鲁克提出的"知识工作者"的兴起以及21世纪以来创业经济、共享经济等的出现，导致自由职业家和创业家大量出现。这使得组织管理必须高度关注"知识人"的成长与发展，以"知识人"的观点设计组织发展的哲学、运行体系、激励模式等尤为关键。随着以互联、合作、开放、共享为特征的管理模式日渐成熟，管理学的第三代范式逐渐形成。随着全球科技的迅猛发展，以信息产业为代表的高新技术产业迅速发展。云计算、物联网、量子计算机、社交网络、下一代移动通信等的出现，改变了组织营运的方式。同时，全球化使得组织发展面临更大的不确定性、更多的机会和更大的挑战。而从工业经济向知识经济的转变，也使企业的社会责任变得尤为重要。当今商业，不仅仅希望各类组织造就更多美好的产品和服务体系并获得利润，更要求所有组织关注贫困、战乱、疾病和灾害的克服，积极参与世界和平的建设。一个成功组织的愿景与实践，是积极参与人类命运共同体的建设。

近年来，中国正好学习与发展了面向知识经济和信息革命的管理模式，并高度重视人类命运共同体的建设和成为全球领袖的愿景，因此由中国学者来完成第三代管理学的建构就十分自然了。本教材是一种理论创新，充分体现了与时代精神相同构的管理学思想的重要变革。我相信，以这种新范式的管理学理论为核心的教材的普及，定会促成更广泛意义上的管理学科学共体（库恩用语）的形成，进而颠覆现有所有落后的管理学教材，为广大学子提供最先进、最科学的管理学理论，使管理学这一学科高举知识、创新和人文精神的旗帜，摆脱工具主义的窠臼，发挥其通识功能，在各类教育体系中成为通识课程得以真正实现。

作为一本管理学教材，本书在内容和结构的设计上具有如下特色：

一、内容设计

管理学是一门具有动态性的科学，因此管理学教材应反映时代的变化。本教材力图突破并超越墨守常规的所有管理学理论，以系统辩证、综合统摄的思维构建管理学的新范式。

本教材不仅保留了前两代经典管理学有益的理论知识，如回归第二代管理学体系中从组织行为的视角、以管理过程为主线构建的四大管理职能体系——计划、组织、领导、控制，而且积极汲取了知识经济和共享经济下国内外管理学领域的新概念、新思想和新方法，并注重挖掘当代中国本土企业在面向全球竞争、科技革命和信息经济时提出的先进管理理念与方法，同时展望了管理的未来，即从营运导向到创新导向、从封闭视角到开放视角、从外部管控到自我管理和组织民主、资源与能力的协同、经济利益与社会责任的平衡，以构建适合知识经济、共享经济和美德社会建设的崭新的管理学理论新范式，实现了中国学者对最前沿管理学教材的主导设计。

二、结构设计

本教材的结构设计基于提高学习者的学习效果、方便教师讲授的目的。

● 每章章首列出“学习目标”，方便学习者明确学习内容，便于教师制定学习大纲。

● 书中利用大量长短不一、时效性强的例子，说明管理学理论在现实世界中的最新应用。管理是一种现实的活动，因此管理学教材必须与管理实践相联系。从管理实践者的角度阐述管理，能够帮助读者充分理解管理工作在真实世界中的角色、范围，激发对管理的深入思考。

● 每章章末提炼“本章小结”，并设置思考题。“本章小结”帮助学习者回顾、复习本章的要点，巩固对关键概念的理解；“思考题”覆盖本章的所有内容，能够激发学习者多维度、多角度、多层次地思考所学内容，是检验是否理解该章关键概念和要点的好工具，同时能促使教授者与学习者进行有效的课堂讨论与互动。

● 每章章末均设置了若干案例及讨论题。* 本教材重视案例教学，案例对象既有国际知名的外国公司，又有优秀的中国本土企业；案例内容既包括卓越的管理实践，又涉及耐人

---

* 部分案例和参考文献参见中国人民大学出版社工商管理分社网站（www.rdjg.com.cn）。

深思的管理困境。围绕讨论题分析这些案例，能够提高学习者辨析管理学概念的能力、理论与实践相结合的能力以及批判性思维的能力。

● 每章附有大量的推荐书目。推荐书目与参考文献相补充，既有管理学领域的经典著作，又有反映近期最新概念、思想和工具的代表性畅销著作，便于学习者进行有效率的延展性阅读，深入了解、探求某一方面的管理主题，成为研究型学习者。

本书第2版的编写得到了知名企业家和学者的大力指导与支持。我的博士指导老师，中国工程院院士、浙江大学许庆瑞教授，一直鼓励我编写一本独创的管理学教材，以报答社会。国际管理大师、知识管理之父野中郁次郎教授，海尔集团董事局主席、首席执行官、著名企业家和管理思想家张瑞敏先生十分关心本教材的改写，亲撰推荐语予以勉励。海内外管理学杰出学者李平教授、张燕教授等撰写了评语，山西社会科学院贾晔枫研究员专门撰写书评。挪威商学院的王鹏飞博士对本书的形成与完善做出了很大贡献。第2版的编写还得到了清华大学经济管理学院杨智慧、黄江和刘永选等的大力支持，中国人民大学出版社对本书的编辑付出了辛勤的劳动。此外，本书还参考了大量国内外管理学的专著、教材和学术论文，并得到了国内相关企业的大力支持和帮助，在此表示最衷心的感谢！我将不断努力，在未来的学术研究与教学中继续完善本教材，为管理学的进一步发展做出毕生的努力！

陈 劲

目 录

CONTENTS

第一篇　管理的起源、发展与基本职能

第 1 章　管理概述 …… 003

第 1 节　管理的重要意义 …… 003

第 2 节　管理者的工作 …… 007

第 3 节　管理思想的演化 …… 010

案例应用　科力远对管理的新需求 …… 024

方太集团践行的儒家管理模式 …… 026

第 2 章　管理的新环境 …… 029

第 1 节　全球化与管理 …… 029

第 2 节　信息化与管理 …… 036

第 3 节　伦理化与管理 …… 051

案例应用　信息化趋势之云计算 …… 060

商务印书馆的文化担当与企业责任 …… 062

第 3 章　管理的基本职能 …… 066

第 1 节　管理学体系的回顾与评述 …… 066

第 2 节　管理的基本职能 …… 078

案例应用　Salesforce.com 的管理创新——从一个创意到云计算领军者 …… 086

鞍钢集团基于“五大能力”提升的对标管理 …… 090

第二篇　计　划

第 4 章　愿　景 …… 097

第 1 节　愿景概述 …… 097

第 2 节　愿景的作用 …… 099

第 3 节　愿景的规划 …… 104

第 4 节　愿景的开发 …… 105

第 5 节 愿景的演化 …… 108
案例应用 稻盛和夫的醒悟 …… 109
IBM：点亮“智慧的地球” …… 109

第 5 章 战 略 …… 111
第 1 节 战略管理概述 …… 111
第 2 节 战略管理过程 …… 112
案例应用 苹果公司的战略调整 …… 117
国家电网公司的国际化战略 …… 118

第 6 章 计 划 …… 122
第 1 节 计划的种类 …… 122
第 2 节 计划的功能 …… 123
第 3 节 计划制定方法 …… 124
第 4 节 目标管理 …… 128
案例应用 联合利华的 2020 计划 …… 132

第 7 章 决 策 …… 135
第 1 节 决策概述 …… 135
第 2 节 决策中的理性和有限理性 …… 138
第 3 节 有效决策的关键 …… 141
第 4 节 科学决策的实践 …… 144
第 5 节 愿景、战略、计划与决策 …… 150
案例应用 诺基亚的决策 …… 155
国机集团对董事会议事规则和决策流程的优化 …… 156

第三篇 组 织

第 8 章 组织结构与设计 …… 161
第 1 节 组织的概念 …… 161
第 2 节 组织结构的设计 …… 164
第 3 节 组织结构的类型 …… 173
第 4 节 组织结构的新模式 …… 199
第 5 节 组织文化 …… 210
案例应用 杜邦的集权组织结构 …… 217
清华同方的二元组织模式 …… 219

第 9 章 创业管理 …… 222
第 1 节 创业与创业精神 …… 223

第 2 节 创业者 …… 224
第 3 节 创业机会的评估 …… 226
第 4 节 创业团队的组建 …… 229
第 5 节 创业融资与退出机制 …… 230
案例应用 IBM 的创业发展历程 …… 232
马云与阿里巴巴：B2B 的传奇创业之路 …… 233

第 10 章 组织运营 …… 236
第 1 节 组织运营概述 …… 237
第 2 节 组织运营的历史演变 …… 238
第 3 节 组织运营管理的职责 …… 239
第 4 节 组织运营的主要趋势 …… 240
第 5 节 组织运营的主要理论 …… 241
案例应用 丰田的全面质量管理 …… 243
麦当劳的优质服务和运营管理 …… 245

第 11 章 组织创新与发展 …… 247
第 1 节 组织创新 …… 248
第 2 节 组织学习 …… 258
第 3 节 组织变革 …… 286
第 4 节 公司创业 …… 292
案例应用 宝钢的开放式创新 …… 294
惠普的组织变革 …… 296

第 12 章 人力资源管理 …… 300
第 1 节 人力资源管理的内容 …… 301
第 2 节 战略性人力资源管理 …… 311
第 3 节 人本管理 …… 313
第 4 节 创新型人才的培养与管理 …… 317
案例应用 萨姆·沃尔顿的人力资源管理 …… 320
传化集团构建和谐劳动关系的实践与体会 …… 322

第四篇 领 导

第 13 章 领导概述 …… 329
第 1 节 领导与领导者 …… 329
第 2 节 领导理论 …… 332
第 3 节 领导与管理的辩证统一 …… 343

案例应用 一代“禅师”菲尔·杰克逊 …… 345
杰克·韦尔奇的领导 …… 346

第14章 沟 通 …… 350
第1节 人际沟通 …… 351
第2节 组织沟通 …… 352
案例应用 沟通的要领 …… 357

第15章 激 励 …… 359
第1节 激励概述 …… 359
第2节 激励方式 …… 364
第3节 激励理论与实践 …… 369
案例应用 美的集团的激励机制 …… 378
东风汽车基于能力、绩效的研发人员激励机制 …… 380

第五篇 控 制

第16章 组织控制与治理 …… 387
第1节 组织的控制 …… 387
第2节 组织的治理 …… 412
案例应用 阿贡国家实验室的内部结构 …… 428
基于精益思想的班组全面预算管理 …… 429

第六篇 管理的未来

第17章 管理的趋势 …… 437
第1节 从营运导向到创新导向——创新型组织的管理 …… 437
第2节 从封闭到开放——互联网时代与组织管理 …… 444
第3节 从资源到能力——个性化与组织发展 …… 450
第4节 从控制到民主——以人为本与管理创新 …… 464
第5节 从经济到伦理——企业美德与责任感 …… 482
案例应用 VISA国际与组织的未来形态 …… 488
互联网时代海尔的变革管理 …… 491

第一篇

管理的起源、发展与基本职能

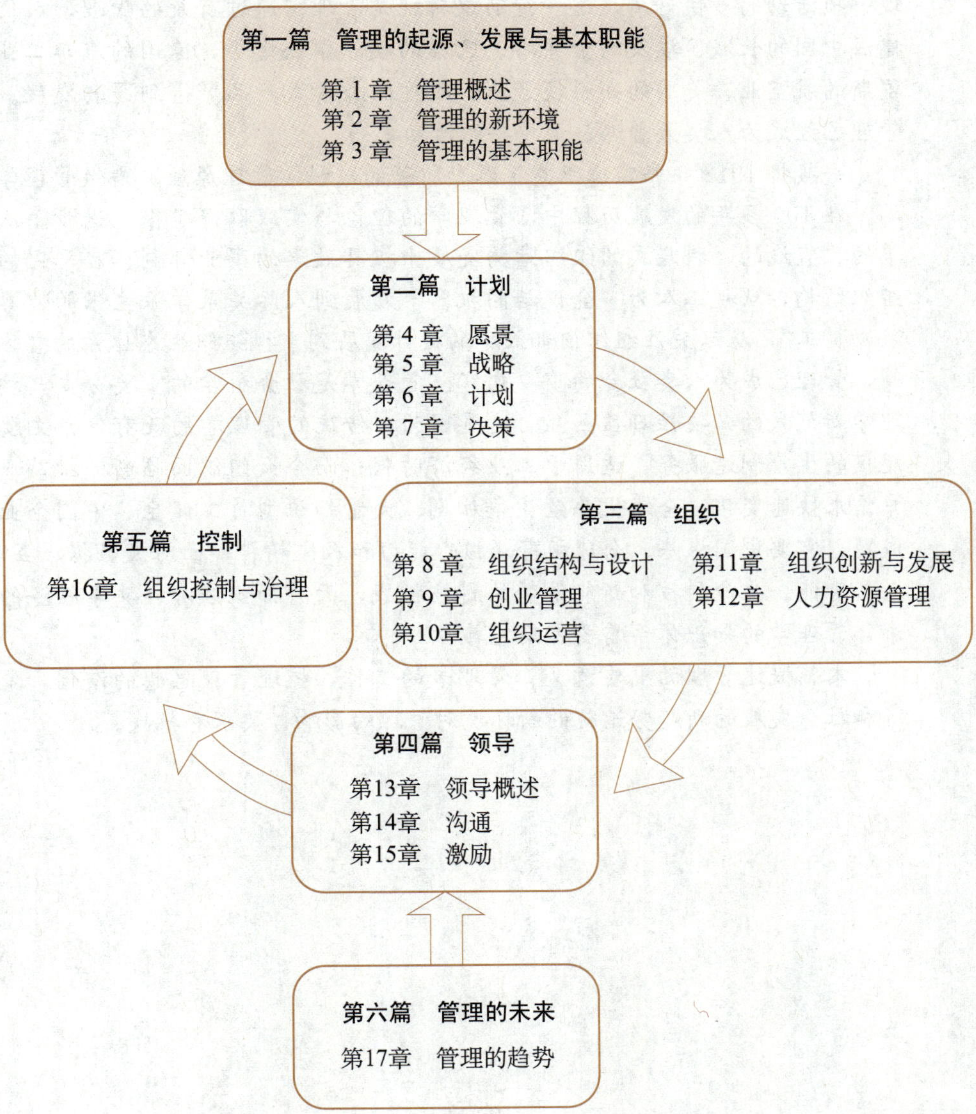

与20世纪后半叶发生巨大变革的技术、生活方式、地缘政治相比，管理就像一只缓慢爬行的蜗牛。

——加里·哈默

自出现人类群体的组织和活动以来，管理就产生了，并随着历史的发展而不断演化。管理随处可见，管理活动渗透于人类生活的方方面面。有组织，就有管理，小到家庭、大到国家，管理活动发生在不同规模、不同性质的组织中；有了管理，组织才能进行正常活动。人们发现，按照一定的行动逻辑，就能实现一项活动的多快好省，这一行动逻辑就是管理。通过有效的管理，人们得以建成中国的长城、埃及的金字塔、巴黎的埃菲尔铁塔等，德国的汽车工业、俄罗斯的航空业、美国的高科技产业、印度的朴素式产品等得到蓬勃发展。目前管理已经成为人类最普遍、最重要的活动之一。

一般将1912年弗雷德里克·泰勒所著的《科学管理原理》看做管理学的开端。在100多年的发展历程中，管理学的理论与实践取得了很大进步。从最简单的、直线的、科层式的组织结构发展出极具效率的事业部制、扁平化的现代组织结构，从视工人为“会说话的机器”发展到人际关系学派主张的“尊重和激励员工”，从只关注组织内部效率的提升发展到重视组织生态体系的整体效率等，管理已成为人类社会的重要内容。管理学是社会科学的重要分支，构建管理学新范式的必要性日益凸显。这是因为：传统的管理学的既有体系主要为大规模的生产制造服务，适用于工业经济时代；而今天组织面临新的挑战——用户需求快速变化、全球化导致竞争加剧、大量知识型员工诞生，中国企业要想成功，需要中国根基、全球视野、核心能力和人文精神；面对大数据、互联网、人工智能、生命科技和新能源等的科技挑战，面对知识经济、共享经济的新诉求，管理学的知识体系需要不断完善。

本篇概述管理的重要意义、管理者的工作，梳理管理思想的演化，聚焦经济和社会发展的新趋势造就的新环境对管理的影响、要求和挑战。

第 1 章
管理概述

学习目标

- 学习管理的要素、性质和重要意义
- 了解管理者的类型、基本角色和管理技能
- 了解管理思想的演化

在现代社会中，管理无时不在、无处不在。不管从事何种职业，人人都在参与管理或被管理的过程。管理的概念比较宽泛，政府管理、企业管理、军事管理、教育管理等都属于管理的范畴。虽然不同领域中管理的对象各不相同，但是管理的基本规律有很大的共性。

本章首先阐述管理的内涵、要素、性质和重要意义，然后从角色和技能两个方面考察管理者的工作，最后梳理管理思想的演化历程。

第 1 节　管理的重要意义

考虑角度的差异使得人们对管理内涵的解释不尽相同。下面是一些管理学大师对管理的理解：

- 科学管理之父弗雷德里克·泰勒：管理就是指挥他人用最好的办法工作。
- 亨利·法约尔：管理是所有的人类组织都有的一种活动，这种活动由五项要素组成，即计划、组织、指挥、协调和控制。
- 诺贝尔奖获得者赫伯特·西蒙：管理就是制定决策。
- 哈罗德·孔茨：管理就是设计和保持一种良好环境，使人们在群体中高效率地达到既定目标。

知识经济时代最伟大的管理学家彼得·德鲁克对管理的解读更具有洞察力。他认为，管理是一种工作，它有自己的技巧、工具和方法；管理是一种器官，是赋予组织以生命的能动的、动态的器官；管理是一门科学，一种系统化的、到处适用的知识；管理也是一种

文化①；管理是一种实践，其本质不在于知，而在于行；其验证不在于逻辑，而在于成果；其唯一权威就是成就②。

上述观点各有侧重和可取之处，也各有不足之处。基于此，我们提出更加系统的、更适合知识经济时代的管理定义：管理就是合理配置资源和构建能力，充分发挥计划、组织、领导和控制的作用，以高效的组织运营和持续的创新来实现组织愿景的过程。

一、管理的要素

如果对管理活动进行分解，那么任何管理活动都由以下四个基本要素构成（见图1—1）：管理主体；管理客体；组织目的；组织环境。

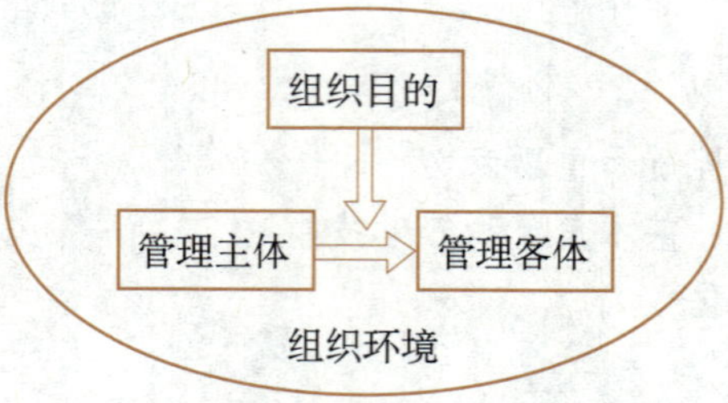

图 1—1 管理的要素

（一）管理主体

管理主体就是管理组织经营的个体，即管理者。管理主体负责管理团队成员、制定决策、监督流程等，一般具有绝对的权威和更高的业务素质。那么，究竟由谁来做组织的管理主体呢？一般组织会将业务能力较强的成员提拔为管理者，即所谓的学而优则仕、演而优则导等。但是，管理是一种专业的职业，并不是所有业务出众的成员都有能力成为优秀的管理者。实际上，只有具备系统的管理学知识、能力和思维的人才适合成为管理主体，承担组织管理的任务。

（二）管理客体

管理客体就是被管理、指导、领导的对象，较常见的就是组织和员工。彼得·德鲁克在《管理的实践》一书中，从客体对象的角度指出管理主要有三项职能——管理组织、管理管理者以及管理员工和工作。③ 不过，在日常的管理工作中，很难清楚地区分上述三者。任何管理行为都会影响它们，因此在管理过程中必须同时考虑三者。其中，管理组织的重要性居于首位，管理管理者以及管理员工和工作也同样重要。

（三）组织目的

组织目的是管理活动的灯塔、方向标，为管理过程指明发展方向。需要强调的是，不

① 彼得·德鲁克．管理：使命、责任、实务．北京：机械工业出版社，2009.

②③ 彼得·德鲁克．管理的实践．北京：机械工业出版社，2009.

同的组织有不同的发展目的，同一组织内部也有不同层次的发展目标。组织的愿景（vision）、战略（strategy）和计划（plan），分别是具有不同的时间跨度和重要性的“目标”。其中，愿景是组织发展的最高宗旨，是最长远的目标；战略和计划则顺次短期一些，它们都要与愿景保持一致。

（四）组织环境

组织环境对管理具有重要影响，管理活动具有高度的情境依赖性。同样的管理决策在不同时期和不同地区的结果会有非常大的差异。20世纪80年代适用的发展胶片照相技术的战略在2000年就完全不合理；中国适用的低成本战略在美国可能就不适用。管理的情境依赖性加大了管理的难度和复杂性，在组织的全球化过程中表现得更加明显。

中国高速铁路建设项目管理

2005年以来，以建设规模大、技术标准高、管理要求严为突出特点的中国高速铁路建设取得了辉煌成就，为有效缓解中国铁路运输“瓶颈”制约、成功应对国际金融危机影响、促进国民经济又好又快发展作出了积极贡献。

中国高速铁路建设按照“六位一体”的管理要求，实施以建设单位为龙头，以质量安全为核心，以施工组织为主线，以标准化管理为抓手，设计、施工、监理、咨询等单位共同参与的项目管理体系，不断创新和完善项目组织管理。

1. 有序推进项目进度

铁道部以施工组织设计为纲，科学组织，采取一系列举措推进众多高速铁路项目有序建设。一是落实项目施工审查机制。高速铁路项目开工前，依据《铁路工程施工组织设计指南》，编制以铺架、联调联试两条线为主线的指导性施工组织设计，由铁道部集中审查通过后实施；建设过程中，铁道部一年两次组织集中审查在建项目的施工组织设计，对施工组织设计进行动态管理，优化资源配置，科学合理地确定节点工期和控制工程，以确保项目有序推进。二是建立重大问题协调机制。铁道部成立了铁路建设协调小组和重大项目技术投资协调小组，及时研究解决征地拆迁、设计供图、方案稳定、工程措施、物资供应等方面的关键问题，强化资金管理和投资控制，加快项目建设。三是落实项目验收安全评估机制。高速铁路投入运营前，必须完成静态验收、联调联试及动态验收、初步验收、安全评估等程序，运营单位提前一年介入，以熟悉标准和设备、履行验收职责、确保高速铁路运营安全。

2. 强化建设项目监管

加强高速铁路项目监管是确保高速铁路工程质量和施工安全的重要举措。一是实施全方位、全过程监管。铁道部对所有建设项目的招标投标、质量安全、变更设计、资金使用、投资控制和廉政建设等工作进行监督管理。二是强化质量安全监管。构建全路统一的工程质量安全监管体系，强化质量安全监督工作，狠抓源头、过程和细节控制，落实工程质量终身负责制，严格查处施工现场存在的安全质量问题。三是建立信用体系和考核机制。铁道部组织建立了施工、监理、设计、物资设备供应企业的信用评价体系和不良行为信息公开制度，对建设单位实施年度和项目考核。

3. 创新管理理念、体制和方法

“以人为本、服务运输、强本简末、系统优化、着眼发展”的铁路建设新理念以及质量观念和安全观念，为建设世界一流高速铁路奠定了思想基础。同时，中国高速铁路建设充分发挥了社会主义能够集中力量办大事的制度和体制优势，发挥了市场配置资源的作用。一是统一组织，即中国高速铁路建设由铁道部统一规划、统一标准、统一管理、统一验收，由建设单位负责项目实施，确保质量、安全、投资和工期等达到要求。二是铁路与地方共建，既充分发挥铁道部的专业优势、组织优势和地方政府在征地拆迁、沟通协调等方面的综合优势，又依法组建合资公司推进高速铁路建设，形成共同建路的良好协作机制。三是广泛合作，即注重加强与世界各国铁路的交流与合作，充分利用国际国内市场和资源。通过开放铁路建设市场，在方案竞选、设计咨询、工程监理、产品制造等方面引入国际力量参与竞争，一批具有先进技术、雄厚实力的国外企业和制造厂商进入中国高速铁路市场，形成具有中国特色的高速铁路建设组织体系，为又好又快推进高速铁路建设提供了组织保障。

资料来源：安国栋．中国高速铁路建设项目管理．中国铁路，2010（12）．

二、管理的性质

管理学界的一个经典问题是：管理是一门科学，还是一门艺术？自“科学管理之父”泰勒系统地阐述管理思想以来，越来越多的学者、企业家认可管理的科学性，但仍有不少企业家、管理者认为管理靠的是突然迸发的灵感，并没有典型的、可靠的规律可循。

回答这个问题前，我们需要解释什么是科学。科学是对一定条件下物质变化规律的总结。可重复验证、可证伪、自身没有矛盾是科学的主要特点。哈罗德·孔茨认为，科学是经过整理的知识，任何科学的根本特点是运用科学的方法去发展知识。从这个角度来看，管理确实是一门科学。与其他科学一样，管理活动有其内在的规律性。通过对大量管理实践经验进行归纳总结，我们可以得到管理的基本规律，且这种规律对其他管理工作具有重要的指导作用。此外，管理的科学性还表现在：它以反映管理客观规律的理论和方法为指导，有一套分析问题、解决问题的科学方法论。例如，行为学派总结的双因素激励理论就是经典的管理学规律。

但是，这并不是说管理完全不具有艺术性。在现实的管理实践中，仅仅掌握科学的管理理论和方法是不够的。任何管理理论都不能为所有管理者提供解决一切问题的标准答案，而且管理理论有很强的情境依赖性，管理环境的复杂性使得管理理论难以保证其有效性。管理工作者只有参考管理的基本理论和基本方法，并结合实际情况，运用自身的智慧和经验，才能取得最好的管理效果。艺术是指能够熟练地运用知识，并利用巧妙的技能达到某种效果。管理的艺术性，强调管理的实践性，没有实践则无所谓艺术。当然，最富有创造力的“艺术”总是基于对其所借助的科学的理解。

综上所述，管理是一门兼具科学和艺术的学科。在管理学领域，科学与艺术并不是相互排斥的，而是相互补充的。不参考基本规律的管理行为是鲁莽的，保守地照搬管理学理论是不明智的。管理的基本职能具有普适性，任何组织都要经历明确愿景—科学计划—有效组织与领导—构建资源和能力—科学规制的过程。在具体应用中，由于地域、文化、组织的发展规模和成长阶段等不同，上述管理过程具有显著的“情境”特征，需要管理者大胆地创新、创造性地应用，实现“动态的行政管理”（福利特，1941）。管理的科学性和艺术性要求在管理过程中灵活运用理论知识。

三、管理的重要意义

从组织发展的角度看，管理是组织有效运行、实现目标的前提。

首先，管理具有普遍性（universality）。对于不同类型和规模的组织、所有领域的组织、位于任何地域的组织，以及组织中的所有层级，管理都是不可或缺的。

其次，管理是有效地组织共同劳动所必需的。只有通过管理使构成组织的各要素实现有机结合、彼此协作，组织才能发挥出整体功能，进而才能正常运行，最终实现组织目标。这是因为各自独立的要素——人、财、物等——的作用发挥离不开有效的管理。例如，世界最伟大的人工奇迹——中国万里长城的修筑施工有赖于系统管理。严谨的工程计划保证了建造所需的土石及人力、畜力和材料等的供应井井有条、环环相扣，从而保证了工期不延误；严格的工程验收制度①保证了工程质量；有效的分工制保证了工程进度的同步性——在事先确定长城走向的前提下分区、分段、分片同时开工。再如，美国的“曼哈顿工程”是科学界公认的全面应用项目管理理念和技术的典范。在组织结构上，上层机构的精干保证了该项目的顺利实施；在组织运行方面，领导者在做重大决定时，不是根据参谋人员的研究资料、委员会的报告、顾问们的书面意见，几乎都是面对面（或通过电话）进行讨论后决定；上级要求下级在出现重大问题时及时上报，而上级管理部门则将大部分时间和精力用于解决下属单位不能很好解决的少数重要问题上；在项目执行过程中，讲求职权适宜，即谁负责某项工作，谁就有相应的职权。

有效的管理正是通过寻求要素、环节、措施、政策和手段的最佳组合来发挥各要素的最大潜能，实现人尽其才、物尽其用，从而使组织系统的整体功能大于组织中各要素各自功能的简单相加。例如，采取有效的管理措施积极开发人力资源，有助于发挥不同类型员工的潜能；对现金流进行管理，可使企业资本结构合理、投融资恰当，有助于最大限度地获取现金收益；对能源、固定资产进行管理，有助于企业节约成本、避免浪费，等等。

第 2 节　管理者的工作

管理者（manager）是以执行管理过程为主要职责的人，即负责计划、组织、领导和控制组织中各种资源（包括人力资源、财务资源、物质资源和信息资源）的人。简言之，管理就是管理者所从事的工作。

一、管理者的类型

（一）不同层次的管理者

管理者的种类有很多，可根据组织中的不同层次对管理者进行区分。在传统结构的组

① 例如，规定在一定距离内用箭射墙，若箭头碰墙而落，则工程才算合格，否则返工重建。

织中，可将管理者划分为高层管理者、中层管理者和基层管理者。

1. 高层管理者

高层管理者（top manager）处于组织顶层，人数相对较少，其头衔可能是总裁、副总裁、执行董事和首席执行官（CEO）等。高层管理者负责确定组织目标、整体战略和运营决策，是组织在外部环境中的代表，代表组织与政府官员以及其他组织的管理者等进行交往。

2. 中层管理者

中层管理者（middle manager）可能是大部分组织的管理层中人数最多的一个群体，包括所有处于基层与高层之间各管理层次的管理者，其头衔有地区经理、部门经理、办公室主任等。中层管理者主要负责执行高层管理者制定的计划，监督和协调基层管理者的活动，在实现组织上下沟通、落实高层制定的战略等方面发挥着重要作用。

3. 基层管理者

基层管理者（first-line manager）是底层的管理人员，其头衔通常是主管、协调员、办公室经理等。基层管理者负责监督和协调管理雇员的工作。与高层管理者和中层管理者不同的是，基层管理者要花费大量的时间监督下属的工作。

（二）不同职能部门的管理者

组织中的职能部门通常包括营销、财务、运营、人力资源和行政等。

1. 营销经理

营销经理（marketing manager）主要负责与营销职能有关的工作——吸引消费者和顾客购买组织的产品或服务。营销领域的工作包括新产品开发、推广与分销。

2. 财务经理

财务经理（financial manager）负责安排公司的财务资源，负责会计、现金管理和投资。在诸如银行、保险公司等组织中，财务经理人数众多。

3. 运营经理

运营经理（operation manager）主要负责执行和管理生产产品和提供服务的相关工作，其工作通常包括生产控制、库存控制、质量控制、工厂规划和选址等。

4. 人力资源经理

人力资源经理（human resource manager）负责人员招聘和员工发展，其工作通常包括人力资源规划、招募和选拔、培训和开发、设计薪酬和福利体系、建立绩效评价体系、解雇低绩效员工和问题员工等。

5. 总经理

总经理（general manager）并不涉及特定的管理职能，往往具备所有管理领域的基本知识。

除了上述位于不同职能部门的管理者外，许多组织还设有特别的管理职位。例如，有些企业设立公共关系经理职位以强化和保护企业形象，有些公司设立研发经理职位负责协调从事研发的科学家和工程师的活动，有些企业设立专门的经理职位负责国际化运作，有些公司设立电商运营经理以开拓电子商务等。这些特殊的经理在人数、工作性质和重要性方面各有不同。随着组织规模的扩大和组织复杂性的提高，这类经理的数量和重要性也将相应增加和提升。

二、管理者的基本角色和管理技能

无论管理者在组织中处于哪一层次、位于哪个职能部门，都要扮演特定的角色、展示特定的技能。

（一）管理角色

亨利·明茨伯格（Henry Mintzberg）考察了管理者在工作中所扮演的角色，发现管理者要扮演 10 种角色。这些角色具体可分为 3 类，如表 1—1 所示。

表 1—1　　10 种管理角色及其分类

类别	角色	主要职责	举例
人际关系角色	精神领袖、领导者和联络者	涉及人与人（下属以及组织外的人）的关系以及其他礼仪性、象征性的事务	招待来访者、参加剪彩仪式；正式或非正式地向下属展示如何工作和如何在压力下获得业绩；担任团队或组织间的协调人或联系人
信息角色	信息跟踪者、信息传播者和发言人	收集、接收和传播信息	向下属提问，接收主动提供的信息；将收集的信息转发给具体的工作人员；向组织或组织外的人发布信息
决策角色	企业家、危机处理者、资源分配者和谈判者	作出决策或选择	积极推动变革；处理罢工、版权纠纷或有关公共关系和企业形象的问题；在组织内成员和项目间分配资金；作为组织的代表介入与其他群体（如咨询公司、供应商、外包商等）的或组织内的谈判

资料来源：MINTZBERG H. The nature of managerial work. Prentice Hall College Division，1980：93 - 94.

（二）管理技能

要扮演好各种管理角色，管理者需要具备许多技能。罗伯特·卡茨（Robert L. Katz）认为，管理者需要三种关键的管理技能，即技术技能（technical skill）、人际技能（interpersonal skill）和概念技能（conceptual skill）。图 1—2 展示了上述三种关键的管理技能与管理层级的关系。

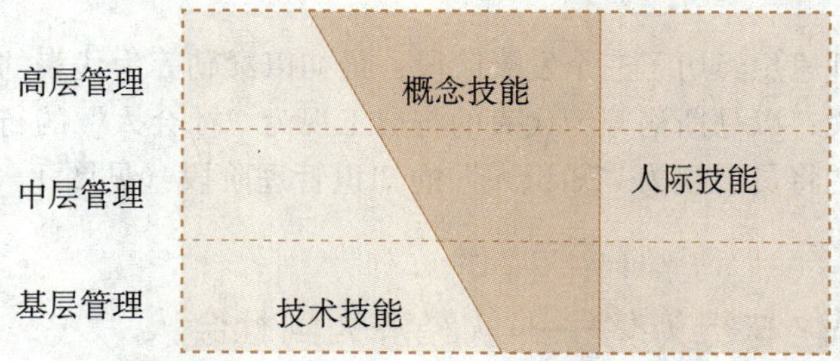

图 1—2　管理层级与管理者技能

1. 技术技能

技术技能是指完成或理解组织中特定工作的能力。技术技能对于基层管理者尤为重要，因为基层管理者通常管理的是利用特定领域的知识、工具和技术生产产品、提供服务的员工，他们会花费许多时间培训员工或回答工作中的问题。拥有卓越的技术技能的雇员常被晋升为基层管理者。

2. 人际技能

管理者需要花费大量时间与组织内外的人员进行接触，因此需要拥有良好的人际技能——沟通、理解和激励个人和群体的能力。人际技能对于所有层级的管理者同等重要，尤其是中层管理者必须处理好与下属、同僚和上级的关系。拥有出色的人际技能的管理者不仅能激发下属的工作热情，而且能获得上级的信任，同时获得同僚的支持，因此会获得更大成功。

3. 概念技能

概念技能是指管理者对抽象、复杂的情况进行思考和概念化的能力。概念技能对于高层管理者最为重要，因为高层管理者需要了解并通盘考虑组织的全部工作、理解组织各部分之间的关系，并设想组织如何适应其动态变化的外部环境，即通过战略性思考、通观全局来制定出服务于整体组织、具有广泛基础的决策。

当然，除了上述三种关键技能外，管理者还应具备其他一些重要技能，如激发员工的认同感、管理时间、诊断并分析组织中的问题、进行创新管理和组织变革、善于反思并及时纠正错误等。

第 3 节　管理思想的演化

西方管理思想最早可追溯到文艺复兴时期，但是在 19 世纪末 20 世纪初才真正比较系统、正式地建立起来。19 世纪末期，随着生产技术复杂化、规模和资本不断扩张，组织的管理职能逐渐与资本所有权相分离，于是出现了专门的管理阶层。学者们开始研究管理活动，“科学管理”就此诞生。

经过 100 多年的发展，管理学已经发展为包罗战略管理、组织行为与人力资源、创新管理、运营管理等众多子学科的庞大系统，成为可以与经济学比肩的最重要的社会科学之一。社会也已经认可并接受管理学，众多管理学者（如迈克尔·波特）被聘为国家战略或企业发展的顾问，大量企业家、经理人重返高校学习管理学知识，以应对知识经济时代的挑战。

概括地说，管理思想经历了三个发展阶段：最初以泰勒等为代表的将员工视为“经济人”的科学管理阶段；以马斯洛等为代表的将员工视为“社会人”的行为科学阶段；今天以德鲁克等为代表的将员工视为“知识人”的知识管理阶段（见图 1—3）。下面将详细叙述上述三个发展阶段。

一、管理的科学化与行为化——从经济人到社会人

科学管理理论的创始人是弗雷德里克·泰勒。泰勒认为，单凭经验进行管理的做法是

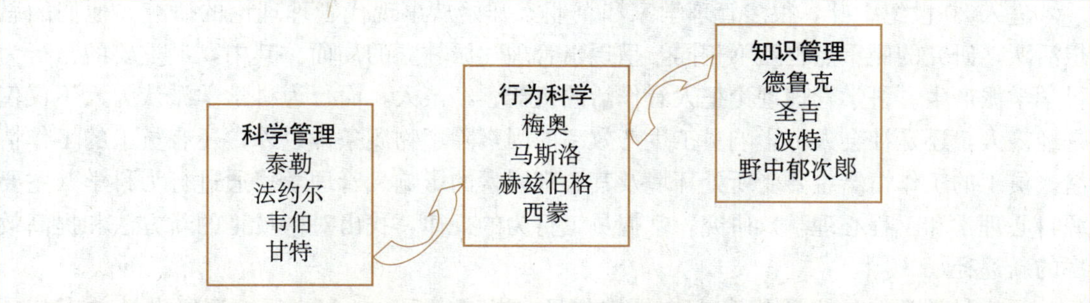

图 1—3　管理思想的演变

不科学的，必须加以改变。根据对钢铁厂管理活动的观察、总结和实验，泰勒创立了科学管理理论。其主要观点如下：第一，科学管理的根本目的是提高工作效率——这是泰勒科学管理原理、方法的基础；第二，达到最高工作效率的重要手段是，用科学的管理方法代替经验管理。

泰勒首次将管理视为一门科学。他指出，建立各种明确的规定、条例和标准，使一切科学化、制度化，是提高管理效能的关键，并主张将计划职能从工人的工作内容中分离出来，由专业的计划部门承担。承担计划职能的人员称为管理者，负责执行计划的人称为劳动者。

1903 年，泰勒开始把自己的实践经验和研究成果上升到理论高度，并著书立说（《科学管理原理》，1911）。这种改革在当时取得了很好的效果，生产效率普遍提高，实现了高效率、低成本、高工资和高利润。泰勒制是适应历史发展需要而产生的，但同时受到历史条件和倡导者个人经历的限制。泰勒的思想主要是解决工人的操作、现场的监督和控制问题，管理范围较小，内容也较窄，基本没有涉及组织的供应、财务、销售和人事等方面。此外，虽然泰勒的理论使生产过程的管理控制合理化，但是将雇员和业务都排斥在决策过程之外。管理者强调，效率优于合作、数量优于质量、成本控制优于顾客服务。

泰勒管理思想的局限性主要由法国的亨利·法约尔（Henry Fayol）和德国的马克斯·韦伯（Max Weber）等进行补充和完善。他们聚焦于组织结构和管理原则的合理化，以及管理者职责分工的合理化，其管理思想奠定了古典组织理论的基础。

1925 年出版的《一般管理与工业管理》系统阐述了法约尔的管理思想。法约尔认为，好的经营管理不仅仅要改善生产现场，更要关注经营的六个职能：（1）技术职能，即设计制造；（2）经营职能，即采购、销售和交换；（3）财务职能，即确定资金来源及使用计划；（4）安全职能，即保证员工劳动和设备使用安全；（5）会计职能，即编制财产目录，进行成本统计；（6）管理职能。更重要的是，法约尔首次从职能的角度提出了五项基本管理职能——计划、组织、指挥、协调和控制，这成为以后管理体系发展的基础。此外，法约尔还提出了管理者解决问题时应遵循的 14 条原则，即分工、权力与责任、纪律、统一命令、统一领导、员工服从整体、公平的报酬、集权、等级链、秩序、平等、人员保持稳定、主动性和集体意识。

法约尔在管理范畴、组织理论和管理原则等方面提出了很多新的观点，为管理理论的发展奠定了基础。同期德国的社会学家马克斯·韦伯、美国企业家詹姆斯·穆尼（James D. Mooney）以及英国的林德尔·厄威克（Lyndall Urwick）在组织体系和组织原则方面也作出了突出的贡献。

进入 20 世纪中叶，很多管理学家和企业家开始从事现代管理理论的研究。他们的思想活跃，研究的侧重点也互不相同，呈现出管理学派林立的局面。其中，最重要的是行为科学学派产生。科学管理理论把人看作活的机器、经济人，而行为科学学派认为人不仅仅是经济人，还是社会人。影响员工生产效率的因素除了物质条件以外，还有员工的工作情绪。员工的工作情绪主要受所处环境及其心理因素的影响。管理学家通过行为科学（主要源自心理学和工程心理学）研究，掌握员工行为的规律，找出对待员工的新方法和提高效率的新途径。

行为科学学派的主要代表人物是埃尔顿·梅奥（Elton Mayo）。梅奥设计并实施了 1927—1932 年在芝加哥西方电气公司霍桑工厂进行的著名的"霍桑试验"。试验结果显示，生产效率不仅受物理的、生理的因素影响，而且受社会环境、心理因素的影响。这一发现是对泰勒的科学管理的一个重大提升。行为科学学派的思想主要包括：

（1）组织成员是社会人。物质条件的改变不是生产率提高或降低的决定性因素。员工的集体意识可能比物质激励制度更重要。员工不是单纯地追求金钱收入，还需要友情、安全感、归属感和认同感等。

（2）组织中存在非正式组织，它对员工行为有重要影响。正式组织是指为实现组织目标而成立的具有明确职能的机构，对员工具有强制性。在共同的生产和工作过程中，组织成员相互之间必然建立人际关系，产生共同的情感，形成共同的行为准则或惯例，从而形成非正式组织。这种非正式组织对员工行为具有很大影响，会间接影响生产效率。

（3）组织应采用新型领导理念。新型领导理念是要组织好集体工作，采取措施提高士气、促进协作，使组织成员能与领导真诚、持久地合作。例如，请员工参与企业的各种决策；实行上下意见交流；建立面谈制度；美化工作环境；组织娱乐、体育活动，等等。

行为科学学派专注于分析人的社会性，构建了一系列著名理论，如马斯洛的需求层次理论、赫兹伯格的双因素理论以及麦格雷戈的 X—Y 理论等。马斯洛将人的需求分为五级——生理需求、安全需求、情感需求、尊重需求和自我实现需求。马斯洛认为，只有尚未满足的需求能够影响行为，而且只有排在前面的需求得到满足后，才能产生更高一级的需求，更高一级的需求才会显现出激励作用。然而，马斯洛的需求层次理论受到了不少质疑。例如，它只说明了需求与激励之间的一般关系，未考虑不同的人对相同需求的反应方式的差异，未注意工作特征与工作环境的关系，人们不一定在低层次需求得到满足后才会追求高层次需求。

美国心理学家弗雷德里克·赫兹伯格（Frederick Herzberg）通过调查发现，使工程师们感到满意的因素都是关于工作性质和内容的，使他们感到不满意的因素都是关于工作环境或工作关系的。赫兹伯格将前者称为激励因素，将后者称为保健因素。1959 年，赫兹伯格在《工作与激励》一书中正式提出了激励的双因素理论。

- 保健因素。保健因素能够起到消除员工不满的作用。保健因素低于一定水平，会引起员工的不满；当保健因素得到改善时，员工的不满就会消除，但不论保健因素提升到什么程度，都起不到激励的积极作用。

- 激励因素。激励因素具有明显的激励作用。不具备这类因素，并不会造成员工的极大不满；而当这类因素超过一定水平后，它们对员工具有非常大的激励作用。

赫兹伯格的双因素理论与马斯洛的需求层次理论有很大的相似性。马斯洛的高层次需求即赫兹伯格的主要激励因素，低层次需求相当于保健因素。可以说，赫兹伯格的双因素理论是对马斯洛需求层次理论的补充，为激励工作指明了方向。

第二次世界大战以后，运筹学家、统计学家、计算机专家和行为科学家都力图在管理领域寻找一套科学的决策方法，以便对复杂的多方案问题进行明确、合理、迅速的选择。随着这方面研究工作的进展，决策理论得到了迅速发展。在决策理论学派中，作出突出贡献的是卡内基·梅隆大学教授、管理决策理论之父——赫伯特·西蒙（Herbert Simon）。凭借在决策理论研究方面作出的重要贡献，他在1978年获得了诺贝尔经济学奖。西蒙认为，管理即决策。确定目标、制定计划以及选择方案，是计划决策；组织结构设计、生产组织以及权限分配，是组织决策；执行计划、检查情况、在制品控制及选择控制手段，是控制决策。决策贯穿于整个管理过程，所以管理就是决策。

二、管理对象的知识化——从社会人到知识人

从20世纪80年代开始，人类社会逐渐步入了知识经济和信息时代，知识成为组织最为重要的资源，知识管理的重要性得到了充分的认识，管理思想也进入知识管理阶段。早在20世纪60年代初，彼得·德鲁克就提出了知识工作者和知识管理的概念，指出我们正在进入知识社会。在知识社会，最基本的经济资源不再是资本、自然资源和劳动力，而是知识。知识工作者将发挥越来越重要的作用，每位知识工作者都是一位管理者。进入80年代，德鲁克继续对知识管理作出开拓性工作，提出“未来的典型企业以知识为基础，由各种各样的专家组成，这些专家根据来自同事、客户和上级的大量信息自主决策和自我管理”①。在知识经济时代，知识被视为最重要的资源加以开发、管理和利用。德鲁克认为，知识生产力已成为竞争和经济发展的关键，知识产业已成为首要产业，这是不可逆转的发展趋势。管理思想进入了知识管理时代。所谓知识管理，就是为共享和利用知识提供新的途径，利用集体的智慧提高组织的应变和创新能力。

国家、企业的战略主要是知识管理的战略。哈佛大学著名的战略专家、里根时期曾被任命为产业竞争委员会主席的迈克尔·波特，开创了企业竞争战略理论。他对竞争战略理论作出了突出贡献，提出了分析产业环境的结构化方法——“五力模型”，并提出了更具影响的企业发展的三种通用战略——总成本领先战略、差异化战略和聚焦战略。其中，差异化战略是波特竞争战略理论的核心，其实质是不断开展基于知识的创新，而创新就是一个寻求差异的过程。美国企业称雄世界的主要原因是其追求与众不同、力图做到改变世界的创新基因。

知识经济进一步发展，促生了学习型组织理论。美国麻省理工学院（MIT）教授彼得·圣吉吸收东西方文化的精髓，在其著作《第五项修炼——学习型组织的艺术与实务》中提出了以“五项修炼”为基础的学习型组织理论。学习型组织理论认为，要想在新的经济背景下实现持续发展，组织必须增强整体能力、提高整体素质，设法使所有组织成员全心投入并不断学习，即建立学习型组织。学习型组织需要完成“五项修炼”——自我超越、改善心智模式、建立共同愿景、团体学习以及系统思考。

20世纪90年代中后期，托马斯·达文波特教授在知识管理实践和知识管理系统方面做了开创性工作，提出了知识管理的两阶段论和知识管理模型。日本教授野中郁次郎针对一些管理者和学者片面强调技术管理而忽视隐性知识的现象提出了质疑，并系统地论述了

① 彼得·德鲁克．新型组织的出现．哈佛商业评论，1988（1-2）．

隐性知识与外显知识的区别，提供了一种利用知识创新的有效途径。在《创造知识的企业》一书中，野中郁次郎从竞争的角度对企业创造知识提出了许多建设性构想。他认为，知识管理很重要的一个目标就是将隐性知识显性化，即知识管理不仅仅是对客观信息进行简单的“加工处理”，更要发掘员工头脑中潜在的想法、直觉和灵感。野中郁次郎构建了知识创新的 SECI 模型——社会化（socialization）、外部化（externalization）、整合（combination）和内部化（internalization）。

总的来说，自 1911 年科学管理理论诞生至今的 100 多年，管理学实现了飞跃式发展。从泰勒的“计划职能”、孔茨的“五大职能”到罗宾斯经典的“四大职能”，从“经济人”“社会人”到“知识人”，管理学的思想和体系日臻完善。作为一个独立而重要的学科，管理学受到了学术界、商业界以及社会的更多关注。

三、中国古代管理思想概述

前面两个部分主要回顾了西方管理思想。事实上，根植于西方文化的现代管理中的许多基本理念在古代中国已萌芽，与中国传统文化有着至深的渊源和高度的暗合。从古至今，中国孕育出的管理思想蔚为大观。尤其是春秋战国时期，百家争鸣、各抒己见，产生了极其丰富而深刻的管理思想，涵盖了政治管理、社会管理、军事管理、经济管理和文化管理等方面。以《孙子兵法》为代表的军事管理思想、以孔子《论语》为代表的儒家管理思想、以老子《道德经》为代表的道家管理思想，至今仍是人类管理思想的精髓，影响着世界管理学领域。西方许多管理学者都重视对中国古代管理思想的研究。例如，著名的管理理论家哈罗德·孔茨（Harold Koontz）与西里尔·奥唐奈（Cyril O'Donnell）合著的《管理学》、霍奇特（R. M. Hodgetts）的《企业管理》等，均对中国古代的《孙子兵法》和孔子等的管理思想有所介绍；《基业长青》一书中关于“变与不变”的协同思想源于中国古代八卦；美国管理思想史学家克劳德·小乔治（Claude S. George）所著的《管理思想史》，对中国的《周礼》在组织、协调以及控制方式等方面的成就进行了挖掘和研究。

美国虽然创始了科学管理、行为科学、战略管理等众多管理理论学派，但是早就发现其经营管理已无法在与日本的管理竞赛中稳操胜券，于是开始向日本学习。而日本则进一步深入研究中国古代的管理哲学、思想和方法。东南亚的新加坡、马来西亚也都在积极汲取中国古代管理思想且收效明显。可见，现代管理的研究与实践十分需要中国古代管理思想的滋养。

（一）发展历程

中国古代管理思想史可以划分为三个时期：（1）滥觞期，历时 5 479 年，包括由三皇五帝时期和夏商周时期构成的远古时代和春秋战国时代（共 549 年），该时期中国古代管理思想体系的全部核心思想基本形成；（2）形成期，历时 975 年，包括秦、汉至唐朝前半叶，中国处于管理思想和实践双重兴盛的良好时期；（3）渐变期，共 1 086 年，包括中唐至鸦片战争时期，期间管理思想有所调整，但封建束缚导致社会经济发展缓慢而渐渐落后于西方社会。①

---

① 才金城．中国古代管理思想与智慧．北京：清华大学出版社，2014.

（二）主要特征

中国古代管理思想具有五个基本特征，即以人为本、以德为先、以和为贵、无为而治、中庸之道。它们互相依托和共存。

1. 以人为本——中国古代管理的核心价值观

在中国古代管理文化中，人在管理中的地位和作用受到高度重视。中国最古老的典籍《尚书》载，“惟天地，万物父母；惟人，万物之灵”。此后，很多典籍都反映了“人贵论”的思想。例如，《孝经》载，“天地之性，人为贵”；著名军事家孙膑说，“天地之间，莫贵于人”。儒家文化的核心是“仁”。《论语·颜渊》载，“樊迟问仁。子曰‘爱人’”。这反映了孔子对人的重视和对人具有共同道德人格的充分肯定。“我欲仁，斯仁至矣”，“人能弘道，非道弘人”。孔子弘扬人在管理中的主动性和积极性，充分肯定人的内在超越能力。“以人为本”的精神促使儒家在同时面对人与物的管理时注重人为的力量，强调人在精神上的内省和自我超越，认为人可以通过内省本心、扩充善心达到知天命的境界。这种鲜明的人为意识渗透至中国人的心灵深处，使得中国人具有一种强烈的创业意识，能及时抓住机遇、处变不惊、锐意进取，对推动整个民族管理的发展起到了一定作用。不过，由于过分夸大心性、轻视实践，且人为的管理意识主要以道德规范上的自我约束为表现形式，忽视了人的感性需求，因此对张扬个性和创新能力的发展有一定负面影响。

要指出的是，儒家倡导的“修己以安人”中的“人”是指群体中的个人，强调通过个体的自我管理实现社会的群体管理，个人要服从社会群体、为群体做贡献。儒家重视群体的管理观念奠定了中国传统管理思想“重群体、轻个体”的价值取向，形成东方人本主义的主要特色。这种集体主义的儒家文化背景与西方管理方法的有效结合，正是日本管理的成功所在。在中国的现代管理中，如何对待组织中个人利益与集体利益的关系是一个棘手的问题，也是现代企业管理中迫切需要解决的问题。

2. 以德为先——中国古代管理的道德取向

“以德为先”源于周人“以德配天”“敬德保民”的思想。相对于历史上影响较大的其他两个学派——道家和佛教，儒家在此方面的论述最为丰富，也最切合社会实际。从个体角度审视，儒家“德”的思想首先是一种“为己之道”。“为己”意味着在“仁”的内在要求下塑造自己、管理自己，主要是指道德品性上的自我完善与自我实现。这种对“仁”的自觉追求正是管理活动存在的前提。从群体角度审视，儒家“德”的思想是一种“安人之道”。“安人”是指整体社会的稳定和发展。孔子认为，君子不仅要具有自我管理的自觉性，而且要拥有管理社会、安抚群体的责任和愿望。这种“安人之道”表现在国家管理上便是“为政以德”，即领导者要加强自身修养、“举贤才”甚至“破格用贤”、对百姓实施道德教化。综上，“以德为先”就是在组织管理中贯穿“德性管理”的思想，通过组织中管理者的道德修养和道德教化，影响组织成员的行为，从而达到员工对组织认同的最佳状态。

中国传统管理文化中重“德”的思想渗透到社会生活的各个领域，对整个社会的管理方式产生了统整调节和潜移默化的作用，在中国的长期发展中起着稳定秩序、促进民族凝聚力的作用。在现代竞争社会中，企业的发展必须以良好的商业道德为前提，因此经营管理中的道德问题越来越受到国内外学者和企业家的重视。儒家管理思想中至诚守信、见利思义的思想，应成为企业行为的重要准则。不过，道德至上的传统也有其负面影响。首先，对人的管理以个体道德人格和整个社会道德秩序的形成为终极目标，忽视了个人在个性、创新力等方面的需要和发展；其次，过于重视道德的力量、忽视法制的理论，形成了中国管理中“人治”的现象——这至今仍对中国的现代管理产生消极作用；最后片面夸大道德的作用，忽视了人对管理技术的探求，从而抑制了管理中科学精神和民主精神的发展，影响了中国管理的现代化进程。

3. 以和为贵——中国古代管理的终极目标

《国语·郑语》中，“和”是物质世界的一种状态。《国语·周语》和《周礼·大司徒》中，“和”是协和、和睦之意。在古代中国，无论是儒家还是兵家、法家等，都追求管理中的“和”。这种“和”，既是“和谐”“协调”的意思，也有“合作”的含义，它实际上是中国“和合文化”的精髓。“以和为贵”是一种整体观的管理思想，体现了古人对和谐的管理机制的追求。这种整体观将管理作为一个统一的过程，在管理行为上具体表现为阴阳互补、五行反馈、刚柔相济、动态平衡、中庸和谐等，目标是实现主体与客体、群体与个人、自然与社会、“天理”与“人欲”相互交融的统一。这种管理的理想境界即孔子的“从心所欲，不逾矩”，老子的“无为而无不为”。

在现代管理中，“以和为贵”不仅是管理的目标，而且是实现整个管理目标的方法和手段，可以增强管理的稳定性和延续性。不过，仅单纯地将“以和为贵”视为管理目的会有负面作用，人情造成的非理性行为、管理组织中的内耗等都是“和”带来的负面影响。在管理实践中，有些情况下管理中的一些矛盾和冲突应以一种适当的形式表现出来，若为了形成和谐局面而抑制其合理表现，势必带来不和的结果。另外，一些管理措施的实施需要打破原来的标准才能取得更大发展，恪守既定的“度”只能使管理停滞不前。因此，只有真正体会“以和为贵”的精神实质，才能在现代管理中合理运用。

4. 无为而治——中国古代管理的理想境界

“无为而治”由道家倡导并在中国封建社会发展中产生了广泛影响。在道家的理论体系中，“无为”是作为世界万物本原的“道”的一项重要属性。道家的创始人老子把“道”看成万物的主宰，认为“道”的主宰作用让万物顺其自然而无为。“无为”并非无所作为。所谓无为而治，其内在含义是“无为而无不为”。“无为”仅是现象和手段，其目的是达到“无不为”的理想“治世”。从领导的角度看，道家认为，高明的领导是顺应自然、无为而无不治。老子将领导按其水平高低顺次分为四种类型：最高明的领导无为而治，下属仅知其存在，没有感觉到他做了什么，能各顺其性；稍次的，下属亲近、赞誉他；再次的，下属害怕他；最差的，下属蔑视、玩弄他。[①] 道家“无为而治”的观念在管理中的应用主要体现在如下方面：第一，减少管理的心理阻力，避免引起反感；第二，减少冲突；第三，充分发挥组织机构的作用。

“无为而治”是一种管理智慧，即通过在组织中塑造和强化自由的文化来实施理想的领导，使组织成员能够获取适度的决策权和工作空间，个体的自由和尊严得到充分尊重，最终实现个人的工作和成长与组织的目标和发展和谐一致的状态。它一方面主张实行开明、自由的管理，另一方面反对蛮干妄为、粗暴干涉，是对以“修己立人”为核心的儒家管理思想的一个补充。不过，在管理实践中，应注意摒弃随遇而安、安时处顺的惰性。

---

① 《老子·十七章》载：“太上，下知有之；其次，亲而誉之；其次，畏之；其次，侮之。”

5. 中庸之道——中国古代管理的行为法则

“中”的思想由来已久，《尚书》中已有记载。“和”的观念产生较“中”要晚。《中庸》中，“中”与“和”被合起来而形成“中和”的概念。至春秋时期，“中和”被普遍推崇。儒家创始人孔子发扬了殷周以来尚中的思想，说“中庸之为德也”①，明确将“中庸”作为最高的道德范畴。《礼记·中庸》进一步将“中”和“和”作为“天下之大本”“天下之达到”。中庸之道运用于管理，主要包括以下理念：

第一，整体，即统一把握好矛盾的双方。孔子曾说：“吾有知乎哉？无知也。有鄙夫问于我，空空如也。我叩其两端而竭焉。”② 这体现了中庸思想的一个重要特征——“执两用中”，即从事物对立的两方面找出解决问题的答案，不至于出现偏颇。在管理实践中，我们经常要从对立面的互补中取得一种整合效应。例如，企业的长远利益与近期利益、产品的投入与产出、企业文化中的法治精神与人伦精神、企业间的竞争与合作等。管理者应适时地贯彻中庸原则，整体把握矛盾双方，基于管理目标对矛盾双方进行权衡。

第二，适度。中庸之道反对处事走极端，主张任何事都要遵循一个适当的“度”。《论语·先进》记载：“子贡问：‘师与商也孰贤？’子曰：‘师也过，商也不及。’曰：‘然则师愈与？’子曰：‘过犹不及。’”可见，“过”和“不及”都是孔子反对的。就现代管理而言，当今市场环境具有很大的不确定性和风险性，管理者应针对企业的实际情况作出适当决策，任何无视企业发展潜力的故步自封和不符合企业客观情况的盲目扩张，最终都会导致企业衰落和毁灭。

第三，权变，即灵活多变。中庸的一个重要原则是，在衡量事物的情势下做相应的变通。管理通常是在特定的情境下处理特定的问题，面对的问题和情境决定了管理者对待问题的方式。也就是说，管理中的决策应是一种权变的方式。现代管理中，极少的决策是完全程序化或完全非程序化的，一些依据先例而制定的规则和政策并非适用于任何情况。管理者应审时度势，及时地分析问题的性质。

第四，和谐，即协调矛盾双方。《礼记·中庸》中说：“致中和，天地位焉，万物育焉。”“中和”体现了儒家中庸思想中对矛盾对立面的调和渗透的追求。但是，这种“和”并不是无原则的人云亦云、盲目附和，而是一种有原则的协调与和谐。“中和”的思想对于现代企业进行和谐的人力资源管理、增强组织凝聚力具有非常积极的指导意义。

从管理哲学来看，中庸包含了某些辩证法的合理因素，但也存在形而上学的根本缺陷，导致折中主义、因循守旧、谨小慎微、缺乏创新等惰性，这些是在现代管理中要避免和注意的。③

（三）分类举例

下面从战略管理、组织管理和人力管理等方面，简要介绍博大精深的中国古代管理思想。

1. 战略管理

《孙子兵法》是一部以战争为载体的战略思想的传世之作，其独特的战略管理思想对

---

① 见《论语·雍也》。

② 见《论语·子罕》。

③ 朱永新. 管理心智. 2版. 北京：经济管理出版社，2012.

现代企业的经营管理实践仍具有重要的借鉴意义。在战略分析方面，孙子提出，“夫未战而庙算[①]胜者，得算多也；未战而庙算不胜者，得算少也”。这是说，决策者应分析外部环境和组织内部情况，并预测环境未来的发展趋势，如此才能“得算多”。同时，孙子认为，战略环境分析是一个动态的过程，“故策之而知得失之计，作之而知动静之理，形之而知死生之地，角之而知有余不足之处”。这强调的是应利用各种手段对环境的变化进行准确判断、作出预测。在战略选择方面，孙子提出“上兵伐谋，其次伐交，其次伐兵，其下攻城”，认为应尽量以较小的代价达到同样的目的，这样取得的胜利比以高昂代价取得的胜利所获得的利益还要大，即战略成本是衡量战略优劣的根本。

2. 组织管理

（1）组织结构。在职位设置方面，中国西晋哲学家认为：“量时而置官，则吏省而民供。吏省则精，精得当才而不遗力。”这是说，根据实际需求设立官吏岗位，保证官吏数目最小化，这样百姓才能供养得起。官员数量的减少会使组织更加精干，减少“磨洋工”现象，有助于官员的才能与职务相称，充分发挥其能力。这一思想体现了组织设计要因事设职，而非因人设事。否则，就会导致机构臃肿、人浮于事、管理成本居高不下等。“冠虽故，必加于首；履虽新，必关于足。上下有分，不可相倍”。刘向形象地用帽子与鞋子的关系来比喻，指出组织中上下级之间在权责利方面需要保持清晰的界限，不能有模糊与重叠。上下层次分明、各司其职，实现分级管理，这样才能够保证组织结构的有序性。《韩非子・用人》指出，“明君使事不相干，故莫讼；使士不兼官，故技长；使人不同功，故莫争”。韩非子认为，任用人才，要职责明确，使各职位的职能互不干扰，以免相互牵制、相互推诿、相互争权。

（2）组织变革。《列子》曰：“天下理无常是，事无常非。”这是辩证的观点，即世界上没有永远正确的决策。任何资源、决策的价值都会随着时间的推移、情境的变化而改变。这指出了管理是依赖情境的。那么，面对不同的环境该怎么办呢？《韩非子》中提到，“法与时转则治，治与世宜则有功”。就是说，法令随着时代的变化而变化，那么天下大治；治理措施与现实世界相适宜则能收到功效；组织应该随着环境的变化而进行适当的变革，以与新的情境相适应。[②]

3. 人力管理

人力管理思想是中国古代管理思想中的重要部分，具有十分丰富的内容，主要涉及甄选、任用和激励等。

（1）甄选。人员的甄选在中国古代被称为“知人”。知人是用人的基础。庄子曾借孔子之口讲述了知人的九种方法：“故君子远使之而观其忠，近使之而观其敬，烦使之而观其能，卒然问焉而观其知，急与之期而观其信，委之以财以观其仁，告之以危而观其节，醉之以酒而观其则，杂之以处而观其色。九征至，不肖人得矣。”[③] 这是说，对于君子，通过派他到边远地方工作来了解他是否忠诚；通过安排他在身边做事来了解他是否尊师敬长；通过让他处理琐事来了解其才能；通过突然提问来看他是否机智灵活；通过在紧急情况下相约来看他是否守信；通过让他管理钱财来观察他是否廉洁；通过告诉他危险情况来

① “庙算”，即战略谋划或战略决策。

② 胡祖光，朱明伟. 东方管理学：十三篇. 北京：中国经济出版社，2002.

③ 见《庄子・列御寇》。

观察其节操；根据他醉酒时的表现来观察他是否守规矩；通过安排他居留于男女混杂处考验他是否好色。《吕氏春秋》的“八观六验、六戚四隐”的识人法，诸葛亮的“便宜十九策知人性”七条知人法，都与“九征”大同小异。

（2）任用。人员甄选是人力管理的基础，人员任用则是人力管理的关键。中国古代提出了很多用人原则。一是“用人不疑”。唐太宗说：“但有君疑于臣，则不能上达，欲求尽忠虑，何以得哉？”用人者若怀疑被用者，就不能充分发挥被用者的作用。因此，在管理过程中必须尊重和信任下属，不能疑神疑鬼、动辄干涉。二是用长避短。《管子·形势解》指出：“明主之官物也，任其所长，不任其所短。”这强调的是要根据人的不同才能、特长任用人。三是人得其宜。《淮南子》认为，管理者不仅要“因资而用”，即根据人的特点和才能任用其人，而且要“人得其宜”，即提出的任务、提供的职位应与人的才能相匹配，应大才大用、小才小用。

（3）激励。中国古代很注重人员激励问题，并总结了很多行之有效的激励手段。一是赏罚激励，即通过奖励和惩罚等强化手段来激励人。著名军事思想家孙武认为，“取敌之利者，货也”。要想夺取敌人的财物，就要对士兵进行物质奖励，即物质利益是激励士兵的最有效手段。二是情感激励，即管理者可通过关怀和厚爱去激励下属，可见古人已认识到人是“社会人”。《孙子兵法》指出，“视卒如婴儿，故可与之赴深溪；视卒如爱子，故可与之俱死”。这是说，看待士兵像对待婴儿和爱子一样，他们就可以与你共同涉艰履险、拼死沙场。“上下同欲者胜”，即只有组织成员的目标保持一致，组织成员才能够同心同德，为共同的目标而奋斗。三是榜样激励，即管理者用自身的良好行为激励下属。孔子对此有非常精辟的概括：“其身正，不令而行；其身不正，虽令不从。”

马云——道家文化的践行者

阿里巴巴集团的主要创始人马云是一位道家文化的践行者。在管理方面，他认为，有真正理想领导力的是道家哲学，儒家思想是加强管理的最好东西，佛家思想让你学会做人。在运营方面，马云对老子“为而不争”的理念理解得较为深刻，并将之贯穿于企业运作。“不管别人如何、外面如何，你只需专心把自己的事做好就行。在整个社会浮躁中，我希望人能够静下来、慢下来，在慢中体会快的道理。”在用人方面，马云以“无为而治”的思想培养下一代领导者，培养无为的生态系统。他认为，制度需要文化，企业没有文化如同没有根。对于道家“功成事遂身退，天之道也”的理念，马云也身体力行，于 2013 年 1 月 15 日宣布 5 月 10 日起不再担任阿里巴巴集团 CEO。

要指出的是，由于古代中国并没有出现企业这一科学的组织形式，因此中国古代管理思想主要集中在“政治管理”，思想的提出者也多是哲学家，其管理思想的科学性尚不足，操作性也较差。此外，我们重新关注、审视、挖掘中国古代管理思想的同时，必须认识到其中与现代文明相冲突的一面，诸如小国寡民思想、宗族观念、王权思想、人情风、裙带关系、官僚主义，以及那种根深蒂固的对权威和权力的迷信心态，对个人价值和独立人格的忽视等，都是今天我们基于社会发展的角度所必须改造甚至摒弃的。

四、管理学与其他学科的联系

管理学是一门不断成长的学科。在管理学的发展演变历史中，对管理学的理论体系形成影响较大的学科主要有哲学、政治经济学、法学、社会心理学、人类学、统计学、生理学、计算机技术、数学和运筹学等社会学科和自然学科。这些学科的知识被管理学吸收，成为管理理论的有机组成部分，更重要的是，用于解决特定领域的管理问题。管理学在吸收其他学科的知识时，并不是将各学科知识进行简单加总，而是以管理学自身的学科理论体系为基础进行有选择的吸收。① 对管理学理论的构建影响最大的学科有经济学、社会学和心理学。本书着重阐述管理学与这三个学科的联系。

（一）管理学与经济学

经济学认为，企业是经济活动的主要行为主体，其交易行为决定了市场和价格机制的产生和运行。生产什么、如何生产、为谁生产三个基本资源配置问题的有效解决，有赖于市场和价格机制的有效运行。针对三个基本的经济问题，价格或价值理论、厂商理论、分配理论及一般均衡理论成为主流微观经济学的主要研究内容。其中，价格理论是微观经济学的核心，它从均衡价格论出发并加以引申、扩展，研究个别市场或个别商品的需求及供给问题；厂商理论是价格理论的延伸和扩展，主要分析一家厂商在不同竞争条件下的产量和价格是如何决定的；分配理论主要研究生产要素如何在各主体间分配；在单个市场分析的基础上，一般均衡理论分析了在市场、市场参与者的共同作用下所有市场如何同时达到均衡，并证明了在完全竞争市场及其他假设条件下存在稳定的均衡价格体系，使所有市场达到供求均衡，并满足帕累托最优。

企业作为经济学的研究对象，在主流经济学中只被作为“黑箱”，经济学感兴趣的是企业追求利润最大化的行为导致市场均衡的作用和过程。只要企业是追求利润最大化的投入产出组织，其内部组织怎样构造、如何有效进行生产经营、其管理运行机制如何，对于经济学而言无关紧要，这些并不属于经济学的研究范围。而这些问题恰恰是管理学所要解决的。自泰勒的开拓性贡献至今，管理学已形成包括管理原理、运营管理、营销管理、财务管理、人力资源管理、信息管理、战略管理等众多分支，以及管理科学学派、系统学派、人际行为学派、权变学派等诸多理论流派在内的庞大的知识体系。② 管理学是关于组织的科学。为了提高劳动生产率，管理学以如何充分利用组织拥有的资源为研究对象。

经济学是管理学中各类决策的出发点和依托。科学管理理论就深受 18 世纪末亚当·斯密分工理论的影响。亚当·斯密在《国富论》中首先提出，“劳动生产力上最大的增进，以及运用劳动时所表现的更大的熟练、技巧和判断力，似乎都是分工的结果”，分工可以带来生产效率的提高。科学管理理论根据这一理论提出了“如何进行分工”的理论，即科学管理理论——雇主与员工各负其责，在分工产生的各道工序中用科学方法替代经验方法以提高劳动效率。

战略管理的思想源自 20 世纪 20 年代中期的凯恩斯主义。凯恩斯主义认为市场是失灵的，“看不见的手”并不能有效调节社会资源的使用，提出寻找新的社会力量来弥补市场

---

① 张创新．现代管理学概论．2 版．北京：清华大学出版社，2005．

② 黄群慧，刘爱群．经济学和管理学：研究对象与方法及其相互借鉴．经济管理，2001（2）．

失灵，从而政府这只“看得见的手”的调控作用被发掘出来。战略管理首先从干预企业活动的外部力量寻求管理的基本规律，以主动适应外部环境的要求，尤其是来自政府的全方位的干预是此时期管理研究的一项重要任务。战略管理在 20 世纪 60 年代以后发生了变化，经济自由主义再度复兴，公共选择理论提出了政府失灵的观点，主张将自由市场机制和自由企业制度作为资源配置的基本工具。战略管理将注意力从外部环境转向核心竞争力，提出核心竞争力是企业在市场竞争中实现持续发展的源泉。

人本管理是知识经济时代管理的新理念，源于经济学对人力资源的研究。舒尔茨以劳动力的异质化假定为突破口，用人力资源理论解释了以索洛为代表的新古典经济增长理论不能解释的经济增长之谜。罗默在人力资源理论的基础上，进一步将人力资源和新知识作为新增要素内生化，强调专业化的知识和人力资本的积累可以产生递增收益并最终使总规模收益递增，且知识增长具有无限性和累积性，从而合理解释了经济增长的无限性以及生产率提高与人力资本积累相互推动的良性循环。①

（二）管理学与心理学

相比经济学，心理学更关注个体的行为，如激励因素（如地位、自我效能、工作满意度、权力等）的作用，也认为同样的因素对不同的个体或群体会产生不同的影响效果。心理学与管理学的交叉主要体现在组织行为学学科上。该学科主要研究两个问题：第一，组织的哪些特征会影响个体或群体；第二，个体或群体的行为又如何影响组织目标的实现。

组织行为学的主要研究内容有：

（1）团队。团队研究集中于探索团队绩效、团队满意度、团队效率、团队创新和团队冲突的前因变量、调节变量和中介变量。在团队绩效前因变量的研究中，团队内部多样性研究最多，包括对年龄、教育水平、性别、种族、任务导向、关系导向、专业性的研究。

（2）领导力及高层管理团队。主要研究内容包括变革型领导、魅力型领导、真诚领导、政治领导、整合型领导、领导—成员交换（leader-member exchange，LMX）、领导力发展、CEO、高层管理团队（top management team，TMT）、领导力有效性等。

（3）创造力。创造力研究均关于其前因变量，如工作自主性、学习导向和内在激励等。另外，如何将创造力付诸实践也是一个重要的研究趋势。还有研究探讨了创造力的黑暗面，发现具有创造力的人善于辩解自己的行为，因此更易实施不道德行为。

（4）多样性。在多样性研究中，多样性被视为前因变量，预测的结果变量包括负面情绪、企业绩效、组织依赖和组织公民行为等。

（5）公平。此方面的研究中，公平被作为前因变量，预测的结果变量包括绩效、组织承诺和组织公民行为等。

（6）身份和认同。研究内容大多关于组织身份的形成和如何提高员工的组织认同。

（7）组织公民行为。大量学者研究了如何促进员工实施组织公民行为（organizational citizenship behavior，OCB）。例如，有研究分析了团队层面的组织公民行为的前因变量，发现领导特点、团队构成以及团队成员间的可信任度都对组织公民行为产生影响。

（8）家庭工作平衡/冲突。此方面的研究主要探讨影响家庭与工作平衡的因素。预测家庭工作平衡的变量有工作特征、工作需求、工作资源、工作满意度和家庭—工作的边界

① 武博，严旭，陈晓文. 经济学与管理学区别和联系的再思考. 经济评论，2007（5）.

等。家庭工作平衡可用于预测一些普遍的结果变量，包括实际的健康、心理契约公平感、职业发展和组织绩效等。

(9) 信任/可信度。信任作为前因变量，可以预测的结果变量包括团队绩效、组织绩效和感知到的支持等。此外，此方面的研究还涉及信任修复（trust repair）。①

近年来，组织行为学研究除了秉承强调生产率的传统以外，更加关注工作生活质量，有关组织承诺、工作满意度、组织公民行为、心理契约、工作压力等成为研究热点。进入21世纪，随着知识经济时代的到来，组织如何适应新的知识经济环境以增强自身竞争力、延长组织寿命成为学术界和实务界关注的焦点，组织学习、知识共享、知识管理等与知识相关的研究领域不断涌现。同时，创新成为热点研究领域，创新绩效、组织创新和创新行为等成为研究热点。这是因为在知识经济时代，组织只有通过持续不断的创新才能持久地获取、维持企业的核心竞争力。此外，变革型领导、领导—成员交换、交易型领导、家长式领导等一直是该领域最重要的研究主题，特别是家长式领导和“中庸思维”都是具有中国特色的研究。②

（三）管理学与社会学

社会学研究的问题都是管理学不可忽视的基础，如人口、性别、种族、社会化、互动、团体、组织、文化、阶层化、偏差行为及控制、集体行为以及家庭、医疗、经济、教育、政治和宗教等制度，城市及乡村小区与聚落等，都是社会学概论或导论中最常见的议题。而管理学者不论是探讨人力的管理、生产的管理、消费的管理，还是物料或金钱的管理等，都需要考虑大环境的影响。社会学中还有其他许多议题（如环境保护、可持续发展等）同样可作为管理学讨论企业问题时的重要参考。③

社会学对于管理学而言具有重大价值的是对组织的研究，特别是马克斯·韦伯对官僚组织的讨论。作为一个社会学家，韦伯从人的社会行为入手理解社会结构及制度。韦伯基于宏观的历史视野探讨人的社会支配行为，并对这种社会支配行为进行分类，认为存在三种形式的支配行为——理性及法理型支配、传统型支配和个人魅力型支配。根据韦伯的看法，任何组织都必须以某种形式的权威为基础。适当的权威能消除混乱、带来秩序，缺乏这种权威的组织无法实现组织目标。因此，与三种社会支配行为方式相对应，存在三种类型的权威，即传统型权威、超凡魅力型权威和理性型权威（法理型权威）。其中，理性型权威以组织内部的各种规则作为权威的基础，相信政策和规章必须合乎法律，拥有权威的人在法律规则下有发布命令的权力。基于理性型权威实现的支配行为其实以对组织规则的服从和对法律的遵守为特征，因为在这种支配行为方式下人们服从领导者的命令是出于对组织规则和法律的信守，法律和规则代表一种大家都遵守的普遍秩序。因此，领导者与被领导者在法律地位上是平等的，各自都受到组织规则的约束。韦伯认为，合理性的官僚制只能发生在选择法理型统治的理性国家中，只有拥有理性的法律，建立了普遍法制观念，并具有货币经济、通信和运输手段、先进的科学技术和专门的文职阶层，才能建立合理性的官僚制。

---

① 张志学，鞠冬，马力. 组织行为学研究的现状：意义与建议. 心理学报，2014，46 (2).

② 谭力文，伊真真，效俊央. 21世纪以来国内组织行为学研究现状与趋势：基于CSSCI（2000—2013）文献的科学计量分析. 科技进步与对策，2016，33 (1).

③ 蔡洪进. 社会学与管理学. 农业推广文汇第55辑.

韦伯论述的官僚制具有六个方面的特征。第一，在职能专业化的基础上进行劳动分工，按权力自上而下排列形成严格规定的等级层次结构体系。每个下级机关均在上一级机关的控制和监督下，同时具有申诉和表示不满的权利。第二，明确划分责权的规章制度。按系统的劳动分工确定机构和人员的职责领域。为了履行这些职责，组织需要提供必要的权力，有明确规定的强制性手段和必要的应用条件。第三，指导组织行为的规则包括技术性规则和行为准则两个方面。为了合理地应用这些规则，必须对有关人员进行专门训练和培训。第四，系统化的工作程序与公私分明的界线。管理行为均依据一套严格、系统、明确的规则，管理当局的成员与组织的财产要明确分离，办公场所与居住场所也要分开。第五，严格的公事公办。非个性化的职位配有特殊的权利和义务，其财产归于组织而非职位占有者。任何任职者都不能滥用其正式职权，只接受有关准则的指导，但是合法权力能以不同方式被行使。第六，注重官员的知识和能力。每个机构都通过竞争性选择来招聘人员，根据技术以及非个性的标准确定职位候选人，基于资历、成就或两者兼而有之进行晋升。①

社会学对组织管理的另一重要影响体现在制度理论上。韦伯最早将“合法性”（legitimacy）概念引入社会学理论，进而影响了组织制度理论的学者。在韦伯的理论中，合法性与社会权威、统治、政治制度等命题密切相关，且可通过遵从社会标准和正式法律来获得。作为新组织制度学派的创始人，迈耶（Meyer）和罗恩（Rowan）认为组织可以通过提出一种“理性”的神话来获得合法性，并减少外部压力对组织的影响。这一观点的创新意义在于：首次将认知（文化）方面的因素纳入组织合法性研究范畴。在随后的十多年，学者们从不同角度对合法性进行了描述。例如，迪马乔（DiMaggio）和鲍威尔（Powell）认为，组织必须遵从一般社会价值体系，且特别受到其参与者认可的职业标准或专业标准的制约。两位学者对合法性的理解更侧重于规范和社会权威。诺克（Knoke）关注合法性认知方面的表征，将合法性描述为社会公众和相关精英组织对当事组织的合理性以及追求组织目标手段的正当性的普遍认识。1995年，萨奇曼（Suchman）在《管理学评论》上发表《合法性管理：战略和制度的方法》一文，对“合法性”进行了系统论述，提出“合法性是一个一般的理解或假定，即某一行为在特定社会结构下的标准体系、价值体系和信仰体系及定义体系内是合意的、正当的、合适的”。②

社会学中的另一重要研究领域是组织变革与组织发展。不同于以往的静态分析，组织变革研究的重点是动态的变革过程及其发生的情境。情境一般被一分为二——组织的外部情境和内部情境。外部情境包括企业所处的经济、社会、政治和行业环境等要素。内部情境包括结构、文化以及导致变革的观念和行为等可能推动或阻碍变革的政治环境要素。③

本章小结

◇ 任何管理活动都由四个基本要素构成，即管理主体、管理客体、组织目的和组织环境。

---

① 张康之. 韦伯对官僚制的理论确认. 教学与研究，2001（6）.

② 陈扬，许晓明，谭凌波. 组织制度理论中的“合法性”研究述评. 华东经济管理，2012，26（10）.

③ PETTIGREW，A. M.，WOODMAN，R. W.，CAMERON，K. S. 组织变革与发展：对未来研究的挑战. 管理世界，2010（11）.

◇ 管理是一门兼具科学与艺术的学科，管理的科学性和艺术性要求在管理过程中灵活运用理论知识。

◇ 管理者的基本角色有人际关系角色、信息角色和决策角色。

◇ 管理者需要三种关键的管理技能，即技术技能、人际技能和概念技能。

◇ 管理思想经历了科学管理、行为科学到知识管理等发展过程。科学管理阶段，员工被视为经济人；行为科学阶段，员工被视为社会人；知识管理阶段，员工被视为知识人。知识型员工将更多地参与原来被束之高阁的活动。

思考题

1. 列出管理者的关键管理技能，说明它们与管理中的角色有何联系。
2. 从社会经济发展和组织的角度，阐述管理的重要意义。
3. 简述科学管理的发展历程。
4. 管理思想的演变经历了哪三个阶段？每个阶段的贡献和局限性如何？
5. 中国古代管理思想的主要特征是什么？儒道释在其中发挥了什么作用？
6. 管理学如何形成独立的学科体系？

案例应用

科力远对管理的新需求

湖南科力远新能源股份有限公司（以下简称“科力远”）创建于1998年，凭借专利技术进入先进储能材料行业并迅速崛起，2003年在上海证券交易所上市，其股票代码为600478。该公司总部位于长沙国家级高新技术产业开发区，在国内上海、长沙及日本等布局了八大产业基地，缔造了一条从先进储能材料、先进电池、汽车动力电池能量包到油电混合动力汽车动力总成系统、电池回收系统的完整产业链，并拥有完全知识产权。其产品成功进入丰田、本田等高端供应链体系，公司全面融入国际化高端产业分工。

该公司现有员工近4 000人，其中500多人拥有硕士以上学历。以钟发平博士为核心，汇聚了国内外电池行业的知名专家、教授和院士100多人，其中日本专家数十人。经过多年的拼搏，该公司已在先进储能材料及高能动力电池产业居于龙头地位。公司拥有357项具有自主知识产权的专利核心技术，并获得了283件全球专利许可，工程转化能力和技术达到国际先进水平，是我国先进储能材料、汽车动力电池和储能应用系统的重要生产、研发基地和销售服务中心。科力远公司的组织结构如图1—4所示。

该公司全面推行精益管理和智能化制造，融合工业4.0，拥有强大的自主创新平台和油电混合动力汽车总成系统平台。2009年，科力远牵头组建了先进储能材料国家工程研究中心，它是目前先进储能材料及先进储能技术领域唯一的国家级工程中心。2014年10月，科力远与吉利控股集团合资成立科力远混合动力技术有限公司，共同开发CHS深度混合动力总成项目，破解了国内油电混合动力汽车发展的技术瓶颈。

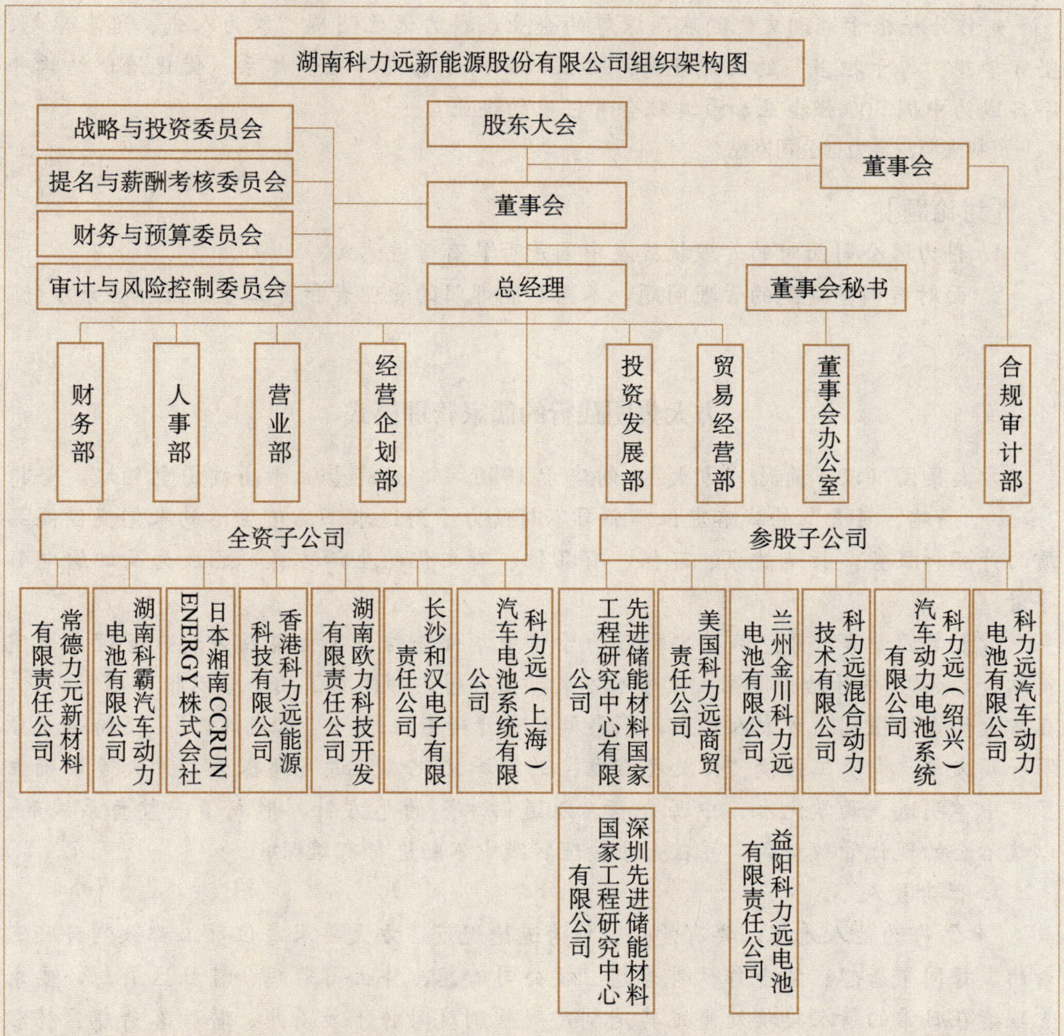

图 1—4　科力远公司的组织结构

科力远面临的管理问题是：

● 如何面向未来，围绕节能与新能源汽车事业进行全产业链布局，升级转型为中国混合动力领域最核心、最领先的动力总成系统供应商，推动中国混合动力产业化进程，以独一无二的产业链优势最终成为全球最值得信赖的新能源系统服务商？

● 如何面向未来，充分利用行业领军地位整合产业链上下游资源，进一步增强企业研发、经营管理和资源整合能力，为节能与新能源汽车、各类电子与电气产品和楼宇提供智慧能源和完整的动力解决方案？

● 如何面对全球化的挑战，将公司战略布局到美国和欧洲？如何利用互联网思维，充分整合国内外资源，开展更多的开放式创新？为此公司的组织结构应如何调整？

● 如何在充分学习日本管理模式的基础上进一步提高组织成员的领导力，特别是培养企业管理者的战略创新能力、风险决策意识和开放的文化氛围，在全球新能源及先进电池领域占据重要一席，演绎“未来由我推动”的精彩传奇？

● 作为植根于湖湘文化的底蕴深厚的企业，科力远已明确“敢为人先、追求卓越、坚守梦想、勇于担当”的文化理念。那么，如何完善内部控制体系、优化治理结构并早日成为中国500强企业和最具社会责任感的企业？

资料来源：科力远公司网站.

［讨论题］

1. 科力远公司面对的管理挑战在中国是否具有普适意义？

2. 面对案例中提到的管理问题，不同职能部门的管理者和员工可作出哪些努力？

方太集团践行的儒家管理模式

方太集团（以下简称“方太”）创建于1996年，始终专注于高端厨电领域，坚持“专业、高端、负责”的战略定位。公司不断致力于为追求高品质生活的人们提供高品质的产品和服务，打造健康、环保、有品位、有文化的生活方式，已成为高端厨电领导者。

方太集团董事长兼总裁茅忠群致力于将中华优秀传统文化与西方现代管理成果完美结合，2008年开始将儒家文化导入方太，在公司内部建立了孔子堂以推行儒家文化。在方太的内部报刊《方太人》上，茅忠群亲自开辟专栏——“总裁儒吧”，坚持每月撰写一篇文章，向员工传授“仁义礼智信”的国学文化。经过多年探索，方太逐步确立了“中学明道、西学优术、中西合璧、以道御术”的总方针，形成了一整套系统的、以儒治企的现代管理模式，并在企业管理实践中不断进行有益探索。

1. 仁者爱人

“仁”即为他人着想，要有爱心。作为道德规范，方太要求每位员工都做到替顾客着想、替同事着想、替合作伙伴着想、替公司着想、替上司着想、替社区着想，要求管理者在日常的待人接物处事尤其是制定规章制度时替下属着想、替顾客着想、替相关方着想。一个替他人着想的处理决定或规章制度一定会获得他人的支持和欢迎，其执行就会事半功倍。如能这样，顾客、员工和相关方也一定会处处替公司着想，努力回报公司或取得更大的成绩，从而实现共赢。例如，中国的烹饪方式会产生大量油烟，其中含有很多致癌物，会引发肺癌。方太秉承“仁者爱人”的儒家思想，不同于一般企业一味追求数字指标的竞争方式，坚持以用户体验为中心，通过不断研发使油烟对健康的伤害降到更低。2013年，方太推出全新一代近吸式油烟机——“风魔方”，在油烟处于升腾阶段时就将之吸净，防止扩散；2014年，方太主动进化，推出全新一代欧式油烟机——“云魔方”，创新性地将“传统顶吸”技术改为“蝶翼环吸板”技术，实现了立方环吸，使得进烟速度更快、控烟范围更广、排烟动力更强，而高效静吸技术还将噪声降至图书馆级的48分贝。

2. 义利平衡

义即合理合宜，就是要公平公正、合乎道理、讲原则。作为管理思想，方太讲求员工待人、接物、处事要做到合理、合宜、公道、公平、公正，讲求“义”和“利”的平衡与统一。例如，方太的财务数据是全透明的，在薪酬上追求公平性等。在解决问题、处理问题、制定制度时，方太也非常重视“义”。例如，在制定制度时首先替员工考虑，不断思考制度的合理性、公正公平性。

3. 遵守制度

孔子将古人祭祀礼仪中的“礼”从宗教范畴推广成为人文世界的行为规范。“礼”不仅是等级社会的外在形式，而且与人的内在理性结合在一起而成为人的内发行为，从而实现自我控制。方太基于感性的“仁爱”，推行理性的“礼”，即管理的规范与制度。茅忠群认为，“礼”是体现仁义的具体行为规范。在方太，经反复讨论且符合仁义要求的共识会转化成公司的规章制度、行为规范和规矩规则。同时，制度一旦开始执行，就必须遵守、严格执行，不能有任何借口，遵守制度和规则的人能够永远立足。当制度已不符合“仁义”要求时，可以提出并立即修改。较好地体现方太的儒家“仁义”思想的制度是已开始实施的全员“身股制”。方太并未限定只有管理层或某级别以上的员工才享受“身股制”，而是将该制度的惠及面设为全体员工。目前方太每年的销售收入达20多亿元，净利润超过1亿元。方太会拿出利润的10%分给所有的方太人。儒学核心的“仁”与“礼”已成为方太在管理实践中“爱”与“规”并行的新模式。同时，茅忠群对“礼”也有着更长远的规划——利用三年时间，一边推行儒学思想教育，一边归纳总结制定规范，建立一套中国的儒学管理模式。

4. 智即智慧

方太强调智慧的作用，将“智”理解为洞察本质、知己识人、明辨是非。茅忠群认为，智者不惑，方太应在创建学习型组织的基础上进一步创建智慧型组织。学习型组织能够自动适应竞争环境的变化，而智慧型组织则能够创造一个远离竞争的环境。为此，方太不惜重金建造了自己的产品实验室、技术研发实验室、能够模拟油烟机在高层建筑和公用排烟管道状态下的模拟实验室。建立这种实验室旨在研究油烟机的效果，而不仅仅是测试一般的产品性能。以儒家文化为根基，方太已经成功构建一个高级形态的智慧型创新组织：方太有行业内第一个国家级企业技术中心、两个国家级实验室、世界规模最大的厨电实验室；研发团队多达200余人，其中既有飞机风机研究专家、潜艇噪声专家、航空可靠性专家、德国工业设计专家，也有营养学、食品工艺学等专业人士。方太每年将不低于销售收入的5%投入研发，以支持企业的产品和技术创新，而且不设上限。如此高的技术投入，使方太拥有了货真价实的“高端”产品价值。

茅忠群认为，学习古圣先贤的思想理念，一定要取其精华、去其糟粕，既要避免全盘吸收，又要避免全盘否定。方太在日程管理中践行儒法并行，即在经典儒家思想（首重道德教化、以仁义立制度）的基础上，适当吸取法家思想的精华。而“以儒治企”使得方太集团形成了势不可当的创新文化，如最先完成“研发一代、储备一代、生产一代”的三级创新体系，建立油烟机行业首家国家级企业技术中心，掌握着中国油烟机行业60%以上的国家发明专利技术……

资料来源：方太：用儒家文化引领创新. 国际商报，2014-12-29.

方太总裁茅忠群：以儒家文化治理企业. 北大商业评论，2010 (8).

[讨论题]

1. 方太的管理实践对中国企业有何启发？
2. 儒家文化是如何推动方太的科技创新的？

推荐书目

1. 彼得·德鲁克．管理的实践．北京：机械工业出版社，2009.

2. 彼得·德鲁克．管理：使命、责任、实务．北京：机械工业出版社，2009.

3. Frederick Winslow Taylor. The Principles of Scientific Management. Martino Fine Books，2014.

4. 亨利·明茨伯格．管理工作的本质：珍藏版．北京：中国人民大学出版社，2012.

5. 亨利·明茨伯格．明茨伯格管理进行时．北京：机械工业出版社，2010.

6. 亨利·明茨伯格．管理至简：以实践为根基实现简单、自然、有效的管理．北京：机械工业出版社，2014.

7. 约翰·P. 科特．总经理．北京：机械工业出版社，2013.

8. 琳达·希尔．上任第一年 1：从业务骨干到团队管理者的成功转型：原书第 2 版．北京：机械工业出版社，2016.

9. 琳达·希尔．上任第一年 2：从团队管理者到卓越领导者的成功转型：原书第 2 版．北京：机械工业出版社，2016.

10. 朱利安·伯金肖．管理是一种风格．北京：商务印书馆，2012.

11. 琼·玛格丽塔，南·斯通．什么是管理．北京：中国青年出版社，2013.

12. 孙耀君．西方管理学名著提要．南昌：江西人民出版社，2007.

13. 丹尼尔·A. 雷恩．管理思想史：第 5 版．北京：中国人民大学出版社，2009.

14. 斯图尔特·克雷纳．管理百年：珍藏版．北京：中国人民大学出版，2013.

15. 斯图尔特·克雷纳．影响世界的西方管理思想．北京：中央编译出版社，2007.

16. 迈克尔·莫尔，朱利安·伯金肖．追求卓越：150 年来最伟大的 50 项管理创新史．北京：中国市场出版社，2010.

17. 彼得·德鲁克．后资本主义社会．北京：东方出版社，2009.

18. 许倬云．从历史看领导．桂林：广西师范大学出版社，2011.

19. 许倬云．从历史看组织．上海：上海人民出版社，2011.

第 2 章

管理的新环境

学习目标

- 掌握全球化的发展趋势
- 熟悉全球化对管理的要求与挑战
- 了解信息化的发展历程
- 学习信息化对管理的影响
- 了解管理伦理化的主要议题
- 了解组织社会责任的内涵和管理者道德的影响因素
- 了解绿色企业和绿色经济的相关知识
- 了解组织发展与反贫困的关系

本章主要介绍当代经济与社会发展三大趋势——GIE，即全球化（globalization）、信息化（informationalization）以及伦理化（ethic）。(1) 全球化的进一步完善。随着国家间贸易壁垒的消除，加之技术的进步，跨国沟通、交流和运输的成本大大下降，国际贸易、跨国投资、跨国合作越来越频繁。这要求组织管理应具有全球化发展的思维。(2) 技术尤其是信息技术的进一步发展。企业资源计划（ERP）、物料需求计划（MRP）等技术的发展使企业资源管理更加合理、科学；互联网技术，如电子商务的应用，方便了企业与客户、供应商进行沟通交流，极大地冲击了组织管理的思想和理念。(3) 伦理化要求进一步突出。安然事件、雷曼兄弟破产震撼全球，我国的三氯氰胺奶粉事件震惊全国，人们对管理伦理化的要求日益突出。现代管理者在追求经济利益最大化的同时，还需要明确组织的社会责任，实现经济利益和社会整体福利的双赢。

第 1 节　全球化与管理

美国超级市场中一大半的商品（如玩具、塑料制品、衣服）上印着“Made in China”；中国上海的外滩、陆家嘴等地林立着瑞银、德意志银行等著名的国外金融机构；2004 年中国联想集团收购了IT界蓝色巨人IBM的个人电脑（PC）业务，并在美国北卡罗来纳州的“金三角”设立总部；2010年3月29日中国民营汽车领军者之一吉利汽车正式宣布收购沃尔沃。

随着竞争不断升级，越来越多的企业选择走上世界舞台，进行全球布局以提高竞争力。意大利、法国等国家是艺术的殿堂，不少跨国企业在这些国家设立了前端的设计部门，如吉利汽车在意大利设立了工程设计部门；中国、印度等发展中国家拥有大量廉价的劳动力，很多大型跨国企业将主要的生产制造基地转移到这些国家和地区；美国、日本等国家拥有最先进的科学技术和最优秀的创新型人才，大量跨国企业将研发或创新中心设立在这些国家，以保持对尖端技术的紧密跟随，如中国海尔集团在美国设立了产品开发与研究机构。

一、全球化的背景与特征

由于全球化的企业需要在不同国家和地区、文化和习俗背景下进行活动，面临的经营环境非常复杂，因此通过有效的管理来应对文化差异、执行全球化策略显得尤为重要。不仅仅是跨国企业，如今几乎没有一家企业在经营过程中不接触来自其他国家的人员、政策、产品或服务。有效管理来自不同国家和地区、具有不同文化背景的人，已成为每位管理者必须掌握的技能。

（一）全球化的背景

一般认为，全球化浪潮始于20世纪后半叶。随着世界政治、经济格局发生重大改变，全球化浪潮风起云涌、势不可当。全球化是指在全球经济体系中，以企业为代表的组织在世界任何地区融资、投资、开展贸易，利用世界各地的物质和人力资源，制造、销售产品或提供服务。

推动全球化发展的力量主要来自两个方面。第一，贸易壁垒的消除。各国经济体制渐趋一致，政治对立得以缓解，各国之间的贸易活动更易于开展。第二，技术的进步。通信、运输等科学技术的进步大大降低了企业在全球范围内活动的沟通、交易、运输成本。①

1. 贸易壁垒的消除

20世纪二三十年代，大部分国家以保护本土企业、保护新兴产业为由，对国外商品的进口进行严格的限制，最常见的政策手段就是对其征收极高的进口税。例如，在改革开放初期，我国的进口关税很高，导致电视机、摩托车等进口产品的价格极其昂贵。

第二次世界大战后，随着政治、经济体制上分歧的化解，国家间的各种贸易壁垒不断消除，进一步促进了全球化的发展。生产资料、商品、技术、资本和人才等的跨国流动得到鼓励和支持。从最初的关贸总协定（General Agreement on Tariffs and Trade，GATT）到现在的世界贸易组织（World Trade Organization，WTO），都在努力推动国际自由贸易。以前政治、经济制度的差异使得中美两国几乎没有任何贸易往来。改革开放以来，中国成为世界最大的市场和廉价生产基地，吸引着包括美国在内的世界各国的知名企业（如可口可乐）进入。中国企业供给的低价格产品在世界市场上也广受青睐。

全球各地的需求在不断同质化（homogeneity）。各国对电脑、手机和家电等高标准化

① 蔡敦浩. 管理学：以服务为导向的新观念. 台北：沧海书局，2013.

产品的需求差异非常小，即世界各国销售的产品是高度相似的。例如，阿迪达斯足球鞋、星巴克咖啡、惠普电脑在中国取得了巨大成功，其在中国销售产品或提供的服务与在各自国家并没有很大差别。

2. 技术的进步

科学技术的进步，尤其是运输、储存与信息通信技术（information and communication technology，ICT）的突破性发展，为全球化发展提供了重要支持。在《世界是平的：把握这个趋势，在 21 世纪才有竞争力》一书中，弗里德曼指出，技术的发展，特别是信息通信技术的发展，极大地推动了世界经济体的发展、成长与交易。

全球运输技术水平的提升大大缩短了国际旅行、商品运输的时间，同时降低了运输成本。储存、包装技术的大幅改善，使运输质量不断提高、商品保存时间得以延长。这大大扩展了产品销售的空间范围，几乎所有商品都可在世界范围内流通。澳大利亚的商店里摆放着来自北京的烤鸭，德国的超市里热卖中国的大闸蟹和韩国的泡菜……

除了运输和储存技术，信息技术的进步对全球化发展所起的支持和保障作用更为重要。随着经营范围的不断扩大，沟通成本会急剧增加，这曾在很大程度上阻碍了全球化发展。20 世纪 90 年代开始，信息技术实现了强有力的发展，通信卫星和光缆覆盖了全球大部分区域。特别是互联网技术的开发和普及，降低了沟通国际事务的成本，提高了跨国沟通的效率。全球化企业可以通过视频会议系统让分布于其他国家的分公司的员工共同参与项目讨论，而无须聚集到一起。

（二）全球化的特征

在生存性动机或战略性动机的刺激下，大量企业从本土走向世界大舞台。全球化的发展需要有全球化的管理提供支持。以下着重介绍全球化管理的主要方面：市场全球化、制造全球化、金融全球化、研发全球化以及人力资源全球化（见图 2—1）。①

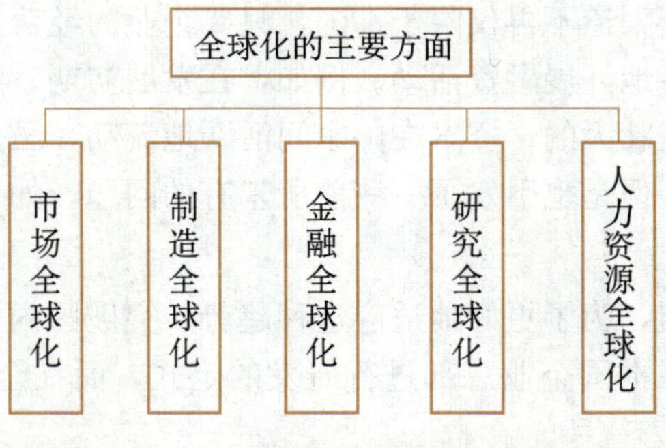

图 2—1　全球化的主要方面

1. 市场全球化

最早的全球化形式是国际贸易，其主要目的是在全球市场上进行相关商品的进出口。因此，毫无疑问，全球化过程中最典型、最普遍的就是实现市场全球化。市场全球化是指产品或服务可以在全球贸易市场中进行交易和流通。20 世纪 80 年代以来，随着国内市场

① 蔡敦浩. 管理学：以服务为导向的新观念. 台北：沧海书局，2013.

的逐渐饱和，海外市场成为很多跨国企业的主要业绩增长点。

在全球市场的扩张过程中，企业需要考虑一些问题。（1）如何选择适合的国际市场。不同国家具有不同的市场环境，企业需要根据自己的产品特点、成本和价格等选择国际市场，如美国、日本的市场比较活跃，消费意识比较超前，适合销售创新型产品。（2）如何进行产品的国际定位。不同的国家或地区具有不同的市场需求，企业在全球化过程中需要考虑产品的国际定位。例如，销往欧美的汽车往往比销往亚洲的汽车有更大的空间，以适应欧美人更为高大的身材。（3）如何在不熟悉的市场环境下进行营销推广。不同的国家或地区拥有具有不同的文化背景和行为习惯的顾客。

2. 制造全球化

制造全球化就是企业将生产制造的整个过程渗透到全球各地，从不同的国家和地区采购原材料、雇用员工，以完成部分或全部生产过程。由于不同的国家和地区在生产要素的质量和成本上有较大差异，因此企业可以根据自己的实际要求，利用这些差异来降低生产成本或提升产品质量，以获得更强的竞争优势。

在制造全球化的趋势下，形成了越来越多的跨国合作的全球制造网络，产品的生产制造不再集中于一个国家或地区。全球制造网络承担着越来越重要的角色。从原材料到加工为成品，需要经过很多制造流程。过去这些流程往往集中在一个国家和地区完成，而现在可能由分布在不同国家或地区的厂家共同完成。可以说，全球制造网络的形成使得整个地球变成一个联动的大工厂。不同国家或地区的企业根据自己的优势负责生产流程的某些环节，共同完成某种最终产品的制造，最为典型的就是波音飞机的制造。

3. 金融全球化

服务业也随着制造业的发展而向全球延伸，其中最为典型的就是金融行业。20 世纪 80 年代以来，发达国家逐渐放松对金融活动的管制，着力推动资本的自由化。国际资本的运作目的已经转向获得最大收益或规避风险，而不是基本的商品贸易。现在国际资金流通中，90%以上与商品贸易无关。

对于组织而言，融资渠道不再仅限于本国，只要企业的经营业绩突出并受到市场的肯定，企业就可以在全球各地开展融资活动。例如，在发展初期，阿里巴巴就是通过来自日本软银的投资来不断发展壮大的。资本在国家间活跃地流动，虽然为发展中国家注入了活力，促进了其经济发展，但是也引发了一些前所未有的问题，如 1997 年的亚洲金融危机。

4. 研发全球化

经济全球化愈演愈烈，为了更好地适应这种趋势、突破国内研发资源的有限性，很多跨国公司打破了以前只在本国企业总部进行研发的定式，而在全球范围内进行研发投资，形成研发国际化。

研发国际化是指企业改变原来只在母国进行研发活动的做法，通过直接建立国外研发机构、跨国收购或建立国际技术联盟等，将研发活动扩展到全球，形成以创新源获取全球化、创新人才国际化、创新组织国际网络化为特征的技术创新的新范式。研发国际化主要有两种形式：（1）企业与国外企业、大学以及研究机构建立技术联盟，形成稳定的技术合作关系；（2）企业通过并购、合作建立或直接建立国外技术研发机构，如海尔集团在美国建立研发中心。还有很多企业的研发国际化是兼用上述两种方式，如荷兰的飞利浦公司在上海建立了独资的中国研发总部，同时通过该总部与浙江大学、中国科学院等科研机构建立了技术合作关系。

企业通过研发国际化可充分利用不同地区的特有资源优势，并与当地企业进行有效交流，有效地配置企业的能力，促进创新活动的产生与扩散。这样，跨国企业的研发活动便由分散在不同地区的单位共同完成，形成了富有弹性、多样性和复杂性的全球创新网络。

飞利浦的研发国际化

从 20 世纪 70 年代末期开始，飞利浦就开始发展研发国际化，其 8 个研究工作实验室分别位于荷兰、德国、美国、英国、法国和比利时。埃因霍温的中央实验室有 2 500 名科学家和工程师。他们一方面研究物理、化学和数学等基础科学，另一方面致力于大量应用领域的研究，包括集成电路、材料科学等。其他实验室更加专业化，如位于英国莱德希尔的机构就把重点放在硅和砷化镓制成的分立元件的固态电子学和人工智能的软件设计上，巴黎实验室主要负责微处理器以及超大规模集成电路的结构和数字信号处理。

5. 人力资源全球化

总的来说，上述四个方面的全球化都需要人力资源来支撑。全球化的发展在促进国家间商品贸易、资本流通以及制造布局的同时，放松了对人力资源的限制。

人力资源全球化是指劳动力跨国界流动。高层职业经理人、金融分析师、科学家、工程师、设计人才等，在国际人力市场中炙手可热。这些人员不受国界的限制，只要拥有在市场上创造附加值的能力，就是具有竞争力的人力资源。现在越来越多的外国人才来到中国，为中国的企业工作。

根据美国著名投资机构高盛集团的调查，未来十年美国将有高达 600 万的工作机会外流到中国、印度、爱尔兰等劳动力成本低廉、科技人才素质较高的地区。例如，当美国的软件工程师编写好程序后，就通过互联网传给远在大洋彼岸的中国和印度工程师来进行编译和试错；保险公司将原本由本地员工负责的文件资料转移到工资更低的国家或地区进行处理。虽然受到各国移民和工作许可等法律法规的限制，国家之间的人力资源难以完全自由流动，但是借助通信技术其实已经实现了人力资源全球化。

二、全球化对管理的要求与挑战

进行全球化发展，企业有多种形式可供选择：简单的产品和服务的贸易、授权和特许经营、合资以及独资子公司。任何一种选择都可能会给企业带来新的飞跃，但同时要清楚地看到全球化并非易事，很多冲突、挑战也将随全球化而来。

（一）全球化的挑战

我们在阐述金融全球化时已经提到，过度自由的短期资本流通可能导致严重的金融危机。全球化的挑战并不仅限于此，很多因素都可能给企业的全球化经营带来挑战。企业在进行全球化发展时，必须对这些有利因素与在国际环境中经营可能遇到的挑战和风险进行权衡和比较。

1. 更加激烈的竞争

全球化使得市场竞争更加激烈和残酷。最为典型的就是跨国企业对本土企业的冲击非常严重。对东道国的企业来说，跨国企业的进入使得竞争更加激烈。特别是对于大多数发展中国家来说，本土企业缺乏资本、技术以及管理经验，很容易受到大型跨国企业的冲击而以失败告终。自20世纪90年代以来，很多大型跨国企业的进入使得中国一些著名的本土企业（如孔雀、香雪海）或走投无路而破产，或被跨国企业收购。

2. 环境的不确定性

经营环境的不确定性主要源于东道国的政策。实施全球化战略的跨国企业要特别注意与东道国政府的关系，并时刻关注东道国的政策方向。与美国相比，中国的经济政策更加强调宏观调控，因此政府的作用更大，企业也相应面临更多的不确定性。美国的跨国企业在进入发展中国家市场的过程中，需要对政策的不确定性做事先准备。

3. 文化的差异

不同国家在经营环境方面的差异主要体现在文化上。随着跨国经营企业的比重逐渐增大，跨文化管理的重要性与日俱增。不同的国家社会具有不同的文化和价值观，随之塑造出不同的基本处事行为和习惯，如中国的“关系”文化、美国的“标准”文化。这些个人价值观和行为的差异要求跨国企业进行有效的跨文化管理。下面将对跨文化管理进行详细阐述。

（二）全球化的跨文化管理

民族文化（national culture）是指一个国家全体或绝大多数公民共有的价值观。民族文化可以影响跨国企业的内部运作模式，从而影响组织的计划、组织、领导和控制等管理职能。更具体地说，文化影响企业的管理理念与哲学、组织结构设计原则、沟通与激励方式、领导与决策风格等。总之，有效的跨文化管理对于全球化发展来说至关重要。

1. 民族文化的维度

根据吉尔特·霍夫斯泰德（Geert Hofstede）提出的分析框架，民族文化主要包括五个维度，即权力距离、个人主义和集体主义、男性气质和女性气质、不确定性规避、长期导向和短期导向。

（1）权力距离（power distance）。权力距离是指能够接受的组织内部不平等权力的程度。权力距离越大，意味着乐于接受的权力差异越大，组织等级化程度越高。权力距离小的国家强调组织内的平等，其组织偏向于扁平化。中国文化的权力距离比较大。

（2）个人主义和集体主义（individualism & collectivism）。个人主义文化强调自我导向，人们只关心自己的利益。集体主义文化更多关心社会，成员对组织、团队忠诚。美国文化拥有最强的个人主义。

（3）男性气质和女性气质（masculinity & femininity）。男性气质强的国家文化强调事业的成就，讲究实际和做事果断。女性气质强的国家文化注重生活的质量、和谐的关系和关怀他人。日本文化的男性气质强。

（4）不确定性规避（uncertainty avoidance）。不确定性规避是指人们在面对不确定性时感受到威胁的程度。在不确定性规避高的国家，人们难以容忍不确定性。

（5）长期导向和短期导向（long-term & short-term orientation）。长期导向的国家文化往往看重未来，崇尚节俭、有耐力和含蓄；短期导向价值观的国家更看重过去和现在，个性刚强，强调传统和履行社会义务。

2. 跨文化管理的模式

不同国家、民族的文化为组织的全球化发展带来了较大挑战。那么，在全球化发展过程中，究竟该如何做好跨文化管理呢？在全球化进程中，主要有三种战略可供选择——母国中心主义、多中心主义和全球中心主义。[①]

（1）母国中心主义。母国中心主义是指组织以本国的价值观和经营理念为基础，尽量忽视不同民族文化之间的差异。采取母国中心主义战略的跨国企业往往实施集中化决策，寻求统一化和标准化的管理模式，关键职位均由总公司的外派人员担任。

（2）多中心主义。多中心主义的组织认识到文化多样性对其国际业务的影响，重视各国不同的价值理念和文化传统，因此企业的海外分公司呈现出多个文化中心的形式。海外分公司或子公司中的管理职位主要由东道国的员工担任。

（3）全球中心主义。采取全球中心主义战略的跨国企业将全球市场视为整体，同时尊重各细分市场的异质性。

（三）全球化管理的主要议题

管理的基本原理适用于不同国家，但是本土企业与海外企业在计划、组织、领导和控制等管理职能的具体实施过程上有很大差异。[②]

1. 跨国企业的计划

由于全球化发展会带来更大的外部环境的不确定性，因此跨国企业在制定计划的过程中极为重要的便是评估外部环境中的机会与威胁。跨国企业需要仔细分析目标国家的机会和威胁，并努力使企业的优势与弱点相协调。同时，在计划过程中，跨国企业需要考虑如何制定总部的计划与各国分部的计划，并使它们能够相互协同，实现资源的优势互补。

2. 跨国企业的组织

与一般组织结构设计相比，跨国企业更需要考虑应如何构建各国分部之间的关系，以及各分部与总部的关系。跨国企业可以从多种结构（如星型结构、多中心分散型或复合式星型）中加以挑选，可以按照地理区域设计组织结构，也可以按照产品类别组织活动。真正的跨国企业会将国内商务与国际商务共同融于全球性组织中，同样重视国内和国外的商务活动，并合理配置资源。

3. 跨国企业的领导

领导职能主要包括沟通和激励。语言往往成为很多跨国企业总部与设在其他国家的分公司或机构进行沟通的重要障碍。即使使用共同语言，由于总部与分支机构相隔遥远，也可能发生诸如信息失真、理解差异等沟通问题。不过，新的信息技术大大提升了信息的传递速度和质量，减少了干扰。但不论如何，电话会议与面对面讨论毕竟不同。

4. 跨国企业的控制

控制是指为了确保经营活动与计划相一致而对业绩进行评价和校正。一方面，收益、成本和利润都要按不同货币计算，各种货币汇率都有高度浮动的风险。另一方面，各国会计准则和财务报表制度往往不同。就会计程序而言，既需要满足东道国税务机构的要求，也需要满足母国政府的要求，还需要满足不同国家的股东、证券管理机构和银行的要求，并需要符合企业内部的相关规定。要编制能够同时符合上述要求的程序是非常复杂和困

---

① 许庆瑞. 管理学. 2 版. 北京：高等教育出版社，2005.

② 哈罗德·孔茨，海因茨·韦里克. 管理学：国际化与领导力的视角：精要版第 9 版. 北京：中国人民大学出版社，2014.

难的。

全球化带来的复杂性使得业绩的衡量更加困难，并会延误对偏离标准情况的发现和校正措施的采取。现在计算机技术对此提供了一定帮助，但是控制全球化企业仍然非常困难。

宝洁的全球化

20 世纪 70 年代，宝洁在欧洲的子公司变得越来越独立，到 80 年代早期，大多可以自行运作。它们不仅拥有在当地销售和营销的能力，而且拥有专属于自己的产品和生产机构。更重要的是，各地的经理有权决定哪些产品应该投放市场以及如何营销。

这种独立性使宝洁极易受到对手的攻击。宝洁发现，由于宝洁各子公司的独立性过高，因此很多竞争者学习宝洁在某国的成功产品或营销策略，然后在其他国家加以应用，从而使宝洁遭受不小的损失。然而，要让各子公司联合起来进行产品的研发和生产以及市场策略的制定也很困难。任何可能削弱它们的自主权或危及销售量和利润指标的方案都需要十分谨慎地处理。

宝洁公司实施的“欧洲品牌”(Euro Brands) 计划为改革带来了机遇。出于对重复的产品开发、低效的生产规模以及不协调的销售策略的不满，宝洁欧洲区的副总裁发起了一项合作方案，要求各分支机构共同进行产品研发，并执行欧洲统一的营销战略。他并没有以总部命令的形式将这一合作计划强加给各子公司，而是将责任下放给由主要子公司高层组成的几个欧洲品牌团队 (Euro Brand Teams)。该团队由在该行业中能力突出的子公司总裁来领导，还包括其他负责制造和市场的经理以及来自宝洁欧洲总部的职能经理。

欧洲的各子公司本来并没有什么动力进行合作，但是现在各个团队的成功——以及领导团队的总裁的声誉——都依赖于其他子公司的支持，这使合作自动得以实现。团队负责人明白，团队成员对其支持度取决于自己公司为团队的贡献，这就是由利益驱动的团队互助。这种关系与通常多单位组织内部的相互依赖有显著不同。

以前，跨国企业的管理者试图用强迫式的相互依赖 (pooled interdependence) 使经理们更多地考虑全局而非当地利益。比如，在运用“欧洲团队”这一方法前，宝洁欧洲区的副总裁时常劝说有独立思维的子公司领导者，希望他们能站在公司总体的立场考虑问题，将自己公司多余的资金转让给那些更需要的子公司，但是收效甚微。被动联合的相互依赖对于日常的管理行为来说通常是过于宽泛或飘忽的。欧洲品牌团队间的相互依存就显得更加互惠互补，这样可以更好地发展公司的组织能力。

资料来源：克里斯托夫·A. 巴特利特. 跨边界管理：跨国公司经营决策：第 2 版. 北京：人民邮电出版社，2002.

第 2 节　信息化与管理

前面已经提到过，技术的发展已成为全球化顺利实现的重要支撑，而技术对管理的影响远不止于此。管理信息系统使得企业管理层能够更准确地制定决策；物料需求计划大大提高了企业物料采购和管理的正确性和科学性。在所有技术中，信息技术（尤其是互联网技术）对整个商界的影响最令人震撼，因为它带来了很多革命性的商业模式。戴尔公司的电脑直销之所以能够获得如此好的业绩，主要是由于互联网技术的支撑使得用户可以方便地挑选各种部件，免费地、直接地与戴尔公司联系；中国的阿里巴巴以信息技术为依托，打造了最大的 C2C 购物平台——淘宝网；通过互联网技术，维基百科（WikiPedia）利用全球网友的智慧，创造了世界最庞大的知识库；智库网络（Innocentive. com）利用互联网技术实现了全球创新人才与创新难题的对接。本节以信息化为重点，谈谈技术特别是信息技术的发展对管理的深远影响。

一、信息化概述

诞生半个多世纪以来，计算机技术以前所未有的速度发展。CPU 处理能力大幅提高，通信系统的数字化和智能化，以及光纤、微波、卫星通信和无线电通道构建了密布在全球各地的信息网络。以互联网为代表的信息网络的发展使得人们可以与全球各地的人进行信息沟通，而成本却很低。

（一）信息化的内涵

信息化是指在经济和社会活动的各个领域普遍采用现代信息技术，充分有效地开发、吸收、共享和利用各种信息资源，以提高组织效率并增强竞争力。管理的信息化就是将信息技术与管理思想相结合，将信息技术运用于组织运营。在经济与社会活动中，组织通过普遍地采用信息技术，可以更有效地收集、分析、开发、共享和利用信息资源，扩大信息资源的范围，提高信息处理的速度和科学性，从而有效提升竞争力。

在技术上，信息化可以提高生产率、改进产品质量、提高生产的柔性和适应性、改变劳动的性质。同时，它大大提高了管理的效率和效能，扩大了营销范围，提高了服务质量，进一步促进了金融业务的多样化和国际化。

此外，信息化还使人们的社会生活发生重大改变。信息化的发展使得很多员工的办公场所不再限于公司所在地，出现了 SOHO 一族在家办公的工作形式。信息化的发展使得学生不必到课堂上聆听讲座，可在任何地方通过网络观看课程视频或与老师联系。例如，美国麻省理工学院专门为世界所有人开放了相关的课程资料和视频。随着信息化的发展，网上购物逐渐代替了大量的实体店业务，很多年轻顾客习惯在网上购买商品。

（二）信息化的应用

信息技术的应用范围很广，在管理的很多方面都有重要应用。多年来，信息技术在企业中的应用主要集中在如下方面。

1. 生产过程的信息化

生产过程的信息化是指在生产制造过程中实现监测和控制的自动化，如计算机辅助设计（CAD）、计算机辅助计划（CAP）、计算机辅助制造（CAM）以及集散控制系统（DCS）。

2. 管理过程的信息化

在知识经济时代的管理过程中，信息的获取、分析、利用和分享是非常重要的。计算机的诞生满足了这方面的需求，主要的应用实例有事务处理系统（TPS）、管理信息系统（MIS）、决策支持系统（DSS）以及主管信息系统（EIS）等。

3. 办公自动化

办公自动化（OA）是指利用信息技术工具提高办公的效率和效能。文本、数据的处理以及沟通都可以借助信息化工具来更快、更好地完成。常见的办公自动化工具有文字处理系统、电子邮件系统、图形图像处理系统、视频会议系统等。

4. 集成一体化系统

为了更好地对企业采购、生产、销售等过程进行管理，很多企业构建了集成一体化系统，常见的有物料需求计划（MRP）、制造资源计划（MRP Ⅱ）、计算机集成制造系统（CIMS）以及企业资源计划（ERP）。

随着互联网的诞生与广泛应用，组织可以把过去一些“独立”的应用系统通过互联网进行连接，还可以完成一些新的管理任务，如建立自己的网站，向外界宣传企业的价值观、产品和服务等情况，或建立顾客关系管理（customer relationship management，CRM）系统，以便及时获得客户的信息。

《麻省理工科技评论》“2016年十大突破性技术”

从2002年开始，《麻省理工科技评论》（*MIT Technology Review*）每年都会评选出当年十大突破性技术。最近它从2015年的各项创新中遴选出或攻克疑难问题或催生科技使用新方法的“2016年十大突破性技术”。这些突破性技术将在未来数年凸显其重要意义。以下为《麻省理工科技评论》评选出的“2016年十大突破性技术”。

1. **免疫工程**（immune engineering）

经过基因改造的免疫细胞正在拯救癌症病人的生命，而这只是开始。

● 成熟期：1～2年。

● 突破点：经基因改造的T细胞能够治疗癌症。

● 重要性：通过改造免疫系统，癌症、多发性硬化症和艾滋病等疾病统统可以治愈。

● 该领域主要参与者：Cellectis、Juno Therapeutics、诺华制药。

T细胞被称为免疫系统中的“杀手细胞”，它们在人体内四处移动，进行感知探测，杀死其他细胞。科学家们将它从一个人的血液中提取出来，加入新的DNA指令，从而令之能够攻击肿瘤细胞，同时采用基因编辑方式删除T细胞用以探测外来分子的受体，使之不至于攻击“非来自自体”的好细胞。该技术已在300多名病患身上进行了实验，效果十分惊人，甚至能够极大地缓解病情。目前世界上已有十几家医药公司和生物技术企业正在努力将这项疗法带入市场。经过基因改造的T细胞将为糖尿病、多发性硬化症和红斑狼疮等自身免疫系统疾病以及艾滋病和各种传染性疾病患者带来新生希望。

2. **植物基因精确编辑**（precise gene editing in plants）

一种简便且精确改变植物基因的方式，可为植物带来疾病抵御和抗旱等能力。

● 成熟期：5～10年。

● 突破点：在不遗留外源DNA的情况下，对植物基因进行精确编辑，且成本低廉。

● 重要性：全球人口不断增长，到2050年将达到100亿人，农作物增产问题亟待解决。

● 该领域主要参与者：英国诺维奇Sainsbury实验室及John Innes中心、韩国首尔国立大学、美国明尼苏达大学、中国科学院遗传与发育生物学研究所。

该技术能以低廉成本精确地编辑植物基因组，且不遗留外源DNA。中国已利用该技术创造了一种抗真菌的小麦，并提高水稻产量。英国已利用该技术创造出具有抗旱能力的植物品种。这种基因编辑技术还有助于科学家及时对抗处于不断进化中的各种危害作物的微生物。

3. 对话界面（conversational interfaces）

来自中国领先互联网公司的强大语音技术使智能手机的使用更为便捷。

● 成熟期：现已趋于成熟。

● 突破点：将语音识别与自然语言理解相结合，为全球最大互联网市场创造有效语言接口。

● 重要性：通过打字方式和计算机进行互动既浪费时间，又浪费感情。

● 该领域主要参与者：百度、谷歌、苹果、Nuance、Facebook。

现在大部分智能手机上已预装苹果的Siri、微软Cortana和谷歌Now等语音识别系统，但这些系统不太完美，有时会误听或误解指令。百度则在该领域取得了令人印象深刻的进展。2015年11月，百度硅谷实验室宣布研发了一种强大的语音识别引擎，称为“深度语音系统2”（Deep Speech 2）。该系统拥有一个大型“深度”神经网络，可在数百万转录语言库的基础上学习如何将声音与语句相联系，语音识别精确度极高。

4. 可回收火箭（reusable rockets）

现在火箭可以直立着陆，加满燃料后再次发射。这将开启太空航行的新时代。

● 成熟期：现已趋于成熟。

● 突破点：火箭可将有效负载发射到轨道上，然后安全着陆。

● 重要性：降低发射成本，有助于开启太空探索的各种新可能。

● 该领域主要参与者：SpaceX、Blue Origin公司、美国联合发射联盟。

可回收火箭将使航天飞行成本降低至几百分之一。杰夫·贝索斯（Jeff Bezos）的蓝色起源公司（Blue Origin）和埃隆·马斯克（Elon Musk）的SpaceX公司分别在2015年11月和12月成功实现了火箭回收。廉价太空旅行的新时代已在向我们招手。

5. 知识分享型机器人（robots that teach each other）

如果机器人能自己琢磨出更多事情，并相互之间分享知识，那么世界会变得如何？

● 成熟期：3～5年。

● 突破点：机器人学习任务，然后将知识上传到云端，供其他机器人下载使用。

● 重要性：如果各种不同的机器人无须分别进行独立编程，那么机器人的发展速度将极大加快。

● 该领域主要参与者：Brain of Things的阿舒托什·萨克塞纳（Ashutosh Saxena），布朗大学的斯蒂芬妮·塔勒克斯（Stefanie Tellex），加州大学伯克利分校的皮尔特·阿布比尔（Pieter Abbeel）、肯·戈德伯格（Ken Goldberg）和谢尔盖·勒凡（Sergey Levin），德国达姆施塔特科技大学的简·比德斯（Jan Peters）。

基于一个标准编程框架ROS的机器人在学习了特定任务后，将知识传送到云端以供其他机器人下载、分析并使用，其他机器人也可上传反馈，进一步优化对后续机器人发出的指令。有关识别和抓取特定物体的数据可压缩至5M～10M。未来5～10年，我们或将能看到机器人的这种能力呈爆发式提高。

6. DNA应用商店（DNA Appstore）

有了包含个人基因信息的在线商店，你可以更容易也更便宜地了解更多有关自己面临的健康风险和患病倾向。

- 成熟期：2016年进入成熟期。
- 突破点：DNA测序的一种全新商业模式，将使基因信息可在网上广泛获取。
- 重要性：一个人的基因决定了相当多的东西，包括罹患某种特定疾病的可能性。
- 该领域主要参与者：Helix公司、Illumina公司、Veritas Genetics公司。

位于旧金山的Helix公司将推出全球首个面向大众市场的基因信息应用商店。该公司收集客户的唾液样本，对客户基因进行测序和分析，然后将结果数据化，客户可通过应用程序获取自己的DNA信息。该公司一次对2万多种基因的分析成本为100美元左右，仅为其他公司的1/5。这些DNA信息还可出售给其他研发人员。目前Helix公司正与Illumina公司合作筹建世界上最大的基因测序中心，计划推出DNA应用商店。

7. SolarCity的超级电池工厂（SolarCity's gigafactory）

美国一家太阳能工厂将能够每年生产出10亿瓦特的高能效太阳能面板，该技术对家庭用户吸引力巨大。

- 成熟期：明年进入成熟期。
- 突破点：采用简化流程和低成本制造的高能效太阳能面板。
- 重要性：为比化石燃料更具竞争力，太阳能行业需要更廉价、更高效的技术。
- 该领域主要参与者：SolarCity、SunPower、松下。

SolarCity每天能生产1万块太阳能面板，每年生产10亿瓦特太阳能，将成为北美最大的太阳能生产厂。该公司已是美国领先的住宅用太阳能面板安装商。目前主流的晶体硅太阳能面板转换能效为16%～18%，SolarCity的面板转换能效超过22%，安装面积将比传统面板少1/3。SloarCity采用的生产流程将原先的20多个步骤减少为6个，并将传统面板中最昂贵的金属银替换成了便宜的铜，从而使成本大大降低。另外，松下宣布其新面板的转换能效达到22.5%。

8. Slack通信软件（Slack）

这项为移动电话和短信息时代打造的服务正在改变我们的工作场所。

- 成熟期：现已趋于成熟。
- 突破点：一款使用便捷的通信软件，正在取代电子邮件成为工作工具。
- 重要性：Slack讯息简短、随意，其营造的轻松氛围有助于提高工作效率。
- 该领域主要参与者：Slack、Quip、Hipchat、微软。

这是一款被称为“有史以来增长速度最快的办公室通信软件”，自2013年推出以来，在不到3年的时间，日用户已突破200万。该软件为办公室员工提供了一个使用即时短讯和同事沟通的“中心化”场所，减少了使用电子邮件的时间。无论是使用电脑还是移动设备，你都可以上传文件、获取存储在文档中的信息，并在对话中进行搜索。由于可以看到其他同事在工作中的交流信息，因此 Slack 营造的轻松随意氛围是电子邮件不可比拟的。

9. 特斯拉自动驾驶技术（Tesla Autopilot）

这一由电动汽车制造商开发的汽车软件在一夜之间使自动驾驶变成现实。

- 成熟期：现已趋于成熟。
- 突破点：能够在各种条件下进行自动驾驶的汽车。
- 重要性：每天全球各地由人为失误造成的撞车事件多达数千起。
- 该领域主要参与者：福特汽车、通用汽车、谷歌、日产汽车、梅赛德斯、特斯拉汽车、丰田、优步、沃尔沃。

该技术给予驾驶者以飞行员驾驶飞机时的类似体验，它可以控制速度、变换车道和自动泊车等。此外，梅赛德斯、宝马和通用汽车等全球领先汽车制造商也开发了自动平行泊车技术。尽管目前自动驾驶尚处于法律的灰色地带，但是无疑其在未来将重塑汽车与人的关系、道路与整个交通基础设施的关系。

10. 空中取电（power from the air）

由 WiFi 和其他电信信号供电的互联网设备将使小型电脑和传感器的渗透率更高。

- 成熟期：2～3 年。
- 突破点：无线设备通过附近的无线电信号为自身供电并进行通信。
- 重要性：将连入互联网的设备从电池和电线中解放出来。
- 该领域主要参与者：华盛顿大学、得州仪器公司、马萨诸塞州大学阿默斯特分校。

这项技术使用“后向散射”原理，能使设备从周边的电视、电台、手机或 WiFi 信号中获取电能，从而支持自身工作并进行通信。经测试的原型产品显示，仅需目前 WiFi 芯片所需万分之一的电量即可正常工作。该技术即将实现商业化。采用这种技术的小型 WiFi 设备制造成本不足 1 美元。未来许多智能家居产品、安全摄像头、感温器和烟感器等设备或将永远无须更换电池。

附：《麻省理工科技评论》2015 年十大突破性技术：Magic Leap（虚拟现实技术）；纳米架构；车对车通信；谷歌 Project Loon（天空互联网）；液体活检；大规模海水淡化；Apple Pay 移动支付；大脑类器官；超强光合作用；DNA 互联网。

资料来源：新浪财经，http://finance.sina.com.cn/stock/t/2016-03-28/doc-ifxqsxic3471046.shtml.

二、信息化对组织运营的影响

现在，工业经济正在向知识经济转变，组织面临更加复杂多变的、开放的经营环境，这对组织的应变能力、决策能力和创新能力等都提出了更高的要求。因此，加强信息资源管理对组织的生存和发展具有深远的影响。

组织的发展主要有两个方向：一是努力提高运营效率；二是不断提升创新能力。既然信息化是为组织的发展服务的，那么信息化对管理的影响也可分为运营和创新两个方面。

1. 信息化提高运营效率

运营就是将资源或要素有机地结合，提供产品或服务的过程。信息化提高了各种信息的创造、获取、分析、共享和利用的速度和质量，实现了资源和生产要素的更合理配置，节约了各类成本和时间，使企业的生产经营效率和管理效率得到提高。

信息化还加快了组织内部的沟通速度。几乎在高层发布政策的同时，中层管理者和员工就可以通过网络了解这些政策。另外，信息化使得远程同步异地会议的召开成为可能。随着基于互联网技术的远程视频和通话系统的不断升级和完善，企业只需要通过远程的视频系统，就可以召开异地多处的同步会议。

2. 信息化使管理更科学

在市场需求分析过程中，管理者利用信息技术可以获得更全面的内外部信息，利用系统分析工具进行更准确的市场分析以及未来需求预测。在客户管理过程中，企业通过客户关系管理系统的应用和分析，可以更好地了解客户的实际需求，与客户进行实时沟通，从而进一步提升其产品和服务。在制定管理决策的过程中，除了高层决策者的智慧和经验以外，组织利用信息技术还可以收集来自基层员工和外部组织的准确、及时、有价值的信息。

3. 信息化降低运营成本

信息技术已经应用到整个运营流程中，降低了组织的运营成本。一方面，计算机辅助设计和制造技术不仅可以降低新产品的研发和生产成本，而且可以大幅降低对现有产品进行渐进性创新的成本；另一方面，信息化的发展进一步改善了零库存管理、柔性制造的效果。

此外，信息技术的应用还降低了沟通和交易成本。通过提高信息资源开发利用的效率、扩大信息资源的范围，组织能够以低成本实现信息共享，改变企业的竞争态势。

信息化与决策

有人认为，计算机将会取代决策者，至少可以取代中层管理部门的决策者，甚至战略方面的决策也会全部由计算机来制定。计算机大大提高了管理者的决策效率，便利了企业的管理工作，但是永远不可能取代人。事实上，自计算机问世以来，大部分调解性“决策”仍然必须由管理者制定。

在处理传统决策的过程中，信息化可能难以发挥作用。例如，“本公司的目标是要为90%的客户完成90%的交货承诺”。以传统的眼光来看，这样的政策应该是非常明确的。但是，如果交给计算机，却是完全无意义的——这项政策到底表示什么？是说对所有接到订单的客户均只交货90%，还是说只对“好客户”如约交货，而对关系一般的客户可以延迟一些？那么“好客户”又是什么意思？是说凡属本公司任何产品，我们均只答允交货90%，还是说只对“重要产品”如约交货？那么重要产品又是什么意思？某项产品我们认为不是重要产品，而客户却认为是紧急的，那又该怎样处理？

上面每个问题都需要对选择项的风险进行估计，才能够作出最终的决策。这些估计都是在充满“不确定性”的情况下进行的。而所谓的“不确定性”就是无法明确界定，因此也就无法输入计算机。想要运用计算机，使之能够按照我们的要求平稳运行，或使之能够对发生的事情作出预定的反应（如我们发现敌方核弹时或发现原油中硫的含量超过规定时应该采取的行动），这类决策就不能是不确定的、不稳定的。

由于信息化的作用有限，因此更需要管理者来做必要的决策，中层主管也才能从决策的执行者转变为管理者和决策者。例如，诸如通用汽车公司之类的企业组织、诸如德军参谋总部之类的军事组织，其最大的优点就是早已重新编组，将日常作业转变为真正的决策。

大型组织的基本弱点之一是，中层管理者很少有决策训练的机会，以致难以担任高层的决策职位。但这并不是说有了计算机，普通职员就可以变成决策者，正如有了计算尺并不能使高中生变成数学家一样。不过，企业实行信息化，至少能使我们早一天分辨出潜在的决策者。

资料来源：彼得·德鲁克. 管理：使命、责任、实务. 北京：机械工业出版社，2009.

三、信息化对组织创新的影响

知识经济时代，创新成为组织持续、快速发展的主引擎。信息化在支持组织创新方面发挥了重要作用。信息化推动了组织结构的优化，为创新氛围的形成提供了可能。同时，互联网理念的不断发展为管理实践带来了更多、更具创意和发展潜力的商业模式。

1. 信息化推动创新活动

知识、技术共享以及创新者的交流对于创新具有非常重要的意义。信息化为知识提供了交流和共享的平台，使组织的创新者可以更好、更快、更充分地交流沟通。这种快捷、方便的双向互动使创新的火花更易迸发出来。同时，信息化使组织与外界联系，尤其是与顾客和供应商的联系更为直接和密切。信息化使创新的市场导向性更强，创新成果在市场上实现其价值的可能性更大。

2. 信息化推动组织结构优化

信息化为组织的模式和理念带来了巨大的震动，推动了业务流程再造乃至组织结构的重构。精确、柔性、具有创新精神的扁平化动态网络结构逐步取代了原有的金字塔状的层峰型结构。

在新型组织结构中，信息系统取代了中层监督和控制部门的大部分职能，加强了决策层与执行层的直接沟通，大大削弱了管理中层的作用，从而减少了管理层次。信息化进一步提高了组织对市场的快速反应能力，调动了组织成员的积极性，为组织的系统性学习提供了可能，使组织能够更好地适应竞争激烈的市场环境。

海星组织与蜘蛛组织

信息化为组织结构的优化提供了助力，使组织可以进一步分权和扁平化，逐步从蜘蛛组织模式转向海星组织模式。在亚马逊年度畅销书《海星模式》一书中，作者布莱福曼和贝克斯特朗将集权的、层级的组织和分权的、扁平的组织分别比喻为蜘蛛和海星。蜘蛛有八条腿和一个脑袋，断了腿的蜘蛛还可以生存，而一旦脑袋出了问题，它就必死无疑。相反，海星只有五条腿，没有脑袋。即使砍断海星的腿，它仍然可以存活，而且断掉的腿还可以生出新的海星。如此来看，海星比蜘蛛拥有更强、更持续的生命力。因此，组织应该重视扁平化和分权化，向海星组织模式转变，这也是支持谷歌、Skype 发展的背后力量。

资料来源：奥瑞·布莱福曼，罗德·贝克斯特朗．海星模式．北京：中信出版社，2008.

3. 信息化带来全新的商业模式——众包

在提高组织运营效率、支持组织创新的同时，信息化还为整个商界带来了很多新的商业模式，如戴尔的终端客户直销模式、阿里巴巴的网上 B2B 模式，而众包理念和模式无疑是信息化对整个商界和创新领域的又一馈赠。

根据切斯布鲁夫（Chesbrough）的开放式创新理念，创新不仅仅拘泥于组织内部，组织更需要更多从外部获取创新资源，包括与领先客户的交流、与供应商的联合开发、与竞争对手的研发合作以及与科研院所的产学研等，这使得新的商业模式的出现成为可能。互联网等信息技术促生了利用组织外部的群体智慧解决组织内部难题的全新商业模式——众包（crowd-sourcing）。杰夫·豪首先提出“众包”概念，并宣告了全新商业模式的诞生——从最开始的外包（out-sourcing）到后来的开源（open-sourcing），再到今天的众包。众包是指将传统上内部员工或外部承包商负责的工作外包给一个没有清晰边界的大型自发群体去做。工作可以是新技术的研发、新算法的编写或对海量数据进行分析等（见图 2—2）。

外包 (out-sourcing)	开源 (open-sourcing)	众包 (crowd-sourcing)
将非核心业务承包给指定的外部组织，以降低成本	由专业用户自发实现的大规模协作	将业务（可以是核心的）承包给没有边界的自发群体

图 2—2　外包、开源与众包的比较

众包的概念是全新的，但是相似的理念早在 18 世纪就已存在，英国政府曾经通过公开奖赏的方式向全体大众来求解经度问题。今天的众包达到了新的高度，以至于成为一种新的商业模式。信息化的发展、互联网的出现在其中起到了非常重要的作用，因为互联网使得任何人都可以实现零成本沟通。通过应用众包模式，企业可以更好地解决内部研发难题（如美国 InnoCentive 网站），更好地预测市场和投资未来（如美国 IBM），以及更好地收集创意（如网上 T 恤衫公司 Threadless）。①

① 杰夫·豪．众包：大众力量缘何推动商业未来．北京：中信出版社，2009.

InnoCentive 公司的众包

美国制药企业礼来（Lily）在 2001 年投资建立了 InnoCentive 网站，在企业与所有外部智慧之间建立了直接联系。初期，InnoCentive 只对那些希望利用网络资源尤其是外部专家资源为自己服务的公司（如波音、宝洁）敞开大门。这些企业可以匿名地将自己最棘手的科学问题公布在 InnoCentive 的网页上。登录网站的任何人都可以尝试解决这些问题，他们被称为问题解决者（solver）。InnoCentive 的首席科技官吉尔·帕内塔说，网站上超过 30%的问题都能够得到解决。提出问题的企业会选择最合适的解决方案，并付给解决者一定的佣金，一般从 1 万美元到几十万美元不等。如果投资内部研发部门进行相同的研发，则可能需要近百万甚至上千万美元。快速消费品业巨头宝洁公司是 InnoCentive 最早和最好的客户之一。每年宝洁都会将创新过程中遇到的问题放到网站上，其中大部分问题会得到来自世界各地知识型人才的解决方案。

InnoCentive 上的大部分问题解决者是专业的科学家，也有很多业余爱好者。有一位性格温和但行为古怪的电气工程师名叫梅尔卡雷克，他的实验室只有两个车库大，但是他却解决了高露洁内部研发部门无法解决的难题。高露洁公司想要在不挥发的情况下将氟化物粉末注射到牙膏管中。在网站上看到这个难题后，梅尔卡雷克就知道自己有办法：只要在和牙膏管接触时给粉末带上一个电荷，带有正电荷的氟分子就会被牙膏管吸引，从而避免挥发。就这样，梅尔卡雷克赢得了 2.5 万美元的报酬。假如高露洁让自己的研发部门做的话，至少要投资好几倍的钱。

资料来源：杰夫·豪. 众包：大众力量缘何推动商业未来. 北京：中信出版社，2009.

四、影响管理的互联网技术

信息化为组织充分开发和利用信息资源创造了条件，也为其发展带来了许多新的机遇，更促使企业的综合竞争能力有了极大提高。发达国家的信息化可以追溯到 20 世纪 70 年代或更早。随着 90 年代互联网技术的普及和应用，以及大数据和云计算、人工智能等信息科技的进一步显现，信息化的作用进一步展现。在此着重介绍对管理实践产生重要影响、基于互联网的阶段性信息技术——电子邮件、即时通信、开源技术、云计算（见图 2—3），以及人工智能技术。

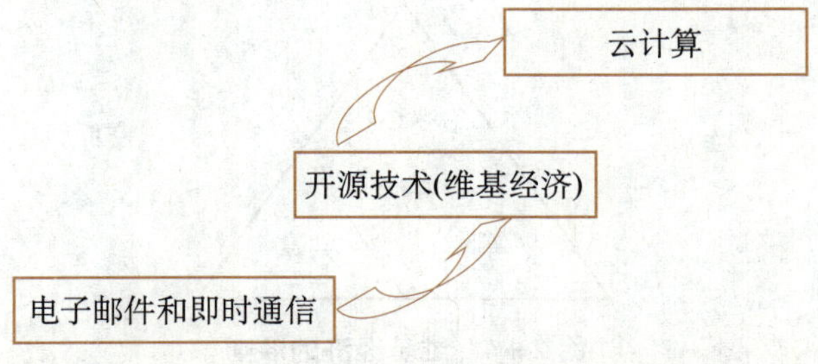

图 2—3 互联网技术的发展

（一）电子邮件和即时通信

电子邮件（E-mail）是在互联网环境下进行信息交换的一种通信方式。在互联网环境下，用户利用电子邮件系统可以极低的成本快速地与世界上任何角落的网络用户联系。电子邮件使用简易、投递迅速、费用低廉、易于保存、全球畅通无阻，这是任何传统通信方式难以相比的。同时，电子邮件能够实现一对多的信息传递，同一邮件可以一次发送给许多人。电子邮件广泛应用于组织管理，彻底改变了沟通与管理的方式。在阿里巴巴，销售团队的主管每天都会通过电子邮件总结一天的工作、激励员工，并初步设定第二天的工作目标，而团队成员也会通过电子邮件进行交流和相互鼓励。

即时通信（instant message，IM）可以说是升级版的、实时的电子邮件，能够让使用者在网络上实现实时通信，较受欢迎的即时通信软件有 MSN 和 QQ 等。除了文字通信外，事实上大部分的 IM 软件还具有视频通信功能。通过发展 IM 用户，企业可以构建很大的客户群——他们往往具有较强的转移黏性，如使用 MSN 的用户往往不会轻易转向使用其他 IM 软件。同时，企业可以进一步开发这部分客户群的消费潜力。例如，腾讯公司在通过 QQ 获得大量客户资源后，逐步推出在线游戏、在线虚拟空间等服务，获得了巨大的成功。

（二）开源技术——维基经济

开源技术（open-sourcing）是互联网技术对管理的又一馈赠。开源就是利用互联网技术实现大规模协作。IBM 公司创新技术部门经理唐诺菲里奥说：“在 21 世纪早期出现的商业和社会中最深刻的变化之一，就是公开、协作创新模式的出现。”互联网技术的发展使得新形式的大规模协作成为可能，带领我们进入了 Web 2.0 时代、维基经济主导的时代。Web 2.0 时代的最典型特征是，大规模协作取代了以往的小规模合作，组织边界变得更加模糊，外部的智力资源变得比内部知识更加重要。

大规模协作改变了组织利用知识和能力的理念和方式。以 Linux 为代表的开放源代码运动催生了新的商业模式——此模式推动了行业内的重大变革，每个人都能够参与创新、共享以前高度保密的资源。传统思维认为，组织的创新能力和竞争优势来源于优秀的人力资本、严格的知识产权保护、消费者导向、思维全球化、行动当地化以及良好的执行。但是，在维基经济时代，组织不再有清晰的边界，外部资源远比内部资源丰富，组织创新能力的构建、竞争优势的获得将主要来自外部的大规模协作。在维基经济时代和 Web 2.0 时代，开放、平等、共享和全球运作是组织发展的重要准则，如图 2—4 所示。①

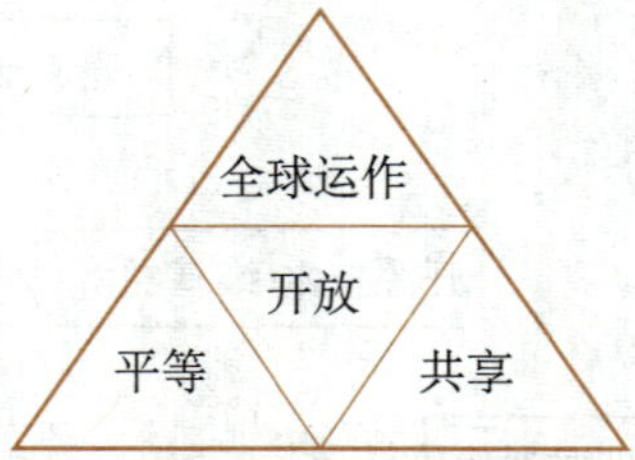

图 2—4 维基经济的准则

① 唐·泰普斯科特，安东尼·D. 威廉姆斯. 维基经济学. 北京：中国青年出版社，2012.

1. 开放

开放是指将原本封闭的组织打开，将严格的、清晰的组织边界模糊化，从而更多地整合组织外部的无限资源。维基经济学认为，获取外部人力资本的组织要比仅依靠内部资源的组织经营得更好。互联网技术的发展和标准化是组织实现开放性成长的基础。组织通过互联网可以以极低的成本最广泛地接触到最适合的知识和人才。

除了商界，其他非经济组织和社会也正以新的方式实施开放。从某种程度上讲，逐渐减少的贸易壁垒可以视为国家间的开放，美国麻省理工学院免费开放其整个在线大学课程可以视为教育的开放。

2. 平等

人们在潜意识中认为，除了等级制度，组织管理没有其他选择。虽然在可预见的未来等级制度不可能完全消失，但是维基经济为我们带来了一种新的组织发展准则——平等。从信息产品的生产和服务来看，平等的组织甚至可以超越等级组织。协作之所以取得成功，是因为在执行某些任务时借助自发组织比层级管理体制具有更高的效率。

越来越多的企业通过构建平等的、自发的组织来研发产品、提供服务、创造知识和价值。不过，尽管平等是大规模协作的基本原则，但是大部分的合作网络具有一定的支撑结构，其中一些人确实比其他人具有更大的权威和影响力，只是其操作的基本规则与典型的控制层级制有着本质的区别——后者是从工业经济时代封建式的行业机构发展起来的。

3. 共享

新的知识产权经济学正在盛行。电子、生物技术和其他领域的公司日益发现，保护知识产权的制度往往会削弱它们创造价值的能力。明智的公司开始将知识产权视为一种共同基金——在知识产权的保护与共享之间进行最优的平衡组合，而非完全保护。例如，从 1999 年开始，至少 12 家制药公司放弃了封闭的研发项目，转而支持 SNP 研究联盟的开放性合作。项目成员组织通过共享设施来充分利用来自营利的和非营利的研究机构的资源和知识，从而使得该产业在分子生物学方面实现了突破，为治疗过去难以处理的精神错乱症提供了方法。

共享并不意味着完全公开，组织也需要保护关键的知识产权。但是，企业若将所有的知识产权藏匿起来，则不可能有效地进行协作。

4. 全球运作

弗里德曼的《世界是平的》一书使很多人了解了新的全球化的意义。然而，全球化越来越快的步伐和深远影响及其对创新和财富创造的作用至今仍未得到完全理解。前文已对全球化问题进行了讨论，在此不再细谈。

（三）云计算

大规模协作的理念和模式进一步发展，形成了今天风靡全球的“云计算”。它彻底改变了组织利用计算机和互联网的方式，改变了存储信息和运行应用程序的方式。程序和数据不再仅仅在个人电脑上存放和运行，一切都托管到“云”中——云状的、通过互联网访问的、由个人计算机和服务器构成的集合。云计算允许从任何地方访问任何程序和文件，从而使异地群组成员进行大规模协作变得更加容易。

1. 云计算的内涵

云计算中的“云”是指一组数量众多、互联到一起的计算机。例如，谷歌公司提供的“云”由微型个人电脑和大型服务器组成，能够延伸到任何单独的组织。“云”提供的程序和数据可被任何用户广泛运用，从而实现跨组织和跨平台的协作。作为云计算的先锋之一，谷歌认为云计算有 6 个关键的特性①：

（1）以用户为中心。用户一旦连接到“云”，就可以利用“云”中存放的任何东西，也可共享自己的资源。

（2）以任务为中心。问题的焦点不再是应用程序能够做什么，而是需要做什么和如何完成任务。

（3）处理能力更强大。“云”中上万台计算机连接在一起，形成了巨大的计算能力。

（4）更易于访问。数据存储在“云”中，用户可以随时从多个数据库中获得更多信息。

（5）更智能化。大量数据存储到“云”中的计算机上，有助于实现更智能的数据挖掘和分析。

（6）可编程。大量需要利用云计算的任务都必须是自动化的。

目前最流行的云计算应用是 Google 应用家族——Google 文档和表格、Google 日历、Gmail、Picasa 等。所有这些应用都在 Google 服务器上运行，可供任何接入互联网的用户访问，用于支持世界任何地方的协作。

2. 云计算对管理的影响

云计算可被称为跨时代的技术发展，便利了数据的分享和共同参与，推动了大规模协作。云计算对管理的影响表现在：

（1）更低的 IT 基础设施和软件成本。在大型组织里，通过采用云计算模式，IT 部门无须投资更多、更强大的服务器或软件包，IT 人员可以利用“云”的计算能力和软件来补充或替换内部的计算资源。通过利用“云”中的计算机和服务器，峰值运算需求也很容易得到满足，这意味着企业的沟通成本会迅速下降。

（2）更方便的团队协作。云计算可以实现文档共享，便利了团队协作。可使多个用户同时在文档和项目上进行协作是云计算最重要的优势。我们利用电子邮件时必须按顺序进行相关工作，资源并未得到很好的利用，而利用云计算可以同时访问项目的文档，一个组员所做的编辑能够自动、即时地呈现在其他用户的屏幕上。

（3）更多的职能外包。云计算的进一步发展将使组织的信息管理、知识管理等进一步外包给相应的计算公司，甚至可以将人力资源管理、财务管理等更重要的职能移出公司。德鲁克曾经预测，未来的组织将剩下最核心的两个部门——营销与创新。

（四）人工智能

1. 人工智能技术的发展历程

人工智能（artificial intelligence，AI）是研究开发用于模拟、延伸和扩展人的智能的理论、方法、技术及应用系统的一门新的技术科学。人工智能是计算机科学的一个分支，它试图了解智能的实质，并生产出一种新的能以与人类智能相似的方式作出反应的智能机

---

① MICHAEL MILLER. 云计算. 北京：机械工业出版社，2009.

器。该领域的研究包括机器人、语言识别、图像识别、自然语言处理和专家系统等。总体而言，人工智能涉及的科学十分广泛，如机器学习、计算机视觉、自然语言的理解、推理和演绎等，其中机器对人类知识表达与认知学习过程的建模是人工智能技术最核心也是最难的领域之一。

作为探讨人脑和心智原理的尖端科学和前沿性研究，人工智能经历了 60 多年的艰难曲折，其发展历程大致上可划分为三个阶段。

（1）计算智能。该阶段的杰出贡献者是英国数学家、逻辑学家艾伦·麦席森·图灵（Alan Mathison Turing）。图灵被称为人工智能之父，首次运用数学方法证明了“万能计算”概念，继而推出了“图灵万能机器”——这是人类计算机的前身。图灵认为，“万能机器”包括三个部分，即纸带、一个能在纸带上来回移动且能读取和记录纸带上信息的装置及处理盒。其中，纸带就是存储信息的载体，处理盒就是中央处理器。图灵经过数学证明，若处理盒的规则选择正确，且有足够长的纸带，则这台机器就能够完成世界上任何一种计算。1943 年，神经生理学家沃伦·麦卡洛克（Warren McCulloch）和数学家沃尔特·皮兹（Walter Pitts）解释了大脑神经元是如何数字化工作的①，认为可用数理逻辑表示大脑神经元的工作原理，理论上说计算机可能通过模拟人类大脑的认知过程而拥有智能。

（2）感知智能。20 世纪中叶，行为主义理论风靡一时。受此影响，图灵提出了根据行为结果判定是否存在智能的测试，这就是著名的图灵测试。该测试支撑了“感知智能”的发展——这是人工智能发展的第二个阶段。感知智能就是赋予机器与人类一样的感官知觉，如听觉、视觉和触觉等。这样的机器不仅具有与机器交互的能力，而且有与人和环境交互的能力。但是，行为结果只是智能的一种表现②，并不是智能本身，如果忽略对人脑智能的深层次了解，只从行为判断智能的存在，那么会对未来智能机器的发明造成障碍。

（3）认知智能。认知智能的核心是赋予机器理解思考的能力。认知智能技术的发展目标是：使智能机器能够归纳、总结、创造新知识，具有更强的泛化能力。具体表现就是，人机交互能力更自然、流畅和人性化。目前该技术仍在探索阶段。

2. 人工智能技术对生产力的影响

按照恩格斯的观点，生产力是具有劳动能力的人与生产资料相结合而形成的改造自然的能力。人们在改造自然的活动中，不断发明和使用新的生产工具来提升生产力。邓小平同志曾提出“科学技术是第一生产力”③。能在一定程度上以模拟人类智能的方式来认识问题、解决问题的人工智能科学技术，代表着当今时代最先进的生产力，已成为生产、生活领域技术创新的关键环节，对整个社会发展产生深远影响。

（1）效率提高、成本降低。基于一定的物理基础——如带宽、服务器性能等，智能机器的产能能够迅速扩张和灵活调整。在限定领域里，机器的生产效率比人更高，且应用机器的边际成本几乎为零。总体而言，智能机器在提高产能、减少成本等方面具有较大优势。

（2）机器更可靠和稳定。机器经过学习和训练后就具备了一定的服务能力，其服务水平是稳定、可靠的。一方面，它没有人类生理上的限制，如疲惫感或疾病侵害；另一方面，它在处理任务或作出决策时不会受情感因素困扰。

---

①② 雷·库兹韦尔. 人工智能的未来. 杭州：浙江人民出版社，2016.

③ 邓小平. 邓小平文选：第 3 卷. 北京：人民出版社，1993.

（3）机器替代人力。近年来，工业机器人在焊接、注塑、喷涂、搬运等领域已得到很好的应用。工业机器人凭借更为精确可靠的性能、适合在恶劣或极端的环境下工作等优势，正在逐步替代人力。随着人工智能技术的进一步发展，在不远的未来，越来越多的简单重复性脑力劳动都将由人工智能机器人承担。

3. 人工智能技术对管理的影响

从应用层面讲，人工智能作为通用技术可广泛应用于各个行业，作为企业的基础设施。也就是说，人工智能技术将会引发全产业的智能化变革。在未来社会，人与机器将协同工作，这样的趋势也会对企业管理产生深刻影响。

（1）人工智能带来管理对象的改变。随着越来越多的低水平高重复性劳动由机器承担，企业中低学历、低技能的成员会逐渐被企业淘汰，即金字塔底层的人力越来越少、智能机器越来越多，企业发展越来越依赖高学历人才。因此，现代企业的组织结构更像一个倒金字塔，底层人力最少，上层高层次人才聚集。

拥有高知识技能的精英人才更关注自我价值的实现，高薪并不能满足其核心需求。如何打造企业文化以吸引人才、创造合适的环境留住创意精英，是现代企业面临的管理挑战。谷歌执行董事长埃里克·施密特和前高级副总裁乔纳森·罗森伯格在《重新定义公司：谷歌是如何运营的》一书中提出，重新定义公司，让公司变成一个为高级人才服务的平台，提供各种条件和措施，帮助人才在这个平台上实现自我价值。

另外，在未来如何管理越来越聪明的机器，是人类面临的一个新课题。人工智能机器不仅仅是高效的生产工具和管理的对象，甚至会成为组织的新“成员”。例如，微软智能聊天机器人“小冰”在与网友的聊天互动中偶尔爆粗口，引发了广泛关注和质疑。对此，微软不得不采取限制“小冰”能力的措施。因此，管理高智能机器是企业面临的新挑战。

（2）人工智能提升管理职能的效率。当人工智能作为企业的底层技术时，它可以提升企业管理职能的效率。例如，管理人员对信息的整理与分析是计划的核心步骤，而人工智能技术不仅能够加大管理人员处理信息的半径，而且可以对海量数据进行实时、动态的深度挖掘，有助于管理人员获取对决策有价值的信息。目前智能软件已经能够实时地从全网抓取数据，利用自然语言处理（natural language processing，NLP）技术对获取的数据进行深度分析，并以每秒 3 000 页的速度自动生成摘要报告，实时发送至特定人群。在深度挖掘与分析大数据方面，人工智能技术可以实现实时地从海量数据特别是非结构化数据中发现不易察觉的变量间的相互关系。比如，有公司通过卫星图跟踪大型零售商店停车场的停车数量，据此分析、预测公司未来的收益范围。

从内部控制方面看，内部控制工作具有重复、信息量大的特征，适合应用人工智能技术。例如，智能软件可以监测数据输入的任务、衡量风险、检测违规活动，并对特定事件进行自动评估。未来很大一部分企业审计工作也可利用人工智能技术完成，因为机器学习算法中的 NLP 技术已能够有效地从文本（不单是数据）中发现不规则的、微妙的、可疑的行为。尽管目前 NLP 技术的发展仍处于初期阶段，但是它已能够提高企业识别规模和解决内部控制问题的能力。

（3）人工智能的善与美。一方面，随着人工智能技术在各产业中的深化应用，人类得以从低级工种中解脱，将更多时间和精力投向高价值的、更需创造力的工作。这在一定程度上促进了企业创新能力的提升，企业对创新管理的需求和动力也会由此增强。而人工智能对全社会企业的智能改造必然带来产能的提升，必定会使未来社会的物质基础更为丰厚。另一方面，人工智能替代人力会对许多底层员工构成极大威胁，甚至引发贫富差距拉大或资源分布不均等社会问题。未来企业若希望可持续地平稳发展，必须将部分精力放在对员工及社会的人文关怀上，使人工智能成为人类的朋友而非敌人。这要求企业要从伦理角度进行管理，不应唯利润论。

灵伴科技的人工智能技术

成立于 2014 年 2 月的北京灵伴未来科技有限公司（以下简称“灵伴科技”），是一家专注于为客户提供企业级多媒体智能信息处理解决方案的创新型高科技公司，是国家高新技术企业、中关村高新技术企业和 2014 信息网络产业新业态创新企业，其总部位于北京市海淀区中关村西区高新产业基地。灵伴科技在智能语音、语言分析和理解方面拥有全部自主知识产权，目前已推出的语音识别、语音合成和自然语言处理引擎等技术的各项指标均达到国内顶尖水平。

灵伴科技的核心产品是智能语音分析和人机交互系统。该产品可应用于各行业的呼叫中心，能够提升呼叫中心的运营效率、降低运营成本、稳定服务质量，并且利用自然语言处理技术快速发现客户的真实需求及潜在商机。

1. 智能语音质检分析系统改变了传统呼叫中心的服务质检管理工作

服务质检是各行业企业日常运营中非常重要的服务质量管控环节。传统的客服质检工作主要依托人工抽检方式开展，这种方式耗时、费力、效率低、抽检覆盖率低，难以迅速发现服务中存在的问题。灵伴科技基于智能语音和语言理解技术，推出了智能语音质检分析系统，将智能语音技术应用于呼叫中心客服质检工作，让机器实时地“听”所有语音通话数据，替代传统人工进行抽查质检，从而实现了质检工作效率的有效提升、质检范围的全覆盖。同时，机器在实施质检的过程中对通话记录进行智能分析，能帮助企业从中挖掘商机。

2. 智能语音交互机器人云服务平台解决了部分呼叫中心的人力资源瓶颈

随着社会发展，人力资源成本越来越高，传统的呼叫中心日益面临人力成本上升、人员流动率高等压力。灵伴科技开创性地将智能对话技术与云呼叫平台相结合，通过虚拟坐席机器人为客户提供在线语音客服交互服务。该平台可广泛应用于保险、金融、电信、移动互联网等领域，提供低成本、高质量的标准客服，如标准化业务办理、业务查询、回访、购买意向调查、信息告知等。该平台提供的智能外呼功能，可以替代人工自动外拨并与用户进行语音对话，完成具体业务的办理，在特定业务应用中能够替代人工、降低成本。在某省电信运营商的彩铃增值业务推广中，在新系统上线运营的 3 个月内，机器人的彩铃销售成功率与人工坐席的销售成功率基本相当——前者仅比后者低 0.5%，完全符合该业务的实际运营需求。

第 3 节　伦理化与管理

2008 年 9 月 15 日，世界五大投资银行之一的雷曼兄弟宣布破产，紧接着美林、摩根、高盛也相继被出售或者申请转为商业银行。华尔街的这次爆炸性事件引发了全球金融界的海啸，并迅速蔓延到整个经济领域。次级贷款带来的危机使得雷曼兄弟这个金融界的旗舰轰然崩塌。然而，面对雷曼兄弟的悲惨结局，人们却没有给予同情与安慰，更多的是埋怨和痛斥，因为它实在是自食其果。作为一家投资银行，雷曼兄弟没有经受住利益的诱惑，将本来已高风险、低品级的贷款重新包装，并以近乎欺诈的方式售卖给其他客户——这是它破产的主要原因。

除了这次金融危机以外，历史上还有许许多多类似的案例（如2001年的安然事件）都是源于企业忽视商业伦理而被贪婪淹没。每次事件都对整个企业界的形象、企业的资金筹措以及国家的金融体系造成了不同程度的影响。正因如此，越来越多的人开始思考有关商业伦理的问题。何为商业伦理？商业伦理有何价值？

一、伦理化

20世纪80年代，很多人对商业伦理仍然持高度怀疑的态度，认为伦理与企业发展互不相干。甚至有批评家认为，管理伦理化是对商业世界的天真想法，市场是没有任何道德可言的。在概念上，商业伦理本身就是自相矛盾的。

在安然事件、次级贷款危机等事件浮出水面后，伦理问题受到越来越广泛的关注。时至今天，人们对伦理的态度已经发生变化。美国的一位知名经理人曾指出，构建并提升企业的道德伦理标准对财务业绩会有积极影响；瑞士的一位主管相信，市场将越来越需要社会的兼容性（social compatibility）；中国的一位经理人认为，建立正确的伦理价值体系、服务于社会，是塑造国际品牌的关键一步。

达尔文的《进化论》广为人知，并成为很多组织变革与发展的主导逻辑。而在另一本著作《爱的理论：着眼于对新世纪的治疗》中，达尔文则突破了传统的、无情的“物竞天择，适者生存”的思想，重视爱和道德在进化过程中的作用，从而创造了社会达尔文主义的雏形。因此，准确地说，“物竞天择，适者生存，优胜劣汰”只是达尔文进化论的一部分，另一部分就是关于“爱”和“道德进化”的理论。“毫无疑问，如果一个部族的许多成员具有这样的品质——献身精神、忠诚、服从、勇敢、同情，随时愿意为他人提供帮助，随时准备为共同利益而牺牲自己，那么这个部族就会在与其他大部分部族的对决中取胜。”[①] 组织管理应该领悟社会达尔文主义思想，进一步强调爱与道德对组织管理的重要作用。只有经济利益的驱动，是无法创造出震撼人心的创新产品或服务的。

对于组织来说，管理伦理化主要包括两个方面——组织的社会责任和管理者的道德。对于外部的社会、环境以及其他利益相关者来说，组织的经营行为将对它们产生直接或间接的、不同程度的影响。社会责任要求组织在运营过程中不仅要关注经济绩效（如资产回报率），而且要重视经营过程中的外部效应，努力满足来自外部社会的责任要求。企业需要尽量减少运营活动中对环境的破坏，同时致力于扶持社会低收入人群。对于内部的员工、股东等来说，组织在运营过程中要注意提升管理者的道德，这就要求管理者应遵守道德规范和行为准则，在招聘和管理员工的过程中注意对他们的尊重等，如图2—5所示。

---

① 陈劲．创新的地平线．北京：现代教育出版社，2007．

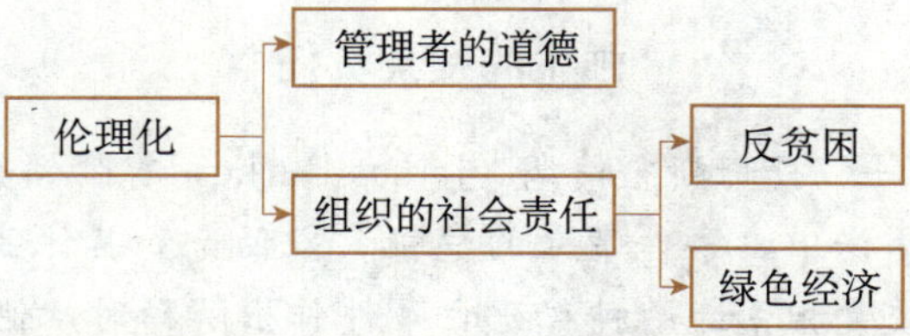

图 2—5　管理伦理化的主要议题

二、组织的社会责任

组织的社会责任是指组织在经营过程中要合理运用资源，以符合社会的道德标准，承担应尽的社会义务。组织的经营活动会产生一定的外部效应，会对外部社会环境和自然环境产生一定影响，这种影响可能是积极的，也可能是消极的。积极的外部效应："5·12"汶川大地震发生后，中国很多企业捐献大笔资金或物资来援助灾区，为灾区的重建作出了重要的贡献。消极的外部效应：三鹿集团公然将含有三聚氰胺（此化学物质有毒性，但可以提高奶粉检测时的蛋白质含量）的婴幼儿奶粉投放到市场上，导致很多婴幼儿患病。

那么，社会责任与经济利益之间究竟是什么关系？社会责任的履行是否会导致经济利益的损失？

事实上，越来越多的企业家意识到，投身于环保、慈善以及其他社会事业，反而会为自己带来更多的经济收益。如图 2—6 所示，社会责任与经济利益在某些情况下是矛盾冲突、此消彼长的，但在其他情况下则是相互兼容的。有些行为同属于社会责任和经济利益两个范畴，即图 2—6 中的重叠部分；有些行为只在经济利益上有吸引力，但是可能阻碍企业履行社会责任，如有些企业在财务状况方面误导潜在投资者；有些行为有利于组织承担社会责任，但是可能导致企业损失经济利益，如拒绝腐败官员的不合法要求而遭到压制。因此，社会责任与经济利益是对立统一的。企业承担何种程度的社会责任，在很大程度上取决于社会给予企业的回报。

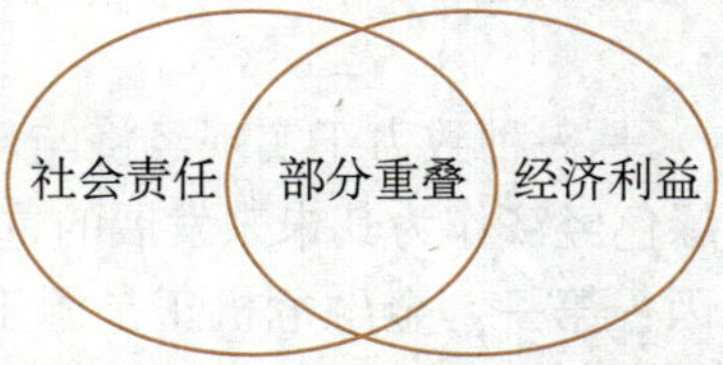

图 2—6　社会责任与经济利益

资料来源：林恩·夏普·佩因. 公司道德. 北京：机械工业出版社，2004.

真正的最佳实践应该是能够在经济和伦理两个方面都表现出众。实现经济和伦理的双丰收，是所有企业应该努力的方向。对企业的经济绩效，可以从收入、利润等方面来考量；对伦理维度，可以从福利、员工发展、责任、正义和透明等方面来评价。

强生的社会责任

强生公司的前任CEO詹姆斯·伯克（James Burke）曾带领美国本土生产卫生药品的子公司成功渡过了泰诺中毒事件带来的危机。当伯克和其他高级主管发现难以对7起与公司生产的泰诺胶囊相牵连的神秘死亡事件作出解释时，他们立即在全美国范围内回收3 100万瓶泰诺止痛药，包括从药店柜台到各个家庭的医药箱。企业的主管们认为，这种全国性的召回行为是与公司的责任相一致的。当时，泰诺是强生公司最重要的品牌，泰诺止痛药占据了镇痛药市场的主要市场份额，该药的年销售额占强生公司年销售总额的8%，其净利润占比达到16%～18%。

此次召回令公司蒙受了1亿美元的损失。强生公司立即动员整个公司设计新的产品包装。6个星期后，泰诺胶囊以新的抗干扰包装重新回到市场。强生公司不仅重新获得了失去的市场份额，而且泰诺品牌比以前更有名了。当被问及公司为何如此处理危机时，伯克简单地回答道："我想答案是价值系统，事实上，正义在起着作用。"

资料来源：林恩·夏普·佩因. 公司道德. 北京：机械工业出版社，2004.

（一）管理与绿色经济

2015年4月，中共中央、国务院印发了《关于加快生态文明建设的意见》，首次提出协同推进新型工业化、城镇化、信息化、农业现代化和绿色化，号召全党上下将生态文明建设作为一项重要的政治任务，努力开创社会主义生态文明新时代。我国《国民经济和社会发展第十三个五年规划纲要》（简称"十三五"规划）首次提出"绿色"的发展理念，将生态文明建设作为我国经济社会发展的要义。2015年10月召开的中国共产党第十八届中央委员会第五次全体会议（简称十八届五中全会）同时强调，实现"十三五"时期的发展目标，必须牢固树立并切实贯彻创新、协调、绿色、开放、共享的发展理念。习近平总书记更是高度重视生态文明建设、绿色发展，在中央、地方工作期间都对生态文明建设、绿色发展发表过许多重要论述，如指出"生态兴则文明兴，生态衰则文明衰"，坚持绿色发展，必须坚持节约资源和保护环境的基本国策，坚持可持续发展。

关注环保事业是企业履行社会责任的重要表现，现代企业应承担保护环境的重任，发展绿色经济、打造绿色企业。

绿色经济（green economy）是一种致力于实现经济与环境和谐发展的新型经济模式。世界上的主要发达国家已经将绿色经济作为其未来发展的重要战略。绿色经济之所以变得如此重要，主要有三方面的原因：第一，金融危机正是源于金融风险管理的系统性失败，为防止气候危机的风险管理也出现类似问题，需要对环境问题进行严格控制；第二，国际能源价格的大幅波动使各国意识到对能源过度依赖的风险，需要努力提高商用和民用各领域的能源使用效率，并加强可再生能源的研发和利用；第三，实施低碳经济可以进一步拉动就业，这在失业率高涨的现阶段显得更加重要。下一次生产力和产业的创新和跨越很可能源于绿色和智能技术。

低碳经济（low-carbon economy）是指在气候变化的大背景下，在可持续发展理念的指导下，尽可能减少化石燃料的消耗，减少温室气体的排放，达到经济社会与环境的协调发展。2003年，英国政府就确定了2050年的碳排放发展目标；美国奥巴马政府提出了应对气候变化的“低碳路径”；日本政府正式将建立低碳社会作为 2050 年的重点发展目标。[①]

近年来，越来越多的知名企业在社会责任报告中将“碳排放”（carbon emission）的内容放在显著位置。企业发现，控制碳排放或碳减排不仅仅是环境问题，也不仅仅是社会责任问题，还涉及营销、研发等众多部门。如何改善流程，以更低能耗、更低成本、更低排放的方式经营？如何加强投资和研发，以提供更低能耗的产品以及低碳解决方案？通过低碳发展，企业不仅可以实现成本节约，而且可以降低对传统化石能源的依赖，促进其转变发展观念，进一步提升核心竞争力。欧美日的很多企业一直非常重视低碳技术研发，其低碳竞争力得到很大的提升。丹麦企业的能源技术产品和服务处于世界领先水平，近年其相关技术出口收入大幅提升；日本大力发展光伏技术，其光伏企业占据该行业的国际高端市场；美国的很多企业已经是节能降耗和减排技术的世界级引领者，其技术和服务已经占据世界市场，渗透到诸多领域。

莱芜钢铁：技术改革和管理创新并进

在节能减排和低碳发展方面，莱芜钢铁集团有限公司（以下简称莱钢）走在了我国钢铁企业的前列。

按照钢产业政策，莱钢采用新技术、新工艺、新设备，推进工艺结构调整，逐步实现设备大型化，为低碳发展奠定坚实基础，实现了主体工艺装备的大型化、自动化、高效化。同时，研究和实践工业生态学和冶金工程学，在优化钢铁流程的同时，淘汰落后的高能耗工艺，实现了上下工序匹配生产。

莱钢积极推广应用煤气回收利用技术、低温余热回收发电技术，提高了余热余能回收利用水平，研究开发了低硅烧结、高炉低硅冶炼、高炉软化水密闭循环、转炉溅渣护炉等一系列节能技术，提高了能源利用效率。

此外，莱钢十分重视副产品或废弃物对其他行业的碳减排作用。莱钢应用高炉渣微粉技术，大大降低了高炉渣的细度，将高炉渣在水泥中的掺量比重由40%提高到60%左右，减少了水泥的熟料用量以及水泥生产中的碳排放，并改善了水泥性能，取得了良好的经济效益。初步估计，通过这项措施，每吨水泥可减排二氧化碳约 180 千克。

在管理方面，莱钢通过建立相关组织结构和管理制度，加强能源管理、能源检审等措施，保证企业低碳发展的顺利推进。主要措施包括：成立推动节能减排的领导组织机构；建立完善节能管理制度；建立完善节能减排约束激励机制；加强能源计量管理；开展能源审计评价工作；建立节能减排标准化体系；开展节能知识培训，加强员工自觉节能意识。

通过技术创新和管理创新，莱钢减少了能源消耗，降低了能源成本，获得了显著的经济效益和社会效益，实现了双赢。2001 年以来，莱钢的吨钢综合能耗和吨钢耗新水指标下降迅速，2007 年分别下降了 25.7%和 54.2%。累计实现节电 57 亿度、节水

① 世界自然基金会低碳企业发展项目组. 企业低碳领导力：聚焦未来经济发展新机遇. 北京：中信出版社，2010.

5.6 亿吨、节约动力煤 300 多万吨，其经济效益达到 80 多亿元，相当于其全年销售收入的 10%左右。这些能源节约量相当于减少二氧化碳排放 1 200 多吨。

资料来源：世界自然基金会低碳企业发展项目组. 企业低碳领导力：聚焦未来经济发展新机遇. 北京：中信出版社，2010.

（二）管理与反贫困

贫困是社会发展中的一个重要问题，近 80%的全球人口处于贫困线（每天收入 2 美元）以下。企业承担社会责任，不仅要关注自然环境的保护，而且要致力于反贫困事业。但仅仅进行慈善捐款，似乎效果并不明显。著名管理学大师普拉哈拉德（C. K. Prahalad）专门著书《金字塔底层的财富：为穷人服务的创新性商业模式》来论述，企业可以通过开发“贫困”市场来实现反贫困，同时获得一定的经济利益。

1. “贫困”市场的潜力

普拉哈拉德认为，将 40 亿贫困人口视为重要的潜在市场，通过引入创新的商业观念，不但可以解决贫困问题，而且可为企业发展带来新的机遇。金字塔底层（bottom of pyramid，BOP）市场可以成为企业实现核心价值的关键因素。从本质上说，将 BOP 转化为市场是一项系统性的活动，因此要开发新的商业模式，将贫困问题转化为市场机会。很多企业开始关注 BOP 市场，并开始了相应的尝试。例如：通过开展教育活动和产品创新与疾病展开斗争；银行进一步满足 BOP 消费者的融资需要；延伸能源网络以满足相应的需求；为 BOP 消费者提供经济而体面的住房。那么，与一般概念中的“主流市场”相比，BOP 市场具有哪些与众不同之处呢？①

（1）BOP 市场的潜力巨大。按照购买力平价（PPP）计算，2002 年中国和印度的经济总量分别达到了 5 万亿美元和 3 万亿美元。中国、印度、巴西、墨西哥和俄罗斯等九国的 GDP 为 12.5 万亿美元，占发展中国家的 90%，比日本、德国、法国、英国和意大利诸国的 GDP 总和还要大。

（2）BOP 市场不均衡。BOP 市场的另一个重要特点是不均衡。在 BOP 市场中，基础设施的质量有很大差别。在上海有需求的产品，并不一定在甘肃也有同样的需求。

（3）BOP 市场鼓励创新。BOP 市场消费者乐于接受先进技术。无线装置、网吧和个人掌上电脑（PDA）在 BOP 广泛应用，甚至比某些发达国家更为普遍。

2. 以创新开发“贫困”市场

企业可以通过开发潜力巨大的 BOP 市场来实现社会责任与经济利益的双丰收。而要想实现这样的目标，就必须改变传统的思维——为发达国家服务时形成的信念和价值观。不同于以往靠大批量包装、高利润的商业经济原则，BOP 市场的基本经济原则是小批量包装、低利润。此外，市场的不均衡也要求企业在进入 BOP 市场时必须有全新的、反映市场现实的产品开发和创新理念。

许多跨国企业采用传统方法，将发达国家市场中的商业模式直接照搬到 BOP 市场，但往往难以成功。跨国企业和大型企业应该在深刻理解 BOP 市场的性质和要求的基础上，

① C. K. 普拉哈拉德. 金字塔底层的财富：为穷人服务的创新性商业模式. 北京：人民邮电出版社，2015.

构建新的商业模式和管理惯例。只有如此，才能有效地打开 BOP 市场。拉丁美洲的 BOP 消费者在使用尿布时非常节省，每天只更换 1～2 次——而处于金字塔顶端的消费者每天更换 5～6 次。由于这些 BOP 消费者只能承担 1～2 次更换尿布的费用，因此他们希望尿布有更好的吸水性和容纳性。

总之，企业可以通过商业模式创新、技术创新以及管理创新等开发 BOP 市场，在合理追求其经济利益的同时，承担应尽的社会责任。

三、管理道德

除了组织的社会责任，伦理化要关注的另一个方面就是管理道德，即组织成员要遵守基本的道德准则。任何层级的组织成员都必须面对道德上的抉择。雷曼兄弟的高层管理者在面对劣质等级的贷款时，面临的是继续对其进行包装还是承认损失，业务人员是否应贿赂对方的采购人员以提高绩效。

（一）影响管理道德的主要因素

先来介绍管理者道德行为的影响因素，主要包括管理者的性格特征及其所处的环境。

1. 管理者的道德发展阶段

相关研究表明，道德演进可以分为六个阶段，每两个阶段归属于一个层次。随着层次的向上发展，个人的道德判断越来越不受外来因素的影响，如图 2—7 所示。[①]

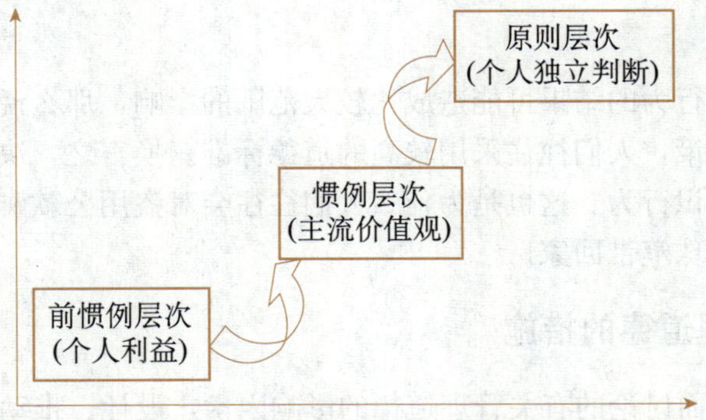

图 2—7 管理者的道德发展阶段

第一层次为前惯例层次。个体在决策时主要考虑的是结果对个人利益的影响。处于这一层次的管理者只在符合其直接利益时才遵守有关道德准则。

第二层次为惯例层次。个人在做对错决策时主要考虑的是决策能否与主流的价值观相一致，或者是否不辜负大众对自己的期望。

第三层次为原则层次。个人不再全盘接受大众、权威制定的道德标准，而是形成自己的独立原则，勇于挑战不恰当的规定或惯例。处于这一层次的管理者尊重他人的权利，更遵守自己选择的伦理准则。

有关道德发展阶段的研究也指出，在上述道德发展的六个阶段（三个层次）中，个人

---

① 周三多，陈传明，贾良定. 管理学：原理与方法. 6 版. 上海：复旦大学出版社，2015.

会一步步循序渐进地提升，也可能停滞在某个发展阶段而不再变化。

2. 性格特征

影响管理者道德的第二个重要因素是个人的性格特征，主要包括价值观、自我意识强度和控制点。价值观是个人在成长过程中通过与周围环境互动而形成的判断是非的基本信念。同一企业的不同管理者会有不同的价值判断标准，在进行道德判断时会有不同的结果。自我意识（self-awareness）强度和控制点（locus of control）也是影响管理者的道德决策的重要人格特质因素。自我意识强度是衡量看中自我的程度的指标。自我意识强度高的管理者更可能做出他们认为正确的事情，抑制一时的冲动。控制点用来描述人们对“自己命运自己掌握”的相信程度。根据控制点的不同，可以把人们分为内控型和外控型两种。内控型的人相信命运掌握在自己手中，外控型的人则认为运气和机会是命运的主宰。因此，外控型的管理者面对道德抉择时较易受外在力量的影响，而内控型的管理者更多地坚持自己的主张，维持一致的道德标准。

3. 组织因素

影响道德的组织因素主要包括组织的规章制度、评价与激励以及组织文化。有些组织会提供明确的行为准则，利用正式的规章条文来规范员工的权责利，以减少组织经营过程中的模糊性和不确定性，鼓励更多的道德行为。有些企业的绩效评估制度只重结果而不论过程，因此员工有时会认为不择手段、只求目的是合理的行为，从而牺牲了过程的正当性。如果组织文化强调容忍风险与冲突，那么员工会比较注重创新，较积极且较愿意挑战他们认为不道德的行为；如果组织文化是比较严肃刻板的，那么在面对不道德行为时，员工不敢或不愿意挑战。

4. 决策的重要性

如果管理决策或行为的结果可能造成比较大范围的影响，那么说明这是一项重要的管理决策。对于重要决策，人们往往采用较高的道德标准。换言之，决策的重要性越高，越会激起较高的道德意识行为。这也是为什么人们往往会对盗用公款踟蹰不前，但却会毫无顾虑地将办公室的圆珠笔带回家。

（二）提升管理道德的措施

组织可以针对前面讨论的有关管理道德的影响因素，设计、推动并落实各种措施来提升管理道德或伦理水平，建立一套组织的价值观体系。企业应对各项相关业务进行系统考虑后，推出目标明确、相互协同的道德保证措施，即推行所谓的全面品德管理。[①]

（1）招募和选用高道德素质员工。在员工的招募与选用过程中，组织可以重点考虑道德素质要求，主要考虑上面提到的价值观、自我意识强度和控制点。

（2）建立道德规范和决策准则。很多大型企业都制定了正式的、明确的道德规范，供员工遵循。利用正式文件建立行为准则，消除可能的混淆与不确定性。但是，研究显示，这些伦理规范对员工道德素质的提升效果似乎有限，因此管理者需要更加努力，时刻提醒员工且以身作则。同时，面对快速变化的环境，组织需要经常审视道德规范和决策准则的合理性和弹性，因为它们可能会与原先制定的规范发生冲突。

（3）高管团队的领导。高层管理者要在道德行为方面起到好的模范带头作用。与实施

---

① 李克特，马家敏. 企业全面品德管理. 台北：天下远见出版股份有限公司，2004.

组织变革和流程再造活动（六西格玛或者知识管理等）一样，在提升企业管理的道德水平时，高层管理者的亲身参与和实践都是非常必要的。

（4）设置合理的工作目标和全面的绩效评估体系。组织需要保证员工工作目标的合理性以及绩效评估体系的全面性。无法达成的工作目标与不合理的绩效评估都可能对员工的道德行为产生负面影响。不切实际的目标容易逼迫员工牺牲道德准则，如省略品质检验步骤或隐瞒安全事故等。

（5）建立独立的监察制度。独立的道德监察制度对于提升组织的管理道德水平也十分有效。组织可聘请独立的机构为伦理化的规章制度提供建议，并在运作过程中进行定期的监察和评估。

本章小结

◇ 全球化发展的主要原因包括两个方面：国家间政治经济壁垒的逐渐消除；技术（通信、运输、储存等）的不断进步。

◇ 管理的各个方面都可以实现全球化：市场的全球化、制造的全球化、金融的全球化、研发与创新的全球化以及人力资源的全球化。

◇ 文化差异是全球化发展的最大挑战。

◇ 全球化过程的计划、组织、领导和控制显得更加复杂和困难。

◇ 信息化是指在经济和社会活动各个领域普遍采用现代信息技术，充分有效地开发、吸收、共享和利用各种信息资源，以提高组织的效率并增强竞争力。管理的信息化就是将信息技术与管理思想相结合并运用于组织运营。

◇ 信息化对组织运营的影响体现在：提高管理效率和科学性、降低运营成本。

◇ 信息化对组织创新的影响体现在：推动创新活动和结构优化，并带来全新的商业模式。

◇ 电子邮件、即时通信、开源技术、云计算以及人工智能等是对管理产生重要影响的技术。

◇ 商业伦理主要包括两个方面：对外的社会责任和对内的管理道德。

◇ 社会责任主要源于组织行为具有外部性，主要体现在社会环境和自然环境。组织应该努力向绿色企业转变，同时致力于反贫困的事业。

◇ 绿色经济是一种致力于实现经济与环境和谐发展的新型经济模式。

◇ 管理者道德受到性格特征、所处环境等多种因素的影响，可以通过一定的措施予以加强。

思考题

1. 全球化为什么发生在20世纪八九十年代？

2. 实现全球化对组织有什么意义？

3. 全球化发展过程中，管理面临的挑战是什么？应如何进行全球化的管理？

4. 将资金用于环保、反贫困事业，就要减少对创新、生产等方面的投入，必将影响企业的经济利益。经济绩效与社会责任之间明显是此消彼长的关系。你是什么态度？

5. 简述绿色经济与低碳经济的理念及其对企业发展战略的影响。

6. 信息化对管理的影响主要体现在哪些方面？请从组织运营和组织创新两个方面来阐述。

7. 作为全新的商业模式，众包的优势和劣势是什么？

8. 简述你对云计算、人工智能的理解及其对组织管理的影响。

案例应用

信息化趋势之云计算

Sun公司的口号是“网络就是计算机”，这一口号很好地描述了云计算的工作方式。从本质上讲，计算机网络的职能类似于一台独立的计算机，主要用来向互联网用户提供数据和应用程序服务。该网络存在于由IP地址构成的“云”——也就是我们所知的互联网，对外提供大规模的计算能力和存储能力，从而使广域范围内的群组协作成为可能。

目前正采用云计算模式的最引人注目的公司是谷歌。它提供了一组功能强大的基于Web的应用，它们都通过其云架构对外服务——无论你是需要基于云的文字处理、演示软件、电子邮件，还是日历或日程安排功能。最重要的是，谷歌为其所有基于Web的应用都提供了彼此之间的接口。这些云服务相互关联，从而保证了用户的利益。

其他大公司也参与了云计算的开发。例如，微软提供了Windows Live Web应用套件，并提出了Live Mesh计划。该计划承诺将各种类型的设备、数据和应用连接到一个公共的基于云的平台。亚马逊推出了弹性计算云（EC2）服务，用来为应用开发人员提供以云为基础的可调整的计算能力。IBM已经成为一个云计算中心，研究云计算技术并向客户提供云服务。许多较小的公司也推出了自己的基于Web的应用，主要利用云服务的协作特性。

1. 云架构

云计算的关键是“云”——一个大规模的由服务器甚至个人计算机构成的网络，这些服务器和个人计算机在网络环境中互联在一起。这些计算机并行运行，各自的资源结合起来形成足可比拟超级计算机的计算能力。

简而言之，云就是一组可以通过互联网公开访问的计算机和服务器，它们通常归第三方所有，放在一个或多个数据中心里联合运营。这些机器能够运行各种操作系统。

个人用户将自己的个人电脑或便携设备经互联网连接到云中。对这些个人用户而言，云是一个独立的应用、设备或文件，云中的硬件是不可见的。

虽然云架构确实需要一些智能化管理来连接所有这些计算机和服务器并处理众多用户的任务，但它看上去非常简单。如图2—8所示，所有的一切均起始于个人用户看到的前端界面。首先，用户通过界面选择一个任务或服务。然后，用户的请求被发送给系统管理，系统管理找出对应的资源并调用合适的系统服务。这些服务从云中划分出必要的资源，加载相应的Web应用程序，创建或打开所要求的文件。Web应用启动后，系统检测和计量功能跟踪云的使用，以确保资源分配和归属于合适的用户。

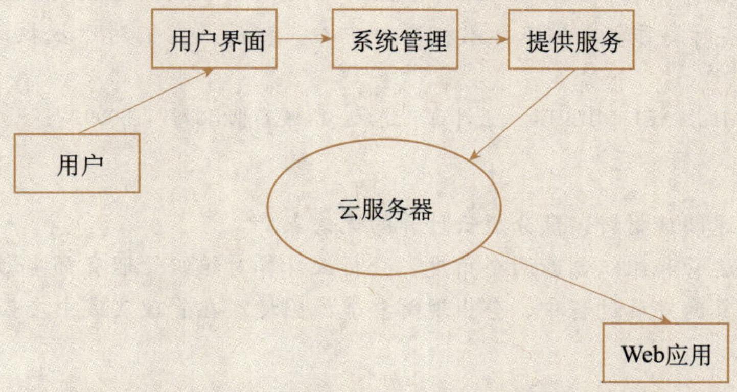

图 2—8　云计算系统的幕后架构

资料来源：MICHAEL MILLER. 云计算. 北京：机械工业出版社，2009.

如图 2—8 所示，云计算这一概念的关键就是许多管理任务自动化。如果一个系统需要人来管理资源分配过程，那么它就不是云。这方面的一个例子就是 21 世纪版的基于老式数据中心的客户机/服务器计算。要使它变成云，手动管理必须被自动化流程取代。

2. 云存储

云计算的一个主要用途就是存储数据。利用云存储，数据被存放到多个第三方服务器上，而不是像传统的网络数据那样存放在专用的服务器上。

存储数据时，用户看到的是一个虚拟服务器。也就是说，看起来数据好像是以特定的名称存放在某个特殊的地方，但现实中那个地方并不存在。它只是一个假名，用来指示云中划分出的虚拟空间。实际上，用户的数据可以存储在构成云的任何一台或多台计算机上。虽然位置是虚拟的，但是用户看到的数据位置是固定的。事实上，用户可以管理自己的存储空间，就好像它连接到自己的电脑一样。

云存储同时具有经济和安全方面的优势。从经济上说，虚拟的云资源通常比那些连接到个人电脑或网络的专用物质资源更便宜。至于安全，由于数据被复制到多台物理机器上，因此存储在云中的数据不受意外删除或硬件崩溃的困扰。由于始终保留数据的多个副本，因此，即使一台或多台机器进入脱机状态，云也能够继续正常运行。如果一台机器崩溃了，数据就会被复制到云中的其他机器上。

3. 云服务

通过云计算提供的任何基于 Web 的应用或服务都被称为云服务。云服务包括从日历和联系人应用到文字处理和演示文稿的任何东西。几乎今天所有从事大型计算的公司——从谷歌到亚马逊再到微软，都在开发各种类型的云服务。

个人用户通常通过 Web 浏览器访问云服务，在浏览器的窗口中打开一个应用。一旦该应用被启动，基于 Web 的应用操控和运行就像一个标准的桌面应用程序。唯一不同的是，应用程序和工作文档驻留在相应的云服务器上。

云服务具有很多优势。如果用户的电脑崩溃了，这既不会影响宿主应用程序，也不会影响打开的文件。同时，个人用户可以从任何地点使用任何个人电脑访问自己的应用程序和文件。当他从办公室回到家或到更偏远的地方时，不必随身携带每个应用程序和文件。此外，因为文件都放在云中，因此用户可以利用任何可用的互联网连接同一文件进行实时写作，文档不再以机器为中心。相反，它们对于授权的用户而言总是可用的。

资料来源：MICHAEL MILLER. 云计算. 北京：机械工业出版社，2009.

［讨论题］

1. 根据上述阅读材料，试分析云计算的优缺点。
2. 从组织运营和组织创新两个角度，分析云计算对组织管理有哪些影响。
3. 在云计算的发展过程中，会出现哪些道德困境？在管理实践中应如何避免？

商务印书馆的文化担当与企业责任

商务印书馆是中国国家级出版机构，是中国第一家现代出版机构，也是目前中国最具实力和影响力的文化出版机构之一。商务印书馆 1897 年创立于上海。以张元济、夏瑞芳为首的出版家艰苦创业，为商务印书馆的发展打下了坚实的基础。商务印书馆 1954 年迁往北京。2002 年中国出版集团公司成立，商务印书馆是成员单位之一。2011 年商务印书馆改制为商务印书馆有限公司。

一个多世纪以来，商务印书馆以“昌明教育，开启民智”为己任，竭力继承中华文化，积极传播海外新知，历经劫难，又不断重生，创造了中国文化出版事业的辉煌。商务印书馆已出版图书 5 万余种，代表性出版物有《辞源》《新华字典》《现代汉语词典》《牛津高阶英汉双解词典》《汉译世界学术名著丛书》《中华现代学术名著丛书》《世界名人传记丛书》以及《英语世界》《汉语世界》等杂志。出版物曾经获得“国际白金星质量大奖”和“国家图书奖”。《文津阁四库全书》《新华字典》等被党和国家领导人作为国礼赠送外国宾朋。商务印书馆是全国“百佳出版社”和“中国出版政府奖”荣誉称号获得者，在读者中有良好影响和声誉，是“一个很重要的文化教育事业单位”。

企业的社会责任是企业在获取正当经济利润时主动承担的对环境、社会和相关利益群体的责任，它可以定位于不同方面、不同层面。商务印书馆在经济上取得巨大成功的同时，并没有忘记自己作为中国第一家现代意义上的文化企业的历史使命，没有忘记自己应该承担的社会责任。

在动荡不定的 20 世纪前半期，商务印书馆毅然决然地把自己的社会责任定位于最高层次的文化追求——传承文化、开启民智。在新的历史时期，商务印书馆以品质、责任、创新和合作为企业的核心价值观，以“服务教育，引领学术，担当文化，激动潮流”作为自己的理念。在“服务教育”方面，出版是一种形式的教育，为现在的教学体系、教学体制做好服务，无论是工具书、教材还是学术著作，其基础根基还是落在服务教育上。在“引领学术”方面，学术需要引领，出版人要有意识地引领学者从事这个时代、这个国家、这个民族所需要的学术研究。“担当文化”，是从教育进到学术，从学术跨到文化。文化是人类存在的根本，出版社应担当起传承文化的责任，倡导阅读、推广文化、拥抱时代、沟通世界。“激动潮流”，是用思想推动社会进步，传播先进的知识和思想，让世界朝更好、更善的方向发展。

在新的历史时期，商务印书馆把文化担当和追求置于企业核心经营理念之首，继续秉承“昌明教育，开启民智”的宗旨，始终坚持“与中国教育同行”的出版理念。从《新华字典》文化惠民工程到联合权威机构成立全国中语专委会阅读推广中心，从建设价值阅读体系到建立乡村阅读中心，从出版具有国际视野的《国际文化版图研究文库》到具有乡土气息的《山西文明史》《衢州文库》等，从大众出版到自然博物系列图书的出版，都立足于“教育”这个根本。近几年，商务印书馆在全国投入资金和图书总额上千万元，在 20 多个省、市、自治区开展面向农村、革命老区、少数民族地区、边疆地区及城市打工子弟学校、特殊教育学校的公益活动，为中小学师生送去了精品图书等学习用品，开展字典下乡、送教下乡、教育教研、灾区救助等多种形式的公益活动。

文字是文化的载体，字典是认字读书最基本的工具书，是帮助人们学习文化知识的无声老师。《新华字典》对中国教育、文化和社会的影响深远，伴随几代国人的学习和成长记忆。2010 年底，中央电视台报道广西大石山区学生缺少字典以后，商务印书馆先后捐赠《新华字典》十余万册，并在全国开展“小乡村，大课堂”系列助学活动，从而带动了社会各界踊跃捐赠，得到政府的高度重视。2012 年 10 月，我国财政部、教育部联合发文，将《新华字典》纳入“国家免费提供教科书范畴”，要求 2012 年“为所有农村义务教育阶段学生配齐《新华字典》，以后年度只对小学一年级新生免费提供《新华字典》”。自此，《新华字典》在文化教育和文化普及外，具有了“文化民生”的色彩。

为响应国家全民阅读的号召，推动中小学师生尤其是农村中小学师生阅读水平的提升，2012 年 7 月，中国教育学会中学语文教学专业委员会和商务印书馆共同创立全国中语专委会阅读推广中心。两家专业学术机构的强强联合，为全民阅读推广工作提供了强有力的保障。中心积极开展阅读推广的教研活动，开展与阅读相关的研究、推广活动，并协调各方面的力量，整合优化社会资源，通过各种途径促进阅读推广公益事业的发展。针对农村中小学师生阅读量少、质量低的现状，商务印书馆发挥其在出版方面的优势，协调各种资源，开展送书下乡活动，将适合农村读者阅读的书籍送到真正需要的师生手中。

2016 年，商务印书馆在全国成立的第一家乡村阅读中心于河北省武安市阳邑中心学校揭牌。该中心致力于对教师的阅读培训和指导，进而帮助乡村中小学生养成良好的阅读习惯，掌握科学的阅读方法。同时，依托学校资源和场地，将农村、城市社区公共阅读服务资源互联互通，探索一种以学校辐射村镇的乡村阅读推广新模式。未来，商务印书馆还将派编辑到乡村阅读中心支教，用教育、阅读和文化带动乡村的发展。

作为图书行业的上游，出版社在参与营造书香社会的过程中，除了需要与全社会一道鼓励大家“多读书、读好书”之外，更有义务去引导和帮助读者理解“什么是好书”。商务印书馆提出的“价值阅读”就是倡导这样一种读书方式：以古今中外的经典名著为阅读对象，从中体验阅读的乐趣并丰富自我的人生价值，提升自己的人生境界。商务印书馆将在全国范围内建立 1 000 家“价值阅读”品牌示范店，希望以此帮助读者认识和阅读经典。

新时期的出版社，应积极响应时代之需、民族之需、社会之需，传播正能量，引领良好的社会风气。商务印书馆近年出版的《国际文化版图研究文库》《自然文库》《衢州文库》等丛书，都是响应时代之需，反映当代社会文化的优质出版物，充分体现了商务印书馆的文化担当和社会责任。

商务印书馆提倡做有良知的出版人：我们是文化建设者，而不仅仅是商人；我们提倡实事求是，而不是夸张和误导；我们提倡社会责任，而不是攫取社会财富；我们提倡首创精神，而不是盗取他人成果；我们培育品牌，而不是捕捉猎物。

资料来源：商务印书馆官方网站.

王涛. 伟大复兴进程中的商务印书馆. 中华读书报，2012-02-29.

潘文年. 文化传承与智民之梦：20世纪前半期现代化进程中商务印书馆的社会责任观. 河南大学学报（哲学社会科学版），2009，49（2）.

于殿利. 阅读是一种责任. 光明日报，2015-04-21.

刘玉萍. 学术出版是一种文化担当：访商务印书馆总经理于殿利. 中国社会科学报，2012-03-23.

［讨论题］

结合商务印书馆对企业社会责任的履行，谈谈其他行业（如制造业、服务业）的企业可从哪些方面着手履行社会责任，并举例说明。

推荐书目

1. 托马斯·弗里德曼. 世界是平的. 长沙：湖南科学技术出版社，2006.

2. 蓝色创意跨界创新实验室，蓝色创意集团. 跨界. 广州：广东经济出版社，2008.

3. 乔恩·M. 亨茨曼. 胜者不欺：成为事业与生活的双重赢家. 北京：中国人民大学出版社，2006.

4. 冯·特姆彭纳斯，查尔斯·汉普顿-特纳. 跨越文化浪潮. 北京：中国人民大学出版社，2007.

5. 吉尔特·霍夫斯泰德，格特·扬·霍夫斯泰德. 文化与组织：心理软件的力量：第2版. 北京：中国人民大学出版社，2010.

6. 克里斯托弗·巴特利特，休曼特拉·戈歇尔，保罗·比米什. 跨国管理：教程、案例和阅读材料：第5版. 大连：东北财经大学出版社，2010.

7. C. K. 帕拉哈拉德，伊夫·多茨. 跨国公司使命：寻求经营当地化与全球一体化之均衡. 北京：华夏出版社，2001.

8. 彼德·J. 巴克利，马克·卡森. 跨国公司的未来. 北京：中国金融出版社，2005.

9. 罗莎贝丝·M. 坎特. 世界级：地方企业如何逐鹿全球. 上海：上海人民出版社，2002.

10. 阿尼尔·K. 古普塔，维贾伊·戈文达拉扬. 称雄全球之路：原书第2版. 北京：机械工业出版社，2009.

11. C. K. 普拉哈拉德，文卡特·拉马斯瓦米. 消费者王朝：与顾客共创价值. 北京：机械工业出版社，2005.

12. 肖沙娜·朱伯夫，詹姆斯·马克斯明. 支持型经济. 北京：中信出版社，2004.

13. 普拉哈拉德，克里施南. 普拉哈拉德企业成功定律. 北京：中国人民大学出版社，2009.

14. 凡卡·托马斯瓦米，弗朗西斯·高哈特. 众包 2：共同创造的力量. 北京：中信出版社，2011.

15. 罗莎白·默丝·坎特. e 变. 北京：机械工业出版社，2002.

16. 詹姆士·奎恩，乔丹·巴洛奇，卡伦·兹恩. 创新爆炸：通过智力和软件实现增长战略. 长春：吉林人民出版社，1999.

17. 埃里克·布莱恩约弗森，亚当·桑德斯. 互联创新：信息技术如何重塑经济. 北京：中信出版社，2015.

18. 乔治·吉尔德. 知识与权力：信息如何影响决策及财富创造. 北京：中信出版社，2015.

19. 亨利·切萨布鲁夫. 开放式创新：进行技术创新并从中赢利的新规则. 北京：清华大学出版社，2005.

20. 约瑟夫·巴达拉克. 界定时刻：两难境地的抉择. 北京：经济日报出版社，1998.

21. 罗莎贝斯·莫斯·坎特. 公司的王道. 上海：万卷出版公司，2011.

22. 迈克尔·比尔，等. 更高追求：卓越领导者如何创造社会和经济双重价值. 北京：机械工业出版社，2012.

23. 拉金德拉·S. 西索迪亚，戴维·B. 沃尔夫，贾格迪什·N. 谢斯. 友爱的公司：卓越的公司如何靠热情和目标赚钱. 北京：中国人民大学出版社，2009.

24. 约翰·麦凯. 品格致胜：以自觉资本主义创造企业的永及获利. 台北：天下远见出版股份有限公司，2014.

25. 霍华德·R. 鲍恩. 商人的社会责任. 北京：经济管理出版社，2015.

26. 威廉·麦克唐纳，等. 从摇篮到摇篮：循环经济设计之探索. 上海：同济大学出版社，2005.

27. 彼得·圣吉，等. 必要的革命：可持续发展型社会的创建与实践. 北京：中信出版社，2009.

28. 林恩·夏普·佩因. 公司道德. 北京：机械工业出版社，2004.

第 3 章

管理的基本职能

学习目标

- 熟悉经典的管理学体系
- 了解管理学的发展趋势
- 掌握管理的基本职能

本章对第一代和第二代的管理学体系进行回顾和评述，在此基础上总结管理学的发展趋势。同时，依据从营运导向到创新导向、从封闭视角到开放视角、从控制到自我管理和组织民主、协同发展资源与能力、平衡经济绩效与社会责任的原则，构建管理学新范式，并阐述管理的四大基本职能——计划、组织、领导和控制。

第 1 节　管理学体系的回顾与评述

管理学是对管理活动规律进行总结，并随着管理活动不断发展的一门学科，是系统地介绍人类管理活动普遍规律、基本原理和一般方法的科学。在 19 世纪末 20 世纪初泰勒提出科学管理的思想后，法约尔、甘特、韦伯、孔茨、戴明、罗宾斯等一大批管理学者努力构建管理学体系。特别是进入 20 世纪以来，管理学受到了更为普遍的重视。从最初法约尔提出的计划、组织、指挥、协调和控制的五大管理职能，到罗宾斯整合的计划、组织、控制和领导的四大管理职能，管理学体系日臻完善。更多的管理学理论被总结出来并应用于生产实践，极大地促进了生产力的发展和管理水平的提高。

管理学体系可以分为两代：第一代是以哈罗德·孔茨为代表的管理学体系，该体系继承并发展了法约尔的理论，主要特点是将管理理论与管理者执行的管理职能相联系；第二代是以斯蒂芬·罗宾斯为代表的管理学体系，该体系主要从组织行为的视角构建经典的计划、组织、领导和控制四大管理职能体系。下面对上述两代管理学体系进行回顾与评述。

一、第一代管理学体系

在总结泰勒、法约尔、韦伯等的管理思想的基础上，哈罗德·孔茨构建了第一代管理学体系。孔茨主要继承了法约尔的理论，并进一步系统化和条理化，将理论与管理实践联系起来。该体系认为，无论组织具有什么样的性质、生存于什么样的环境，管理者从事的职能都是相同的，管理活动的过程就是管理职能逐步展开和实现的过程。[①]

在孔茨的管理学体系中，管理被认为是设计和保持良好环境并使人们在群体状态下高效率地达到目标的过程。管理者的主要职能有五个，即计划、组织、人事、领导和控制。

计划职能主要包括确定使命和目标、制定完成使命和目标的实施方案。孔茨认为，计划就是决策，就是在各种备选方案中决定行动方案的过程。在组织作出决策前，所有的只是计划研究、分析或建议，但绝不是真正的计划。在组织没有作出资源承诺的决策前，不可能有真的计划。

组织职能是管理的重要组成部分，主要关注的是如何建立适合组织员工配备的内部结构。优秀的组织设计能够把所有工作任务落实到具体员工，并且将任务分配给那些最能胜任的员工。构建组织结构就是为了创造一个支持员工更好地完成任务的环境。

人事工作涉及在组织结构框架中配备人员以及保持人员的稳定。主要职能包括：明确工作人员的条件要求；储备人才；招聘、选拔、安排、评价和晋升员工；制定员工职业生涯计划和工资报酬；发展员工素质，使之能够高效率、高效能地完成任务。

领导职能是指对员工施加影响，使之对组织和团队目标的实现作出贡献。孔茨认为，虽然管理者与领导者不同，但是有效的管理者应是有效的领导者。领导主要涉及管理工作中的人际关系方面。管理者面对的最重要问题来自员工。员工的要求和态度及其个人行为和群体行为，都会使管理活动变得复杂而不易。孔茨认为，领导意味着服从，所以人们往往跟随那些能满足自己的需求、愿望和想法的领导者。在此管理学体系中，领导涉及激励、领导风格以及沟通等方面的议题。

控制是评定和纠正员工和组织绩效的手段，以确保事情的发展符合计划要求。控制职能就是按照目标和计划评定绩效、找出偏差，并采取措施加以改正。简而言之，控制有利于计划的完成。计划在前，控制在后。计划指导管理者使用各种资源来完成具体目标，而控制是通过检查来确定结果是否与计划吻合。控制活动一般与工作绩效衡量有关。人们熟悉的控制手段有费用预算、检查记录和误工记录等，这些手段用来衡量和显示计划是否在顺利实施。如果偏差持续存在，那么应该加以纠正。

在孔茨的管理学体系中，协调处于核心位置，因为只有协调员工的力量才能实现组织整体的目标。每项管理职能都是为了促进协调，而协调员工在方法、时机、努力程度或利益等方面存在的差异，促使员工的个人目标与组织整体目标保持一致，就是管理者的中心任务。随着世界管理思想的演化，虽然后来孔茨及其同事对此体系进行不断的补充和更正(增加了对全球化、组织外部联系的关注)，但其主体仍是计划、组织、人事、领导和控制五大部分，如图 3—1 所示。

---

① 方振邦，徐东华. 管理思想百年脉络：影响世界管理进程的百名大师. 北京：中国人民大学出版社，2012.

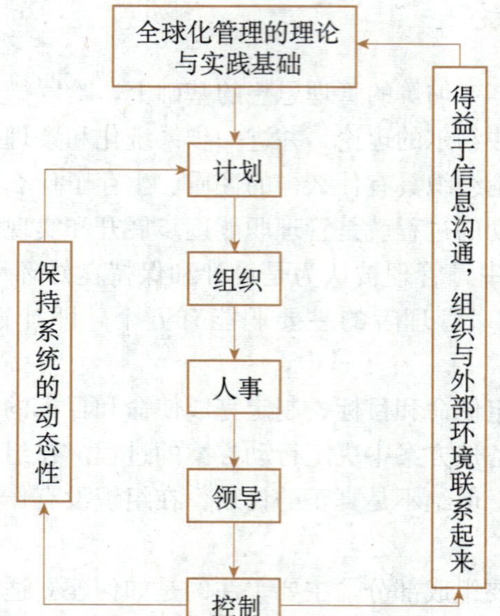

图 3—1　哈罗德·孔茨的管理学体系

资料来源：哈罗德·孔茨，海因茨·韦里克．管理学：国际化与领导力的视角：精要版第 9 版．北京：中国人民大学出版社，2014.

二、第二代管理学体系

目前应用最广的管理学教材应该是由斯蒂芬·罗宾斯教授编著的。罗宾斯进一步发展了哈罗德·孔茨的管理学体系，但更侧重于组织行为，并以管理过程为主线，将管理职能分为计划、组织、领导和控制四个方面（见图 3—2）——我们视为第二代管理学体系。

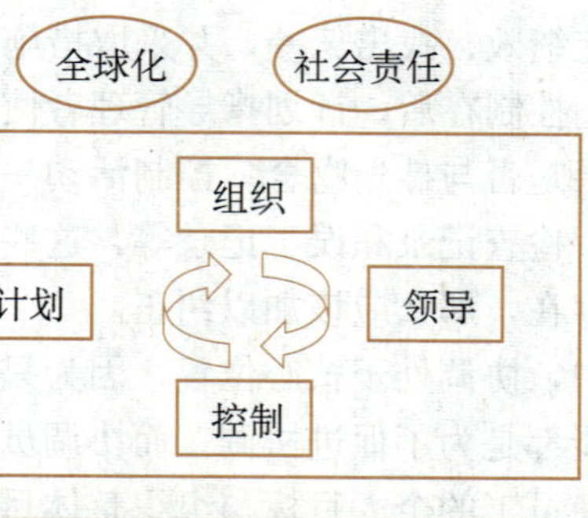

图 3—2　罗宾斯的管理体系

资料来源：斯蒂芬·P. 罗宾斯，玛丽·库尔特．管理学：第 11 版．北京：中国人民大学出版社，2012.

在该体系中，组织被视为实现特定目标的系统。组织成员包括管理者和执行者。管理是一个过程，是通过指挥执行者来更有效地完成任务的过程。管理主要表现为四种职能——计划、组织、领导和控制。与孔茨的管理学体系相比，罗宾斯认为人事称不上是一个独立、完整的职能，因此将之删除，并将部分内容并人组织职能中。[①]

计划就是制定组织的目标、整体战略和具体细节方案。罗宾斯重视战略管理——这比孔茨更进了一步。战略使组织的管理者有了具体目标，并使组织成员的认识更趋一致。

组织是分派组织任务、进行分类管理。罗宾斯是组织行为领域的专家，因此他更关注组织结构，认为组织结构主要可以分解成三个因素——复杂性、正规化和集权化。组织设计，即组织结构的建立和变革，应遵循劳动分工、统一指挥、职权和职责、管理跨度和部门化等原则。

领导职能涉及激励和指导下属、进行有效沟通和解决冲突。

控制职能主要包括检视目标的执行，并对偏差和失误进行纠正。整个控制过程可划分为三步：衡量实际绩效；将实际绩效与标准进行比较；采取管理行动来纠正偏差或不适当的标准。

罗宾斯认为，管理者的角色主要体现在人际关系、信息传递和决策制定三个方面。每位管理者都在执行上述四种职能，区别在于管理者的等级不同使得其执行每种职能的程度和花费的精力有所差异。罗宾斯还认为，管理者受到两种约束——内部的组织文化和外部的环境（政治、经济和市场等）。

与古典理论不同，罗宾斯的管理学体系开始纳入企业的社会责任和管理道德等问题。受公众期望、长期利润、更好的氛围、政府调节以及社会弊端等因素的影响，企业应该承担社会责任。

三、经典管理学体系的评价

罗宾斯的第二代管理学体系对孔茨的第一代管理学体系进行了大幅提升和完善，但仍保留了大量工业化时代的烙印。这两代管理学体系力求不断增强管理的科学性，从以经验为基础的管理学向科学管理转变。它们在工业化时代发挥了重要作用，提升了组织运营的效率和效能。然而，在今天的知识经济时代，这两代管理学体系在应用中似乎都具有一定的局限性。

（一）原有管理学体系的局限性

目前绝大多数的管理仍然受到 20 世纪初期现代科学管理的束缚，导致组织很难根据需要及时合理地调整资源分配方式、权力配置、激励方案和各种决策。组织的管理趋同，大多数组织具有类似的控制体系、人力资源模式、计划的惯例、绩效评估和奖励体系。

传统的管理学体系专注于效率的提升、成本的降低和质量的提高。这些确实曾为组织的发展提供了强有力的支撑，造就了福特、沃尔玛这样的传奇。但是，如今组织的运营效率已接近阈值，效率的提升不仅越来越难，而且难以给企业带来过去那样骄人的竞争优势。传统的管理学体系热衷于控制，将员工视为会说话的机器。随着员工知识水平的提升，在获得报酬的同时，员工对得到尊重、参与决策、职业发展的要求也不断提升。传统的管理学体系只专注于组织内部的协调控制，视供应商和顾客为简单的卖者和买者，忽视了价值网络对组织发展的重要作用。

---

① 斯蒂芬·P. 罗宾斯，玛丽·库尔特. 管理学：第 11 版. 北京：中国人民大学出版社，2012.

1. 关注运营效率、成本和质量，忽视创新

科学管理产生的最根本动机是改善原来组织运营的低效率。科学的计划、组织和控制都是为了降低生产成本、提升组织运营效率。科学管理的登峰之作——零库存管理、供应链管理、全面质量管理、六西格玛等——都旨在最大限度地降低成本、提高效率和质量。这在 19 世纪和 20 世纪是非常适用的，因为当时组织的运营效率极其低下，有很大的提升空间。20 世纪中后期日本企业的崛起就是效率为王的最好例证。然而，如果说效率水平有一个极限阈值的话，那么现在组织的运营水平已经无限接近这个阈值。换句话说，对今天的组织来说，提升效率所能带来的竞争优势已经非常有限。

在知识经济时代，创新成为组织实现可持续发展的新方向。然而，创新与效率是相互矛盾的。在经典管理学体系的指引下，管理者追求效率的同时，无形中扼杀了员工的创造力和企业的创新能力。创新需要的是自由、宽容和民主，而效率则要求员工时刻保持高度的一致性、严格性和紧迫性。传统的企业通常要求在日常运作中尽量杜绝懒散现象、缩减流动资金。而问题是，如果将组织的所有“闲暇”都排挤出去，那么创新也会被排挤出去。创新需要时间——做梦的时间、思考的时间、学习的时间、创造的时间，创新需要不受干扰，需要时间、自由和思想驰骋。牛顿在剑桥的 30 年疏于出国，从不发表论文，但终于大器晚成，成为最伟大的物理学家。[①] 索尼前常务董事天外伺郎曾指出，与井深大时期相比，现在的索尼在激情、挑战和团队精神方面都有所退步，其根本原因就是索尼奉行绩效主义，员工仅仅为了拿到报酬而努力工作。[②]

2. 关注控制，忽视员工的自我管理和创造力

彼得·德鲁克认为，有伟大成就的人都善于进行自我管理。但是，在传统的层级制管理模式下，员工的自我管理意识和对工作的责任感正逐步丧失。随着工业组织规模的扩大，员工与管理者之间的层级增多，隔阂也随之增加。

创立于工业经济时代的管理学体系十分强调控制，孔茨和罗宾斯都将之视为管理的重要职能之一，这源于对效率的重视。但是，控制意味着自上而下强制性的管理，缺乏自下而上的反馈回路。而知识型员工具有更高的素质，有自我管理的意识和能力。对于他们而言，严格的控制显得多余。同时，知识型员工具有很强的创造力，严格的控制会抑制其主动参与和创造力，不利于创新。在实施严格控制的大型工业企业中，员工很少了解组织内部的运行情况。在工业化世界里，工作方法和程序是由专家定义的，且一旦定义就不允许改变。不管员工有多大的创造力，展露天赋的机会都被大大削减。

今天的管理者应该更多地考虑如何关心和激励员工、创造良好的环境和条件、开发和利用员工的潜质和创造力以实现自身的尊严和价值，进而帮助和引导员工进行自我管理，而不应要求员工完全按照全部设计好的方法和程序进行思考和行动。

管理学的发展与演化趋势受研究者和实践者对人性的不同假设而左右。美国麻省理工学院教授道格拉斯·麦格雷戈（Douglas Mcgregor）于 1957 年首次提出 X 理论和 Y 理论。他把传统管理学称为“X 理论”，把自己的管理学说称为“Y 理论”。这是一对基于两种完全相反假设的理论：X 理论认为人们有消极的工作原动力；而 Y 理论认为人们有积极的工作原动力。

---

① 陈劲．管理的式微．北京：科学出版社，2009.

② 天外伺郎．绩效主义毁了索尼．文艺春秋，2007（1）.

X 理论即传统的“胡萝卜加大棒”式管理思维，建立在“群众是平庸的”假设的基础上。

X 理论的前提假设是：

● 一般的人，天性就是好逸恶劳，而且只要他们能够做到，就设法逃避工作；

● 绝大多数的人必须用强迫、控制、指挥以及处罚、威胁等手段来使他们付出适当的努力以实现组织的目标；

● 一般的人，情愿受人指导，希望避免担负责任，相对缺乏进取心，将个人的安全看得最重要。

该理论假定人性本恶、生性懒惰、厌恶工作，必须使用权威手段推动他们付出足够的努力才能完成给定的工作目标。以 X 理论为基础构造的组织、制度等管理机制，被称为“恶性管理”。

根据 X 理论的假设采取的管理方式有：

(1) 管理工作的重点是提高劳动生产率，对人的感情和道义上应负的责任是无关紧要的；

(2) 管理只是少数人的事情，与广大工人无关，工人的主要责任是听从管理者的指挥；

(3) 在报酬制度方面，主要用金钱刺激工人的生产积极性，同时对消极怠工者采取严厉的惩罚措施。

Y 理论是站在 X 理论对立面的另一个极端。其假设基础是：人想干活，并不懒惰；他们需要工作，热衷于发挥自己的才能和创造性。

Y 理论的前提假设是：

● 工作中消耗的体力和脑力，正如游戏或休息一样是自然的；

● 外力的控制和处罚的威胁都不是促使人们为组织目标付出努力的唯一手段，人们在服务于承诺的目标时会进行自我指导和控制；

● 人们承担目标的程度同与其成绩相联系的报酬成比例；

● 在适当的条件下，一般人不仅可以学会接受任务，而且会寻求承担组织任务；

● 在解决种种组织问题时，大多数人而不是少数人具有运用相对而言的高度想象力、机智和创造的能力。

作为“恶性管理”的反面，有人称之为“柔性管理”。

根据 Y 理论的假设采取的管理方式是：

(1) 管理重点的改变，即把注意的重点放在创造适宜的工作环境上，使人们充分发挥才能；

(2) 管理人员职能的改变，即管理者的主要任务是为发挥人的才能创造条件，减少和消除障碍；

(3) 奖励方式的改变，即进行内在奖励，满足人的自尊和自我实现的需要；

(4) 管理制度的改变，即管理制度应保证员工能充分地发挥自己的才能，取得所希望的成就。

X—Y 理论的贡献和优点可以概括为以下三点：

第一，X—Y 理论阐述了人性假设与管理理论的内在关系，即人性假设是管理理论的哲学基础，提出了“管理理论都是以人性假设为前提的”重要观点，这表明麦格雷戈已揭示出“人本管理原理”的实质。

第二，X理论和Y理论关于“不同的人性假设在实践中体现为不同的管理观念和行为”的观点，动态地分析了人性假设的变化对管理理论的影响，进而提出了管理理论的发展也以人性假设的变化为前提的研究课题。

第三，X理论和Y理论提出的管理活动中要充分调动人的积极性、主动性和创造性，实现个人目标与组织目标一体化等思想，以及参与管理、丰富工作内容等方法，对于现代管理理论的发展和管理水平的提高具有重要的借鉴意义。

应该明确的是：基于X理论对人们的工作过程加强监控，对人们工作动力的激发效果会随监控强度的强弱而上下浮动，且往往只能管得住人们外在的体力行为，却管不住人们内在的心智，因此单纯利用X理论是无法激发出人们工作的积极主动性的。但Y理论也存在局限，人性是千差万别的，不可能因为实行了某种Y理论措施就一致地有积极主动性，因此加强监控是必须的。

针对上述对X理论与Y理论的利弊分析，管理学界发展出了其他许多理论，其中以Z理论和超Y理论为主要代表。

日本学者威廉·大内在比较了日本企业与美国企业的管理特点后，参照X理论和Y理论，提出了Z理论。Z理论强调管理中的文化特性，主要由信任、微妙性和亲密性组成。Z理论可以看做对X理论和Y理论的一种补充和完善，认为在管理中应根据企业的实际状况灵活掌握制度与人性、管制与自觉的关系，因地制宜地实施最符合企业利益和员工利益的管理方法。

超Y理论也称权变理论，是由美国管理心理学家约翰·莫尔斯和杰伊·洛希根据“复杂人”的假定提出的一种新的管理理论。他们认为，没有一成不变的、普遍适用的最佳管理方式，必须根据组织内外环境自变量和管理思想及管理技术等因变量之间的函数关系，灵活地采取相应的管理措施，管理方式要适合工作性质、成员素质等。超Y理论实质上是X理论与Y理论的辩证统一，要求将工作、组织、个人与环境等因素进行最佳配合。

尽管如此，Y理论将进一步主宰管理的人性假设。随着社会的进步和科学技术创新的不断涌现，知识与创新将成为组织的核心和重点，创造新的知识和实现新的创新与突破是管理者的主要任务。在这种情境下，管理者应更多地在组织内外表达“爱”，以追求“愿景”（愿景的本意是对美好事物的向往）为组织管理的出发点，追求组织的伦理化生存与发展，以“信任与协同”的原则进一步开放组织边界，以更和谐、更经济、更环保的方式获取资源，以“善良、仁爱和慈悲”逐次递进的爱的方式对待员工，进一步激发员工的创造力、创新能力和创业精神。因此，管理的发展将进一步基于Y理论，即使某些组织采用了超Y理论，也应是以Y理论为主、以X理论为辅的管理理念，目的都是实现马斯洛提出的自我实现。管理的目标就是帮助组织成员完成自我实现——这也是管理的最高境界。

3. 关注组织内，忽视组织间

传统的管理学体系着重强调组织内部运营效率，很少关注组织间的问题。在工业经济时代，组织只需要关注优化内部的运营流程就可以实现绩效的提升。即使是后来的供应链管理、客户关系管理也仅仅把它们视为简单的卖方和买方，希望通过相应的管理行为来提高物料或产品的供应速度和灵敏度，并没有真正意识到跨越组织外部边界的重要性。在这样的管理学体系的指导下，企业的资源配置往往是低效率的。比如，企业制定的战略规划往往是独立的，没有考虑与其关系密切的供应商、客户等利益相关者的战略。事实上，在企业不断融入“价值网络”的今天，利益相关者的发展规划对企业本身的发展具有举足轻重的作用。

知识经济时代，从某种程度上说，企业最重要的管理任务已经从组织内转向组织外。配置组织外部资源成为构建竞争优势的重要一环。与风行于工业化时代的纵向一体化相反，知识经济时代很多组织努力识别出自己的核心能力，并把其他非核心部分外包出去，以便更好地打造和提升自己的核心竞争力。不少企业广泛地开展开放式创新，与供应商、客户和研究机构结成紧密的创新网络。因此，对于组织发展来说，管理外部组织已变得与管理内部员工同等重要。

4. 关注等级和官僚，忽视平等、共享与士气

不论是组织还是个人，都会渴望和谐的人际关系。而在传统的管理模式下，管理系统总是在阻碍交流、削弱士气，使员工难以改善质量、提高生产率和顾客服务水平。由于员工之间、员工与管理者之间很难建立良好的合作互助关系，因此人际关系淡漠。

组织是复杂的交流网络，可将资源联系起来。在工业时代的管理体系下，等级制、官僚制现象非常明显，导致管理者与员工在权力和地位上的不平等。这些不平等改变了组织交流，使之成为单行道。这使得管理者与员工不能正确理解彼此的意图，员工之间更加缺乏交流的有效途径，以致精心计划的交流沟通长期无法得到实现。①

等级制、官僚制鼓励双方提出封闭性的、有针对性的问题，而非开放的、新奇的问题，并且管理者会忽视自己不喜欢的意见。这些导致组织信息不能传达给其预定目标、组织交流内容发生改变，最终导致信任降低、合作削弱、冲突增多，以及员工缺乏对结果负责的精神。

传统管理对员工主动参与的扼杀显著增加了员工的被动行为，并降低了其士气，削弱了其创造性、主动性、责任感和忠诚。相反，如果组织重视知识员工的贡献能力，允许并鼓励员工进行参与的选择，那么可以改善交流、提升士气，激发员工的创造性、主动性、责任感和忠诚。

5. 关注稳定，束缚变革与创新

原有的管理学体系限制了组织进步与变革，限制了其适应快速变化的环境的能力。森严的等级、官僚、不信任和严重的管理冲突，都在制约着组织的发展——不论管理者个人的意愿多么美好，作为一种复杂系统的管理会不断抵制变迁，坚守过去的一切。②

虽然许多管理者都能进行前瞻性思考、富有创造性以及对反馈持包容态度，但是整体的管理系统更倾向于规避风险。结果就是，管理者时常抵制可能无效的变革行为。在日益复杂、不可预测的经济环境中，创新和变革对于组织的生存而言是不可缺少的。今天的组织不应该抵制变革或固守过去，需要灵活性和高度敏感性，而传统的管理总是致力于确保人们按照以往的方式行事。许多组织通过更换首席执行官、招聘新的高层管理者、改变分工方式、重新安排组织的结构、修改政策和程序等来试图实现变革与发展。但是，所有这些都只形成了变革的表面现象，并没有产生实质性效果。

知识经济时代，组织更加复杂，员工更加知识化，产品更新换代更快，组织在经营过程中会遇到更多的矛盾和悖论，管理决策变得更加困难。传统管理关注的焦点是效率、成

①② 肯尼思·克罗克，琼·戈德史密斯. 管理的终结. 北京：中信出版社，2004.

本和质量，这不可避免地会限制甚至扼杀创新活动。

创新活动是高风险的、低效率的，因为大部分的创新会以失败告终；创新是高投入的，需要不断地试验和总结。管理就是要根据外部环境和内部资源条件对运营与创新进行平衡，选择好侧重点。例如，初创企业往往具有很强的创业精神和创新能力，但缺乏运营效率，此时组织更应有意识地侧重运营；当发展成为大型组织后，结构臃肿、反应缓慢、官僚化严重等特点凸显，此时组织应着力发展组织的创新与变革，甚至进行一定的公司创业活动。

虽然《基业长青》的作者柯林斯认为，组织要想实现基业长青，就必须持续不断地进行变革与创新，但他也强调，必须保证组织的“核心”稳定。也就是说，组织发展要解决好“核心的稳定”与“非核心的变革”之间的悖论。现代的组织想要在组织变革与稳定之间实现平衡，就必须保持一定的柔性。也就是说，不能让变革与创新动摇了组织的根基。要做到这一点，必须在变革过程中使愿景、文化等保持一定的稳定性，抵消变革与动荡带来的消极影响。更重要的是，运营与创新是相互依存的。创新需要以运营为基础，毫无效率、不计成本代价的创新活动没有意义。虽然创新需要自由和宽松的环境，但并不是说要完全摆脱运营的思维。在创新过程中，提高效率、降低成本对于组织发展更为重要。运营需要创新来寻找新的支点，是在已有技术、产品的基础上不断优化，但这难免会遇到极限，此时运营就难以持续优化。

全球化、信息技术的发展和人类知识与文化水平的进一步提升，使组织只有通过创新才能获得蓬勃发展。组织发展的主要趋势是，以创新为主、以稳定为辅。控制是第一代（哈罗德·孔茨）和第二代（罗宾斯）管理学体系中最关键的职能之一。在科学管理思想中，员工被视为“经济人”——活的机器，强调要对员工进行严格控制，使员工最大限度地为企业运营服务。到了行为科学时代，虽然管理学者和实践者开始认识到员工的社会性，但是仍然强调要对员工进行“控制”。这似乎难以适应知识时代的要求：一方面，知识型员工不愿被严格控制，充满了对自由的向往；另一方面，知识经济时代要求组织必须充分利用全体员工的智慧，而严格控制可能扼杀基层的创造力。3M公司之所以有很强的持续创新能力，就是因为它给员工以足够的时间（工作时间的15%）和空间进行自由创造，而不施加任何控制。知识经济时代，企业应给予知识型员工以足够的机会进行自我管理，管理者的角色应更多地转向领导者。更多的组织成员需要的是“胆大包天的目标”“教派般的文化”和“母亲般的关爱”。唯有如此，组织才能不断迸发出创新的活力。

（二）管理学新范式的必要性——从工业经济转向知识经济

最近30多年里，经济与技术的变革此起彼伏，最重要的是诞生了以信息产业为代表的高新技术产业，并且高等教育得到了进一步的推动和普及。员工的文化层次迅速提高，组织中知识型员工所占比例越来越大，整个社会逐渐从工业化经济向知识型经济转变。①

经典的管理学体系是工业化时代的产物，是为了促进工业化时代的组织发展而建立的，因此指导知识经济条件下的组织就显得有些捉襟见肘。一方面，组织内部的劳动性质已经从有形的、明确的体力型转向无形的、复杂的知识型。与体力型劳动相比，知识型劳动是看不见、摸不着的，其劳动强度和质量在很大程度上取决于人的自觉性和责任感。尤

① 陈劲．管理的式微．北京：科学出版社，2009．

其是创造性的脑力劳动，其目标确定、进度控制都比体力型劳动困难，是管理者遇到的新难题。严格管理、加强监督的外部控制方法对工业经济时代的体力型员工是卓有成效的，但是对知识型员工不再适用，反而可能阻碍知识型员工的创造力。另一方面，组织的外部环境发生了翻天覆地的变化。当今世界的重要特点就是全球化。全球化为组织发展带来了更大的不确定性、更多的机会和更大的挑战。例如，自中国加入 WTO 以来，面对来自全球各行业的“航母”的竞争，过度依赖成本和效率难以保证中国企业实现可持续发展。同时，“价值网络”和“生态系统”对组织的发展越来越重要。竞争优势的获得不再仅仅依靠单一产品的市场能力，而是依赖整个价值链或价值网络。

当然，知识经济带来的变化还远不止于此。

(1) 在工业经济时代，经济利润是企业的唯一追求，以致对环境造成严重污染，自然资源遭到过度的开采利用，违背商业伦理的事件频发（美国安然事件、雷曼兄弟事件等）。在知识经济时代，企业不再仅仅追求经济利益，越来越多地关注如何实现绿色发展来保护自然环境，如何提升自身的道德素质，以及如何开展有效的慈善事业来反贫困。简而言之，从工业经济向知识经济的转变使企业的社会责任变得尤为重要。

(2) 在工业经济时代，纵向一体化是组织发展的主要趋势之一。大多数组织希望整合产业链，以降低相应的交易成本、实现规模经济。然而，进入知识经济时代，组织间的合作开发项目、产业联盟不断增加，外包成为很多企业发展的重要途径。于是，产业的纵向一体化程度降低了。同时，互联网的出现使得市场的权力从生产商转向消费者。过去，信息缺乏和搜索成本过高使消费者不得不忠诚于某些企业——即使获得的产品和服务不尽如人意。现在，由于可以免费获得充足的信息资源，消费者不再为信息所局限，那些只提供二流产品和服务的企业已经没有生存的空间。

(3) 知识经济使得产业的发展越来越快，商业模式到达顶峰的时间越来越短，产品的生命周期也在不断缩短。同时，技术、产业的更新换代不断提速，新的技术领域为新进入者提供了更多生存和发展的机会，也为现有企业带来了更大的发展压力，新进入者不断侵蚀着已有企业的成本优势。在知识经济时代，产品的发展曲线变得更尖而窄。有些企业善于在低端竞争，为了生存而不断将核心活动转移到世界上成本低的区域。随着印度公司对服务业的涉入、中国企业在全球制造份额的扩大，很多大型跨国企业都在盈利的边缘挣扎。

以上种种现象都昭示着，当今世界变化如此快速，到处充斥着矛盾、难题和不确定因素。与工业经济时代相比，组织更加复杂而难以管理。仅追求成本和效率并不能保证企业获得竞争优势，原有的以效率、成本为导向的管理学体系在指导知识型社会的管理过程中显得并不适用。这些变化不仅要求管理者改进组织结构、产品、体系和过程，而且要求我们系统地改进整个管理学体系、思考和组织工作的相关框架。

四、管理学的发展趋势

进入 21 世纪，传统的管理学日显疲态。在知识经济时代，管理学的发展远远落后于科学技术的进步，管理思想的衰弱是我们不得不承认的事实。① 管理学要适应技术、社会和政治持续多变的环境，并在其中得以生存和发展，就需要努力发生本质上的变革。我们

① 加里·哈默，比尔·布林. 管理大未来. 北京：中信出版社，2008.

认为，管理学最重要的发展方向就是要实现从管理①向领导和服务的过渡。

按照古典管理—现代管理—知识时代管理—未来管理的时间序列，图 3—3 显示了管理、领导和服务的发展趋势。

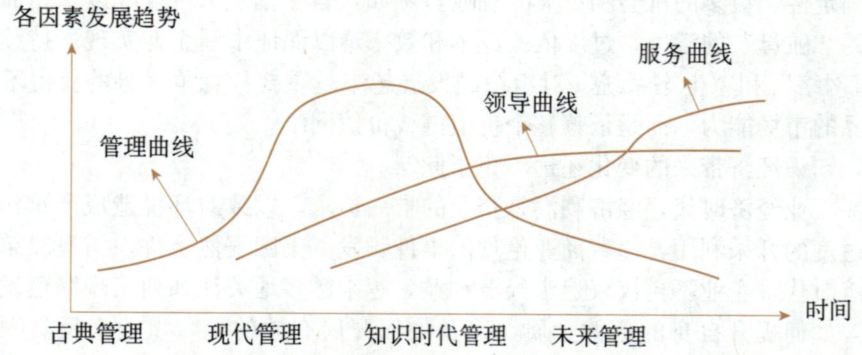

图 3—3　管理、领导和服务发展趋势图

资料来源：陈劲．管理的式微．北京：科学出版社，2009.

（一）管理服务化——自我管理

管理学的第一个趋势就是从管理向领导与服务转变，鼓励员工进行自我管理。进入知识经济时代，员工的知识不断丰富、素质不断提高，传统的管理观念和方式似乎并不适用。对员工进行过多管理显得多余，甚至会限制知识型员工的创造性。过多的管理会剥夺员工的主动性，使知识型员工失去自我管理的机会，并逐渐丧失自我管理能力。这样的组织通常面临严重的问题，难以进行创新活动，难以适应知识经济时代的要求。同时，这些问题不是孤立的、暂时的、偶然的，而是长期的、永久的、系统的。这些问题无法通过管理来解决，却正是管理带来的。

管理者时常以命令驱使员工工作，牺牲的是员工的创造力、士气和工作满意度。虽然这可以实现短期利润最大化，但从长远来看组织的持续发展困难重重。这并不是反对以个体存在的管理者，而是反对一种思想——必须对员工进行管理才能使他们有效率。②

事实上，在知识经济时代，员工是能够进行自我管理的。组织最需要做的不是严格的管理，而是服务和领导。管理者的真正职责是为员工的自我管理提供服务。在自我管理的组织中，管理者将被领导者、服务者等角色取代。

（二）管理民主化

管理学的第二个趋势是从专制式的管理向民主式的管理转变。根据勒温的理论，按管理强度的不同，可将管理分为专制式管理、民主式管理和放任式管理。专制式管理是以权力服人，决策权力掌握在高层管理者手中，是管理过强的表现。民主式管理是以理服人、以身作则的管理，决策权力属于整个组织和团队，其管理强度适中。民主式管理的主要行为特点是，所有决策都是在管理者的鼓励和引导下由组织成员、团队经讨论作出的，员工

① 这里的管理是狭义上的管理，即着重对员工的指挥和控制，将员工视为地位低于自己的下属。
② 陈劲．管理的式微．北京：科学出版社，2009.

的服从和跟随主要源于非正式的权力和权威，而非职位带来的权力和命令。放任式管理的特点是事先无规划、事后无检查，将权力分派给组织中的所有成员，表现为一切悉听尊便的领导作风，实行的是无政府管理。

在放任式管理下，组织分权化过度，会带来运营的低效率，最终导致总收益下降；专制式管理会压制员工的参与积极性和创造力，扼杀组织创新。因此，对组织来说，要实现放任与专制的平衡，也就是要实施适度的民主化管理。管理强度对企业绩效的影响如图 3—4 所示。

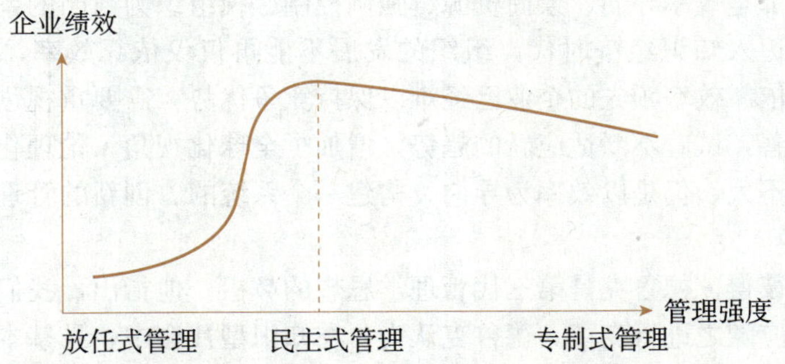

图 3—4　管理强度、绩效图

资料来源：陈劲．管理的式微．北京：科学出版社，2009.

（三）管理创新化

管理学的第三个趋势就是要不断进行管理创新。近几十年技术变革对传统的组织观点（结构、系统、战略、体制和技能等方面）提出了质疑和挑战。为适应这样的变化趋势，组织管理需要不断地创新。

创新型组织可以通过组织流程再造来消除代表官僚的中间管理层次（这主要得益于信息化的进步）、提高组织的柔性，还可以构建联合的矩阵和网络，使员工和组织的资源得到最优的配置和利用。加里・哈默曾经指出，在所有创新中，管理的创新最为重要，如图 3—5 所示。

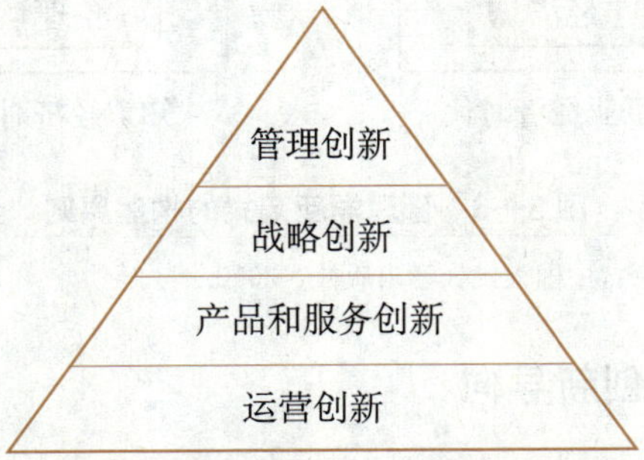

图 3—5　组织创新的金字塔

资料来源：加里・哈默，比尔・布林．管理大未来．北京：中信出版社，2008.

第 2 节　管理的基本职能

一、管理学新范式的构建原则

前面所论述的两代经典的管理学体系——哈罗德·孔茨和斯蒂芬·罗宾斯——都是工业经济时代的产物，其主要目的是提升企业（尤其是工业企业）的运营效率和质量、降低成本，所以它们都是效率导向、崇尚资源、强调控制、视组织为封闭的系统。如今世界已从工业经济时代迈入知识经济时代，组织的发展不能再仅仅依靠效率，创新逐渐成为主角。或者说，仅依靠效率领先的企业已经难以保持竞争优势，需要重视创新。尽管这两个体系也在不断完善，试着不断适应新的趋势，增加了全球化视角、伦理化视角，但是体系的核心职能变革不大，仍是以效率为导向。构建一个系统的、创新的管理学新范式显得十分必要。

管理学大师彼得·德鲁克是第三代管理学思想的鼻祖。他指出，我们正在进入知识型社会，管理学也应随之进行变革。德鲁克认为，在知识型社会中，最基本的经济资源不再是资本、自然资源和劳动力，而应是知识。虽然彼得·德鲁克为我们打开了通向第三代管理学体系的大门，但是他的思想并没有被系统地整理。本书试图在以罗宾斯和孔茨为代表的、适合工业经济时代的管理学体系的基础上，更多地运用德鲁克的思想构建适合知识经济时代的管理学新范式，主要构建原则（见图 3—6）细述如下。

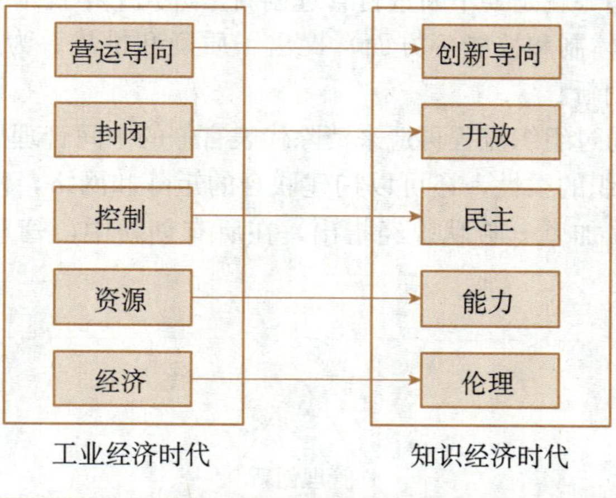

图 3—6　管理学新范式的构建原则

资料来源：陈劲．管理学．北京：中国人民大学出版社，2010.

（一）从营运导向到创新导向

在工业经济时代，组织的运营效率和质量并不高、成本并不节约，存在很大的提升要求和空间，因此原有的管理学体系主要关注如何提升组织的运营效率。在经历了工业经济时代向知识经济时代的转变后，组织的运营效率已经无限接近阈值，可提升空间已变得非常小，效率提升能为企业带来的竞争优势非常有限，组织需要构建以创新为导向的发展理念，组织创新成为获得持续竞争优势的最重要源泉。

组织运营与创新是矛盾统一的。资源的有限性决定了组织关注运营效率势必要减少对创新的投入。同时，创新是高风险的，需要自由、民主和宽容，而这样的文化氛围可能导致效率低下。因此，组织运营与创新是对立的。但是，两者又缺一不可。没有效率保障的创新或没有创新性的效率都是缺乏价值的，难以帮助企业实现可持续发展。在知识经济时代，组织需要将关注焦点从营运转向创新，并努力实现创新与营运的平衡。

（二）从封闭视角到开放视角

既然原有管理学体系的关注焦点是组织运营，那么它们势必更加聚焦于组织内部，倾向于思考在组织这个“封闭”的系统中如何提升效率。这在工业经济社会是适用的，因为那时组织确实只需关注组织内部这一封闭系统就能提升自身效率。

后来，组织管理逐步走出内部封闭系统，开始关注组织外部的大系统，但是也仅限于供应链管理和产品销售网络，并没有真正意识到外部的知识和资源对于组织发展的重要性。在知识经济时代，组织外部知识和资源管理甚至比组织内部协调更为重要。在管理实践中，越来越多的组织开始将发展重点放在组织间网络的构建上。例如：宝洁公司努力发展与客户的关系，将客户的智慧纳入宝洁的创新体系；通用电气公司努力构建无边界组织。亨利·切斯布鲁夫系统总结了组织间创新模式，提出了开放式创新理论，认为外包、众包和合作创新等开放式增长是现代组织管理的重要趋势和特点。

（三）从外部管控到自我管理和组织民主

科学管理将员工视为活的、懒惰的“机器”，认为控制员工是管理者的最主要职责。虽然后来的行为科学学派认识到员工的“社会性”，但是仍没有系统地将民主引入管理体系。员工，尤其是知识型员工，是企业最宝贵的财富。基层员工最了解组织经营的实际情况，能为企业发展提供更广泛、更细致的建议，而过度的控制可能会压制员工参与决策、参与规划和参与创新的热情。

当前，我国十分重视基层民主建设。2015年4月，习近平在“庆祝‘五一’国际劳动节暨表彰全国劳动模范和先进工作者大会”上讲道，“要推进基层民主建设，健全以职工代表大会为基本形式的企事业单位民主管理制度，更加有效地落实职工群众的知情权、参与权、表达权、监督权。要尊重人民首创精神，甘当人民群众小学生，把蕴藏于工人阶级和广大劳动群众中的无穷创造活力焕发出来，把工人阶级和广大劳动群众智慧和力量凝聚到推动各项事业上来”。在组织管理过程中，任何创造力、创新等都不可能在等级、官僚主义或独裁式的、自上而下的管理下被动地产生，必须构建一个平等、民主的环境进行引发、协导、鼓励和支持。在新的管理体系中，等级、官僚主义、独裁式的管理等会逐渐式微，而自我管理、组织民主应得到支持。

管理者履行着两个彼此矛盾的职能：管理者既是协调者、组织者和领导者，又是胁迫、奴役和剥削的代理人，利用其权力和地位强迫雇员服从命令、违心地工作。这里强调的是，组织管理要逐步加强第一个方面的职能，并逐步终结第二个方面的职能，停止强迫人们以自己不愿意的方式工作，使员工对自己的事业负责。[①]

---

① 肯尼思·克罗克，琼·戈德史密斯. 管理的终结. 北京：中信出版社，2004.

如图 3—7 所示，外部管控有利于组织效率的提升，但是以牺牲创造力为代价；自我管理有利于保持组织成员的创造力，但可能使组织整体效率低下。因此，组织要实现自我管理与外部管控的平衡。

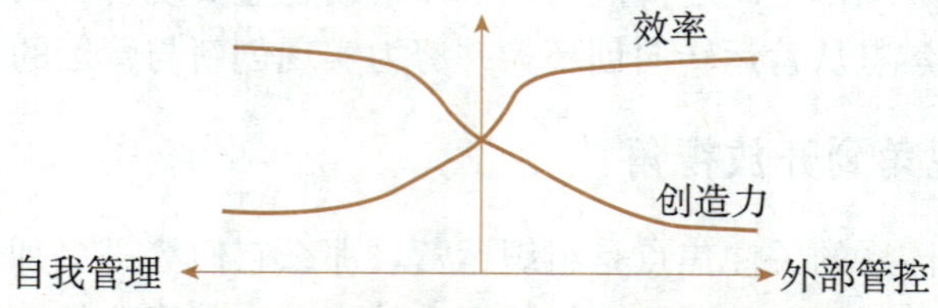

图 3—7　自我管理与外部管控

（四）资源与能力的协同

在工业经济时代，由于不同组织对资源的开发和利用存在明显差异，因此组织的竞争优势可以建立在资源优势的基础上。随着技术（运输技术和通信技术等）的不断进步，不同组织拥有或能够获得的资源的差异逐步缩小，开发和利用资源的能力变得越来越重要。因此，组织管理的重点应从资源本身转向组合、利用和开发资源的能力。

不过，徒具能力而没有资源，企业也难以发展壮大，正所谓"巧妇难为无米之炊"；只有资源而没有相应的能力，只会造成资源浪费。组织占有的资源与其具备的能力应相辅相成、相互促进。传统的管理学强调人际关系和人力资源管理的重要性，但是对无形资源——对人与组织来说更为关键的知识、智力资本和信任等——关注不够。在管理学的新范式中，知识和智力资本的发展应被作为组织发展的核心，资源与能力应被放在同等重要的位置上，组织应努力实现两者的协同发展。

（五）经济利益与社会责任的平衡

管理的最初目的是在资源有限的情况下进行资源优化配置，以实现企业利润最大化。鉴于此，在最初的管理学体系中，学者们主要关注企业的经济利益，很少讨论企业的社会责任和商业伦理。如今日益严峻的环境问题为企业的发展敲响了警钟，安然事件、亚洲金融风暴、次贷危机等商业道德问题浮出水面，使我们不得不重新思考伦理道德问题。贫富差距的不断加大使得组织需要考虑如何加入反贫困的斗争。一味追求经济利益最大化难免出现伦理道德缺失问题。因此，在管理学的新范式中，我们提倡组织管理的伦理化。

二、管理的基本职能

按照上述原则，我们构建了管理学的新范式（见图 3—8）。在新范式中，全球化、伦理化和信息化是管理面对的主要环境挑战。全球化要求管理者必须很好地构建全球化思维，充分利用全球的优势资源，尤其是智力资源；伦理化要求现代管理者在追求经济利益的同时，兼顾社会责任和商业伦理；信息化大大提升了管理的效率和科学性，支持了企业的创新活动，也催生出新的商业模式（如众包）。

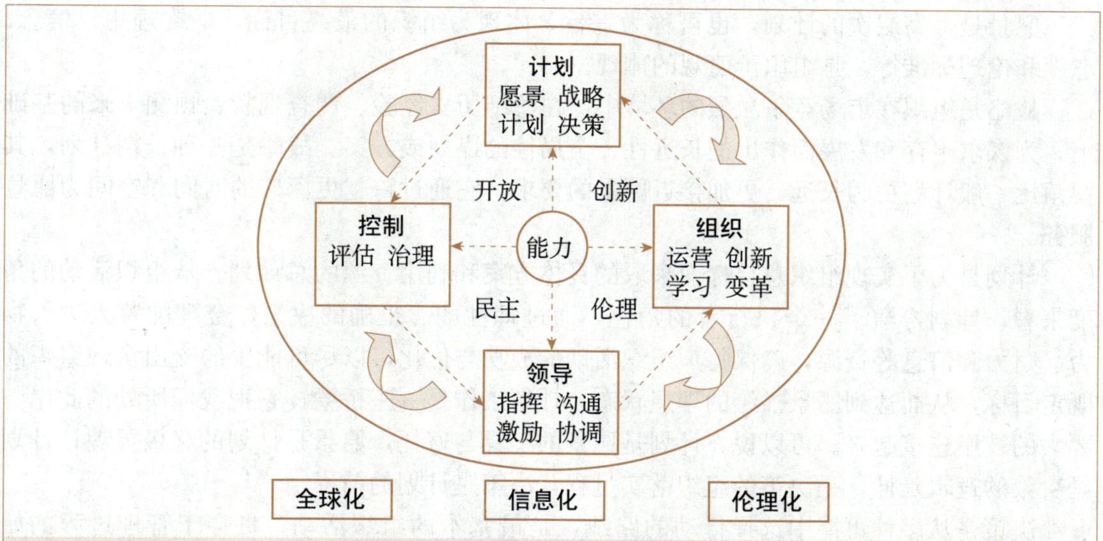

图 3—8　管理学新范式

在管理学的新范式中，计划、组织、领导和控制是四大基本职能模块，它们相辅相成、相互影响、相互作用、相互交叉和渗透，缺一不可。在管理过程中，计划、组织、领导和控制呈现出循环的状态：每项管理活动都始于计划，经组织贯彻，在领导者的沟通、协调下开展，终于对偏差及其成果进行控制；创新在管理过程中的各个环节发挥作用，推动新一轮的管理活动不断开始，如此反复循环。要说明的是，管理工作并非一定按照“计划—组织—领导—控制”的顺序进行。事实上，管理者可能同时进行不同的管理活动。例如，为了应对大客户的流失，管理者要做的工作可能包括物色新的战略伙伴以拓展客户资源、进行内部沟通以查明问题所在、削减营销成本以压缩运营成本。以上这些行为显然涉及计划、领导和控制。图 3—8 中的虚线表现的是现实中可能发生的管理顺序。

（一）计划

计划（planning）是管理学新范式中的第一大职能。计划就是设定组织目标，确定实现目标的战略，从多种可能中选择行动的路线，制定具体方案并逐层展开，以整合和协调各种活动。

计划是多层次的，从抽象的愿景到具体的行动方案构成了一个层次体系，如图 3—9 所示。有效的管理者应该构建有层次性的组织计划体系，不仅要对组织的愿景（宗旨和使命）有深刻认识，而且要制定有效的目标、规划实现目标的途径。

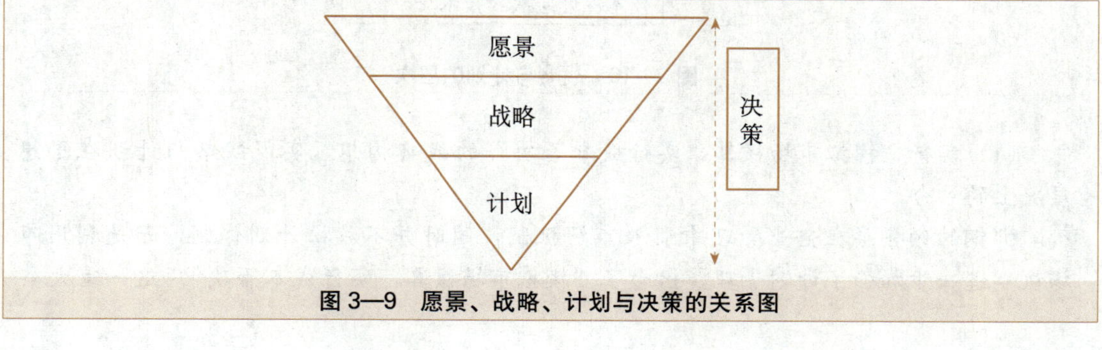

图 3—9　愿景、战略、计划与决策的关系图

愿景是最高层次的计划，也可称为宗旨，体现为组织的最终目标、最终理想、信念、态度和伦理标准等，是组织价值观的体现。

战略是组织在市场竞争激烈的环境中，在总结历史经验、调查现状、预测未来的基础上，为谋求生存和发展而作出的长远性、全局性的谋划或方案。战略是一种长期计划，其视角比一般计划更为长远，更加接近愿景的要求，它通过跨越更深广的时间和空间为愿景服务。

计划是为了实现组织总目标而采取的具体方案和利用资源的总计划。从组织活动的角度来看，计划扮演了一个执行者的角色，通过理性的、正确的决策，合理配置人力、物力、财力和信息等资源，确保每项组织活动的成功与优化，以尽可能少的支出实现组织的既定目标，从而达到愿景描绘的理想状态。计划工作是一座桥梁，它把我们所处的此岸与要去的彼岸连接起来。可以说，计划是愿景的工具与寄托，愿景是计划的终极灵魂；计划是决策的逻辑延伸，是决策的组织落实过程，决策是计划的前提。

决策是从多种可能中选择行动的路线，是最基本的组织活动，贯穿于管理过程的始终。组织的目标来自各层级管理者的决策，它驱动着愿景、战略和计划。

邯钢：有效结合战略与计划

邯钢作为长流程钢铁生产企业，具有规模大、生产周期长、产量高、品种复杂、原料燃料需要量大等特点。这要求它在整个生产经营管理中，必须建立科学、严密、强有力的计划体系，实行综合性的全面计划管理。同时，该计划体系必须以满足市场需要为前提，与企业发展战略紧密结合，由企业内部相互区别又相互渗透、彼此影响的各项专业计划、部门计划等分系统构成，必须是严密而科学的。在改革开放的过程中，面对市场压力，邯钢强化计划机制，创造性地提出“模拟市场核算，实行成本否决”。

邯钢的成功得益于对计划与战略的有效结合。计划与战略有机结合是邯钢计划管理的特点，如图 3—10 所示。这种有机结合分别表现在思想、操作和技术保证三个层次。

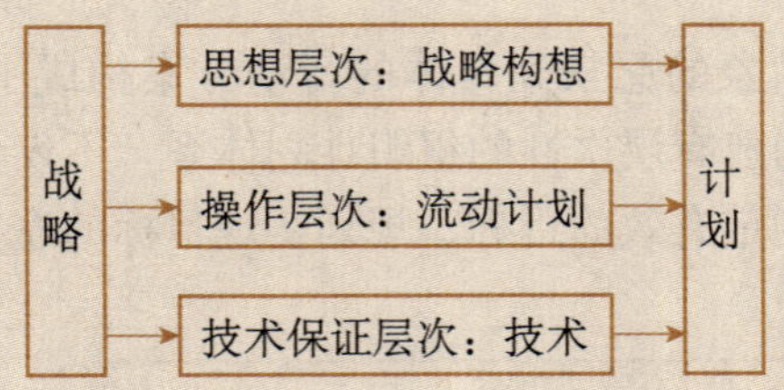

图 3—10　战略与计划的层次

(1) 实行“模拟市场核算，实行成本否决”的战略构想，实现战略与计划在思想层次上的结合。

邯钢的领导层在企业管理中引入市场机制，同时并不放松计划体制，而是利用市场机制进一步加强了计划管理，出台了“模拟市场核算，实行成本否决”。这一重大举措把计划管理上升到战略高度，使计划管理成为降低成本的重要保证。邯钢这套计划机制的成功，离不开低成本战略思想的正确指导。

（2）以滚动计划为桥梁，通过长远战略计划与年度经营计划的制定人员相互参与，保证战略与计划在操作层次上结合。

邯钢计划处规划科负责10年规划、5年规划和3年滚动计划的编制。3年滚动计划每年修订一次，主要是根据5年规划和10年长远规划以及当年的市场和经营状况进行修订。年度经营计划由计划科按照3年滚动计划来制定。因此，从实际操作来讲，3年滚动计划是邯钢短期计划与长远战略规划的结合点。同时，参与人员也要结合。例如，规划科人员参与计划的制定和讨论，计划科人员也参与长远规划的讨论和制定，为长远规划献计献策。各科室人员的相互参与，增强了计划与战略的结合，避免出现长远战略规划与年度计划脱节的情况。

（3）通过长远的技术改造计划，以技术改造确保经营计划的完成——这是战略与计划在技术层次上的结合。

随着“模拟市场核算，实行成本否决”的实施，单靠挖潜节约来降成本、增效益的困难会越来越大，各种技术、经济上的潜力在一定阶段总会有一个极限。要实现指标的逐年提高，只有加强技术改造。这就把技术改造长远规划与企业年度经营计划结合起来，创出了一条长远计划与短期计划结合的新路子。计划处在计划制定中突出技术改造工作，抓好技术进步的工作思路非常清晰：搞好年度生产经营计划与规划的衔接，保证企业中长期战略目标的顺利实现；根据市场和资源情况制定年度和季度计划时，安排好技术改造计划，发挥技术改造的作用，不断提高各项技术经济指标的技术含量，为提高质量、增加品种、降低消耗、减少人员、增加效益打下坚实的基础，协助机动处做好设备整修的安排。

资料来源：许庆瑞. 管理学. 2版. 北京：高等教育出版社，2005.

（二）组织

组织（organizing）是管理学新范式中的第二大职能，也是管理最为重要的一个职能。组织就是组合人力和必要的资源实施计划。

组织在不同的发展阶段需要关注的重点是不同的。在初创期，企业关注的是如何生存下来，融资、组建创业团队、选择合适的创业机会等是主要方面。随着创业成功的企业进入高速发展期，此时其效率、成本和质量还有很大不足，需要关注如何更好地进行组织运营。到了成熟阶段，组织拥有比较大的规模、很高的运营效率，但是官僚化、风险规避、创新不足等问题也随之出现，组织发展的焦点从运营转向创新，开始关注组织学习与变革。任何组织最终都将面临衰败。要实现真正的基业长青，需要进行公司创业，从而进入另一个“轮回”，如图3—11所示。

在进行组织管理的过程中，企业要关注两个焦点——运营和创新。

组织运营的目的是在已有组织体系的基础上尽心改进，以提升组织效率。为此，组织关注如何提高生产质量、实现零库存管理、优化供应链设计以及实现精益生产等。直线的、官僚的组织结构往往适用于提升组织的运营能力，组织内部往往具有森严的等级、严格的管理规范和工作要求。

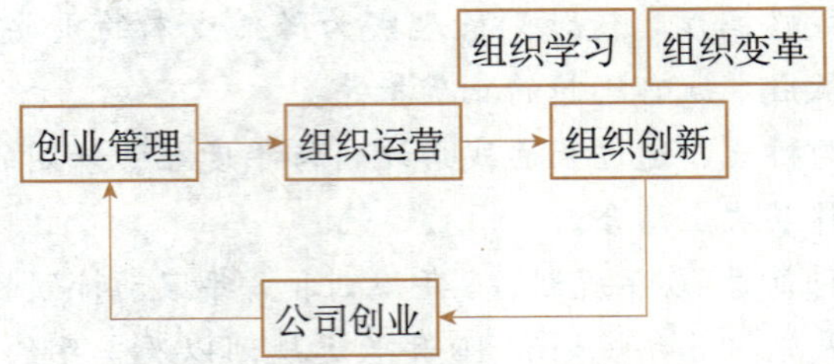

图 3—11　组织发展不同阶段的焦点

组织创新旨在不断打破或颠覆原有结构、产品组合和流程，以提升组织的创新能力。组织运营与组织创新是矛盾统一的，管理者在执行组织职能的过程中要实现两者的平衡。在构建有利于创新的结构时，组织往往力图打破既有的组织边界：垂直边界——实现组织扁平化，提升组织的灵活性；水平边界——实现矩阵式、项目式管理；外部边界——实现开放式成长，更好地利用外部知识。同时，创新组织倾向于保持组织的动态性，因此会积极地进行组织学习和组织变革。

在组织管理过程中，管理者最需要考虑的是如何实现运营与创新的平衡——在保证效率的前提下开展创新活动，或者说以创新的思维推动组织运营。此外，组织运营与创新之间的界限也并不是非常明显，如丰田对其生产流程进行优化，既属于“运营”范畴，也可被视为“流程创新”（见图 3—12）。

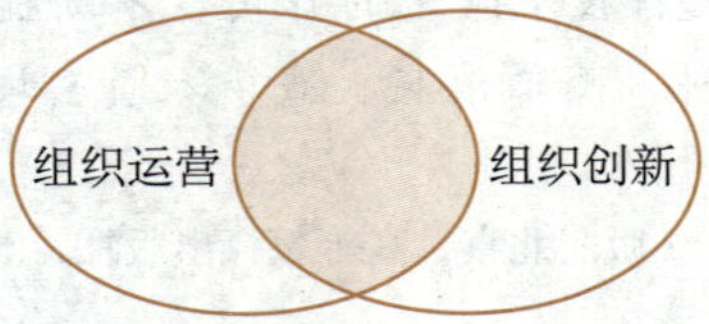

图 3—12　组织运营与组织创新的重叠

此外，资源与能力是组织发展的基础。资源主要包括人力资源、财务资源和知识资源等；能力包括核心能力、动态能力等。只有兼具高水平的能力和资源，企业才能够获取持续竞争优势。

资源是指企业拥有的各种要素，包括有形资源（如设备、厂房、人员、土地、资金等）和无形资源（如商标、公司形象、技术、专利、文化等）。这些要素是客观存在的，在某种程度上是绝对可以度量的。资源是一个相对静态的概念，它不等同于能力。比如，一家企业可能拥有一座矿山，但是如果它缺乏设备和有生产经验的人员，那么就不能认为它有矿产的生产能力。如果一家企业不能将产品有效地组织销售，那么它就不具备营销能力，也就无法形成市场竞争力。

企业资源是能转化为支持、帮助和优势的一切物质的和非物质的要素。能力是对资源的综合利用，是为完成特定任务对所需资源进行组合的方式。企业资源与能力都必须形成竞争优势，才能真正给企业竞争带来实质性帮助。

企业必须识别并获取有用的、关键的资源，并将之转化为核心能力和动态能力，从而形成竞争优势。反过来，出色的能力又能够帮助企业更加高效、成功地获取关键资源。这样形成了一个资源与能力相互转化的循环，如图 3—13 所示。

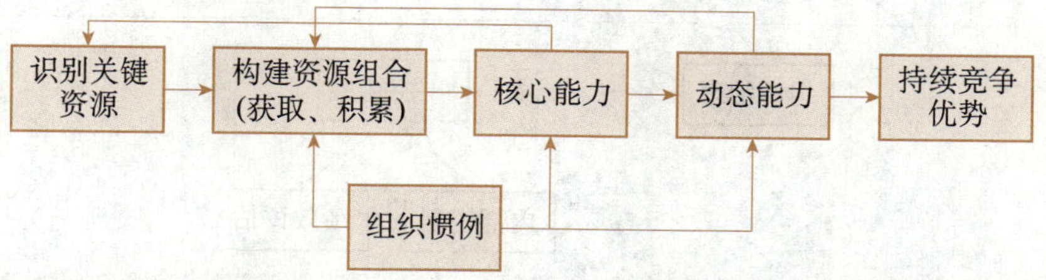

图 3—13　从资源到能力与持续竞争优势

（三）领导

领导（leading）是现代管理和后现代管理的重要职能。领导活动是领导者运用权力或权威对组织成员进行引导或施加影响，以使组织成员自觉地与领导者一起实现组织目标的过程。其中，沟通和激励是领导的两大重要作用。一个优秀的管理者，同时必须是一个卓越的领导者。

任何组织都由人构成，而不同的人在性格、素质、偏好、需求和价值观等方面都存在很大差异，因此任何组织都存在因成员差异而导致的各种矛盾和冲突。同时，不同岗位的人可能有不同的工作目标，个人目标与组织目标不契合势必会影响组织目标的实现。这就要求管理者履行领导职能，即通过采取有效的沟通渠道和方式，促进组织成员彼此理解和信任，协调组织内部矛盾、化解冲突，统一其认识和行动，使员工之间、部门之间协作顺畅，并使员工的行动朝向组织目标。

激励也是领导职能发挥的重要内容。要使组织成员以高昂的士气、饱满的热情投身于组织目标的实现，发挥最大潜能，为组织创造更多效益，管理者需要在合理的制度环境中采取适当的方式，针对组织成员的需要和特点，采取一系列措施提高和维持组织成员的工作积极性，即进行有效激励。

（四）控制

控制（controlling）是管理学新范式中的第四大职能。控制就是监控当前活动、评估工作绩效，比较实际绩效与预先设定的目标，若两者有偏差，则及时纠正，以保证目标达成以及工作按照预定计划进行。

组织中的所有者与经营者之间、经营者与下属管理人员之间、管理人员与一般员工之间存在代理关系。为防范代理问题发生，现代公司必然需要公司治理和控制，尤其是内部控制。

治理就是与组织的利益相关者就组织决策进行协商，既可提高组织的风险规避能力，又能促进管理者与组织成员的沟通。

要实现组织的治理目标和经营管理目标，需要借助组织的内部控制。股东等资产提供者投入资产或资源后，需要建立一种跟踪、监控投资对象的机制，确保其投入的资产得到有效使用，并得到预期投资报酬。资产提供者需要一种直接或间接对公司重大决策表达意见的制度安排，促使经营者履行契约责任。由于不能完全依赖资本市场、经理人市场和外部审计等外部机制来约束经营者，因此需要建立审计委员会或监事会等内部治理组织，如图 3—14 所示。

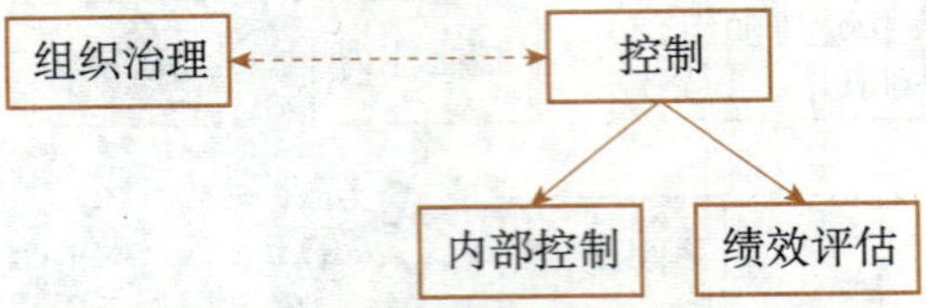

图 3—14　治理与控制的关系

内部控制与公司治理不能割裂，需要将内部控制纳入公司治理路径中。公司治理机制有效才能保证不同层次控制目标的一致性；只有从源头实施内部控制，才能维护各利益相关者的权益。有效的内部控制应能够维护所有利益相关者的合法权益，而不是维护某类或少数利益相关者的权益。管理中的控制应进一步转向科学治理加上有效控制。

本章小结

◇ 管理学体系可以分为两代：第一代是以哈罗德·孔茨为代表的管理学体系，其主要特点是将管理理论与管理者执行的管理职能相联系；第二代是以斯蒂芬·罗宾斯为代表的管理学体系，该体系主要从组织行为的视角构建经典的四大管理职能体系——计划、组织、领导和控制。

◇ 管理学的发展趋势包括：从管理向领导与服务转变，鼓励员工的自我管理；从专制式管理向民主式管理转变；不断对管理进行创新。

◇ 管理学新范式的构建原则是从营运导向到创新导向、从封闭视角到开放视角、从外部管控到自我管理和组织民主、资源与能力的协同、经济利益与社会责任的平衡。

◇ 在管理学新范式下，管理的基本职能包括计划、组织、领导和控制，它们相辅相成、相互影响、相互作用、相互交叉和渗透，缺一不可。

思考题

1. 以孔茨和罗宾斯为代表的第一代、第二代管理学体系影响了组织管理近 50 年，请谈谈你对这两个体系的理解、它们的贡献以及不足之处。

2. 管理学发展的趋势是什么？管理的基本职能是什么？为何要进行管理创新？

案例应用

Salesforce. com 的管理创新——从一个创意到云计算领军者

成立于 1999 年的 Salesforce. com 公司，是一家客户关系管理（CRM）软件服务提供商，也是全球按需 CRM 解决方案的领导者，特别是在 SaaS（Software as a Service，软件即服务）和 PaaS（Platform as a Service，平台即服务）两个领域是行业的开拓者和领军标兵。在短短几年内，该公司就成为 IT 界令人无法忽视的熠熠新星，多年间更是缔造了该领域的多个奇迹。其口号极其高调，甚至看似疯狂——“No Software”。创新是它以小搏大的资本，它不仅站在了云计算的风口，而且比其他竞争对手早了近10年。Salesforce选择“趴在大象背上”，以传统软件商业模式颠覆者的姿态出现，而它也确实成功开创了一个新的时代，企业软件进入新的商业模式时代——软件通过互联网租赁使用。2012年，其收入突破20亿美元，名列《福布斯》全球最具创新力企业排行榜首位，随后连续4年稳居宝座。2015年，其市值突破500亿美元。目前Salesforce.com公司通过互联网为10多万“订户”——包括NBC Universal、戴尔（Dell）、美国银行（Bank of America）、思科（Cisco）、谷歌和日本政府等——提供渠道，以及存放在“云”中的专有数据。

被业界尊称为“软件终结者”的Salesforce.com公司，正在彻底改变顾客购买软件的方式。该公司提供按需定制的软件服务，用户每个月需要支付类似租金的费用来使用网站上的各种服务，这些服务涉及客户关系管理的各个方面——从普通的联系人管理、产品目录到订单管理、机会管理、销售管理等。Salesforce.com提供一个平台，客户无须拥有自己的软件，也无须花费大量资金和人力进行记录的维护、存储和管理，所有的记录和数据都存储于Salesforce.com。同时，与自己购买软件不同，用户随时可以根据需要增加新的功能或删除不必要的功能，真正地实现按需使用。

Salesforce.com公司的成功不仅源自其成熟的产品——庞大的技术系统是其生存的基础，而且来自其符合行业特征的创新体系——这是其生存的根本。从组织的角度看，特立独行的领导者、富有激情的愿景、注入创新基因的管理工具、颠覆性的工作氛围、家一般的人文关怀和有担当的社会责任，都是推动其不断革新、在云计算领域令人望其项背的关键因素。

1. 企业创新的杰出推动者

Salesforce.com公司的联合创始人马克·本尼奥夫（Marc Benioff）所获荣誉无数且广为人知。本尼奥夫是一位颇具远见卓识和冒险精神的传奇人物，他的创新能力与创业精神似乎与生俱来：15岁便创办了自己的第一家公司Liberty Software；创办Salesforce.com前，在甲骨文公司（Oracle）工作了13个年头，是甲骨文有史以来最年轻的高级副总裁。用本尼奥夫自己的话说：“抓住你眼前的机遇，想象、发明、破坏、做好事。”

创新型领导者通过塑造创新行为模式，并让这些创新行为模式在企业流程和经营理念上留下印记，从而有意识地树立榜样，起到带头模范的作用。因此，创新是一场自上而下的活动，企业要想具备创新特质，前提是有一位崇尚创新并能够对创新身体力行的领导者。若执掌公司的领袖的创新天赋过高，则对于公司来说可能是危险的，因为他会压制他人的能力和思想。本尼奥夫出名的做法是，告诉手下的高管一个大致目标，然后要求他们自己规划出实现目标的做法。“他们不能期待我给出所有的答案。我没有这些答案，这不是我们的文化，”本尼奥夫说，“是他们给我带来了创意和梦想，我并不打算扮演城里唯一有远见的人。”当公司打算推出云服务时，担任产品总裁的高管亚历克斯·达永（Alex Dayon）询问这款产品是什么，而本尼奥夫告诉他：“我不知道，你自己看着办吧！”Salesforce.com公司的日本首席技术官及川喜之（Yoshi Oikawa）讲述了类似的故事。“当时我在加利福尼亚，有一天马克把我叫进他的办公室，问我，‘让你做 Salesforce 的日本首席技术官怎么样？’我说，‘公司在日本没有团队，你要我在日本做什么呢？’马克只是回答说，‘你看着办吧。’”

本尼奥夫经常大胆预测软件的未来发展趋势，并将艰巨的任务交给自己的团队，希望他们将梦想变成现实。市场不断变化的脉搏不易把握，作为创业者所能做的就是怀有强烈的好奇心，观察事件、分析趋势、寻找变化的线索，并将这些线索转化为机遇，敢于尝试、勇往直前。

2. 富有激情的愿景

Salesforce. com 公司的主要收入来源是 CRM 解决方案。但与该公司的主要高管交谈时，一个永恒的话题是：他们加入这家公司，不是因为喜欢 CRM 产品（当然了，他们可能确实也喜欢），而是因为公司联合创始人兼首席执行官马克·本尼奥夫描绘的广阔愿景。

Salesforce. com 公司有一个远大的目标：改变企业软件的交付方式。本尼奥夫是一个有远见卓识的人，他在 1999 年就认识到，互联网可以提供软件服务。但在当时，这种观点是荒谬的，企业不愿将其数据存储于第三方服务器。企业的首席信息官（CIO）都对 SaaS 表示担忧——他们对一个基于网络的应用程序在安全性、操作性、功能性和可控性上能否竞争过软件包表示怀疑。面对这种情况，本尼奥夫极力推崇“无软件”的优点。他说，公司应该通过互联网租用企业软件，这比购买传统企业软件包要便宜得多。

风险投资家约翰·杜尔（John Doerr）在谈创业需要什么样的团队时提出了存在内在差异的“雇佣兵”员工和“传教士”员工。他说，“雇佣兵”考虑问题是投机性的，专注于自己的竞争对手和财务报表，其动机是赚钱；而“传教士”从战略高度看问题，专注于自己的客户体验和价值展现，更热衷于探索工作的意义。一个有着改变世界这样伟大愿景的初创公司会吸引“传教士”特质的员工——他们更愿为崇高目标而非高薪而奋斗。有梦想的公司组建的团队不是被利益驱动的，而是被意义激励的。真正卓越的公司是那些将激情和奉献精神灌输给员工的企业。Salesforce. com 的企业使命就是“终结软件”。时至今日，它做得很好。

3. 注入创新基因的管理工具

本尼奥夫作为创新者，凭借天赋和技能帮助 Salesforce. com 产生了高创新溢价。但是，如果不通过相应的管理机制释放员工的创新能力，那么 Salesforce. com 将无法维持其高创新溢价。本尼奥夫深知这一点，因此 Salesforce. com 公司的每款产品都用本尼奥夫开发的管理工具向员工展示实施路线图。每 6 个月总裁委员会对被称为 V2MOM 的工具进行更新，该工具体现了愿景（vision）、价值（value）、方法（method）、障碍（obstacle）和标准（measure），是运营理念与产品的结合，也是 Salesforce. com 公司快速成长、变得卓越的最大秘密工具。

在 Salesforce. com 公司，较高优先级的项目被列入 V2MOM 中，然后一路传递到普通员工手中，这些项目相比低优先级的项目可获得额外投入。公司员工每个季度检查自己的工作两次，以评估自己的进度。每年的顶级项目都有内部“首席执行官”，他能够调动达到目标所需的任何资源。

4. 更多的工作自由

为了让高管充满活力，而非寻求在公司外发展，Salesforce. com 公司鼓励经理每隔几年轮换职位。长期担任公司应用程序交易部门经理的蕾拉·塞卡（Leyla Seka）的任职时间比她在2008年加盟Salesforce.com公司时预计得更长。塞卡说："你工作的时间够长的话，任何工作都会开始变得有点无聊。公司告诉我，在这种情况下要去积极探索，然后公司为你提供获得成功的空间。Salesforce善于培养成群的参天大树，也会培养大树周围的小树苗，并给予保护。"

上述做法同样适用于普通员工。在公司每年的内部招聘会上，工程师和经理可以选择加入他们认为更有趣的项目，每个部门负责人在招聘会上的任务是进行宣传，介绍其团队的愿景。高管猎头豪登国际（Stanton Chase）负责科技行业的全球业务负责人汤姆·高曼（Tom Goorman）表示："Salesforce公司拥有更自由的企业文化，这家公司就像黄金鸟笼，员工赶都赶不走。"

5. 人文关怀

组建一个公司并立志要实现长久发展不是一件简单的事。要实现这些，创业者需要一个团队，团队成员要像创始人一样热爱公司。员工愿意选择为一家企业真心付出，一方面源于该企业自身的魅力，另一方面是员工对该企业的认可。

Salesforce.com公司以其独特的文化魅力吸引了各路顶尖人才。《财富》杂志每年都会发布"最佳雇主100强"名单，2015年Salesforce.com排名第8位。Salesforce.com公司成为最佳工作场所的原因有很多：它有旧金山市中心的生活节奏；它在年底举办的狂欢聚会无其他公司能出其右；它有根深蒂固的慈善文化，有特立独行的领导者，等等。例如，Salesforce.com公司向员工提供每年一周的带薪假期以参加志愿者项目；新晋父母有很多福利，如在育儿中心有优先访问权、提供用餐补助费等；员工每年有7天的"备用照顾"，在出差时公司会承担一些看管工作；旧金山总部设有健康和健身中心、小狗日托工作室、电脑用品自动售卖机等；当员工生病时，公司提供的不仅仅是保险，还有部分额外的医疗费用，等等。

6. 社会责任

Salesforce.com公司率先开创了慈善体系——谷歌等公司已经开始效仿——被称为"1/1/1"模式，即将1%的软件赠送给小型非营利机构；让员工抽出1%的时间（1年中有6个带薪日）从事志愿者活动；拿出1%的股票成立了Salesforce基金会（Salesforce Foundation），利用该基金会为以年轻人、教育、缓解贫困、技术创新为目的的活动以及员工的具体志愿者项目拨款。

资料来源：Salesforce凭什么成为全球最具创新力的公司?. 福布斯中文网，2014-08-22.

马克·贝尼奥夫，卡莱尔·阿德勒. 云攻略. 深圳：海天出版社，2010.

解读Salesforce成功的秘密. 计算机世界. 2008-05-19.

Salesforce公司的快乐员工. 财富中文网，2012-04-13.

Salesforce.com官方公开资料.

[讨论题]

1. Salesforce.com公司的管理模式是否代表了组织管理的新趋势？

2. 假如你是Salesforce.com公司的高管，你认为是否需要保留第一、第二代管理模式的成分？三代管理模式如何共存？

鞍钢集团基于“五大能力”提升的对标管理

鞍钢集团公司（以下简称鞍钢集团）是2010年5月由鞍山钢铁集团公司和攀钢集团有限公司联合重组而成的大型钢铁联合企业。截至2014年末，其资产总额超过3 100亿元，员工达到17万余人，是国内布局完善、最具资源优势的钢铁企业。2014年，鞍钢集团实现营业收入1 615亿元，连续4年联合入围《财富》世界500强榜单。

鞍钢集团以科学发展观为指导，以践行“六种发展理念”为主线，以“打胜扭亏增效攻坚战”为目标，以“盈利能力、运营及现金能力、业务发展能力、创新与绿色发展能力、劳动效率能力”等五大能力提升和管理薄弱环节的改善为重点，在集团公司层面构建涵盖总部部门和所有子企业的对标管理体系。

一、以“五大能力”提升为导向，确定对标基本原则

鞍钢集团围绕“做强精品钢铁，做大资源优势，打造特强钒钛，壮大非钢产业，着力技术创新，拓展跨国经济”六大发展战略和2015年全集团全面实现扭亏为盈的奋斗目标，确定2014—2015年对标活动的“五大能力”提升重点。其对标管理原则是：在对标单位选择上，采取先进性与可比性相结合的原则；在对标指标选择上，采取代表性与前瞻性相结合的原则；在对标方案设计上，采取实效性与激励性相结合的原则；在对标方案实施上，采取过程管理与结果相结合的原则；在管理态度上，采取持续性与动态性相结合的原则。

二、建立科学的对标工作流程，完善多层级对标组织

鞍钢集团按照“对比标杆找差距，对照差距定措施，对照措施抓考核，对标考核促改进”的方式开展对标工作，并完善多层级对标组织，在对标工作的组织体系和管理流程上采取对标工作“六步法”和分层分级组织体系。

1. 优化对标工作体系，建立对标工作“六步法”

为使对标工作体系化，鞍钢集团建立了“六步法”对标工作流程，即“寻标、选标、立标、贯标、评标、奖励”，并据此制定了2014—2015年对标管理活动进度计划，设计了《2014—2015年标杆单位及对标指标方案》《2014—2015年对标实施方案模板》《半年和年度对标管理活动工作总结模板》。

2. 抓住重点环节，建立分层分级组织体系

为保证对标工作有序推进，鞍钢集团建立了集团层面、子企业层面、工厂层面三级对标组织体系，明确各层级职责分工。鞍钢集团负责审核总部部门、子企业的对标活动方案，评价对标活动效果，提出对标奖励意见，其中集团管理创新部负责对标活动的组织协调和总体推进；总部部门负责推进本系统业务对标，指导子企业开展对标活动；子企业负责选取标杆单位和对标指标，收集历史数据，制定对标活动方案，并按计划组织实施。上述安排，保证了对标活动从集团公司、子企业、工厂三个层面展开。

三、科学选取对标标杆，构建全方位指标体系

集团公司围绕整体竞争能力、子企业围绕价值创造能力、工厂围绕成本控制能力分别建立对标指标体系。

1. 以行业对标为主，确定对标主体和标杆企业

业务涵盖范围较广的子企业，将对标对象的选择范围从企业内部转向企业外部，以行业对标为主，即选择行业认知度好、综合实力强、与本企业有可比性、具有卓越绩效的行业先进企业作为标杆单位；非钢板块子企业围绕核心业务，考虑对标数据获取的难易程度等，选择宝钢、武钢、首钢、沙钢、中钢、中冶等企业的对口单位作为标杆单位。

2. 以扭亏增效为目标，建立集团层面对标指标体系

鞍钢集团围绕"五大能力"，以总体发展战略为指引，结合企业战略规划和生产经营计划，以财务指标和技术经济指标为主，选择可量化的、对扭亏增效贡献度较大的重点指标以及成本竞争力弱、价值创造能力较低的短板指标作为对标指标，构建了包含五大类、101 项指标的对标体系，涉及战略项目管理、产业结构调整、规模经营、价值链管理、获取重要资源、科技创新、知识产权管控、国际化经营、信息化管理、资本运营、绿色制造、安全环保、人力资源效率等方面。

3. 一企一策，建立子企业和工厂层面的对标指标体系

各子企业以自身发展战略为指引，建立公司级、生产厂级、车间班组级对标指标体系，层层分解对标指标，落实责任主体。纵向上，将指标分解到最小单位，达到人人有指标、有责任、有考核；横向上，把所有能分解的成本项目全部量化分解，以本单位历史最好水平和同行业先进水平的指标为目标，进行全方位对标。子企业层面指标体系的重点是科技创新、提高盈利水平、成本管理、质量管理、绿色制造、生产效率和精细化管理等；工厂层面指标体系的重点是成本控制、质量控制、绿色制造、劳动生产率和安全生产等。

四、创新工作机制，建立对标分析系统及评价标准

1. 对照标杆找差距，制定提升目标

鞍钢集团通过梳理近三年的对标指标完成值并与标杆单位的指标值进行对比，根据行业先进水平和企业战略规划确定未来两年对标指标的目标值。

2. 开展实地调研，制定对标方案

针对不同的标杆指标成立相应的调研小组，通过实地调研和参观学习，了解标杆企业的竞争优势，编制对标分析报告，从供、产、销等核心价值链分析入手，全方位细化指标，制定整改方案和保障措施，将对标指标全面分解落实到各级经营单元及岗位员工，做到横向到边、纵向到底。

3. 建立对标分析系统，在线监控对标数据

在鞍钢集团决策支持信息系统中设置对标分析功能，每季度对对标指标及其改进提升进行在线跟踪监测，及时发现指标值与目标值的偏差，据此给出黄色或红色预警提示。责任部门和单位对此制定改进措施，形成对标分析总结材料，并按节点提报指标完成情况。主管部门对改进计划进度和质量进行评价，并作为对标考核的依据。

4. 建立对标指标评价标准，衡量业绩

鞍钢集团从指标完成值和进步幅度两个维度对各项指标进行分析评价，对指标完成值或进步幅度超越标杆单位或超越自身水平的，以及完成年度目标值的，均视为进步指标；对指标完成值低于自身水平或与标杆单位差距较大的，以及未完成年度目标值的，均视为关注指标。

五、开展专项攻关和管理诊断，实现重点突破

1. 搭建交流平台，营造良好的学习氛围

鞍钢集团的子企业通过组织专题会议对相关人员进行集中培训，以先进企业和先进指标为目标进行对标挖潜，不断寻找差距、及时制定可行措施并实施改进方案，促进生产经营质量不断提高。

2. 借鉴先进经验，实现管理改进

以鞍钢汽车运输有限责任公司为例。该公司从内部资源提供、能力保障、管控方式、指标水平入手，以马钢汽运、莱钢汽运、济钢汽运作为标杆企业，通过现场实际考察、与管理人员交流、指标对比等，在全面梳理公司经营管理各环节的基础上总结出五个方面短板，并挑选了19项主要财务、技术和经济指标建立对标指标体系，定期对三家对标企业进行实地考察、交流，努力掌握对标企业先进管理经验。同时，该公司还在企业内部建立月份指标统计考核、季度主管部门汇报、年度全面总结的工作制度，并形成长效机制，最终公司的价值创造能力和市场竞争力都有较大提升。

3. 深化管理诊断，实现重点突破

鞍钢集团的各单位密切跟踪对标指标的变化，从管理指标、流程和手段等入手，开展管理诊断，全面查找差距，制定提升措施，持续改进并不断创新。例如，鞍钢股份为提升“连铸坯合格率”和“钢材合格率”两项质量指标，专门成立了质量保证一体化团队，通过与宝钢股份对标，查找关键问题并采取措施实施改进。

4. 建立协同机制，开展专项攻关

例如，鞍山钢铁与攀钢建立两地对标协同工作机制，成立了由鞍山钢铁和攀钢的相关领导任组长的对标协同工作领导小组，以及生产技术、经济财务和协同项目3个工作组，寻找生产经营管理中的薄弱环节，将长期困扰发展的重点难点问题作为专项课题，组建专门的对标课题小组进行攻关。

六、完善激励办法，建立对标长效机制

鞍钢集团的各单位制定了对标活动奖励办法以提高对标管理的执行力。各单位通过责任落实进一步强化对标责任主体的考核，建立健全激励约束机制，并通过及时总结先进经验和做法健全指标体系、完善制度流程、深化标准化管理，建立对标长效机制，做到对标管理制度化、常态化和长效化。

鞍钢集团通过对标管理，实现了“五大能力”的全面提升，促进了生产经营目标的实现，并形成追先进、赶标杆、创佳绩的常态化运行机制。2014年，鞍钢集团实现主营业务收入1 615亿元，同比增加63.82亿元，增幅4.11%；同比减亏15.75亿元，增幅30.13%。2014年，鞍钢集团的钢材出口比标杆单位多82.66万吨，超额完成全年目标，同比增加95.46万吨。

资料来源：全国企业管理现代化创新成果审定委员会，中国企业联合会管理现代化工作委员会.国家级企业管理创新成果（第二十二届）.北京：企业管理出版社，2016.

[讨论题]

1. 总结管理的四大职能在鞍钢集团的对标管理中的表现。
2. 从管理职能的角度，总结鞍钢集团成功实施对标管理的关键措施。
3. 鞍钢集团的对标管理如何体现了管理学新范式中的“从封闭视角到开放视角”？

推荐书目

1. 亨利·法约尔. 工业管理与一般管理：珍藏版. 北京：机械工业出版社，2013.

2. 威廉·大内. Z理论：珍藏版. 北京：机械工业出版社，2013.

3. 亚伯拉罕·马斯洛，等. 马斯洛论管理：珍藏版. 北京：机械工业出版社，2013.

4. 道格拉斯·麦格雷戈. 企业的人性面. 北京：中国人民大学出版社，2008.

5. 马尔科·扬西蒂，罗伊·莱维恩. 共赢：商业生态系统对企业战略、创新和可持续性的影响. 北京：商务印书馆，2006.

6. 詹姆斯·弗·穆尔. 竞争的衰亡：商业生态系统时代的领导与战略. 北京：北京出版社，1999.

7. 拜瑞·J. 内勒巴夫，亚当·M. 布兰登勃格. 合作竞争：博弈论战略正在改变商业游戏. 合肥：安徽人民出版社，2000.

8. 爱德华·E. 劳勒三世. 最终竞争力. 北京：机械工业出版社，2005.

9. 汤姆·彼得斯，罗伯特·沃特曼. 追求卓越. 北京：中信出版社，2012.

10. 肯尼思·克洛克，琼·戈德史密斯. 管理的终结. 北京：中信出版社，2004.

11. 罗恩·阿什肯纳斯，戴维·尤里奇，托德·吉克，史蒂夫·克尔. 无边界组织. 北京：机械工业出版社，2015.

12. 杰弗里·摩尔. 公司进化论：伟大的企业如何持续创新. 北京：机械工业出版社，2014.

13. 克莱顿·克里斯坦森. 创新者的窘境. 北京：中信出版社，2013.

14. 莉塔·冈瑟·麦奎斯. 瞬时竞争策略. 台北：天下杂志股份有限公司，2015.

15. 野中郁次郎，德冈晃一郎. 日产，这样赢得世界. 北京：中国人民大学出版社，2010.

16. 野中郁次郎，竹内弘高. 创造知识的企业：日美企业持续创新的动力. 北京：知识产权出版社，2006.

17. 琳达·格拉顿. 什么样的公司才叫好公司：民主化的公司是好公司. 北京：中国人民大学出版社，2005.

18. 埃里克·冯·希普尔. 民主化创新：用户创新如何提升公司的创新效率. 北京：知识产权出版社，2007.

19. W. 理查德·斯科特，杰拉尔德·F. 戴维斯. 组织理论：理性、自然与开放系统的视角. 北京：中国人民大学出版社，2011.

第二篇

计　划

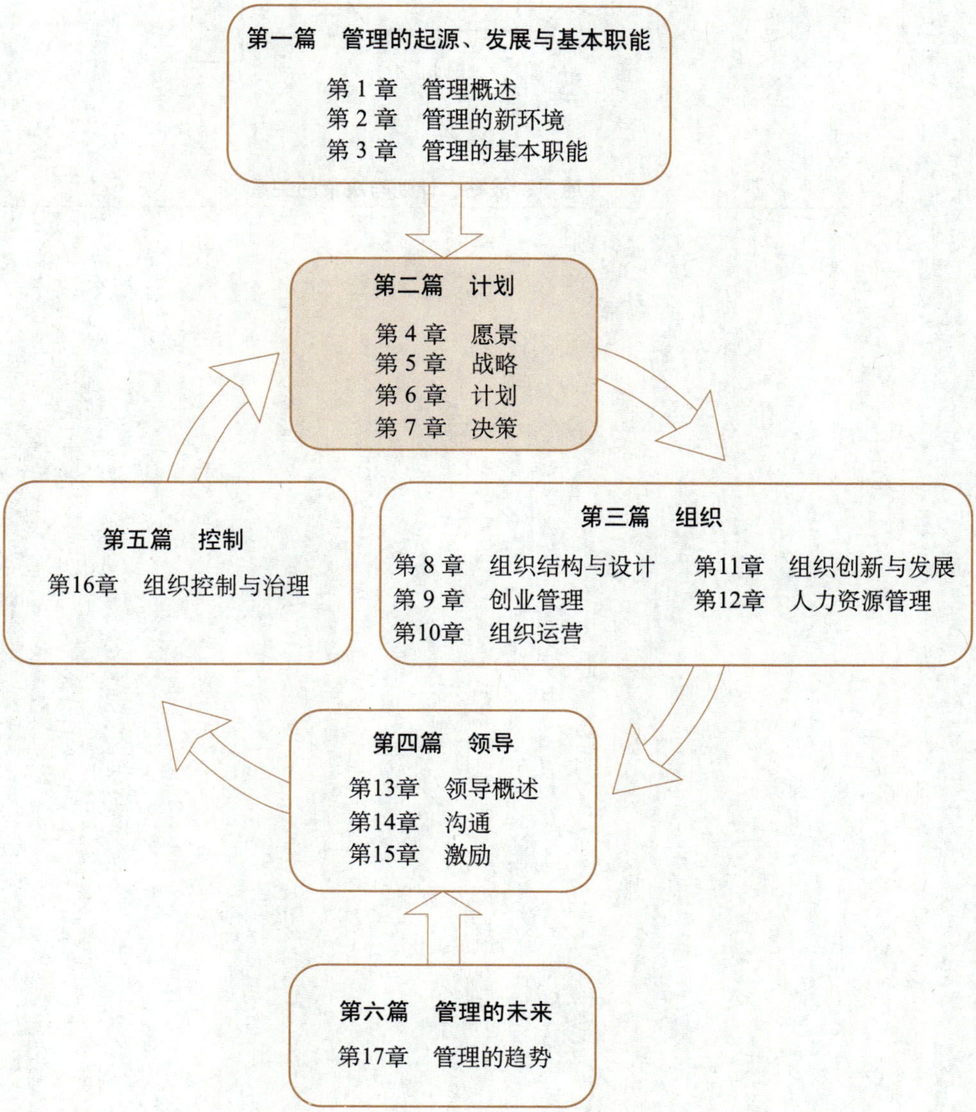
第一篇　管理的起源、发展与基本职能
第 1 章　管理概述
第 2 章　管理的新环境
第 3 章　管理的基本职能
第二篇　计划
第 4 章　愿景
第 5 章　战略
第 6 章　计划
第 7 章　决策
第五篇　控制
第16章　组织控制与治理
第三篇　组织
第 8 章　组织结构与设计
第 9 章　创业管理
第10章　组织运营
第11章　组织创新与发展
第12章　人力资源管理
第四篇　领导
第13章　领导概述
第14章　沟通
第15章　激励
第六篇　管理的未来
第17章　管理的趋势

本篇阐述愿景、战略、计划、决策四个层次的组织行为。这四个层次组织行为之间的关系如下图所示：愿景处于最高层；决策作为管理过程中的最基本要素，穿插于愿景、战略与计划之中；战略作为一种长期计划，与计划一起为愿景的实现服务。愿景、战略、计划与决策之间，到底是怎样的包含与层次关系呢？请走进本篇——计划。

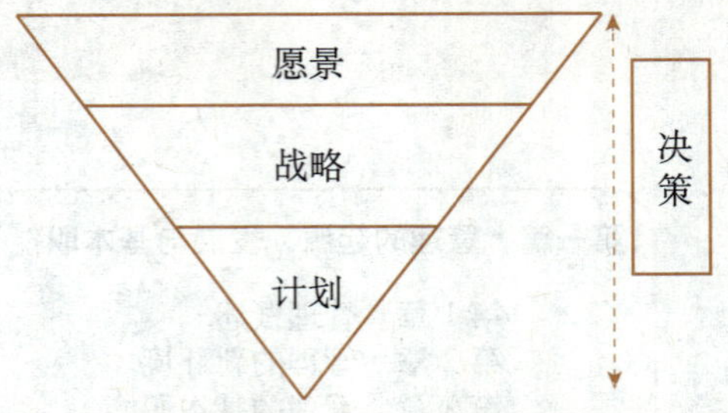

愿景、战略、计划与决策的关系

第 4 章 愿景

学习目标

- 理解愿景的基本概念和作用
- 掌握愿景规划和开发的过程
- 了解愿景的演化

一个伟大的组织能够长期生存下来，最主要的条件并非结构或管理技能，而是我们称之为信念的精神力量。

——汤姆·彼得斯，《追求卓越》的作者

公司领导应反复问自己："如果世界上没有我们这家公司，人们会觉得缺少什么吗?"追问的过程，就是寻找核心价值的过程。如果人们丝毫不觉得缺少了什么，那么说明你的公司没有核心价值，你的公司存在的理由也许只对你和你周围的少数人才有一点意义。

——吉姆·柯林斯，《基业长青》的作者

这里的信念或核心价值可以理解为组织愿景。组织愿景简称愿景（vision），自 20 世纪 90 年代起开始被学者和业界关注。一般而言，组织愿景大多具有前瞻性的战略计划或开创性的目标，作为组织发展的指引方针。在西方的管理论著中，许多杰出的组织都具有一个特点——强调组织愿景的重要性，因为唯有注重愿景，才能有效地培育与鼓舞组织内部所有人，激发个人潜能，激励员工竭尽所能，增强组织生产力，达到提高顾客满意度的目标。

第 1 节 愿景概述

愿景与管理领域中的某些概念比较接近，但它们之间也有区别。使命说明了组织存在的原因，愿景则是一种渴望的未来状态。愿景除了包括目标外，还包括参与者内心的抱负，反映的是他们的乐观主义和期望；愿景中的激励、鼓舞成分更多；愿景比较简单并具有理想主义，不包含目标数据和详细的行动步骤。总之，愿景不是梦想，而是过去没有实现的理想。愿景包括目标，但是目标在价值上往往是中性的，而愿景包括价值和采取行动并导致所期望的结果。

德鲁克认为企业要思考三个问题：第一个问题，我们的企业是什么；第二个问题，我们的企业将是什么；第三个问题，我们的企业应该是什么。[①] 这也是我们思考企业文化的三个原点，这三个问题集中体现了企业的愿景，即企业愿景需要回答以下三个问题：我们要到哪里去；我们的未来是什么样的；目标是什么。

一个组织的愿景必须明确以下三个主题，它们构成了有效愿景的内核：

（1）存在的理由。愿景必须表明一个组织存在的理由以及为什么要从事各种活动。存在的理由就是一些个体一生都在努力争取解答的关于存在主义、组织层面的问题：我们这个组织为什么存在？我们所做的这些努力都是为了谁的利益？我们对这个世界产生了什么影响？

（2）核心价值观。包括为了不断向“存在的理由”靠拢和支持组织战略而体现出的，同时贯穿于日常工作过程中的主要观念、态度和信念。组织的价值观是指引、保持这种行为的基石。

（3）战略方向。愿景必须明确界定一种战略方向。这种战略方向并不是简简单单的业务计划或传统的战略规划，它必须能帮助企业形成与他人截然不同的个性化标识和特征。

由此，组织愿景是组织根据现阶段经营与管理发展的需要，对其未来发展方向的一种期望、预测和定位，并通过整合组织内外的资源和能力，规划和制定组织未来的发展方向、核心价值、组织精神、组织信条等抽象的观念或姿态，以及组织使命、存在意义、经营方针、事业领域、核心竞争力、行为方针等具体实务。

组织愿景可以使组织的全体员工及时有效地通晓组织愿景赋予的使命和责任，使组织在管理活动的循环过程中不断地增强自身解决问题的力度和强度。

企业愿景举例

- 谷歌：把服务延伸到所有终端装置。
- 宝洁：亲近生活，美化生活。
- 华为：丰富人们的沟通和生活。
- 索尼：为包括我们的股东、顾客、员工，乃至商业伙伴在内的所有人提供创造和实现他们美好梦想的机会。
- 麦当劳：占领全球的食品服务业。
- 奥的斯电梯：以比世界上任何一家同类公司都要高的可信度，为任何一家客户提供一种将人和物上下左右做短程移动的搬运工具。
- 美国红十字会：改善人们的生活质量；提高自力更生的能力和对别人的关心程度；帮助人们避免意外事故，为意外事故做好充分的准备，处理好意外事故。
- 波士顿咨询公司：协助客户创造并保持竞争优势，以提高客户的业绩。
- 柯达：在化学影像和电子影像方面，成为世界一流。

---

① 德鲁克．管理的实践．北京：机械工业出版社，2009．

● 英特尔公司：成为全球计算机行业最重要的供应商。

● 康柏：成为所有客户细分市场上个人电脑和个人电脑服务最主要的供应商。

● 微软：每个家庭、每台桌子上都有一台电脑，使用着伟大的软件作为一种强大的工具；在任何时候、任何地方，于任何设备上，提供能够为人类发挥最大潜力的优秀软件；帮助全世界的个人和企业充分发挥他们最大的潜力。

资料来源：根据各组织网站资料整理。

第 2 节　愿景的作用

路易斯·卡罗尔（Lewis Carroll）在电影《爱丽丝梦游仙境》中，用半开玩笑的方式很好地解释了愿景的作用。①

爱丽丝对嬉笑的猫说道："请问，你能否告诉我，我要离开这里应该走哪条路？"

"那主要取决于你要去哪里。"这只猫回答道。

"我并不在乎去哪里。"爱丽丝说。

"那你就无所谓走哪条路了。"这只猫说。

伟大的组织之所以伟大，是因为它们能够看到别人看不到的东西，将洞察力与策略相结合，描绘出独一无二的组织愿景。彼得·圣吉在《第五项修炼》中把"共同愿景"作为组织的五项修炼之一。他基于大量的研究和论证认为，在人类群体活动中，很少有像共同愿景这样能激发出如此强大力量的东西。人们寻求建立共同愿景的理由之一，就是他们内心渴望能够归属于一项重要的任务、事业或使命。

我们认为，愿景的作用可从三个方面考察（见图 4—1）：愿景是组织的精神动力，有愿景的组织才是有血有肉的共同体；愿景是组织可持续发展的保障，可以让组织明白自己将要走向何处；愿景服务于组织经营，促进组织绩效的持续提高。

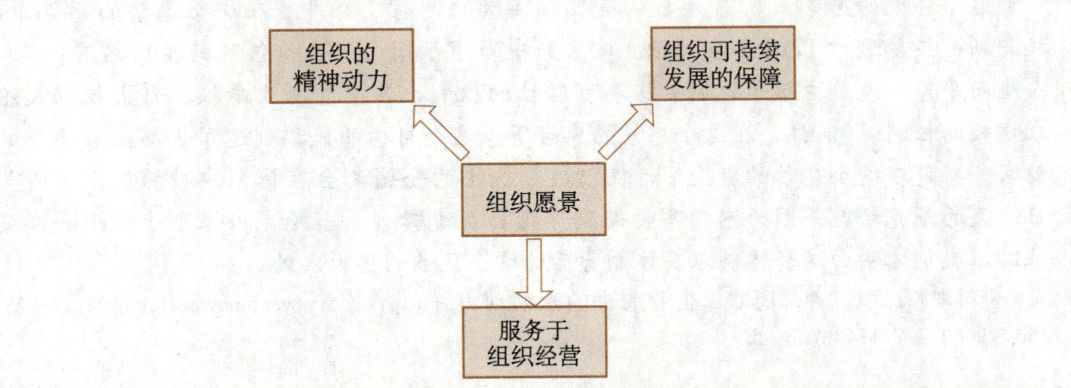

图 4—1　愿景的作用

① 帕特里克·沙利文. 智力资本管理：企业价值萃取的核心能力. 北京：知识产权出版社，2006.

一、组织的精神动力

愿景可以团结人。组织规模越大，组织员工的背景越可能多样化。组织的愿景是这些人走到一起的唯一原因，即“虽然我们有些不同，但是我们来到这个组织有一个共同的原因，那就是我们有着相同的价值观和共同的目标”①。

愿景可以激励人。人们对所从事的职业有了更多选择，而金钱并不是最重要的。随着时间的推移，一个组织的价值观以及这个组织的目标变得越来越重要，对于优秀员工而言更是如此。如果人们相信自己所做的事是值得的，相信能够通过自己在组织中工作完成一些有意义的事，那么他们就会更加积极。当一个组织正践行其愿景以实现目标时，一个清晰的愿景、一个明确的目标可以成为不断促进和激励人的因素。

愿景是组织危机时期的方向舵。这正是短暂存活的组织与基业长青、能够经受住时间考验的组织的不同之处。身处具有这样愿景的组织中的人们，会着眼于未来，暂时忘却眼前的困难，或至少有克服这些困难的信心和愿望。

愿景就是这样一个组织的梦想。当亨利·福特在100年前说他的愿景是“使每个人都拥有一辆汽车时”，很多人会认为他在痴人说梦。然而，放眼现在的美国社会，他的梦想已经完全实现。这种梦想通常使人感到不可思议，但又会不由自主地被它的力量感染。

因此，如果愿景是一种立即就能实现的目标，那么它充其量只是一个战略目标，而非我们所说的愿景。愿景的力量在于它处于可实现但又不可实现的模糊状态，它既是宏伟的，又是激动人心的。

美国的建国愿景

200多年前，美国的建国者讨论的不是谁当总统。他们思考的是：“我们能够创建什么样的程序，使国家在我们死后仍然能拥有很多优秀的总统？我们希望建立哪一种长治久安的国家？要靠什么原则建国？国家应该如何运作？我们应该制定什么指导方针和机制，以便创造我们梦想的国家？”

这个伟大的愿景激励着无数的美国精英为之思考、奋斗。在这个愿景的感召下，托马斯·杰斐逊于1776年在《独立宣言》中写下了阐述民主价值观的至理名言：“人人生而平等，造物主赋予他们某些不可转让的权利，其中包括生命权、自由权以及追求幸福的权利。”同样，在这个愿景的感召下，这个自由的民族创造了世界上最丰厚的财富。也是在这个愿景的熏染下，任何破坏民主的企图都会在体制中被摧毁，当时如日中天的尼克松就是因为水门事件而黯然退出历史舞台。当尼克松像个小孩子一样哭泣时，我们才明白这套体制以及体制背后的这个民族的伟大之处。

资料来源：李玉萍. 愿景：企业前进的永续动力. http：// www. chinavalue. net/Article/Archive/2009/5/7/174387. html.

组织愿景的作用是促使组织的所有部门拥有同一目标并给予鼓励。同时，它也是员工日常工作中的价值判断基准。为此，在规定组织愿景时应明确组织的提供价值和目的。组

① 加里·胡佛. 愿景. 北京：中信出版社，2008.

织的提供价值是组织本质的存在理由和信念。例如，沃尔玛公司的“顾客第一”，宝洁公司的“品质第一和正直的组织”等，正是体现组织提供价值的代表性例子。

组织愿景的另一构成要素——组织目的，是给组织员工指示发展方向、提供激励的基本框架。例如，美国默克集团的“帮助同疾病斗争的人”，通用电气公司的“以技术和革新来使生活丰饶”等，都是体现组织存在目的的代表性例子。

并不是在组织创立之初就能规定明确的组织愿景的内容及其实行方法，也没有怎样才是最好的标准答案。也就是说，组织愿景不是由其内容而是由其理念的明确性和理念下的整合性经营活动来规定和强化的。例如，许多组织都可以将“利用尖端技术生产电子产品来贡献社会和人类”作为愿景，但关键是这种愿景有多么深远且能否一贯坚持下去。

愿景的哲学意义建立在“你想成为什么，所以你能成为什么”，而不是“你能成为什么，所以你想成为什么”之上。愿景哲学的智慧在于，给予组织激发人群无限潜能的力量去实现其人生哲学与组织哲学的终极发挥，这是愿景领导的根本原则。

二、组织可持续发展的保障

愿景是组织战略与文化的结晶，是崇高的组织之魂。如果把组织视为一个生命体，就好像人与希望，人生若没有了希望，生命就失去了方向。

当愿景真正成为组织全员共享的美好理想时，组织就有了灵魂。正是这一灵魂在无形中迸发出鼓舞人心的感召力量，激发出组织成员的无限梦想。前面已经列出很多世界知名企业的组织愿景，这些组织的共同点就是它们都有一个美丽而宏远的梦想，即组织孜孜以求的愿景。组织要想基业长青，必须拥有清晰、明确且合适的愿景以指导前行，如此才能在动荡的环境中赢得持续竞争优势。

三、服务于组织经营

柯林斯和波勒斯[①]将组织划分为两种类型：有明确的组织愿景并成功地将它扎根于员工中的组织，这些组织大多居于世界前列并广受尊敬；认为只要销售额增加便万事大吉、没有明确的组织愿景或组织愿景没有扩散到整个组织的组织，这些组织绝不可能位居世界前列。只有具备全体员工共同拥有的组织愿景，组织才具有成长为优秀组织的基础。

组织愿景在组织经营中的作用主要体现在以下五个方面。

1. 提升组织的存在价值

组织愿景的终极目标是将组织的存在价值提升到极限。组织的存在价值是组织本质的存在理由和信念。传统观念认为，组织的存在价值在于，它是实现人类社会幸福的手段和工具，是在促进全社会幸福和寻找新的财富来源的过程中创造出来的。近年来，由于组织价值观经历全球化和信息时代的变革，组织愿景的概念范围随之扩大，在以往组织活动的基础上增加了与全球自然环境共生和对国际社会的责任及贡献等内容，从而组织的存在价值这一概念更加完整。在先进组织的经营活动中，我们很容易发现优秀组织的愿景，如通用电气公司的“重视实际和价值”，强生公司的“强调人类健康信条”，3M公司的“尊重革新和创意”，摩托罗拉公司的“强调持续革新和改善”等。

---

① 吉姆·柯林斯，杰里·波勒斯．基业长青：珍藏版．北京：中信出版社，2009.

组织愿景涵盖的意义分为三个不同层次：组织对社会的价值处于愿景的最高层；中层是组织的经营领域和目的；下层是员工的行动准则或实务指南（见图4—2）。组织对人类社会的贡献和价值是组织赖以存在的根本理由，也是其奋斗的方向，它是最高层次的组织愿景，具有最高的效力；组织的经营领域和目的是低一层次的概念，指出了组织实现价值的途径和方式；行为准则和实务指南是在这个过程中应该遵循的经济和道德准则。愿景所处的层次越高，具有的效力越大，延续的时间越长。

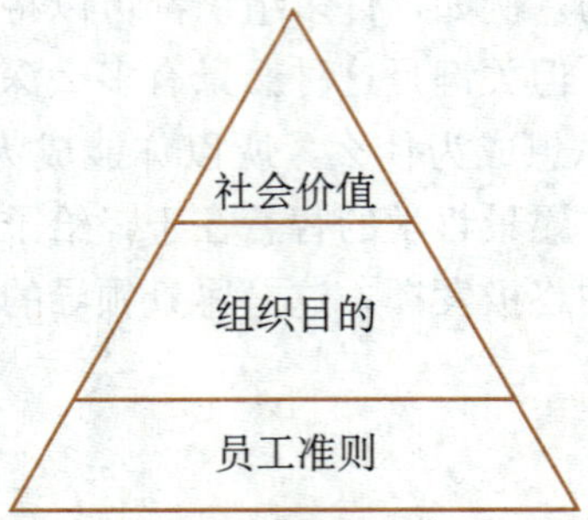

图4—2　组织愿景的层次

2. 协调利益相关者

对于一个特定的组织来说，利益相关者通常是指那些与组织有利益关系的个人或群体。弗里曼认为，利益相关者是指“能够影响组织任务的完成或受组织任务的实现影响的群体或个人”①。组织若忽略了某个或某些能对组织产生影响的群体或个人，就可能遭遇经营失败。

正像利益相关者会受到组织的决策和行动的影响一样，这些利益相关者也会影响组织的决策和行动，两者之间存在双向的影响和作用力。实质上，组织与利益相关者之间是一种互动的共生关系。组织在制定组织愿景时，必须界定利益相关者的类型、利益诉求以及相应的策略。识别各种各样的利益相关者，并通过组织愿景加以反映和协调，是组织高层管理者的重要任务。如果利益相关者的利益不能在愿景中得到尊重和体现，就无法使他们对组织的主张和做法产生认同，组织也无法找到能对他们施加有效影响的方式。比如，一家化工组织若只是以盈利为目标而没有将环保责任融入愿景，则必将遭到环保组织、当地社区甚至消费者的抵制。

3. 整合个人愿景

现代社会的员工特别是知识型员工非常注重个人的职业生涯规划，都有描述自己未来的个人愿景。要使组织员工自觉、积极地投入组织活动中，需要有组织愿景来整合员工的个人愿景。

一般而言，与西方的先进企业相比，中国企业较少用明确的组织愿景或行动指南指导员工并贯彻到实践中。中国企业往往将组织愿景理解为组织宗旨、组织文化、组织精神和信条等抽象的概念或形态，并不明确组织的使命、存在意义、经营方针、事业领域和行动指南，并过于看重“人和”“诚实”等比较含蓄的、非规定性的潜意识力量。

---

① R. 爱德华·弗里曼．战略管理：利益相关者方法．上海：上海译文出版社，2006.

而国外组织极其重视组织愿景的具体化和明确化，强调对个人愿景的引导和融合，因为它们要融合不同民族、文化等异质要素完成共同目标。

在现代社会，组织不能仅仅从经济代价或交换的角度理解个人与组织的关系。相对于经济利益，员工往往更加重视自我价值的实现和个人能力的提升。组织在制定愿景时，应激发员工的自觉参与意识，理解和尊重员工的个人愿景，并将之恰当地融入组织共同愿景中。通过这种方式产生的组织愿景能够获得员工的认同和响应，因为他们在充分发挥个人能力去达成组织共同愿景的同时能够实现自我价值。

有志于建立共同愿景的组织，必须重视和鼓励成员发展自己的个人愿景。当组织的共同愿景成为团体成员真心追求的个人愿景时，组织就充满了激情和凝聚力。愿景就会牵引着组织乘风破浪，最终抵达成功的彼岸。

4. 应对组织危机

在动态竞争条件下，环境的关键要素复杂多变且具有很大的随机性。组织的生存时刻面临极大挑战，处理不慎就可能演变为致命危机。

组织应对危机、摆脱困境迫切地需要愿景，明确的组织愿景是动态竞争条件下组织应对危机的必要条件和准则。一方面，组织不能停留于简单的刺激—反应模式，只顾着埋头救火而忘记抽出时间进行长远规划。如果以未来的不可预测性或情况紧急为托词而不明确组织愿景，只是在危机到来时被动应付，那么即使能勉强渡过难关，最终也会因迷失方向而无所适从。另一方面，已有愿景的组织在制定危机处理方案时必须努力遵循源于经济理论、社会道德的组织愿景，必须从组织愿景出发寻找行动方案，考虑所采取的行动是否与组织一贯的方针及自身承担的使命和社会责任相一致。以愿景作为危机处理的基准，才能保证组织的长远利益和社会认同。

组织愿景还可能将危机转化为机遇。本质上，所谓机遇是指同组织环境建立良好的、建设性的互动关系。危机常以某种方式出现，迫使组织必须处理好环境的问题，否则组织会在财务、公众形象或社会地位方面受到损害。然而，如果企业对危机处理得当，危机就可能转变为机遇。世界上成功的企业在面对危机时，往往为了保证愿景的贯彻而不惜牺牲巨大的当前利益。这些负责任的举动为它们赢得了广泛的尊重，无形中提升了组织形象，提高了它们在消费者心目中的地位，为以后的市场开拓提供了便利。

5. 增强知识竞争力

当前组织愿景受到重视的另一个原因是，组织知识、应变能力等“知识竞争力”作为组织竞争力要素开始受到广泛关注。这些要素作用的发挥取决于组织愿景这种基于知识资源的管理体系的建立。

传统观念的组织竞争力是由产品或服务的生产能力、销售能力、资本的调配和运营能力等与组织利润直接相关的要素决定的。但是，随着近年来组织活动领域的巨大变化，组织开始重新审视竞争力的来源，组织知识和应变能力受到广泛关注。组织愿景有助于知识和能力的获取及其作用的发挥。

许多学者把组织看作知识主体，而把它的知识创造力看作组织应当追求的竞争力要素。组织知识是组织经过多年周而复始的开发、应用和总结而形成的，是以往采取的众多战略步骤的结果，具有路径依赖性。路径依赖性越高，组织知识越不易被对手模仿，组织的竞争优势就能越长久。组织制定明确的、长期的愿景，保持战略的稳定性和连续性，并保证一切战略战术行动均围绕愿景而展开，就能使组织知识拥有长期的战略积淀和深厚的文化底蕴，增强其路径依赖性，提升对手模仿的难度。

在动态竞争条件下，如果组织不能创造性地、柔韧地应对环境变化，那么组织本身的生存发展就会出现问题。一般认为，组织取决于战略，战略的张力和柔性决定组织的灵活程度和应变能力。而组织愿景是战略规划的最终目的和根本依据，其长期性和预见性提供了规避风险的线索。科学、明确的愿景决定组织战略的选择范围，在保证战略方向的正确性的同时留有回旋的余地，提升组织的应变能力。

第3节　愿景的规划

"你企业的愿景是什么？"有多少企业家能在30秒内作出清晰而肯定的答复呢？企业的未来永远是企业家热衷的话题，但能用明确的语言表达出的并不多。企业愿景是企业家头脑中关于企业将来的蓝图。更为重要的是，它必须得到企业经理层和员工的普遍认可。许多企业的问题是：企业愿景似有似无，似是而非。愿景的模糊直接导致企业在战略和重大决策问题上的机会主义。虽然有些企业绘制了愿景蓝图，但是面对市场的诱惑仍难逃陷阱，这归结于企业家的定力不足。

一、愿景规划的过程

彼得·圣吉[①]认为，愿景的建立过程是一个不断发展的过程，通过这一过程建立了一个愿景，并对之进行修正和不断的补充、更新。大多数愿景先由一个人提出，再与其他人协商而最终确定，也有许多组织通过组建一个小组来建立愿景，实际上这依赖于他们之间合作的质量。小组成员必须讨论不同观点，以探索建立愿景的不同思路以及这些思路对他们和组织的意义。

建立愿景的结果不仅仅是得到了一个愿景、一项组织使命宣言、一个哲学观或战略目标，它的目的是试图清楚地表达组织所渴望的将来。这一结果也许与组织的梦想联系在一起，而这些梦想发挥了人们的想象力，并且鼓励人们重新思考什么是可能的。为了使愿景感觉起来是真实的或者使其他人感到切合实际，愿景的建立者应该使他们的愿景易于被他人感受到，并且有时间、地点和人物标准，这样可以使其他人很容易识别这一愿景。有些人认为，愿景的建立极大地改进了决策的作出、计划的制定，并且促进了沟通和冲突的解决。不管其目的或任务是什么，愿景的建立会长期地把组织的制度及其意图、目的凝聚到一起。愿景能够并且已经被用做组织复兴、巩固、获取和改变市场焦点与方向的手段。

二、建立愿景的关键要素

建立成功的愿景需要六个关键要素，即创造适宜建立愿景的组织文化、识别和培养关键利益相关者、理解信息和价值观、培养高质量的交流、鼓励个人愿景以及学习聆听。

1. 创造适宜建立愿景的组织文化

在高级管理者或管理团队建立一个愿景前，为一种适于建立愿景的文化打下基础很重

---

① 彼得·圣吉. 第五项修炼：学习型组织的艺术与实践. 北京：中信出版社，2009.

要。在此文化下，没有人会嘲笑他人表达和讨论自己的观点。人们要学会合作，并且培养出对组织的发展方向和业绩的集体责任感。实质上，创建一种基于信任、鼓励创造性活动的文化才是真正的挑战。

2. 识别和培养关键利益相关者

每个组织都有许多委托人或利益相关者，忽视其需要可能产生严重的消极后果。利益相关者是有能力对组织施加影响的人，或组织以显著方式极大影响的人。关键的利益相关者是对组织的发展方向和经营有很大影响的人。利益相关者也许是一个人、一群人、一个组织或一个机构，每个利益相关者根据其利益、偏好和期望对组织进行特有的干预。要理解关键利益相关者的职能并使他们参与愿景建立过程，有必要识别所有的利益相关者（组织内部和外部的），并知道哪一个对组织的影响最大。

3. 理解信息和价值观

建立愿景要求获得相关信息，如目前组织的状况、价值观，它通过全面描述周围环境来预测将来的情况。在建立愿景的过程中，信息发挥了至关重要的作用，特别是在评价一些领域的活动和密切反映那些可能对组织有重要影响的领域的发展方面。管理者的价值观在许多方面决定了他们对信息的筛选。价值观影响他们对信息的搜寻以及对不同信息提出的问题，决定了他们对信息的选择和评价。所有的信息和价值观都是原材料，它们构成了一个平台，在这一平台上愿景的框架得以建立。

4. 培养高质量的交流

交流的质量对于愿景的建立是关键的。考虑到组织愿景的建立通常由组织的高级管理团队承担，高级管理团队中的每个成员对愿景的建立有不同想法，如有想象力的、循序渐进的、试验性的或探索性的思想。因此有必要通过对话质量影响和协调个人分歧。

5. 鼓励个人愿景

共同愿景是从个人愿景汇聚而成的。借助汇集个人愿景，共同愿景才能获得能量。有意建立共同愿景的组织，必须持续不断地鼓励成员发展自己的个人愿景。如果人们没有自己的愿景，那么他们所能做的仅仅是附和别人的愿景，结果只是顺从，绝不是发自内心的意愿。原本各自拥有强烈目标感的人结合起来，可以创造强大的绩效，朝向个人及团体真正想要的目标迈进。自我超越是发展共同愿景的基础，这个基础不仅包括个人愿景，而且包括忠于真相和创造性张力。

6. 学习聆听

在团队中，领导者要确保实现彼此愿景的真正分享及融会，但这不是一蹴而就的。共同愿景是个人愿景互动成长而形成的。经验告诉我们，若要实现愿景真正共有，就需要经过不断交谈，这样个人才能自由自在地表达其梦想，学习如何聆听其他人的梦想，在聆听中逐渐融会出更好的构想。就像一位成功的企业领袖所言，“我的工作，基本上就是在倾听组织想要说些什么，然后以清晰有力的方式把这些话表达出来”。

第4节 愿景的开发

愿景必须建立在对组织的各项活动和组织文化了解、对雇员的深层需求和价值观有足够敏感的基础上。一个成功的愿景不应是由机械公式生成的，而应是经验、个人兴趣、直觉和环境共同造就的产物。

领导者与一般人最具区别性的特点之一就是，他们在组织中建立并使用面向未来的愿景获得绩效、质量、忠诚和组织文化。愿景是一种可以学习的、被描述为一种授权和激励的模式。愿景变为组织绩效的文化是领导者、下属经理和团队成员一起实现的。组织中的战略和政策，特别是人力资源政策和实践，在愿景转化为绩效的过程中起着重要作用。建立愿景的策略主要包括三个方面，即训练和指导、监督和管理、建立支持性集体。在实施愿景时，要注意使之与组织战略保持一致。在这一过程中，领导者要注意从组织各层面获得反馈以及时调整。愿景建立后，组织者通常构建一个战略使之得以共享和实施，该实施计划一般涵盖人力资源、时间表、评估进展的主要方法，并要使人员和支持系统（如招聘、培训、激励、团队、绩效评估系统）与愿景一致。

要特别注意的是，愿景应是在综合个体愿景的基础上形成的。只有愿景被组织中的每个成员真心向往，其实施效能才会较高。双向沟通本身就是愿景的共享过程。只有在组织的各个层面进行横向、纵向的反复酝酿、不断提炼，通过切实有效的双向沟通才能建立真正的愿景。

组织愿景的开发包括六个步骤，如图 4—3 所示。

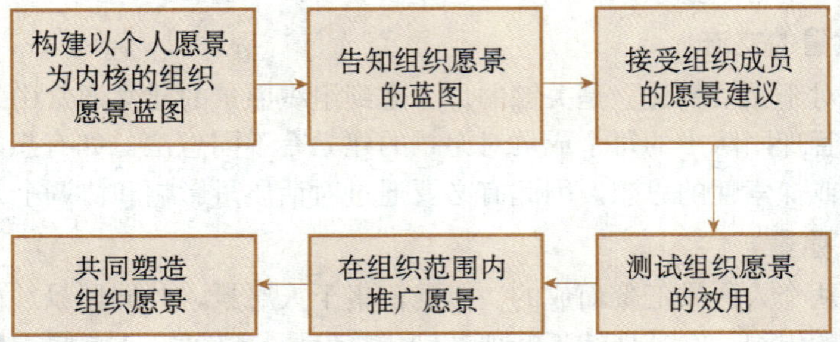

图 4—3　组织愿景开发步骤

1. 构建以个人愿景为内核的组织愿景蓝图

组织最初的愿景来自领导者个人或愿景建立小组期望心中的梦想变成现实的愿望。领导者对组织的个人愿景奠定了组织愿景的内核。领导者有强烈的创业义务感和责任感，有对组织的控制力，并往往把组织视为实现自己个人愿景的载体和工具，因此往往将自己的个人愿景外化为组织愿景，在建立组织愿景的过程中为组织确定将来的发展方向。构建组织愿景，首先必须构建领导者宏伟远大的个人愿景，在此基础上形成组织愿景蓝图。

构建组织愿景蓝图一般应遵循以下基本原则：

（1）真实可信。组织愿景应让全体成员认同，通过全体员工的协同努力可以实现组织的愿景，个人的愿景也将随之实现。

（2）把握方向。领导者要把握共同愿景的方向，即组织未来向何处发展、达到什么状态。这种方向感既可以指示组织未来在市场、顾客和同行中的地位，也可以使共同愿景中的景象鲜明化。

（3）塑造整体图像。组织愿景是一幅全息图像，能够全方位地展示组织未来的景象。

当组织成员分享组织的某部分景象时，他的脑海中就会显现出一个完整的组织景象，从而使每个组织成员明确各自具体的专业性工作和岗位在组织中的地位和责任，明确自己是在为组织整体尽责，而不是仅为所属部门或小团体的利益服务。

（4）包容一致。领导者在结合个人愿景塑造组织愿景时，应将每个成员的愿景分解成一些片段，从中找出能够反映组织方向、整体利益的东西，在此基础上进行提炼、拼接和加工，一方面吸纳个人愿景中闪光的东西，另一方面使个人愿景中不清晰的图像在整体图像中清晰、完整和生动化，使共同愿景成为组织成员的共创产物，使员工真正感到大家都有责任为之奋斗。

（5）识别和培养关键利益相关者。要理解关键利益相关者的职能并使他们参与愿景建立过程，就有必要识别组织内外所有的利益相关者，并知道哪一个对组织的影响最大。

2. 告知组织愿景的蓝图

领导者在形成组织愿景蓝图后，不能使之只停留在少数管理者头脑中，需要正式告知组织中的所有成员。然而，若告知带有官方的使命式色彩，用传统且权威的方式鼓动变革，有一定的强迫性力量，则会使组织成员感到，假如他们不认同组织愿景，在组织中就没有前途。这种强迫性的告知会影响组织的向心力和稳定性。

有效告知必须遵循以下原则：

- 必须能直接且一致地将组织愿景信息传达给所有组织成员，同时说明构建这种愿景的理由和背景；
- 必须将组织的有关现状真实地告诉每个成员，让他们知道组织的处境以及与愿景的真正差距；
- 必须向组织成员说明组织愿景的某些方面可以再改进，但在改进后必须坚定不移地落实组织的价值观、目标和任务等。

3. 接受组织成员的愿景建议

向组织成员咨询组织愿景的建议，可以在共同愿景构建前进行，也可以在已有初步的共同愿景时进行。虽然不是每个人都能够参与愿景最初的建立过程，但是应该允许人们无拘无束地交流不同观点，激励人们发现愿景是如何影响组织中的每项职能的，允许个人用自己的方式将愿景与自己的工作联系起来。只有这样，组织成员才可能以个人的方式将组织愿景运用于自己的工作中。但是，许多管理者不愿与其他组织成员自由讨论愿景，害怕失去管理团队的控制力。这种感觉往往使管理团队最终更加注重维持目前的形势，而不是关注要建立的愿景。

4. 测试组织愿景的效用

测试组织愿景的效用，是指让组织成员开诚布公地说明组织愿景的哪些部分感动了他们，哪些部分对他们没有吸引力。只有了解这些情况，组织才可能据此提炼和重构组织愿景。测试过程应由组织成员共同参与，旨在询问员工的真实想法，也表明组织确实认真考虑员工的愿景，使员工感到一种被重视的关怀。

5. 在组织范围内推广愿景

愿景的实施包括对愿景的表达、解释、延伸和拓展。在实施过程中，领导者的作用非常重要，他们通常会对下属授权，以获得下属对愿景的连续行动和持续承诺。在多数组织中，领导者将组织情景以多种方式与愿景形成一致。

6. 共同塑造组织愿景

经过组织对愿景的推广，可以逐步达到组织的共同愿景，这一共同愿景是指引组织成员为之奋斗的行动指南。实现组织愿景的趋同，是组织学习的重要目标。

第 5 节 愿景的演化

愿景是一成不变的吗？答案当然是否定的。世界上没有一成不变的东西，愿景也是如此。那么，该如何理解愿景的改变或更新？

首先，在短期内，组织的共同愿景是不能轻易改变的，因为共同愿景的频繁改变不利于组织的稳定。犹如一艘在大海中航行的巨轮，只有沿着航线坚定地前行才能最快地到达目的地。如果频繁改变航向，巨轮说不定会翻沉。

其次，长远地讲，组织的共同愿景是必须变化的。组织的内外部环境都在发生变化，竞争态势瞬息万变，当这种变化最终脱离了组织正常的发展预想时，那么愿景就应得到更新和修正。当通往目的地的航线上布满礁石或目的地已失去追求的意义时，巨轮就应该更换航线或直接更换目的地，应顺势而为。

组织在开发、制定了共同愿景后，不应高枕无忧，而是要不断地分析内外部环境与自身的资源和能力，当发觉当前的共同愿景已不再适合组织去追求时，应及时开发新的愿景。

航线的改变、愿景的更新需要组织付出必需的代价。这给我们在开发组织愿景时带来了一个启示：组织要用最全面的智慧和最深远的洞察力制定一个最优的共同愿景。而这依赖于在开发、制定愿景过程中是否采纳了全体员工的智慧，是否最大限度地全面考虑了环境、资源和能力等因素。

本章小结

◇ 组织愿景是指组织根据现阶段经营与管理发展的需要，对未来发展方向的一种期望、预测和定位，并通过整合组织内外部的资源和能力，规划和制定组织未来的发展方向、核心价值、组织精神和组织信条等抽象的观念或姿态，以及组织使命、存在意义、经营方针、事业领域、核心竞争力和行为方针等具体实务。

◇ 组织愿景是组织的精神动力，是组织可持续发展的保障，并服务于组织经营。

◇ 组织愿景就像航船的方向或一张抽象的地图，赋予组织无穷的力量去探索追寻。

◇ 短期内组织的共同愿景不能轻易改变；长远地讲，组织愿景不是一成不变的，而是不断发展演化的。

思考题

1. 组织战略与组织愿景是否永远一致？

2. 在规划、开发组织愿景的过程中，组织领导者应该发挥什么作用？

3. 不同性质、不同类型的组织开发、利用组织愿景的模式有何异同？请比较非营利组织与跨国企业。

案例应用

稻盛和夫的醒悟

闻名世界的日本京都制陶公司成立伊始，业务发展非常迅速。企业的创办人稻盛和夫经常要求年轻的员工加班，不但每天要加班到深夜，甚至星期天也不休息。慢慢地，不满情绪在员工中间蔓延。一次加班后，一群员工决定用强硬的手段向公司提出要求，并以集体辞职相威胁。第二天，员工提交了按了血指印的抗议书，指明了不满之处，提出了诸如加薪、增加奖金的要求。稻盛和夫虽然没有同意他们的要求，但是不得不花费三天三夜说服这批人留下来。

这件事深深地刺激了稻盛和夫，他陷入了痛苦的思考："本来以为创立京都制陶是为了让我的技术闻名于世，现在看来，应该有更为重要的事情。公司究竟是什么？公司的目的和信念是什么？要争取什么？"最终他发现："让技术闻名于世其实是低层次的价值观，是次要的事情……经营公司的目的是为全体员工谋求物质和精神方面的幸福，为人类社会的进步贡献力量。"

从此以后，"为全体员工谋幸福，为社会发展贡献力量"成为京都制陶公司的追求目标，也成为公司共赴的愿景。企业规模越来越大，员工的忠诚度也越来越高。企业要告诉员工：我们是什么？我们为什么？我们干什么？愿景要让员工能够与企业一起分享对未来的憧憬，让员工对未来有更大的期待，使员工获得一种强大的生命意义感。

先贤弗朗西斯（C. Francis）曾经说过，你可以买到一个人的时间，可以雇一个人到固定的工作岗位，可以买到按时或按日计算的技术操作，但你买不到热情，买不到创造性，买不到全身心的投入，你不得不设法争取这些。企业愿景会帮你争取到这些东西。

资料来源：杲占强．企业愿景是一种伟大的力量．当代经理人，2006（10）．

［讨论题］

结合案例，简要谈谈对愿景演化的理解。

IBM：点亮"智慧的地球"

世界已然是平的，但还不够智慧。权威数据显示：人们每天用电量中40%～70%的电力在从发电到最终使用的过程中被损耗。这意味着每年大约多烧几亿吨煤，在大气中排放了几亿吨的碳。而现在的油井只能挖掘20%～30%的油。另一方面，美国洛杉矶的一个小区里，仅每天汽车找车位所消耗的油就高达5万加仑，排放的二氧化碳超过700万吨，这个油耗可以让一辆空车环绕地球行驶38圈；缺乏好的电子医疗记录，使得美国每年有220万起手写处方造成的配药错误；如果电子医疗统一记录，那么每年可以防止10万人因医疗事故而死亡；供应链不好使得每年有32.5万人因食物中毒而住院，其中5 000人死亡。

2008 年底，IBM 的时任首席执行官彭明盛（Samuel J. Palmisano）首次提出了“智慧的地球”这一概念。随后，IBM 在全球范围内投入重兵，高管频频造访当地政府、企业、科研院所和高校，在各大讲坛利用所有机会宣传“智慧的地球”概念。

IBM 提出的所谓“智慧的地球”，是指把新一代的 IT、互联网技术充分运用于各行各业，把感应器嵌入、装备到全球的医院、电网、铁路、桥梁、隧道、公路、建筑、供水系统、大坝和油气管道，通过互联形成“物联网”，而后通过（基于 IBM 平台的）超级计算机和云计算，使人类以更加精细、动态的方式管理生产和生活，从而在世界范围内提升“智慧水平”，最终就是“互联网＋物联网＝智慧的地球”。

众所周知，IBM 是全球 IT 行业中最善于创造“概念”的创新高手。从“电子商务”到“随需而动”，再到 2008 年的“创新”、2009 年的“智慧的地球”，以及“网格计算”“SOA”和“云计算”……IBM 的每个口号都能够凸显自己作为行业解决方案平台的超然地位，寓价值链上的生意经于研究成果。

从智慧能源系统、智慧金融和保险系统、智慧交通系统，到智慧零售系统、智慧食品系统、智慧医疗保健系统，所有这些解决方案都旨在帮助人们更加精细、动态地管理生产和生活。提高某个行业、某项业务的资源利用效率和生产力水平，如此方能应对经济危机和环境恶化，最终打造一个“智慧的地球”。

［讨论题］

结合案例，谈谈如何评价一个组织愿景的好坏。

推荐书目

1. 吉姆·柯林斯，杰里·波勒斯. 基业长青：珍藏版. 北京：中信出版社，2009.

2. 加里·胡佛. 愿景. 北京：中信出版社，2008.

3. Saul Berman，等. 未来企业之路：洞察全球顶尖企业愿景与制胜策略. 北京：北京大学出版社，2010.

4. 休·戴维森. 承诺：企业愿景与价值观管理. 北京：中信出版社，2004.

5. 卡门·雅德斯. 如何实现企业的愿景与使命. 上海：上海远东出版社，2010.

第 5 章

战　略

学习目标

- 掌握战略管理的基本概念和类型
- 理解战略管理过程

一个企业的战略计划应当考虑好四个问题：企业必须确定愿意寻求什么样的机会和接受什么样的风险；企业必须确定经营范围和结构，尤其是在专门化、多样化和一体化之间的平衡；企业必须在时间与资金、建造还是“购买”之间作出决策；企业必须确定组织结构，使之适应于其经济状况、机会和作业方法。

——德鲁克

战略是最重要的计划形式之一，是组织的一种总体行动方案，是为实现愿景和总目标而作出的重点部署和安排。战略是一个总方向，是对组织向何处发展以及如何发展的总规划。战略还有对抗的含义，总是针对竞争对手而制定的。战略反映了外界环境中存在的机会和威胁与组织自身能力的现实结合。明智而清晰的战略是组织在竞争中取胜并保持生机和活力的重要前提。企业战略已成为决定企业竞争成败的关键和核心之一。

战略管理是企业为实现战略目标而制定战略决策、实施战略方案、控制战略绩效的一个动态管理过程。在动态和不确定的环境下，战略管理能使管理者以一种系统和综合的方式分析环境、评价组织的优势和劣势，以及识别机会和构建竞争优势。

第 1 节　战略管理概述

战略管理的主要特征有三个——全局性、连续性和假设性，如图 5—1 所示。

(1) 全局性。战略管理是组织对内外部各种资源和潜能进行全方位分析、评估后得出的总体方向，是组织实现根本目的的总方针，因此建立在此基础上的战略计划具有相应的全局观。战略管理的落实需要组织各部门的协调努力。作为一种覆盖整个组织的管理行为，战略管理具有统筹全局的特点。

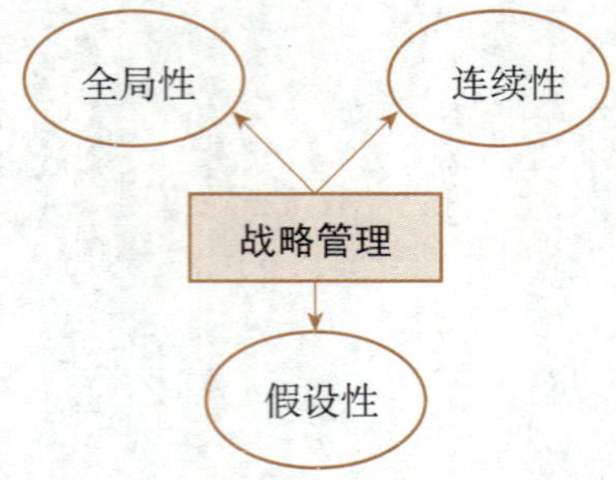

图 5—1　战略管理的特征

（2）连续性。战略计划对于战略而言是一种不间断的活动过程。从最初的规划、执行、检查，到后来的不断反馈、调整，整个循环过程具有很强的连贯性。战略管理是全过程管理，直至组织目标最终实现为止。

（3）假设性。由于战略管理关注的是组织未来的发展方向，因此它是建立在对总体环境预测基础上的组织战略方案选择，其选择依据多为假设性结论。这种假设性思维也表现在对战略的管理中——不断地建立假设结果，不断地执行假设方案，不断地修正方案和途径。

战略管理直接关系到组织的兴衰成败，在整个组织体系中发挥着极为重要的作用：

第一，战略管理有利于组织明确方向。战略管理为组织指明了总方向，为组织在今后较长时间内的发展规划了蓝图，使组织在成长过程中有了导航器，并对组织今后的行为进行了严格的约束和规范。此外，清晰而明确的发展方向还有利于组织上下达成一致、彼此支持。

第二，战略计划有利于合理配置组织资源。资源的有限性决定了“少投入、多产出”对于组织生存和发展的重要性。战略管理通过对组织经营类别进行筛选、对经营项目进行排序，大大减少了资源盲目投入造成的不必要损失，从而使组织的资源得到优化配置。

第三，战略计划有利于组织获取竞争优势。组织要实现长久生存和发展，就必须有一技之长、趋利避害。战略选择建立在对组织系统的深刻认识和环境分析的基础上，因此它极大地有利于组织发掘自身优势，抓住稍纵即逝的机会，巩固竞争地位，扩大市场份额。

第 2 节　战略管理过程

在确立战略时，不同的组织有不同的做法，但大多数组织都遵循一个基本相似的过程：首先，明确组织的战略目标，以确定组织从事业务的实质以及今后的发展方向；然后，分析、研究组织面临的环境，以把握机会、避开威胁；接着，对组织自身进行评价，彻底明确组织自身的优势和劣势、长处和短处；最后，在此基础上选择组织所要采用的战略，实现组织与环境的最佳匹配。

战略管理包括战略计划、实施和评估，战略管理过程包含六个步骤，如图 5—2 所示。其中，前四个步骤描述的是计划过程，但实施和评估过程与计划过程同等重要。如果管理者不能恰当地实施和评估，即使制定了最佳战略，也可能遭遇失败。

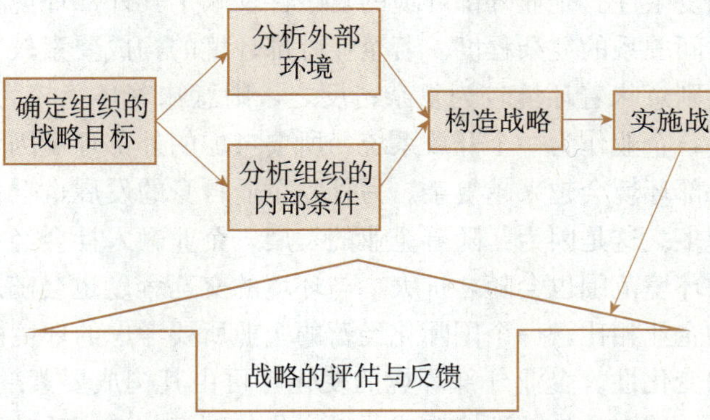

图5—2 战略管理过程

1. 确定组织的战略目标

组织在制定战略时首先要清楚该战略是为什么服务的、战略目标是什么。定义组织的战略目标，会迫使管理者认真地确定企业的产品和服务的范围。这是战略管理过程的第一步，也是决定所有后续步骤成败的关键开端。只有确定正确、适合的战略目标，组织才能最终实施战略。

2. 分析外部环境

分析外部环境是战略制定过程中的一个关键步骤，因为组织的环境在很大程度上定义了管理者的选择范围。成功的战略是与环境吻合的战略，每个组织的管理者都需要分析外部环境。在分析外部环境时，管理者应检查具体的、特定的和一般的环境，以发现正在发生的趋势和变化。只有管理者确切地抓住了外部环境正在发生的变化，以及意识到它对组织可能产生的重要影响，战略管理过程的第二步才算完成。

企业的经营活动正是企业与其外部环境交互联系的动态过程，企业战略的实质就是企业内外因素的动态匹配与整合。显然，诸如社会、政治、经济、技术和生态产业等外部环境因素及其作用，对于企业的经营或战略活动至关重要。无视环境带来的机遇和威胁，任何企业都不可能在日益激烈的竞争中取得成功，更不用谈可持续发展了。

在了解外部环境因素基本构成的基础上，企业还必须在整体上把握外部环境的基本性质，以使企业战略适应环境的特点。企业可从复杂性和变化性两个方面分析其外部环境的基本特性，如表5—1所示。

表5—1 企业外部环境的类别和特性

环境种类		环境的变化性	
		稳定	动态
环境的复杂性	简单	简单稳定的环境：环境因素较少且变化不大；环境因素较易了解和把握（战略强度较弱）	简单变化的环境：环境因素较少但变化较大，可预测性较差（战略强度中等，但侧重于环境预测）
	复杂	稳定复杂的环境：环境因素较多但变化不大，可预测性较强但较难把握（战略强度中等，但侧重于环境分析）	复杂动荡的环境：环境因素较多且变化较大，环境因素较难认知和把握（战略强度较强，应兼顾环境分析与预测）

（1）外部环境的复杂性。企业外部环境的复杂性反映了其外部环境构成要素的多样性程度以及各构成要素间关系的复杂程度。若企业外部环境的构成要素较多，且各要素之间的关联性较为复杂，则意味着环境较为复杂；反之，则意味着环境较为简单。一般而言，随着社会经济的发展，企业作为一个开放系统，所要考虑的外部环境因素会越来越多，这意味着企业面临的外部环境会越来越复杂。另外，企业自身的发展也会使企业所要考虑的外部环境因素越来越多。这是因为：随着企业的发展，企业融入社会经济的广度和深度会不断加大，所接触的环境范围也会随之扩大，与环境的交互程度也会随之加深。例如，与仅局限于国内经营的企业相比，一个国际化经营的企业所要考虑的环境面要大得多。

（2）外部环境的变化性。企业外部环境的变化性可由其构成要素变化的频率、速度、程度和规律性来衡量。其中，外部环境构成要素变化的频率与速度反映的是外部环境的可把握性或可控性。企业外部环境的大多数构成要素都处于快速变化状态，意味着企业面临的环境是难以把握或控制的。外部环境构成要素变化的程度反映的是外部环境的新奇性或可处理程度。当企业外部环境变化较大时，企业难以运用过去的经验和知识来处理。外部环境变化的规律性反映的是外部环境的可预测性。外部环境的变化有迹可循、呈现出一定的规律性，意味着其具有较强的可预测性，反之意味着企业外部环境的可预测性较差。

复杂性和变化性共同反映了企业外部环境的基本特性，据此可将企业的外部环境大致划分为四个基本类别——简单稳定的环境、简单变化的环境、稳定复杂的环境以及复杂动荡的环境。企业根据这两个维度来匹配战略行为。

在简单稳定的环境中，企业无须做过多的战略思考，更多的是要考虑如何整合其内部的运营活动，以提高效率；在稳定复杂的环境中，企业战略分析的重点应是加强对复杂环境因素及其相互关系的辨识和把握，以抓住关键的环境因素；在简单变化的环境中，企业战略分析的重点应是有效地预测环境的变化趋势，以求战略的灵活性和适应性；在复杂动荡的环境中，企业应有极强的战略分析能力，不仅要全面地辨识和把握环境因素及其之间的相互关系，更要准确地预测和把握关键环境要素的变化发展趋势。当今企业所处的外部环境显然是复杂动荡的，且复杂程度和动荡程度日益加深，因此战略在企业经营活动中的地位也不断提升。

3. 分析组织的内部条件

在分析外部环境的基础上，企业还应重视内部资源和能力的分析——具体包括企业经营活动的各个方面，如研究与开发、生产、市场营销、财务等。管理者必须认识到，每个组织，不管是大型的还是成功的，在某种程度上都受到所拥有的资源和能力的限制。

4. 构造战略

构造战略必须遵循决策制定过程的步骤，管理者需要开发和评估战略性的选择，然后选择能够充分发挥组织优势和利用环境机会的战略。比如，一个跨行业经营的企业的战略选择应明确两个基本问题：第一，企业的经营范围或战略经营领域，即规定企业从事生产经营活动的行业，明确企业的性质和所从事的事业，确定企业以什么样的产品或服务满足哪类顾客的需求；第二，企业在某一特定经营领域的竞争优势，即确定企业提供的产品或服务要在什么基础上获得超过竞争对手的优势。

企业需要在公司层面、事业层面和组织职能层面分别建立战略。按照战略的层次性，可将企业战略划分为公司层战略、事业层战略和职能层战略，如图 5—3 所示。

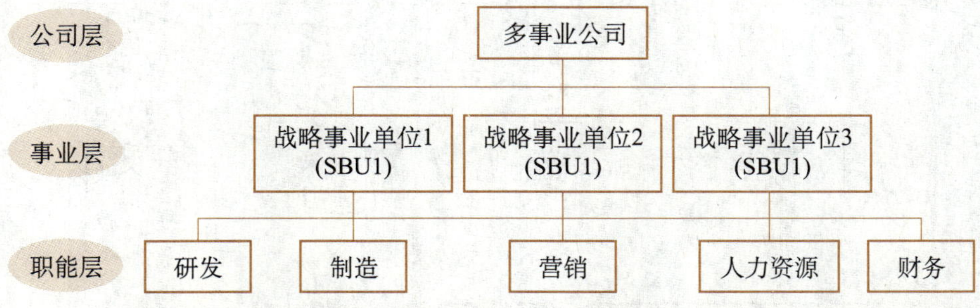

图 5—3 战略的层次性

公司层战略是企业最高层次的战略，其侧重点是确定企业的经营范围和内部各项事业的资源分配。事业层战略是在分散经营的条件下各事业部根据企业战略赋予的任务而确定的。职能层战略是各职能部门根据各自的性质、职能制定的部门战略，其目的在于保证企业战略的实现。处于组织顶层的管理者通常要对公司层战略负责，处于较低层的管理者通常要对职能层战略负责。

5. 实施战略

企业在战略方案确定后，必须实施具体的实际行动，才能实现战略及战略目标。一般来说，可从三个方面推进战略的实施：

其一，制定职能策略，如生产策略、研究与开发策略、市场营销策略和财务策略等。这些职能策略要包括策略推出步骤、采取的措施和项目以及大体的时间安排等。

其二，构建企业的组织机构，使构造出的机构能够适应所采取的战略，为战略实施提供一个有利环境。

其三，使领导者的素质和能力与所执行的战略相匹配，即挑选合适的企业高层管理者贯彻既定的战略方案。在战略的具体化和实施过程中，应对实施进行控制。这就是说，将经信息反馈回来的实际成效与预定的战略目标进行比较，若两者有显著偏差，则应采取有效的措施进行纠正。当因分析不周、判断有误或环境发生了预想不到的变化而引起偏差时，甚至要重新审视环境，制定新的战略方案，开始新一轮的战略管理过程。

6. 战略的评估与反馈

战略管理过程的最后一个步骤是评估结果，即评估战略的有效性，决定要作出哪些必要调整。通过评估结果，进一步反馈和调整当前的战略，形成内外动态匹配的战略规划模式。

我国企业技术创新国际化的一个战略框架

技术创新国际化战略的指导思想是基于构建企业核心能力的战略指导思想。该战略思想要求企业以自身能力的积累为基础，通过提高企业的技术能力、核心能力来应对复杂多变的环境，并取得相对于竞争对手的持续竞争优势。在知识经济时代，环境剧烈变化，基于核心能力的战略管理将成为企业获取优势的基础。核心能力改变了长期以来战略理论中的适应论观点，通过战略的伸展，将战略的守势转变为攻势（见图 5—4）。

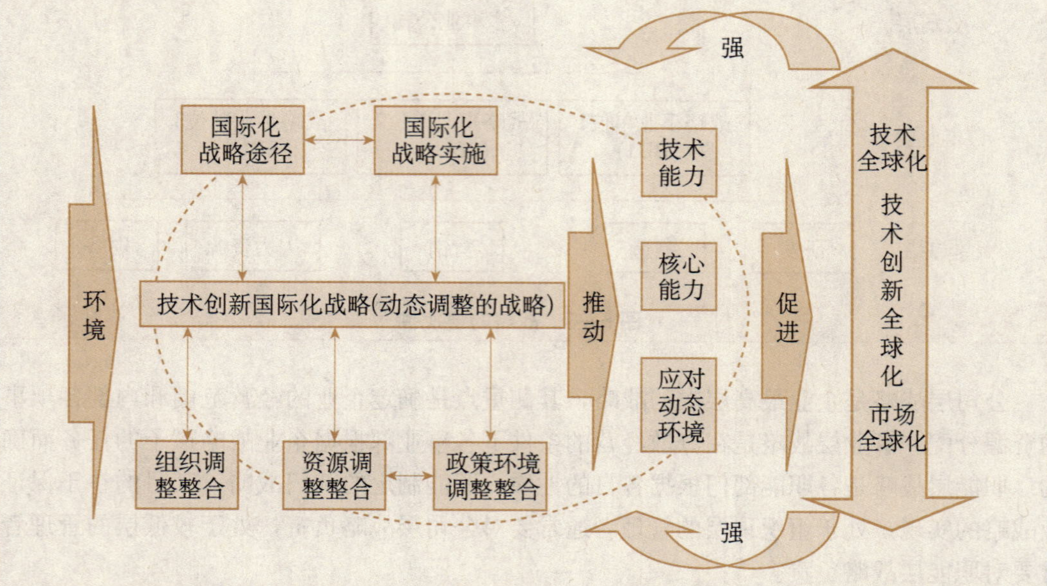

图5—4 我国企业技术创新国际化的一个战略框架

基于核心能力的技术创新国际化战略高度重视企业核心能力的构建，重视内部资源、组织和政策的整合。因此，技术创新国际化战略是将企业的各部门、管理人员、技术人员作出的决策和采取的行动整合成一种协调的策略规划。企业的战略必须与组织战略、资源战略、环境政策战略密切配合。企业的技术创新活动从没有国际化到有国际化，即使在最初步的国际化阶段，其自身的技术创新国际化管理也会相应地发生重大变化。没有企业在组织、资源和政策战略上的调整整合，就不能有效实现技术创新国际化的战略目的。在这层意义上，企业的组织、资源和环境政策的调整整合是企业战略实施的一项关键内容。

资料来源：陈劲．创新全球化．北京：经济科学出版社，2003．

本章小结

◇战略是一种长期计划，其视角比一般计划更为长远，其内容更接近愿景的要求，战略通过跨越更深广的时间和空间为愿景服务。

◇战略管理是企业为实现战略目标而制定战略决策、实施战略方案、控制战略绩效的一个动态管理过程。战略管理过程包括6个步骤，即确定组织的战略目标、分析外部环境、分析组织的内部条件、构造战略、实施战略以及战略的评估和反馈。

思考题

1．制定战略和实施战略哪个更为重要？它们是否相互依存？

2．战略实施能够先于战略制定发生吗？

3．某企业聘请了几位战略管理专家以协助高管层的工作，他们会在战略管理过程的哪个阶段发挥最大作用？

案例应用

苹果公司的战略调整

在2009年金融风暴后业界一片惨淡中，苹果公司稳居《福布斯》全球高绩效公司（Global High Performers）榜单。回顾21世纪第一个10年，总裁乔布斯重返公司后，苹果公司借力几款明星产品实现了销售额的迅速增长，终于走出了其20世纪90年代经历的低谷，公司利润率持续处于行业高水平。苹果的辉煌是从2001年推出iPod播放器开始的。到2007年苹果推出iPhone，乔布斯成功地打造了苹果文化的形象——设计、科技、创造力和高端的时尚文化，iPhone成为全球业界、消费者关注的热点。至此，智能手机市场的原有格局被完全瓦解。

作为一家设计并制造个人电脑整机的公司，苹果公司的创新性工业设计、直观易用的UI、嵌入式网路、图形多媒体能力都保证了其在业界独有的地位。苹果公司的特有资源、能力与其数码中枢的定位相辅相成。相对于对数码中枢的需求，苹果公司将目标受众划分为学生、教育界、创意工作者以及商务和个体消费者四个群体。

苹果公司在整机技术的利基领域多年积累，致力于揽用最优秀的人才打造其核心资源，成就了苹果公司在技术和产品上远超出竞争者的实力。创新性工业设计、直观易用的UI、嵌入式网路、图形多媒体能力都来自最优秀人才的精心打造。自iPhone二代获得成功以来，乔布斯开始重视产品的工业设计。正是这种重视，成就了乔纳森·埃弗在工业设计界的殊荣、瑞兹拉夫设计Mac OS外观的精密。

苹果公司成功地实现了文化、产品、品牌与口碑之间的良性循环。为尽可能地贴近更多的消费者、扩大"苹果迷"以外的消费者对苹果产品的认知，苹果零售店（Apple Store）精心设计了呈现"数码中枢"的用户体验场所。为进一步扩大销售的覆盖面，2001年史蒂夫推出打造Apple Store的计划。Apple Store打造的是数字生活全面体验的空间，店内区域都以方案解决区域为中心设计，方便顾客创造可以找到解决问题的整体方案。

2001年开始，苹果公司在年报中陈述了其"数码中枢"的商业战略。2001年，基于个人数码设备的发展迎来新纪元的预测，苹果公司锁定个人电脑，认为它将成为数码中枢设备。个人电脑具有数码中枢设备的特征：运行复杂的程序；高质量的用户界面；存储能力的经济性；与外接设备及互联网的易连性；为接入的设备提供有增加价值的应用。

2007年1月，苹果电脑公司更名为苹果公司，融合消费电子产品成为苹果公司新战略中的重点，"数码中枢"的定位拓展为"数码生活"。2004年7月，经iTunes音乐商店售出的音乐单曲数量过亿；同年8月，苹果公司宣布iPod已占有美国数码音乐播放器58%的市场。

2007年，苹果公司进军手机市场，成就了一款明星级便携数码产品——iPhone。苹果不再局限于定位为一家电脑公司，而是有成功的网络、渠道平台技术和服务，还有iPod，iPhone和Apple TV等消费电子类数码产品。经过两年内数次软硬件升级，iPhone 3GS已可以媲美个人电脑的基本运算功能。同时，丰富的娱乐功能加上便携性，使之成为数码生活的核心产品。

iTunes平台的搭建成就了苹果在市场上的一系列成功，首要的是硬件加软件服务方式的优越用户体验。苹果公司提供“硬件加软件平台”的集成，而软件上的内容和硬件设备的附件产品则由参与生态圈打造的第三方提供，苹果公司承担了看护者的角色。iTunes集成了EMI，SONY等主要版权音乐发行方。同时，支持用户购买单曲，在很大程度上降低了购买版权音乐的门槛，将付费数字音乐推向主流。而iPod与iTunes的集成使用户的音乐资源与播放器之间的传输实现了即插即用，优化了数码音乐播放器的用户体验。内容提供商和附件产品厂商通过iTunes，iPod的用户吸着力分享到了这块由苹果公司做大的“蛋糕”。

iPhone加App Store与iPod加iTunes是完全一样的经营模式，唯一的变化是App Store的第三方是更广泛的软件开发群体，iPhone终于引爆了移动终端应用的大发展。iPhone在2007年面市，是计算与随身娱乐的苹果式体现，作为“数码中枢产品”拥有基于iTunes的影音内容提供，内置谷歌互联网服务，以及近5 000种应用软件。

苹果公司这种打造生态圈的方式是很经典的“价值网”共赢。苹果公司成就的生态圈“价值网”，纵向上包括供应商（如提供存储硬件的三星）和苹果产品用户，横向上包括附件生产商（如iCase）和内容提供商（如软件开发群体）。目前这个生态圈的领先程度暂时没有竞争者能与之匹敌。附件产品及内容提供商分享了苹果的客户群盈利，而苹果公司凭借在这个生态圈中的核心地位，既便于管理iPhone的用户体验，又保证了对生态圈内收益的提取。

资料来源：卡迈恩·加洛．非同凡“想”：乔布斯的创新启示．北京：中信出版社，2011．

［讨论题］

1．从苹果公司的案例中，可将其战略分为哪几个阶段？请简要分析苹果公司调整战略的原因。

2．苹果公司的战略对于中国企业有哪些启示？

国家电网公司的国际化战略

国家电网公司（以下简称国网公司）成立于2002年12月，是经国务院批准进行国家授权投资的机构和国家控股公司的试点单位。国网公司按集团公司模式运作，注册资金2 000亿元，用工总量超过186万人，经营区域覆盖26个省（自治区、直辖市），供电人口超过11亿人。2014年，国网公司的营业收入20 961亿元，利润总额810亿元，资产总额29 009亿元。近年来，国网公司认真贯彻中央部署，以“三电一资”（电网、电源、电工装备和资源）为重点，依托特高压、智能电网核心技术和管理优势，大力实施国际化战略。目前国网公司已成功运营菲律宾、巴西、葡萄牙、澳大利亚、意大利、我国香港等国家和地区的骨干能源网，承揽了埃塞俄比亚等多国的骨干能源网建设，境外资产突破1 000亿元，累计实现利润190亿元，年投资回报率均在12%以上，境外投资项目无一亏损。

一、实施背景

从国内来看，实施“走出去”战略，提升企业国际化经营水平，是党中央、国务院在世纪之交审时度势作出的一项重大战略决策，也是中国企业在经济全球化背景下参与国际竞争、实现可持续发展的必然选择。从国际来看，进入 21 世纪，发达国家大规模更新电力基础设施，发展中国家的电力行业也进入快速发展时期。例如：俄罗斯、南非等的电网新建或改造需求旺盛；东南亚对我国电力技术咨询需求较大；巴西、南非等具有接受国网公司到当地投资设厂和收购当地装备制造企业的意愿；菲律宾、巴西等提出智能电表的更新计划。这些为国网公司发展海外装备制造业务提供了有利机遇。同时，周边国家开发当地能源资源的意愿明显，清洁能源技术孕育新突破，这为国网公司加快国际电力能源合作、抢占科技制高点提供了有利机遇。国网公司是国有特大型企业和能源领域的骨干中央企业，在特压智能电网等技术领域已具有世界领先水平，因此有责任、有能力加快“走出去”步伐，促进能源、外交等国家战略的实施，破解能源、资源与环境的约束。同时，为实现“两个一流”（建设世界一流电网、建设国际一流企业）的战略目标，国网公司必须在管理水平上与国际接轨，通过拓展国际业务学习国际同行的先进管理理念和经验，增强国网公司对国内外资源和市场的整合能力，提升综合竞争实力。

在此背景下，国网公司依托特高压、智能电网核心技术和公司的管理优势，以“三电一资”（电网、电源、电工装备和资源）为重点，发挥集团优势，突出核心业务，优化资源布局，健全组织体系和管理制度，打造一体化、全产业链综合优势，强化风险控制，积极、稳健、安全地拓展境外市场。

二、战略制定

国网公司党组于 2007 年作出全面推进国际化的战略决策。

1. 深入剖析目标市场的特点

世界各国的能源电力市场政策和投资环境存在较大差别，国网公司在制定国际化发展战略时，深入分析各国市场差异，不断优化海外业务布局。欧美、大洋洲国家电力市场化程度高，市场环境较好，业务收益稳定，但对外来资本限制较多、监管严格。对此，国网公司积极并购能源领域的受监管资产。南美洲、非洲地区处于基础设施建设高峰期，其能源资源丰富、开发潜力大，但技术和资金不足。对此，国网公司以绿地项目、工程总承包为重点，积极开拓国际工程总承包市场。

2. 准确识别公司竞争优势

国网公司认真分析并总结了拓展国际业务的优势。一是技术优势，即在特高压、智能电网、新能源发展方面取得突破，全面掌握核心技术，实现“中国创造”和“中国引领”。二是管理优势，即管理着目前世界上电压等级最高、规模最大的交直流混合电网，拥有超过 1 亿千瓦新能源装机的运营管理经验，是世界上唯一没有发生大面积停电事故的大电网。三是资源优势，即集电网投资、建设、运营及装备制造于一体，能够为海外电网运营提供从规划咨询到运营维护的全生命周期服务，具有较强的产业链综合优势。四是政策优势，即拓展海外业务顺应了国家“走出去”战略，得到了相关政府部门的大力支持。

3. 制定国际化战略目标和重点

结合国际市场特点和自身优势，国网公司提出了国际业务发展思路，即依托特高压、智能电网核心技术和管理优势，积极开拓国际市场，实现业务布局从发展中国家向新兴经济体、发达国家全面拓展，业务模式从工程分包向工程总包、特许经营、股权投资协调发展提升，业务领域从劳务输出向技术、装备、标准、管理协同输出转变。

在此基础上，国网公司制定了国际业务发展目标：到2020年，实现业务布局、管理理念、经营方式等全面国际化，海外资产规模和国际业务利润贡献率大幅提升，成为全球资源配置能力强、境外资本运作能力强和综合国际竞争力强的国际一流企业。为实现该目标，国网公司将国际业务发展重点确定为：以“三电一资”为方向，立足企业优势，突出核心业务，瞄准电网监管资产，统筹推进海外业务发展。

三、战略实施

1. 完善组织体系，构建战略实施平台

在国网公司党组领导下，总部国际合作部作为国际业务的牵头管理部门，总部其他相关部门配合国际部对国际业务进行管理和指导，并在海外设有办事处作为国际合作部职能的延伸。为发挥整体优势、构建有效的国际业务组织体系，国网公司重组内部资源，改组成立国网国际发展有限公司和中国电力技术装备有限公司，分别定位为国网公司海外投资运营和国际工程承包业务平台，将国网公司下属装备制造企业定位为装备出口平台，成立国家电网海外投资有限公司作为海外投融资平台，从而形成实施国际化战略的四大平台。

2. 以风险控制为核心，完善国际投资并购流程

国网公司在海外投资并购的各个环节开展创新工作，积极探索典型能源企业海外投资并购经验。经过不断创新和实践，国网公司逐步完善了国际投资并购业务管理流程，建立从决策体系到尽职调查、估值、融资和公关等价值创造体系，再到制度、标准、内控、信息化等支持保障体系，最后到项目总结检查等监督评价体系的国际投资并购全过程管理体系。

3. 严格管控境外资产，确保境外资产稳健高效运营

首先，国网公司根据不同投资股比进行差异化管控。例如：对全资子公司（如国网巴西公司），实行以财务、战略指导为核心，以人事控制为基础的管控方式；对控股公司（如国网澳洲资产公司），以会计报表合并和预算执行监控为基础，以信息系统对接为手段，把握企业发展方向，加强重大事项管理，发挥大股东主导作用，其管理强度介于全资与参股之间；对参股公司（如菲律宾国网公司、葡萄牙国家能源网公司），以派出股东代表参加董事会、股东会、专委会为主要方式，依托公司治理结构参与重要的经营管理事项决策。其次，考虑到境外项目所处国家不同、监管政策和运营要求各异，国网公司在适应当地监管要求的前提下，确保对重点环节的管控，表现为在综合计划指标、运营监控指标的设计和选取上，除电力行业常规指标外，还充分涵盖当地对电网公司监管的特色指标。最后，国网公司紧贴国际业务特点，以专业分工的国际业务团队为支撑力量，确保境外资产稳健高效运营。

4. 健全风险管控体系，保障对外投资安全

首先，国网公司的境外投资风险管理体系建设以境外投资业务风险防控为导向，

以风险管理流程为基础，以内部控制体系为抓手，以业务操作规范为指导，以信息化技术为支撑，形成了一套覆盖境外投资业务全过程的风险管理体系。例如，自2012年10月起，建立境外投资内部控制体系，确保风险管理的执行落实；构建境外资产运营监测中心，为风险管理提供重要支撑；注重境外子公司（尤其是全资子公司和控股子公司）的风险管理建设，按照股东协议和公司治理规定，积极参与其他参股公司的风险管理；通过不断深化境外投资的专题风险研究，提高风险管理应对能力。

国网公司通过实施国际化战略，不仅获得了显著的经济效益——其海外业务投资的年回报率超过12%，2009—2013年境外投资业务利润从7.8亿元增至32亿元，而且树立了良好的国际品牌形象，实现了企业文化的海外融合落地，同时带动中国技术、标准和理念“走出去”，提升了中国电力行业的国际影响力，推动了中国与周边国家电网互联互通，增强了中国能源资源安全保障能力。

资料来源：全国企业管理现代化创新成果审定委员会，中国企业联合会管理现代化工作委员会. 国家级企业管理创新成果（第二十二届）. 北京：企业管理出版社，2016.

［讨论题］

1. 分析国网公司的国际化战略的层次性。
2. 结合战略管理过程，归纳国网公司采取的关键举措。

推荐书目

1. 迈克尔·波特. 竞争战略. 北京：中信出版社，2014.
2. H. 伊戈尔. 安索夫. 战略管理. 北京：机械工业出版社，2010.
3. 迈克尔·A. 希特，R. 杜安·爱尔兰，罗伯特·E. 霍斯基森. 战略管理：概念与案例：第10版. 北京：中国人民大学出版社，2012.
4. 安索夫. 新公司战略. 成都：西南财经大学出版社，2009.
5. 艾尔弗雷德·D. 钱德勒. 战略与结构：美国工商企业成长的若干篇章. 昆明：云南人民出版社，2002.
6. 迈克尔·波特. 竞争论. 北京：中信出版社，2012.
7. 罗伯特·A. 伯格曼. 战略就是命运：战略运筹如何造就公司未来. 北京：机械工业出版社，2004.
8. 亨利·明茨伯格，布鲁斯·阿尔斯特兰德，约瑟夫·兰佩尔. 战略历程：穿越战略管理旷野的指南：第2版. 北京：机械工业出版社，2012.
9. 亨利·明茨伯格，约瑟夫·兰佩尔，詹姆斯·布赖恩·奎因，苏曼特拉·戈沙尔. 战略过程：概念、情境、案例：第4版. 北京：中国人民大学出版社，2014.
10. W. 钱金，勒妮·莫博涅. 蓝海战略. 北京：商务印书馆，2010.
11. 三谷宏治. 经营战略全史. 南京：江苏文艺出版社，2016.
12. 彼得·德鲁克. 成果管理：珍藏版. 北京：机械工业出版社，2009.
13. 雷富礼，罗杰·马丁. 宝洁制胜战略. 杭州：浙江人民出版社，2015.
14. 辛西娅·蒙哥马利. 重新定义战略. 北京：中信出版社，2016.
15. 维贾伊·戈文达拉扬，克里斯·特林布尔. 战略创新者的十大法则. 北京：商务印书馆，2008.

第 6 章 计 划

学习目标

- 了解计划的种类和功能
- 掌握计划的制定方法和步骤
- 理解目标管理的思想和过程

策之而知得失之计，作之而知动静之理，形之而知死生之地，角之而知有余不足之处。

——《孙子兵法·虚实》

本章中的“计划”，是指组织根据环境的需要和自身的特点，针对一定时期内的具体目标，编制和执行的具体方案及上述过程。

任何组织都有其存在的目的，目标的设定就是为了界定和说明这种目的。计划是实现目标的方案，具体明确了实现目标所必需的资源组合、步骤、时间进度、任务分配、程序、规则和其他举措。如果说愿景和战略要明确组织未来要达到的状态，那么计划就是明确现在的手段。在组织管理的微观过程中，钱德勒的关于管理“看得见的手”比亚当·斯密的“看不见的手”在效率上更胜一筹。组织内部需要的是计划经济，而不是管理者的天马行空——一切由不可预测的、反复无常的市场压力所支配。①

我们正处在一个新技术革命不断孕育、发生和发展的时代，变革和经济发展带来了机会，也带来了风险。环境在迅速变化，竞争日益加剧，顾客在市场上逐渐占据主导地位。在这样的环境下，计划就是要确定组织长期发展的方向，制定周密的长期计划和行动计划，充分利用机会，最大限度地降低风险，实现组织的目标。

第 1 节 计划的种类

管理者经常面临各种各样的计划，这些计划各有特点，完成计划的方法也各不相同。

① 斯图尔特·克雷纳. 管理大师 50 人. 海口：海南出版社，2000.

在实际工作中，许多企业的计划都是综合性的，长短期计划结合，战略、战术计划结合，各类计划有特定的用途。

一、按计划的时间分类

按此种分类方式，一般将计划分为长期、中期、短期计划。

长期计划确定的是组织今后的发展方向，时间在 10 年以上。比如，2006 年 2 月 9 日国务院发布《国家中长期科学和技术发展规划纲要（2006—2020 年）》，该纲要提出了未来 15 年中国科技发展的政策、方向和重点领域的实现目标。中期计划主要确定的是组织具体的目标和战略，时间为 1～5 年。短期计划主要确定的是组织在近期内要完成的任务，具有详细的程序和操作方法，一般时间为 1 年及以内，如企业的年度生产计划、财务计划、人力资源计划等。

二、按计划的内容、层次分类

按此种分类方式，可将企业的计划分为综合计划、局部计划和项目计划。

综合计划包括的内容是多方面的，涉及组织的多个部门、多个目标。例如，企业的年度生产经营计划包括销售、生产、财务、研发和人力资源等方面的计划，它们相互联系、相互影响、相互制约，共同构成一个完整的目标体系。局部计划只涉及某个部门的业务，如人力资源管理部门的员工招聘计划。项目计划是为特定任务而设置的，如设备的大修理计划。

三、按计划的广度和深度分类

按此种分类方式，可将企业的计划分为战略计划、战术计划和作业计划。

战略计划是为组织设立总目标和确定组织在环境中地位的计划，一般由高层管理者制定，具体体现了企业的经营方向、投资领域和服务对象等。战略计划是对机会的认识，需要领导者具备良好的概念技能。

战术计划是在战略计划的指导下实现总体目标的详细计划，是战略计划的落实，是组织各部门未来较短时期内的行动方案，如月度计划、周计划等。

作业计划是规定总体目标如何实现的细节计划，其特点是涉及的时间较短。

第 2 节 计划的功能

一个经充分准备而作出的计划应具有下列五项功能，如图 6—1 所示。

（1）为系统性决策做准备。一份完整的计划是一份经系统化准备的报告，可为管理者提供充分的资料以作出适当的决策。

（2）作为一种指导工具。计划就像一幅地图，可让管理者像汽车驾驶般依照地图指示顺利到达目的地。

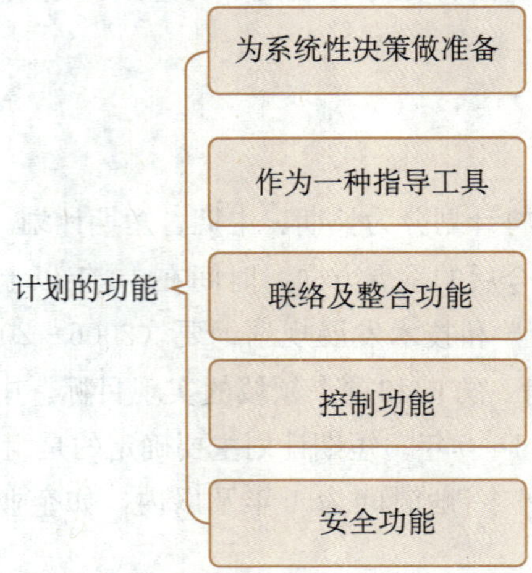

图 6—1 计划的功能

（3）联络及整合的功能。在进行计划工作时，针对计划项目进行资料收集与分析，需要各部门相关人员相互沟通、协调及整合，从而实现资源的最优配置，并将发生矛盾及冲突的可能性降到最小。

（4）控制功能。计划与控制其实是一件事情的两个方面，没有控制的计划是没有意义的。要发挥控制功能，必须在计划时针对各项条目设计衡量工作绩效的机制，如工作的完成进度、应有的产出等。

（5）安全功能。制定完善的规划需要广泛地收集资料——包括正面的资料（如未来销售收入的增加、市场扩张的可能等）和负面的资料（如环保条件的限制等）。要制定一个好的计划，除了要基于正面资料制定完善的执行方案外，还要善用负面资料构建预警系统。

第3节 计划制定方法

计划制定的效率高低和质量好坏在很大程度上取决于所采用的方法。

一、传统计划制定方法

（一）定额换算法

定额换算法是根据有关的技术经济定额来计算、确定计划指标的方法。例如，根据各人、各岗位的工作定额求出部门应完成的工作量，再加上各部门的工作量，得到整个组织的计划工作量。

（二）系数推导法

系数推导法是利用过去两个相关经济指标长期形成的稳定比率来推算、确定计划期有关指标的方法，也称比例法。例如，在一定的生产技术条件下，某些原材料的消耗量与企业产量之间有一个相对稳定的比例，根据这个比例和企业的计划产量可推算出这些原材料的计划需用量。

（三）经验平衡法

根据计划工作人员以往的经验，将组织的总目标和各项任务分解到各个部门，并经过与各部门的讨价还价，最终确定各部门计划指标的方法。

在稳定、可预测的环境中，上述计划方法简单易行，表现出较大的优越性。而现代组织面对的是更为复杂和动荡的环境，组织规模在不断扩大，传统的计划方法已难以满足现代计划工作的要求。现代计划方法可以帮助确定各种复杂的经济关系，提高综合平衡的准确性，并能采用计算机辅助工作，加快计划工作的速度，已为越来越多的计划工作者所采用。

二、现代计划制定方法

（一）滚动计划法

由于环境不断变化，因此在计划的执行过程中现实情况与预想情况往往会有较大出入，这就需要定期对计划进行必要的修正。滚动计划法是一种定期修正未来计划的方法。其基本思想是：根据计划执行的情况和环境变化的情况定期调整未来计划，并不断逐期向前推移，使短期计划与中期计划有机结合。如图 6—2 所示，假设计划的周期为 5 年，按照近细远粗的原则分别制定年度计划。计划执行一年后，认真分析实际完成情况与计划的差异，并找出其影响原因。根据新的情况和因素，仍按照近细远粗的原则修正各年度计划，并向后延续一年，以此类推。虽然该方法下编制计划的工作量很大，但是计算机技术的发展使计划的制定或修改变得简便、容易，大大提高了滚动计划法的推广与应用。

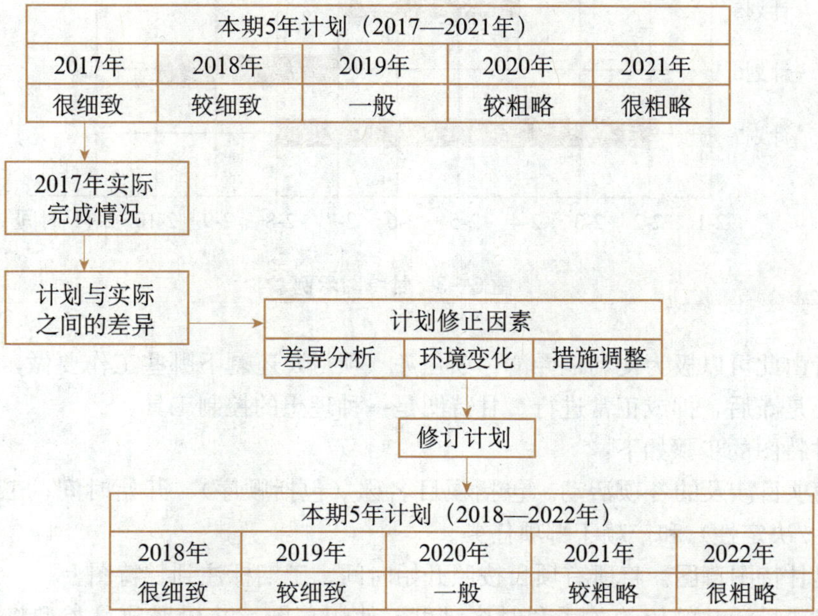

图 6—2　滚动计划法示意图

滚动计划法具有以下优点：

第一，适合任何类型的计划。

第二，缩短了计划的预计时间，提高了计划的准确性。利用滚动计划法编制计划时，无须对 3 年后的目标作出十分精确的规定，只需对未来 1～2 年的目标作出更加准确的规定。

第三，使短期计划与中期计划很好地结合在一起。

第四，使计划更富有弹性，实现了组织与环境的动态协调。

（二）甘特图

甘特图，也称为条状图（bar chart），是 1917 年由亨利·劳伦斯·甘特（Henry Laurence Gantt）开发的。其内在思想简单，基本上是一个线条图（见图 6—3）。其中，横轴表示时间，纵轴表示活动（项目），线条表示整个期间内的计划和实际活动完成情况。它直观地显示了任务计划在何时进行、实际进展与计划要求的对比。

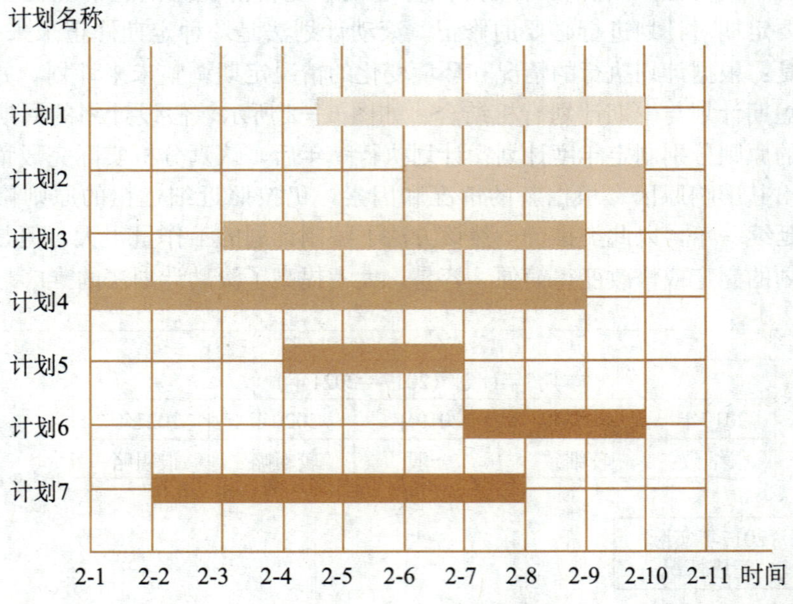

图 6—3 甘特图示例

管理者由此可以极为便利地弄清一项任务（项目）还剩下哪些工作要做，并且评估工作是提前还是滞后，抑或正常进行。甘特图是一种理想的控制工具。

绘制甘特图的步骤如下：

● 明确项目涉及的各项活动。包括项目名称（包括顺序）、开始时间、工期、任务类型（依赖性/决定性）和依赖于哪项任务。

● 创建甘特图草图。将所有项目按照开始时间、工期标注到甘特图上。

● 确定项目活动的依赖关系和时序进度。使用草图，并根据项目类型将项目联系起来、作出安排。此步骤保证了在未来计划有所调整的情况下各项活动仍然能够按照正确时序开展，即确保了所有依赖性活动能且只能在决定性活动完成后按计划开展，还可避免关键路径过长。关键路径是由贯穿项目始终的关键任务决定的，它既表示项目的最长耗时，也表示完成项目可能的最短时间。要注意的是：关键路径会因单项活动进度的提前或延期而发生变化；不要滥用项目资源；对于进度表中的不可预知事件，要安排适当的富余时间（slack time）。不过，富余时间不适用于关键任务，因为作为关键路径的一部分，它们的时序进度对于整个项目至关重要。

- 计算单项活动任务的工时量。
- 确定活动任务的执行人员及适时按需调整工时。
- 计算整个项目时间。

甘特图示例如图 6—3 所示。

（三）网络计划技术

网络计划技术，也称网络计划法，是利用网络计划进行生产组织与管理的一种方法。网络计划是 20 世纪中叶在美国创造和发展起来的一项新型计划技术。最具代表性的是关键线路法（CPM）和计划评审技术法（PERT）。

关键线路法是 1955 年由美国杜邦化学公司首创的，即对每项活动（工作或工序）规定起止时间，并按活动顺序绘制成网络状图形。计划评审技术法的出现稍晚，它是 1958 年由美国海军特种计划局在研制北极星导弹时创造出来的。当时有 3 000 多个单位参加，协调工作十分复杂。采用这种方法后，效果显著，比预定进度提前了两年，且节约了大量资金。

网络计划技术与甘特图在性质上是一致的。甘特图是一种用于表达工程生产进度的工具。在标有时间的表格中，横道表示各项作业的起止时间和延续时间，反映了一项工作的全面计划安排。该工具在安排进度方面具有简单、清晰、形象、易懂和使用方便等特点——这也是至今它还在世界各国广泛流行的原因。但是，它也有一定的缺点，最重要的是它不能反映出整个工程中各工序之间相互依赖、相互制约的关系，更不能反映出某一工序的改变对工程进展的影响，使人抓不住重点、看不到计划中的潜力，不知怎样合理缩短工期、降低成本。

网络计划技术克服了甘特图的不足，与甘特图相比具有以下优点：

- 把施工过程中的有关工作组成一个有机整体，能全面明确地表达各项工作开展的先后顺序和它们之间相互制约、相互依赖的关系；
- 能进行各种时间参数的计算，据此可对网络计划进行调整和优化，从而更好地调配人力、物力和财力，达到降低材料消耗和工程成本的目的；
- 可反映出整个工程和任务的全貌，明确对全局有影响的关键工作和关键线路，便于管理者抓住主要矛盾，确保工程按期完成；
- 能够从许多可行方案中选出最优方案；
- 在计划实施中，当某一工作由于某种原因推迟或提前时，可以预见到它对整个计划的影响程度，并能根据变化的情况迅速进行调整，保证计划始终受到控制和监督。
- 能利用计算机绘制和调整网络图，并且从网络计划中获得更多信息——这是甘特图做不到的。

网络计划技术可以为施工管理者提供许多信息，有利于加强施工管理。它既是一种计划编制技术，又是一种科学的管理方法，有助于管理人员全面了解、重点掌握、灵活安排、合理组织、多快好省地完成计划任务，不断提高管理水平。网络图示例如图 6—4 所示。

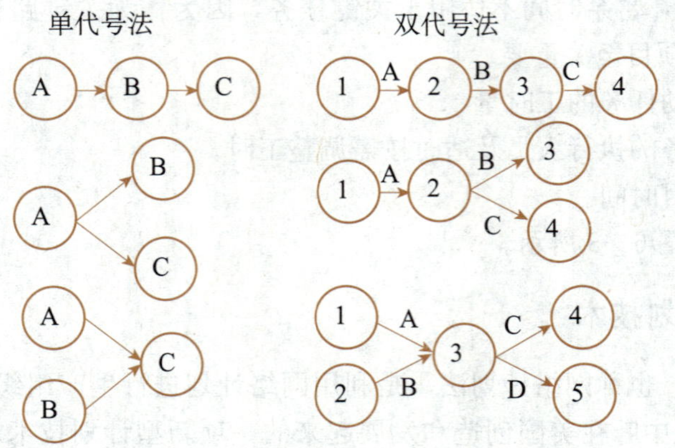

图 6—4　网络图示例

第 4 节　目标管理

一、目标管理思想的发展

1954 年，美国著名管理学家德鲁克提出了目标管理①（management by objective, MBO）的概念，并把它运用于计划的制定。他认为，目标管理就是组织的上级和下级管理者一起制定组织的共同目标，根据预期效果规定每个人的主要职责范围，并以这些衡量尺度作为工作的指导方针和评定个人贡献的标准。后来，许多管理学家进一步丰富了 MBO 的思想。1960 年，道格拉斯·麦格雷戈②指出，企业应制定自下而上的管理目标，以实现综合与自我调节控制。概括地说，目标管理是一种综合的、以工作为中心和以人为中心的系统管理方式。它是组织中上级管理人员会同下级管理人员以及员工共同制定组织目标，并将之具体化展开到组织的每个部门、每个层次、每个成员，与组织内部每个单位、部门、层次和成员的责任成果密切联系，明确地规定每个单位、部门、层次和成员的贡献和奖励报酬等的一套系统化管理方式。

目标管理是一种系统的管理方式。最早的目标管理仅是对组织成员进行业绩考核、行为激励的一种手段，最近的发展是组织的战略计划等均被纳入目标管理中，如组织结构设计、流程改造、文件管理、创新开发等都成为目标管理体系中的内容。也有目标管理研究者认为，目标管理是一个管理领导系统，是一个组织有效运作的管理体系，不能把目标管理看做组织的一种附加的管理职务。

① 德鲁克．管理的实践．北京：机械工业出版社，2009.
② 道格拉斯·麦格雷戈．企业的人性面．北京：中国人民大学出版社，2008.

二、目标管理的特点

目标管理作为一种有效的计划与反馈方法，具有以下四个特点，即员工参与管理、重视授权、强调自我控制以及完善的奖惩制度。

1. 目标管理是员工参与管理的一种形式

目标管理是上下级共同协商制定目标。一方面，下级要理解上级确定的目标，明确自己需要完成的任务，并提出反映组织客观需要的目标；另一方面，上级要了解下级对目标的想法、资源状况、在完成目标时可能遇到的困难，通过沟通与下级就需要实现的目标达成一致，并根据目标衡量下级的业绩。

目标的实现者同时也是目标的制定者，即上级与下级共同确定目标。首先确定总目标；然后对总目标进行分解，逐级展开，通过上下协商，制定企业各部门、各项目组直至各员工的目标。用总目标指导分目标，用分目标保证总目标，从而保证组织目标的最终实现。

2. 实施目标管理必须重视授权

目标管理体现了以人为本的管理思想。企业目标明确后，每个员工都必须朝着这个方向努力，共同的目标把每个人的努力凝结为一体，从而产生出 1+1>2 的整体效应。为实现共同目标，必须进行授权，即在决定与工作相关的事情上给予员工较大的发言权——从提建议到对管理决策行使否决权，甚至自己决策，员工有权参与决定一系列问题，如休息间隔、工作时间、完善公司的奖励制度等。

管理授权可使员工从工作中获得内在奖励的机会，感到自己具有更大价值，主动地将自己的行为与绩效联系起来，从而成为自我激励型的员工，而较高的工资满意度和工作满意度可以提高生产率。授权过程还会产生更好的决策，因为决策是依靠员工作出的，员工对自己的工作比其经理有更全面的认识。此外，员工参与决策过程会使他们更可能接受未来要实施的决策。通过管理授权，企业的总目标落实到各管理层次，且权责分明，每个部门、每个员工能更有效地完成自己的目标任务。

3. 目标管理强调自我控制

自我控制是指下级在目标设定后能够积极主动、自觉自愿地完成所制定的目标，而不是在上级不断的监督和控制下完成目标。自我控制是参与管理的必然结果。管理授权使下级具有一定的决策权，使员工自我控制成为可能，而自我控制要求组织能及时将有关信息传递给各级管理者，而不是仅传递给上级主管部门。施乐公司、宝洁公司、联邦快递公司、波音公司、福特公司、通用汽车公司和通用电气公司等都已采用自我管理的工作团队，其中施乐公司的客户投诉数量降低了 38%，摩托罗拉公司的次品率降低了 80%。

4. 目标管理要求完善的奖惩制度

在目标实施过程中，上级管理者应定期检查目标的完成情况。在目标任务完成后，上级管理者应根据下级的业绩进行考评和奖惩。奖励制度必须是公平、公开、公正的，真正使员工认识到必须通过努力实现各自的目标，许多实施目标管理的企业的大部分员工都能达到自己的目标。

三、目标管理的步骤

目标管理具体分为三个阶段：第一阶段为组织总目标的设置；第二阶段为组织总目标

的层次展开；第三阶段为目标完成检查和绩效考评，如图 6—5 所示。

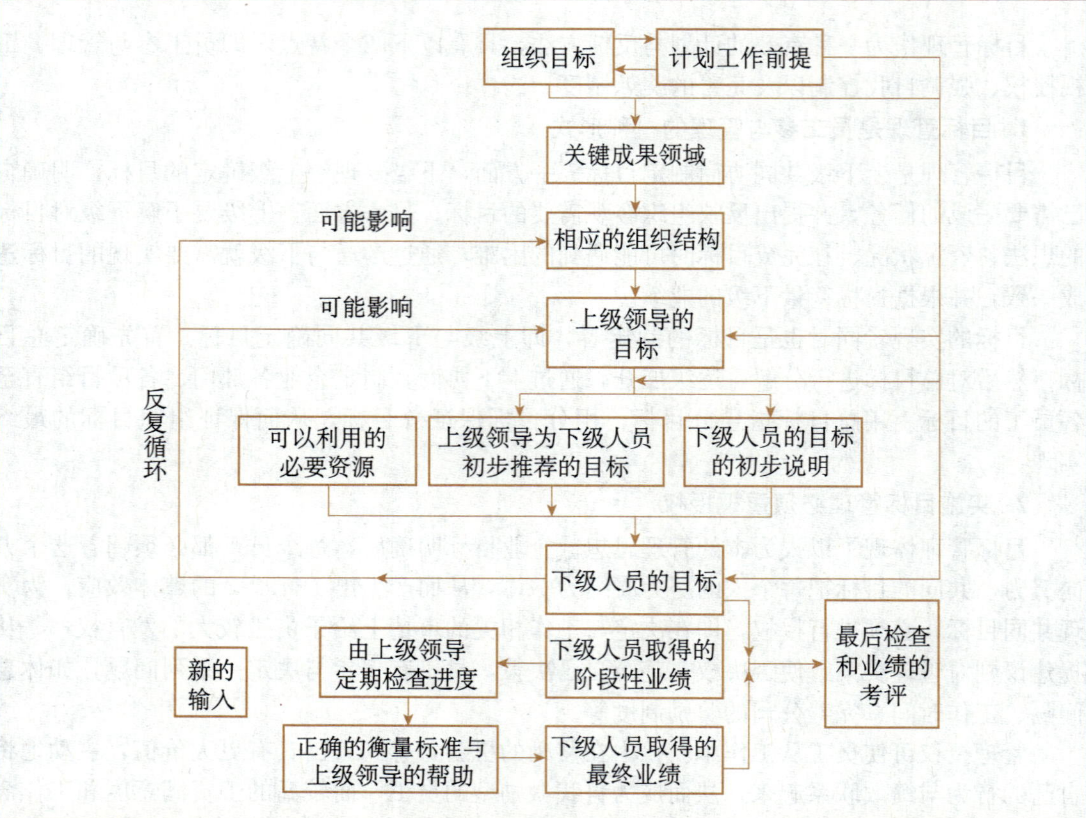

图 6—5　目标管理的步骤

1. 组织总目标的设置

这是目标管理中最重要的阶段。第一阶段可细分为四个步骤。

（1）高层管理预定目标。这是一个暂时的、可以改变的目标预案，既可以由上级提出，再与下级讨论，也可以由下级提出，经上级批准。无论采取哪种方式，目标都必须是经共同商量而决定的。领导者必须根据企业的使命和长远战略，估计客观环境带来的机会和挑战，对本企业的优劣有清醒的认识，对组织应该和能够完成的目标做到心中有数。

（2）重新审议组织结构和职责分工。目标管理要求每个分目标都有确定的责任主体。因此，在预定目标后，需要重新审查现有的组织结构，根据新的目标分解要求进行调整，明确目标责任者和协调关系。

（3）确立下级的目标。首先下级明确组织的规划和目标，然后商定下级的分目标。在讨论中，上级要尊重下级，平等待人，耐心倾听下级意见，帮助下级发展一致性和支持性的目标。分目标要具体量化，便于考核；分清轻重缓急，以免顾此失彼；分目标既要有挑战性，又要有实现的可能。每个员工和部门的分目标要与其他的分目标协调一致，支持本单位和组织目标的实现。

（4）上级和下级就实现各项目标所需的条件以及实现目标后的奖惩事宜达成协议。分目标制定后，要授予下级相应的资源配置权力，实现权责利的统一。下级写成书面协议，编制目标记录卡片，整个组织汇总所有资料后绘制出目标图。

2. 组织总目标的层次展开

按照组织架构将已设定的组织总目标进行纵向与横向的分解，是目标管理过程中最为关键的一步。具体来说：

(1) 将组织总目标按组织体系层次和部门逐步展开，直至每个组织成员。这个展开过程是一个自上而下的过程，但这一过程中的目标只是上级给下级的一个初步的推荐目标，不是最终决定的目标。

(2) 组织体系中的每个层次、每个部门、每个成员均可以根据自己的层次、部门、岗位分工和职责要求，结合初步下达的目标进行思考分析，最终提出自己的目标。这一目标是对上级下达的初级目标的一种修订。

(3) 组织将自下而上的目标与上级下达目标进行比较、分析差异，征询下级意见进行修订，再下达给下级，下级各方仍可以再次修正并再次上报。反复经过上述过程，最终组织总目标被分解成一个目标体系，下达给组织相应的层次、部门和成员。下达给每个层次、每个部门、每个成员的组织目标，要有目标的具体说明、具体要求、自主权限和完成后的激励等，从而使接受目标的每个层次、每个部门和每个成员有明确的努力方向。

3. 目标完成检查和绩效考评

达到预定的期限后，下级首先进行自我评估，并提交书面报告；然后上下级一起考核目标完成情况，决定奖惩，同时讨论下一阶段目标，开始新循环。若目标没有完成，则分析原因、总结教训，切忌相互指责，以保持相互信任的气氛。

四、目标管理的优劣

目标管理在全世界产生很大影响，但在实施中也出现了许多问题，因此必须客观分析其优劣势，才能扬长避短、收到实效。

(一) 目标管理的优点

第一，目标管理对组织内易于度量和分解的目标会带来良好的绩效。对于那些在技术上具有可分性的工作，由于责任、任务明确，因此实施目标管理常会起到立竿见影的效果。而对于技术不可分的团队工作，则难以实施目标管理。

第二，目标管理有助于改进组织结构的职责分工。由于组织目标的成果和责任力图划归一个职位或部门，因此容易出现授权不足与职责不清等问题。

第三，目标管理启发了自觉，调动了员工的主动性、积极性和创造性。目标管理强调自我控制、自我调节，将个人利益与组织利益紧密联系起来，从而提高了士气。

第四，目标管理促进了意见交流和相互了解，改善了人际关系。

(二) 目标管理的缺点

在实际操作中，目标管理也存在许多明显的缺点，主要表现在：

第一，目标难以制定。组织内的许多目标难以定量化、具体化；许多团队工作在技术上不可分解；组织环境的可变因素越来越多、变化越来越快，组织的内部活动日益复杂，组织活动的不确定性也越来越大。这些都使针对组织活动制定数量化目标变得困难。

第二，目标管理的哲学假设不一定都存在。Y 理论对人类的动机做了过分乐观的假设，实际中人是有“机会主义本性”的，尤其是在监督不力的情况下。在很多时候，目标管理要求的承诺、自觉、自治气氛难以形成。

第三，目标商定可能增加管理成本。目标商定要上下沟通、统一思想，是很费时间的；每个单位、每个人都关注自身目标的完成，很可能忽略相互协作和组织目标的实现，滋长本位主义、临时观点和急功近利的倾向。

第四，有时奖惩不一定都能与目标成果相配合，也很难保证公正性，从而削弱了目标管理的效果。

鉴于以上分析，在实践中实施目标管理时，除了掌握具体方法以外，还要特别注意：把握工作性质，分析其分解和量化的可能性；提高员工的职业道德水平，培养其合作精神；建立健全各项规章制度，注意改进领导作风和工作方法，使目标管理的推行建立在一定的思想基础和科学管理基础上；逐步推行、长期坚持、不断完善，使目标管理发挥预期的作用。

本章小结

◇ 计划是指组织根据环境的需要和自身的特点，针对一定时期内的具体目标，编制和执行的具体方案。

◇ 作为有效计划的一种形式与策略，目标管理是一种综合的、以工作为中心和以人为中心的系统管理方式。它是组织中上级管理人员会同下级管理人员以及员工共同制定组织目标，并将之具体化展开到组织的每个层次、每个部门、每个成员，与组织内部每个单位、层次、部门和成员的责任成果密切联系，明确规定每个单位、层次、部门和成员的贡献和奖励报酬等的一套系统化管理方式。

思考题

1. 曾有管理学家建议，因为组织外部环境变化得太快，所以所有战略计划的时间期限正变得越来越短。你同意这个看法吗？

2. 与20年前相比，目前跨国公司的计划期限是否变短了？

3. 目标管理方法是否适用于所有类型的企业？如果不是，为什么？如果是，那么在应用过程中有何规律？

案例应用

联合利华的2020计划

2010年11月15日，日用消费品公司联合利华在伦敦、鹿特丹、新德里、纽约同时宣布实施全球“可持续发展计划”，明确提出在2020年前将产品对环境的影响降低一半，帮助超过10亿人改善健康状况，并实现100%的农产品原料可持续采购。联合利华CEO波尔曼说：“业务增长并不一定要以增大对环境的影响为代价。”

“可持续发展计划”具体提出了50个社会、经济、环境目标。拥有多芬、奥妙、家乐、立顿等全球知名品牌的联合利华公司将通过直接运营以及与供应商、消费者共同努力，将温室气体排放量、用水量和废弃物减半。

在联合利华的产品生命周期中，超过2/3的温室气体和超过一半的用水量产生于消费者使用过程中。因此，这项承诺将产生前所未有的影响。

联合利华还计划在2020年前实现以下主要目标：

● 100%实现农产品原料的可持续采购，2015年前实现100%的棕榈油可持续采购；

● 使亚非拉地区10亿人养成每天洗手的习惯，减少腹泻等疾病的发生率；

● 在印度等国家扩大生产低成本的家用净水设备，为5亿人提供安全饮用水；

● 与雨林联盟等组织合作，改善发展中国家居民的生活，将超过50万小型农场主和小型供应商纳入联合利华供应链。

联合利华将在世界各地的方方面面贯彻可持续战略。这是因为人们期望每天使用的产品能改善其健康和生存状况，并过上可持续的生活，所以联合利华的目标是帮助发展中国家的人们在不以牺牲环境为代价的前提下提高生活质量，并帮助发达国家的人们在保证生活质量的同时减少对环境的影响。

联合利华实现可持续目标与发展业务并不冲突。公司对于业务增长有着宏远目标，但这只有在减少对环境影响的前提下才能够实现，所以公司越来越多地把可持续发展带来的挑战视为推动商业进步的机遇。此外，品牌有了以可持续为优先考量的标准，与零售客户的业务合作得以拓展，并且可持续发展的目标也促使公司进一步创新、发展市场。在很多情况下，可持续发展将为公司节省开支。

自威廉利华在英国利物浦附近的工厂制造出世界上第一块健康香皂以来，联合利华建立之初的价值宗旨已经伴随公司的发展成为其自身定位和商业运作的重要组成部分。

1995年，面对水域野生鱼类数量的下降，联合利华与世界野生动物基金会共同创立了国际水产品认证机制。

1996年，联合利华开展了可持续农业计划活动。与农民和供应商开发了一系列后来成为可持续农业指标的项目。目前联合利华已实现了10%的农林业可持续采购。

2004年，联合利华与绿色和平组织合作研发并使用天然环保的冷藏材料代替氟利昂制冷应用于冰淇淋储存。截至目前，联合利华已将50万台冰柜的冷藏剂替换为环保冷凝剂。

2007年，联合利华的Small & Mighty浓缩洗涤剂在欧洲上市，人们能够实现在低水温下洗涤衣物。联合利华帮助人们减少了家庭开支，并成功地减少了包装材料和数千万吨的二氧化碳的排放。

2007年，联合利华旗下茶叶品牌立顿和PG Tips承诺，在2015年前实现可持续茶叶采购，成为全球首家推行可持续茶叶采购的大型公司。目前所有在欧洲西部销售的立顿黄牌红茶和PG Tips茶包都得到了雨林联盟组织的认可。

2008年，联合利华成为第一家承诺在2015年前实现可持续采购棕榈油的大型公司。目前，联合利华采购的棕榈油中30%已得到绿色棕榈联盟认证。

[讨论题]

1. 试结合案例和教材中的模型，对联合利华公司的计划进行分层，并从时间、层次及广度等角度指出计划的种类。

2. 试分析案例中的目标具有哪些特点，并谈谈如何进行目标管理。

3. 试分析联合利华公司的“可持续发展计划”与之前的成果有怎样的联系，又有哪些提升。

推荐书目

1. 哈罗德·孔茨，海因茨·韦里克. 管理学：国际化与领导力的视角：精要版第9版. 北京：中国人民大学出版社，2014.

2. 罗德·内皮尔，等. 战略规划的高效工具与方法. 北京：企业管理出版社，2011.

3. 周志轩. 目标管理与绩效考核：每个企业发展与成败的管理核心. 成都：成都时代出版社，2008.

4. 乔治·斯坦纳. 战略规划. 北京：华夏出版社，2001.

第 7 章

决 策

学习目标

- 掌握决策的基本概念
- 了解决策的有限理性与满意解
- 掌握决策的方法
- 分析如何进行有效决策

决策就是判断，就是在两个方案之间作出选择，很少是在正确与错误之间作出简单的选择，通常是对两个行动方向作出选择，而且这两者之间往往很难明辨是非。[1]

——德鲁克

“决策”一词的英语表述为“decision making”，意思就是作出决定或选择。管理就是一个不断作出决策的过程。决策贯穿于管理的全过程，甚至按照西蒙的观点，决策本身就是管理。决策正确，组织的竞争能力和适应外部的能力就能得到提高，组织就能取得良好的经济效益，为社会作出更大贡献；反之，决策失误，组织可能遭受巨大损失。因此，每个组织都要对内外环境的变化作出灵敏的反应，高瞻远瞩，运用科学方法预测未来环境的变化趋势，从而作出正确的决策。

决策是愿景、战略及计划的基础，是组织基业长青的保障，就像细胞一样作用于整个管理过程。

第 1 节　决策概述

对于管理者来说，决策是最重要、最困难、最花费精力和最冒风险的事情，它是对管理者的经验、学识和判断力等各方面综合素质的考验。曾有一项调查：“每天最花时间的事情是什么？每天最重要的事情是什么？在履行职责时感到最困难的事情是什么？”大多

① 彼得·德鲁克. 卓有成效的管理者：珍藏版. 北京：机械工业出版社，2009.

数管理人员的回答都是决策。正因如此，决策活动引起了管理学家、心理学家、社会学家、数学家和计算机科学家的极大关注，并成为一个独立的研究领域——决策科学。

一、决策的内涵

决策是管理活动中的一项重要内容，在一定意义上就是为了解决问题而采取的对策。著名经济学家、美国科学家西蒙认为“管理就是决策”。也有学者认为：“决策是指从两个或两个以上的可行方案中选择一个合理方案的分析判断过程”；“决策是组织的决策者以其知识、经验、掌握的信息为依据，遵循决策的原理和原则，采用科学方法，确定组织未来的行动目标，并从两个以上可能实现目标的行动方案中选择一个较为满意方案的分析决断过程”。这些说法从不同角度给出了决策的定义。综合以上观点，我们认为：决策是人们为实现一定目标而制定行动方案并准备实施的活动，是一个提出问题、分析问题、解决问题的过程。

对于上述定义，我们应从以下四个方面加以理解：

- 决策的主体既可以是组织，也可以是组织中的个人；
- 决策要解决的问题，既可以是组织或个人活动的初始选择，也可以是实施过程中对初始选择的调整和再选择；
- 决策过程或调整的对象，既可以是活动的方向和内容，也可以是在特定方向下从事某种活动的方式或方法；
- 决策既非单纯的“出谋划策”，又非简单的“拍板定策”，而是一个多阶段、多步骤的分析判断过程。

二、决策的分类

现代企业经营管理活动的复杂性和多样性，决定了经营管理决策有多种类型。

（1）按决策的影响范围和重要程度不同，分为战略决策和战术决策。

战略决策是指针对企业的发展方向和发展愿景作出的决策，是关系到企业发展的全局性、长远性和方向性的重大决策，如对企业的经营方向、经营方针和新产品开发等作出的决策。战略决策由企业最高层领导作出，具有影响时间长、涉及范围广、作用程度深等特点，是战术决策的依据和中心目标，其正确与否直接决定企业的兴衰成败和发展前景好坏。

战术决策是指企业为保证战略决策的实现而对局部的经营管理业务作出的决策，如对企业原材料和机器设备的采购、生产和销售计划、商品进货来源、人员调配等作出的决策。战术决策一般由企业中层管理人员作出，为战略决策服务。

（2）按决策主体不同，分为个人决策和集体决策。

个人决策是企业领导者凭借个人的智慧、经验及所掌握的信息作出的决策。决策速度快、效率高是其特点，适用于常规事务及紧迫性问题。个人决策的最大缺点是带有主观性和片面性，因此不适用于全局性的重大问题。

集体决策包括会议机构决策和上下相结合决策。会议机构决策是董事会、经理扩大会、职工代表大会等权力机构的集体成员共同作出的决策。上下相结合决策是领导机构与下属相关机构相结合、领导与群众相结合形成的决策。集体决策的优点是，能充分发挥集体智慧，集思广益，决策慎重，从而保证了决策的正确性和有效性；缺点是，决策过程较复杂，耗费时间较多。它适用于制定长远规划、全局性决策。

（3）按决策是否重复，分为程序化决策和非程序化决策。

程序化决策是指决策的问题是经常出现的，已有处理的经验、程序和规则，可以采用常规办法解决，故程序化决策也称为“常规决策”。例如，如何处理企业产品质量不合格问题、如何解决商店销售过期食品等就属于程序化决策。

非程序化决策是指决策的问题不常出现，没有固定的模式和现成的经验，要靠决策者作出新的判断来解决。非程序化决策也称非常规决策，如企业开辟新的销售市场、调整商品流通渠道、选择新的促销方式等属于非常规决策。

（4）按决策问题所处条件不同，分为在完全确知条件下的决策、风险型决策和在未完全确知条件下的决策。

在完全确知条件下的决策是指决策过程中提出的各备选方案在确知的客观条件下都只有一种结果，比较其结果优劣作出最优选择的决策。这一类型决策是一种肯定状态下的决策。决策者对被决策问题的条件、性质和结果都充分了解，各个备选方案只能有一种结果。这类决策的关键在于选择确定状态下的最佳方案。

风险型决策是指在决策过程中提出的各个备选方案都有几种不同结果且其发生概率也可测算这样条件下的决策。例如，某企业为了增加利润提出两个备选方案：一是扩大老产品的销售；二是开发新产品。不论哪种方案，都会面临市场需求高、市场需求一般和市场需求低的可能情况，它们发生的概率都可测算，若出现市场需求低的情况，则企业就要亏损。因此，在上述条件下的决策具有一定的风险性，故称为风险型决策。风险型决策之所以存在，是因为影响预测目标的各种市场因素是复杂多变的，因此每个方案的执行结果都具有很大的随机性。决策中，不论选择哪种方案，都存在一定的风险性。

在未完全确知条件下的决策是指在决策过程中提出的各个备选方案都有几种不同结果但不知每一结果发生的概率这样条件下的决策。它与风险型决策的区别在于：在风险型决策中，每一方案产生的几种可能结果及其发生概率都知道；而在未完全确知条件下的决策中，只知每一方案产生的几种可能结果，但是其发生的概率并不知道。这类决策源于人们对市场需求的几种可能客观状态出现的随机性规律认识不足，增大了决策的不确定性程度。

三、决策的重要性

决策在目前的管理中具有十分突出的地位。企业管理中的大部分工作都离不开决策。基层的班组、车间管理中，如何安排每天的工作任务、出现了特殊问题该怎么办等，都要及时作出决定。中层的生产管理中，诸如中短期的计划安排、工效与产品质量的提高、原材料的供应等，也要作出决定。高层管理的许多战略性问题——如生产方向、技术革新、新产品研制、长期规划和管理者培训等，更需要作出合理的决策。

随着生产规模的扩大，竞争性经济活动日益复杂，科学技术的发展越来越快。原来以提高生产效率和企业内部效率为基本内容的科学管理方法——如泰勒等的以微观管理为基础的管理学，近年来已不能满足企业生产和科学技术发展的要求。面对迅速变化的环境，企业管理者在竞争中逐渐认识到，决定企业兴衰成败的关键因素是企业的战略决策，它比着力于提高企业内部管理水平、提高生产与工作效率的微观管理更为重要。

可见，决策贯穿于管理的各个方面。决策的合理性、及时性，小到影响企业的效率和质量，大到决定了企业的发展命运。因此，它在企业管理中占有十分重要的地位。可以说，现代企业的管理在经营，而经营的重点在决策。

进行决策分析是成功决策的重要组成部分：

● 寻求最有效的生产方式。若花费在决策分析上的时间恰到好处地符合正当决策时间，则分析会带来可获取最大利润的决定。

● 优良的决策。优良的决策需要决策者利用逻辑处理那些基本投入项，其中决策分析是决策者不可缺少的工具。

● 决策分析模型。决策分析模型通常包括决策图表或决策树，导入分析模型的投入项是以数字表示的或然率。由演算产生的输出项可能是表明每个行动方案的结果的或然率，或是仅对某一最佳行动方案的具体说明。决策分析着重于数量化，但与其他定量分析法有一点基本差异。其他定量分析法运用的模型相当狭小、固定，而且用途不像决策分析那样广泛。

● 适应权变理论。决策分析是一种能适应权变理论的系统分析法，既适用于简单易行的模型，也适用于非常复杂且需要定量分析的模型。决策分析的运用范围广泛，包括产品开发决定、生产设备规模与位置的决定、价格确定、外销发展以及各种财务管理问题的解决。另外，决策分析是建立管理者独立思考能力的一种最佳训练方式。

第 2 节　决策中的理性和有限理性

一、决策的理性

传统上，大多数管理人员倾向于认为自己是理性的决策者。许多专家、学者也极力主张，管理者在进行决策时应做到尽可能理性。传统的决策模式认为管理者在决策时都是依据理性和逻辑且总是从组织的最佳利益出发的。要达到这种理性的要求，必须满足以下条件：

● 决策者对决策面临的状况和决策问题具有完全的信息；

● 决策者有能力找出实现目标的所有可能的备选方案；

● 决策者能够有效地排除各种不确定因素，从而作出确定条件下的决策；

● 决策者总是能够按照理性和逻辑对决策方案的各个方面进行评估；

● 决策者具有始终不渝地通过选择最佳方案来获取最佳结果的愿望或决心。

如果所有决策都能满足上述条件，尽可能按照逻辑和理性的方法进行，则决策的成功率肯定会高很多。然而，现实中影响决策的因素是如此之多，真正遵循理性原则的决策者有限。此外，有些决策尽管只是直觉和经验的产物，但往往也能取得相当不错的效果。

二、有限理性与满意解

理性是基于评价行为结果的某个价值体系去选择令人满意的备选行为方案。广义而言，理性是指一种行为方式——适合实现指定目标，且在给定条件和约束的限度内。西蒙并未对理性决策全盘否定，而是在此基础上进行了发展与创新。

西蒙等主张，决策者只具有不完整的信息，并受到有限理性的限制，在决策时倾向于满足或满意。有限理性的基本思想是："人们信息加工的能力是有限的，因此无法按照充分理性的模式去行动，即人们没有能力同时考虑所面临的所有选择，无法总是在决策中实现效率最大化。人们试图按照理性去行动，但是理性本身的有限性，使得人们只能在有限理性的范围内行动。"

(一) 有限理性的原因

人们在决策时总会面临大量可以替代的备选行为，而选定并执行任何一项策略都会产生一定的结果。所谓决策，就是为完成某一任务而从若干备选行为中挑选其一而付诸实施的过程。它包括三个步骤：一是列出全部备选方案；二是确定每一方案的结果；三是对这些结果进行对比评价。在这一决策过程中，有三种因素需要考虑：

(1) 时间。个人或组织一旦开始执行某一行动方案，方案的执行就会与环境发生作用而形成新的局面，而这一新局面的形成又影响后续决策。因为个人或组织对这一行动方案投入了一定的人力、物力、财力和时间成本，而沉没成本的存在使得人们倾向于继续以前的决策，所以决策时必须思考的备选方案的数量就会缩减。时间约束性使得行为中少许理性的存在成为可能。

(2) 知识。作为行为主体的人不能直接得知其行为会产生什么样的结果，只能以已知的经验关系和有关现实状况的信息为依据预测未来。"一个人要想完全理智地行事，就必须具备每个备选策略所导致结果的完备知识，而且必须一一比较这些结果。""知识的任务，就是要从一大堆可能的结果中挑选出与某一策略相关联的一小批结果，或（理智化地）挑选出唯一的一组结果。"

(3) 群体行为。在群体决策中，每个人在做决策时还必须考虑到其他人的决策。只有对群体中的其他成员的行为有准确的预期，才能准确预测其行动结果。"要选择正确的策略，就要了解其他成员选择的策略。"在这种情况下，"协同合作"的作用就体现出来了。在协同合作的组织中，参加者具有共同的目标，每个人都能够充分了解别人要做什么，从而作出正确的决策。"任何管理活动，其规划与组织工作的主要目的，不仅要给每个成员安排一个最适合他做的工作，而且要让每个人都能准确料想到别人要干什么。"

个人置身于一个受到一定刺激和一定信息影响的情境中，决策正是在这一给定的环境中发生的，行为只有在这些给定条件所设定的限度内才是合适的。

人类的真实行为并不是客观理性的，它只表现了理性的片断，表现了每个片断内部的理性构造，但这些片断之间却没有很强的相互联系。人类的理性是有限度的，可从以下方面说明（见图 7—1）。

● 知识的不完备性。理性意味着对每个决策的确切结果都有完全的了解。人们力争理性而又被束缚在其知识限度内。这种情形使人们在实际决策过程中只能考虑那些在因果关系和时间上与决策紧密相关的因素。

● 困难的预见。人类的头脑无法在某一瞬间抓住所有结果的整体，无法准确地预见某种行动方案的结果。同时，人们的注意力常常随着偏好变化。评价的精确性和一致性都受到个人能力的限制。

● 可能行为的范围。人们对备选方案的思考范围是有限的。

此外，有限理性的影响因素还包括决策者的价值观、思维习惯、技能、不完全的信息以及组织中的各种因素等。

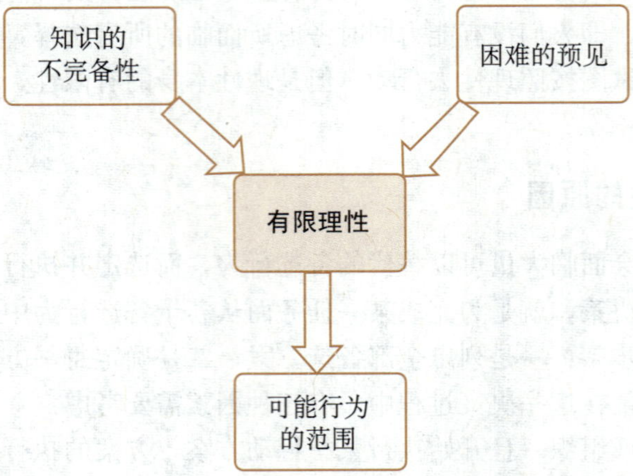

图 7—1　有限理性的影响因素

（二）满意解

基于上述分析，西蒙提出了关于决策准则的看法：所谓的客观理性或绝对理性事实上并不存在，那么我们就不应该把建立在绝对理性基础上的最优化准则作为决策准则；相反，在决策时，由于没有求得“最优化”的才智和条件，因此只能满足于“令人满意”这一准则。所谓令人满意的准则，具体地说就是：在决策时确定一套标准，用来说明什么是令人满意的最低限度的备选方案，如果拟采用的备选方案满足或超过了所有这些标准，那么这个备选方案就是令人满意的。此外，按照令人满意的准则进行选择时，有时选择标准本身也可以变动。例如，在按照原定标准找不到任何令人满意的备选方案时，就必须考虑改变原定的标准。

在实际决策时，人们并不会为了得到一个最好的方案而一直苦苦追求下去，决策者在获得一个符合某些最低或最起码标准的方案后，往往就会停下来而不再进一步去寻找更好的方案。例如，一个企业的管理者受命为工厂寻找厂址，他可能在找到第一个大致符合交通、相关设施和价格方面的基本要求的场所后，就会决定下来，尽管进一步寻找也许还会找到条件更好的地点。导致这种满足和满意的原因有很多，如决策者不愿多花时间，决策者不具备评估多个方案的能力，其他方面的主观因素和个人的考虑，等等。

西蒙告知了我们一个基本的事实：个人行为达不到理性标准。

（1）按照理性的要求，行为主体必须完全了解并预期每项决策产生的结果。而实际上，我们对决策结果的了解总是零零碎碎、不完整的。

（2）由于决策产生的结果未来才会出现，所以在给它们赋值时就必须用想象力来弥补缺乏真实体验的不足，但要完整地预期价值仍然不可能。

（3）按照理性的要求，行为主体要在所有可行的备选方案中作出选择。而在真实的情况下，主体只可能想到有限的几个可行方案。

所以，管理的关键是如何在有限理性的条件下进行选择，这也是作为管理者需要清醒认知的一个关键。管理者常常忽略了这个根本性的问题，以为在一个共同的组织中，只要目标明确，组织的成员就会一起努力去实现目标。但我们还是要回到西蒙的理论中，首先要承认每个人是有限理性的，他们对于组织目标的理解与个人目标的理解一定是存在着差异性的，每个人都是在对自己行动所处的环境条件的理解基础上推导出未来的结果的，而不是基于对组织的完全理解来作判断的。

懂得这一点其实是非常重要的，因为管理者常常认定目标是一个必需而且能够统合大家的东西，更多的管理者以目标为导向，从目标来展开管理，相信目标可以带动管理并得以实现。目标管理本身的意义是不容置疑的，但更重要的是如何确保目标得以实现。而确保目标的实现，管理者需要解决的是塑造每个人的行为指向目标。

正是因为存在不完整的信息、有限的理性和决策者的满足，管理者作出的决策并不一定会像传统模式所假设的那样能够与组织的利益相一致。正如上面所举的选址的例子，管理者可能在做了最大的努力之后，找到了一个符合各方面要求的最佳厂址，但也可能因为其他的因素而选择了其他的地方。基于以上的原因，管理者一般寻求选择满意解，即图 7—2 中的 S_1～S_2的区间。

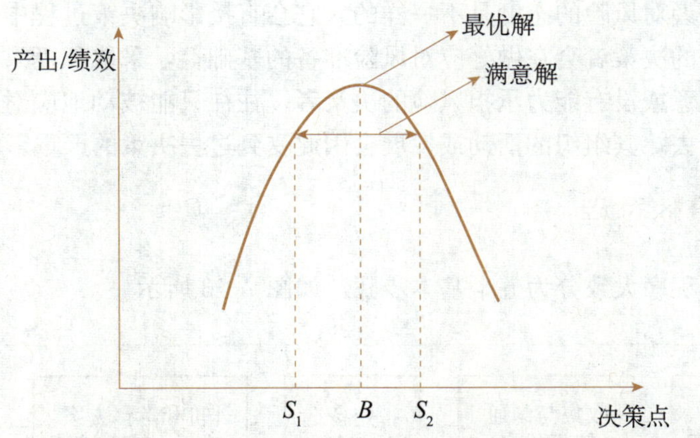

图 7—2　满意解与最优解

第 3 节　有效决策的关键

一、影响决策的因素

决策者能否科学、正确地进行决策，除了受决策者本人的素质高低的影响外，还受到各种因素的影响。

1. 环境

决策是在分析研究环境的基础上作出的，决策过程的一个重要任务是要不断适应组织内外不断变化的环境。因而环境对决策的影响是不言而喻的。比如，某个企业所处的市场环境相对稳定，其决策的修正调整便不会太大，今天的决策主要是昨天决策的延续。如果其所处的市场环境变化很快，则需要经常对决策内容进行调整。

2. 组织文化

组织文化制约着组织及其成员的行为和行为方式。在决策过程中，组织文化主要是通过影响组织成员对变革的态度而发生作用。任何决策的制定或调整，都是对过去行为的一种否定或变革。组织成员对这种变革要么持抵触的态度，要么持支持的态度。在组织文化偏向保守、维持的组织中，人们总是怀旧，或担心变革会让他们失去，因此会害怕或抵制导致变化的决策。而在崇尚开拓、创新的组织中，人们则总是渴望变化、欢迎变化、支持变化。显然，后一种组织文化有利于新决策的制定和实施。

3. 时间

决策要讲求及时性。尽管时间因素对不同决策的制约存在程度上的差别，有轻重缓急之分，但毫无时间限制的决策是根本不存在的。"机不可失，时不再来"，讲的就是这个道理。时效永远是决策成功不可缺少的前提。为追求尽善尽美而不顾时间的限制，这是非常愚蠢的做法。即使真能找到最优的决策方案，机会一旦失去，也一文不值。从某种意义上讲，决策就是在没有时间继续进行信息收集时所必须作出的选择。

4. 决策者对风险的态度

不同的决策者对风险的态度是不一样的，它会直接影响决策过程中对方案的选择。那些敢于承担风险的决策者会在做好应对风险准备的基础上，采取积极果断的选择，敢于拍板。而那些不愿意或没有能力承担风险的决策者，往往只能被动地应对风险，或把决策方案的选择拖延下去，其组织的活动或发展会因此受到过去决策的严重影响。

二、有效决策的过程

决策的基本程序大致分为五个基本步骤，如图 7—3 所示。

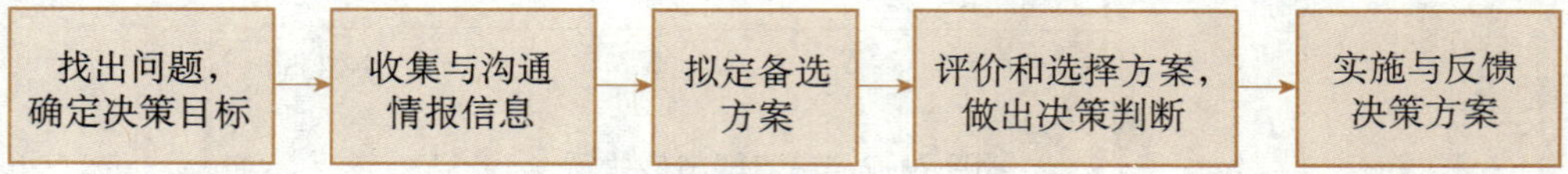

图 7—3 决策过程

1. 找出问题，确定决策目标

作出正确决策所依据的理解，源于各种不同看法的交锋和冲突以及对各种互相竞争的可供选择的方案进行认真考虑和抉择。有效决策的第一步，是确定各种可能的问题。

明确决策所要解决的问题和达到的经济目的，是决策的出发点和归结点，也是决策的先决条件。为此，首先要进行调查研究，分析问题，找出问题的关键，据此确立决策目标。目标不明确和目标错误，会导致决策失误。确立决策目标要注意如下问题：一是目标必须符合需要和可能的原则；二是要分清主次，抓住主要目标；三是要保证各项目标的一致性，相互配合和衔接；四是要尽可能明确具体，力求量化，以便衡量；五是要明确规范好决策目标的约束条件；六是要处理好组织决策时各目标的冲突问题。

2. 收集与沟通情报信息

全面、准确、及时的情报信息是决策的前提条件。决策过程首先是一个信息沟通的过程，这一过程受阻会增大决策失误的可能性。企业的全部信息可分为两部分：决策的原材料，称为资源信息；决策的产品，称为管理信息。资源信息只有经过决策过程才会变为管理信息，以方针、策略、计划、指标、指令和标准的形式出现在经营管理过程中。因此，企业必须建立有效的信息系统，迅速、准确地收集与企业生产经营活动有关的一切信息，集中加工筛选、整理和存储，并建立有效的信息沟通渠道，确保信息纵横传递和反馈畅通无阻。

3. 拟定备选方案

决策目标确立及信息收集、分析、整理完成后，就要拟定各种可行方案，拟定各种可行方案是决策的基础。拟定可行方案的数量和质量取决于决策者的知识和能力。为克服个人的局限性，对于重大决策，在拟定方案时要集思广益，多吸纳有关专家参与，做到决策的民主化和科学化。

拟定方案时必须注意如下几点：一是尽可能多地提出各种不同的方案，以供分析、比较和选择，切忌只提供一个方案就盲目决策，至少要有两个以上方案进行比较；二是拟定方案是一个创新过程，既要实事求是、讲求科学，又要勇于突破常规，敢于和善于创新，只有创新才能求得最佳效果；三是要精心设计，在技术上、经济上有较详细的论证，考虑到每个方案的积极效果和不良影响以及潜在问题，既有正面又有反面，不要失之偏颇。

决策要求不同意见

如果一个人不考虑各种可供选择的方案，那么他的思想就是闭塞的。卓有成效的决策者往往不求意见一致，而是十分喜欢听取不同想法，这正好与一般教材中关于决策的原则相反。有效的决策绝非是在一片欢呼声中作出的。只有经过对立观点的交锋、不同看法的对话以及从各种不同的判断标准中选择其中一种后，管理者才能作出有效的决策。因此，决策的第一条规则就是：在没有不同意见前，不要作出决策。

据说艾尔弗雷德·斯隆曾在通用汽车公司高级管理层的一次会议上说："先生们，我想我们大家对这项决定都一致同意，是吗?"在场的人都点头表示同意。于是，斯隆接着说："那么，我建议推迟到下次会议再对这项决定做进一步的讨论，以便我们有时间提出不同的意见，并对与这项决定有关的各个方面有所了解。"事实证明，斯隆避免了一个错误的决策。斯隆做决策从来不靠直觉。他总是强调必须用事实检验意见，并确保不从结论开始再回头来找支持这一结论的事实。他知道，正确的决策要求有恰当的不同意见。美国历史上每一位政绩卓著的总统都有自己的方法来得到作出有效决策所需的不同意见。美国国父华盛顿痛恨冲突和争吵，要求其内阁统一，但他为了在重大事件上获得必需的不同看法，会征求汉密尔顿和杰斐逊在这些问题上的看法。

资料来源：彼得·德鲁克. 管理的实践. 北京：机械工业出版社，2009.

做决策之所以需要有不同的意见，是因为：

第一，保证决策者不受组织中某个利益体的束缚。每个人都在某些方面对决策者有所要求。每个人都是一个特殊的恳求者，而且往往十分真诚地试图使决策者有利于自己——无论决策者是美国总统还是年轻的工程师，都是这样。

第二，只有出现不同意见，才能为一项决策提供各种可供选择的方案。而没有其他备选方案的决策，无论经过了怎样仔细的思考，都是一种赌徒式的孤注一掷。如果人们在决策过程中仔细考虑了各种备选方案，那么当原来的决策行不通时，就能拿出已经仔细考虑过、研究过的补救方案，而如果没有这样的备选方案，那么可能使决策相关方遭受惨重失败。

4. 评价和选择方案，作出决策判断

拟定出各种方案后，要对满意方案的可行性进行充分论证，考察它们对目标的满足程度，在论证的基础上进行综合评价。论证要突出技术上的先进性、实现的可能性以及经济上的合理性。在方案的评价和选择时要注意以下问题：一是要确定评价标准；二是要审查方案的可靠性，即审查所提供的资料数据是否有科学依据、是否齐全和准确；三是要注意各方案的可比性和差异性，把不可比因素转化为可比因素，着重比较和分析其差异；四是要从正反两方面进行比较，考虑到方案可能带来的不良影响和潜在问题，全面权衡其得失利弊，作出正确的决断。

5. 实施与反馈决策方案

作出决策，决策过程并未结束。决策的正确性要根据实施结果来判断。决策执行过程的每一局部过程和每个环节的战术决策及工作质量都对决策的成败有重要影响，甚至起决定性作用。因此，在决策付诸实施后，必须注意跟踪调查，在偏离目标时及时反馈并进行控制，不断修正实施方案，以便实现预定目标。如果方案经几次修改仍达不到预期效果，就应分析决策方案本身是否有问题。若发现决策方案有问题，则要敢于纠正、反馈信息、重新决策，直至达到预期目标。

因此，在决策中必须包含一种反馈制度，以便对照实际情况持续检查决策所要达到的预期结果。决策很少按预先设想的方式实现。即使是最好的决策，也会碰到波折、未曾预料的障碍以及各种意外事件。即使是最有效的决策，最终也会变得陈旧。如果没有决策结果的反馈，很可能达不到预期的结果。首先，应用书面形式明确规定预期的结果。其次，跟踪执行情况。这种反馈机制本身就是决策的组成部分之一，应在决策过程中就拟定出来。

行之有效的决策是正确管理的开始，管理的真谛在于做正确的决策。因此，决策应该而且必须成为管理的一种职能。

第 4 节　科学决策的实践

关于科学决策的实践，在中国和西方国家都有很多经典的案例。美国通用电气实行的“群策群力”以及中国鞍钢（鞍山钢铁公司的简称）在 20 世纪 60 年代实行的“鞍钢宪法”都值得分析和思考。

一、通用电气的“群策群力”

1981 年，杰克·韦尔奇在接手世界上最古老的公司之一——通用电气公司后，遇到了一些严重的问题：分散化使战略业务部门激增——在他接管时已超过 150 个，强调财务分析和控制导致多重领导、机构臃肿和官僚主义。为重新打造一个世界上最成功的公司，他开始整顿、出售或关闭那些在同类市场中并不是数一数二的业务。而在这个过程中，公司也裁减了 25%的员工。最后，通用电气的战略业务部门由原来的 150 个压缩到 13 个——

它们在市场上都是数一数二的。一系列变革取得了积极效果。[1]

然而，数年后，杰克·韦尔奇在参观通用电气的家用电器园，就产品质量参差不齐、生产效率低下等问题与一些一线工人谈话时，却听到了这样的声音："我们有很多想法，而且也知道需要做什么，但没有人听，没有人让我们去做。"当询问经理为什么不让工人把想法付诸行动时，他听到的却是："我们没有时间。现在这里的经理只有两年前的一半多，而要做的事跟以前一样多。我们有很多行政问题需要解决，有许多表要填，有许多会要开。而且不管什么时候，当我们想试一试某个想法时，都要经过太多人的同意。而在我们要真正开始实施前，这个想法已经过时了。"

工人有想法却没有实施的权力，经理有权力却没有时间评价和批准这些想法，这是组织的瓶颈。虽然通用电气这台机器并没有因此而慢慢停下来，但是与最佳状态还相差很远。在回公司的飞机上，通用电气公司管理发展中心的负责人和韦尔奇都在思考这些问题。"咱们找一种使工作暴露于系统之外的方法，"他们对对方说道，"就把这个过程叫'群策群力'吧。"

(一)"群策群力"的本质

实际上，"群策群力"是一个非常简单、直接的过程：几个跨职能或级别的经理和员工组成小组，提出企业中存在的严重问题，然后逐步提出建议，并在最后的决策会议上把这些建议提交给高级主管。在开场白后，主管当场对这些建议作出"行"或"不行"的决策，并授权给提出建议的人，让他们实施那些被批准的建议。之后，定期检查实施进度，以保证确实能够得到结果。

韦尔奇相信，实际操作者才真正具备提高生产效率的创造力和革新办法。例如，在一个涡轮厂里，工人咒骂他们使用的铣床。经过"群策群力"，他们获准改换机器的规格并自行测试新机器。尽管改换费用高达2 000万美元，但结果却是切削铸件的操作时间缩短了80%，不仅更快地满足了客户需求，而且降低了库存成本。韦尔奇为此写道："说来真是惭愧，将近八九十年的时间，我们一直支配着设备需求，管理着比我们知道得更多、做得比我们更好的人。"

身兼通用电气公司顾问的哈佛商学院教授莱恩·施莱辛格称"群策群力"活动为"改变人们行为的最大规模的计划行动之一"。它是一个为期10年的雄心勃勃的计划，有四个主要目标。

(1) 建立信赖：让所有级别的通用电气人都坦率直言，这样企业才能得到员工最好的主意。

(2) 赋予员工权力：实际接触工作的人通常比其顶头上司知道得更多。为使员工乐于奉献其知识和情感，韦尔奇希望赋予他们更大的权力。当然，他们也要相应承担更多的责任。

(3) 消除不必要的工作：要求更高的生产效率只是推动目标的理由之一，另一个原因是要缓解员工过度的负荷。韦尔奇希望"群策群力"能够向员工展示一些直接、明显的利益，使他们对此活动热衷。

---

① 达夫·尤里奇，史蒂夫·克尔，罗恩·阿什肯纳斯. 通用电气"群策群力". 北京：中国财政经济出版社，2003.

(4) 建立通用电气的新范式：活动的最终目标是定义和培育出崭新的“无边界组织”。

“群策群力”活动有两方面的含义：第一，员工能够面对面地向老板提出建议；第二，老板应该尽可能使员工当场得到答复，即“我们应该创造一种气氛，使任何人在遇到问题时都可以直接与能够解决问题的人对话”。

(二)“群策群力”的实施与步骤

组织在严格的等级、职能的划分中形成了不同的边界，人们长期被限定在自己的边界范围内思考、行动，最终形成了固有的行为模式，而不会想到也没有勇气去跨越边界。[①]而“群策群力”试图在组织中建立一种全体成员平等、无边界、无障碍的沟通环境，并通过这样的环境来凝聚组织的智慧。正像通用电气推行“群策群力”之初一个装配工人对管理人员所说的：“你知道，我在通用电气公司的十多年里，你们仅仅是用了我的手，其实你们还可以用我的大脑，而这并不需要额外的费用。”

然而，在最初实行“群策群力”时，大多数管理者都不习惯在下属面前就某个问题立即作出决定，这对于他们来说是一个巨大的挑战。而基层人员都不敢相信，自己可以在平时看起来很威严、很遥远甚至有些吓人的高级管理者面前提出自己的想法，并有权把这些建议付诸行动——只要自己愿意。在随后一次次带有强制性的实施过程中，所有人都慢慢接受了这种形式，并形成了习惯。

具体地讲，实施“群策群力”有以下 7 个步骤：

- 选择讨论的话题；
- 选择适当的跨功能小组来解决问题；
- 选择一个“倡议者”，由他监控建议直到实施；
- 与会者召开三天（或两天半）的会议，草拟出改善公司规程的建议；
- 与经理见面，由他们当场对每个建议作出决定；
- 必要时开会，使建议付诸实施；
- 让这一过程与话题和建议不断持续下去。

该活动最终是要重新定义上司与下属的关系，以跨功能的小组取代层级制，把管理者改造成领导者。

那么，实践中通用电气公司到底是怎样通过“群策群力”解决问题的呢？我们可以看一下通用电气公司照明集团最早实施“群策群力”的例子。

1989 年 1 月，在杰克·韦尔奇为实施“群策群力”政策而专门聘请的外部顾问的指引下，通用电气公司照明集团负责人确定了第一次“群策群力”会议要解决的问题——如何通过减少不必要的机构来加快产品开发速度。

这次会议由工程部副总裁（负责产品开发）、人力资源部副总裁和负责人力资源开发的人担任项目经理，参加会议的人为 5 个主要产品开发团队的成员，这些人本身也是跨职能的（分别来自工程、制造、市场、财务和采购等部门）。

在召开会议前，所有参与者都收到了一份提前阅读的资料，包括几篇文章、“群策群力”的背景和 5 个团队各自的产品开发总结表等。

会议开始后，先由照明集团负责人通过一些财务和战略方面的图表指出公司面临的主

---

① 魏珊. 通用电气的“群策群力”政策. 当代经理人，2006 (11)。

要挑战和机遇。随后，制造、市场和工程3个部门的副总裁开始分别介绍部门计划，以及这些计划怎样与照明集团的总体战略结合在一起。对于大多数参加会议的人来说，他们第一次拥有了对照明集团总的看法。为了激励他们进行讨论，问题都以“圆桌小组”的形式提出，这样就不用非要一个人来打破僵局了。

在激烈的讨论后，高级主管全部离开，只剩下产品开发团队的人。他们要进行头脑风暴，想出所有阻碍进程的事情，然后把各项内容进行分类，并按“发生的现实可能性”和“对新产品开发和工期质量的影响程度”进行排序。

在第二天的会议上，各个团队的部分成员要准备介绍他们最有意向的想法。同时，其他人要找出各团队的建议对各职能部门工作可能产生的影响。这会使一些建议统一，因为人们发现，在所有团队中挡路的都是同样的机构障碍。然后，所有参与者一起讨论这些建议，找出重要的。

之后，高级主管们返回会议室，由提出建议的人介绍建议，并再次讨论。在每个建议讨论结束时，主持会议的照明集团负责人都要作出“通过”或“不通过”的决策。然后，各组中的自愿者有权实施这些建议。对于大多数参与者来说，这是令人惊骇的程序，几乎没有人相信这是真的。

这次会议中，照明集团的高级主管们得到了许多有意义的建议。比如，在会议期间，他们发现每个新产品开发团队每个月都要花一半的时间，分别准备和召开同各职能部门的评审会议，而不是进行新产品开发。当某人或某个团队建议将这些评审合并时，集团负责人马上就同意了。

会议结束后，高级主管们都感觉到，他们从参与者身上感受到了源源不断的力量。

（三）“群策群力”的效果

从1981年韦尔奇接管到他退休，通用电气的营业额提升了4倍，公司价值由130亿美元变成5 000亿美元。人们很难计算出“群策群力”活动对此的贡献，它是否成功也很难衡量，但如同韦尔奇解释的：“伟大的概念最好不要有时间的限制或严格界定的目标，因为人们会抵制与现在规范不同的任何意见。如果你让反对者衡量并将你的概念数量化，那么他们还没有开始工作之前就可以回来和你争论了。”在“群策群力”开始实施的第一年，有些人就是喜欢衡量它，然后会说：“我们已经举办过21次会议，共有591人参加，所以一切都结束了。”“我们怎么知道‘群策群力’是否成功呢？我们知道，因为经过这段时间，我们更具生产力了。我们的态度更好、人们更快乐，而更好的主意也陆续出现。”

韦尔奇认为“群策群力”取得的成果是：“工作在第一线的人往往有一些如何使公司运营得更好的令人吃惊的想法。我们开发这种创造性，更清楚地倾听这些想法……把这些想法收集起来的愿望使我们引入了‘群策群力’计划。‘群策群力’计划有很多事情：会议、团队、培训……但是它的中心目标是培养一种文化。在这种文化下，每个人的想法都有价值，每个人都是企业的一部分，领导者是在领导而不是在控制，在教练而不是旁观。‘群策群力’计划是要开发存在于每个工人中的创造力和生产力。”

整个组织各个层次都在进行思考，而不是只有高层领导在思考，这正是学习型组织的根本特性。今天学习型组织已成为流行的商业词汇，许多公司都试图更加系统地从经验中学习并鼓励员工不断学习。像通用电气这样的杰出公司，即使不承诺职务升迁，也可能会吸引到高智商人才，因为大家将之视为一个培训场所、一个非常好的学习场所。

（四）“群策群力”的启示

为什么“群策群力”能够在企业管理中发挥巨大的威力呢？这是因为在“群策群力”的过程中，在提出具体业务问题的同时，组织还在五个方面实现了发展，即关注“延伸性”、开发“系统思想”、鼓励横向思考、赋予真正的权力和责任、注入快速的周期变化并迅速作出决策。

（1）关注“延伸性”。当组织目标定得很低时，人们会朝着目标更努力地工作。但是，当组织目标定得很高时，人们就不得不后退一步，从根本上重新想一想，工作应该如何进行。所以，“群策群力”的部分威力就在于，它能促使组织重新思考要做什么。在这个过程中，所有人都能分享信息，进一步了解组织的目标。

（2）开发“系统思想”。“群策群力”迫使人们从系统的视角看待组织目标。没有哪个部门或单元能单靠自己的力量来实现它。改变一个计划可能影响其他计划，甚至可能有损于总的绩效。在这个过程中，人们不再局限于在自己的范围内思考问题，而是能放开视野，站在组织的高度看待问题。

（3）鼓励横向思考。一旦参与者有了变革的紧迫感，并看清了当前的全局形势，就会乐于关注新的想法。除了产生想法，“群策群力”还促使人们对这些想法进行快速和至关重要的分析，以便选出那些值得继续探讨的点子。

（4）赋予真正的权力和责任。通常组织中很多人都有“如何用不同的方式工作”的想法，但从来没有实现过。通过“群策群力”，拥有想法的人被赋予权力，创造一种使想法变为行动和成果的文化。

（5）注入快速的周期变化并迅速作出决策。“群策群力”要求每个主持会议的高级主管对每个建议都要在会议中立即作出“行”或“不行”的决定，这使组织作出决策的时间不再是几天、几周或几个月，而是几分钟。

二、鞍钢宪法

（一）鞍钢宪法的背景

鞍钢是一个具有多年历史的老企业，是新中国成立后最早恢复和建立的特大型钢铁联合企业。其前身是1916年成立的中日合办的鞍山振兴铁矿公司及1918年末成立的鞍山制铁所，之后演变为1933年成立的昭和制钢所，1945年8月抗日战争胜利后被国民党政府接收，成立资源委员会鞍山钢铁有限公司。1948年2月19日，中国人民解放军攻克鞍山。12月26日，经东北行政委员会批准，鞍山钢铁公司正式成立。

鞍钢是我国“一五”计划的重中之重。鞍钢人也没有辜负党中央的期望，不但撑起了共和国钢铁工业的半壁江山，而且建立了当时国营企业中最为健全的管理规章制度。1950年2月，东北人民政府工业部下发了《关于国营企业全面建立生产责任制的决定》，鞍钢随之陆续建立了保障生产经营顺利运行的规章制度，如生产调度、人事考勤、经济核算、班组管理、产品标准和质量检验等，开始走上了专业化管理的轨道。自1953年起，鞍钢有步骤地加强了计划管理、技术管理、经济核算和责任制。仅就技术管理而言，1953—1955年间鞍钢共制定和修改技术标准243种、技术规程417种，建立健全了各项技术规程和质量监督工作。①

“一五”计划时期，是鞍钢大规模建设和生产发展的兴盛时期。期间鞍钢共完成基建投资总额15.45亿元，占全国同期冶金工业基建投资总额的1/3。鞍钢5年累计生产铁1 090.86万吨、钢846.81万吨、钢材566.99万吨，分别占全国同期总产量的54.3%，50.8%和42.91%，产品品种由1952年的32类378种增加到98类710种，为国家建设提供了大量急需的钢材品种。

鞍钢很快成为那个年代各地学习的榜样，而鞍钢也派出了很多技术人员对武汉钢铁厂、唐山钢铁厂进行援建。1960年3月，毛泽东在中共中央批转中共鞍山市委《关于工业战线上的技术革新和技术革命运动开展情况的报告》的批示中，提出以苏联经济为鉴戒，对我国社会主义企业的管理工作进行科学总结，强调要实行民主管理，实行干部参加劳动、工人参加管理，改革不合理的规章制度，工人群众、领导干部和技术员三结合，即“两参一改三结合”的制度。1961年制定的“工业七十条”，正式确认这个管理制度，并建立党委领导下的职工代表大会制度，使之成为扩大企业民主，吸引广大职工参加管理、监督行政，克服官僚主义的良好形式。当时，毛泽东把“两参一改三结合”的管理制度称为“鞍钢宪法”，使之与苏联的“马钢宪法”（指以马格尼托哥尔斯克冶金联合工厂经验为代表的苏联一长制管理方法）相对立。

（二）鞍钢宪法的内容和实质

直到今天，人们对什么是鞍钢宪法的理解仍存在很大分歧。例如，有人认为：“1960年3月22日毛泽东主席批示的中共鞍山市委提交的《关于工业战线上的技术革新和技术革命运动开展情况的报告》即《鞍钢宪法》。”这里把“鞍钢宪法”与中共鞍山市委的报告等同。更多论著中则认为“鞍钢宪法”是毛泽东在批示中提出的“两参一改三结合”。

毛泽东在鞍山市委报告提出前，就已比较明确地形成“两参一改三结合”的企业管理思想。他关于鞍钢宪法的批示实际上包括了三个方面的内容：一是政治挂帅，群众性技术革命，这是企业的指导思想；二是不同于一长制的党委领导下的厂长负责制，这是企业的领导体制；三是“两参一改三结合”，这是企业的管理制度。这三方面的内容结合起来，才是毛泽东所希望的“在远东、在中国出现了”的鞍钢宪法。

鞍钢宪法产生于“大跃进”时期群众性技术革命运动高潮中，既集中了当时我国企业管理的合理经验，又不可避免地具有“大跃进”年代的局限。从毛泽东提出的鞍钢宪法的三方面内容来看，第一方面的内容带有浓厚的“大跃进”色彩。由于把政治挂帅放在首位，技术革命又要为脱离实际的高指标服务，技术革命自然难以按照科学的轨道来发展。第二方面的内容关系到企业的领导体制。无论是“一长制”还是党委领导下的厂长负责制，都是属于管理学范畴的问题，与政治学范畴的党的领导并不是同类概念，将管理学范畴的问题上升到两条路线的高度来对待，则难以进行科学的探索。第三方面的内容作为企业的管理原则，主张工人参加管理、干部参加劳动，改革不合理的规章制度，实行工人群众、技术人员与领导干部三结合，是鞍钢宪法的闪光点。虽然这些正确的提法曾被扭曲，如“两参一改三结合”被极端化为否定技术权威、工人领导一切等，但是它体现的全心全意依靠工人阶级办企业的基本精神是我国社会主义工业企业至今仍应坚持的原则，而且与

① 戴茂林．鞍钢宪法研究．中共党史研究，1999（6）．

现代企业管理中的人本观念、全员参与和权变管理等都有相通之处。这些合理的管理思想是以鞍钢为代表的我国社会主义工业企业在实践中的创造，也是毛泽东探索我国工业企业发展模式的重要成果。

本书仅讨论“鞍钢宪法”第二、三方面的内容和实质，即“厂长负责制”和“两参一改三结合”。

（三）鞍钢宪法的启示

鞍钢宪法是20世纪中国人民管理智慧的最好体现，虽然其诞生的环境与年代具有特殊性，但是对于今天的组织和管理者仍具有十分重要的借鉴意义。

20世纪80年代中后期，即改革开放深入之际。我国某市组织了阵容庞大的企业家访问、参观和学习团，去“一衣带水”的近邻日本学习管理经验。为了学习人家的经验，我国企业家所到之处，能照相便照相、能录音便录音、能记录便记录，只要能拿到的，都不会放过，甚至一些企业办公室、厂房墙上贴的具体管理要求和规则，都原原本本、一字不落地抄来。

如此认真、如此虚心、如此虔诚，使日本的陪同导引者十分感动，但也使他们感到纳闷和不耐烦。开始一两天，日本人出于礼节没有说什么。时间一长，他们憋不住，到底还是说了：你们中国人何必这样又是照相、录音，又是笔记的。据我所知，我们现在好多管理成功的企业，其管理要略大体上都是学习你们中国的毛泽东的鞍钢宪法……

鞍钢宪法的精神实质是对僵化的、以垂直命令为核心的企业内分工理论的挑战。用今日流行的术语来说，“两参一改三结合”就是“团队合作”与“民主决策”。

鞍钢宪法反映出的管理哲学是：众人拾柴火焰高，民主决策与团队合作能够激发组织成员参与组织管理与运营的积极性和创造性，促使自我管理思想的发展和实践。由此，在民主、一致的组织文化下，组织可以充分调动一切因素为组织发展服务，而这与毛泽东“团结一切可以团结的力量，去争取中国革命的胜利”的战略思想相一致。由此可见，一个民主的企业制度与文化是孕育创新的土壤。

第5节　愿景、战略、计划与决策

彼得·德鲁克曾说：“一个企业不是由它的名字、章程和条例来定义的，而是由它的使命来定义的。企业只有具备了明确的使命和宗旨，才可能制定明确而现实的战略目标。企业的使命和宗旨是企业确定其战略、计划以及工作安排的基础。”这句话精辟地指出了愿景、战略与计划之间的关系，即愿景为战略和计划活动指明了方向、确定了目标，是组织一切活动的前提、基础和归宿。

一、愿景与战略

愿景是组织发展的方向，而战略则是一个阶段性的目标，这个目标服务于组织的共同愿景，并促进愿景的实现。从愿景到战略再到计划，显示了一个有趣的从上到下的包含与从属关系。

从现实意义上讲，愿景是一个比较理想化的目标，而战略则是能够实现的目标。战略的成功与完成，并不意味着组织愿景的成功，企业所实施的战略最终就是为了达到企业的愿景。如果把企业的发展过程比喻成长跑比赛，那么愿景就是最后的终点，而战略就是在每个路段内所采取的策略，最终目标就是为了到达终点，所以说采取任何战略都是最终达到这个愿景。当然，愿景并不是一成不变的。在到达这次比赛的终点前，组织必须有新的愿景来确定自己的方向，否则，愿景实现之日就是组织消亡之时。

愿景与战略相辅相成。如果说战略是长期计划的话，那么愿景就是一种变相的“超长期计划”。共享愿景提供了战略的基础。早期愿景对于战略计划来说很重要：没有一个关于未来的理想图景，组织如何能制定出合适的战略呢？同样，愿景离开匹配的战略就成了无法实施的梦想。可见，基于共享愿景的组织战略是防范危机的关键因素。

二、愿景与计划

愿景是人们永远为之奋斗、最终希望实现的图景，是一种意愿的表达。愿景概括了未来目标、使命及核心价值，是哲学中最核心的内容。企业愿景是一个关于渴望状态的蓝图，是愿望的景象，是组织希望将来实现的理想目标。它与对组织存在使命、发展规划和达成目标手段的认识有关，是个人愿景与集体愿景的有机结合。愿景本来是视觉词汇，管理科学中的“愿景”来源于目标管理和战略计划的概念。

在管理过程中，愿景与计划仿佛是天平的两端：二者看似矛盾，即一个像是空中楼阁般缥缈抽象，而另一个却需要实实在在地执行与实施，愿景是宏观的，而计划是具体的；两者又相辅相成、缺一不可，即在宏观愿景的指导下制定阶段性实施计划，不仅可使愿景更有意义和方向感，而且可使愿景更有目标性和可行性，没有愿景作为指导的计划只能实现“做正确的事”，而非“正确地做事”，没有计划的执行和实施，愿景就是一句空话。如何平衡二者的关系，是一项管理的艺术。

在实际的管理过程中，管理者有时可能发现愿景与计划看似矛盾。这是由愿景的宏观性与计划的操作性的差异造成的，同时也是整体最优与局部优化之间必有的矛盾。这是正常的，也是战略管理存在的原因。管理者应该正确看待这种情况，中高层以及基层管理者要用不同方法处理好愿景与计划的关系：高层管理者要以愿景、战略为主，不可事必躬亲、拘泥于细节，而基层管理者要将重点放在产品、市场等操作实务上，整个过程要通过战略这个桥梁来连接二者，最终实现组织的目标和愿景。

三、战略与计划

本质上说，战略本质上是一种长期的、广泛的、深远的、综合的计划，是被赋予了“愿景”色彩的计划，是计划的指南针。而计划为战略服务，其时间跨度短于战略。战略管理其实是企业的长期发展规划，是一种粗线条的方向性规划，一般跨度在 3 年以上。而计划管理是企业实施战略规划的详细步骤，可以详细到 1 年，生产方面的计划甚至可以是月计划、日计划。战略规划与计划管理的区别如表 7—1 所示。

企业要有效实施战略，就必须制定有效的计划，并加强对实施计划的管理。

表 7—1　　战略管理与计划管理的区别

项目	战略管理	计划管理
跨度	长期	短期
详细程度	战略性、粗略	战术性、详细

四、决策——管理的最基本元素

决策是管理活动中的一项重要内容，在一定意义上就是为解决问题而采取的对策。世界著名经济学家、美国科学家西蒙认为“管理就是决策”；决策是愿景、战略及计划的基础，是组织基业长青的保障，就像细胞一样充斥、作用于整个管理过程中。

构建组织愿景离不开决策。组织的领导者在构建愿景过程中的关键决策会影响组织愿景的方向和最终实施成效。同时，构建愿景是一个长期、复杂的过程，甚至可以将之看做一个由不断的反馈、修正形成的循环，这个过程可能会对组织原有的惯例和文化产生一定冲击。因此，领导者会不断地进行决策，从而保证最终形成并得以实施的组织愿景是最正确的、最适合的。

战略管理过程离不开决策。从分析环境、识别机会与威胁，到分析资源与能力、识别优、劣势，直至最终的战略实施与评估反馈，这些活动都是通过决策开始执行的。管理者的决策行为贯穿于整个战略管理过程。显然，决策质量直接影响整个战略管理的效果。

管理职能的执行和发挥都离不开决策，计划工作中无论是确定发展的方向和速度，还是规定品种构成与产品质量，都需要作出周密的决策。在计划的执行、检查亦即控制的过程中，一旦发现偏离原定要求，必须采取措施加以纠正，这就要求及时作出决策。建立什么样的组织机构、制定什么样的规章制度及是否需要改进等，都需要一一决策。在日常指挥中，人力、物力和财力的合理调整，进度的掌握等，也需要灵活机动地随时作出决策。

决策是计划的前提，而计划是决策的具体化和逻辑延伸，是决策的组织落实过程，即决策解决干什么，而计划解决怎么干。

因此，决策贯穿于管理活动的始终，犹如细胞一般维持着组织的发展与演化。决策的质量和方向影响着组织的安危和前途。

得州仪器：OST 制度

美国得州仪器公司开发的 OST 制度是受到世界各国企业界重视的战略计划制度。得州仪器公司过去四五十年的成长与辉煌的成就，使企业相信 OST 制度的效果与战略计划的重要性。

得州仪器是以制度为导向的公司，前任董事长哈格蒂花费 10 年时间制定了所谓“目标、战略和战术系统”（OST）的制度。OST 的重点在于促进不拘形式的沟通以及个人负责的心态。在得州仪器的各种战略中，最好的就是看似平凡无奇的“超过两个目标等于没有目标”。一些公司甚至为经理设定 30 个目标，没有人能在这么短的时间内完成这么多目标。得州仪器认识到一个事实：“我们考虑过，每个经理以往要负责完成许多目标。于是，我们渐渐将目标一再减少。现在每个产品顾客中心经理一季只有一个里程碑。这样一来，我们就可以期待他们完成自己负责的目标。”

得州仪器公司是当前世界最大的电晶体制造厂，回顾其发展历史，可发现它的一连串科技革新。它以发展人工地震法石油探勘起家，承造军用电子产品，1950年发展半导体产品的制造，1954年10月在市场上推出第一批袖珍型电晶体收音机，1958年首先完成有实用价值的积体电路。过去20年，该公司营业额的平均增长率高达30%，并使企业界感觉到应大力推行战略计划以谋求企业发展。

得州仪器公司是一家不断成长中的公司。该公司是多国性企业，除在世界各地有分支机构生产、销售电子产品外，还从事地球物理探勘，以发现石油、铀及其他重要矿产。该公司在1949年的营业额只有500万美元，但当时已确定目标——成长为营业额2亿美元、利润1 000万美元以上的大企业。此项目标已于1959年、1960年达成。1959年的利润超过1 000万美元，1960年的营业额达到10亿美元、利润超过5 500万美元。事实上，该公司在1973年已到达营业额13亿美元、利润8 300万美元……

这些销售与盈余目标再分为若干重要的分目标，指定负责部门，使总体性的目标转换成实际工作，促使各部门努力，谋求新方法、推行管理革新、加强研究发展，以保持公司的稳定快速成长。

得州仪器公司的成功归功于正确的目标、适当的战略以及良好的行动。这三大因素的交互作用形成OST制度。OST制度具有下列特点：

● 总是用于建立有量化目标的系统；

● 根据目标衡量绩效；

● 划分战略性与行动性工作范围，以利于研究工作方法、步骤，并分配适当的资源，安排适当组织；

● 战略性资金的投入属于公司的整体事业，由总公司做通盘研究与调度。

OST制度先从企业经营目标的制定着手，是得州仪器公司整体的长期战略性目标。此项经营目标在各层级被转换成一系列的具体计量目标，而各目标需再变成各项业务的若干具体分目标或标的，以及支持此项战略的行动方案或方法步骤。此制度的重点是对经营绩效与计量目标进行认真的检讨与衡量，以利于研讨下一计划的目标。

为实现企业经营目标，在全盘性原因下再研讨事业发展目标，并在事业部经理下设战略组织以及人员。事业部经理本身有两种角色。例如，多年来得州仪器公司的一位副总经理主管美国国内所有半导体产销，国外市场的业务不属于其职责范围。但这位副总经理是电子功能项目的经理，他负责全公司在此项目下的战略研讨与推行。

得州仪器公司的每项事业发展目标都要有详细的销售目标，并对技术目标加以分析，以使有关的工作人员能了解各项限制因素。对限制因素有充分了解后，就可以研究技术上的创新。最后由事业部主管召集有关人员讨论评估，其内容包括竞争对象、可能遇到的威胁、偶发事件的应对计划、市场的可能变动等。事业项目属于长期性的，至少要包括未来十年时间。

1979年得州仪器公司有9项主要的事业发展目标及50项重要战略，平均每个项目有5项战略，每项战略都指定一位战略主管负责战略的设计与执行。例如，消费者产品目标由美国计算机生产部的经理负责。

每项战略包括若干行动方案，简称TAP，每项方案都指定执行方案负责人。行动方案包含具体的工作目标，是资源分配的重要依据。每个方案都有具体指标值（表示所需资金、人力、材料和设备）、完成工作的时间表及负责人。

行动方案遍及每项事业经营活动，如研究发展、新服务、降低成本、产品可行性实验和市场创新等都列入行动方案的范围。

大部分行动方案的执行期间是 6～18 个月，但配合研究发展计划的行动方案视其实际需要做适当延长。行动方案常应用计划评审技术及计划进程表等，详细规定所需工作项目，如采购、制造、营销、所需资源以及工作分配等，从而使一切行动都纳入一系列计划中。

很明显，由 OST 制度产生的得州仪器公司管理风格是目标导向的。同样，资源有效运用战略的实施目的是建立全公司的制度、方法与步骤，使全公司的员工能建立目标、共同努力，有效达成目标。得州仪器公司的主管仍努力使个人目标与公司目标尽量结合，而管理层都认识到此项需要及其重要性。虽然该公司认为尚未能完全符合其期望，但已建立优良的制度，奠定了企业发展的基础。虽然谋求个人目标与企业目标一致是一件非常困难的工作，但是此项政策已变成得州仪器公司的管理风格，正如 OST 制度在 1965 年推行的情形。资源有效运用战略促进了公司组织内部风格的变化，与 OST 制度在得州仪器公司发展阶段中同等重要。

一般而言，OST 制度可归纳为下列各点：

（1）此制度被证明为成功的方法，但必须继续改进；

（2）行动计划根据量化目标制定；

（3）由此制度提供工作绩效与预先同意的目标相互比较衡量的方法；

（4）此制度使得州仪器公司变成一个整体化企业，它已不是一个个别单位的单纯集合，OST 制度使得州仪器公司有效分配资源给若干有关部门，必要时能涵盖全公司的范围，其最大部门所能负担的范围可能影响一个企业的成长与发展，但 OST 制度具备的特殊功能改进此项缺点，使企业能增强其机动性与适应能力；

（5）一般经营所需资源与战略计划所需资源分开，使得州仪器公司关心未来的发展，积极开拓市场以谋求企业的发展；

（6）此项制度提供了未来的广大透视面以及战略投资的有效控制方法，因此具有激励与创新的功能。

本章小结

◇ 决策是人们为实现一定的目标而制定行动方案并准备实施的活动，也是一个提出问题、分析问题、解决问题的过程。

◇ 有限理性的存在和限制，使得人们在进行决策时不会追求和选择最优解，一般会选择满意解。

◇ 通用电气的“群策群力”与鞍钢宪法两个科学决策的成功实践案例，共同反映了民主在决策中的重要性。民主是创新的土壤，更是有效决策产生的外部环境和内部氛围。

◇ 愿景是计划的终极灵魂，而计划是愿景的工具与寄托。战略是一种长期计划，其视角比一般计划更为长远，更接近愿景的要求，它通过跨越更深广的时间和空间来为愿景服务。决策是最基本的组织活动，贯穿于管理过程的始终，犹如细胞一般，管理就是不断决策的过程。

思考题

1. 管理学家西蒙说过，管理就是决策的过程。那么，个人决策与群体决策有哪些异同？分别适用于哪些决策问题？

2. 管理者是否能够克服有限理性从而获得更好的决策效果？

3. 本章提到的五个决策步骤，哪个步骤是管理者最容易忽视的？

4. 组织如何在管理过程中平衡愿景与战略、战略与计划的关系？如果它们之间产生矛盾或偏差，该如何处理？

5. 不同类型的愿景和战略是否会对计划、决策的风格和形式产生影响？

案例应用

诺基亚的决策

1. 背景资料

诺基亚公司是一家移动通信产品跨国公司，总部位于芬兰。在移动电话产品市场上，诺基亚已经多年占据市场份额第一的位置。2009 年诺基亚公司的手机发货量约为 4.318 亿部，2010 年第二季度诺基亚在移动终端市场的份额约为 35.0%，分别比三星和摩托罗拉高出 20.6%和 8.6%；2010 年第一季度，在全球智能手机市场中，诺基亚以 44.3%的份额仍居首位，黑莓手机制造商 RIM 以 19.7%的份额位居第二；2009 年 8 月，国内手机市场份额排行中，诺基亚以 33.3%的市场份额位居第一，三星和联想分别以 20.1%和 4.5%的市场份额位居第二和第三。此外，它在通信网络设备制造（主要是 GSM 和 WCDMA 网络）及移动多媒体应用开发等领域的实力也处于世界前列，并可为企业级用户提供无线连通解决方案。诺基亚的优势主要集中在市场份额和终端影响力方面，其终端遍布 77%的国家和地区，且在消费者心中树立了良好的品牌形象。

然而，研究机构 Gartner 在 2011 年初发布报告称，诺基亚的市场份额已从 2009 年的 36.4%降至 2010 年的 28.9%。更令人担忧的是，这一下滑趋势并没有减缓的迹象。

在众多导致市场占有率下滑的因素中，竞争对手的迅速崛起无疑是最大原因。iPhone，Android 等竞争对手开始引领新一代智能手机的潮流，尤其是苹果公司的 iPhone，不仅拥有人性化的设计和可靠的质量，而且其 App Store 积累了大量的软件资源，这些对客户具有强大的吸引力。而 2007—2010 年，诺基亚逐渐失去在智能手机领域的先发优势，其 Ovi 手机商店也一塌糊涂。

2. 合作方案

为了阻止市场份额进一步下滑、提升智能手机的竞争力，诺基亚公司加强了内部研发投入，同时开始积极寻求外部的合作资源，其中包括微软这样一个重要的合作伙伴。

微软公司在软件和操作系统方面具有强大的优势。近年来，随着谷歌和苹果等公司的发展，其原有商业模式受到了巨大挑战，进军互联网以及下一步的移动互联网是微软进一步创新和发展的方向。而进入新市场的一个有效途径就是寻求合作伙伴、产生协同效应，因此微软有与终端生产商合作的意向。

诺基亚通过与微软协商和谈判，初步订立了合作方案。

在微软方面，微软的搜索引擎为诺基亚全线设备提供搜索服务，并向诺基亚支付数十亿美元的资金，帮助其推广和开发 Windows Phone 手机。诺基亚的内容和应用商店 Ovi 将被整合到微软在线商店 Marketplace 中。

在诺基亚方面，诺基亚将 Windows Phone 作为智能手机的主要操作系统，并基于该平台在诺基亚处于市场领先地位的领域（如拍照等）进行创新。同时，在技术方面，诺基亚将向微软提供硬件设计和语言支持方面的专业技术，并协助 Windows Phone 手机丰富其价格定位以获得更多市场份额，并进军更多地区市场。此外，诺基亚地图将成为微软地图服务的核心部分之一。

3. 内部反对

诺基亚公司的部分中小股东组成相关团体，强烈反对方案的执行。从合作意义的角度讲，对于微软的意义要远远大于对诺基亚自身。凭借诺基亚庞大的终端影响力，微软的移动业务部门将在短时间内获得较大成长空间，使其手机操作系统得以与苹果的 iOS 系统以及谷歌的 Android 系统并肩成为三大操作系统。而诺基亚很可能沦为硬件制造商，从而失去在内容和软件服务方面的巨大市场。

另外，从成长性角度讲，两家公司在各自领域都不是最具成长性和创新性的企业，都面临强劲竞争对手的挑战。这导致两家的“联姻”并非强强联合，能否真正发挥各自优势、形成协同效应和竞争优势值得怀疑。

面对合作与不合作两种相反的声音，如何决策成为管理者面临的重要问题。

资料来源：黄金萍．诺基亚微软：两个失意之王的最后一搏．南方周末，2011-02-18.

[讨论题]

1. 如果你是诺基亚公司的 CEO，你如何评价这一合作方案，并决定是否采取这一方案？

2. 合作对于两家公司可能存在的问题有哪些？

3. 最终诺基亚的 CEO 决定实施这一方案，却遭到众多中小股东的反对。谈谈在该案例中更适合采用群体决策还是个人决策的方式。为什么？

国机集团对董事会议事规则和决策流程的优化

中国机械工业集团有限公司（以下简称国机集团）成立于 1997 年 1 月，是由中央直接管理的国有重要骨干企业、500 强企业。国机集团拥有 41 家全资及控股子公司、9 家上市公司、180 多家境外机构，全球员工总数 12 万余人，是我国机械工业规模最大、覆盖面最广、业务链最完善、综合研发能力最强的大型中央企业集团。

国机集团董事会立足企业长远健康发展目标，坚持以提升企业科学决策水平为核心，推动公司从传统体制下的“一把手”负责制向现代企业制度转变，持续规范董事会议事规则、完善决策流程，不断提高董事会科学决策的质量和效果。其具体做法如下：

1. 制定年度定期会议计划

国机集团通过系统分析董事会会议周期与经营工作安排之间的规律，每年末制定并发布下年度定期会议安排时间，方便各方把握整体决策进程、统筹安排工作并做好与董事会的衔接，不断提高董事会会议效率和运行质量。

2. 规范会议组织及材料汇编

国机集团的公司章程及董事会工作制度等文件明确了董事会会议召开的条件和程序。董事会会议分为定期会议和临时会议，会议议案应于会议召开之日的10个工作日（定期会议）或5个工作日（临时会议）前送交董事会秘书，由董事会秘书做成会议通知，并以书面形式送达全体董事、监事及需要列席会议的其他人员。

国机集团通过《中国机械工业集团有限公司董事会议案管理办法》，对提交董事会审议议案的格式、内容、流程等作出细致、明确的规范，要求每项议案应包含提案人、议题、议题阐释及理由等，重大事项还必须有风险分析，并附相关预审机构讨论记录及预审意见，确保董事会决策信息的完整性和严肃性。

3. 优化调整列席人员

运行伊始，为了让集团领导层了解董事会的运作方式，董事会除邀请监事会成员列席会议外，还邀请集团副总经理、纪委书记、总经理助理列席会议，并由部门负责人对议案进行主要汇报。2010年，随着各层面对董事会运作已较为熟悉，为保障董事会会议的严肃性，集团董事会缩小了列席人员范围，不再邀请经理层人员列席董事会，改由分管副总经理单独对议案进行汇报，并由分管副总经理亲自主抓议案落实情况。2011年，为进一步提高议案落实的准确性和有效性，在董事会议案汇报环节，除分管副总经理汇报外，增加相关部门负责人列席会议，便于议案执行部门准确了解董事会的决策要求。

4. 慎用“少数服从多数”的强行票决方式

对于个别意见不统一且短时间内难以达成共识的议案，国机集团董事会主持人一般不采取“少数服从多数”的票决方式，而是建议会议对该议案暂缓表决。一方面，可以通过会后进一步了解情况、沟通信息达成进一步意见；另一方面，国有独资公司董事都是国家出资人和职工的代表，在根本利益上是一致的，不采取强行表决的办法能够更好地维护董事会的良好氛围。

国机集团董事会坚持审慎原则，暂缓表决了一些信息不充分、存在瑕疵或意见不集中的议案。从统计来看，在已召开的57次会议中，国机集团董事会共有6次会议出现了暂缓表决议案（共6项）。从暂缓表决的原因来看，5项议案是董事会在对项目方案细节展开深入探讨的基础上，对可能产生的风险提出异议或质疑，需要清楚解答或变更方案后才能实施而暂缓；1项议案是因为材料不够齐全、决策信息不完整。从议案后续进展来看，6项暂缓表决的议案中，有4项根据董事会要求，在完善议案材料、调整项目方案后重新提交并获通过，有2项经经理层再评估后终止执行，未再提交。这些暂缓表决的提出以及再审议，实现了风险防范与决策效率的统一。

5. 充分尊重外部董事意见的议事规则

一是建立外部董事优先发表意见的机制。由外部董事逐一发表意见，其后再由非外部董事发表意见，最后由会议主持人综合讨论情况以形成会议共识。保障外部董事优先发表意见，能够防止先入为主，有利于充分尊重和鼓励外部董事表达真实意见，切实发挥外部董事作用。二是专门修改常务委员会议事规则。根据国资委的有关规定，董事会设立常务委员会的，外部董事应当占多数。在国机集团的董事会常务委员会中，外部董事提议集团党委书记和总经理进入委员会，导致外部董事人数不占多数。为此，国机集团董事会专门修订了常务委员会议事规则，并报国资委同意。修订后的规则规定，若出现外部董事意见一致，而对于委员占少数而不能被采纳的情况，常务委员会决议将以外部董事的意见为准，从议事规则上保障外部董事的决策意见得到充分尊重。

国机集团通过建立董事会决策体系，改变了过去高度依赖领导者个人能力的决策方式，进一步提高了国机集团重大决策的质量和水平。董事会运作六年来，没有出现一个因决策判断失误导致重大损失的项目。

资料来源：全国企业管理现代化创新成果审定委员会，中国企业联合会管理现代化工作委员会. 国家级企业管理创新成果（第二十二届）. 北京：企业管理出版社，2016.

[讨论题]

1. 为了提高董事会的决策效率和质量，国机集团采取了哪些措施？
2. 请分析群体决策和个人决策的利弊。

推荐书目

1. 赫伯特·A. 西蒙. 管理行为：珍藏版. 北京：机械工业出版社，2013.
2. 马克斯·巴泽曼. 管理决策中的判断. 北京：人民邮电出版社，2007.
3. 罗杰·道森. 赢在决策力. 重庆：重庆出版社，2010.
4. 詹姆斯·G. 马奇. 决策是如何产生的：珍藏版. 北京：机械工业出版社，2013.
5. 赫伯特·A. 西蒙. 管理决策新科学. 北京：中国社会科学出版社，1982.
6. 奇普·希思，丹·希思. 决断力：如何在生活与工作中做出更好的选择. 北京：中信出版社，2014.
7. 丹尼尔·卡尼曼. 思考，快与慢. 北京：中信出版社，2012.

第三篇

组　织

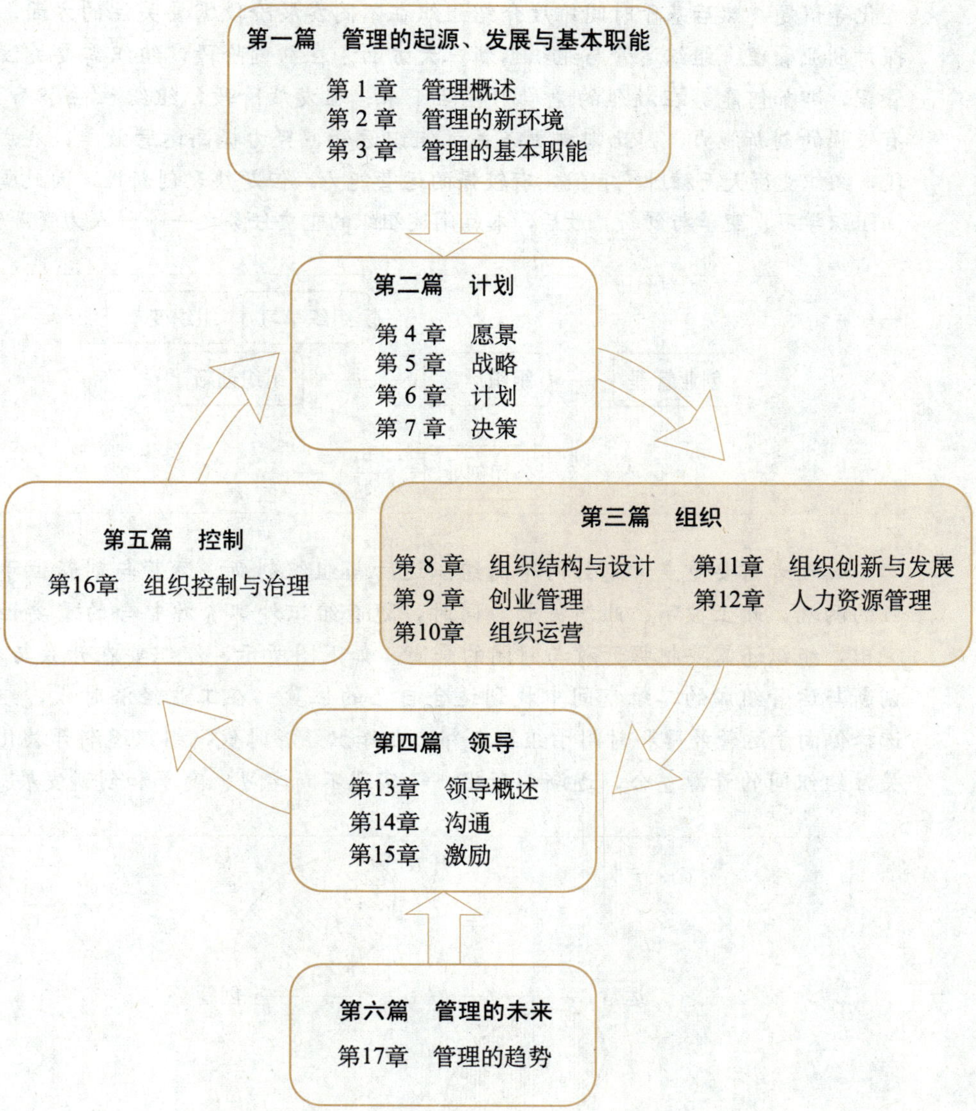
第一篇　管理的起源、发展与基本职能
第 1 章　管理概述
第 2 章　管理的新环境
第 3 章　管理的基本职能
第二篇　计划
第 4 章　愿景
第 5 章　战略
第 6 章　计划
第 7 章　决策
第五篇　控制
第16章　组织控制与治理
第三篇　组织
第 8 章　组织结构与设计
第 9 章　创业管理
第10章　组织运营
第11章　组织创新与发展
第12章　人力资源管理
第四篇　领导
第13章　领导概述
第14章　沟通
第15章　激励
第六篇　管理的未来
第17章　管理的趋势

组织理论吸收心理学、社会学、人类学等学科，同时增加了一些非常重要的内容，即组织本身这个概念。对我来说，组织意味着执行共同使命的集体行动，换一种独特的角度来说，组织是集中在一个可以识别的标志下的一群人，生产一些产品或提供一些服务。

——亨利·明茨伯格

本篇首先对组织进行概述，主要介绍组织的内涵、基本特征、结构设计以及文化等议题，然后基于时间维度介绍组织在不同发展阶段需要关注的方面，分别探讨创业管理、组织运营与组织创新三大方面。在初创阶段，组织需要关注创业管理，即如何能够在激烈的竞争中存活下来；在发展阶段，组织往往小而灵活，有较强的创新能力，因此需要更多关注组织运营，努力提高运营效率；在成熟阶段，组织变得大而臃肿、官僚，有较强的运营能力，但是缺乏创新性，因此需要关注组织学习、变革与创新。最后，本篇阐述组织的重要任务之一——人力资源管理。

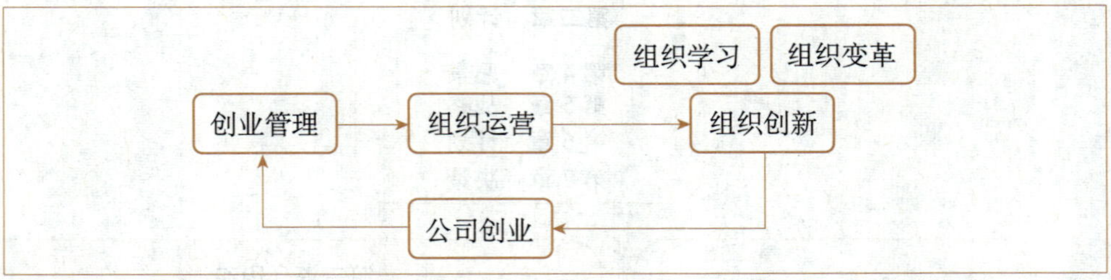

管理者需要重点考虑如何平衡组织运营与组织创新。运营与创新位于跷跷板的两端，此上彼下、此消彼长。同时，随着组织外部资源整合的重要性日益突出，组织还需要把握开放与封闭的平衡。如下图所示，组织要在开放与封闭、创新与运营组成的二维空间中找到适合自己的位置。在工业经济时代，组织的选择偏向于运营效率和封闭于组织内部。在知识经济时代，组织逐渐开放化——关注组织间的资源整合，逐渐创新化——实现不断学习、变革和创新发展。

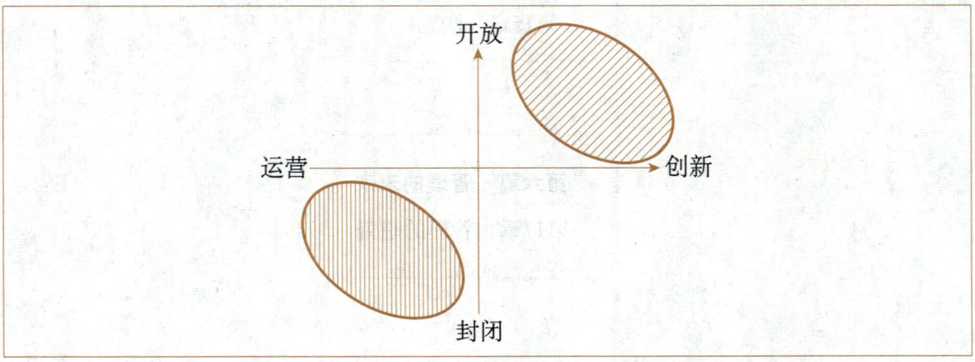

第 8 章

组织结构与设计

学习目标

- 了解组织的基本概念、组成要素
- 掌握组织结构设计的主要议题和影响因素
- 掌握运营导向和创新导向的组织结构形式
- 了解组织结构的发展趋势
- 了解组织生态体系的内涵、特征和结构
- 了解二元性组织、柔性组织、模块化组织和全球一体化组织的发展
- 了解组织文化的相关知识

任何企业、政府机构、非营利机构等都是一个组织单位。从某种意义上说，自法约尔提出管理职能以来，组织是最根本、最重要的管理职能。管理的组织职能关注的主要方面有组织结构设计、组织文化、组织学习、组织变革和组织创新等。

针对不同的企业愿景、规划，企业需要构建相应的组织结构和企业文化以支撑。以效率为导向的组织倾向于构建正式的、边界清晰的组织结构，并着重于对员工活动的控制和严格要求；以创新为导向的组织在构建组织结构的过程中，努力打破不同职能单元间的边界限制，鼓励跨职能部门的交流与合作，并给予员工更多自由民主的发展空间。组织间的兼并和收购、组织内部的重组对传统的组织职能提出了挑战，以勒温为代表的组织学家提出了组织变革的概念，并将之系统总结。进入 20 世纪八九十年代，特别是自 MIT 斯隆管理学院的彼得·圣吉教授创作出版《第五项修炼》以来，管理的组织职能开始逐步重视组织学习，认为企业要想获得持续的竞争优势，需要加强系统学习和提升。那么，究竟什么是管理的组织职能？下面将详细阐述。

第 1 节　组织的概念

组织是一台机器，它需要有既定的目标、设计好的工作结构，以及沿着预定方式运作

的组织成员。

组织是一个生物有机体，它是由相互关联的人、业务和技术组成的集体，充满活力并能够自觉应对机遇和挑战。

组织是人的大脑，它有自主学习的能力，可以不断地补充自己的知识、提升自己的能力。

组织就是文化，它有自身独特的价值观、意识形态和信仰。

组织也是个政治系统，其中存在着相互对立的利益、冲突和权力斗争。①

那么究竟什么是组织？组织职能主要由哪些方面构成？

一、组织的内涵

"组织"一词源于希腊语"organon"，意指工具或手段。作为名词，组织就是指两个或者两个以上的个体为了实现共同目标而结合起来协调行动的社会团体；作为动词，组织是管理功能之一，是指通过分配任务、协调组织成员与资源、建立组织结构来完成共同的目标。换言之，组织就是通过设计组织内部的结构和维持个体之间的关系，使组织成员能为实现组织的目标而有效、协调地工作的过程。作为管理的基本职能之一，组织一度被看成管理的同义词，可见在管理过程中组织工作的重要性。

组织职能的本质就是如何合理、有效地进行分工与合作。为了使组织能持续有效地运作，管理者必须安排成员有意识、有计划地开展分工、合作以及协调。

二、组织的基本特征

由上面对组织内涵的解析可以发现，组织的基本特征主要有三个方面，分别是组织目标、组织结构以及组织成员。完善的组织需要有明确的组织愿景、战略和目标，从而为组织的发展提供指导，为组织的决策提供参考依据；需要有适合的组织结构，为命令的传达、分工合作的机制等提供保证；需要有组织成员来完成目标、制定决策和执行命令等，如图 8—1 所示。②

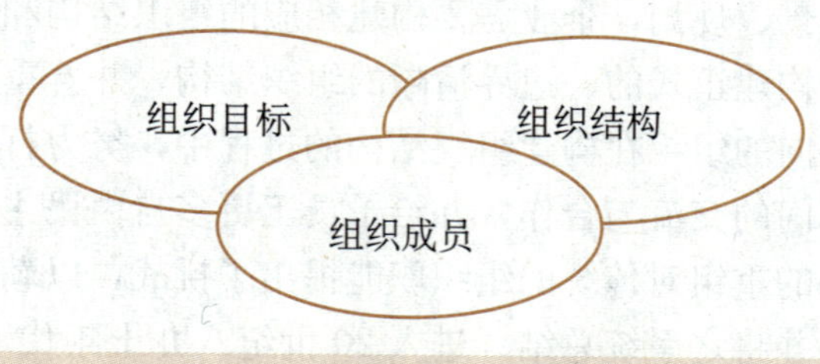

图 8—1 组织的特征

资料来源：斯蒂芬·P. 罗宾斯，玛丽·库尔特. 管理学：第 11 版. 北京：中国人民大学出版社，2012.

1. 组织目标

每个组织都要有目标，不管是长期的愿景和战略还是短期的计划。目标可以指导组织的运作和发展，可以为管理者的决策提供参考依据。目标就是期望达成的结果，目标会在

① 加雷恩·摩根. 组织. 北京：清华大学出版社，2005.

② 斯蒂芬·P. 罗宾斯，玛丽·库尔特. 管理学：第 11 版. 北京：中国人民大学出版社，2012.

严谨与明确方面有所不同。

明确的目标能为组织发展提供参照的标准，以便决策者在备选方案中选择最佳方案。如果所设定的目标不明确，就无法为任务确定明确的优先级，在面对诸多可选方案时，就难以理性地评估和选择。明确的目标还有助于引导管理者进行组织结构的设计。当组织的目标清晰时，人们可以了解要执行什么任务、雇用什么样的员工、如何在成员间分配资源等。相反，目标模糊不清时，就难以设计出适当的组织结构。总之，组织需要尽可能明确的目标作为组织设计的基础。

2. 组织结构

组织结构就是组织内部工作要求的正式安排。组织都具有一定的结构，以保证组织成员可以有序、系统地开展工作。组织结构可以是传统的、封闭的、固定的，要求每个员工都必须严格遵守其行为准则；也可以是开放的、灵活可变的，给员工以更多可自由支配的时间和空间。传统的组织结构更有利于组织运作效率的提升，而后者更有利于促进创新性想法的产生。

3. 组织成员

组织都是由组织成员构成的。组织成员是组织实现组织目标的核心力量，也是构成组织的最基本单元。组织成员并不是独立活动的，而是按照组织内部的要求、规则组合在一起成为一个整体，为组织的目标而共同努力。组织成员分属不同的职能部门，拥有各自的职责和权力，在既有的组织结构框架内完成属于自己的任务，从而为整个组织目标的实现作出贡献。

三、组织的主要方面

在执行组织职能的过程中，管理者主要需要考虑两个方面的内容：一方面是组织结构的设计，即应该设计出什么样的组织结构形式（层峰式、扁平式还是网络式）；另一方面是组织文化的构建，即应该努力树立什么样的组织文化（强制的还是自由的）。

1. 组织结构设计

组织的绩效在很大程度上取决于能否设计出合适的组织结构。组织结构的设计就是为实现组织目标而对各种活动和职责进行划分，将它落实到组织中的每一个人，并确定对组织中各种活动进行协调和控制的手段和方法。具体来说，就是对工作进行精确分工，然后在分工基础上进行协作以完成工作目标的种种途径，包括设定工作岗位，将岗位组合成部门，确定达到什么样的要求，如何使不同层次的部门能够按时完成组织下达的任务，最终实现组织的目标，达到预期的绩效。根据结构形式的不同，组织结构主要可分为直线式、职能式、产品式、顾客式、地区式以及矩阵式等。

2. 组织文化构建

就像每个民族都有世世代代传承下来的民族文化一样，每个组织也都有其固有的文化特征。组织文化就是组织成员共有或者共享的信仰和价值观体系，这种价值观是深深根植于组织成员的脑海中的，并对他们的思想和行为产生重大的影响。组织文化影响着计划、组织、领导和控制等各项管理职能的实施方式。组织文化从组织初创的时候就开始形成，并且随着组织的运作而不断深化。

第2节　组织结构的设计

在组织职能方面，首要的工作就是组织结构的设计。在管理的实践中，组织结构的设计需要重点解决两个问题：第一，确定组织中各成员的责权利；第二，确定成员间的相互关系。理想的组织结构必须发挥三大作用：（1）使各级管理者能适时获得信息，以减少决策时的不确定因素；（2）让每个组织成员拥有足够的职权，顺利、有效地完成工作；（3）能规范成员间的关系，以确保所有任务在井然有序的情况下得以分派、督导与完成。

一、组织结构的主要议题

采取何种结构形式，需要根据组织自身的特点、发展的目标以及所处外部环境的特点等情况来设计。在进行组织设计的过程中，需要考虑的议题主要有五个方面：专业化分工与整合、命令链、授权、正式化以及管理跨度与组织的层次等，如图8—2所示。

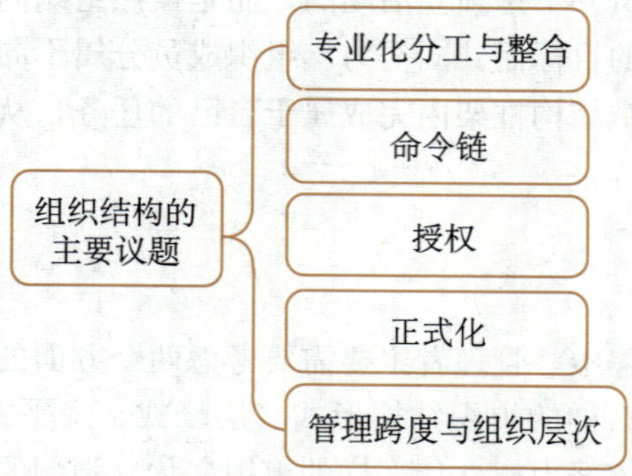

图8—2　组织结构的主要议题

（一）专业化分工与整合

在设计组织结构的时候，首先需要考虑如何进行工作流程的分工，采取多大程度的分工。1776年，亚当·斯密在著名的《国富论》中提出，通过专业化的劳动分工将工作流程分解为更细小的任务，可以提升组织的效率、获得更大的经济优势。分工的专业化指的是组织中的活动被细分的程度。专业化分工的本质就是将某一整体活动或者流程分割成许多不同的单一任务和步骤，分别由不同的员工来完成。

从形式上看，组织进行内部职能分工的时候，主要有三种方式：水平分化、垂直分化和空间分化。水平分化是指根据组织成员的工作性质和负责的范围所做的分工；垂直分化是指组织层级体制由上而下的分化，依层级地位的高低而分配组织内权力；空间分化是指人员配置在地区上的分散程度，如分公司、子公司与客户企业等。组织进行专业化分工的程度越大，则隔离与分散的程度越高，其间的沟通与协调就越困难。

并不是分工程度越高越好，组织在进行结构设计的时候，要根据内外部条件来实现分化与整合的平衡。对于员工所不熟练的工作来说，在水平和垂直方向上都具备比较高的可分解性；而对于熟练的或者专业化的工作来说，在横向上具备比较高的可分解性，而不应该进行过多的纵向分解。

专业化分工与整合

蒸汽机发明后，工业革命加速进行，大规模生产盛行。当时的经济学家亚当·斯密针对如何提高生产力提出了“劳动分工”的概念与理论。他指出，劳动分工可以提升生产效率，并以大头针工厂的例子来加以阐述。亚当·斯密亲自到制造工厂观察，发现一个没有受过专业训练的工人，一天未必能制作出一枚针来。但如果将整个大头针的制造过程分割为18个阶段，每一个阶段都雇用技艺熟练员工来操作。一家很小的工厂只雇用10个工人，每天就能生产4.8万枚大头针。他指出分工能增加产量的原因主要有三点：(1) 专业化分工使每个工人的工作单一化，必然能提高其熟练程度；(2) 专业化分工能节约转换工作程序所造成的时间浪费；(3) 专业化分工能够促进对机器设备的改良。

19世纪末，现代科学管理诞生。许多管理学家都对专业化分工有进一步的探讨与诠释。尤其是泰勒运用科学的研究与实验方法，分析员工的投入与产出，最后制定工作标准与奖惩制度。专业化分工原则在当时劳动力密集的产业中的确有重大贡献。韦伯主张层级式的官僚组织，他对分工的观点是将所有工作都转变为简单、例行的以及正式化的任务，可以有效提升组织效率。

经过200年的科技发展，亚当·斯密的专业化分工理论所提出的三个优势理由(劳动密集、空间集中和机械化)已经有了明显的变化，因而专业化分工也受到了一定的挑战。例如，哈默(Hammer)根据所收集的许多企业经营改革的实例，综合提出了一个企业经营的革新理念——企业流程再造。哈默认为专业化分工理论已经不再适合当前快速变化的经营环境，企业组织的经营状态必须完全重新检视。他建议采用跨部门的流程观念，打破原来的生产、营销、人力资源、财务等部门组织架构，按照企业流程重新组装。相对于传统的专业分工理论，他强调系统整合的管理观点。

资料来源：台湾中山大学企业管理学系．管理学：整合观点与创新思维．台北：前程企业管理有限公司，2005.

高度分工和专业化的组织结构要比简单分工的组织复杂得多。随着分化程度的加剧，管理者将会面对越来越多的协调和沟通方面的问题。分化后，组织内的各部门就会有自己的利益，不同部门的员工经常会有不同的想法，销售部门希望产品能够实现客户的定制化以利于销售，生产部门希望实现大规模标准化以利于生产和质量保证。在这种情况下，组织就需要进行整合，而不是继续分化。组织的结构设计就是要实现分化与整合之间的平衡。

信息化在组织的整合过程中发挥了最为重要的作用。通过构建信息化的基础设施，组织可以实现部门间的信息整合与即时沟通。连锁便利店的实时内部信息系统可以将销售部门与供应部门连接起来。整合的信息系统可以帮助管理者更好地进行部门间的协调工作，使沟通协调工作更加快速、便捷与准确。

除技术条件外，想要实现良好的组织整合，组织还要构建有效的水平关系(lateral

relationship）。这就可以使个人或者团队进行跨部门的沟通与决策，更加迅速地解决不同部门间的冲突和问题。而且有的组织已经专门设立了整合管理者（integrating roles）来进行组织内部的整合工作。整合管理者是正式的职位，通常不属于任何一个部门，其主要责任就是协调具有相互依赖关系的各部门（企划、研发、生产、销售）间的关系，消除部门间可能产生的冲突，凝聚各部门的力量以完成较大型且复杂的任务。常见的整合角色有产品经理、品牌经理、项目经理等。电影《建国大业》的导演韩三平就是一个整合管理者的角色。被整合对象也不仅限于某一组织之内，韩三平不仅要拍戏，还要筹措资金和制片，他还具有创意和文化透视的能力。经由优秀的外景拍摄、全体人员的共同努力，再通过国家的发行系统，最终创下 3 亿多元的票房佳绩。

（二）命令链

命令链（chain of command）是指组织内自上而下的职位和权力关系，使每位组织成员都清楚自己应向谁报告，同时也知道有谁向自己报告。命令链代表着组织内部正式的沟通管道，形成壁垒分明的部门与层级。通常，组织要求每位组织成员在进行沟通讨论时，都遵照命令链体系的路径来执行。在新员工刚入职的时候，一般会被告知其直接报告的领导，以及他所管理的员工，这些都是命令链的相关信息。

清晰的命令链有助于组织成员明确自己的权责利。在传统的、官僚的组织中，往往存在非常明确的命令链，并要求员工严格按照命令链进行相关的活动，不提倡跨级报告。但是，这可能会导致组织高层难以了解最基层的实际情况，打击员工参与的积极性，并扼杀组织成员的创造力。

（三）授权

授权（authority）是组织设计过程中另一个重要议题。授权就是上级将自己的职权通过命令链分派给下属，使下属在执行相关任务时无须事事请示，以便能迅速完成任务。在管理学的最初阶段，授权的幅度往往比较小，权力基本集中在少数几个高层管理者手中。随着管理学理论的发展、组织规模的扩大，人们逐渐意识到向下级授权的重要性。更多的授权可以给予下级员工更多的自由发挥的空间，更多地激发他们的责任心和创造力。权力与责任是永不分离的双胞胎。对下属授权的同时也必须要求他们承担一定的责任。授权若不要求承担责任，则容易造成滥用权力的后果。

（四）正式化

组织结构设计还需要考虑其正式化的程度。正式的组织（formal organization）就是指具有一定的结构、共同的目标和特定功能的行为系统。正式的组织结构并不一定是固定不变或者严格限制的。正式的组织也有灵活性，也应给员工更多的自由与民主，以更好地利用创新型人才，但必须保证员工都在向组织的整体目标努力。共同的组织目标是组织正式化的必要条件。

组织结构越正式就意味着组织行为的指导规则越清晰，员工间的关系越规范。正式化使得组织结构以及工作流程更加明确，管理者能清楚地了解结构关系及流程，可以更好地进行管控。组织管理学家已经开发出多种科学管理的模式或体系来协助管理者在复杂的组织系统中进行理性的组织设计，例如目标管理（management by objective，MBO）、计划及预算系统（plan programming and budget system，PPBS）、项目计划评审技术（project evaluation and review technique，PERT）等。这些正式化的管理技术都旨在将组织抽象行为可视化，增进管理者对关键工作流程的了解和掌握。

非正式组织则是“由人们互相联系而自发形成的个人和社会的网络”（如周末踢球的朋友以及茶馆里面的票友）。对非正式组织存在的原因、方式的研究属于社会心理学的范畴。尽管其非正式，但对整个组织的稳定、创新等多方面都有重要的作用。管理者必须注意正式组织中的非正式组织，避免与之发生矛盾，并尽力利用好非正式组织。

（五）管理跨度与组织的层次

组织结构设计的最后一个重要议题是组织层次，以及与其直接相关的管理跨度问题。一般来说，管理跨度越小，组织层次就越多；反之则相反。首先来介绍一下管理的跨度。①

1. 管理跨度

管理者能够有效地监督和指挥的直接下属的人数是有限的。那么，管理者就应该慎重地确定自己的管理跨度（span of management）。适当的管理跨度取决于多方面的因素，例如工作类型、管理者的能力、下属的能力等。不同管理跨度的优缺点比较如表 8—1 所示。既然它们各有优势和劣势，管理跨度并没有恒值，那么不同组织就应该根据具体的情境和内部条件来确定适合自己的管理跨度。

表 8—1　　管理跨度的优缺点

跨度	优点	缺点
窄跨度	严密的监督	过多地参与下级工作
	严密的控制	管理的多层次
	上下级之间联络迅速	多层次引起的高费用
		最低层与最高层之间距离过长
宽跨度	必要的授权	上级负担过重，容易成为决策的瓶颈
	制定明确的政策	上级有失控的危险
	要求管理人员具备特殊的素质	谨慎地选择下级人员

管理者到底能够有效地管理多少下属？德鲁克认为，管理的跨度要视下属需要协助和指导的程度而定，需要认真研究实际状况才能够确定。也就是说，管理跨度最重要的决定因素就是管理者减少管理下属时间的能力。这种能力当然与管理者的能力、下属的能力以及工作的性质有关，但总的来看，哈罗德·孔茨认为影响管理跨度的主要因素包括：下属人员的培训、明确的授权、明确的计划、目标管理的应用、变革的速度以及信息沟通技术等（见图 8—3）。

2. 组织的层次

与管理跨度直接关联的就是组织的层次。管理者都会受管理跨度的限制而无法掌管所有员工，于是就需要通过管理的多层次来辅助。也就是说，管理跨度是与组织层次负相关的，管理跨度越窄，组织层次就越多，反之则相反。很多组织把部门与部门层次的明确性和完整性作为组织结构效率的衡量标准，但等级和多层次本身并不是完全有利于组织绩效的。

---

① 哈罗德·孔茨，海因茨·韦里克．管理学：国际化与领导力的视角：精要版第 9 版．北京：中国人民大学出版社，2014．

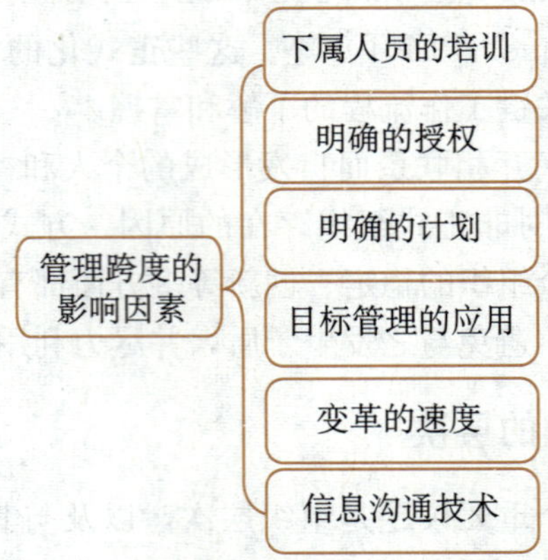

图 8—3　管理跨度的影响因素

首先，组织的层次越多，管理所需要的人员、资金就越多。组织层次的增加将导致管理者和协助管理者的工作人员的增加、协调各部门活动的增加以及相应费用的增加。其次，组织层次过多会使沟通更加复杂。多层次的组织通过自上向下传达目标、计划和政策要比最高管理者直接与员工联系的组织困难得多，还可能会发生信息的扰乱和失真。所以，层次是信息的“过滤器”，是不利于沟通的。最后，组织层次过多还会使组织的计划与控制复杂化。

二、组织结构的影响因素

前面已经探讨了在进行组织设计过程中管理者需要决定的相关议题，而且管理者需要根据内部条件以及外部环境来进行决策。接下来的问题就是在进行组织设计过程中，管理者究竟该考虑哪些因素？影响组织设计的一些主要的情景因素包括环境不确定性、战略、技术、规模、组织发展阶段等。

（一）环境不确定性

组织外部存在的一切都是组织生存的外部环境。不同环境对组织活动内容的选择及其组织方式的影响程度也是不同的。不确定性是组织外部环境的最主要特点，该特点使组织决策者很难掌握足够的关于环境因素的信息，从而难以预测外部环境的变化并据以制定相应的决策。因此，外部环境的不确定性增加了组织因外部环境的变化而失败的风险。

环境不确定性（environmental uncertainty）由环境复杂度（environmental complexity）和环境动荡度（environmental turbulence）构成。环境复杂度源于环境中存在的影响组织运营的因素的数目以及因素间的相互关系。如果组织必须同时考虑技术条件、供应、市场以及环保法律等，则它所面临的环境复杂度会比那些只考虑技术条件的组织高。环境动荡度则是指各因素变化的程度，例如顾客偏好的变化程度。环境对组织的影响主要体现在：

1. 对各部门关系的影响

环境不同，组织中各项任务完成的难易程度也不尽相同。在市场经济条件下，当产品的需求大于供给时，组织关心的是如何增加产量、扩大生产规模、增加新的生产设备或车间，那么企业的生产部门会变得非常重要，营销部门就可能受到冷落；一旦供大于求，从卖方市场转变为买方市场，营销职能就会得到强化，营销就会成为组织的核心。

2. 对组织结构的总体影响

外部环境是否稳定对组织结构的要求也不一样。稳定的环境要求设计出机械式的稳定结构，管理部门与员工的职责界限分明，等级结构严密。动荡的环境则要求组织结构灵活，各部门的权责关系和工作内容需要经常做适应性调整，强调的是部门间的横向沟通而不是纵向的等级控制。

（二）战略

组织结构要服从组织所选择的战略需要。适应战略要求的组织结构为战略的实施，从而为组织目标的实现提供了必要的前提。著名管理史学家阿尔弗雷德·钱德勒（Alfred Chandler）提出了著名的“战略决定结构，结构紧随战略”的观点，主张组织结构的设计应视组织的战略而定。

在战略方面，最受学术界和实践界认可和推崇的就是迈克尔·波特的战略三分法：低成本战略、差异化战略和聚焦战略。相应地，组织就可以制定与之相匹配的结构。如果组织采取低成本战略，也就是重视对运营成本的控制和效率的提升，那么就要构建强调标准化的结构来支持低成本战略，比较常见的是机械化组织；如果组织采取差异化战略，差异化战略需要创意、创新来支持，那么就要构建强调给予员工自由、民主、宽容的组织来支持，比较常见的是有机式组织。[①] 表 8—2 为米勒提出的各种部门化方式与组织战略之间的匹配情况。

表 8—2　　各种部门化方式所匹配的战略类型

部门化方式	战略
产品部门化	利基型差异化
职能部门化	成本领先
矩阵部门化	创新型差异化

资料来源：MILLER D. Configuration of strategy and structure：Towards a synthesis. Strategic management journal，1986，7（3）.

（1）利基型差异化（niche differentiation）。这种战略的目的是重点开发比较小的、新颖的目标市场，并以此与竞争者的产品服务进行区分。比如，提供礼品定制服务的卡当网（Kadang. com）就是发现了顾客在个性化礼品定制方面的需求，着力开发这个小而新的市场空间，取得了成功。采用利基型差异化的组织更适合按照产品划分部门。

（2）成本领先（cost leadership）。这种战略强调组织效率，以比竞争者更低的价格提供产品或服务。中国大部分企业所执行的战略正是成本领先，而在成本领先方面做得最出色的无疑是日本的丰田汽车公司，它的精益生产理念被大量企业采用。采用成本领先战略的组织更适合按职能划分部门。

（3）创新型差异化（innovative differentiation）。这种战略强调在产品和服务上进行创新，对产品或服务的功能进行增减或者重新组合，以实现与竞争对手的差异化。苹果公司所推出的 Mac，iTunes，iPod，iPhone 都是极力执行创新型差异化战略的成果。矩阵式组

① 台湾中山大学企业管理学系．管理学：整合观点与整合思维．台北：前程企业管理有限公司，2005.

织最适合进行创新性活动。

（三）技术

技术是指组织用来研发、制造或者运输产品或提供服务的知识、工具、设备以及工作诀窍（know-how）。英国社会学者在1950年对英国制造厂商的研究中发现，技术是决定组织结构的一项重要因素。技术复杂性和技术依赖度是影响组织设计的两个主要方面。

技术复杂性（technology complexity）就是制造或运输过程机械化程度。高技术复杂性是指大部分工作是由机械完成的。根据技术的复杂程度，可以划分出三种技术：单位及小批量生产、大批量及大量生产、连续流程生产。单位及小批量生产（unit and small-batch production）是指产品是依据顾客特殊需求而个性化定制的，或者是由工匠以少量制造的方式进行生产，西装的定做就是单位及小批量生产的例子。大批量及大量生产（large-batch and mass production）是指产品是以批量的方式进行制造的，如海尔电冰箱、洗衣机的制造便是大批量及大量生产的例子。连续流程生产（continuous-process production）是指产品的制造是以连续流程进行的，例如石油的提炼。整体而言，单位及小批量生产的标准化程度较低，依赖于弹性的生产方式或具有高度手工技巧的工匠从事生产，因此组织结构多为有机式的。大批量及大量生产则需依赖标准化及正式化的工作程序，因此组织结构更加机械化。由于连续流程生产的每一个生产步骤的专业程度都相当高，生产过程中的部分决策权必须交由实际运作的专家负责，因此，组织结构偏向有机式。

技术依赖度（technology interdependence）是指在实施生产制造的过程中组织中不同部门交换信息和物料的程度。主要的技术依赖包括聚合依赖、顺序依赖以及交互依赖。聚合依赖（pooled interdependence）是指组织中的各个单位都独立运作，但它们的产出对组织目标的达成都具有重要的影响。顺序依赖（sequential interdependence）是指必须在组织中的某单位完成其工作后，下一个单位才能执行工作的情形，单位之间存在着严格的先后顺序。交互依赖（reciprocal interdependence）是指组织中的各单位互为产出投入的对象。

在聚合依赖的情况下，组织只要使用正式的规则及程序就可以对各单位进行协调。在顺序依赖的情况下，除了正式的规则及程序之外，还需要设定生产流程和计划，才能有效协调各单位。在交互依赖的情况下，组织还必须有意识地促进各单位之间的有效沟通和协调。

（四）规模

组织的规模是组织设计过程中需要考虑的又一重要因素。随着组织规模的扩大，重复性事务就会变多，尤其是对组织规章制度的要求明显提高。在组织规模较小的时候，很多决策由最高主管制定即可。当组织员工人数增多、规模不断扩大时，很多决策不可能再由最高主管一一制定。于是就要制定出相关的规章制度和标准，以便取得组织内的一致性，中低层主管也可以遵循这些规章制度和标准来决策。规章制度的出现也代表组织设计正式化程度的提高。

组织规模扩大后，会出现更多的部门及层级，使得组织的复杂度提高。复杂度提高的同时也带来了更加强烈的整合需求，因此组织内部往往会专门设立辅助和支持部门。此外，组织规模扩大后，最高主管不可能再对组织中层或底层的事务一一过问，会将部分例行性事务的决策权下授，因此组织授权的程度也会提高。

（五）组织发展阶段

组织如同生物一样，会经历创立、成长、成熟、稳定、衰退等阶段（发展的 S 形曲线），不同的阶段会有不同的组织结构设计与之相适应。拉里·格林纳（Larry Greiner）提出了组织的生命周期理论，认为组织的发展过程可以分为四个阶段：创业阶段（entrepreneurial stage）、合力协作阶段（collective stage）、正式化及控制阶段（formalization and control stage）、结构精致化阶段（elaboration of structure stage），这四个阶段的组织特征如表 8—3 所示。

表 8—3　组织生命周期各个阶段的组织结构特征

特征	创业阶段	合力协作阶段	正式化及控制阶段	结构精致化阶段
结构	少或无	非正式化	功能、集中	自足、分权
焦点	生存、寻求资源	成长	效率、协调	再结构化
创新	发明	升级	执行	重生
规划	少或无	短期	长期	长期、机会式的
承诺	个体方式	群体方式	顺从	再承诺

资料来源：台湾中山大学企业管理系．管理学：整合观点与创新思维．台北：前程企业管理有限公司，2005.

处在创业阶段的组织，管理者具有高度的创业精神，此时组织的重点在于争夺市场、力求生存。组织内部不会有太多明确的规章制度，正式化程度比较低。组织规模较小，也没有明确的分工，主要决策由组织的创办人作出。当组织进入合力协作阶段时，会发展出较为明确的目标和方向，组织开始出现部门化及正式的分工，但结构和沟通模式还是非正式化的，主要决策的制定从个人转向团队。到了正式化及控制阶段，组织已经具有相当的规模，而且一般会有正式的结构。此时，为了强化协调，会有更多正式化的规章及程序，控制系统也会更集中，官僚化的现象也更加普遍。当组织进入结构精致化阶段时，必须设法避免过度的官僚化，决策会更加分权化，开始以顾客或产品作为部门化的基础。

总之，在理想的状态下，组织的设计应该考虑环境、技术、战略、规模以及组织发展阶段等诸多因素。然而目前“时尚”在组织设计中也起了非常重要的作用，它激励组织采用当前“流行”的但并不一定适合自己的组织设计。自矩阵式组织结构出现并流行以来，不少中国企业组织也推行项目制、矩阵式管理模式，但效果甚微。

三、组织结构的选择

彼得·德鲁克认为，组织本身并不是目的，而是实现经济绩效和成果的手段。组织结构是非常重要的，正确的结构会使员工发挥得更加出色；错误的结构会带来严重的损失。不过，任何针对组织的分析都必须先做经济分析。讨论组织结构有三种方法：活动分析、决策分析和关系分析。①

（一）活动分析

在进行组织结构设计时，组织应该先进行活动分析，了解自己究竟需要哪些活动才能

① 彼得·德鲁克．管理的实践．北京：机械工业出版社，2009.

达到经营目标。不能简单地套用一些典型的组织职能模式，因为并不是所有的组织都需要进行生产、营销、财务、采购和人事活动。有些组织可能不需要所有的职能，或可能需要更多的其他职能。

只有通过分析组织达到目标所需的活动，经过完整细密的活动分析，才能掌握必须完成的工作，应该把哪些活动归为一类，以及各种活动在组织结构中的重要程度。分析业绩不佳组织的活动往往会发现，在这些组织中，重要活动没有被规划，早已失去意义的活动却仍然受重视。

（二）决策分析

除了对组织经营所需要的活动进行分析之外，还要对决策的相关问题进行分析：不同决策对绩效和目标的重要性如何？应该由组织中哪个层级来制定决策？决策的流程如何？决策制定后，应该告知哪些管理者？要对各种决策进行分析，最关键的是要根据决策的种类和性质分类，主要可从以下方面来看。

（1）决策的重要性和未来性。决策是否关乎组织的生存？决策为组织承诺多遥远的未来？如果决策只是简单的、例行的，对组织的生存并不会有很大的影响，那么决策权应该尽可能下放到低层级。如果决策只是影响短期活动，那么决策权也可以下放。

（2）决策对其他职能、领域或组织的影响力。如果决策只影响一个部门，那么可以把它下放到较低的决策层级，但如果决策会对其他职能部门或组织产生比较广泛的影响，那么就需要由高层来进行最终的决策。例如，生产规模较大的工厂改变零件库存，不但会影响整个生产系统，还会影响交货流程、研发、产品利润、营销以及定价方式。组织必须把影响力比较广泛的决策提升到更高的决策层级，并且视之为影响企业整体流程的制定。

（3）例行决策还是偶尔的特殊决策。因为员工违纪而受到停职处分，属于例行决策；改变产品性能，则属于特殊决策。对于例行决策，组织应该建立相应的规范和准则，可以由较低的层级决定；对于偶发的特殊决策，组织则必须由始至终周详考虑后，最终由高层制定。

总之，在进行组织设计的过程中，组织应该认真地进行决策分析，并且根据组织决策的特征构建组织——构建什么样的高层管理结构、什么样的决策流程以及各层级的主管应该拥有哪些权责等。

（三）关系分析

组织结构选择需要考虑的最后一个方面就是关系分析，即分析不同活动之间的关联性，以及在进行同一活动过程中成员间的关联性。关系主要分为两种——纵向关系和横向关系。

纵向关系，就是指确定不同层级之间的上下关系。在确定管理者的职务和决策的时候，必须考虑他的活动对上级单位的影响。换句话说，必须预先分析和建立起下对上的关系。横向关系，就是指同一层级之间的关系。管理者对其他单位管理者的影响一直都是管理工作的重要部分。横向关系变得如此重要，以至于越来越多的公司另设营销主管，协助销售主管来协调横向关系，他们具有同等的地位，相互独立运作又密切配合。

总之，这三种分析——活动分析、决策分析以及关系分析，都应该尽可能保持客观和完整。在组织设计的过程中，无论组织规模大小、业务繁简，都不可以轻视这些分析。只有基于认真的分析，才能建立适合的、高效能的组织。

第 3 节　组织结构的类型

接下来，我们将介绍五种比较常见的组织结构形式。根据其特点的不同，我们把这五种组织结构形式分为两类：运营导向的结构形式（按职能划分部门和按地区划分部门）和创新导向的结构形式（按顾客划分部门、按产品划分部门以及矩阵式组织）。

一、运营导向的结构形式

由于组织运营的最终目标是努力实现效率最大化，因此在进行组织结构设计的过程中，大多数组织往往采用职能的、直线的、等级的组织结构来提升组织运营。适合组织运营的结构的主要特点有：

（1）在重视运营的结构中，组织实施更加专业化的分工来努力提升内部的运营效率。于是，各职能部门之间建立起明确且不易被跨越的边界，这样不同部门的组织成员就只关注自己部门内部的职能工作，实现了更深、更细的专业化分工。

（2）在重视运营的结构中，组织的权力主要集中在高层管理者手中。组织的高层管理者很少对下属进行授权，下属的主要职责只是服从命令和执行决策。在运营过程中，上级负责制定相关的战略、计划和决策，下属则负责具体的生产、运输等工作，明确、清晰的权力界限保证了组织运作的效率。

（3）在重视运营的结构中，组织的命令链一般是直线的、单一的。员工一般只有一个直线的命令接受渠道，因此员工的任务就比较清楚和单纯，从而避免了运营过程中“多头领导”可能带来的混淆。

下面介绍两种利于组织运营的结构形式：按职能划分部门（functional departmentalization）和按地区划分部门（geographical departmentalization）。①

（一）按职能划分部门

生产、营销、财务、人事等，都是组织典型的专业化职能活动。如果组织依照专业化的职能来划分部门，将性质类似的工作设置在同一个部门内，即形成按照职能划分的部门（见图 8—4）。组织要创造可以满足消费者需求的产品或服务，那么就必须涉及基本职能（包括生产、营销和财务），因此把组织活动按照职能进行划分是合理的。按照职能划分部门是组织活动中使用最广泛的方法，几乎所有企业组织结构都存在或者曾采用过这种形式，其优缺点如下（见表 8—4）。

1. 职能式的优点

按职能划分部门的最大优点在于合乎一般逻辑。按职能划分部门，相同业务属于同一部门，可以进一步提高专业化的技能，还有助于组织实现规模经济效应，从而更有效地利用资源。此外，还可以帮助高层管理者保持在组织内部的权力和威望。

---

① 哈罗德·孔茨，海因茨·韦里克. 管理学：国际化与领导力的视角：精要版第 9 版. 北京：中国人民大学出版社，2014.

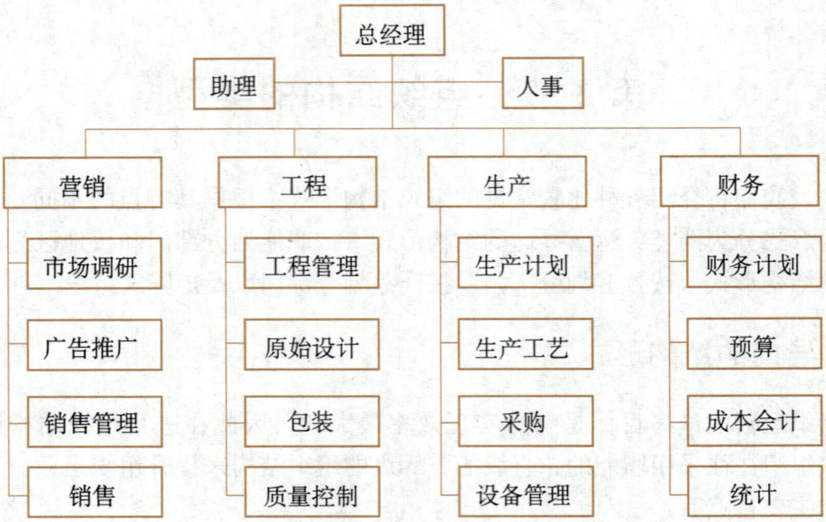

图 8—4　按职能划分部门

表 8—4　按职能划分部门的优缺点

优点	缺点
合理地反映职能	职能间边界明显，不利于沟通
有利于专业化的提升	过度专业化，限制了管理者全面发展
便于高层进行严格的管控	环境适应能力差

2. 职能式的缺点

虽然按职能划分部门的模式对组织发展作出过很大的贡献，但目前来看，它还是有很大的局限性。在全球化的过程下，单纯按职能划分部门就难以有效发挥作用，必须有地区性的组织活动来予以支持。此外，职能部门的划分可能会降低组织活动的整体性。不同职能部门的组织成员常常只关注自己职能部门的目标，而不能把组织看成一个整体。不同部门之间经常难以做到协调整合。此外，这种部门化方式使得组织难以适应环境的变化。最重要的是，由于不同职能部门内的组织成员只关注某一方面，因此会限制管理者和组织成员的全面成长。

（二）按地区划分部门

随着全球化的发展，很多组织开始按地区来划分部门。在经营范围很广的组织中，按地区划分部门相当普遍，往往将特定区域的经营活动集中在一起（见图 8—5）。按地区划分部门的方法对那些规模较大的公司、组织活动在地理上分散的组织特别有吸引力。地区划分法常用在销售和生产方面，在研发与创新方面的应用也在逐渐增多。海尔已经在美国、欧洲多个地区设立专门的设计、研发部门。按地区划分部门的优缺点介绍如下（见表 8—5）。

1. 地区式的优点

按地区划分部门，权力下放，鼓励地区参与决策，从而加强了地区各种活动的协调。从市场方面来看，起用熟悉当地市场的营销人员，管理者能够更好地了解本地区市场的需

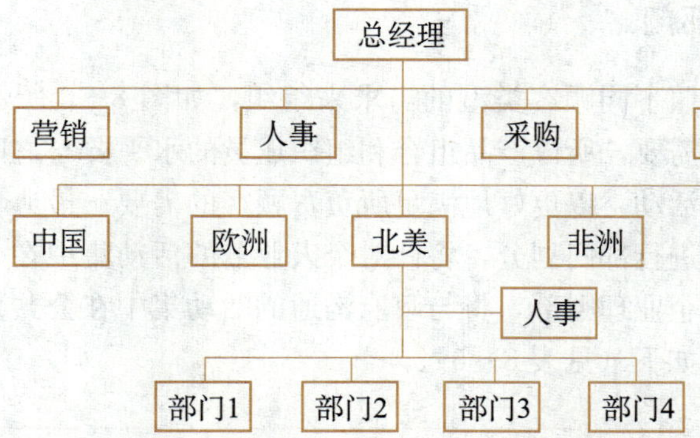

图 8—5 按地区划分部门

表 8—5 按地区划分部门的优缺点

优点	缺点
权力下放	全面管理人才的限制
保持对当地市场和问题的敏感	难以实现规模经济
有利于培养全面的管理者	高层管理更加困难

求和问题。从生产制造方面来看，在不同地区设置生产基地，可以减少运输费用和时间。另外，由于各个地区的管理者必须执行不同职能，这种组织形式有利于培养全面管理人才。

2. 地区式的缺点

按地区划分部门的方法需要具有全面能力的管理者，而缺少这类人才常常是限制组织发展的一个因素（有关研究表明，限制中国企业国际化发展的一个重要因素就是中国管理者的国际化素质较低）。同时，各个地区都有自己的采购、财务、人力资源和法律等机构，导致重复劳动，造成了成本的浪费，难以实现规模经济。最后，按地区划分部门给高层管理者增加了管理难度，他们身在总部，要监督不同地区各个部门的活动将会很困难。

二、创新导向的结构形式

虽然职能式组织结构和地区式组织结构都有利于提升组织的运营效率，但是它们在推动组织创新方面就可能会捉襟见肘，因为两者都形成了比较明显的组织边界。创新需要的是沟通、交流，是组织所有部门的协作。而按职能划分的方式使组织内部形成了严格职能边界，按地区则形成了区域边界，不利于不同部门间的沟通交流，使系统的创新活动变得困难。

因此，就需要建立打破边界、实现整合的组织结构。这里主要介绍三种：按顾客划分部门（customer departmentalization）、按产品划分部门（product departmentalization）以及矩阵式组织（matrix）。[①] 这三种组织结构都是以市场为导向，鼓励不同部门间的沟通、交流与协作，促进创新。

① 哈罗德·孔茨，海因茨·韦里克. 管理学：国际化与领导力的视角：精要版第 9 版. 北京：中国人民大学出版社，2014.

（一）按顾客划分部门

按照顾客划分是指依照不同顾客类型的需求来组织，如图 8—6 所示。不同顾客会有不同类型、风格和档次的需要，所以产品组合和组织成员的水平要与之匹配。企业家和管理者经常据此来安排组织活动，以更好地满足所负责顾客的需要。最典型的就是银行，它们往往根据顾客的性质来进行部门划分，将针对个人业务的活动集中在个人理财部，将针对企业业务的活动集中在企业理财部，将与政府沟通的活动集中在公共事务服务部。按顾客划分部门的优缺点介绍如下（见表 8—6）。

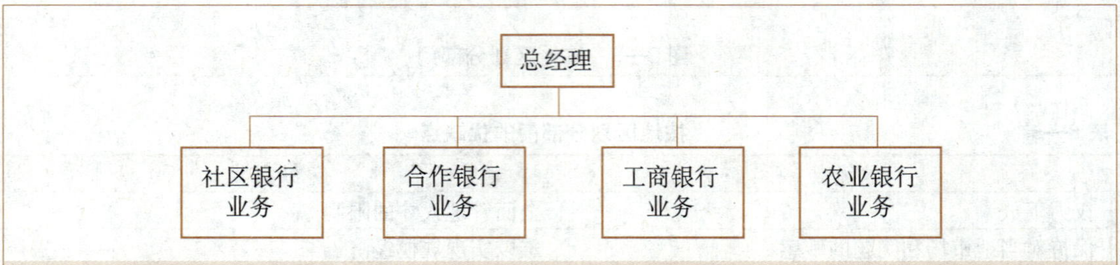

图 8—6　按顾客划分部门

表 8—6　按顾客划分部门的优缺点

优点	缺点
有利于顾客专业化定制	协调顾客需求矛盾困难
实现跨职能合作	运营压力比较大
促进产品创新	运营效率不高

1. 顾客式的优点

按顾客划分部门便于组织内各部门更加明确自己的目标客户，可以更好地接触客户，了解客户的需求，研发出符合客户需求的产品。非营利组织也有类似的按顾客划分部门的方式。大学的在职 MBA 教育中心就根据时间、科目、教师的具体情况安排，以吸引一批与上全日制学校全然不同的学生；政府设置的许多部门就是分别针对农民、工人、老年人、企业家和其他特定群体。

2. 顾客式的缺点

由于顾客部的管理者需要针对客户的特殊需求而制定临时的、独特的运营计划，因此常常给组织增加运营压力。在按顾客类型划分的部门中，生产设备和专业员工都可能得不到充分利用，造成资源浪费。萧条时期，某种顾客的需求几乎没有；而繁荣时期，大量顾客的需求又得不到满足。也就是说，顾客类型与需求之间的发展很不平衡。

（二）按产品划分部门

组织还可以根据产品或服务的不同来划分部门，如图 8—7 所示。拥有多种产品的公司常按产品分成不同的部门，每个部门可能会进一步变成自给自足的分公司。其实，按产品划分与按顾客划分非常接近，有时甚至难以区分。

在多线生产的大型企业中，按产品对企业活动进行分组的形式日益凸显其重要性。但采取这种形式的公司最初一般都是以职能划分部门的。随着公司的不断壮大，生产经理、销售经理和工程主管都会碰到规模问题，管理工作日益复杂，因此，就有必要按产品划分部门来进行变革。这一结构容许高层管理者授予一位部门管理者在某个产品或产品系列的制造、销售和工程职能方面广泛的权力，并要求这些管理者实现一定的利润。按产品划分部门的优缺点介绍如下（见表 8—7）。

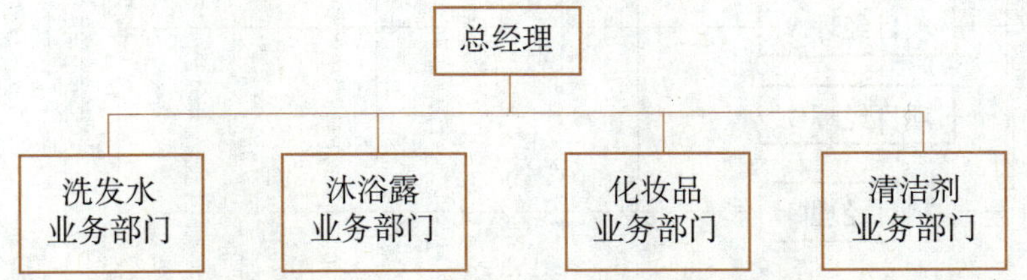

图 8—7 按产品划分部门

表 8—7 按产品划分部门的优缺点

优点	缺点
聚焦于产品或产品系列	难以实现规模经济
加强职能间协调	增加高层管理的难度
促进产品创新	全面管理人才的限制

1. 产品式的优点

以产品或产品系列进行部门划分有利于对资本的利用、组织内部的协调，可以最大限度地利用员工技能和专业知识。但如果产品之间的关联性或依赖性比较强，那么按产品划分部门就可能带来一定的问题，而且难以在制造、装配、搬运等方面取得规模效益。

这种方式以产品的研发、生产、销售为导向，整合各个职能方面的人员，有利于职能间的协调。按产品划分部门有利于较好地安排时间，更好地为顾客提供最满意的服务。在这种方式下，高层会授权给产品经理监督销售、生产、工程、服务和成本等各个方面，并对一定的利润目标负责。这种组织部门化的方式有助于管理者的全面提升，因为产品经理需要掌握更加全面的知识。

2. 产品式的缺点

按产品划分部门的缺点与地区式的缺点相似。主要包括对管理者全面能力的要求、运营成本的增加。更重要的是它增加了高层管理的难度。每位产品经理都相当于位居一方的CEO，往往会增加整个企业的管理困难。以产品部门化运营的企业需要将决定权和控制权保留在最高层，以保证整个企业不至于分裂瓦解。

（三）矩阵式组织

矩阵式组织（见图 8—8）的实质是一种双重部门化的组织形态，即在组织结构中同时采取按职能划分和按产品划分两种方法。例如，企业不仅有生产、财务和人力资源三个职能部门，还有三种产品项目贯穿其中，需要每个职能部门分别派遣专业人员参与。在矩阵式组织里，项目经理通常拥有相当大的权力与责任，可以给予项目成员升迁和加薪等奖励。这种组织形式在工程研发、创新过程中较为普遍，其优缺点介绍如下（见表 8—8）。

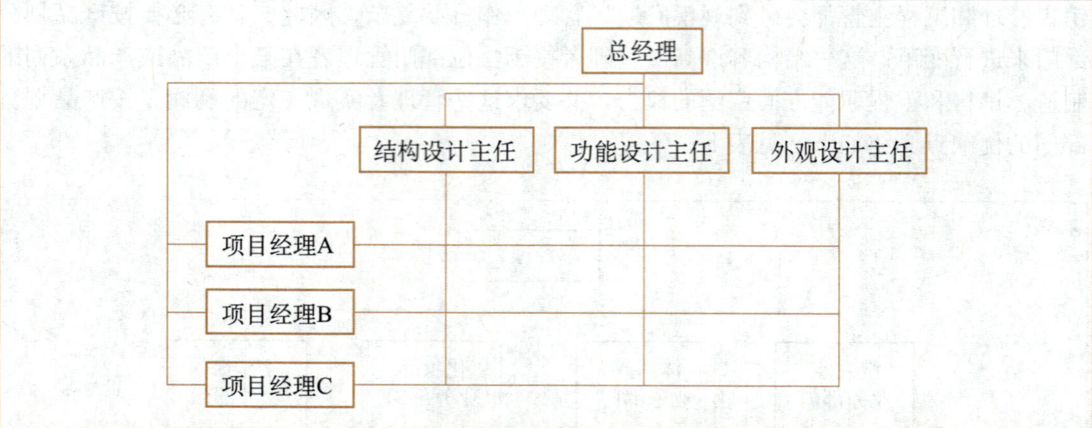

图 8—8 矩阵式组织结构图

表 8—8 矩阵式组织的优缺点

优点	缺点
打破边界，有利于创新	组织内部权力混乱
物尽其用，资源利用充分	职能与项目发展目标不统一
结果导向	

1. 矩阵式的优点

矩阵式组织可以弥补产品式组织和职能式组织的不足。产品式组织的问题是其内部资源（专业人才、科研设备等）得不到最好的利用，采用矩阵式就可以实现物尽其用。此外，受过高级训练的专业人员通常愿意与各职能方面的员工合作，联合成项目小组，因为这更有利于发挥他们的专业能力。

2. 矩阵式的缺点

理论上，矩阵式组织对项目导向组织来说是有效的。矩阵式组织内交流与控制的多渠道可以帮助管理者征集到更多的意见，能为公司塑造一种特殊的战略能力。然而事实却并非如此，那些采用矩阵式结构的公司的经历通常都是不太愉快的。

在矩阵式组织中，明显而严重的问题是员工的双重身份所带来的矛盾和冲突。总的来看，矩阵式结构的典型问题是职能经理与项目经理之间有矛盾，因为他们要争夺有限的资源（资金、人力）。另外，同一工程项目中的成员可能会有任务不清的问题。

矩阵式结构可能会带来任务纠纷、任务不清以及负担过重的问题。项目经理和职能经理之间权力、力量的不平衡，也会给矩阵式组织带来问题。例如，如果职能经理拥有太大的权力，对项目工作可能不予重视，从而延误工期等；如果项目经理拥有较大的权力，工作效果会受到影响，因为他会经常要求职能经理更换人员的安排，以实施各种项目，但这样会影响组织成员的专业知识的积累与能力的培养，对组织长远发展不利。由于可能发生纠纷，矩阵式组织需要召开多次费时、低效的会议。

美国陶氏化学公司（Dow Chemical）是倡导矩阵式结构的先驱，但它最终还是回归到把责任明确划归给地区经理的传统组织结构。花旗银行（Citibank）也一度是使用矩阵式组织的典范，但在经历广为人知的试验之后，最终还是放弃了有双重汇报关系的模式。大多数尝试这种结构的公司都遇到了同样的问题。运用矩阵式结构的公司总是反应迟缓、不断争吵且费用高昂。交流总是重复，批准过程耗时耗材，不停地出差和频繁的会议使公司的管理费用激增。

强矩阵与弱矩阵

如何弥补矩阵式的不足呢？设置强弱矩阵是一个不错的方法。矩阵的最根本问题就是资源的多重领导。强矩阵与弱矩阵就是指对项目活动的重要性和优先级进行评级，评级较高的（即项目比较重要且紧急）就应用强矩阵形式，也就是说项目经理拥有更多的权力，资源应该优先为项目服务，相关员工的绩效评估与奖惩也主要根据其项目团队业绩而定；评级较低的（即项目并不重要，也不紧急）就应用弱矩阵形式，也就是说职能经理拥有更多的权力，资源应该优先为职能服务，相关员工的绩效评估和奖惩也主要根据其在职能部门的业绩而定。

三、组织结构的发展趋势——跨越边界

与职能式组织结构形式和地区式组织结构形式相比，创新导向的结构形式的特点是实现了跨职能的整合，有利于组织创新。在知识经济时代，组织结构的发展趋势就是要跨越各种边界。组织需要进一步构建无边界的、扁平化的、网络化的组织结构，促进跨边界的交流与沟通，有效整合组织内外部要素，进一步推动创新。

组织创新的最终目标是进一步推动企业的创新活动，并不极力追求效率。因此在组织结构设计的过程中，大多数组织往往采用交叉的组织结构。组织创新结构的最大特点就是跨越边界，形成跨边界合作。想要实现知识经济时代的成功，组织需要正视并变革的结构边界主要有三类——垂直边界、水平边界以及外部边界，如图 8—9 所示。①

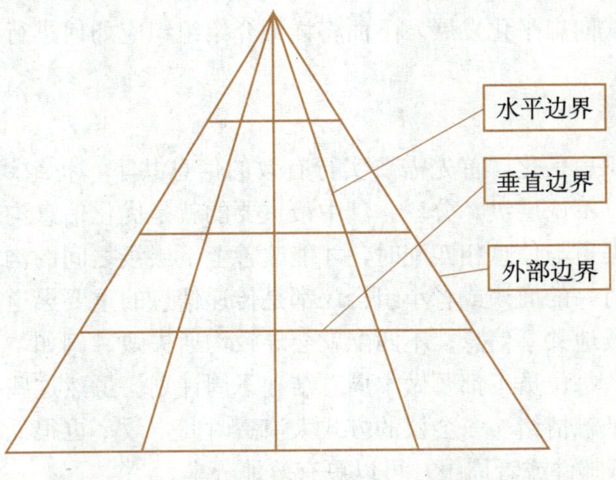

图 8—9 组织结构的边界

① 罗恩·阿什克纳斯，戴维·尤里奇，托德·吉克，史蒂夫·克尔. 无边界组织：移动互联时代企业如何运行：原书第 2 版. 北京：机械工业出版社，2016.

（一）扁平化——跨越垂直边界

在传统思维中，组织就像一个具有明显的垂直结构的金字塔：管理者在金字塔的顶层，普通员工在金字塔底层；指令沿着命令链条自上而下，主要职能活动都发生在底层；在顶层和底层之间有很多中间层级，负责传达决策、控制过程、评价产出、校正以及反馈结果。

简单来说，垂直边界就是组织结构中的层级。垂直边界就好像是组织内部地位、职权和权力的“地板和天花板”。在层级体系中，层级越高，权力就越大。我们可以根据基层员工与高层管理者之间的层级数量，以及不同层级之间的差距，来判断垂直边界的密度。垂直边界最典型的组织就是军队——在军队中，军官享有士兵没有的特权，即使同属军官，将军又要比上校拥有更多的特权和权力等。所以，军衔就是军队垂直边界的标识物。

相反，无垂直边界的组织中更关注的是组织成员的能力（专业水平、创新能力或创意），而不是权力和地位。好的建议和创意可以来自组织中任何层级的员工和管理者，战略制定并不是高管理层的特权。当然，组织也不应该试图消除所有的垂直边界，否则会导致一团混乱（某种程度上，组织层级是必不可少的）。但是，可以使垂直边界（层级）变得可穿透，带来由更复杂的个体作出的更迅速、更出色的决策。

传统的组织结构之所以是垂直的、层峰的，是因为支撑思维方式的基本原则是层级概念。尽管等级体系确实曾为组织的发展提供了重要的支撑，但是完全的、严格的层级体系难以适应今天的知识经济——快速且无法预知的环境变化、不断扩大的组织规模以及不断提高的技术复杂性。层级体系功能失调的具体体现有：(1) 反应时间的迟滞——层级制的组织需要很长的时间对外部信息作出反应（响应客户请求对市场环境的变化）；(2) 应对变化的僵化——层级制的组织极力逃避或者抵制变革，而不是积极地推动变革；(3) 客户的疏远——由于层级过多，组织不能及时收到来自客户的准确信息，导致与客户之间的疏远。为了避免这些源自层级的危险，组织应该尽量减少不必要的中间层级和过长的沟通路径，使组织从层峰式向扁平化发展。下面将详细介绍组织应如何进行扁平化发展，以跨越垂直边界。

1. 信息共享

有效地实现组织扁平化，首先需要实行有效的信息共享，将组织的发展机遇、挑战、计划等与所有员工（不论层级）分享。其中最重要的就是优化信息沟通渠道。实现信息共享有很多渠道，当渠道与信息相匹配时，才能改善上下层级之间的沟通和交流。例如，便笺、电子邮件、一对一的面谈或者小组会议都是传递信息的重要渠道。目的和手段相匹配将有助于管理者有效地共享信息；不匹配就会导致沟通失败。例如，某组织每周都要举行全体员工沟通会议，每位员工都要做本周总结和下周计划。虽然这些信息的确有用，但大多数人都对此产生抵触情绪——会议的方式太浪费时间，效率也很低，同样的信息通过静态媒体（BBS、电子邮件或者周报）可以更有效地分享。

组织需要确定哪些沟通形式最合适——反映组织自身的资源和信息收集系统，以及什么样的沟通频率最适合员工。例如，丰田公司向所有员工分发印好的战略计划；微软公司建立最佳实践数据库以实现跨团队分享有关创新和创意；很多上市公司的董事长都会通过“董事长来信”与员工和投资者分享有关投融资的信息，以使组织上下始终了解财务状况。

信息的分享有很多方式，既可以通过复杂的方式，也可以通过简单的方式。阿里巴巴的 CEO 马云就通过简单的方式要求员工：客户第一、团队合作、拥抱变化、诚信、激情与敬业。这六个简单的要求就可以将阿里巴巴的发展思路准确地传递给所有的员工。当然，不管是以什么样的形式，分享的信息都应该是真实的。

2. 下放权力

在进行组织结构的垂直优化过程中，要把相应的权力向下授予适当的管理层级，而不是最高层独揽大权。在很多大型企业中，大宗业务的审批过程过于复杂且缓慢，常会影响销售员工的效率，甚至影响客户的利益和忠诚度。为了应对这种局面，组织在扁平化的转变中要增加下级员工决策的自主权，使基层人员可以快速作出以客户为中心的决策。

下放权力还要求管理者把自己的角色从控制者转向辅导者、服务者。很多管理者以管理为傲，把管理的头衔和职位视为一种荣耀，因为这赋予了他们更多的特权、尊重和地位。因此，很多管理者会抵制组织的扁平化发展，因为他们可能会失去权力。管理者必须改变这种心态，弄清楚这种转变究竟意味着什么。实现扁平化就是要以榜样而非命令来领导员工，以行动而非头衔来赢得尊重，与员工合作，为员工服务。

必要时可以取消某些管理层级，这可让组织更接近市场，有助于更快地进行决策、与客户联系更紧密以及对变化反应更迅速。部分管理层级的取消将会扩大管理的跨度，管理者不能再像以前那样管理所有员工，所以就需要进一步提升员工的自我管理能力。取消管理层级的影响主要包括三个方面：（1）体系结构的变化，即取消前组织靠管理层级整合各种任务或流程，而取消管理层级会导致这种整合无法轻松实现；（2）人事的变动，即取消管理层级会对人事产生影响——一方面需要解聘被取消层级的管理者，另一方面由于可供晋升的管理职位变得更少，组织需要提供不同的职业发展途径以及薪酬和激励体系；（3）管理程序的变化，即取消管理层级后组织需要建立一种新的管理程序，如新的信息沟通渠道。

3. 发展员工能力

能力是高效率、高效能地完成相关任务所需要的关键技能。优秀的组织应该能够使员工发展任何所需的能力，而不在乎职位、层级或地位。进行组织结构的垂直优化，跨越垂直边界，往往需要在不同层次上发展员工的新技能。

发展能力之前，需对员工能力进行考察。一旦考察结束，并且确认了能力差距，组织就可以对员工配置进行改善或者对现有员工进行培训和发展，以缩小能力差距。如果组织选择通过培训和发展来增强员工能力，那么成功的关键就在于如何提供有效的培训经历以消除差距。很多跨国企业都明确地要求管理者和员工必须完成一定数量和质量的培训课程和计划。在通过培训和发展员工来增强相关能力时，组织需要注意以下几点：围绕与战略相匹配的能力来制定培训计划、以团队的形式培训、准备培训的替代方案、把客户包括在内等。

4. 匹配激励与目标

对于跨越垂直边界来说，激励系统的改良是一个重要方面。传统的等级体系主要根据职位的高低来激励员工。随着组织趋于扁平化，可供员工晋升的垂直职位减少。这种报酬体系就会功能失调，因为如果员工意识到自己得不到晋升，就意味着自己的报酬不会有大的增加，就会缺乏工作动力。因此，组织扁平化发展要求激励体系有相应的变革。

有效的方法就是把薪酬建立在绩效和能力而不是职位的基础上，构建一个由固定底薪、能力薪酬和绩效薪酬构成的激励体系。固定底薪由员工过去的贡献决定，可以根据每年的生活水平和市场水平作出调整；能力薪酬可以根据与员工相关的、实际展现出来的能力，或是依据对特定领域的精通程度决定；绩效薪酬基于组织、部门以及同事对员工绩效的综合评价。这三个薪酬要素各自所占的百分比，可根据组织、市场以及职位的不同而改变。但一般原则是：底薪不应该超过总体薪酬的60%，这样可以迫使人们重视成绩和能力的发展，以提高自己的薪酬。

同时，还可以采用非财务激励的方式。非财务的报酬可以是任何形式：授予“本周最佳员工”称号、提供停车位、由CEO给员工写贺信、通过新闻稿来赞扬优秀员工、出席研讨会或者进修培训的机会等。当然，这些非财务激励的方式要基于绩效而非职位，只有这样才能够跨越垂直边界。

海尔扁平化

以产品流程为主线，以计算机信息系统和文化为支撑，海尔实施了成功的扁平化组织构建，从而进一步缩短了从用户需求到原材料供应之间的距离，提高了组织的柔性和创新能力。海尔的扁平化组织形式如图8—10所示。

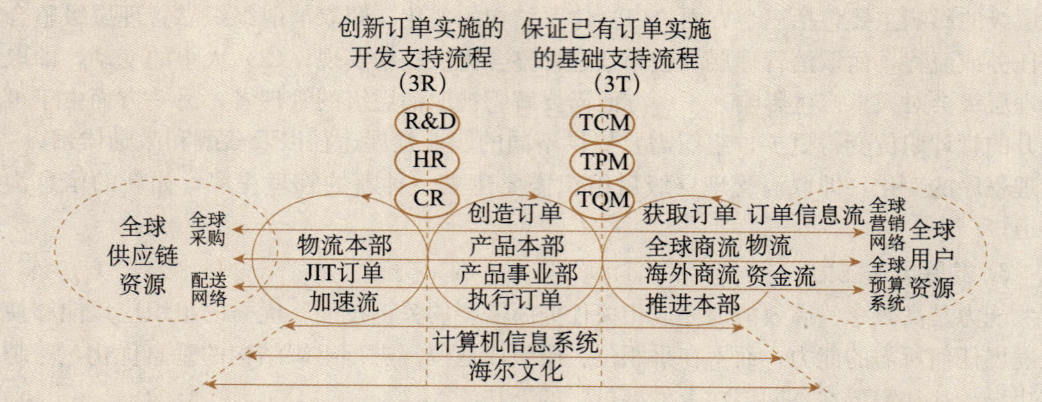

图8—10 海尔扁平化图

资料来源：海尔集团内部资料。

（二）网络化——跨越水平边界

水平边界是指存在于不同职能、生产线或者事业单位之间的界限。如果说垂直边界是组织结构中的“地板和天花板”，那么水平边界就相当于房间的墙壁——不同部门、单位和职能之间的分界线。垂直边界定义了员工的地位，水平边界则定义了营销、研发或工程这样的职能专业。水平分界线把人们划分成不同的群体，每个群体都有自己的行为规则和发展目标。简而言之，水平边界就是人们在组织内部划分势力范围的手段。职能部门间严格的水平边界会影响相互之间的沟通、交流，最终会影响组织的整体发展。在传统企业里，设计、研发部门希望开发出更具创造性的产品，寻求的是技术上的完善与突破；营销部门希望更加多样、更能满足客户需要的产品，追求的是客户满意；制造部门希望长期稳定的、标准化的生产。那么在水平边界明显的组织中，各职能部门都会把本部门的偏好和目标放在第一位，却对组织的总体目标置若罔闻。

如果房间的墙壁过多、过厚的话，就会减少房屋的开放空间和投射进来的光线。如果组织可以建立穿透水平边界的流程，支持创意、资源、信息和能力等进行跨水平界限的流动，那么就可以更高的效率和效能满足客户的需求。就像需要保留某些垂直边界一样，网络化并不是要完全删除水平边界。没有承重墙的房屋将会坍塌。因此，网络化就是要求组织将传统的职能间的边界变得具有通透性，从而有利于跨职能协作。

1. 水平边界的局限——专业化烟囱

多数组织围绕专业职能来安排经营活动，如制造部、营销部、人力资源部、公共事务部等。大型跨国组织可能会拥有 20 多个这样的部门，而每个部门内部都会形成一个具有独立的日程安排、资源和垂直边界的“小组织”。这些小组织往往被称作“烟囱型组织”，于是大型组织就成了烟囱群，包含很多互不相连的烟囱。

促使专业化烟囱形成的主要有两次关键的变革。一次是亚当·斯密的《国富论》的出版。斯密提倡专业化分工，把一个长的流程分割成多个子工序，分别由不同的技术工人来完成，组织就可以大大提升生产效率。另一次就是流水生产线的出现。由亨利·福特创造的大规模流水生产线直接把工作带到工人的面前，而不是反过来由工人去找工作。再加上专业化分工，就可以进一步提高生产效率。20 世纪七八十年代，知识的专业化推动了另一种分割方式的专业化烟囱。化学部门进一步分化成了生物化学部门、物理化学部门、热核化学部门；工程师分化为流程工程师、电气工程师、设计工程师等。

虽然专业化分工可以为组织带来规模、角色清晰、技术熟练等方面的优势，但它却严重限制了组织的反应速度、灵活性、整合以及创新等，会使水平边界成为问题。专业化烟囱的主要局限具体介绍如下：

（1）分割的势力范围。如果组织间具有森严的水平边界，每个部门就会形成自己的势力范围，更加在乎自己部门的权力和资源。（这就好像中国古代的诸侯割据，平西王吴三桂不会在乎清朝的整体情况，而更关注自己在云南的势力。）最终，各个专业化部门会花费更多的时间来保护自己的势力范围，而不是要提升组织的整体绩效，提升客户满意度。势力范围之争是僵化组织的典型标志。在水平边界森严的组织中，每个烟囱都要保护自己的势力范围，捍卫自己的特定专业所必需的资源和权力。这种想法是短视的，忽视了组织的总体目标。只有放松水平边界，才可以实现更广阔的视野。

（2）反应速度慢。在具有森严水平边界的组织中，当某个客户对产品提出要求之后，几个部门往往要一个接一个地按顺序工作，缺乏中间过程的即时反馈，这就会导致对市场需求的反应速度过慢。例如，在很多传统的制造企业里，先由研发部门研发出新产品，然后交给工程部去生产样品。但由于工程部不能完全理解或者信任研发部，所以在该产品最终定稿之前，工程部可能要调整新产品设计。随后，工程部把任务交给制造部，制造部为了使产品容易生产，便于标准化，会再次调整新产品设计，并把最终产品送交市场和销售部。但是根本无法卖出该产品，因为它并不是客户需要的。这种“把创意丢过墙”的过程不仅会耗费大量的时间和资源，而且通常会失败。①

---

① 罗恩·阿什克纳斯，戴维·尤里奇，托德·吉克，史蒂夫·克尔. 无边界组织：移动互联时代企业如何运行：原书第 2 版. 北京：机械工业出版社，2016.

2. 跨越水平边界

在组织设计领域中，对专业化与整合的争论一直存在。这确实是一个两难问题。组织需要在整合不同业务的同时，容许其独立经营的完整性。矩阵式组织往往被看做能解决这一问题，它既是专业化的，也是整合的。但矩阵式组织也有缺点，因为它模糊了对结果的责任，容许员工在相互冲突的待完成任务之间进行选择，容许员工把出现的问题归咎于未被选择的任务。那么，究竟应该如何跨越水平边界，打破专业化烟囱，促进组织内部横向交流、沟通与协作呢？

（1）从结构转向流程。从观念上，管理层应该把组织视为统一的整体，部门间要共享资源和能力，而不是成为一组专业化烟囱。具体来说，组织可以从机械的模式转向有机的模式——从组织和集合那些独立的专业化职能部门，转向通过各种流程把投入转变为产出。也就是说，以流程优化来促进部门间的协作，从而跨越水平边界。管理层可以有效地设计这些流程，最大限度地提升客户满意度，并发挥整个组织的潜力。跨越组织内部的水平边界所需要的是整合而不是分散，是流程而不是职能，是团队合作而不是单打独斗。当组织被视为一个由共享的资源组成的整体时，专业化和整合的争论中有关权力、势力等结构性问题就自然会得到解决。共享资源关心的不是哪种职能部门掌握着调动资源的权力，而是组织应如何利用流程来调动资源、解决问题、满足客户的需求。换句话说，流程比职能、结构更重要，它所关心的不是单独部门的情况，而是如何增加产品、服务以及各种活动的价值。

（2）以客户为中心。跨水平边界组织的流程应该是开始于客户，结束于客户。组织经营的整个中心就是要预测并服务于不断变化的客户需求，力求从客户的角度认识自身。当所有部门的员工都能理解并感受到客户的需求，所有的内部流程都旨在建立和巩固良好的客户关系时，就可以形成有效的无水平边界组织。组织以客户为中心，就是要使客户能够获得在组织内部横向分布的资源、产品和服务。这要求组织向客户提供单一、简单和持续的接入点，也就需要为服务客户对组织和团队进行变革与重组。其中最有效的方式就是构建“动态团队”。团队并没有固定的人选、资源和能力，而是根据客户的需求来挑选最合适的人才和资源。这种动态团队可以利用一切合适的资源，不管它们存在于组织的哪个职能部门中。从这种意义上说，这些团队是专门的、临时的甚至是虚拟的。当额外的客户需求得到识别后，相应的资源和能力就会加入进来，而团队也就实现了再次重组。

（3）持续学习成为关键能力。跨水平边界需要建立持续学习的过程。在信息化条件下，知识和信息的数量呈指数增长，获得并有效利用信息和知识就意味着拥有市场。各种个人知识、组织知识的学习就变得格外重要。组织要想在激烈竞争中获取优势地位，就必须在组织学习的基础上快速有效地组织自身的创新活动，从不断创新中获得利润。特别是在全球化过程中，组织更加需要全球化的学习能力和创新能力。信息技术推动了组织学习，因为它可以支持灵活的学习型结构，取代了传统的层级结构。

（4）跨团队共享知识。因为团队是通过跨边界协作来为客户服务的，所以他们在客户信息、专业知识以及合作模式等方面都有各自深刻的认识。记录和分享这些认识有利于组织的持续学习，否则其他团队就可能会不断重复同样的经验教训，会变得代价高昂而没有效率。为了促进相关信息和知识的共享，组织可以建立支持分享最佳实践的机制。组织内部和组织间的知识共享对于创新所起的作用已经得到广泛认可。在快速变化的今天，越来越多的组织认识到知识共享的重要性。国内外的案例都表明，知识共享可以降低创新成本，有效规避创新风险，提升核心竞争力，从而实现合作双方的共赢。哈默和普拉哈拉德通过研究发现，合作伙伴间的相互学习和知识共享是建立联盟的重要目的与动机。此外，组织间的隐性知识无法通过市场交易而必须通过合作联盟的方式获得。由于信息技术推动的知识管理对于交互式创新过程具有重要作用，建立在信息化基础上的知识管理方法逐渐受到人们的重视。

（三）开放化——跨越外部边界

外部边界是存在于组织与外部世界之间的界限（相当于整个楼房的外墙）——这个外部世界主要是指供应商、客户、竞争对手、社区、政府机构以及其他特殊利益集团。传统的组织在内部和外部环境之间划定了清晰的界限，有些是规章制度上的，有些则是心理上的。这就导致了大多数组织与外部组织之间形成了清晰的二分关系，组织内外部之间就只剩下业务谈判、讨价还价、压迫政策以及封锁信息等。

虽然外部边界的存在的确可以给组织内部成员以认同感，而且可以帮助组织实现相关技术、知识产权的保护，但外部边界已经不再适合知识经济时代。并不是说要抛弃所有外部边界（否则，就没有组织可言），而是要通过使特定的外部边界变得更加便于跨越，实现组织与外部资源之间更为活跃的互动，从而促进组织的整合与创新。现在来看，竞争已经不再局限于单个组织之间，而存在于组织所嵌入的价值网络之间。组织外部资源的整合已经变得比内部资源的利用更重要。客户可以为企业指明产品和服务的发展方向；供应商可以更多地参与到产品开发过程中；高校、科研机构的研究成果是创新的宝库。存在于组织与外部环境的边界越薄弱，相互之间的利益交会就越能够使各方获得更高的绩效。

1. 外部边界的局限

组织构成了价值链中的链环。有的向最终客户提供产品或服务，大多数处于价值链的中间位置，从供应商那里获得原料、部件，并向客户企业出售产品。在这个过程中，外部的单位（政府机构、投资商、供应商甚至是竞争对手）都会影响其运作。20 世纪，大多数组织都将自己视为价值链中独立的、孤立的单位。

（1）战略和计划都是独立制定的。传统的组织在确定发展战略、营销目标、资源配置等计划时，只从自身的发展考虑，不会涉及价值链中与其紧密相连的单位，这会导致价值链中某些环节间的不匹配。例如，空调制造商把自己的设计改动对压缩机供应商保密，供应商就很难满足其供货要求，尤其是供应商已经全力准备按照原来的设计进行生产。因此，在战略和计划过程中，组织需要与外部的其他组织进行协作，实现协同。这样做不仅可以实现更有效的产品开发和生产规划，而且可以保证共同的或协调的管理和业务程序，如编制账单、采购、发货和库存等。

（2）限制信息共享和协同问题的解决。在严格外部边界思维中，传统组织倾向于保护所有信息，而不与其他组织共享，隐瞒原材料的实际成本、利润率以及各种不利信息。但大多数情况下，组织内部问题的解决或者绩效的进一步提升，需要所有利益相关者的共同努力，而不是组织自己所能够解决的。

（3）资源利用低效率。价值链中具有丰富的资源和专门技能，以及涉及经营的方方面面的技术知识和经营知识。价值链中的资源对组织的发展具有非常重要的作用。但在传统模式下，每一个组织都只关注自己的资源，并没有利用其他组织资源，造成了一定的资源浪费。

2. 组织间合作及其对象

进入 21 世纪以来，组织面临着扁平化、多样化的发展趋势，同时还必须应对全球化和信息化的压力和挑战。组织想要完全依靠自身的力量赢得市场竞争愈发困难。内外部环境的变化使得很多组织开始跨越传统组织的外部边界，实施组织间合作战略，实现整合和创新。

关于组织间合作的优势，主要可以从三个方面来分析——交易成本、资源观和战略决策。从交易成本的角度来看，组织间合作可以提高资产回报率，增进组织间效率，并降低单位成本。通过跨越外部边界来实现组织间合作，组织可以将外部交易成本内部化和最小化。从资源观的角度来看，通过组织间合作，组织可以实现对关键资源的控制，将不同组织所拥有的互补资源整合起来。从战略决策的视角来看，组织间合作可以通过协同和扩展的市场能力来提高绩效。组织间的互动可以使各个组织减少科层组织带来的行政成本，增强经营灵活性，并凭借各自的竞争力构成一条利益链。这样，每个组织都可以在专注自己核心能力的基础上，结合伙伴组织的能力来扩展产品功能，拓展市场规模或实现差异化的竞争优势，重组价值链，以达到范围经济性和规模经济性。

任何组织都需要与外部的其他组织进行沟通或者交易。而且从某种程度上说，组织间的关系网络的构建比组织内部的结构设计更加重要。因此，管理者在进行组织设计的时候，也应该思考如何将组织设计成更加有利于进行组织间沟通与合作。

组织要生存，就必须跨越外部边界，与外部环境进行有效互动。组织外部的信息输入与反馈对维持组织系统的生命力至关重要。例如，宝洁已经将其研发（research & development，R&D）部门更名为联发（connect & development，C&D）部门。宝洁认为企业创新过程中并不一定要进行独立的研究和开发，而应该更多地从外部寻找创新源和创新解决方案。组织主要涉及的外部组织形式有：供应商、客户、竞争对手、相关科研机构等，如图 8—11 所示。

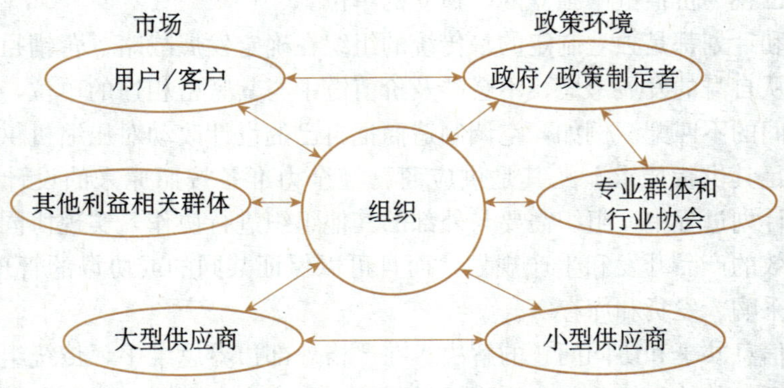

图 8—11 开放的对象

资料来源：陈劲．复杂产品系统创新管理．北京：科学出版社，2007.

（1）构建与供应商的合作网络。组织在进行管理信息化运作的过程中，与供应商的沟通和联系非常重要。很多企业实施了 ERP 系统，要求组织准确了解供应商的制造速度、最大产出、运输时间与成本等方面的信息，以更好地进行制造资源的计划。不仅如此，随着创新逐渐成为知识经济时代的主流，供应商也会更多地参与到组织的创新中。美的空调在新产品开发的过程中，就将其压缩机供应商纳入自己的创新活动中；在通用汽车产品开发的过程中，供应商在创新方面起到了重要而广泛的作用。

(2) 构建与客户的合作网络。网络的出现使得客户已经逐渐摆脱传统的角色，拥有了顾客和价值创造者的双重身份，在推动组织创新过程中发挥着重要作用。客户的需求信息对组织的生产也具有非常重要的作用。企业往往需要根据客户的需求预期来制定相应的生产计划，而且客户的反馈对企业的产品改进和创新尤为重要。另外，根据美国麻省理工学院的著名学者埃里克·冯·希波尔（Eric von Hippel）教授的研究，用户特别是领先用户（leading user）是企业创新的重要来源。领先用户是指那些可以在主流（普通）用户产生某种需求之前，就意识到此种需求的用户。他们有敏锐的需求嗅觉，甚至具备一定的参与企业产品改良、创新的能力。

(3) 构建与相关企业的合作网络。即便是同行业内的竞争企业，企业也需要与它们构建一定的组织关系。不同企业在资源禀赋、技术特点以及产业发展阶段上表现出强烈的异质性，通过企业间的合作，相关的企业可以实现资源共享，共担发展的风险和成本，实现合作企业的资源互补，提高创新效率。例如，制药公司和化学公司可以与新的生物技术公司合作，获取生物技术方面的新技术知识；生物技术公司愿意与制药、化学公司合作，获取互补资源以促进生物技术的应用和商业化。

(4) 构建与高校和科研院所的合作网络。高校和科研院所主要从事重大的科学基础研究，其研究的主要目的是解决重大科学难题并推动科学进步。企业聚焦于进行各种改良性和应用性科学研究，并将各种科学进步的成果商业化。企业与高校和科研院所之间具有很强的资源互补性和依赖性。高校和科研院所拥有大量的专业研究人才、科研仪器设备、知识及其产权、技术信息、研究方法和经验，而企业则拥有大量的资本、生产试验设备和场所、需求信息以及市场营销经验等。高校和科研院所可以为企业提供有效的技术（或者管理）支持，而企业也可以为高校和科研院所的科学研究和开发提供资金等的支持。对企业来说，构建一个与高校和科研院所相联系的有效网络非常重要。

总之，组织在进行组织结构设计的时候，不能仅仅考虑组织内部的结构问题，还需要很好地思考如何更加有利于跨越外部边界，更好地与外部的组织沟通与合作。以往的组织设计只聚焦于组织内部，但是组织设计的本质是构建适合的组织结构等来促进组织的可持续发展。我们不能再只关注"组织内设计"和"组织内结构"，而应该将"组织间设计"和"组织间结构"的理念纳入组织设计中。在组织设计的初期，我们就要考虑如何设计组织结构，以既有利于组织内部运营效率的提升，又有利于实现组织间的交流、沟通与合作。

3. 组织间合作的方式

那么应如何把前面提到的新的认识转化为现实的、持续的行动，以跨越组织外部的边界，实现开放化发展？下面介绍几种常见的方式。

(1) 举办客户和供应商会议。组织可以把来自不同领域的外部组织召集在一个有序的环境中，定期举办研讨会，为改善目前的形势收集创新性建议，并鼓励所有参与者进行讨论。尽管通用电气召开全员大会的初衷只是为了放松内部边界，但它很快就意识到这种活动也可以帮助跨越外部边界、巩固与客户和供应商的合作关系。通用电气已经发起了数百次与客户和供应商的全员大会，目的就是巩固、发展并利用价值链上的所有资源。

(2) 建立贯穿价值链的专业小组。实现开放化，还可以从价值链中的不同组织抽调成员来共同组建专业小组。它应该像任何组织内的专业小组一样运作，但是重点存在细微的差别：1）共赢的经营目标。专业小组目标的实现应该能够给所有参与者带来显著的回报，因此小组成员必须克服狭隘、局限性、自我利益的思维和眼界，努力实现参与者共同受益。2）英明的领导者。领导者必须有能力调动一切，而且必须对结果负责。很多组织设置来自不同组织的联合领导者，但是工作中往往存在信任障碍，导致命令矛盾和冲突。3）需要大量的项目管理规范。不管被指派的团队成员是全职还是兼职，他们都需要得到充分的控制，因为每个组织都为此投入了大量的资源。另外，团队成员还可以把合作所得的经验和体会带回自己的组织，从而进一步提升自己所属组织的绩效。

（3）共享技术服务。跨越外部边界，还要在整个价值链内共享知识，把组织里的专门知识延伸到供应商和客户。在财务管理、库存控制、销售以及很多其他方面，都可以与外部的组织进行交流和互动。共享技术在实现扁平化、网络化和开放化过程中都起着非常重要的作用。

实际上，除了上述三种边界之外，组织还面临另一种边界——地理边界，这主要是源于全球化的发展。因为信息技术的发展、贸易壁垒的消除，全球性的地理边界正在迅速消失。但打破地理边界，并不是说要消除不同国家、地区之间的差异。相反，那些成功跨越地理边界而取得成功的跨国组织都尊重和重视地区间的差别，将这种差别视为创新的源泉。高露洁公司就致力于建立全球品牌，同时力求牙膏和牙粉品牌迎合当地消费者在口味、颜色等方面的偏好。关于全球化发展的相关议题，在第1章中已经详细讨论，这里就不再赘述。

未来真正适合知识经济时代的组织就是要跨越这些边界——垂直边界、水平边界、外部边界和地理边界。否则，组织就会反应迟钝、不灵活、缺乏创新。组织应该努力实现不同层次、职能、组织之间的交流与整合，而不是加剧专业化分工。这就要求组织成员具有更加广泛的关于不同职能方面的知识基础，而不是仅仅关注自己部门内部的职能工作。在这样的组织结构中，组织的权力被大量地下放给基层员工。组织的高层管理者敢于并且乐于向下属进行授权，下属的职责不是仅仅服从命令和执行上级作出的决策，更需要为企业的发展决策提供必要的意见和建议。

四、组织生态体系设计

20世纪80年代以来，世界经济呈现出全球化、网络化、知识化和信息化的发展趋势，并由此衍生出一种不同于工业经济的新的经济形态。新经济时代的到来使企业的运营环境发生了极大变化，企业的行为方式和竞争理念也发生了根本变化，企业战略行为由工业经济时代的竞争垄断转变为竞争合作。同时，网络信息化和经济全球化趋势增强，产业边界不断融合与变动，市场、制度、顾客需求的多样化成为当今世界的主要特征，企业的经营环境表现出极强的动态性和复杂性。组织生态体系正是在这样的环境背景下提出的。

组织生态体系理论范式的出现，鲜明地揭示了围绕企业商业和创新而形成的产业链、知识链、资金链的拥有和完善对现代企业的竞争和发展具有重大意义。构建完整的组织生态体系，对于充分吸收来自全球的商业和知识资源、迅速传递企业产品和服务的价值具有重大价值，它已成为企业战略发展和组织设计的最重要的内容，是在互联网经济中开放、平等、信任、协同地实现企业愿景、实施企业战略的最重要手段。

这里主要介绍组织生态体系的内涵、特征和结构。

（一）内涵

自然生态系统是一个系统的整体。该系统不仅包括有机复合体，而且包括形成环境的整个物理因子复合体。这种系统是地球表面上自然界的基本单位，有各种规模和种类。[①]通常，自然生态系统由非生物的物质和能量以及生产者、消费者和分解者构成。组织生态体系的概念是一个隐喻（metaphor），源于自然生态系统，其相关理论是从自然生态系统的概念演化发展的。

1993 年，美国战略管理学家詹姆斯·摩尔（James F. Moore）提出了一个全新的战略思想——商业生态体系（business ecosystem）。科尼格（Koenig）进一步认为，商业生态体系由一个或多个支配者进行管理、精心设计，共演并通过成员间相互协作创造价值。本书借鉴概念提出者——摩尔教授的观点，认为组织生态体系本质上是一个“基于组织互动的经济联合体”，是一种由客户、供应商、主要生产商、投资商、贸易合作伙伴、标准制定机构、工会、政府、社会公共服务机构和其他利益相关者等具有一定利益关系的组织或者群体构成的动态结构系统，以在动态复杂环境下不同组织实现良好生存与持续健康为目标，实现系统要素、要素之间以及系统与环境之间的有效协同。

生态体系概念的提出体现了研究范式的转变——由关注系统中要素的构成转向关注要素之间、系统与环境之间的动态过程。

（二）特征

1. 成员相互适应、共享命运

组织生态体系的核心不在于单一组织的发展，而在于组织与组织之间的相互协调、相互适应，最终实现生态系统成员命运共享。一个生态系统健康、可持续发展的关键在于生态系统成员相互适应、协调。20 世纪 70 年代末期，美国个人计算机市场形成了以苹果公司和 Tandy 公司为核心的两大公司主导的局面。苹果公司重视与商业伙伴共同工作，在业务上仅对电脑设计和系统软件开发进行严格控制，倡导为合作伙伴传递“福音”以促进共生。同时，苹果公司大量开展与独立的杂志、电脑公司和培训机构的合作。相反，Tandy 公司更多采用产业链垂直整合方式，试图以此实现公司对运作系统、语言系统和文字处理等应用的单独控制。同时，Tandy 公司通过自身平台控制销售、服务、培训以及市场开发等环节，打造了紧密控制的商业生态系统。然而，Tandy 公司的更多控制并没有换来其商业生态系统的繁荣，而苹果公司却实现了自身的持续发展与效益提升。

2. 以创新为目标

组织生态体系的核心目标是创新，通过生态体系成员在信息、人才、资源和资金等方面的协同，一方面实现生态体系成员自身创新能力的提升，另一方面实现生态体系整体的创新溢出与涌现。生态体系中的个体和单一组织不只关注自身的资源、能力、商业模式和竞争优势的获取和发展，更关注自身在生态体系整体的定位以及与成员伙伴的关系。生态体系成员的资源互补和优势互补、基于价值链的合作，有助于挖掘生态体系成员的潜能、获得成员相互依赖而形成的整体优势和创新溢出，从而保持组织生态体系的强健。

---

① 蕾切尔·卡逊. 寂静的春天. 北京：北京理工大学出版社，2014.

3. 共同进化

自然生态系统依据生物与非生物的生态定位及其能量流动实现生态系统参与成员的共同进化，最终形成个体层面的适者生存以及整体层面的相互适应。组织生态体系伴随着企业及其他利益相关主体，同样具有明显的共生、均衡、成长、竞争、自组织、自适应和进化等现象①，最终实现共同进化的动态平衡。企业参与组织生态体系共同进化的步骤如图 8—12 所示。

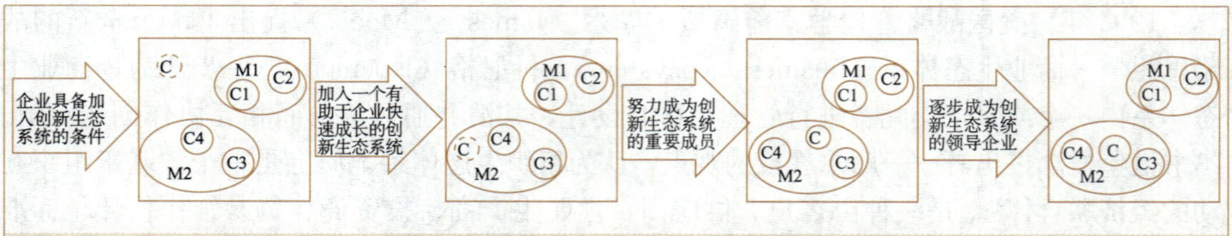

图 8—12 企业参与组织生态体系的共同进化步骤

资料来源：张金萍，周游．基于商业生态系统的企业竞争战略．管理世界，2005（6）．

4. 复杂性

组织生态体系因成员主体及其相互关系的多样性特征而表现出复杂性属性。首先，组织生态体系是动态的，系统成员的进入和退出遵循生态系统的自然选择，表现为自组织演化特性；其次，组织生态体系是开放的，表现为系统与外部环境之间发生能量转换，组织生态体系能够从外部环境中获取各类资源，如人才、资金、信息和知识等；再次，组织生态体系是多功能和多层次的，表现为系统各层次的行动主体相互关联、相互依赖，系统整体的发展建立在各层次行为主体的发展和互动之上；最后，组织生态体系是自学习的，即系统成员随着自身发展和相互关系演化而不断积累经验和知识，从而具有学习、合作行为的适应性。

（三）结构

作为自然生态系统的隐喻，组织生态体系由各类异质性成员组成，从而形成了系统主体与关系的辩证与统一。这里简要介绍国内外学者对组织生态体系结构的一些研究成果。

1996 年，詹姆斯·摩尔提出了商业生态体系的结构模型，将之划分为核心生态系统要素、扩展生态系统要素、完整生态系统要素以及生态系统环境等，从宏观视角描绘了商业生态体系的结构及其主体间的竞争和合作关系，如图 8—13 所示。从图 8—13 可以看出，商业生态体系的构成和规模大于一般的企业网络，商业生态体系可以是小的企业内部商业活动的集合，也可以是大的企业联合体，打破了传统的组织边界，描绘了异质性组织之间的协同关系和共生发展。

Marco Iansiti and Ray Levien（2004）依据企业的创新动态程度和网络关系复杂程度，认为组织生态体系包括网络核心型组织、支配型（包括主宰支配型和坐收渔利型）组织和缝隙型组织，如图 8—14 所示。其中，缝隙型组织具有较低的网络关系复杂程度和较高的创新动态程度，实施利基型战略，即专注于专门的领域，依靠所在组织生态体系中的骨干

① 张金萍，周游．基于商业生态系统的企业竞争战略．管理世界，2005（6）．

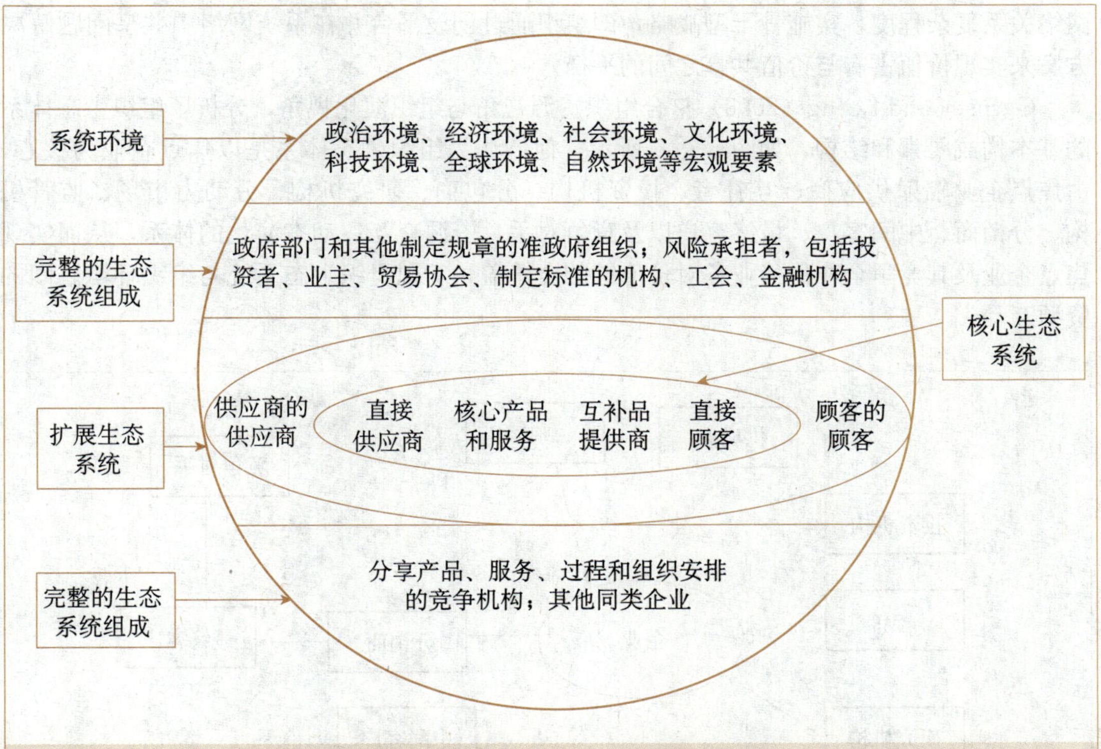

图8—13 商业生态体系概念模型

资料来源：MOORE，J. F. The death of competition：leadership & strategy in the age of business ecosystems. New York：Harper Business，1996.

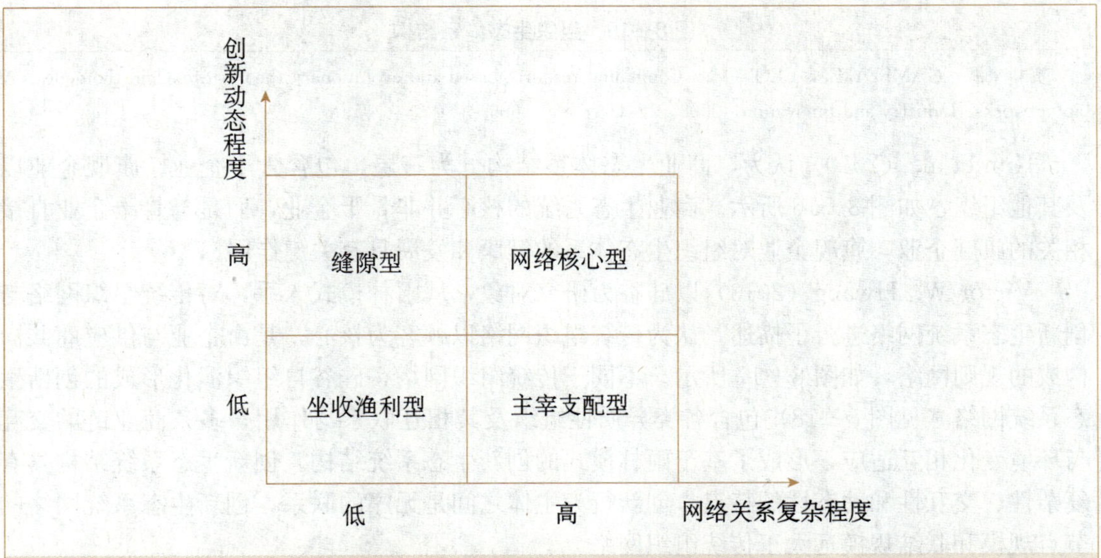

图8—14 组织生态体系中的角色定位

资料来源：IANSITI，M.，LEVIEN，R. Strategy as ecology. Harvard Business Review，2004（82）：68-78.

企业并为之提供服务，在小规模市场开展价值创造活动；支配型组织具有较低的创新动态程度，所包括的坐收渔利型组织和主宰支配型组织实施支配型战略，即组织通过控制与占有价值承担绝大多数的价值创造活动；网络核心型组织具有较高的创新动态程度和较高的网络关系复杂程度，实施骨干型战略，即组织通过创设平台并在系统网络中共享问题解决方案来实现价值占有与价值共享之间的平衡。

Garnsey and Leong（2008）整合组织资源视角与组织演化视角，分析了组织生态体系的基本构成要素和结构，如图 8—15 所示。他们认为组织生态体系是以焦点企业为核心，由焦点企业辐射供应商、互补者、投资机构、分包商、研究机构、劳动力市场、监管机构、分销商、中间客户、最终客户以及竞争对手，资源交互、动态演化的体系，从而实现焦点企业及其竞争合作伙伴业务对价值链的全覆盖，实现组织生态系统与组织环境之间的资源互动。

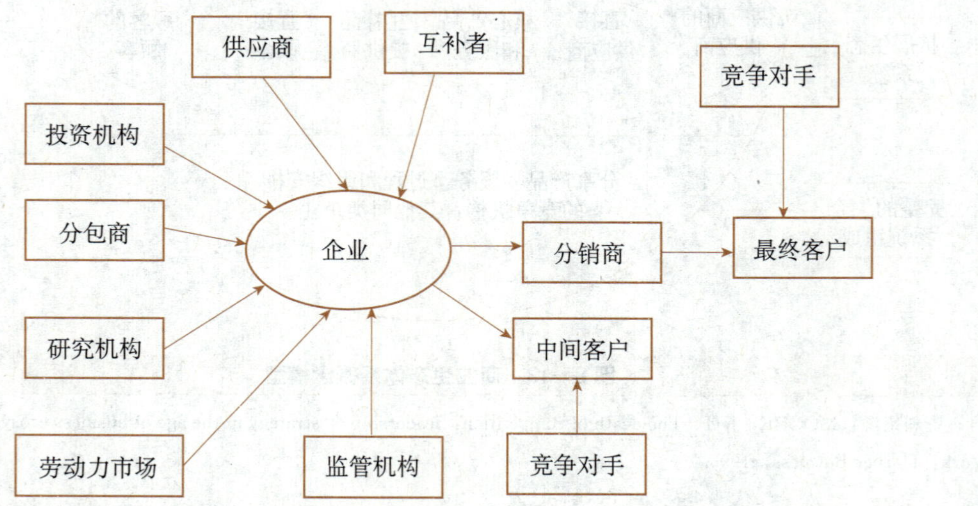

图 8—15　组织生态体系结构

资料来源：GAMSEY E.，LEONG Y. Combining resource-based and evolutionary theory to explain the genesis of bio-networks. Industry and Innovation，2008，15（6）：669-686.

Kim et al.（2010）认为，商业生态体系结构分为三层，包含骨干企业、旗舰企业以及其他组织，如图 8—16 所示。商业生态系统的核心并非骨干企业，而是与骨干企业直接相关的旗舰企业，旗舰企业对组织生态体系的健康和发展具有关键作用。

Victor W. Hwang（2013）以硅谷为研究对象，从雨林模式入手，对传统组织网络与创新生态系统网络进行了描述，认为传统组织网络以顾客为核心，是由企业与供应商共同构成的规则网络，如图 8—17 所示。不同于传统组织网络，硅谷自组织演化形成的创新生态系统网络（见图 8—18）包含各类异质性组织及其相互联系与作用，多条商业链的交互与环境变化相互适应，形成了基于雨林模式的创新生态系统结构。创新生态系统结构具有复杂性、交互性和动态性的特点，创新行为主体之间是无序的联系，创新生态系统网络的节点规模和联结规模远大于传统组织网络。

国内学者胡斌和李旭芳从商业链的角度描绘了组织生态体系的结构，认为其中的核心是系统内各要素的相互联系和作用，供应商、核心企业和顾客等通过商业价值链建立联系，实现产品、服务、资金、信息和人员等要素的交换与流动，如图 8—19 所示。

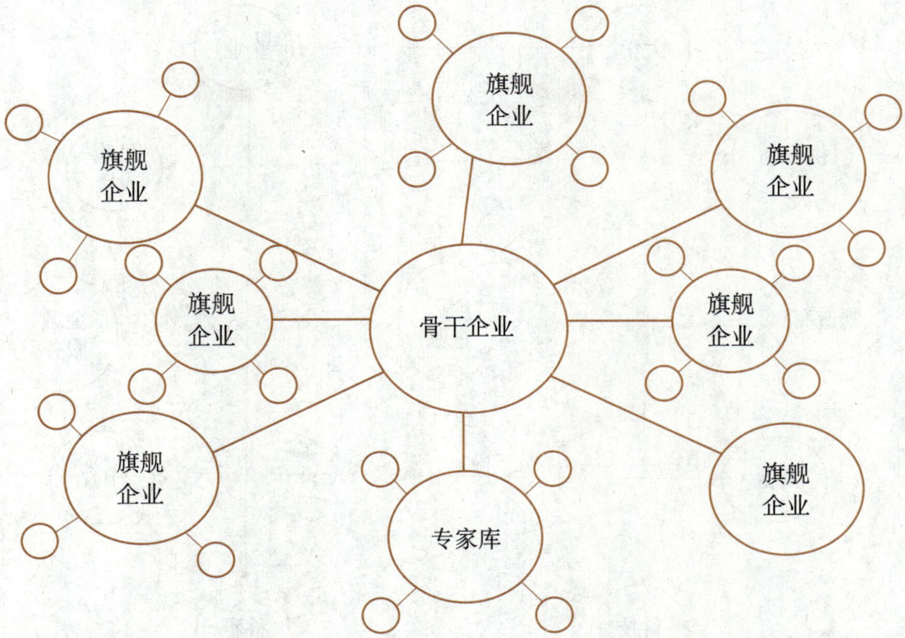

图 8—16　商业生态系统三层结构图

资料来源：KIM H.，LEE J. N.，HAN J. The role of IT in business ecosystems. Communication ACM，2010，53(5)：151－156.

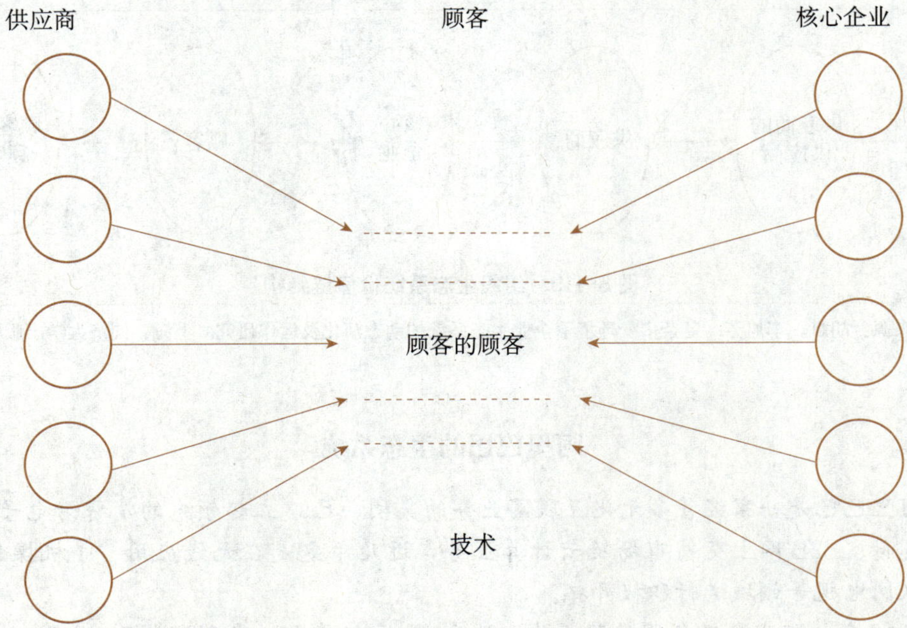

图 8—17　传统组织网络结构图

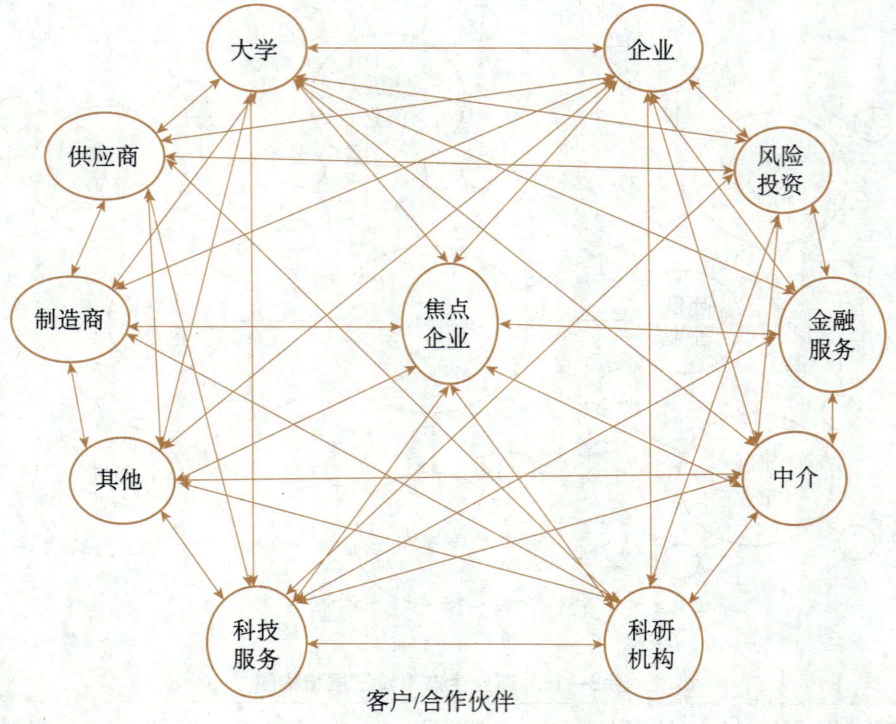

图 8—18　创新生态系统网络结构图

资料来源：HWANG，V. W. The rainforest：The secret to building the next silicon valley. Regenwald，2012.

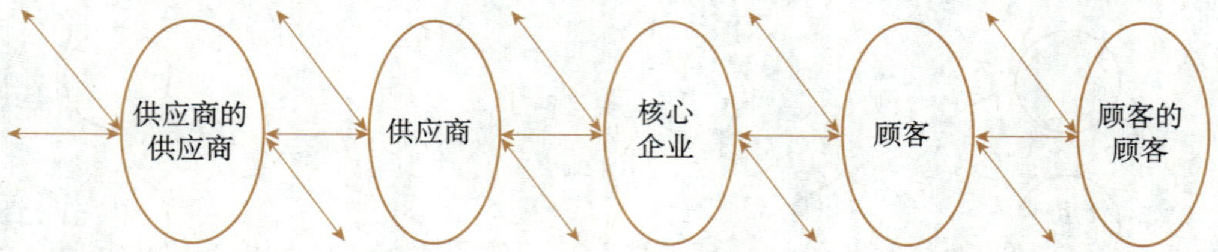

图 8—19　组织生态系统价值链结构

资料来源：胡斌，李旭芳. 复杂多变环境下企业生态系统的动态演化及运作研究. 上海：同济大学出版社，2013.

阿里巴巴的生态系统

阿里巴巴是一家经营多元化互联网业务的集团，已建立起领先的消费者电子商务、网上支付、B2B 网上交易市场及云计算业务，近几年更是在无线应用、手机操作系统和互联网电视等领域进行积极开拓。

2013 年，阿里巴巴集团的营业收入达到 79.5 亿美元，净利润达到 35.52 亿美元，旗下的淘宝网和天猫网的交易额达到 1.5 万亿元。阿里巴巴集团在互联网应用领域的发展极大地便捷了人们的生活。

一、阿里巴巴成长历程

阿里巴巴于 1999 年由马云带领的 18 位创始人创立，最初专注于 B2B 业务。阿里巴巴的 B2B 电子商务平台成功建立后，马云团队集中所有力量进行网站平台的开发和建设。阿里巴巴对其会员（中小型企业）提供两种服务——“中国供应商”和“诚信通”，两者均使中小企业获得了前所未有的巨大发展良机和对外交流机会，为它们提供了获得信息的渠道。

2003 年，坚持在电子商务领域耕耘 4 年的阿里巴巴宣布建立淘宝网。淘宝网的模式是 C2C，这在一定程度上激活了阿里巴巴的 B2B 电子商务平台——其 B2B 平台上的大批产品能够进入淘宝网交易，增加了企业产品的销售渠道，全新的 B2C 模式开始孕育。2003 年 10 月，阿里巴巴推出支付宝并正式投入使用，解决了网络营销支付的安全和信用问题。在阿里巴巴的最初规划中，阿里巴巴和淘宝网负责实现对个人和企业电子交易的全面覆盖，支付宝负责夯实网络诚信基础，通过搜索实现海量信息处理，利用阿里软件和“阿里妈妈”帮助中小企业进行升级管理和营销推广。阿里巴巴的商业生态系统不断得到完善和巩固，核心商业模式趋于成熟。

2007 年开始，阿里巴巴从阿里软件入手，将电子商务延伸到中小企业内部，提供电子商务营销工具、客户管理、进销存＋财务、供应链管理等软件工具，将中小企业群拉入阿里巴巴平台中。同时，为了拓展相关业务，阿里巴巴选择与第三方进行合作，与微软、中国建设银行和思科等签署了战略合作，一起进行电子商务、企业管理、金融、办公自动化和企业通信等在线服务的研发和部署。在发展过程中，阿里巴巴不断协同最广泛的合作伙伴，共同培育一个开放、协同、繁荣的电子商务生态系统。

二、阿里巴巴创新生态系统的构建

阿里巴巴生态系统的构建，缘于其作为全球领先的电子商务服务平台能够吸引中小企业和创业者等大量用户群体加入。阿里巴巴围绕传统经济中被忽视的弱小群体，构建了一个强大的生态系统，以追求开放、协同、繁荣的电子商务生态系统为目标，促进各用户群的生态发育，从而实现了整个生态系统的日益繁荣。

阿里巴巴的业务已涵盖 B2B、C2C、软件服务、在线支付、搜索引擎、网络广告六个大领域。在整个生态系统的发展过程中，阿里巴巴通过将横向发展和纵向发展战略相结合，逐步构建了现在的阿里巴巴生态系统。

1. 横向扩张

阿里巴巴集团充分挖掘资源价值，以资源整合为工具，通过横向发展不断扩大其商业生态圈。

首先，在最初的 B2B 业务做大做强的基础上，阿里巴巴适时地进入 C2C 领域，并依靠其免费策略和正确的营销策略战胜 eBay，获得了巨大的市场份额。

其次，开发软件服务业务阿里软件。阿里巴巴通过阿里软件，在原有服务的基础上依托巨大用户群和信息把握能力，向用户提供后台业务管理软件，包括通用的进销存和财务管理软件服务，满足中小企业的需求。这一服务使得阿里巴巴对中小企业的黏性更强。

最后，借助阿里妈妈进军广告服务业。阿里妈妈以新型的第三方平台形式聚合了数量庞大的广告需求双方，阿里巴巴上的中小企业主、淘宝网上的小店铺、支付宝商铺、口碑网的个人及企业用户等都是客户，颠覆了传统的广告模式。

2. 纵向延伸

阿里巴巴在充分横向发展的同时开始纵向延伸，实现在业务链上的扩充，扩展至支付宝和搜索领域。

在阿里巴巴的发展过程中，鉴于当时国内并没有诚信、独立的第三方机构，为了能够解决网络支付安全的问题，2003 年阿里巴巴推出了独立的第三方支付平台——“支付宝”。支付宝不仅用于阿里巴巴和淘宝网，而且独立应用于其他领域。目前支持支付宝交易服务的商家已超过 30 万家，涵盖虚拟游戏、商业服务、机票等领域。同时，鉴于很多网上交易都是通过搜索完成的，阿里巴巴通过并购雅虎的搜索部门，不仅获得了先进的搜索技术，而且控制了电子商务的上游产业链。

通过横向战略和纵向战略的实施，阿里巴巴构筑的六大业务领域已全面覆盖中小企业电子商务流程的各大环节。整个商业生态圈的六大环节相互作用、相互影响、相互支撑，通过资源的整合和应用最终发挥最大价值，形成了一个更大范围、更广阔的商业生态链。

三、阿里巴巴商业生态系统的发展

阿里巴巴集团在构建了包括阿里巴巴 B2B、淘宝网、支付宝、阿里软件等在内的核心业务后，随着市场需求的变化和技术体系的发展，不断地发展其商业生态系统。经过多年的耕耘，在作为中小企业服务平台的基础上，目前阿里巴巴的商业生态系统已涉及信用系统、金融体系、物流系统和大数据平台等，正试图通过不断完善自身为用户提供更好的服务，带动经济发展。

阿里巴巴的生态系统如图 8—20 所示。其生态系统分为五个部分——中小企业工作平台、信用体系、金融体系、物流体系和大数据系统。

1. 中小企业的工作平台

阿里持续完善其中小企业工作平台。此时的阿里巴巴平台已延伸为一个由 22.5 万家中小企业自发形成的无数个“组织化”的生态链，其中既有供产销式的网商之间的供应链，也有阿里巴巴代表小企业集群与专业服务商构成的利益链条。

2. 信用体系

从 2002 年开始，阿里巴巴陆续推出“诚信通”、淘宝网信用体系、支付宝信用体系和阿里小微信贷等产品。这一整套信用机制已成为国内网络零售行业的事实标准，率先为建立网络诚信体系开辟出一条道路，目前已成为完善的信用体系平台。

3. 金融体系

阿里巴巴在打造了涵盖 B2B，B2C 以及 C2C 的强大商务平台后，为了促进中小企业更好地发展，将金融确定为其下一个目标。2004 年 3 月，阿里巴巴在“诚信通”的基础上推出了“诚信通指数”，通过一套科学的评价标准衡量会员的信用状况。自 2007 年 5 月起，阿里集团联合中国建设银行、中国工商银行向企业推出贷款产品。2009 年，为推进与银行合作而设立的网络银行部从 B2B 业务中拆分出来而纳入阿里巴巴集团，负责集团旗下所有子公司平台的融资业务，此后更名为“阿里巴巴金融”，实现了组织架构的独立。

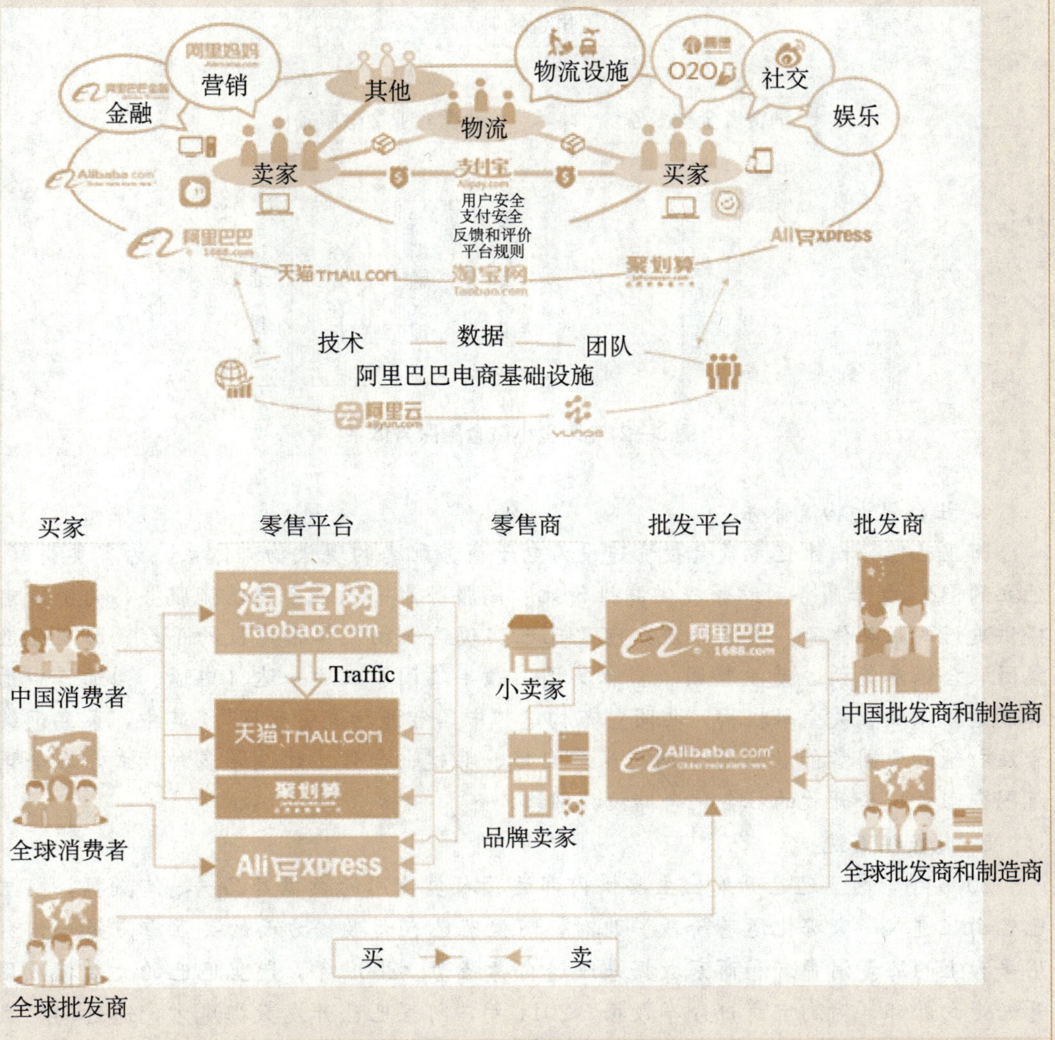

图 8—20　阿里巴巴的生态系统

2010 年 6 月，浙江省阿里巴巴小额贷款公司宣告成立，标志着阿里金融的信贷业务正式开张。2012 年 9 月，马云在网商大会上表示，阿里巴巴集团将从 2013 年 1 月 1 日起开始转型，重塑平台、金融和数据三大业务，重建一个金融信用体系。围绕支付宝和阿里金融，阿里巴巴宣布继续调整，将支付宝拆分为共享平台事业部、国际业务事业部和国内业务事业部，再加上原来的阿里金融，共同组成阿里金融业务的四大事业群。同年 3 月 7 日，阿里巴巴宣布以四大事业群为班底，筹备组建阿里小微金融服务集团，主要提供面向消费者和小微企业的金融服务（见图 8—21）。

阿里小微金融服务集团的主要业务范畴涉及支付、小贷、保险、担保等。通过阿里巴巴这一平台，小微企业实现物种多样化，为网商提供工具，支持网商面对消费者；小微金融服务集团将为无数小企业和消费者提供资金、支付和担保等多种服务，支持其生存和发展。

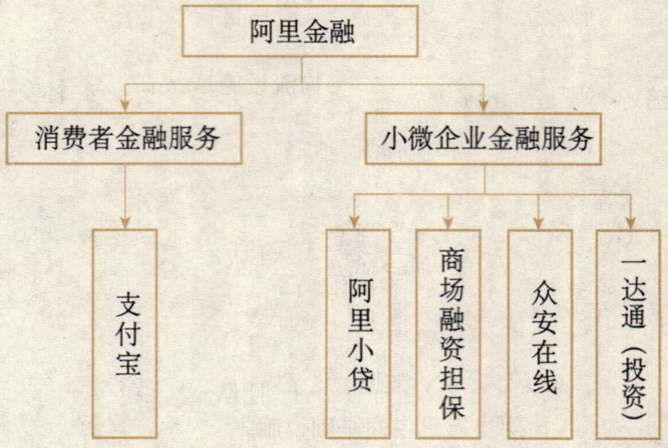

图 8—21　阿里小微金融服务体系

4. 社会化大物流体系

阿里巴巴领衔千亿元资金投资建设为电子商务配套的现代物流体系，为各类商家、独立的 B2C 电子商务网站等提供高性价比、高服务水平的社会化物流服务，为消费者提供更好的服务体验。菜鸟物流是阿里巴巴实现这一物流体系建设的平台。阿里巴巴集团联合银泰集团、复星集团、富春集团、顺丰集团、三通一达（申通、圆通、中通和韵达）以及相关金融机构，共同宣布构建“中国智能物流骨干网”。其中，菜鸟网络专注打造的中国智能物流骨干网将采取自建、共建、合作、改造等多种模式，在全国范围内形成一套开放的社会化仓储设施网络。

5. 大数据系统

2005 年，阿里巴巴开发出主要供内部运营人员使用的数据产品——淘数据，阿里巴巴由此进入了数据化运营阶段。此时，阿里巴巴在大数据方面的关注重点是如何利用平台上的海量消费者和商家数据来改进自身经营。2009 年，阿里巴巴的大数据应用开始走向外部，对淘宝商户分享数据。2011 年，阿里巴巴开发数据魔方，通过淘宝数据魔方平台，商家可以直接获取行业宏观情况、自己品牌的市场状况、消费者在自己网站上的行为等情况。

进一步，天猫携手阿里云、万网宣布联合推出聚石塔平台，为天猫、淘宝平台上的电商及电商服务商等提供数据云服务。2013 年，阿里巴巴成立了虚拟组织——数据委员会，委员会包括底层数据负责人、支付宝商业智能负责人、无线商业智能负责人和一名数据科学家。数据委员会更多地以协调会的形式来指导、协调各部门以形成合力，实现从大数据运营到运营大数据的转变。

四、阿里巴巴生态系统的积极效应

阿里巴巴商业生态系统的建立，不仅使原本销量低下的众多中小企业获得了大量的商业机会，通过迅速增长的消费需求大大拉动了各企业生产效率的提高，而且实现了企业群体和阿里巴巴电子商务平台相互拉动、相辅相成、均衡式的良性互动和协同进化。

阿里巴巴通过生态系统平台为广大企业会员提供了巨大的盈利机会，同时以“会员收费制度”和“支付、物流收费”等方式建立了自身的盈利模式，实现了互利共赢。

第 4 节　组织结构的新模式

知识经济时代的组织就是要打破垂直边界、水平边界以及外部边界，实现组织的扁平化、网络化以及开放化。下面将介绍能够体现未来趋势的两种组织结构模式——二元性组织和柔性组织（学习型组织也是适合知识经济时代的新组织模式，具体内容参见组织学习一节）。此外，本节还将介绍适合全球化的一体化组织结构以及适合复杂产品系统的模块化组织结构。

一、二元性组织模式

在知识经济时代，组织只有同时进行有效的运营和创新，才能够获得持续的竞争优势。既然运营和创新是相互矛盾的，那么就需要建立一种可以兼容两者的组织模式。于是，二元性组织模式就成为组织未来的发展趋势。

（一）传统的一元组织模式

在介绍二元性组织之前，我们先来介绍一下与之相对应的一元组织。所谓一元组织，就是在组织结构形式、组织文化、资源获取、激励机制、评价指标等方面只有一元特征的组织。① 其一元性具体表现在以下方面：

（1）组织结构的一元性。在同样的组织结构形式下进行运营与创新。也就是说，在一元组织模式中，运营活动和创新活动所采用的是相同的组织结构。

（2）组织文化的一元性。即统一的主流组织文化。在传统的一元组织中，要求全体员工都具有一致的认识与价值取向，形成共同的组织文化，按照一定的规范发展。

（3）资源获取的一元性。资源主要来自组织的正式预算。传统的一元组织强调通过正规的预算计划分配公司内部的资源（包括资金、人才、设备），以保证项目严格按计划进行，避免预算软约束问题。

（4）激励机制的一元性。侧重传统的物质激励。传统的一元组织对成员侧重于物质激励，且强调成功，一旦项目失败，组织成员就可能面临被解雇。此外，组织成员主要在自己的职能系统内升迁。

（5）评价标准的一元性。注重传统财务指标和市场指标。传统一元组织注重对创新项目财务绩效和市场绩效的评价，用量化的方法来评估项目的净现值、投资回报率等，很少涉及不能量化的潜在效应。

（二）一元组织模式的局限性

知识经济时代的组织必须平衡组织运营与组织创新的关系，在保证运营效率的基础上实现创新，以创新推动运营的发展。由于运营和创新对组织的要求有很大的不同（组织运营要求组织尽可能正式、严谨，对员工严格控制；组织创新希望组织给予员工更多的自由、民主和宽容），因此传统组织模式的一元性特点显然难以同时满足运营和创新的要求。

---

① 陈劲．复杂产品系统创新管理．北京：科学出版社，2007.

(1) 传统的运营组织结构不利于创新的高风险。组织如果不努力推动创新，将可能失去机会甚至走向衰败。但这并不意味着，组织可以利用传统的组织结构和文化来推动创新。因为与运营不同，创新（尤其是突破性创新）的结果有着很强的未知性，所以创新往往意味着很高的技术风险和市场风险。那么，采用传统运营的一元组织结构和文化来推动高风险的创新是不现实的。

(2) 内部的正式资源配置不符合创新的灵活性。传统的运营组织在长期发展过程中，形成了正式的、严格的资源配置预算，但创新的高度不确定性要求资源获取的高度灵活性。正式的、严格的资源配置预算既无法正确估计创新项目的常规资源需要，也不能满足突发性的需要。

(3) 对员工的物质激励无法匹配创新的长周期。创新的周期长、不确定性大、失败率高，单纯依靠与财务绩效挂钩的物质激励很难使创新型人才全身心投入创新活动。

(4) 传统运营组织的项目评价标准忽视了创新的潜在效应。创新活动可为组织带来两方面的利益：一方面，创新可以提高销售量或产品质量；另一方面，创新技术为竞争者设置的技术壁垒和市场壁垒以及特有知识的积累可能会对未来的创新发展有用。后一种利益对创新活动来说更重要，传统的项目评价标准恰恰忽视了这一点。

综上所述，传统组织模式的一元性特点并不适合创新活动。适合运营的组织模式不利于推动高风险、灵活性强、周期长的创新活动；而适合创新的组织模式也不利于组织运营。想要实现运营与创新的平衡与共生，一元组织模式捉襟见肘。

（三）现代的二元性组织模式

为了有效地克服传统一元组织模式的局限，构建能够平衡运营与创新的组织模式，就出现了实现组织结构和组织文化独立性的二元性组织模式。

1. 二元性组织模式的内涵与特点

二元性组织模式的提出源于成功的大型企业在创新时面临的困境。主流组织模式往往试图维护自己的核心能力，维持现状，扼杀创新，阻碍适当的变革。学者们对成功之后是失败，创新之后出现惰性——这种“成功综合征”进行了深入的分析和探讨，提出了“二元性组织”（ambidextrous organization）的创新组织模式。

二元性组织模式就是在推动创新的过程中，一方面，继续在主流组织中运用运营管理的理念来稳定发展；另一方面，成立独立的创新部门，进行相关的创新活动，为未来的发展做准备。二元性组织模式强调在组织结构和文化上保持创新与运营的隔离，使创新组织独立于主流的运营组织，并形成新的文化价值取向（见图 8—22）。

2. 组织结构的二元性

创新就是另辟蹊径，要求有宽松的组织环境、宽容失败的氛围、强烈的进取心和异质化的队伍，与一般的效率导向组织是完全不同的。因此，想要推动创新，组织就需要对其结构采取措施：在组织内部成立“特区”，即组织结构的二元化。

由主流的运营结构来维持组织稳定发展，而由独立的创新组织来推进组织抢占市场先机所需要的创新活动，二元性的组织结构既可以使企业在原有的业务上保持领先地位，又可以使企业在新的技术出现时抢占先机。组织结构的独立性可以使企业在同一时间内分别进行有效的运营和创新，避免带来长期利益的创新让位于带来短期利润的运营。从事创新的组织是高度独立的内部组织，最常见的形式有内部创业、新事业发展部、新产品开发委

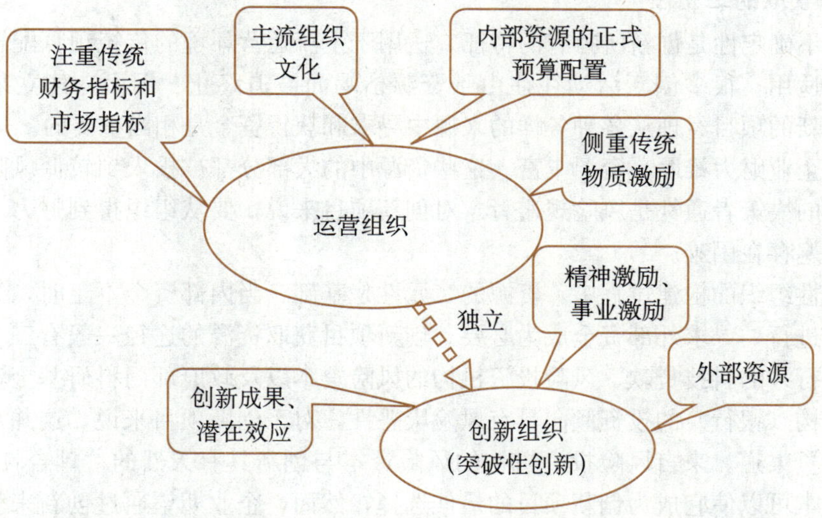

图 8—22 创新的二元性组织模式

资料来源：陈劲．复杂产品系统创新管理．北京：科学出版社，2007.

员会以及虚拟创新组织。

(1) 内部创业。允许或鼓励员工在一定的时间内离开本岗位，从事自己感兴趣的创新活动，并且由组织提供资金、设备、人力等资源的支持，创新风险和收益均属于组织。

(2) 新事业发展部。根据产品、技术、市场的特点，大中型组织在有前景的创新方面投入大量的人力、财力和物力，组建正式的独立机构。独立机构往往拥有很多决策权，直接接受最高层的领导。

(3) 新产品开发委员会。新产品开发委员会负责创新的全程管理，可以作为临时性或常设性机构。该委员会可由高层负责人、关键研发人员及各职能部门代表组成，并有一名专职负责人监督、协调会议决议的执行情况。

(4) 虚拟创新组织。虚拟创新组织是指若干成员为共同获得某一市场优势，依靠信息技术形成的没有正式边界的组织，它是超越了空间约束的临时性动态联盟。市场机遇一旦消失，组织也随即解散。联盟中的成员具有互补的资源和能力。虚拟组织的成员共担创新风险和共享创新收益。

3. 组织文化的二元性

除构建组织结构的二元性外，还需要对其文化进行变革。组织文化就是指组织在长期中形成的非正式规范、价值观以及关于如何行事的共同期望。在相对稳定的环境中，文化会成为组织取得成功的助力。然而，一旦面临突变，这种曾经培育了成功的文化会迅速成为变革的主要障碍。IBM 的总裁郭士纳（Lou Gerstner）就认为，树立文化是一个企业实现转变的最关键、最困难的方面。

实现组织文化的二元性，就是要在保持运营组织和创新组织在结构上独立的同时，保持运营文化和创新文化的隔离，亦即在两种组织结构中构建运营和创新文化的隔离带。其中，运营的组织文化着眼于主流组织的稳定发展，而创新的组织文化着眼于把握环境动荡的机遇，灵活应对环境的挑战。主流组织倾向于追求稳定、规避风险的文化价值取向；而创新组织则不受主流组织影响，形成锐意进取、鼓励创新、容忍失败的创新文化。

4. 资源获取的二元性

资源的不确定性是创新所独有的特征。适用于主流运营环境的传统预算配置过程对创新活动很不适用，很多创新活动往往由于资源枯竭而被迫终止。因而，建立某种组织机制，帮助创新的项目经理从各种各样的来源中寻求和获得资金是相当重要的。

大多数企业财力雄厚、资源丰富。这些资源中的大部分都被投入到较低风险的运营活动中。组织的决策者通常是风险规避者。对创新项目来说，要从组织得到财力、物力和人力的支持普遍存在困难。

在二元性组织的构建过程中，资源的二元性是基础。当内部资金不足时，为支持创新项目的继续进行，寻求外部资金成为必要。创新项目获取资源的途径一般有三个：传统金融机构（银行）的科技贷款、风险投资机构的风险资本以及政府部门科研基金资助。由于传统金融机构（银行）的投资倾向具有风险厌恶性，对于创新项目来说，这并不是一个令人满意的融资渠道。来自风险投资机构的风险资本与创新具有天然的“耦合性”，各方面特点的匹配本可以使它成为创新项目的最佳选择，然而，企业期望通过创新来获得独占性技术优势，而与风险投资机构的合作往往会导致所有权失控。由政府部门以科研基金形式向创新项目提供资助，既能够弥补组织自身资源的不足，又可以保证技术专利权的独占性，更重要的是可以获得有关方面的政策支持。

5. 激励机制的二元性

在二元性组织中，需要根据不同的目标提供不同层次的激励机制。例如以现有用户为中心的管理者选择将资源投入运营活动中，既可以避免创新活动的高风险性，又能够充分享受到销售所带来的丰厚物质报酬。因此，对于主流组织而言，应以物质激励机制为主。

在创新项目的模糊前端，产品的具体特征并没有确定，任何对现状的改变都可能使生产制造者为难。创新需要跳出狭窄的专业技术进行思考，在一个高度动态的、不确定的和模糊的环境中健康成长。因此，对于创新项目来说，通过精神激励的方式保持创新团队的积极热情是必须的。

6. 评价标准的二元性

创新项目的评价标准可以分为传统指标（包括财务指标和市场指标）、创新成果（表现形式和技术含量）和潜在效应。对于运营管理而言，传统指标的评价标准比重最大，很少评价创新成果和潜在效应。

在构建二元性组织模式的过程中，必须加强对创新成果和潜在效应的评价，否则，组织很可能会忽视成果的价值。由于评价标准的不足，施乐公司的很多优秀创新成果（个人电脑）没有得到认可，并被低价出售，最终成就了竞争对手。

二、柔性组织

在知识经济时代，环境动荡性越来越强，那么就需要构建能适应动荡环境的组织形式。因此，柔性组织将是未来组织的发展趋势。

柔性（flexibility）就是流动性、反应性、敏捷性、适应性以及柔软性，是组织对动荡环境的回应。当组织有相应的管理能力，并且能够对竞争变化迅速作出反应时，组织就具有比较强的柔性。所以，柔性是指组织所拥有各种管理能力的程度和激活这些能力的速度，以此来增强管理和组织的控制力。有效的组织必须应对商业环境中日益加速的变革，因此需要柔性来适应环境、促进组织的再造与创新。①

（一）组织柔性的重要性

20 世纪五六十年代，组织的最重要目标就是提高效率和降低成本。通过进一步对市场进行定义和细分，高层管理者希望实现规模经济，在积累经验的同时降低单位生产成本。效率的提升主要是通过对产品和服务进行标准化来完成的。管理者努力优化组织内部的每一个流程，使之标准化。标准化确实使得生产和服务过程更加简便有序，过程控制更加科学合理，从而大大提升了运营的效率。到了七八十年代，客户关注的不再仅是产品或服务的价格，质量成为另一个受关注的重要因素。相应地，组织运营的焦点也从效率和成本方面逐渐转向质量，于是出现了六西格玛等质量管理模式。

如今，效率和质量都不足以保证组织的持续竞争优势。由于生产过剩，市场出现了饱和的情况；产品生命周期缩短，市场需求多元化。组织需要应对更短的交付期限、更小的批量、更个性化的需求等。面对这些市场变化，很多企业逐步把焦点转向柔性，力图通过构建柔性组织来获取持续的竞争优势。

长期以来，美国汽车制造商曾一味专注于运营管理，一味追求效率的提升，而忽视了对质量的要求。丰田公司在效率和质量方面的结合对美国汽车制造商带来了毁灭性的打击。当美国企业开始弥补质量上的缺陷时，日本汽车制造商却开始聚焦于构建柔性组织。

过于关注质量和效率，可能会对组织的柔性带来负面影响。当为客户提供产品或服务的时候，为了实现高质量，员工往往不敢越雷池半步，严格按照操作手册和程序操作，这就不利于员工主观能力的发展，还可能因此削弱员工提供快捷简易的服务能力，延长交付时间。所以，质量、效率与柔性之间是零和博弈，是此消彼长的关系。

（二）组织柔性的实现基础

柔性是组织适应现代市场特征的重要发展方向，但增加柔性就不可避免以效率和质量的降低为代价。那么是否应该构建柔性组织呢？是否有措施能够尽量减少增加柔性所带来的损失呢？有两个重要的因素可以帮助组织在增加柔性的同时减少效率和质量的损失——发展信息化和增加知识型员工。②

1. 信息化的发展

信息化（如计算机辅助技术和管理信息系统）的发展使组织可以在不影响规模经济的情况下提高产品和服务的定制能力，即柔性。通过使用信息化技术（CAD，CAM，FFS等），组织可以提高产品多样性，并缩短产品设计、研发和推向市场的时间。因此，同样可以在小批量、定制化的产品范围内实现规模经济。这点也同样适用于服务业。由于信息技术的发展，服务型组织不再局限于提供普通的、传统的服务，还可以对服务进行不断拓展和升级。

此外，模块化生产（modular production）在推动组织柔性的过程中，也发挥了重要

①② 亨克·傅博达．创建柔性企业：如何保持竞争优势．北京：人民邮电出版社，2005.

的作用。模块化的构建为产品多样性的研发和生产提供了重要的平台。通过模块化，组织得以在此平台上通过部件配置的变化来装配多样化产品。例如，20 世纪 80 年代，索尼就通过几个模块化平台设计带动了 100 多种随身听产品的设计与生产。

2. 知识型员工

20 世纪 80 年代，彼得·德鲁克指出，员工知识水平的提高将对组织的发展产生深远的影响。知识型员工在组织柔性的提升过程中也发挥了举足轻重的作用。

在柔性组织中，组织成员被赋予更多的决策权，需要更多的自我管理和控制能力，更多地参与到组织的设计和战略规划过程中。员工知识水平的提高为此提供了可能。一方面，知识型员工可以思行合一，减少协调和沟通方面的困难和问题，从而保证质量和效率；另一方面，知识型员工往往具有很强的自我管理能力，因此可以被赋予更多的自主权。通过合理利用并发挥知识型员工的多样化能力，赋予他们自主权，可以更好地实现组织处理动荡外部环境的柔性。如在联想这样的公司中，大部分员工都具有高知识水平，他们并不是简单地把原材料组装成产品，或者把数据转化为信息，而是充分利用自己的知识，力求创造新产品和提供新服务。组织中的知识型员工越多，通过赋予他们更多的任务、权力和责任，将越多提升组织的柔性，同时还有助于改善工作生活的质量，因为知识型员工可以对既有的标准规章制度进行适当的改进。所以，传统的组织结构变得不再适用，不仅因为它缺乏足够的柔性，还因为它不能满足知识型员工的职业发展需求。

（三）组织柔性的构建

柔性组织就是要保持对环境动态的敏感，以灵活的组织更好地为多样化的市场提供个性化的产品和服务。为了提升组织柔性，主要可以对以下几点进行改进。

1. 自下而上的创意

构建柔性组织就是要提升组织在动荡环境下的应变和适应能力。而基层组织成员是直接面对市场环境的，因此他们是环境变化信息的“探头”。柔性组织应努力发挥基层组织成员的作用，鼓励他们为组织发展提供建议，形成自下而上的决策模式。

传统的组织结构往往将重要决策放在高层，只有 CEO、高层管理团队才具有作出重大决策的权力，通常是自上而下的决策模式。但高层管理者是与市场、环境距离最远的，往往不能快速准确地了解相关动态信息。本田成功进入美国摩托车市场的例子就显示，高层的战略决策并不一定总是明确而合理的。本田在设计中的试错过程、层级结构的缺失问题说明，也许最有效的战略管理过程是自下而上的，应通过基层员工的认知来支持和促进战略决策。

在柔性组织自下而上的决策过程中，基层是创意和想法的发源地，中层的职责是关注职能部门之间、层级之间的连接，而高层管理者的职责就是挑战现状、大胆决策。

2. 自由调整的空间

在柔性组织中，高层管理者需要制定比较宽泛的指导方针（而不是明确、严格的）。在日益动荡和充满不确定性的环境中，这些指导方针可以引导组织的整体发展方向，但允许中层或者基层根据具体的情况进行细节上的调整，从而保持组织的柔性。

在柔性组织中，基层组织成员需要根据组织的整体方针来对实际情况作出明确的、清晰的判断和决策，中层管理者则需要不断整合高层和基层的活动。而且既然决策的创意来自基层，决策的最终制定由高层完成，那么可能会带来的问题是：组织整体决策（战略）

的执行需要以渐进的方式进行。

3. 保持资源和管理能力的柔性

柔性组织中的管理者更加关注资源和能力，并努力实现组织与环境的一致性。在比较动荡的环境中，组织内部的资源和能力是相对稳定的，因此组织决策应该更多地以资源和能力为参考，而不是急剧变化的环境。那么，想要实现组织的柔性，就必须实现组织内部资源和能力的柔性。例如，本田的工程专家熟悉各种不同的产品（摩托车、汽车、割草机等），具有很强的操作柔性，这就为丰田整个组织的柔性创造了条件。

传统的组织思维认为，如果特定的投资没有直接回报，就是低效率的表现。因此传统的组织往往不会致力于发展组织成员的通用能力（即解决普遍问题的能力），而更倾向于发展专业能力。但是这样并不利于组织柔性的提升，因为组织内都是专业化资源和能力，根本没有柔性的空间。相反，柔性组织非常重视对员工通用能力的培养。

三、模块化组织

随着信息化的迅速发展，产业结构正在发生根本变化，模块化日益成为新产业结构的本质。作为一个技术概念，模块化最早出现在机械制造领域。模块化（modularization）是指把一个大的产品、系统或组织分解为各个部件，使得各个部件可以分开进行生产、研发或管理。模块化的关键就是将各相邻部件之间的界面进行标准化。在进行 IBM 360 这个复杂产品的开发过程中，通过将其分解为主板、CPU、磁盘驱动器、电源等功能相对单一的模块，复杂程度一步步降低；通过一定的协议和规则（界面）确保不同品牌的模块之间可以相互兼容，就可使模块几乎完全独立地进行设计、研发和制造。①

模块化已经成为设计、研发、制造等过程中一种非常重要的模式。而要在模块化的世界里进行竞争，管理者必须对组织的内部结构进行再设计。为了创造出优秀的模块，不仅需要灵活、迅速地对市场作出反应，还需要使这个模块能够适合整体的结构。因此，管理者就需要对工作进行分解，然后分配给独立的部门或团队，让他们关注和改进各自的子模块，从而缩短每个模块的研发周期。②

（一）模块化的特点

设计、研发和制造等过程的模块化将对整个产业的结构和模式产生重大的影响，其主要特点如下。

1. 推动外包与合作

当今世界外包与合作几乎成为所有组织发展中必不可少的一部分。国际上越来越多的企业将大量的研发和制造业务外包出去，如波音公司将 747 飞机的 1 000 多个零部件外包给其他公司，只保留核心的模块和系统集成部分。模块化使得创新能够并行展开，从而提高创新的效率，缩短时间。

2. 为定制化创造条件

模块化可以划分并设计出一系列特定功能模块，通过模块的选择和组合构成不同的顾客定制的产品，以满足市场的不同需求。在模块化过程中，可以将模块分为通用模块和定

---

① 陈劲. 复杂产品系统创新管理. 北京：科学出版社，2007.

② 青木昌彦，安藤晴彦. 模块时代：新产业结构的本质. 上海：上海远东出版社，2003.

制模块，通用模块保证系列产品所使用的核心技术不变，而定制模块则可以体现性能的差别。基于模块化的大规模定制模式就可以既提高灵活性来实现定制需求，又实现规模效应，降低成本，提高质量。

3. 分散投资，降低风险

通过模块化，组织可以有效地分散投资、降低失败的风险，并很好地应对设计和生产过程的不确定性。进行模块化发展，每个模块就可能存在多个团队同时进行独立的竞争性研发，制造商可以与多个供应商共同分担风险，既有效地应对不确定性，又提高研发的成功率。

（二）模块化组织的构建

组织的模块化就是指把一个组织分解为多个团队，使各个团队可以分开进行相应的业务，为整个组织的系统发展提供支持（见图8—23）。模块化组织模式成功实施的关键有两个方面：统一的战略和领导；标准化、规范化的界面。

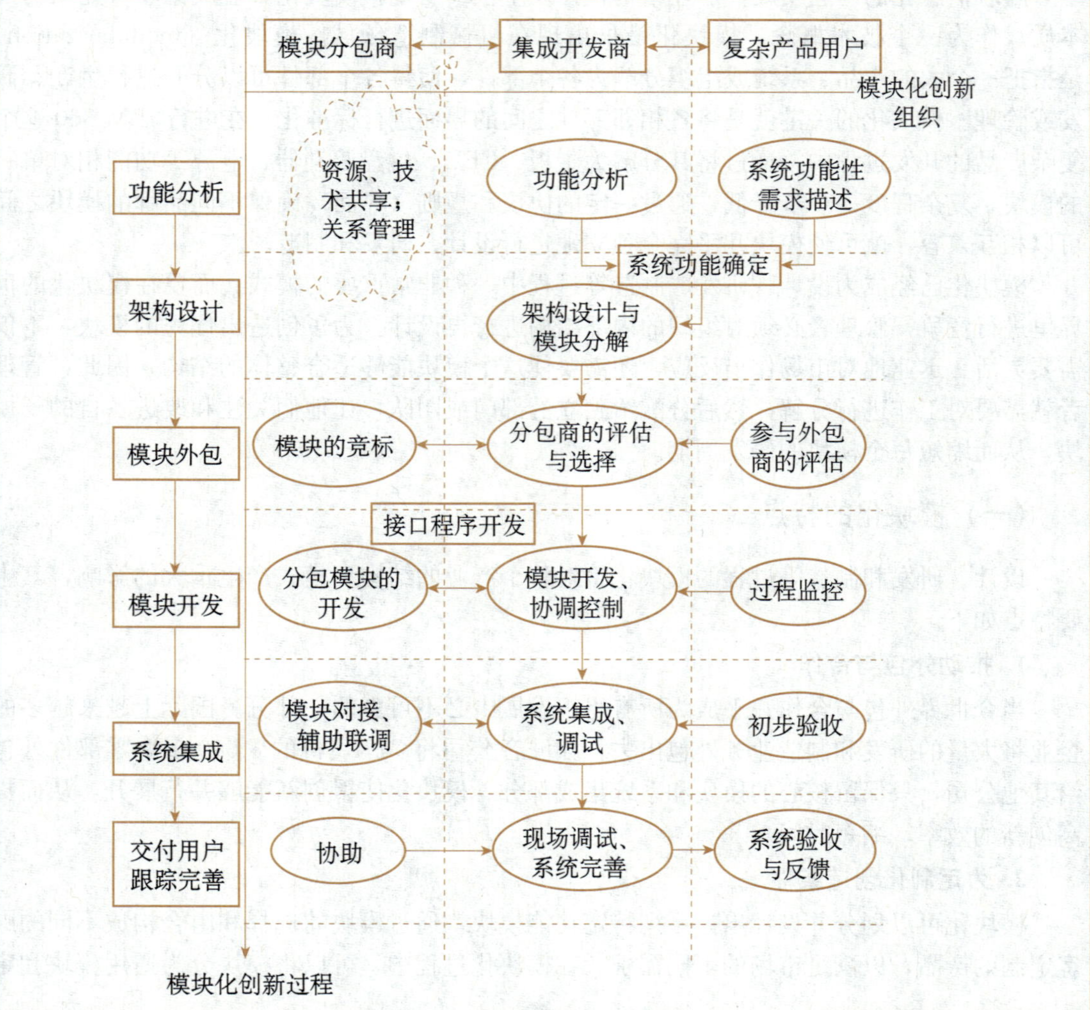

图8—23　模块化管理的组织模式

资料来源：桂彬旺．基于模块化的复杂产品系统创新因素与作用路径研究．杭州：浙江大学博士论文，2006.

1. 统一的战略和领导

在进行模块化分解之后，组织必须保证不同模块业务发展的统一。也就是说，为了使组织的模块化取得成功，必须把各个模块团队的成果紧密地联系、统一起来。统一的组织必须具有明确一致的战略发展方向和领导，以确保各个模块团队都在为整体的设计、制造而努力。

2. 标准化、规范化的界面

标准化、规范化的界面是构建模块化组织最关键的一部分。如果产品的各模块之间缺乏适当的共同界面，产品就会出问题。同样，如果组织里的各个分权的部门或团队缺乏明确有效的活动框架，就会出现判断错误和耽误时间等问题。不少电脑制造商存在问题的根本原因就在于创造新产品时没有妥善协调好各个研发团队之间的关系。

此外，组织还可以通过雇佣高技术水平、富有独立精神、勇于创新的员工来更好地发挥组织模块化的优势。在进行模块化管理的过程中，管理者要学习如何对待组织成员，既要给予他们足够的独立性，又要引导各模块朝正确一致的方向发展。①

四、全球一体化组织

全球化是组织发展的一个重要趋势，而适合的组织结构形式是全球化有效开展的保证条件。

（一）全球化的典型组织结构

构建全球化组织的核心问题就是如何协调海外分部与总部之间的关系。一般来说，有三种典型的组织形式：星型（中心—边缘型）、多中心分散化组织以及全球互连型网络组织结构。其中，星型和多中心分散化组织是两种比较传统的形式，而全球互连型网络组织结构属于新兴的形式，是对前两种组织结构的整合。②

1. 星型组织

星型组织就是以公司总部为中心，有若干个海外机构的组织形式。在这种组织形式中，总部是公司的最高指挥官，集中了最为关键的资源和能力，并且负责对海外分支机构的资源进行协调和统一分配，如图 8—24 所示。但是，各分支机构之间很少发生联系。星型组织结构中的决策是自上而下的，也就是说，海外分支机构只需坚决地执行总部的决策。分支机构的领导人一般由总部任命，对总部负责。整个组织通过层级制度的正规管理计划和控制方式运作。

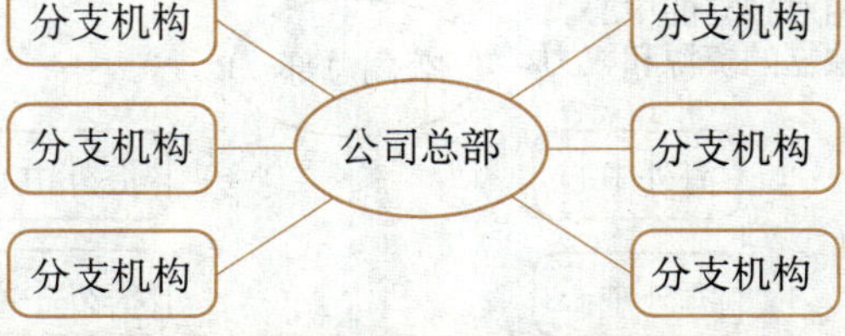

图 8—24　星型组织结构

① 青木昌彦，安藤晴彦．模块时代：新产业结构的本质．上海：上海远东出版社，2003.

② 陈劲．创新全球化．北京：经济科学出版社，2003.

由于资源和决策的集中，星型组织结构可使全球各地的机构与公司总部的发展战略保持一致，避免重复建设、力量分散等问题，并且还可以实现规模经济，使整个组织的资源得到有效利用。但也正因为如此，星型组织有一定的局限性：公司总部对海外当地市场缺乏足够的敏感，对各国市场差异的反应缺乏柔性；决策权的集中不利于基层创新；层级制度的管理和控制使组织过于刚性，缺乏对环境变化的适应能力。此外，在星型组织中，各海外分支结构之间缺乏联系，削弱了整个组织体系在全球范围内开发和利用知识的能力。

为解决各分支机构之间缺乏平行联系的问题，出现了复合式星型组织模式。也就是说，在保留层级制度的情况下，设立一个专门指导全球化活动的委员会（见图8—25）。这个委员会不仅在决策过程中扮演重要的角色，还是公司内部信息转移的平台。委员会主要由来自总部、海外分支结构的经理共同组成，其主要职能是：参与战略决策的制定过程；监督各个分支机构的绩效；推动分支机构间的交流与互动。

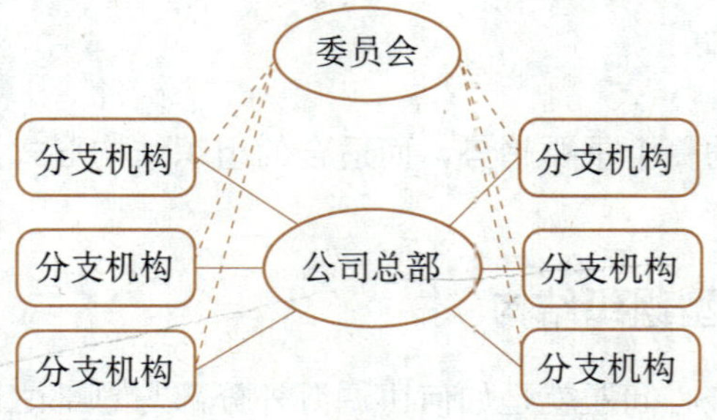

图8—25　复合式星型组织结构

资料来源：陈劲．创新全球化．北京：经济科学出版社，2003.

2. 多中心分散化组织

多中心分散化组织是指由地理上分散的海外分支机构组成的松散型的全球化组织形式，如图8—26所示。公司总部的权力进一步下放，各海外分支机构的运营独立性提高。多中心分散化组织中的决策是自下而上的，分支机构可以建立自己的发展规划，并对其负责。分支机构与总部之间是平等的关系。在各中心分散化组织中，总部不再集中所有的关键资源，而是分散到各个海外分支机构，而且海外分支机构的资源获取不再局限于总部的分配，可以自主地通过各种外部渠道。

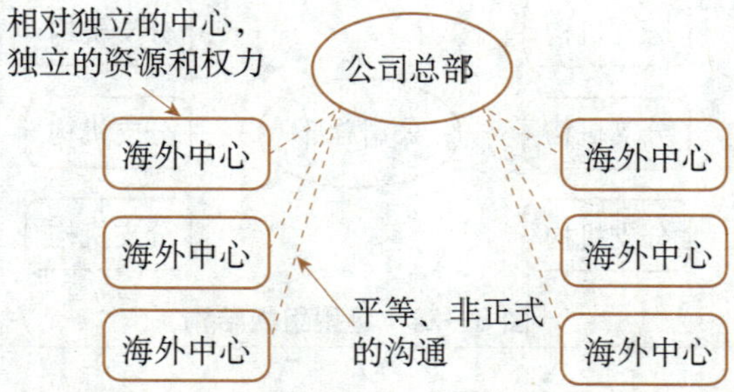

图8—26　多中心分散型组织结构

资料来源：陈劲．创新全球化．北京：经济科学出版社，2003.

采用这种形式的组织可以提高各分支机构对市场接近的程度及其主动性和积极性，从而更好地利用东道国当地的资源，敏锐地感知需求的差异化，更加有效地适应环境的变化。但由于充分的授权和分散化，可能会导致资源利用的不集中以及重复。

3. 全球互连型网络组织

全球互连型网络组织（一体化组织）是通过对上述两种组织形式的整合而形成的，是新兴的、创新导向的组织形式（见图 8—27）。在这种组织形式中，所有的海外分支机构与总部一起组成一个有机协调的全球化发展网络，从整体战略出发，在全球范围内整合资源、创造知识、提升价值。在整个组织网络中，各分支机构既有分工又有密切合作，根据自己所拥有资源和能力的不同，对整个组织的发展作出不同的贡献。整个全球化组织体系有多种灵活的控制、沟通和协调方式，跨边界交流频繁，实现知识的共享、管理和开发。

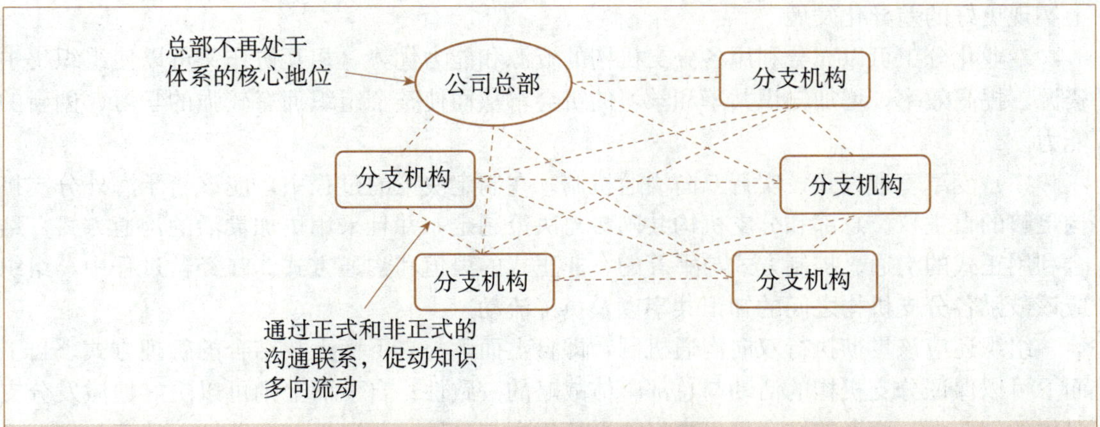

图 8—27　全球互连型网络组织

资料来源：陈劲．创新全球化．北京：经济科学出版社，2003.

通过专业化分工与共享协作的结合利用，全球互连型网络的形式可以使组织同时保持运营效率和创新。灵活的控制、沟通和协调方法使组织保持了弹性、频繁的知识贡献和跨边界交流，可以增强组织的学习能力。所以，一体化组织是全球化发展的理想组织模式（见表 8—9）。

表 8—9　三种全球一体化组织结构的比较

形式	星型组织	多中心分散化	全球互连型
特点	以总部为中心；权力、资源集中	各海外机构各自为政；权力、资源下放到各机构	兼具集权和分权、分化与整合
优势	统一决策，规模经济；资源利用率高，避免浪费	市场灵敏性和反应性强；各分支机构的积极性和主动性高	既保持效率，又推动知识共享、学习和创新
不足	市场敏感性不高；不利于创新；刚性强，适应性不足	效率不高；重复建设，资源浪费	

（二）全球一体化组织的构建

全球互连型网络组织是全球化发展最适合的组织形式，那么应如何构建这样的体系呢？这里最关键的就是实现组织的整合，建立一种能够兼顾效率和创新的组织形式。想要实现一体化，就需要满足如下原则。

（1）根据组织的整体发展战略和不同东道国的环境条件，对各分支机构的决策进行战略定位和调整。不同东道国的市场对组织的总体竞争战略的重要性不同。战略重要性高的地区适合建立战略领导型机构，并投入大量资源，主要负责发现创新机会；战略重要性不高的地区可以建立执行者型机构，并根据情况提供适量的创新资源，主要负责支持性的活动。

对海外分支机构的决策进行战略定位，有利于保持组织与战略的匹配，增强整体的运营效率；同时，还可以避免重复建设、合理利用资源优势。此举还兼顾了不同环境、市场的差异性，保持了对地区市场差异的敏感性。

（2）专业化分工和依存相结合。组织应该根据不同海外分支机构在整体组织中的角色、当地的市场条件以及资源的特点，对整个资源进行合理的、有区别的分配，对任务进行专业化分工，使不同的海外分支机构有不同的侧重，努力使分支机构在相互依存的基础上实现更好的差异化发展。

专业化分工可以充分利用各分支机构的资源和能力优势，相互协作又可以使组织集中资源、提高效率，增加知识共享和学习的机会，从而使整个组织拥有较强的学习、创新的能力。

（3）变革管理方式，实行双向沟通机制。在制定决策的过程中，应该给予海外分支机构足够的自主权。总部和分支机构共同参与决策制定，并且采用更加灵活的沟通方式，结合利用正式的沟通、控制方式与平等的、非正式的渠道和沟通方式。在经营过程中，组织应该鼓励各分支机构之间的知识共享以及员工流动。

组织还应该贯彻执行双向沟通机制，即自上而下与自下而上相结合的管理方式。自上而下可以保证分支机构的活动与总部整体战略的一致性；自下而上则可以更好地激发分支机构的创造力。两者的结合可以更好地平衡集中与分散、创造性与规范性、效率与创新之间的问题，提高组织对环境的适应性。

第5节　组织文化

B2B电子商务的巨人——阿里巴巴的每间会议室都是以武侠小说中的地名命名的，如黑木崖、绝情谷、灵鹫宫；电子商务交易第三方——支付宝公司的每位员工都有昵称，以消除源于层级的隔阂，增进交流沟通，其CEO名为“郭靖”；世界最大的主题公园——迪士尼到处都洋溢着快乐、活泼与祥和的气氛。

除了结构之外，文化是组织的第二大属性，是与其他组织相区别的基本特征。组织文化就是组织内大多数员工的价值观及行为模式，其匹配与否常常对组织绩效产生重大的影响。我们可以从员工在组织中的行为中总结并推断出其所在企业特有的组织文化，如支付宝的员工互叫昵称就体现了其组织文化鼓励平等的特点。组织倡导的口号在一定程度上体现了组织的文化：

海尔集团：真诚到永远
中集集团：创·造·新价值
美的集团：原来生活可以更美的
金地集团：科学筑家

一、组织文化的概念

组织文化（organizational culture）是指组织中稳定存在的组织成员所共享的价值观、行为规范、道德准则和信仰规范体系。简单来说，组织文化就是组织的价值观，是一种相当持久的信念。组织文化呈现出组织的是非观，并指导着组织成员在实现其目标过程中的活动。作为一种价值观，组织文化描述与界定了组织的“抽象边界”。

加入 WTO 之后，中国企业不仅要与国内企业激烈竞争，而且要直面跨国企业的冲击。国内一些企业已经把加强文化建设作为提高管理水平和增强企业竞争力的重要手段，于是，“顾客是上帝”“顾客永远是对的”“员工是企业最大的财富”随处可见。但这些还远不是组织文化的构建，更多的是在作秀。虽然麦当劳（中国）里员工几乎全部是中国人，但是我们可以明显感受到麦当劳所特有的文化。

麦当劳的清洁文化

以黄色“M”为标志的麦当劳拥有几千家连锁店，是世界上最大的快餐企业之一。麦当劳有三大特点：理念很明确；行动和理念相一致；外观设计的统一化。

麦当劳的成功应该归功于其独具特色的 QSCV 理念，即优质（quality）、服务（service）、清洁（clean）、价值（value）。麦当劳意识到清洁卫生对于食品企业的重要性。没有清洁卫生的形象，食品企业就无法树立起良好的形象，也就无法保证好的销售业绩。所以，麦当劳快餐店制定了严格的卫生标准，要求员工保持清洁，并以此作为考核各个连锁店成绩的一项重要标准，从而树立麦当劳“清洁”的良好形象。

麦当劳有一句著名的店训：如果有时间偷闲，你就有时间打扫卫生。为了树立家庭餐厅的形象，麦当劳的历任领导者都强调餐厅内部的清洁，清洁制度的严格和细致程度几乎令人吃惊：工作人员不准留长发；女员工必须戴发网；顾客一走就必须擦净桌面；必须马上把掉在地上的纸片捡起来；使店内始终保持清洁的环境。而且，麦当劳的制度细到每位员工上班前要用消毒水将手浸泡多长时间；必须多长时间理一次发，剪一次指甲；上班时，员工的手一旦摸了自己的头发和衣服必须重新清洗。

麦当劳公司将其发展理念渗透到整个组织内，推动具体的组织活动，这就是麦当劳文化的优点。正是这种作风，使麦当劳有别于其他快餐店而走向成功。美国的快餐业界公认麦当劳创造了这一行业的最高卫生标准。

资料来源：余世维．企业变革与文化．北京：北京大学出版社，2005.

二、组织文化的表现

组织文化是组织的“价值观”，似乎是看不见、摸不着的，是抽象的事物。实际上，在组织内部，我们到处可以找到组织文化这个抽象概念的实在表现。组织文化有很多具体的表现形式，我们可以通过组织的象征符号、流传的故事、仪式典礼等来了解其文化。

1. 象征符号

象征符号（symbol）是指传达某种意义的事物、行动或事件。现在许多企业开始采用企业识别系统（corporate identification system，CIS）以彰显组织特有的文化。阿里巴巴B2B事业部的象征符号就是一个抽象的“a”，该符号渗透到阿里巴巴公司的每一个角落，进一步增强了员工对其的认同感和归属感（见图8—28）。

图8—28 阿里巴巴的标志

2. 流传的故事

组织内经常会流传各种各样的小故事，这些故事也可以使组织文化具体化，尤其是那些与高层管理者相关的小故事。在著名的家具供应商——瑞典的宜家公司（IKEA），就流传着关于其总裁卡普拉德（Kamprad）的故事：虽然卡普拉德拥有数十亿美元资产，但是出差往返都只搭乘经济舱，甚至会在深夜开车在镇上绕着询问价格，直至找到一家价格足够经济的旅馆。这些故事都体现了宜家公司提倡的成本控制和细节的组织文化。

3. 仪式典礼

组织特有的仪式典礼（ritual）也可以传达并深化其组织文化。例如：支付宝公司通过做下午操的方式来提升组织成员的认同感；阿里巴巴每年都会举办盛大的年会，邀请所有员工共庆过去一年的辉煌成就，以增进组织成员对组织的认同。

三、主文化与亚文化

在大型的多部门组织中，文化有主、亚之分。作为一个整体，组织内部会有一种主导的文化，影响和引导整个组织的价值取向，这就是所谓的主文化（dominant culture）或者称为组织的核心价值（core value）。

组织内除了存在整体的主文化外，不同的部门或事业单元内还可能存在亚文化（subculture）。亚文化通常以部门、组织层级或者加入组织的时间为基础而形成。例如：销售部门主动、积极、灵活且强势；人力资源部门低调、重视人际关系以及不露锋芒；财务部门精打细算。这些都是组织主文化下面的不同部门内部的亚文化。因此，组织（尤其是多部门或事业单元的大型组织）内部往往是主文化与亚文化共存。

主文化与亚文化可能相互矛盾冲突，也可能相互促进。一般而言，组织的主文化与亚文化之间的关系有五种可能的状态——整合状态、多元—整合状态、多元—分化状态、多元—零碎状态以及无组织化状态。①

组织中只有主文化而不存在亚文化，可以看做亚文化与主文化的整合状态（unitary）。在多元—整合（diverse-integrated）状态下，组织内会存在多种亚文化，但这些亚文化并未脱离主文化的框架。在多元—分化（diverse-differentiated）的状态下，部分亚文化保持

① 台湾中山大学企业管理系．管理学：整合观点与创新思维．台北：前程企业管理有限公司，2005.

在主文化的框架内，另外的亚文化已经超出整体主文化的框架。在多元—零碎（diverse-fragmented）的状态下，所有亚文化都已经超出整体主文化的框架，此时整体性的主文化对组织成员的约束力已经非常微弱。在无组织化（disorganized）的状态下，整体性的主文化已然消失，只剩下多个亚文化同时存在，如图 8—29 所示。

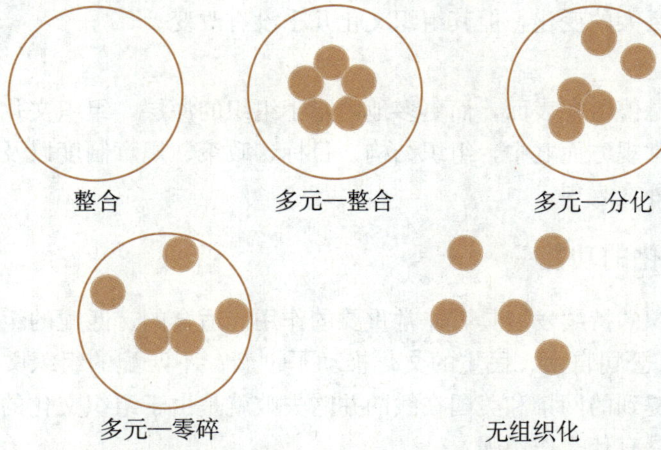

图 8—29　整体主文化和亚文化的关系状态

资料来源：台湾中山大学企业管理系. 管理学：整合观点与创新思维. 台北：前程企业管理有限公司，2005.

如果亚文化与主文化之间出现矛盾和冲突，或者不同层次文化无法兼容的话，组织可能处于高度紧张的状态。在很多企业并购案例中，面临的最大挑战正是源于不同组织文化在并购后的相互整合。网景（Netscape）和美国在线（AOL）在 1998 年进行合并。网景的文化比较自由、民主和尊重个人，而 AOL 的文化较为保守。因此，两者合并后冲突不断，最终导致超过一半的网景员工离职。联想集团与 IBM 在进行跨国并购的过程中，也曾遇到过文化冲突的问题。

四、组织文化的特征和功能

（一）组织文化的特征

通过对大量组织文化的研究与比较，学者们总结了组织文化的特征及其影响。一般来看，组织文化的主要特点包括历史依赖性、差异性、稳定性以及内隐性。[①]

1. 历史依赖性

文化是组织在其所处的政治、经济、文化环境下，经过较长时间逐步建立的。在组织文化的形成之初，其创始人起到了关键的作用。创始人的价值观塑造了组织早期的文化，正如张瑞敏之于海尔、李书福之于吉利以及马云之于阿里巴巴。之后，组织文化会随着组织的经历而不断发展，一些关键历史事件会促进组织文化的发展和深化。张瑞敏怒砸不合格的电冰箱，就是质量文化的发展与深化。

2. 差异性

不同组织所经历的历史发展过程差异很大，因此它们的组织文化之间就必然会存在很

① 许庆瑞. 管理学. 2 版. 北京：高等教育出版社，2005.

大的差异。即使同一行业内的不同组织，由于其创始人、发展过程的不同，组织文化也会存在很大的差异。

3. 稳定性

一旦形成，组织文化会非常稳定，不易改变，正所谓“江山易改，禀性难移”。纵向地分析丰田、通用汽车、3M 等著名企业的发展历史，我们不难发现，尽管它们的规模、业务范围都发生了巨大的变化，但其组织文化几乎没有改变。

4. 内隐性

组织文化并不是停留在表面，而更多地内隐于组织的深层。组织文化的许多方面包含在日常习惯的许多常规方面之中，组织结构、目标、政策、规章制度以及运营流程等都是内隐的组织文化的外在表现。

（二）组织文化的功能

组织文化对组织的持续发展具有非常重要的作用。适合的、匹配的组织文化可以成为发展的助推器，3M公司自由、民主的文化推动了创新；不匹配的组织文化则可能会导致组织的溃败，前面提到的网景和美国在线的并购失败就是由于组织文化的不匹配。组织文化究竟对组织的发展有什么作用呢？

1. 导向功能

组织文化是员工共享的价值观，是组织发展的灯塔。组织文化可以使员工潜移默化地接受该组织共同的价值观，进而引导员工朝着确定的共同组织目标而努力。

2. 凝聚功能

组织文化是黏合剂，通过培育组织成员的认同感和归属感，以微妙的方式来增进感情、融合理想、培养并激发员工的群体意识。组织结构将员工从形式上联系在一起，而组织文化则从心理和思想上使员工真正融合为一体。

3. 约束功能

组织文化对员工行为的约束是软性的理智约束，通过组织共同的价值观不断向组织成员的个人价值观渗透和内化，以软约束的形式操纵着组织行为。组织文化的约束力并不像规章制度那样严格，但其作用力却远大于此。

4. 辐射功能

组织文化发展到一定阶段的时候，会形成较为完整的模式，不可避免地进行一定程度的辐射，从而对其他组织乃至整个社会产生影响。组织文化是社会文化的一部分，它的产生、发展、演变都与社会文化有着密切的互动。

5. 自我完善功能

组织文化并不是恒定不变的，而是会随着组织的发展不断强化和完善。也就是说，组织良好的发展会推动组织建立良好的组织文化，良好的文化反过来又会促进组织的良好发展。最终，组织文化会不断地完善，并得到延续。

五、运营型文化与创新型文化

如果把组织活动分为运营效率导向和创新导向的话，那么在不同导向的影响下，组织会构建不同的文化——运营型文化和创新型文化。运营型组织文化倾向于追求保守、服从和风险规避；而创新型组织文化则倾向于追求民主、自由和容忍失败。

（一）运营型文化

我们把崇尚运营的组织文化称为运营型文化。运营型文化对组织效率的提升、成本的降低有着非常重要的作用。如果从价值观和行为规范两个方面来解构组织文化的话，那么运营型组织文化就会有如下特点。

（1）运营型文化应该将运营过程中效率的提升、成本的节约和质量的保证作为其价值观的核心，力求稳健、保守、严格和管控。运营导向的组织会在其价值观构建方面着力推崇效率、成本和质量，并且不断地通过各种活动、评价标准、激励政策等进一步对其进行强化。

（2）运营型文化还需要一定的行为规范来强化。行为规范可以进一步推动运营型文化的影响和自我完善。运营之王丰田的文化对丰田运营效率的提升发挥了重要的作用。不仅丰田的高层非常重视运营，而且员工也努力为之献计献策。丰田鼓励员工提出任何可以改进产品质量、提高生产效率或者节约成本的建议，并对提出合理建议的员工给予一定的奖励。丰田每年可以收到近百万条来自基层员工的改进意见，大大提升了组织运营效率。

（二）创新型文化

我们把崇尚创新的组织文化称为创新型文化。创新型文化对创新的有效开展具有重要作用。组织的价值观和行为规范是创新型文化的两个重要方面。[①]

（1）创新型文化应该以创业精神为核心，追求超前、变革和创新。创新型文化决定着组织的价值导向，从而影响了组织创新的规模、重点和方式。3M 公司的愿景就是“成为世界上最有创新精神的公司”。1992 年以前，公司的目标是年销售额的 25%来自近 5 年的新产品。随着产品生命周期的缩短，从 1992 年开始，公司将目标调整为年销售额的 30%必须来自近 4 年的新产品。这一愿景激励着所有的员工为实现公司的创新理想而不断努力。

（2）建设创新型文化必须有一定的行为规范。创新型文化在行为规范方面表现为高层重视创新，员工理解并积极参与创新活动，组织鼓励并容忍失败。“你放手去做吧，失败是工作的一部分”，这是在谷歌经常听到的一句话。

六、组织文化的构建

适合的文化对组织的生存和发展有积极的作用。反之，不匹配的文化可能使组织缺乏共同的使命感，无法形成团结向上的精神。因此，管理者应该做好文化的管理，构建与组织条件和外部环境相适应的文化。那么，究竟应构建什么样的组织文化呢？选择适合的文化之后，应如何在组织中构建组织文化呢？组织文化的构建过程主要包括：选择适合的价值观、强化员工认同、提炼并完善、巩固落实以及发展延续等五个方面。[②]

---

① 陈劲，郑刚．创新管理：赢得持续竞争优势．2 版．北京，北京大学出版社，2013．

② 周三多，陈传明，贾良定．管理学：原理与方法．6 版．上海：复旦大学出版社，2015．

1. 选择适合的价值观

价值观是组织文化的核心和灵魂，因此选择适合的组织价值观是塑造组织文化的首要问题。适合的价值观的选择有两个条件：（1）立足于组织的具体特点。不同的组织有不同的目标、资源和习惯等，因此必须准确把握组织的具体特点，选择适合自身发展的价值观。（2）把握价值观与组织文化各种要素之间的相互协调。各要素只有经过合理的匹配，才能实现系统整体优化。

2. 强化员工认同

选择了适合的价值观和组织文化模式之后，就需要通过一定的方法把它传达给每位组织成员。可以充分利用一切宣传工具和手段（榜样人物、故事、仪式、激励政策等）使人人皆知，创造浓厚的环境氛围。

3. 提炼并完善

在经过第二步的强化认同之后，组织应当认真分析所得到的反馈，寻找结果和预期的差距。删除不为员工所认可的内容与形式，保留卓有成效的、为广大员工所接受的内容和形式。对调整后的组织文化进行条理化、完善化、格式化，加以必要的理论加工和文字处理，用精练的语言表达出来。

4. 巩固落实

建立必要的制度（某种奖优罚劣的规章制度）来支持相关价值观和组织文化的巩固与落实。组织领导者在塑造组织文化的过程中起着决定性作用，如果没有组织领导者的以身作则，要想培育和巩固优秀的组织文化是非常困难的。这就要求组织领导者率先垂范，真正肩负起带领组织成员共建优秀组织文化的重任。

5. 发展延续

任何组织文化都是特定历史时期的产物，当组织的内外环境发生变化时，就要及时地对组织文化的内容和形式进行调整、更新以丰富和发展组织文化。这既是不断淘汰旧文化和构建新文化的过程，也是认识与实践不断深化的过程，组织文化经过如此循环反复，达到更高的层次。

本章小结

◇ 组织的基本特征主要涉及三个方面——组织目标、组织结构及组织成员。

◇ 组织应该从运营导向向创新导向倾斜。

◇ 组织结构设计就是对分工与整合、命令链、授权、正式化、管理跨度与组织层次的设计。

◇ 组织设计需要考虑的因素有环境不确定性、技术的复杂性和依赖度、组织战略、组织规模以及组织发展阶段。

◇ 组织结构主要有三种边界——水平边界、垂直边界和外部边界。创新的组织结构要跨越三种边界，实现网络化、扁平化和开放化，从而实现更广泛的共享和交流。

◇ 组织生态体系本质上是一个“基于组织互动的经济联合体”，是一种由客户、供应商、主要生产商、投资商、贸易合作伙伴、标准制定机构、工会、政府、社会公共服务机构和其他利益相关者等具有一定利益关系的组织或者群体构成的动态结构系统，以在动态复杂环境下不同组织实现良好生存与持续健康为目标，实现系统要素、要素之间以及系统与环境之间的有效协同。

◇ 二元性组织、柔性组织、模块化组织、全球一体化组织是组织结构的新模式。

◇ 组织文化可以分为创新型文化与运营型文化等，文化对组织的发展起到了很好的支撑作用。

思考题

1. 组织结构设计需要分析哪些因素？
2. 如何构建一个创新导向的组织？
3. 二元性组织会不会导致组织的分崩离析？
4. 组织开放化是否不利于知识保护？

案例应用

杜邦的集权组织结构

现在的杜邦公司是由许多单一职能的企业合并而成的产物。杜邦迅速地完成了横向联合向垂直一体化的转变，其一体化转变过程非常顺利。它甚至比标准石油更快地完成了生产设施的条理化，并创造了一种精心设计的中央集权式职能部门化的组织结构。直到今天，这种结构仍然是提供大批量产品的大型企业的标准组织形式。

一、构建多部门结构

在杜邦的中央集权结构下，每个主要部门都配备了公司副总裁和部门负责人。部门负责人负责部门的日常运作；副总裁集中考虑长远规划，以保证公司的生存和发展。这些副总裁在管理自己部门的过程中有充分的权力，也承担相应的责任。各部门副总裁和总裁一起组成执行委员会，制定关于整个公司的董事会政策。三个生产部门直接由总经理阿尔弗雷德管理。在总部威明顿的新办公大楼中，阿尔弗雷德和另两个生产部门的副总裁、负责人、助手及参谋人员对目标进行协调、评价和规划。

各个部门的总部与工厂之间的沟通和权力关系是“直线＋参谋”形式的。权力链从副总裁到部门负责人及其助手、工厂经理，再到工厂主管和工头。那些处理辅助性职能（检查、人事或维修）的工厂主管接受工厂经理的工作指令。总部的参谋人员负责提炼从每日、每周和每月报告等渠道中获得的信息，重点是得到更精确的成本数据。为使总部与工厂之间的联系更加紧密，生产部门会定期举行由工厂主管和总部参谋人员共同参加的会议。在会议上，经理们互换知识和经验，以使自己的活动更为有效并降低成本。

与制造一样，销售也有系统的组织。在销售总部，总经理帕特森有三个直线助手和三个参谋人员。三位经理助理的业务最初是按地域（东部、中部和西部）划分的。后来，每人负责公司的一个主要产品系列。帕特森注重对销售员工的培训，让销售员工在工业炸药的使用方法上成为专家，以便能在特殊的爆破问题上与客户更好地合作。

与制造一样，总部与海外部门的关系也是“直线＋参谋”形式的。部门经理以及分支机构的经理负责管理下属活动，而参谋人员负责制定相关的标准和程序。

其他五个职能部门（重要原料部、发展部、不动产部、法律部和财务部）直接向总裁负责。例如，重要原料部负责生产所需原材料的采购和运输；发展部的职责是管理为改进产品和工艺而设立的实验室；财务部向中央部门提供有价值的和定期的财务信息。

与其他大型工业企业一样，杜邦公司的中央办公室由职能部门副总裁和总裁组成。总体协调、评价和规划由三个委员会——财务委员会、执行委员会和行政管理委员会正式执行。

二、结构调整

1911 年，皮埃尔对杜邦进行了重大的组织结构重组。他有意抵制长期形成的"企业应该由家族管理"的态度。从此，组织成员晋升的标准不再取决于家族背景，而是取决于能力。

皮埃尔还精心调整了中央办公室的责任，重新强调了授权的决定应该由团队来进行，而不是个人。在董事会和财务委员会同意的情况下，执行委员会在处理公司事务方面享有全权，但执行委员会必须谨慎地加以运用。执行委员会的主要职责是考虑公司的总体政策，设定董事会目标和部门政策，以及协调涉及普遍利益的部门间活动。当只涉及一个部门的利益时，可以把职责置于部门主管；当出现影响到两个或者三个部门的事情，应该由执行委员会主席来进行决断。财务委员会回到原来的角色中，作为一个平行组织。

1914 年以后，工程部、采购部和运输部等在战争需求下飞速膨胀。在行政管理上，这些部门属于中央办公室，直接向总裁汇报工作。军用销售部也是如此。

三、进一步集权化

随着战争的结束，皮埃尔让位给哈斯凯等新一代经理。哈斯凯更关心的是组织结构而非人事。他提出了两条基本原则：第一，尽可能整合相关活动；第二，赋予负责协调者足够的权力和职责。委员会强调，这是面对持续变革时保证柔性和调整的唯一途径。

于是，杜邦公司的大部分活动被划分为四个职能型"大"分部——生产部、销售部、发展部和财务部，每个部门都由一名副总裁领导。

中央办公室本身并没有太大的变动。第一副总裁负责评估和协调各主要部门的工作，部门主管负责自己的部门业绩，执行委员会负责政策规划和总体评价。执行委员会决策所需的信息依靠各部门来提供。杜邦公司不同阶段的组织结构如图 8—30 和图 8—31 所示。

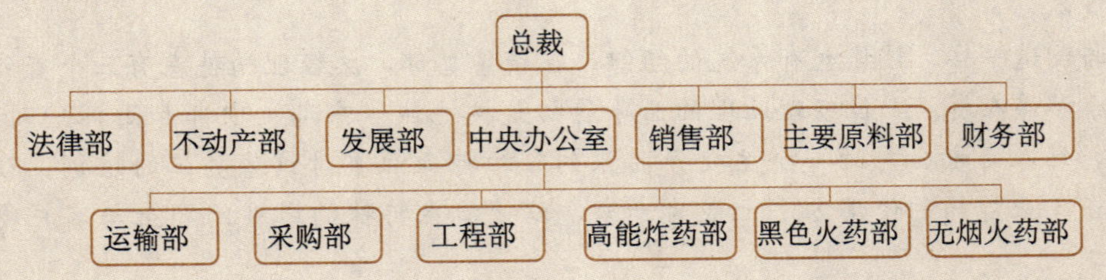

图 8—30 杜邦公司组织结构（1911 年）

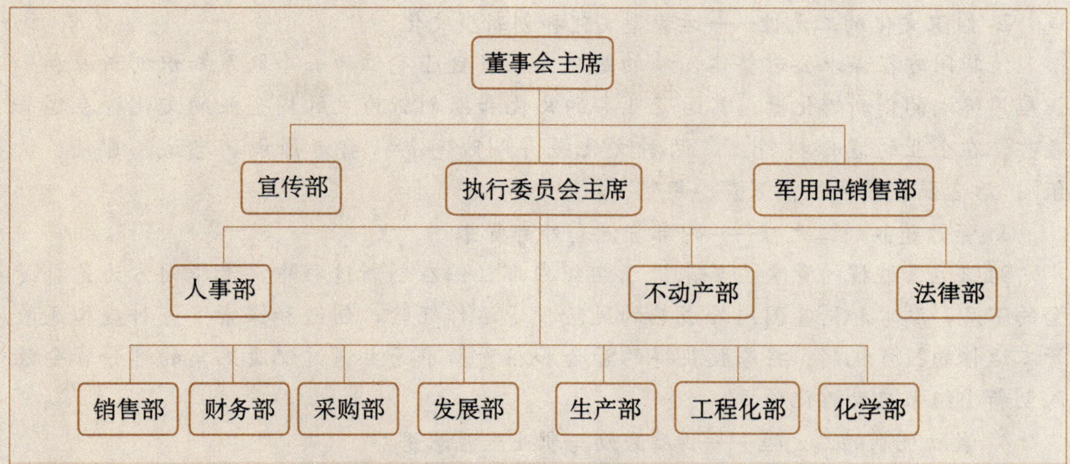

图 8—31 杜邦公司组织结构（1919 年）

资料来源：阿尔弗雷德·D. 小钱德勒，等. 管理学：历史与现状：第 2 版. 大连：东北财经大学出版社，2006.

[讨论题]

1. 根据杜邦组织结构的变化（主要参考图 8—30 和图 8—31），谈谈大型组织在进行多事业部发展过程中应该如何进行组织设计。

2. 试分析杜邦组织结构的利弊。

3. 集权管理是否适合今天的知识经济时代？

清华同方的二元组织模式

清华同方股份有限公司一直以高新技术为主导，紧密依托清华大学的人才、科技优势，通过孵化和二次开发，将大批高科技成果产业化。以网络为核心的信息产业是清华同方的主营产业之一。目前清华同方在重大行业信息化、计算机产品、数字传媒资源等领域已占有国内领先的市场份额。

一方面，追求不断的创新是清华同方持续发展的重要助力；另一方面，效率和质量是清华同方的重要竞争力。在发展过程中，清华同方十分注重平衡创新与运营。清华同方充分体现了发展中国家进行创新的新兴特点，其组织模式在组织结构、组织文化、资源获取和激励机制方面普遍具有二元性。

1. 组织结构的二元性——运营结构和创新小组

清华同方在创新过程中执行了创新小组的组织制度。所谓创新小组，是一种由技术、市场和管理等方面的专家围绕某一特定的创新目标和任务而组成，享有充分授权和高度独立性的组织体。创新小组的活动并不会影响其他业务运营活动的正常进行。在创新的商业化阶段，清华同方还建立了由创新小组到内企业的组织机制。创新小组的成员以内企业家的身份进行创新的商业化开发活动，提高自身的管理和市场能力。创新小组和内企业都是清华同方组织内部的“孤岛”，可以调动任何资源，不受其他业务的影响。

2. 组织文化的二元性——运营型文化和创新型文化

清华同方在谋求公司整体发展的基础上，将自己定位为一个联系知识创新源和知识应用终端的创新孵化器。其运营业务的文化和以创新为主的内企业的文化存在显著差异。在企业的宣传材料上，两种文化差异明晰可辨：前者强调“忠诚、责任、价值”；后者强调“承担、探索、超越”。

3. 资源获取的二元性——内部资源和外部资本

组织运营过程的资金主要来源于组织内部。但在创新过程中，清华同方为弥补资金的不足，参考和借鉴国内外成熟的风险投资运作经验，创造和探索了一种虚拟风险资本运作的投资机制。将募股获得的资金和在资本市场上通过配股筹集的部分资金注入创新小组来启动孵化项目。

4. 激励机制的二元性——物质激励与职业生涯承诺

清华同方对组织成员的激励机制也具有二元性。一方面，员工可以获得年终分红、嘉奖等回报——这主要以年度的业绩为标准；另一方面，内企业家可以从事创新活动，在不断完善技术的同时，锻炼自身的市场能力、管理与组织能力。一旦项目孵化成功，达到预期的产值目标与市场规模，就可能以创新小组为基础建立一个独立的分公司、子公司，从而实现更多收益。物质激励与职业生涯并重的机制保证了运营和创新的员工都会获得足够激励。

资料来源：陈劲. 复杂产品系统创新管理. 北京：科学出版社，2007.

［讨论题］

1. 二元性组织模式对组织发展有何意义？

2. 组织模式的二元性主要体现在哪些方面？

推荐书目

1. Inder Sidhu. 兼攻之道：思科当前赢利和长远发展的秘诀. 北京：机械工业出版社，2011.

2. 黄铁鹰. 海底捞你学不会. 北京：中信出版社，2011.

3. 彼得·圣吉. 第五项修炼：学习型组织的艺术与实践. 北京：中信出版社，2009.

4. 克里斯·阿吉里斯，唐纳德·舍恩. 组织学习Ⅱ：理论、方法与实践. 北京：中国人民大学出版社，2011.

5. 罗恩·阿什肯纳斯，戴维·尤里奇，托德·吉克，史蒂夫·克尔. 无边界组织：移动互联时代企业如何运行：原书第2版. 北京：机械工业出版社，2016.

6. 李·G. 鲍曼，特伦斯·E. 迪尔. 组织重构：艺术、选择及领导：第3版. 北京：高等教育出版社，2005.

7. 亨利·明茨伯格. 卓有成效的组织. 北京：中国人民大学出版社，2012.

8. 亨利·明茨伯格. 明茨伯格论管理. 北京：机械工业出版社，2010.

9. 罗伯特·西蒙斯. 组织设计杠杆：管理者如何利用责任体系增进绩效和奉献精神. 北京：商务印书馆，2010.

10. 艾尔弗雷德·D. 钱德勒. 战略与结构：美国工商企业成长的若干篇章. 昆明：云南人民出版社，2002.

11. 小艾尔弗雷德·斯隆. 我在通用汽车的岁月：斯隆自传. 北京：华夏出版社，2014.

12. 杰伊·R. 加尔布雷斯. 如何驾驭矩阵组织：像IBM与宝洁那样运作. 北京：清华大学出版社，2011.

13. 迪伊·霍克. 隐形VISA：面向未来的混序组织. 上海：上海远东出版社，2011.

14. 马尔科·扬西蒂，罗伊·莱维恩. 共赢：商业生态系统对企业战略、创新和可持续性的影响. 北京：商务印书馆，2006.

15. 詹姆斯·弗·穆尔. 竞争的衰亡：商业生态系统时代的领导与战略. 北京：北京出版社，1999.

16. 拜瑞·J. 内勒巴夫，亚当·M. 布兰登勃格. 合作竞争：博弈论战略正在改变商业游戏. 合肥：安徽人民出版社，2002.

17. 约翰·哈格尔三世，约翰·布朗，朗·戴维森. 拉动力. 北京：中信出版社，2013.

18. 亨克·傅博达. 创建柔性企业：如何保持竞争优势. 北京：人民邮电出版社，2005.

19. 弗朗西斯·赫塞尔本，马歇尔·戈德史密斯. 未来的组织：全新管理时代的愿景与战略. 北京：中信出版社，2012.

20. 布赖恩·罗伯逊. 重新定义管理：合弄制改变世界. 北京：中信出版社，2015.

21. 埃德加·沙因. 组织文化与领导力：第4版. 北京：中国人民大学出版社，2014.

22. 埃德加·H. 沙因. 企业文化生存指南. 北京：机械工业出版社，2004.

23. 特伦斯·迪尔，艾伦·肯尼迪. 企业文化：企业生活中的礼仪与仪式. 北京：中国人民大学出版社，2015.

24. 特伦斯·迪尔，艾伦·肯尼迪. 新企业文化：重获工作场所的活力. 北京：中国人民大学出版社，2015.

25. 西蒙·L. 多伦，萨尔瓦多·加西亚. 价值观管理：21世纪企业生存之道. 北京：中国人民大学出版社，2009.

26. 罗伯·高菲，盖瑞士·琼斯. 公司精神：决定成败的四种企业文化. 哈尔滨：哈尔滨出版社，2003.

27. 约翰·P. 科特，詹姆斯·L. 赫斯克特. 企业文化与经营业绩. 北京：中国人民大学出版社，2004.

28. 戴维·帕卡德. 惠普之道. 重庆：重庆出版社，2016.

29. 凯文·梅尼. 沃森传：特立独行者和他的IBM帝国. 北京：中信出版社，2004.

30. 杰弗瑞·莱克，迈克尔·豪瑟斯. 丰田文化：复制丰田DNA的核心关键. 北京：机械工业出版社，2016.

第 9 章

创业管理

学习目标

- 了解创业与创业精神的内涵
- 了解创业者的基本特征
- 掌握创业机会的基本评价方法
- 了解如何组建创业团队
- 掌握创业融资和退出机制的相关知识

本书第 9 章、第 10 章和第 11 章关注的是基于生命周期的组织发展。第 9 章主要概括中小企业的组织发展，其重点是创业管理（见图 9—1）。第 10 章和第 11 章讨论大中型企业的组织发展，包括组织运营、组织创新和组织再创业等议题。

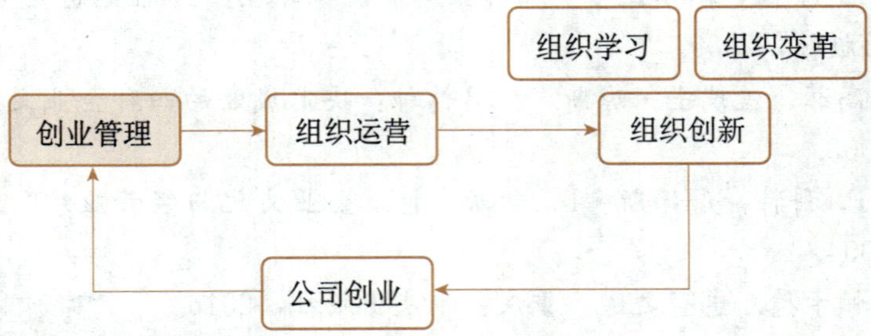

图 9—1　创业管理与组织发展

组织初创时期，关注的是如何与现有企业竞争并生存下去。有效的创业管理是此时组织最为需要的，具体包括选择创业机会、组建创业团队、融资等议题。

整个社会、政府和经济领域对创业的关注度都在不断提高。新创企业数量不断增加，资本市场上的创业融资数额急剧增长。中小企业是一个国家或地区经济增长的重要引擎，对新技术的开创和就业压力的缓解等均具有重要的价值。

改革开放后的 30 多年里，中国以富有机会而著称。这些机会源于市场的扩张、国家基础设施建设方面的大量投入。在这样的背景下，要获得商业上的成功相对容易。然而，随着改革开放的不断深入，来自海外的竞争使市场趋于饱和，技术进步使产品生命周期变得更加短暂、资源整合变得不易，成功创业并非轻而易举。本章简要介绍中小企业在创业管理过程中如何评价创业机会、组建创业团队以及进行创业融资与退出。

第 1 节　创业与创业精神

创业是人们比较熟悉的词汇，国家在不断鼓励“大学生创业”，浙江省政府提出“创新强省、创业富民”的两创战略，大学校园里遍布各种“创业竞赛”。但要给创业作出一个精确的定义是很困难的。

熊彼特认为，创业就是做那些一般的商业活动中不会做的事情。

德鲁克认为，创业就是将资源从生产力较低的地方转移到生产力较高及产出较多的地方。

西里奇认为，创业就是通过获得必要的时间和精力，承担相应的财力、心理和社会风险并接受金钱和个人满足与回报，来创造不同的价值。

从车库创造出信息技术王国（惠普）、从 18 名创始人到电子商务巨头（阿里巴巴）、从瓶盖到家电旗舰（美的）等，都是一个个成功创业的过程。但创业并不仅仅是一个商业词汇，也就是说，并不是只有在商业领域才有创业。慈善家构建非营利组织来推动环境保护和反贫困，政治家通过构建社团来实现自己的政治理想等过程也都是创业过程。那么，究竟何为创业？

创业（entrepreneur）就是新创某个事业，同时承担该事业伴随的风险和不确定性。[①] 也就是说，创业的关键就在于新的事业。一般新的事业往往需要具备以下因素中的一种或多种（见表 9—1）。

表 9—1　　新事业的方式

方式	举例
新事物	阿里巴巴
优化的事物	美的直流变频空调
新的市场	小灵通
新的配送体系和分销渠道	当当网

（1）新事物。创业为社会提供的可以是新产品、新服务或者新技术。阿里巴巴提供的 B2B 电子商务交易平台就是全新的服务。在阿里巴巴之前，中国市场上并没有以网络为媒介的国际贸易平台，虽然阿里巴巴所利用的技术并不是全新的（只是比较简单的互联网技术），但它所提供的服务却是全新的。

（2）优化的事物。新的事业可以是对现有产品或服务的一个改进，包括更多的特色、更低的价格、更高的可靠性、更快的速度或者更加方便。为了节约成本，福特公司在发展初期所生产的汽车都没有顶篷。后来，通用汽车公司对汽车进行改良，增加了顶篷，从而迅速占据了汽车市场的半壁江山。有顶篷的汽车并不是全新的产品，但确实是对汽车这一产品的优化。

① 丹·海瑞格尔，等. 管理学：基于能力的方法：第 10 版. 北京：清华大学出版社，2009.

（3）新的市场。创业企业会进入一个没有被发现的潜在的新市场，或者是整体市场的一小部分（利基市场）。尤努斯所创建的孟加拉农村银行就是发现了很多农民需要小额贷款但没有能力负担过高的贷款利息这一市场机会，并将其开发出来。尤努斯不仅获得了很高的经济回报，更重要的是帮助很多人实现了反贫困。他也因此获得了诺贝尔和平奖。另外，很多创业企业在进行市场选择时，往往关注的是那些一般企业所忽视的或者大型企业所不在意的市场。

（4）新的配送体系和分销渠道。信息技术（特别是互联网技术）使组织可以更加迅速且便利地接触到终端消费者。组织可以新的方式、渠道和体系来为消费者提供产品和服务，实现更低的价格，涉及更广的区域或者更多的选择。戴尔公司就是利用互联网技术，实现与终端消费者的直接对话，从而消除了一般电脑销售过程中的中间代理商。一方面，削减了销售成本，为消费者带来更低的价格；另一方面，也为消费者提供了个性化选择的服务。

总之，创业并不局限于引入全新的事物。成功的创业者或许通过提供高质量的产品和服务起家，也可以是对其他人已经在做的事情进行优化。创业就是构建创新组织的过程。

在了解了创业之后，那么什么是创业精神呢？创业精神是指具有创造、创新能力，并且可以将这种创新能力转化为经济收益的精神。学者们普遍认为，创业精神主要包括三个方面的内容：风险承担性（risk-taking）、机会先知性（proactiveness）和创新性（innovativeness）。

风险承担性要求创业者具有更强的风险承担意识，即愿意迎接高风险，乐于在高风险的环境中发展事业。创业就是高风险的行为，高风险也意味着高收益。

机会先知性要求创业者具有更强的机会识别能力，在大多数人之前预先感知到机会，比如索尼公司的创始人井深大和盛田昭夫在美国的企业家发现随身听（Walkman）这个巨大的市场潜力之前就预见到了这一机会，于是成就了索尼在电子行业的霸主地位。

创新性要求创业者在提升价值的过程中，要保证行为具有较高的创新程度，所以一般的开商店卖杂货并不能称为创业。

第 2 节　创业者

创业者并不一定是将组织从无到有地创造出来的人，也可以是及时进入某个产业并改变其格局和性质的人，因此创业者并非只是创造、购买或继承组织，而是要作出足以改变产业的创举。简单地说，创业者就是进行价值创新的人。

创业者会不断地寻找和适应变化，视变化为机会并加以利用。美国将传统制造业转移到亚太地区时，并没有因为制造业外移而造成不景气，反而带动了其他产业的蓬勃发展。重要的原因就在于美国已经成为创业型社会，具有很强的创新与创业能力，拥有大量高水平的创业者，创造了许多工作机会，从而使经济发展更为蓬勃。[①]

---

① 台湾中山大学企业管理系．管理学：整合观点与创新思维．台北：前程企业管理有限公司，2005．

一、创业者的个人特征

成功的创业者往往具有独特的性格特征和领导风格。有的创业者推崇强势领导；有的随和而大胆授权；有的保守而固执；有的宽容而创新。很难说某种领导风格就一定会带来创业的成功或失败。事实上，只要能将任何一种性格特征充分发挥，都会有利于创业。最重要的是，创业者能否坚持创业理想。下面介绍四个比较普遍的创业者个人特征。

（1）渴望成功。大多数创业者都渴望能够实现卓越，并且在竞争中脱颖而出。成功的创业者都会为组织的发展制定适当难度的目标，并且对所有的规划目标的实现充满渴望。与一般人相比，创业者对成功有一种近乎偏执的追求。

（2）坚强的毅力。创业是一个跌宕起伏的过程，会碰到各种各样的问题。人才流失、资金不足、市场不理想、法律问题、产品技术问题等，创业者必须有足够的毅力才能将问题合理解决。在创立阿里巴巴的过程中，马云及其创业团队并非一帆风顺，也曾经遇到过很多困难，但是凭借坚强的毅力，最终建立了今天的电子商务帝国。

（3）自信。创业者必须自信。他的自信心会带动整个创业团队的自信。由于创办新事业的风险无处不在，因此必须具有乐观的态度。在创立吉利汽车公司之初，很多经济学家、管理学家都认为李书福是在妄想。仅凭民间资本根本不可能在汽车这个资本和知识密集的产业中存活。但创业者李书福充满信心，拼搏到今天，吉利已经取得了令人瞠目的成绩，包括成功地收购了沃尔沃。

（4）自我牺牲。成功的创业者不得不作出自我牺牲，放弃很多看似平常的利益。创业意味着要放弃假期、休闲和锻炼。虽然成功创业的代价很高，但创业者往往无怨无悔。

二、创业者的管理能力

创业的最大特征之一就是随之而来的风险。这些风险包括市场和资金等的不确定性、人才的流失、合伙解散等各种状况。但这些风险是可以通过有效的创业管理来降低的。管理学领域中有很多知识类别——营销、财务、物流、金融、会计等专业，但创业需要的是一种整合性的知识，需要管理学领域的各个方面的知识。下面对几种比较重要的能力进行介绍。①

1. 战略行动能力

良好的战略行动能力对创业者的成功是非常重要的。对于很多创业者来说，战略行动能力是在日常决策的过程中逐渐形成的。对新创企业来说，组织变化非常迅速，战略往往需要根据自身条件和外部环境的变化而不断地调整。因此，新创企业的战略行动过程就要像做实验那样不断地试错、调整。所有战略决策的制定都应该力求满足客户需求。

2. 计划和管理的能力

尽管计划在执行中需要不断调整，但是创业者仍然需要具备很好的计划能力。与成熟企业不同，创业者的计划时间比较短（通常计划都在 3 年以内），很少制定过于长远的计划。更普遍的是，每个月都要制定计划。随着组织发展壮大，计划也变得更加概括。管理能力也很重要。在初创阶段，组织的资金短缺且没有好的经营业绩，所以要吸引顶尖的人

---

① 丹·海瑞格尔，等. 管理学：基于能力的方法：第 10 版. 北京：清华大学出版社，2009.

才是很困难的。创业者经常要亲自扮演多重角色。

3. 团队协作能力

单个人能做的事情非常有限，多数成功的创业都是由团队来完成的，因此创业者不能做独狼，而需要有很强的团队协作能力。搭建起高效能的团队对新创组织的成长非常重要。大多数成功的创业者都有极为高效的高层管理团队（仅有3%的总裁独自承担高层管理的角色）。创业团队的规模一般不大，由3～6位管理者组成的占67%，每个人具有不同的职能。当然，优秀的团队协作能力还可以帮助创业者与价值网络中的其他组织保持良好的伙伴关系。

4. 沟通能力

创业初期，创业者最终的任务是为组织寻找投资，高效沟通的能力必不可少。创业者常常需要通过非正式和正式形式（演讲、报告、正式提议等）向风险投资、天使投资、政府机构作介绍，沟通能力就是融资成败的关键。

5. 学习能力

创业过程就是一个不断学习发展的过程。创业者在组织运营等各个方面的经验都无法与成熟企业家相比，因此他们必须不断学习，包括运营知识、技术趋势等。如果把中国的改革开放视为一场大型的创业的话，那么邓小平同志的“摸着石头过河”正表明了创业是需要不断学习的。

第3节 创业机会的评估

一般而言，创业机会主要来源于对现有产品或服务的改良、对技术新趋势与时尚潮流的跟随以及系统性研究的科学研究等方面。接下来主要从创业机会的发现和评估两个方面介绍。

一、创业机会的发现

快可立对珍珠奶茶的产品与服务进行改良，成为中国台湾最大的中式快餐；李维斯（Levi's）看到帆布与工作服之间的关系，于是开发出了牛仔裤。中国创业企业的创新性并不高，很少有能够影响整个产业的创意。那么，究竟应如何寻找创意和创业机会呢？著名管理学大师彼得·德鲁克总结了七种创业机会的来源，分述如下。①

1. 分析特殊或意外事件

特殊事件或意外事件往往会导致市场消费者的剧烈变化，也可能会带来巨大的商机。2009年的三鹿毒奶粉事件震惊了全国，曾使奶制品行业的发展举步维艰。但是，很多具有创业精神的人却从中发现了好的创业机会。三鹿毒奶粉事件的主要原因就是在对牛奶中的蛋白质含量进行检测的过程中，只考虑氮元素的含量。为了保证加过水的牛奶在检测的时候仍然显示出高蛋白质含量，于是添加了三聚氰胺。该事件发生后，杭州一位科技型企业家发现这是一个好的创业机会，因为他拥有检测高分子蛋白的技术和方法，只需要进行

---

① 彼得·德鲁克．创新与创业精神．上海：上海人民出版社，2002．

微调就可以用于牛奶的检测，而且可以防止添加剂的影响。后来，该企业家成功地申请了国家自然科学基金，进一步完善该技术，并努力实现商业化。

2. 分析矛盾现象

通过分析市场上的供求不平衡，创业机会就会显现。在寻找供求不平衡的过程中，最有效的方法就是分析“互补产品”或者“替代产品”。电脑的软件和硬件就属于互补产品。20世纪80年代初，电脑硬件发展迅速，苹果电脑与IBM个人电脑日益普及，但软件方面却没有跟上步伐，因此为软件开发商提供了良好的创业机会。

3. 分析运作流程

在全球生产与运作体系中，可以发掘很多信息服务与软件开发的创业机会。戴尔公司在分析电脑销售的普遍流程后发现，中间商、代理商模式大大降低了电脑生产商的利润。于是，戴尔公司通过互联网技术，消除中间代理商，而采取直销的模式。这不仅降低了产品的价格，同时实现了顾客的个性化定制。

4. 分析产业与市场结构变化

在政府推出的政策、经济方案中，也可以发现很多新的创业机会。2008年9月的金融危机席卷全球，中国政府提出了4万亿元的经济刺激计划。通过对其所刺激产业的分析，可以发现很多创业机会。

5. 分析人口统计数据的变化趋势

中国即将进入老龄化社会，未来老年人的休闲、健康、安养等都能提供许多创业机会。

6. 分析价值观与认知的变化

现在人们对产品的要求已经不仅是价格低，还要求质量高，甚至要求品位高。于是，健身、健康食品等新型行业中机会颇多。

7. 分析新知识的产生

创业机会还可源于科学的发展或突破。电池技术的进步为电动汽车行业创造了可能，于是比亚迪异军突起，并得到了巴菲特的厚爱。纳米材料的发展带来许多现有产品的改进机会，也带来很多创业机会。

不论什么方式，想要发现新机会，平时就要常思考、注意观察，只有这样，才有可能找到一个可能成功的机会。思考与观察都是要在生活、工作中长期体验的工作。产生了一些构想，还要经过长时间的酝酿、分析、评估等，才能确定是不是好的创意。

二、创业机会的评估

在发现创业机会之后，创业者就需要对机会进行评价，主要从自身的资源条件、竞争态势、市场需求及获利能力方面来评估机会的价值。创业者与创业团队通常都会对创业机会充满信心，但据有关研究显示，大部分创业活动都以失败告终。因此，在找到相应的创业机会后，创业者必须客观、理性地对其进行评估。主要可以从市场、竞争分析以及产业结构特点三个方面来评估创业机会（见图9—2）。[①]

① 罗伯特·A. 巴隆，斯科特·A. 谢恩. 创业管理：基于过程的观点. 北京：机械工业出版社，2005.

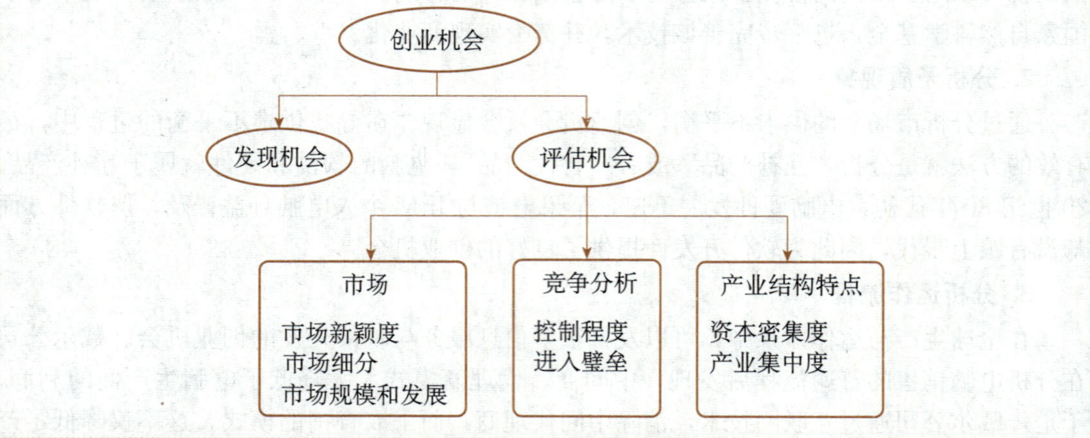

图 9—2　创业机会的评估流程图

（一）市场

正式创立之前，创业者需要对市场前景进行一定的分析，因为所有产品和服务最终都需要提供给市场。市场评估往往需要关注以下几个方面：市场新颖度、市场细分、市场规模和发展。

1. 市场新颖度

合适的创业机会应该具有一定的市场新颖度，能够满足特别的需求，从而创造价值。也就是说，良好的创业机会往往能够避开激烈竞争的红海，而开辟出一片广阔而独特的蓝海。因此在市场评估过程中，组织就必须考虑其是否有明确的市场定位，是否能满足特定的顾客需求。

2. 市场细分

创业成功的企业更多出现在分割更细的市场中。各种市场的细分程度有很大不同。细分市场有助于创业，主要是因为细分市场往往规模较小，较适合新创企业的小规模生产。此外，细分市场需求变化较大且快，适合柔性较高的新创企业。

3. 市场规模和发展

市场规模的大小与发展速度会影响初创企业的生存。研究指出，在较大市场中，新创企业所实现的业绩要比在小市场中好。创业者都面临创建新企业引起的固定成本，这种固定成本在较大的市场中可以被分摊到较大的销售规模上。因此，在较大的市场中创建新企业的期望收益会更高。

市场的快速发展也会为初创企业带来更高的业绩。因为在不断扩大的市场中，往往有很多客户是现有企业所没有满足的，因此创业者可以进入该市场从而服务于这些顾客。但是，市场如果已经成熟，就不太容易进入，从而需要更高程度的创新。

（二）竞争分析

在对整个目标市场情况进行细致分析后，并不能够断言其是否适合创业，因为需求条件好的市场往往会引来过于严酷的竞争，从而导致创业活动的不易。那么，就需要进一步对竞争态势进行分析，这里主要从控制程度和进入壁垒两个方面来看。

1. 控制程度

如果初创企业对价格、成本、销售渠道等关键因素有较强的控制，这样的创业机会比较有吸引力。市场占有率高的现有公司通常对于原材料、供应商与价格的控制力较强，对于初创企业的发展有一定的障碍。

2. 进入壁垒

如果创业机会没有比较高的进入壁垒，无法将跟随者阻挡在市场外，那么创业就很可能最终被跟随者的后发优势打败。这种情形在服务业最容易见到。因为进入壁垒较低，所以创意很容易被模仿。创业之前，创业者必须努力设置障碍，使跟随者不至于立即成为竞争对手。设立进入壁垒障碍的方式主要有技术、销售渠道以及政府管制等。

（三）产业结构特点

产业结构方面的差异也会对创业的绩效产生明显的影响，主要包括两个方面：资本密集度和产业集中度。

1. 资本密集度

资本密集度是指在行业中运营过程对资本的依赖程度（汽车制造业就是高资本密集的产业）。在资本密集度比较高的产业中，创业成功的可能性比较小。这是因为在初创时，创业者必须投入大量的资本以购买设备，建立硬件条件、销售渠道以及进行其他活动，这种支出产生于初创企业能够销售产品或者服务之前。那么，在资本密集型产业中创业，就可能会遇到现金流等多方面的问题。当然，并不一定全然如此，吉利汽车的崛起就是一个反例。

2. 产业集中度

产业集中度是指最大企业在产业中所占有的市场份额。初创企业在分散型（集中度比较低）的产业中比较容易生存和发展。如果产业集中度比较高，初创企业就不得不挑战现有的“航空母舰”，而这些现有企业可以通过其拥有的大量资本、客户和渠道等资源将初创企业打败。如果产业是分散的，那么初创企业可以通过挑战客户基础比较弱的现有企业而成功存活和发展。

第 4 节 创业团队的组建

在确定创业机会后，接下来就是组建和灵活运用创业团队的问题。受限于其知识、能力或者技术，创业者难以进行独立的创业，构建团队来分工合作可以说是创业成功的必经之路。很多研究也显示，创业成功的案例中，团队成功的机会比个人大得多。

团队的建立是创业成功的关键。有好的创业伙伴，才能够成就精彩的事业。应该找什么样的人来共同组建创业团队呢？

经典的问题就是创业团队成员之间应该是互补的还是相似的？究竟是应选择那些各个方面都与自己相似的创业伙伴，还是应选择具有互补能力、知识、资源、经历的人？一般来说，创业者倾向于寻找那些在各个方面都与自己具有相似性的人，因为更乐于与其相处。这也就是为什么很多企业都是由来自同一领域或者同一专业的创业者所组建的创业团队创建的：工程师往往与工程师合作创业；具有营销和销售背景的创业者往往倾向于与其他具有相同背景的人合作；科学家往往倾向于与其他科学家一起工作等。①

但选择相似的创业伙伴就难免会导致团队内部异质性的不足。一方面，这会造成知识、能力等方面的冗余。团队中相似背景的人越多，他们的知识、技能和思维方式重叠的程度就越高。另一方面，这会导致其他知识和能力的欠缺。如果创业团队内都是技术专家，就会导致在市场营销、法律、员工管理等方面的欠缺。

事实上，相似型与互补型创业伙伴都各有利弊，究竟如何选择取决于所考虑的维度。在知识、技术和经验方面，创业团队成员的互补性是非常重要的；在性格、动机方面，创业团队成员的相似性比较重要，这有利于沟通。

创业过程充满艰辛和坎坷，由于目标、动机或者愿景的不同，很多创业团队都中途解散。所以选择好创业伙伴之后，还需要考虑以下问题：

（1）团队的领导：由谁主导决策？当利益冲突或者意见不一时，如何解决？

（2）股权分配：初创企业的股权如何分配？平均股权可能比较普遍。但每个人贡献不同，平均分配可能会造成团队成员心理不平衡，影响团队运作。

（3）股权释出：创业发展到一定阶段后，就会向团队引入新成员。此时，可能会有股权释出的情况。团队成员能否将股权分享给新成员，且创业者能否接受股权减少、控制权降低的事实？

这些问题都是创业团队会遇到的，也是创业成功之前必须很好解决的。这些问题的解决关键在于建立团队内部的互信、共识和共同愿景。更重要的是，团队构建之初，必须以合同的形式明文约束，使创业行为成为契约合作、专业分工的投资行为。

第5节　创业融资与退出机制

一、创业融资

融资在创业过程中扮演着非常重要的角色。资金的来源包括自有资金、天使投资、企业资金、风险投资、政府投资等（见表9—2）。②

表9—2　各种投资方式的利弊

投资方式	利弊
自有资金	优势：保持股权 劣势：资金比较少
天使投资	优势：更愿意投资萌芽期的、高风险的创业；获得市场信息和管理建议 劣势：资金比较少
企业资金	优势：资金比较充足；获得投资企业的资源 劣势：失去股权
风险投资	优势：资金充足；获得管理建议 劣势：失去股权
政府投资	优势：政策支持；保证股权 劣势：资金比较少；限制比较多

① 罗伯特·A. 巴隆，斯科特·A. 谢恩. 创业管理：基于过程的观点. 北京：机械工业出版社，2005.

② 台湾中山大学企业管理系. 管理学：整合观点与创新思维. 台北：前程企业管理有限公司，2005.

1. 自有资金

通常，创业者与创业团队会利用自己的资金当做创业的种子基金，因为利用自有资金可以保证对初创企业实现完全的掌控。基本上每一位创业者都对自己的创意充满信心，对其未来的盈利充满信心，当然不愿意让外部资金来分红。但是自有资金通常是非常有限的。即使创业机会很好，如果资金不足，也难以实现目标，此时，就需要向组织外部求援。

2. 天使投资

从组织外部融资，创业者首先可以考虑天使投资（angel investment）。天使投资是一种私人投资者对有潜力的初创企业所提供的资金援助。由于是个人投资，因此金额不会很大。除了资金之外，天使投资还会向创业者提供社会网络、市场等方面的信息。不过，这种天使投资的融资方式在中国还不普遍。

3. 企业资金

初创企业还可以从其他成熟企业那里获得资金注入，即企业投资。企业投资一般比天使投资要多，而且主要是以认股的方式交换而来的。对创业者来说，引入企业投资，除可以获取充足的资金外，还可以利用该企业的其他资源，如关键技术、供应商、客户、渠道、品牌等。

4. 风险投资

风险投资（venture capital）是创业最重要的融资方式。美国硅谷的创业奇迹不仅受惠于以斯坦福为代表的大学的科技产出，而且良好的投融资机制也在其中发挥了重要的作用。企业初创时的规模相当小，而这些初创企业由于无法通过公开上市的方式融资，也难以从信托机构或银行获得贷款，只有风险投资愿意在企业初创的时候为其提供风险性资金。因此，风险投资对创业的重要性毋庸置疑。

风险投资的主要运作方式是分析各种投资计划，找出可行、获利高、风险低、回收快的投资方案来进行投资，同时换取部分股权，然后在适当时机将股份出售获利。与股票交易不同的是，他们的投资目标通常是尚未成熟的企业或者组织，风险投资会仔细评估创业计划书、创业机会、创业团队、产品技术与市场，然后决定投入金额。通常，他们也会加入管理团队，提供管理建议或者市场信息。

5. 政府资金

除了上述各项融资渠道之外，创业者还可以利用政府的相关的扶持和支持资金。创业者应该善于运用政府的各项扶持和鼓励措施。国家或者地方政府为了鼓励创业，往往会为初创企业提供一定的扶持资金和税负减免政策。政府的扶持资金往往是以贷款的形式，但是利率很低。虽然数额不会很大，但对很多初创企业来说足以支持前期运作。

二、退出机制

对于创业者来说，创业除了追求经济利益之外，还要实现理想、抱负等精神追求。但对投资者来说，投资初创企业主要是为了获得经济利益。因此，创业成功以后，大多数投资者会选择退出，以套取经济利益。初创企业发展到一定阶段后，其盈利能力基本保持稳定，很难满足风险投资的需求。此时，风险投资往往希望抽出投资，然后投入其他具有高增长潜力的初创企业中。一般，主要的退出方式有公开上市（initial public offering,

IPO）、员工入股以及出售或并购等。

1. 公开上市

公开上市通常是创业者、投资者最理想的退出机制。能够公开上市就意味着企业的运营和盈利能力达到一定水平，可以被大众认可、接受大众的投资。那么，企业可以向社会公开发行股票，使大众的资金流入公司，为公司提供新的、持续的融资渠道。当然，公开上市的规则是非常严格的，企业要经过层层的关卡和评估，所以并不是所有的初创企业都可以公开上市。

2. 员工入股

如果无法公开上市，员工入股是不错的解决方案。员工入股可以使投资者、创业者从所持股票中套现，也可以增强员工对企业的认同感和参与感，更加努力投入工作（或许还有税务方面的优势）。但是员工参与股东结构，也就有了部分的控制和决策权，若对公司的经营方针与现有管理团队有不同意见，可能会给公司的运作带来困扰。

3. 出售或并购

除了上述两种方式之外，初创企业还可以出售给其他企业或者被其他企业并购。如果对其他公司有价值的话，初创企业可以将所有权部分或者全部出售给其他企业，而原来的员工可以继续运营。这种方式没有员工入股方式那么复杂，通常也可提高效率并改善企业经营，是比较有吸引力的所有权转移方式。

本章小结

◇ 创业就是创建新的事业。新事业并不一定是商业企业，也可以是慈善机构、社团、非政府组织等。

◇ 创业精神主要包括三个方面的内容，即风险承担性、机会先知性以及创新性。

◇ 创业者具有四个比较普遍的特征，即渴望成功、坚强的毅力、自信和自我牺牲。

◇ 创业者主要可从市场、竞争分析以及产业结构特点三个方面评估创业机会。

◇ 创业团队的构建需要注意一致性与异质性的选择。

◇ 创业融资渠道主要有自有资金、天使投资、企业资金、风险投资和政府投资，各有利弊；风险投资的主要退出方式有公开上市、员工入股以及出售或并购。

思考题

1. 如何选择创业伙伴？
2. 创业机会评估的方法是什么？
3. 探讨如何确定组织是处于创业阶段，还是进入了成熟阶段。

案例应用

IBM的创业发展历程

IBM发展至今，已跌宕起伏近百年。尽管其规模、市值都非常惊人，但是IBM仍然能够保持创业精神，不断对自身进行变革与发展。IBM长期扮演着现代公司组织形式的变革者、科技市场的开拓者。其实，类似的压力在IBM近百年的历史上始终存在。

从老沃森把一家专门生产打孔机的公司改名为“国际商业机器公司”开始，这位创始人就显示出对宏大目标的期许和不畏挑战的坚毅，而正是这种追求卓越和引领观念创新的精神引导着IBM在近百年的产业风云中，始终无人能取代。

90多年前，汤马斯·沃森将计算制表记录公司（CTR）改名为国际商用机器公司（International Business Machines）。在喧嚣的20世纪20年代，沃森逐渐找到了公司的发展方向，把IBM变成一家“打卡机”公司。他的远见、意志和坚定的信念起到了至关重要的作用，他抓住了生命中的第一次重要潮流与机遇。

20世纪20年代和20世纪末的互联网时代非常相似，大部分家庭突然有了电灯、电话和收音机，新一代人热情欢迎科学、自动化与新发明，经济高速增长，没有任何减缓的迹象。许多企业家认为自己是带领大家走进新时代的革命家。IBM最后的成功应归功于沃森的乐观。在萧条时期，乐观的沃森采取了两个关键行动：

第一，工厂继续生产，不解雇任何人。他要求工厂继续生产仪器和零部件，将它们存放在库房里。他的逻辑是，需求将会重新爆发。到那时，IBM将做好准备，利用这一需求。

第二，1932年投入巨资100万美元（年收入的6%）建设第一个企业实验室，进行没有特定方向的研究与开发。这个实验室在整个30年代的研发使得IBM远远领先于任何潜在对手。

在整个大萧条期间，IBM一直在研发和新产品上投资，它的产品比所有其他公司的产品都更好、更快、更可靠，因此赢得了独家代理罗斯福新政会计项目的合同。在其后的差不多半个世纪里，直到80年代，IBM都统治着数据处理行业。

1961年，IBM的规模是1956年老沃森去世时的2.5倍，股票价值增加了5倍，全美国6 000台正使用的大型计算机中有4 000台是IBM生产的。另一方面，公司似乎到了平台期。与电子计算机业的蓬勃发展相反，公司的增长放缓。

小沃森实施被媒体称为疯狂的“50亿美元豪赌”的计算机开发计划后，在1963年成功推出IBM 360型计算机，一举垄断了世界计算机市场。它是第三代计算机的佼佼者，其研制开发经费高达50亿美元，远远超过美国研制第一颗原子弹的曼哈顿计划（20亿美元），堪称历史上规模最大的私人企业投资。

1966年底，IBM装配360型计算机8 000台，公司年收入超过40亿美元，利润高达10亿美元。这是小沃森一生中最大的成功。不到10年，IBM已跃升为美国年销售额最大的公司。S360电脑获得了巨大成功，它取得了压倒性优势，公司再次以近30%的速度增长。只有新创公司，才可能有这样的增长速度。

[讨论题]

1. 总结IBM体现出的创业精神。
2. 创业精神对组织发展的意义是什么？

马云与阿里巴巴：B2B的传奇创业之路

1999年初，开阔了宏观视野的马云返回杭州，进行二次创业，决定进入电子商务领域。采用什么模式？当时全球互联网所做的电子商务基本上是为占15%的全球顶尖大企业服务的。而马云生长于私营经济发达的浙江，从最底层的市场摸爬滚打过来，深知中小企业的困境。他毅然作出决断——“弃鲸鱼而抓虾米，放弃那些15%的大企业，只做85%中小企业的生意”。

“如果把企业也分成富人与穷人，那么互联网就是穷人的世界，因为大企业有自己专门的信息渠道、巨额的广告费，而小企业什么都没有，它们才是最需要互联网的人。而我就是要领导穷人起来闹革命。”马云要做的事就是提供这样的一个平台：将全球中小企业的进出口信息汇集起来——“中小企业好比沙滩上的一颗颗石子，通过互联网可以将一颗颗石子全粘起来。用水泥粘起来的石子们威力无穷，可以与大石头抗衡。而互联网经济的特色正是以小搏大、以快打慢。”

1999年9月，马云的阿里巴巴网站横空出世，马云立志成为中小企业敲开财富之门的引路人。当时国内正是互联网热潮涌动的时刻，但无论是投资商还是公众，都将注意力放在门户网站上。马云在这个时候建立电子商务网站，在国内是一个逆势而为的举动。他在整个互联网界开创的崭新模式，被国际媒体称为继雅虎、亚马逊、eBay之后的第四种互联网模式。阿里巴巴采用的独特B2B模式，即便今天在美国，也难觅一个成功范例。

1999年底，马云凭借6分钟的讲述获得了有“网络风向标”之称的软银老总孙正义的赏识。两人进行了3分钟的单独谈判后，马云获得了孙正义3 500万美元的投资。软银每年接受700家公司的投资申请，但只对其中70家公司投资，而孙正义只对其中一家亲自谈判。

事实证明，无论是高盛还是孙正义，对马云的判断都是准确的。在电子商务领域，马云显示了自己的独特视角和预见性：创业当年，阿里巴巴的会员就达到8.9万，2000年达到50万；在2001年互联网的严冬季节，依然实现了百万会员的目标，成为全球首家会员超过百万的商务网站。在互联网最寒冷的冬天里，阿里巴巴成为最早宣布盈利的“.com”之一，并被哈佛、斯坦福等著名商学院选为案例，连续4年被《福布斯》评为全球最佳电子商务站点第一名。

2004年2月，阿里巴巴特意在北京公布了总额为8 200万美元的新一轮私募成功，这是当时中国互联网行业金额最多的一次募资。这笔战略投资加上此前风险投资的结余和自身1亿多元的利润，使得当时的阿里巴巴手握10亿元，已可以与国内任何一家门户网站并驾齐驱。

资料来源：http://chuangye.yjbys.com/gushi/anli/558914.html.

[讨论题]

1. 联系创业的几大要素，尝试从多个角度分析阿里巴巴取得成功的原因。

2. 可以说，马云对市场需求的准确把握最终成就了阿里巴巴的辉煌。对此，你怎么看？

3. 如果你是马云，当创业初期没有风险投资机构愿意为阿里巴巴提供资金时，你准备采取哪些措施获得融资支持？

推荐书目

1. 罗伯特·A. 巴隆，斯科特·A. 谢恩. 创业管理：基于过程的观点. 北京：机械工业出版社，2005.

2. 彼得·德鲁克. 创新与企业家精神. 北京：机械工业出版社，2009.

3. 阿玛尔·毕海德. 新企业的起源与演进. 北京：中国人民大学出版社，2004.

4. 乔治·吉尔德. 重获企业精神. 北京：机械工业出版社，2007.

5. 戴维·兰德斯，乔尔·莫克，威廉·鲍莫尔. 历史上的企业家精神：从美索不达米亚到现代. 北京：中信出版社，2016.

6. Steven Gary Blank. 四步创业法. 武汉：华中科技大学出版社，2012.

7. 内森·弗，保罗·阿尔斯特伦. 有的放矢：NISI 创业指南. 武汉：华中科技大学出版社，2014.

8. 埃里克·莱斯. 精益创业. 北京：中信出版社，2012.

9. 史蒂夫·布兰克，鲍勃·多夫. 创业者手册：教你如何构建伟大的企业. 北京：机械工业出版社，2013

10. 史蒂夫·布兰克，鲍勃·多夫. 创业成功范式：硅谷创业教父的忠告. 北京：机械工业出版社，2016.

第 10 章

组织运营

学习目标

- 了解组织运营的过程
- 了解组织运营的历史演变与主要趋势
- 熟悉组织运营的主要理论

我们一直坚持认为，组织持续发展的最关键问题就是实现组织运营和创新的平衡。在初创期，组织关注的焦点是如何在激烈竞争的市场环境中生存下来。组织在市场中站稳脚跟后，其关注的焦点是如何持续发展。此时，组织规模较小、内部层级较少、灵活性较强，组织仍然保留着较强的创业精神和创新能力，但是与现有企业在效率、质量和成本方面尚有差距。因此，进入稳定发展期的组织，应致力于有效的运营管理，提升组织的运营能力——实现效率、质量和成本的优化（见图 10—1）。

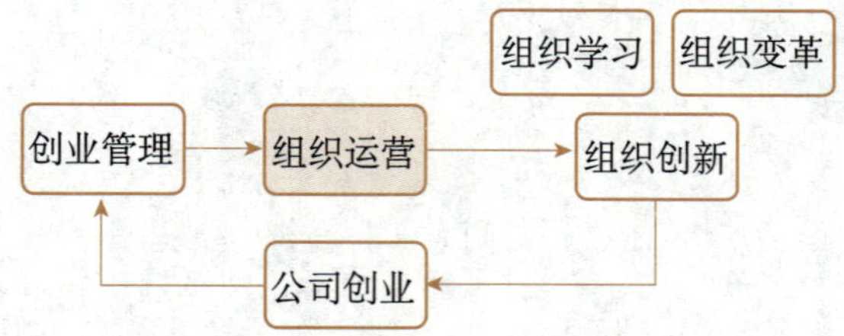

图 10—1　组织运营与组织发展

任何组织都有运营的职能。如果把组织视为一辆小汽车，那么运营职能就是它的发动机。20 世纪后半叶，发达国家的共同发展方向都是在向创新型国家转变，对组织运营的重视程度随之下降。然而，很多国家的创新之旅并不顺利。根据蒂斯（Teece）等的研究，这主要是因为：创新固然重要，但整体绩效的提升不仅需要创新能力提升，而且需要互补资产（complementary asset），如生产制造能力、供应链管理能力、客户服务能力等。因此，组织运营是创新的互补，是组织发展必不可少的，对年轻的中小企业（SME）来说尤为如此。

第 1 节　组织运营概述

过去，人们习惯于把有形产品的制造称为生产（production），而把提供无形服务的过程称为运营（operation）。现在不再加以严格区分，而统一称为运营。组织运营就是将投入的生产要素转化为有形产品/无形服务，从而创造价值和增加经济效用的过程。①

一、运营系统

组织运营实际上就是把投入转化为产出的系统。产品的制造或服务的提供都涉及从投入到产出的转变或转化过程。组织可以利用各种投入，例如资本、劳动、知识、能源、设备和土地，通过一个或多个转换过程创造出产品或服务。为确保获得满意的产出，需要在转换过程的各个阶段进行监测和控制，并与已制定的标准进行比较，实现有效的反馈以决定是否需要采取纠正措施。组织运营的系统如图 10—2 所示。

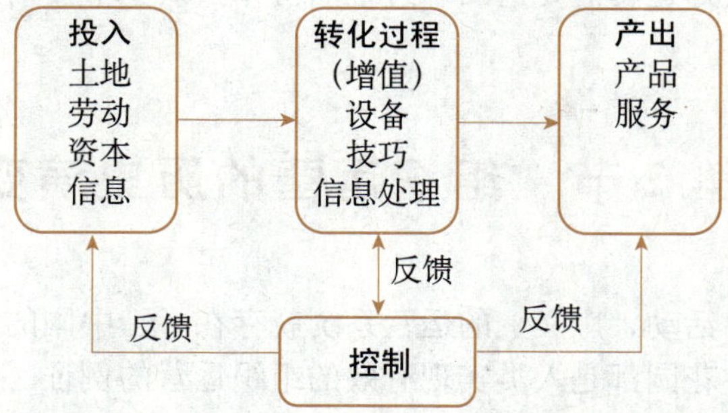

图 10—2　组织运营系统示意图

资料来源：威廉·史蒂文森. 运营管理：原书第 8 版. 北京：机械工业出版社，2005.

组织运营的实质是通过有效的转换过程实现价值的增值，其增值部分越大，说明其运营效率越高。增值是反映产出价值与投入价值之间差异的概念。对营利性组织来说，产出价值由顾客愿意为该组织的产品或服务所支付的价格来衡量；对非营利组织来说，产出价值就是它的社会价值。组织运营并不是一个单向的过程，而是一个循环的系统。例如，企业可以用增值带来的收入来投资新的设备从而获得更多的增值。结果，价值的增值越大，可用于这些方面的投资就越多。

二、运营过程

组织运营的过程就是指从原材料投入到运营系统开始，一直到生产出产品或者完成服务的全部过程。那么，运营过程就包括一系列相互联系的程序（如采购过程、质量检验过程、运输过程等）。按照运营的性质和作用，运营过程一般可以分为四个组成部分——基本运营过程、运营技术准备过程、辅助运营过程以及运营服务过程。②

①② 王世良，等. 生产与运作管理教程：理论、方法和案例. 杭州：浙江大学出版社，2002.

1. 基本运营过程

基本运营过程是整个运营过程的核心，是指将原材料加工成主要产品或者提供基本服务的过程。例如，汽车制造业的铸造、锻造、焊接以及装配的过程；医疗服务的挂号、诊断、缴费以及配药的过程。基本运营过程是运营最重要的部分，也是增值的主要发生过程，但好的运营过程还需要其他过程的支持。

2. 运营技术准备过程

运营技术准备过程是指在完成基本运营过程之前所进行的一系列技术准备的过程。在进行新产品的制造或服务的提供之前，企业往往要对设备、工艺进行一定的调整，或者购进新的技术设备。简言之，运营技术准备过程就是为基本运营过程提供必要的技术支持。

3. 辅助运营过程

辅助运营过程是指为了保证基本运营过程正常进行而提供辅助性支持的过程，如为生产制造过程提供必要的电力供应、设备维修等。

4. 运营服务过程

运营服务过程是指为基本运营过程和辅助运营过程提供服务活动的过程，如原材料的采购和供应、生产设备的保管以及检验等程序。

组织运营系统的良好运转需要这四个过程的协作，缺少了任何一个过程都将会影响组织的整体运营效率。

第 2 节　组织运营的历史演变

自从出现人类社会活动，广义上的运营系统就存在了。中国的万里长城、埃及的金字塔以及古巴比伦的空中花园都是人类实现有效的组织运营的例证。然而，真正具有现代意义的组织运营产生于工业革命时期。①

一、工业革命

工业革命始于 18 世纪后半叶的英国，19 世纪扩展到欧洲其他国家和美国。此前，产品是由工匠及其徒弟在手工作坊里生产出来的，是单件生产的。产品主要根据顾客的特定要求生产，由高技术的工匠亲手进行加工。这种运营方式的生产效率低，成本高，也难以实现规模经济。

后来，蒸汽机的发明为机器的运转提供了足够的动力，充足的煤提供了能源，钢铁为制造机器提供了原料，这就为大规模生产创造了条件。于是，出现了很多小型企业组织。各个企业的标准体系也逐渐统一，大大促进了工业革命的发展。尽管技术上发生了巨大的变革，但运营方面的理论与实践并未实现同步发展，这时迫切需要比较系统、切实可行的管理方法指导。

二、科学管理

科学管理将组织运营带入了“新纪元”。泰勒根据对工作方法的观察、分析和改进，

---

① 威廉·史蒂文森. 运营管理：原书第 8 版. 北京：机械工业出版社，2005.

将管理建立在科学之上。他认为，应该将管理活动与运营活动分离开。管理部门负责制定计划、挑选和培训工人，并找出工作实现的最佳方法。其实，由于当时的组织很少涉及创新活动，因此科学管理就是组织运营管理。

到了 20 世纪初，汽车产业开始蓬勃发展。以低价著称的福特 T 型车大获成功，供不应求。为提高运营效率，福特进一步发展了科学管理原理，采用了流水生产线。在 T 型车的生产过程中，每位员工只负责整体工作的一小部分。员工完成了自己所负责的工序后，在制产品会自动流向负责下一道工序的员工。劳动分工、流水生产线、标准化配件进一步促进了组织运营的效率。

20 世纪后半叶，对组织运营贡献最大的当属日本制造商。它们改进或创造了一些运营管理理念（零库存管理、精益生产、全面质量管理等），使运营效率和产品质量得到了提高。它们的产品在世界市场上都极具竞争力。此时，组织运营主要强调质量和持续改进、制造的柔性以及顾客满意等。表 10—1 列出了组织运营管理的发展简史。

表 10—1　　组织运营管理的发展简史

1776 年	劳动分工
1790 年	零件标准化
1911 年	科学管理原理
1911 年	行为研究：工业心理学的应用
1912 年	活动进度图
1913 年	流水生产线
1915 年	库存管理的数学模型
1930 年	关于员工动机的霍桑试验
1935 年	抽样和质量控制的统计程序
1940 年	运营研究在战争中的应用
1947 年	线性规划
1951 年	商务数字计算机
20 世纪 50 年代	自动化
20 世纪 60 年代	定量工具的广泛发展
1975 年	以制造战略为重点
20 世纪 80 年代	强调质量、柔性、基于时间的竞争和精益生产
20 世纪 90 年代	互联网、供应链管理
21 世纪	应用服务供应商和业务外包

资料来源：威廉·史蒂文森. 运营管理：原书第 8 版. 北京：机械工业出版社，2005.

第 3 节　组织运营管理的职责

在了解组织运营的基本知识及其历史演变之后，那么组织运营管理的目的究竟是什么呢？简单来说，组织运营的目的就是在组织生产产品或提供服务的过程中，实现更高的效率、更低的成本和更高的质量。

组织运营管理就是使已有的组织运营机制在具体的市场条件下更好地发挥作用，从而提高组织的运营效益。[①] 也就是说，组织运营的主要职责并不是建立或者变革组织内部的机制，而是把原有的机制运用好；不是内容的创造、创新，而是内容的落实；把组织的战略决策转化为具体的可实现的目标，再把组织整体目标分解为不同部门、不同阶段的具体工作任务，并组织协调组织成员完成任务，提高工作效率，实现组织效益。

明茨伯格认为，组织运营不是自由地思考，而是坚决地执行。运营的焦点在于解决当务之急，处理具体问题。具体来说，组织运营的任务主要有三个方面——确立目标、配置资源和协调。

1. 确立目标

组织运营必须确定发展目标、工作任务。组织运营要确立的并不是组织的发展战略，而是组织发展战略在特定环境下的具体实现方式，关键在于确定组织的短期经营计划。为此，组织运营的管理者必须使员工了解工作的具体要求、期望的结果产出，并在关键时刻提供必要的指导。

2. 配置资源

在既定工作体制条件下，运营管理的任务就是要使整个组织系统顺利、有效地运转，那么就要合理、及时地对资源进行有效的优化配置，保证资源被分配到最需要的地方。

3. 协调

在计划实施的过程中，会出现各种各样的情况、变化和矛盾，如长期目标与短期目标的不平衡、组织目标与部门目标的不平衡，那么组织运营管理就要对此进行有效的协调。要不断动态地调整组织的运营规则，使组织更好地应对内外部环境的变化。

总而言之，确立目标、配置资源以及协调是组织运营管理的主要职责。组织运营应该做好战略实现方式的规划、优化资源的配置并协调好各种矛盾和不平衡。

第 4 节　组织运营的主要趋势

经过 100 多年的发展，组织运营发生了天翻地覆的变化。目前来看，组织运营比较重要的发展趋势主要包括信息技术的利用、全球化的发展、运营道德的关注等方面。

1. 信息技术

信息技术的发展（尤其是互联网技术）为组织运营效率的提高提供了助力。管理者可以通过管理信息系统来更好地了解基层信息，进行更快速、更科学的决策。电子商务改变了组织与其顾客以及供应商交往的方式。顾客可以更便捷地了解组织及其产品或服务；供应商可以更及时地了解原材料的使用速度和存货情况。

2. 全球化

随着技术的发展和贸易壁垒的逐渐消除，组织得以在全球市场上配置资源和提供产品或服务。世界变得越来越平。全球性竞争和市场对所有组织的运营都影响深远。

3. 运营道德

运营过程中的伦理道德问题也逐渐引起各级管理人员的更多关注。近年来，违背运营

---

① 秦志华. 首席运营官：企业经营与管理. 北京：中国人民大学出版社，2006.

伦理的事件层出不穷，如会计丑闻、股票的误导信息、次级贷款的欺诈等。这些行为已经带来了极为恶劣的影响，社会要求组织运营过程中必须更加重视道德伦理。

第 5 节　组织运营的主要理论

组织运营是由与生产产品或提供服务直接相关的所有活动组成的，其关注的焦点是如何提高效率和质量，同时努力降低成本。下面将以企业运营为例，介绍运营的三种经典理论：全面质量管理、准时生产系统与精益生产。

一、全面质量管理

质量是指产品或服务满足需求的程度。20 世纪七八十年代，美国的企业并没有重视质量。但随着丰田和本田在美国汽车市场上的崛起，很多企业转变了对质量的看法，大规模地改进质量管理，启动了一大批质量改进的项目。质量管理成为组织运营必不可少的一环。

想要实现成功的质量管理，就需要对产品或服务的质量有清晰的认识。一般产品质量的主要属性包括性能、美学性、一致性、可靠性、寿命以及售后服务等；而服务质量的主要属性包括视觉感受、便利性、可靠性、责任心、响应速度以及准确性。质量管理就是要通过有效的运营管理，满足客户这些方面的需求。

全面质量管理可以称为质量管理发展历程中具有里程碑意义的理论。简单来说，全面质量管理（total quality management，TQM）就是要求企业的所有员工在所有过程中都关注质量。其核心有三个方面：（1）预防为主，推进质量的持续改进；（2）全过程、全企业、全员的参与；（3）用户第一，努力满足或超出客户的期望。表 10—2 列出了全面质量管理与传统质量管理的区别。

表 10—2　　**全面质量管理与传统质量管理的区别**

项目	传统质量管理	全面质量管理
总使命	投资回报最大化	满足或超出顾客需求
目标	强调短期效益	长短期效益的平衡
管理	不常公开	公开并鼓励员工参与
改进	时断时续	持续不断
供应商	抵触	合作伙伴
工作	狭隘且过于专业化	广泛、全面、团队合作
定位	产品导向	流程导向

资料来源：威廉·史蒂文森．运营管理：原书第 8 版．北京：机械工业出版社，2005.

二、准时生产系统与精益生产

准时生产（just in time，JIT）系统与精益生产（lean production）都是继大批量生产运作方式之后的全新运营模式。

JIT 系统是指在系统中，对生产时间和供应商的交货时间进行仔细的安排，以保证下一批物料都恰好在前一批用完时到达。其对象主要是生产系统中的物料、零配件以及半成品。后来，JIT 的内涵不断延伸，进一步升华为精益生产。精益生产主要指的是生产高度一体化的、重复性的制造或服务系统。这种系统能以更少的资源、更具灵活性的方式获得更多的产出。

（一）JIT 系统

JIT 的最终目标是构建一个平衡、协调的系统，用最佳的方式利用资源以使运营过程尽可能缩短。JIT 的主要焦点在三个方面：消除流程的中断；构建系统柔性；消除浪费，尤其是过量的存货。

1. 消除流程的中断

流程的中断会扰乱整个系统的平滑运作，从而对系统产生负面影响。引起流程中断的原因有很多，如质量不合格、设备故障、送货延迟等。在 JIT 系统中，这些原因都应该尽可能消除，只有这样才能减少系统的不确定性。

2. 构建系统柔性

柔性系统是具有灵活性的、可以很好地应对变化的多产品生产系统。通过构建柔性系统，JIT 能够使整个系统更好地应对不确定因素。较长的重置时间和较长的交货提前期对产品价值没有任何增值作用，甚至会对系统的柔性产生负面影响。因此，提升系统柔性、缩短重置时间和提前期在 JIT 系统中是非常重要的。

3. 消除浪费

运营过程浪费主要表现为资源的闲置。存货是资源闲置的最典型形式，而且存货还需要占用空间，增加系统成本。其他浪费还包括：制造资源的过度使用、等候时间、不必要的运输、不必要的生产步骤、低效工作方法及产品缺陷等。JIT 理念就是要努力消除上述的所有浪费，实现资源的高效利用。

（二）精益生产

第二次世界大战后，丰田英二与大野耐一在丰田汽车首创了丰田生产方式，改变了原有的大规模生产，这就是后来被称为“精益生产”的生产方式。精益生产强调的是质量、柔性、缩短时间和团队合作，并努力实现组织结构的扁平化。

通过利用熟练工人和富有柔性的设备，精益生产系统可使用比大规模生产系统少得多的资源——更少的空间、库存和员工——生产出更多的产品。事实上，精益生产集中了大规模生产和手工艺生产的优点。在精益生产系统中，员工会更多地参与对系统的维护和改进。一旦发现任何缺陷，员工就要停止生产，并同其他员工一起找出并消除造成缺陷的根源。这就可以不断提高质量，减少生产线末端检查和返工（见表 10—3）。

表 10—3　手工艺生产、大规模生产和精益生产的比较

项目	手工艺生产	大规模生产	精益生产
解释	少量产出，品种多，定制型产出	大量标准化的产出，以产量为重点，利用劳动分工，专用设备	产出灵活，以质量为重点，强调员工参与和团队工作
产品和服务	家庭装饰、肖像画、伤势诊断、手术	汽车、计算机	与大规模生产相似

续前表

项目	手工艺生产	大规模生产	精益生产
优点	选择范围大，按顾客需求进行制作	单位成本低，通常对工人的技术要求不高	富有柔性，品种多，商品质量高
缺点	速度慢，需要技术工人，无规模经济，成本高及标准化程度低	系统缺乏柔性，过分强调产量，对质量重视不够	员工晋升的机会少，工人压力较大，技术要求高

资料来源：威廉·史蒂文森. 运营管理：原书第 8 版. 北京：机械工业出版社，2005.

本章小结

◇ 组织运营就是将投入的生产要素转化为有形产品/无形服务，从而创造价值和增加经济效用的过程。

◇ 组织运营的主要职责并不是建立或变革组织内部的机制，而是把原有的机制运用好；不是内容的创造、创新，而是内容的落实；不是自由地思考，而是坚决地执行。

◇ 信息化、全球化和运营道德是组织运营的主要趋势。

◇ 全面质量管理的核心有三个方面：预防为主，推进质量的持续改进；全过程、全企业、全员的参与；用户第一，努力满足或超出客户的期望。

◇ 准时生产系统是指在系统中对生产时间和供应商的交货时间进行仔细的安排，以保证下一批物料都恰好在前一批用完时到达。

◇ 精益生产就是生产高度一体化、重复性的制造或服务系统，它集中了手工艺生产与大规模生产的优势。

思考题

1. 组织运营的主要职责是什么？
2. 组织应如何在运营过程中保持创新精神？
3. 简要介绍组织运营的重要理论——全面质量管理和精益生产。

案例应用

丰田的全面质量管理

1961 年，丰田公司对运营系统进行整合，导入了全面质量管理（TQM）。推行 TQM 活动的对象，除了质量管理部门，还包括成本、人事、信息等重要经营部门。对于丰田来说，TQM 就是建立一套运营系统。担任导入 TQM 重任的是丰田常务董事根本正夫。他曾对丰田的方法进行如下说明：“丰田的生产方式＝TQM＋同步工程（CE）＋丰田式生产方式（TPS）＋人才培养＋劳资间的信赖关系＋与零配件制造商间的长期合作＋与销售代理店间的长期合作。”

丰田英二在 1965 年发表演说：“1955 年初，日本最初所谓真正的家用车 Crown 开始销售，并且得到了非常好的市场评价。丰田随之迅速发展扩张，可是却出现了许多问题，员工增加了 2 倍，生产量增长了 7 倍，质量和效率却没有显著提高。同时，新员工培训不彻底、管理者能力不足等问题逐渐凸显。于是，我们采取了两项措施：第一，高层将质量目标更加明确化，并使基层员工彻底执行；第二，尽快建立起一套能使部门间相互联系沟通的体制。立足于这两点，丰田决心将原来执行的 TQM 进一步发展成全公司的活动。”

丰田引进 TQM 的阶段如下：

第一阶段（引进期，1961—1962 年）

以质量管理委员会及其质量管理部为中心，丰田内部推动包括成本、质量意识的提高以及 TQM 的普及教育等启蒙运动，同时开展不合格产品减半运动。员工逐渐接受 TQM 倡导的“质量需要在流程中保证”的观念。

为了使全员彻底了解公司的方针，丰田将公司经营方针整理成册。1963 年初，丰田将由基本方针、长期方针和年度方针构成的“公司方针”进行公示，并将公司方针的要点传达至班组长。

第二阶段（推进期，1963—1964 年）

着力解决部门间的联系不足，对各部门的职能重新讨论研究，对职能间及职能内部的各业务流程或关系加以讨论研究并汇集归纳。1963 年，丰田废止了董事的部门职责制，采用多数董事的职能分担制，因为董事经常成为其负责部门的利益代表，而这是部门间联系不密切的重要原因。

第三阶段（稳定期，1964—1965 年）

将质量与成本作为两个主轴，并整顿各种职能的相互关系。将“质量管理”改成了“质量保证”，将质量保证与成本管理作为两个主轴加以体系化。此外，丰田还建立了管理者研讨会、TQM 团队、质量管理推广小组等，从各种角度强力地贯彻推行“全员参与的 TQM”活动。

导入 TQM 的效果如下：

● 质量和效率显著提高。从单位使用材料、不合格率及单位索赔处理金额等方面来看，丰田都实现了大幅改进。

● 家用车市场的占有率增加、出口量增加。这是将 TQM 的想法与方法应用于新产品企划以及新产品制造达到的效果。同时，相关各部门间的协作更为流畅，大大缩短了生产时间，从而快速、高质量地满足市场需求。

● 成本大幅降低。质量意识和成本意识传达给了公司的每个人，以质量与成本为两大主轴开展 TQM，获得了非常好的效果。

● 公司体制得到了很大改善，各部门的合作更为顺畅。建立了从供应商到丰田汽车销售公司的系统性合作体制，并在明确划分各自责任与权限的基础上创造出交换意见的机制。丰田实现了“质量保证规则”与“成本管理规则”的标准化，并使管理体制稳定下来。

资料来源：日野三十四. 丰田 DNA. 北京：东方出版社，2008.

[讨论题]

1. 通过丰田的案例，简述实施 TQM 的意义。
2. 企业应该如何实施 TQM?

麦当劳的优质服务和运营管理

麦当劳是大型的连锁快餐集团，在世界上拥有约三万间分店，主要售卖汉堡包、薯条、炸鸡、汽水、冰品、沙拉和水果。麦当劳餐厅遍布全世界六大洲百余个国家。

一、数字化的管理标准

麦当劳制定了一整套严格的质量标准和管理制度，以保证在任何情况下都向顾客提供品质一流的食品。它采用科学的管理方式，在原料采购、原料加工制作和销售过程中都采用标准化的流程和指标，将各项内容进行量化，甚至将很多细节精确到 0.1 毫米。比如，严格要求牛肉原料，必须挑选精瘦肉，牛肉由 83%的肩肉和 17%的上等五花肉精制而成，脂肪含量不得超过 19%；牛肉绞碎后，一律按规定做成直径为 98.5 毫米、厚为 5.65 毫米、重为 47.32 克的肉饼。在食品要求标准化方面，所有分店的食品质量和配料相同，并制定了各种操作规程和细节，如“煎汉堡包时必须翻动，切勿抛转”等。在时间管理方面，麦当劳同样专注细节、分秒必争。例如，要在 50 秒钟内提供一份牛肉饼、一份炸薯条及一杯饮料，若烤好的牛肉饼出炉后 10 分钟内、法式炸薯条炸好后 7 分钟内卖不出去就必须扔掉。为了坚持“该冷食的要冷透，该热食的要热透”的原则，厨房生产的座右铭是“少量多次”，以维护食品的高质量和高新鲜度。麦当劳公司绞尽脑汁使用科学方法试验如何保持食品的高质量和高新鲜度，其中最有效的研究成果是每个餐厅使用的“产品质量指南”。“产品质量指南”的横轴写上各种食品的名称，纵轴写上每个小时及分开时段显示每 5 分钟内应有的食品保存量。例如，按照现在的销售量，4 分钟应制作 12 个汉堡包。但是，按照“产品质量指南”，这 12 个汉堡包不能一次做好。由于每个汉堡包的制作时间是 1 分 45 秒，加上调制、清理炉面和取新肉饼的时间，10 分钟可以做 4 次，因此这 12 个汉堡包要分 4 次做，每次做 3 个，用这样“少量多次”的原则制作，就能把最新鲜的、质量最高的汉堡包送到顾客手中。

二、人性化的店内服务

今天麦当劳已成为最令人敬佩的服务机构，其 QSCV（质量、服务、清洁和价值）理念逐渐赢得了大众的认知和认可。正如麦当劳所宣称的：“我们卖的不是汉堡包，而是服务。”为了吸引顾客、提高服务质量，麦当劳始终坚持优质服务策略。比如：努力营造欢乐温馨的气氛，尤其针对青少年顾客会不定期地组织活动、赠送小玩具等；在餐厅内尽量避免喧哗，愉悦客户就餐时的心情；营造一种与在家中就餐一样宁静的环境，如桌椅舒适、服务员热情周到。针对餐厅员工，麦当劳培养员工树立如下的经营信条：顾客花钱就是要吃到优质的食物；顾客需要得到快速且优质的服务；顾客应该看到自己食物的制作过程；顾客能够顺利打通电话；顾客总是受到礼貌的问候；顾客可以方便地找到停车位；顾客收到的账单十分清楚、易懂；顾客能够充分地享受营业时间。

此外，麦当劳还对其服务提出三大要求：

(1) F（fast，快速）。服务顾客必须在最短时间内完成。对于讲究时间管理的现代人而言，能否在最短时间内享用到美食，是他们决定是否踏入店内的关键之一，因此麦当劳十分重视时间的掌握。

（2）A（accurate，正确、精确）。不管麦当劳的食物多么可口，若不能把顾客所点的食物正确无误地送到顾客手中，则必定给顾客一种“麦当劳的服务十分草率、没有条理”的坏印象。因此，麦当劳坚持即使在高峰时段也要不慌不忙且正确地提供顾客所选的餐点——这是麦当劳对员工的最基本要求。

（3）F（friendly，友善、友好）。友善与亲切是待客之道，即不但要随时保持善意的微笑，而且要能够主动探索顾客需求。如果顾客选择的食物中没有甜点或饮料，那么麦当劳的服务人员便会微笑地对他说：“要不要参考我们的新产品或点杯饮料呢？”这么做不但能向顾客介绍新的产品，而且有助于增加营业额。

资料来源：百度文库.

［讨论题］

1. 结合案例，谈谈全面质量管理在麦当劳的组织运营过程中发挥了哪些作用，并联系实际，分析中国企业应该如何实施全面质量管理。

2. 在竞争日趋激烈的快餐业中，你认为麦当劳应如何进一步完善组织运营，以在竞争中占领先机？

推荐书目

1. 杰弗瑞·莱克. 丰田模式：精益制造的14项管理原则. 北京：机械工业出版社，2011.

2. 约翰·比切诺，马蒂亚斯·霍尔韦格. 精益工具箱：原书第4版. 北京：机械工业出版社，2016.

3. W. 爱德华·戴明. 转危为安. 北京：机械工业出版社，2016.

4. 威廉·J. 史蒂文森，张群，张杰，马风才. 运营管理：第12版·中国版. 北京：机械工业出版社，2015.

5. 郭士纳. 谁说大象不能跳舞?. 北京：中信出版社，2010.

6. 日野三十四. 丰田DNA. 北京：东方出版社，2008.

7. 詹姆斯·沃麦克，丹尼尔·琼斯，丹尼尔·鲁斯. 丰田精益生产方式. 北京：中信出版社，2008.

第 11 章
组织创新与发展

学习目标

- 理解组织创新、组织学习、组织变革、公司创业的内涵
- 了解组织创新的类型和模式
- 理解组织学习和学习型组织的相关知识
- 掌握知识的定义及知识管理理论模型
- 了解智力资本的特征及智力资本管理的一般框架
- 理解组织变革的原因及管理
- 理解公司创业的意义和方式

如果说组织运营是组织的“保健因素”，那么组织创新就是组织的“激励因素”，要想实现组织的持续竞争优势就必须进行有效的组织创新。本书认为，组织创新主要涉及如下方面的内容：组织创新——通过产品、服务和商业模式的创新，满足或创造新的市场需求；组织学习——通过组织层次的持续学习，保证动态成长，以更好地适应环境的要求；组织变革——通过对组织结构、文化或流程等进行较大幅度的改革，提高组织的柔性和创造性；公司创业——通过开创内部新事业，进入组织发展的另一个“轮回”。本章要详细探讨的内容如图 11—1 所示。

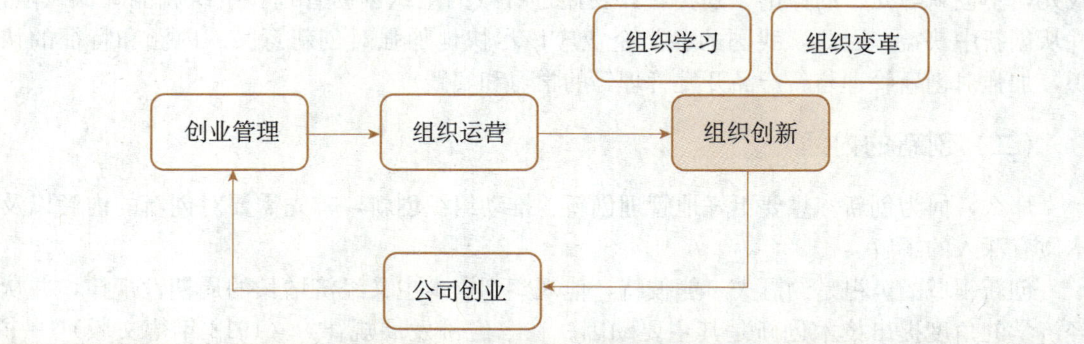

图 11—1　组织创新与组织发展

第1节　组织创新

本节讨论的组织创新，并非仅指组织结构或流程的变革，而指组织如何开展各类创新活动。

现在“创新”一词可谓炙手可热。国家在努力向自主创新型国家转变，企业也在全力提升创新能力。随着我们逐步跨入知识经济时代，工业经济时代的骄傲——高效率、高质量、低成本——已经难以保证国家、企业的持续竞争优势，创新日益成为组织实现可持续发展的必由之路。技术创新、市场创新、商业模式创新、制度创新等各种各样的创新形式层出不穷。那么究竟何为创新？如何推动创新的实现？创新有什么意义呢？

一、创新的重要性与内涵

（一）创新的重要性

全球性的金融危机对我国经济发展带来了不小的冲击。原材料成本上升、美元贬值、银根紧缩、次贷危机蔓延等因素的拖累，使得我国部分行业、企业的生产运营面临困境，严重影响了我国经济的平稳增长与和谐社会的建设。这主要是由于我国产业、企业的发展过度依赖于运营的优势（更高的效率、更低的成本），创新能力不足。

我国许多企业尽管在规模上不断扩大，但由于缺乏核心技术，只能获得极低的利益，在国际竞争中处于劣势。比如，在美国市场每销售一台价格为100美元的DVD机，我国的生产商只能够获得不到1美元的利润，大部分利润被日美等国拥有该核心技术的企业获取。我国高技术产业增加值占制造业比重为8%，远低于发达国家的40%。我国几乎全部的光纤制造设备、85%的集成电路制造设备、80%的石油化工制造设备、95%的医疗设备依赖进口。

无论对国家还是对企业来说，想要实现又好又快的发展，就必须大力开展创新。在这次经济危机中，我国的华为、潍柴等企业之所以能够保持稳健的态势，其关键就在于这些企业很好地实施了以知识产权为核心的自主创新战略，提升了企业的持续竞争力。

在实施创新的过程中，由于缺乏管理的基础，没有对高风险的创新进行很好的调控，很多企业无法承受日益增长的研发费用和漫长的创新周期。于是，就出现了所谓的“创新找死，不创新等死”的悖论。其实，只要通过有效的组织创新管理，组织就能降低风险，并从创新中获益。因此，我国的各类企业应该尽快地加强对创新意义、内涵和特征的认识，加强对创新管理与新产品开发管理等的学习和实践。

（二）创新的内涵

那么，何为创新？想要更好地管理创新、推动组织创新，首先需要对创新的内涵以及本质有深入的了解。

创新领域的鼻祖是约瑟夫·熊彼特，他观察到资本主义经济增长的周期性规律，并从经济学的角度提出技术创新是其主要动因。在《经济发展规律》（1912年德文版）一书中，熊彼特首先系统地定义了创新——将生产要素的新组合引入到生产系统中。同时，熊彼特还总结出创新的五种基本形式：（1）引入新的产品或提供产品的新质量；（2）引入新的生产方法或者工艺流程；（3）开辟新的市场；（4）开拓并利用新的原材料或者新的供应渠道；（5）采用新的组织形式。之后，众多学者参与到创新管理的研究中，于是一个独立的研究领域就逐渐成形，并成为管理学的重要分支。这些学者也对创新提出了自己的认识：曼斯菲尔德（Mansfield）——发明的首次应用就是技术创新；克里斯托夫·弗里曼（Christophe Freeman）——第一次引进新的产品、工艺的过程中所包含的技术、设计、生产、财务、管理和市场活动等诸多步骤。①

严格来说，这些创新学者的定义聚焦于狭义的“技术创新”。而事实上，广义上的创新与科学技术没有必然的联系，创新并不等同也不依赖新的发明创造。以淘宝网为例，虽然其运作确实需要互联网技术的支持，但该技术在 20 世纪八九十年代就已经发明并且广泛运用，淘宝的创新之处在于其 C2C 的商业模式，而并不是其技术的新颖。

创新属于经济学的范畴。科学技术通常带来新思想、新理解，而创新对企业来说，需要巧妙地利用科学的或者技术的知识，或者工作中的理解，使其带来商业利润。因此，创新的真正目的是创造更多的商业价值，而不需要奉行科技优先。所以我们认为，创新就是指从新创意产生到首次实现商业化的过程，或者说是对新设想的合理使用，并创造出价值。

创新的本质就是穿越“达尔文之海”。达尔文之海指的是从最初的创意到创建业务，再到大规模商业化之间所存在的众多鸿沟。跨越这些鸿沟就像是生物进化过程一样残酷，大部分创意最终以商业化的失败告终。达尔文之海限制了知识、创新、技术发明到商业化的有效连接，只有很少的创意得以幸存。传统的创新理论更重视从创意到商业价值实现的过程，完成了熊彼特式的初始创新过程，部分穿越了达尔文之海。然而，在实现根本性创新之后，企业还必须在后续的商业进程中不断创新，才能获得持续的生存与发展。②

创新与发明的区别

人们容易混淆创新与发明创造这两个术语，为它们确定清晰的定义非常重要。创新是非常广泛的概念，是涉及多个步骤的过程。创新不仅是产生新创意的概念，也不仅是新仪器的发明或新市场的开发，而是所有这些事物以一种整合的方式共同行动的过程。

创新关心的是创意或发明的商业化和实际应用。发明就相当于创意的概念，创新是发明的后续经济转化。下列的简单方程有助于说明它们之间的关系：

创新＝理论创意＋技术发明＋商业开发

理论创意是创新的起点。理论创意虽然有趣，但它不是发明或创新，仅仅是概念和思想。理论创意转化为现实物品的过程是发明。把发明成果转化成创造收益的产品，即商业开发。这三个过程的结合就是创新。总而言之，创新可能会依赖发明创造，而发明创造需要应用于商业活动才能为组织的成长作出贡献。

---

① 陈劲，郑刚．创新管理：赢得竞争优势．2 版．北京：北京大学出版社，2013.

② 陈劲．创新的地平线．北京：现代教育出版社，2007.

（三）创新——知识积累与实现

伊丹敬之曾经指出，创新是内外部相互作用的结果，要协调好组织内部知识与市场动态之间的关系。创新包括两个部分：知识积累（accumulation）和知识实现（utilization）。如图 11—2 的左半部分所示，组织可以通过内部创造和外部获取的方法来实现相关的知识（尤其是技术知识）积累；知识实现就是组织内部商业化的过程，如模型图的右半部分所示。如果知识的实现能力不足的话，即使积累了足够的技术知识，创新也难以成功；如果没有良好的知识积累，知识实现方面的努力也不过是徒劳。因此，想要成功创新，就要努力平衡知识积累和知识实现。

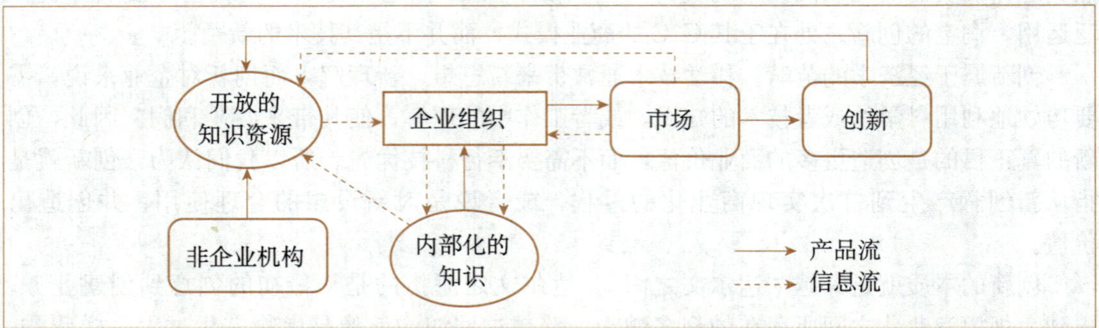

图 11—2　知识—企业系统—创新动态

资料来源：ITAMI H. Organization accumulates and market utilizes：A framework of knowledge corporate system innovation dynamics. Dynamics of Knowledge，Corporate System and Innovation，Springer，2010.

在创新过程中，日本企业强于进行知识的积累（组织自身的不断提升），美国企业强于进行知识的实现（市场条件的敏锐感知）。这两种特点的企业组织分别称为组织导向（organization-oriented corporate system，O 型）组织和市场导向（market-oriented corporate system，M 型）组织。O 型组织和 M 型组织各有优劣，分别成功地推动了日本和美国企业的创新。不同的国家、企业应该根据自身的情境特点，在 O 型组织和 M 型组织的平衡木上选择适合的位置（见图 11—3）。

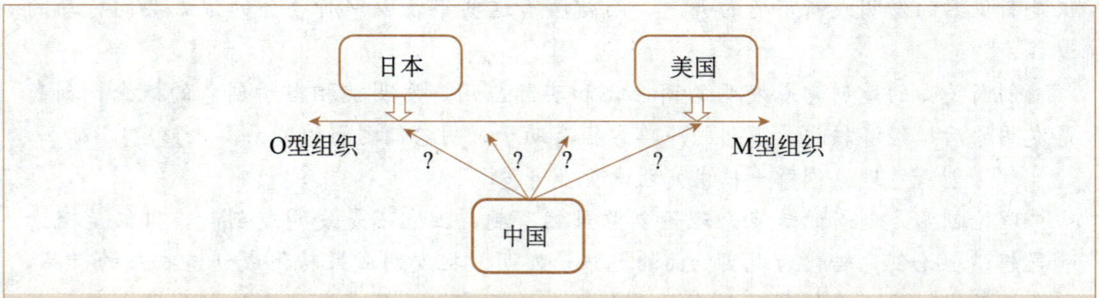

图 11—3　企业组织类型与组织创新

二、创新的基本类型

创新可以从不同角度进行区分，但相互之间的界限并不总是非常清晰，有的创新是多种创新类型的组合。从创新的产业来看，可以分为产品创新和服务创新；从创新的对象来看，可以分为产品创新、流程创新和商业模式创新。下面就对产品创新、流程创新、商业模式创新以及服务创新四种类型进行介绍。

（一）产品创新

产品创新是最为普遍的创新类型。产品就是有形的、可触摸的物品，是与服务相区分的，如汽车、手机、电脑。产品创新（product innovation）就是指推出能够满足顾客需要的新产品，或者向市场提供新的要素组合方法。例如，苹果公司推出的 iPod，iPhone，iPad，美的集团推出的直流变频空调，都是产品创新的范例。

产品创新往往可以给企业带来很大的利益。3M 公司开发生产的一种小型不干胶便笺（Post-it），既可以贴于书页上，又可以不留痕迹地揭下来，该产品创新每年可给 3M 公司带来 3 亿美元的销售收入。推出可视化窗口软件的微软公司是操作系统的绝对霸主，推出随身听的索尼公司一举成为微电子领域的王者，首创女士卫生巾的金佰利公司在纸制品行业地位显赫。但产品创新往往也意味着高风险。这种风险一方面源于市场的不确定性。产品创新就意味着该产品首次推入市场，如果市场不接受该产品，或者需求不足，就可能导致创新的失败。另一方面源于跟随者的模仿。产品创新的成果往往存在着一定的不完善，因此跟随者就可以对此进行改进，从而获得后发优势。施乐公司的众多产品创新失败多属于此。

（二）流程创新

流程是指生产和运输某种产品的方式。流程创新（process innovation）是指产品的生产技术的创新，它包括新工艺、新设备和新的制造方法和技术，以获得成本、质量、周期、配送速度等方面的优势。例如，美的在生产空调的时候，采用了新的钢板材料，换用新的生产设备，或者优化某个生产流程，从而降低成本，或者提高生产效率。产品创新的目的是提高产品设计或者性能的独特性；流程创新的目的是提高产品质量、降低生产成本、提高生产效率等。与产品创新的高风险相比，流程创新的风险相对较小，因为它并没有改变产品的特性，只是对产品的质量和成本进行了优化，所以不会出现市场需求不足的问题。但相应地，流程创新所带来的收益也会比产品创新少，产品创新可以为组织带来更多的独占性优势（或者说创新租金）。

产品创新与流程创新是很难完全分离的。一方面，有的产品创新必须以新的流程（设备、生产线结构）为基础；另一方面，产品创新使流程创新成为可能。大多数情况下，两者是交替出现的，企业在进行成功的产品创新之后，就会马不停蹄地进行相应的流程创新，以进一步扩大经济利润。

（三）商业模式创新

除了产品和流程创新之外，商业模式创新也是重要的创新方式。与前两者显著不同的是，商业模式创新并不一定是技术的进步。商业模式（business model）是组织的运作方式，是企业将产品或服务提供给客户，并得到经济利益的过程的运作方式。商业模式的创新就是指变革行业内价值创造的方式，从而为顾客提供更多的价值，为企业开拓新的市场。淘宝网相对于传统的实体商店来说，就是一种典型的商业模式创新。

商业模式体现了公司赖以创造价值的方式。一般来说，可以从以下几个方面来分析商业模式，或者进行商业模式创新[①]：价值主张；目标客户；销售渠道；客户关系；价值配置；核心能力；合作伙伴网络；成本结构；收入模型。

沃尔玛及其混合式超市、联邦快递、玩具反斗城、家得宝、英特尔、戴尔、西南航空、eBay、亚马逊和星巴克，都是商业模式创新的典范。通过商业模式创新，往往可以实现交易过程中所有相关者的共赢。例如，淘宝网一方面方便了消费者，因为消费者在网上可以更方便地找到更多更便宜的产品；另一方面方便了店主，因为店主不必支付高额的店面费用就可以获得客源。不仅如此，淘宝网自身也可以从中获得丰厚的收益。

商业模式创新往往会对整个产业带来比较大的影响，从上面的例子中不难发现。由于商业模式创新往往不涉及高水平的技术诀窍，因此商业模式创新也是最容易被模仿的。所以在创新的过程中，企业必须考虑如何设立进入壁垒以防止太多的模仿（淘宝网的主要壁垒就是其市场份额，见表 11—1）。

表 11—1　　产品创新、流程创新与商业模式创新的比较

项目	产品创新	流程创新	商业模式创新
特点	超额利润高，独占性优势大，技术和市场风险大	超额利润低，技术和市场风险低	先发优势明显，但进入壁垒一般比较低
公司实例	苹果公司	丰田公司	淘宝网

（四）服务创新

知识经济时代的一个显著特征就是服务业的迅猛发展。服务业在世界经济中的地位正变得越来越重要，如金融行业、电信服务业、咨询行业等。在欧洲国家，服务业占 GDP 的比例已经达到了 60%～80%，服务业在经济发展中处于主导地位。与生产领域相似，创新也是服务业赖以生存和发展的关键。

服务创新就是指服务型组织为了提高服务质量和创造新的市场价值，对服务系统进行有目的、有组织的变革的动态过程。通过服务创新，组织可以提高服务的质量，降低服务的成本，或者发展新的服务理念。服务创新的相关理论源于技术创新，两者之间有密切的联系，但服务业的独特性使服务创新有别于技术创新。

首先来了解一下服务与产品的区别。概括而言，服务具有五个方面的基本特性：不可感知性（intangibility）——服务的元素往往是无法触摸或看见的；不可分离性（inseparability）——服务的创造和交易过程往往是同步的，是无法清晰分开的；异质性（heterogeneity）——服务的质量水平是变化的，并不像产品那样恒定一致；不可储存性（perishability）和缺乏所有权（absence of ownership）。[②]

1. 服务创新的独特性

服务创新与技术（产品）创新紧密联系，可以说没有技术创新的支撑就很难实现服务创新。但服务创新又不同于技术创新，有其独特性。

（1）服务创新更多的是非技术或者社会性的创新，所以不能狭隘地从技术决定创新的观点来理解服务创新。

（2）服务创新中的渐进性创新多于根本性创新。服务创新的主要目的包括降低成本、

---

① 陈劲，郑刚．创新管理：赢得竞争优势．2 版．北京：北京大学出版社，2013．

② 陈劲，陈钰芬．赢在服务创新．北京：机械工业出版社，2004．

产品差异化、加快响应速度、开拓新市场、提高顾客忠诚度。

(3) 服务创新和流程创新紧密联系。由于服务具有不可储存性，所以服务流程不能完全与服务的创造分开，服务创新不能脱离服务流程的创新。

(4) 顾客导向更明显。服务创新主要以顾客为导向，服务的标准化程度越低（定制化程度越高），服务创新中顾客决定的程度就越高。

(5) 服务创新往往不需要进行高科技知识的研究，所以服务创新所需的时间相对较短。

(6) 服务创新的组织更加灵活。创新组织一般为项目制的非正式组织，在项目开始时从各个部门抽调人员组成项目小组，一旦项目成功融合到日常业务流程中，小组便可以解散。

2. 服务创新分类

服务创新可以分为服务内容创新、服务流程创新、组织创新和市场创新。

(1) 服务内容创新。服务内容创新是指对服务内容或者服务产品的变革。创新的重点是服务内容的设计和生产能力。

(2) 服务流程创新。服务流程创新就是对服务的创造和交易流程的更新。根据流程阶段的不同，服务流程创新可以分为两类：创造过程创新（即后台创新）和交易过程创新（即前台创新）。服务内容创新和服务过程创新经常是难以区分的，如在体验式服务领域。

(3) 组织创新。组织创新是指服务组织形式或服务管理的新模式，如全面构建学习型组织。组织创新的重点是提升服务组织的信息管理能力和协调能力。

(4) 市场创新。市场创新是指进入一个新的服务市场而开辟蓝海。服务的市场创新重点是更好地获取商业情报、探索市场前景。

三、创新的层次类型

除了从创新的对象对创新进行分类之外，还可以从创新的层次进行区分。从不同的角度可以有不同的划分方式，从创新的强度可以分为渐进性创新、突破性创新（包括破坏性创新）；从创新过程的开放程度可以分为开放式创新和封闭式创新；从创新范围可以分为架构创新和部件创新。下面对其中几种创新类型进行介绍。

（一）渐进性创新、突破性创新和破坏性创新

根据创新过程中变化强度的不同，创新可分为渐进性创新和突破性创新，其中破坏性创新又属于突破性创新中的一个特例。

1. 渐进性创新

渐进性创新（incremental innovation）是指在现有的技术轨迹下，对产品或流程等进行的小幅改进或提升。在研发出小小神童洗衣机之后，海尔坚持实施渐进性创新，开发换代产品。渐进性创新对现有产品或服务的改变相对较小，每次创新能够为组织带来的收益并不大，但它们的累积效果却可以超过原始创新。如果把个人电脑视为整体产品的话，那么正是渐进性创新创造了 IBM、惠普、联想等的企业奇迹。

与突破性创新相比较，渐进性创新所需要的投入更少、创新周期更短、所承担的风险更小，因此很多企业家更倾向于采取渐进性创新模式。但渐进性创新只能维持现有产品，一旦竞争对手实现了成功的突破性创新，那么渐进性创新的追随者就可能完全丧失市场领

先地位。晶体管的出现几乎击溃了所有的电子管生产企业；石英钟技术的发展给瑞士的钟表业以致命的打击；数码照相技术“消灭”了大部分胶片厂商。这些实例说明，虽然渐进性创新可以带来一定的优势，但也很容易被突破性创新的旋涡吞噬。

在产品、流程和服务创新中，都存在渐进性创新。从简单的随身听发展形成的具备防水、防震等功能的随身听就是渐进性产品创新的典范。另外，还有很多渐进式的流程创新。例如，对生产流程的细微改进，从而提高生产效率或者降低成本的一些措施和方法等。

对于致力于创新的企业来说，执行渐进性创新是整个创新过程中必不可少的一部分，是获得成功的关键。但如果过于关注渐进性创新而忽视具有前瞻性的突破性创新，将可能导致企业止步不前。而且与突破性创新相比，渐进性创新容易被竞争对手模仿，先发优势会很快消失。

2. 突破性创新

突破性创新（radical innovation）是指技术、市场、模式等方面都有重大突破的创新。突破性创新常常会伴随着一系列渐进性的产品创新和流程创新，并对产业结构产生巨大的影响。一般来说，判断创新项目是否属于突破性主要有三个指标：(1) 是否创造出一套全新的性能特征；(2) 是否对已知性能指标实现了至少5倍的改进；(3) 是否大幅（大于30%）降低了成本。产品和流程创新都可以具有突破性，施乐的个人电脑、贝尔实验室的半导体、杜邦公司的特氟龙等都是突破性产品创新；福特的流水生产线、炼钢用的氧气顶吹转炉以及现代的计算机集成制造系统等都是突破性流程创新。

突破性创新需要全新的理论概念和重大的突破，往往需要大量的资金、相当长的周期才能够实现，而且失败的风险往往比较高，这也是企业不愿意对突破性创新投入的原因。我国企业的主要创新模式就是渐进性创新，很少进行突破性创新。突破性创新可以推动整个产业，甚至是社会向前跨越式发展，但突破性创新的企业却并不一定能从中获利。施乐公司就是一个很好的例子。施乐公司一直致力于技术的突破性发展，鼠标、个人电脑、复印机、传真机等突破性产品创新都是施乐的成果。但这些成果中真正能为施乐带来良好经济效益的并不多。

3. 破坏性创新

虽然大多数突破性创新都源于技术上的飞跃，但并不是必要的，也可以是特定市场需求的开发。与移动电话技术相比，UT斯达康推出的小灵通在技术上并没有提升，但是却凭借极低的成本、单向收费等优势顺利打开了中国农村市场。这就是突破性创新中的一种特殊情况，哈佛大学教授克莱顿·克里斯滕森将之定义为破坏性创新（disruptive innovation，或译为颠覆性创新）。

“破坏”一词是与主流相对应的。破坏性创新就是避开主流市场，因此在某种程度上可以说破坏性创新就是“迈入蓝海的创新”。破坏式创新旨在帮助更多使用者获得一开始仅有少部分人才能享受的尖端技术或服务，它往往可以改变行业领先者的商业模式。实施破坏性创新的企业通过先占领低端市场或新市场，部分替代或颠覆现有主流市场的产品或服务。破坏性创新大多属于“低端破坏”。也就是说，破坏性创新往往关注的是主流企业“看不上”的低端市场（如UT斯达康关注的城镇、农村市场）。也有少数“高端破坏”，如联邦快递公司已开始将自己定位于高端市场，并在高端市场站稳脚跟后开始向中端和低端市场渗透和破坏。在未来，医疗和社会性行业将亟须这一类型创新的突破和应用。

（二）开放式创新

开放式创新是目前创新领域发展的一个重要趋势。在竞争如此激烈的知识经济时代，组织如果仍然坚持仅靠自己的力量，那么就难以及时、高效地完成全部的创新任务。组织需要开放化，从外部整合资源来实现创新。

开放式创新的概念是由亨利·切斯布鲁夫在其《开放式创新——从技术中获利的新策略》一书中首次提出的。开放式创新模式是指企业在技术创新过程中，同时利用内部和外部相互补充的创新资源实现创新，企业内部技术的商业化路径可以在内部进行，也可以通过外部途径实现。

在以前的创新过程中，大型企业往往坚持“非此地发明”（not invented here，NIH）的思想，也就是说，不是自己发明的就应该排斥。组织对外部创新资源是封闭的。这样的理念越来越不适应今天的激烈竞争。仅仅依靠自己的资源具有一些主要缺陷：（1）难以获得足够的创意。组织内部的人才毕竟有限，封闭式创新难以及时了解市场的需求趋势，难以准确规划未来的创新方向。（2）过高的风险和成本。创新具有高风险且需要高投入，孤军奋战不利于实现风险分散和成本的分担。（3）过长的创新周期。创新需要较长的周期，封闭式创新不利于实现对市场的快速反应。

但是在开放式创新的思维和模式下，有价值的创意可以从组织的外部和内部同时获得，外部资源甚至比内部资源更加重要。如图 11—4 所示，在开放式创新的新范式下，组织边界是多孔的，可双向渗透的。创意主要来源于内部的研发部门或者其他部门，但也可能来源于组织外部。

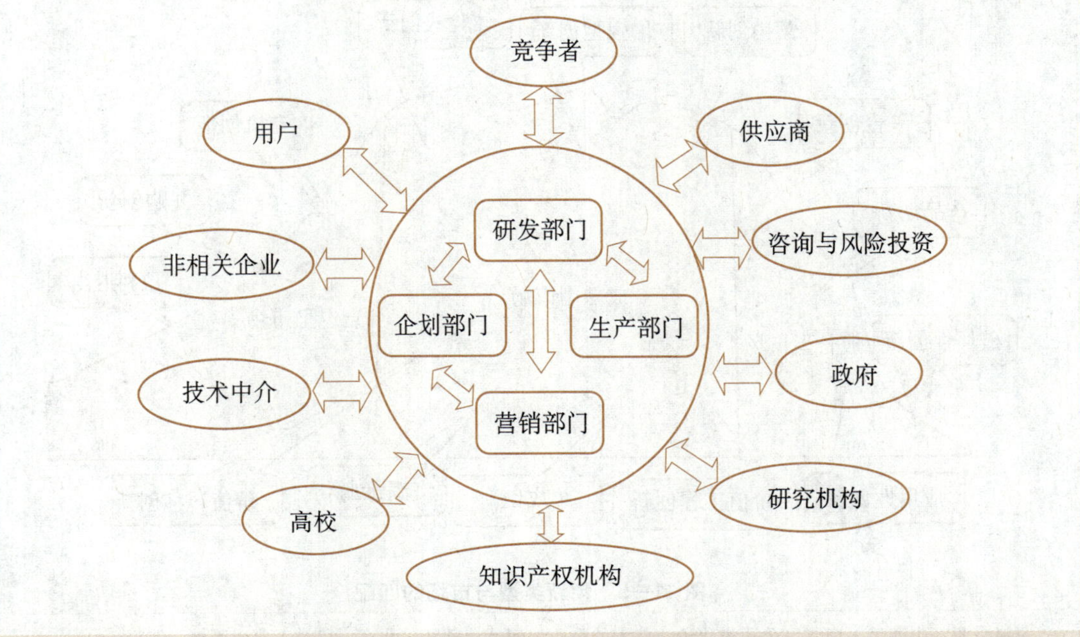

图 11—4　开放式创新的框架

资料来源：陈钰芬，陈劲. 开放式创新：机理与模式. 北京：科学出版社，2008.

组织内部的创新思想也可以在研发等阶段通过知识的流动、人员的流动或者专利转让等形式扩散到组织外部。有些研发成果可以为组织带来丰厚的经济回报，则可以由组织实现商业化；有些成果可能不适合组织当前的业务，就可以通过许可、短期合作等方式，交由外部组织开发和商业化，以实现其商业价值。

与封闭式创新相比，切斯布鲁夫教授认为，通过合作，利用企业内部和外部的所有资源，而非仅仅靠自己的研发才能获利，也可以分享外部研发的成果而获得巨大的价值；建立一套利用一切研究成果的模式比仅仅把自己的产品成功推向市场更重要。

开放式创新强调外部资源、外部创意和外部市场化渠道的重要性，强调技术合作的重要性。开放式创新把研发和创新过程有目的地向领先用户、供应商、设计公司甚至是竞争对手开放，促进创意和资源的双向流动和碰撞，从高校和科研机构获取技术资源来弥补内部资源的不足，将内外部知识有机地整合在一起，借助开放的市场力量加快创新速度，提高创新效率，最终实现持续的竞争优势。[①] 因此，在开放式创新模式下，组织应该在与外部组织（用户、供应商、竞争者、非相关企业、高校、研究机构、咨询公司、政府等）的相互作用中进行创新，如图 11—4 所示。

四、创新类型的选择

前面介绍了创新的类型，可是组织在发展过程中应如何选择适合自身的创新类型呢？实行有效的组织创新类型选择对组织发展非常重要。一般，影响创新类型选择的最重要因素是目标市场的情况。根据目标市场所处的阶段，我们可以把市场分为三类：成长型市场、成熟型市场以及衰退型市场。在不同的市场阶段，组织应该关注不同的创新类型（见图 11—5 和表 11—2）。下面将分别从这三个方面来介绍创新与市场的匹配。

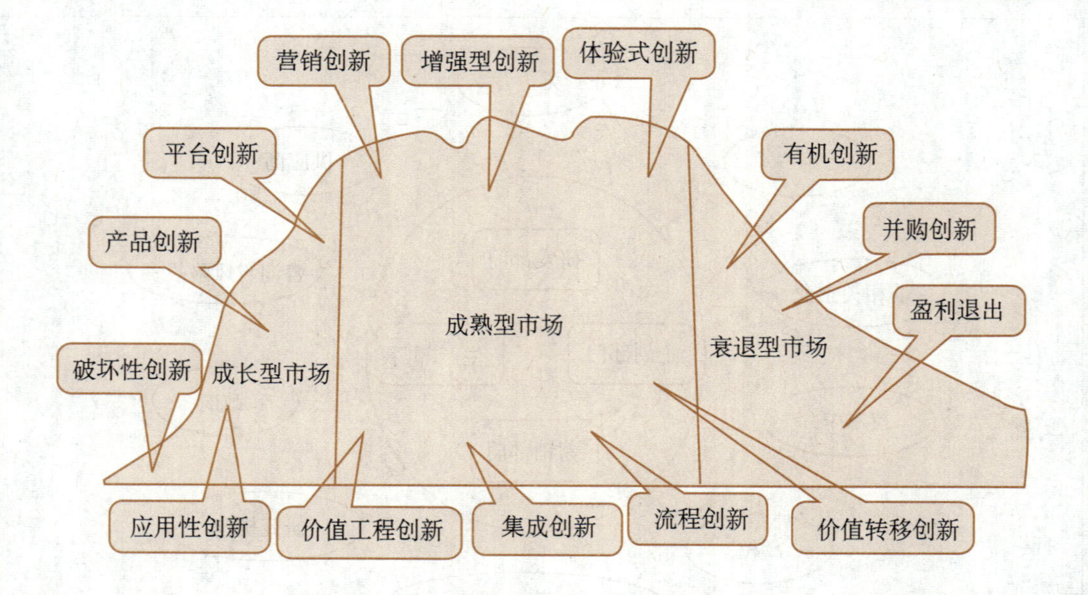

图 11—5 创新类型与市场的匹配

资料来源：杰弗里·摩尔．公司进化论：伟大的企业如何持续创新．北京：机械工业出版社，2014.

① 陈钰芬，陈劲．开放式创新：机理与模式．北京：科学出版社，2008.

表 11—2　不同市场的创新类型及特点

项目	成长型市场	成熟型市场	衰退型市场
创新类型	破坏性创新、产品创新、应用性创新、平台创新	增强型创新、营销创新、体验式创新；价值工程创新、集成创新、流程创新、价值转移创新	有机创新、并购创新
创新特点	改变产品、服务的核心属性，或者进入全新市场	改变产品、服务的外延属性，或者对运营进行优化	资源转移到其他产品或服务

（一）成长型市场的创新

成长型市场是指在此市场中，产品或服务可以在较长的时期内保持高需求，市场需求的增长率超过10%。此类市场中的企业往往会获得比较大的经济回报，而承担很少的公司特有风险。[①] 现在的云计算就是典型的成长型市场。

在成长型市场中，企业关注的创新应该是对以往技术、产品或服务的大幅变革，或者是对产品或服务的核心属性进行变革，或者是进入了一个利基的市场。成长型市场中的创新主要有四个方面：破坏性创新、应用性创新、产品创新和平台创新。破坏性创新和产品创新在前面已有介绍。应用性创新是指通过挖掘已有技术或产品的新组合和新用途，开拓新的市场；平台创新是指尽力消除复杂性和综合性，构建简化的产品层，从而为下几代产品的创新提供平台支持。这四者之间的关系可以参见图 11—6。

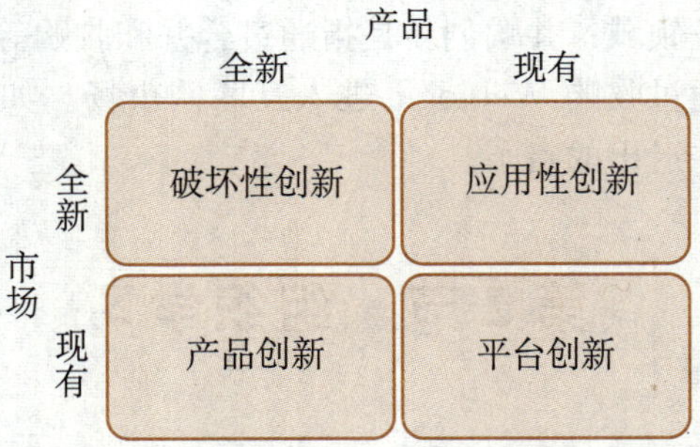

图 11—6　四种创新类型之间的关系

资料来源：杰弗里·摩尔. 公司进化论：伟大的企业如何持续创新. 北京：机械工业出版社，2014.

（二）成熟型市场的创新

当市场的高速发展过去后，增长速度会大幅下降，于是市场就进入了成熟期。成熟型市场的投资回报率比较小，而且难以出现全新的产品或服务，各供应商在市场中占据了稳固的地位，如汽车、手机市场。此时企业应该关注的是对已有产品进行大幅改进，以促进成熟型市场的发展。

成熟型市场所适合的创新类型主要可以分为两类：第一类是在保证核心属性不变的情况下，对产品或服务的外延属性进行改变，即在基本同质的核心基础上实现差异化的外延

① 杰弗里·摩尔. 公司进化论：伟大的企业如何持续创新. 北京：机械工业出版社，2014.

属性，主要包括增强型创新、营销创新以及体验式创新；第二类是利用卓越的运营能力对已有产品或服务进行优化，以提高效率、降低成本，主要包括价值工程创新、集成创新、流程创新以及价值转移创新等。

增强型创新是指通过创新不断优化产品的外延部分，而不改变核心属性，如改变产品的外观；营销创新关注的是实现与用户交互过程的差异化，如病毒式宣传；体验式创新是实现用户对产品或服务体验的差异化，如中国传统茶楼里面的相声。总之，这一类型的创新虽然也是对产品或服务本身的改变，但只涉及外延部分，而不是核心。

价值工程创新是指降低已有产品的材料成本和制造成本，如以标准化生产替代手工艺；集成创新是指通过将各个分散的部件集成为单一的中心化管理系统来降低客户对操作复杂产品的维护成本，如打印、传真与复印多功能一体机；流程创新是指在生产产品或者提供服务的过程中降低成本，提高效率，如戴尔的直销模式；价值转移创新是指对商业模式进行重新定位，将其从原有的市场价值链商品化元素转向更具利润的领域，如从剃须刀到剃须刀片。

（三）衰退型市场的创新

当整个市场的需求出现负增长的时候，就意味着进入了衰退型市场，如现在的小灵通市场。在衰退型市场中，企业的绩效往往会出现大幅下滑，此时需要寻找新的成长型市场。

在衰退型市场中，企业可以进行有机创新或并购创新。有机创新是指企业将资源转移到一个新的具有增长潜质的产品或者服务上，如 IBM 预见到个人电脑市场会出现衰退，于是将重心转向咨询服务领域；并购创新是指通过合并和收购等方法来解决产品或服务的更新问题，如东亚银行通过收购 Weblogic 进入互联网市场。如果这两种方法都有困难的话，企业就只有走盈利并退出的路了。

第 2 节　组织学习

如果说熊彼特是创新领域的创始人，那么赫伯特·西蒙（Herbert Simon，曾获 1978 年诺贝尔经济学奖）和詹姆斯·马奇（James March）就是组织学习（organizational learning）的鼻祖。他们认为，在面对不断变化、日益复杂的内外部管理环境时，组织可以通过有组织、分层次的学习行为来增长知识、提高能力、克服障碍，从而顺利实现变革。这个社会行为就是组织学习。1978 年，哈佛大学的克里斯·阿吉里斯（Chris Argyris）和麻省理工学院的唐纳德·舍恩（Donald Schon）合著的《组织学习——行动视角的理论》一书的出版，标志着对组织学习系统研究的开始。而随着彼得·圣吉（Peter Senge）的《第五项修炼》与野中郁次郎（Ikujiro Nonaka）的“SECI 组织学习转化模型”的推出，企业界掀起了构建学习型组织的热潮。

一、组织学习的内涵

组织学习就是创造、完善和管理组织的知识体系，以更好地指导组织行为，提升组织绩效。它是组织在动态的环境中获得竞争优势的重要途径。

没有永恒的卓越。即使不求进取的组织（特别是组织内部的知识）可以具有一定的竞争优势，这样的竞争优势也是不可持续的，因为组织内部和外部的环境都是在不断变化的。组织外部：市场竞争更加激烈，技术进步使得产品生命周期缩短，全球化趋势明显，等等。组织内部：员工的素质不断提高，信息化的普遍应用等。故步自封、不求进取的组织将难以适应这样的环境变化。

从学习层次看，可以分为个体学习、团队学习、组织内学习以及组织间学习四个方面。我们所关注的组织学习其实是“组织内学习”。个体学习是指以个人为主的对组织内外情况的思考与分析。个体学习的目的是完善和加深学习者对于组织及其外部环境认识。组织学习就是在大量个体学习的基础上，围绕某些特定的问题在组织内展开的学习活动。个体的学习是整个组织学习活动的基础，也是组织学习活动得以进行的前提。①

组织是由个体构成的，个体学习是组织学习的必要条件，反过来，组织学习可以更好地促进个体学习。西蒙认为组织主要通过两种途径进行组织学习：(1) 通过组织成员的个体学习进行组织学习；(2) 吸收新成员进行组织学习（这些新成员需要掌握组织所不具备的知识）。虽然组织学习的基础是组织成员的个体学习，但组织学习绝不是个体学习的简单加和。只有经过有效的共享与互动，才能将个体知识转化为组织知识。

（一）单环学习与双环学习

从不同的角度，可以对组织学习进行不同的分类，其中最经典的就是阿吉里斯和舍恩提出的分类方式：单环学习（single loop learning）和双环学习（double loop learning）。他们认为学习实现的情况主要有两种：第一，当组织实现了预期的成果时会发生组织学习，即行动预期和行动结果之间是匹配的；第二，当组织发现并纠正了预期与结果之间的不匹配，即将不匹配转化为匹配。②

单环学习是根据预定目标来评价结果，并通过对组织战略和行为的修正，来实现预定的组织绩效；双环学习则是重新评价组织目标的本质、价值和基本假设。举例来说，如果我们把空调温度定到 28℃，那么空调就会根据其所感知的室内温度与 28℃ 的差距来进行调整，直到实现室温 28℃。这个过程就是单环学习，因为空调就是根据预定的目标来不断调整自己。如果空调开始思考“为什么要 28℃，这个温度有什么意义”，这就是双环学习，因为它涉及预定目标的本质和意义。

单环学习与双环学习的具体过程如图 11—7 所示。组织行为会产生一定的结果，如果结果实现了预定目标，就发生了单环学习。如果结果与预定目标不一致，就会发生双环学习。在评价结果之后，单环学习（如实线所示）是根据结果与目标的差距来调整行为，以实现目标绩效，而不会质疑目标本身；相反，双环学习（如虚线所示）则根据结果的差距去思考目标的本质，可能会调整目标。

不论如何，只有组织行为产生了结果，并且将结果与预定目标进行对比的时候，才会发生组织学习。发现问题和找到问题的解决方案对组织学习是非常必要的，但仅有二者并不构成完整的组织学习过程，只有实施该解决方案后才是真正的组织学习。

---

① 许庆瑞. 管理学. 2 版. 北京，高等教育出版社，2005.

② 克里斯·阿吉里斯，唐纳德·舍恩. 组织学习Ⅱ：理论、方法与实践. 北京：中国人民大学出版社，2011.

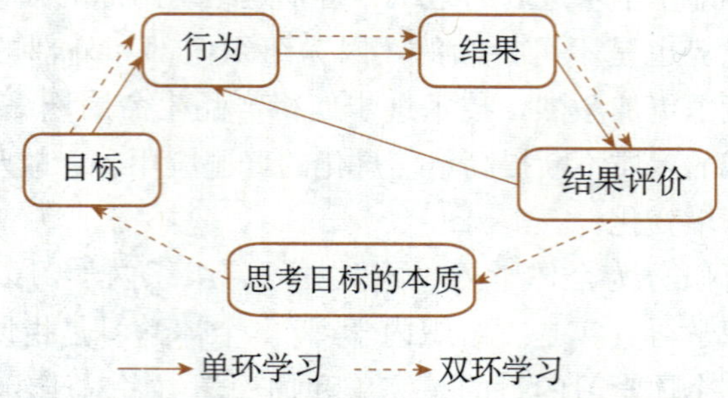

图 11—7 单环学习与双环学习

单环学习和双环学习两者都是所有组织发展的必要条件。单环学习有助于解决简单的、重复性的、程序性的问题；双环学习有助于解决复杂的、突发的、非程序性的问题，有助于组织的"蜕变"，并确保组织在今后会有更大的变化。

（二）开发式学习与探索式学习

从信息和知识的流动过程角度，詹姆斯·马奇在 1991 年将组织学习分为开发式学习和探索式学习。

开发式学习（exploitation learning）是指在适应环境的过程中，组织对其已经掌握的、有效的知识和方案进行改进，使该方案的效率越来越高，从而提高组织的短期绩效。这种学习侧重于对已有知识的应用和扩展。开发式学习强调聚焦，避免变化，并努力降低风险。例如，某公司发现项目制可以提高组织的创新。对该模式进行仔细研究后，在全公司推行项目制，并且对管理者和员工进行相关的培训，帮助他们更好、更熟练地加入到项目团队中。在应用项目制的过程中，企业对其关键要素的了解也越来越深入，相关的知识也越来越完善，从而进一步提高项目制运作的效率和绩效。

尽管开发式学习可以实现组织绩效的提升，但当经营环境发生了巨变或者行业中的所有企业都熟练掌握了某种关键技术的时候，开发式学习就难以发挥作用。此时，就需要进行探索式学习。在发现现有的技术和知识已经无法适应动态的环境，组织就会对全新的技术知识和商业机会进行探索和尝试，这就是探索式学习（exploration learning）。通过探索式学习，组织可以获得全新的知识，而不是对原有知识的深入挖掘。例如，某著名电脑制造商的生产效率非常高，但由于电脑市场的竞争日益激烈，利润越来越微薄。董事会和高层通过对大量的市场信息和内部数据的分析，认为单纯依靠电脑制造难以保持发展态势，而金融业是高利润行业，很有发展潜力。于是，该公司开始抽出部分资金来组建基金公司，从事金融运作。但它在金融行业经验不足，因此只能通过不断的探索来寻求合适的方案。

简单来说，探索式学习是组织学习在知识广度方面的延伸；开发式学习是组织学习在知识深度方面的延伸，如图 11—8 所示。探索式学习和开发式学习在组织中是同时存在、相互依赖的，对组织来说都是非常重要的，但是两者之间存在冲突，相互争夺组织内部有限的资源。由于资源的有限性，增加用于探索式学习的资源投入，就需要相应减少在开发式学习方面的资源投入。因此，在应对不断变化、高度复杂的环境的时候，组织必须努力找到适合自身的探索式学习和开发式学习的平衡点。探索式学习有利于促进组织的变革，包括发现新技术、业务机会、新流传、新产品的途径。然而，探索式学习也会为企业带来高度的不确定性，较长时间之后才可能有所回报，在短期内可能无法获得任何回报。与之相比，开发式学习所获得的绩效反馈更快、更直接、更清晰。

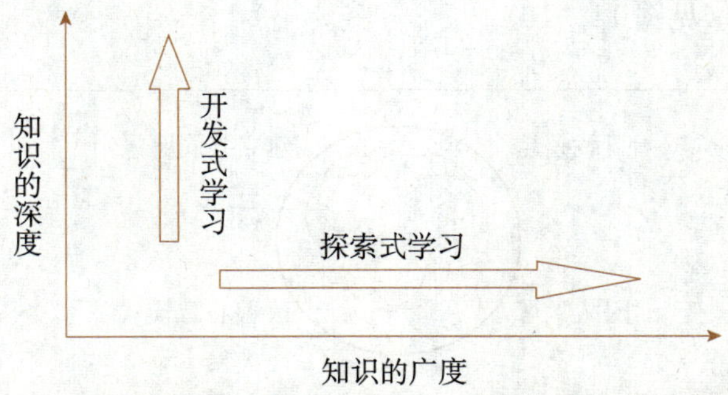

图 11—8 开发式学习与探索式学习

二、学习型组织

20 世纪末至今，学习型组织受到热捧，企业家几乎人手一本《第五项修炼》。所谓学习型组织，是指组织中的所有成员都积极参与到与工作有关问题的学习与解决过程中，从而使组织形成持续的适应和变革能力。在学习型组织中，员工会通过组织内学习，并经常与外部结构进行组织间学习，不断地补充和完善组织知识。这种组织具备很强的学习和应用所学知识的能力，可以实现持续的竞争优势。在知识经济时代，工作性质是以知识和学习为特征的，学习型组织充分体现了知识经济时代对组织管理模式变化的要求。

图 11—9 显示了学习型组织与组织学习、组织知识的关系。构建学习型组织就是要提高组织的学习能力，实现组织知识的不断更新和完善。而组织知识和组织学习之间是相互促进的协同关系：组织学习能力越强，组织知识更新和完善的效率就越高；反过来，好的组织知识基础也有利于提升组织的学习能力。

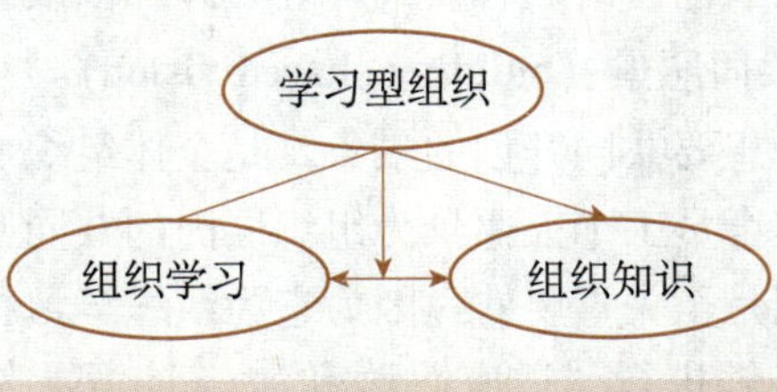

图 11—9 学习型组织、组织学习与组织知识之间的关系

（一）学习型组织的内涵

进入知识经济时代，组织学习能力日益成为组织获得持续竞争优势的一种基本要求。学习型组织的理论为组织提供了培育这种能力的解决方案。

学习型组织的概念是由麻省理工学院的彼得·圣吉教授于 1990 年首先提出的，并迅速成为组织管理领域最为流行的概念，大量企业踏上了向学习型组织转变的征途。彼得·

圣吉认为学习型组织是一种创造性组织，组织结构与氛围的设计使成员的创造潜能得以发挥，更能提升组织动态匹配的能力。在《第五项修炼》中，他指出，可以通过五项学习修炼来构建学习型组织：自我超越、改善心智模式、建立共同愿景、团队学习以及系统思考。这五种要素构成了一个学习型组织的大厦，系统思考是大厦的核心。下面将具体阐述五项修炼的主要内涵（见图 11—10）。①

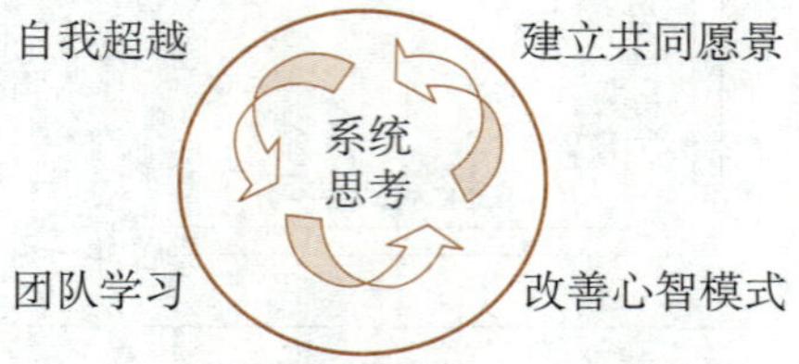

图 11—10　学习型组织的五项修炼

1. 第一项修炼：自我超越（personal mastery）

构建学习型组织的第一步是要培养员工的创造力与成熟的人格，这也是所有其他修炼的共同基础。通过个人愿景与现实世界之间的差距所产生的创造性能力，使员工更有耐心、更集中精力为创造个人愿景而努力。简单来说，这一步就是要激发员工个人主动学习。员工的学习是实现组织学习的必要（非充分）条件。

2. 第二项修炼：改善心智模式（improving mental model）

心智模式就是每个人的价值观。心智模式会影响我们看待问题的态度和视角。拥有不同心智模式的人看待同样的问题可能会产生截然不同的结果。我们通常不易察觉自己的心智模式。这就需要设法发掘个人的内心世界，有效地表达自己的想法，并以开放的心态去容纳别人的想法。

在管理的过程中，许多好的想法往往难以付诸实践，或者成功地进行过小规模尝试，但是始终无法在整个组织中将其全面推广开。这就可能是受到心智模式的阻碍。也就是说，新的想法难以实施常常是因为它与已经根植于组织成员心中的想法相抵触。因此，第二项修炼就是要求组织将员工固有的心智模式打开，并加以改善，促进组织学习。

3. 第三项修炼：建立共同愿景（building shared vision）

共同愿景就是组织成员想要共同开创的景象，是全体组织成员的共同目标、价值观以及使命感。这一步就是要整合员工个人愿景为组织层面的共同愿景。

共同愿景对学习型组织是至关重要的，因为它为组织学习提供了方向。在缺少共同愿景的情况下，组织最多只能够进行“适应性学习”（adaptive learning）；只有建立了共同的愿景，才会实现“创造性学习”（generative learning），实现组织的“蜕变”。

4. 第四项修炼：团队学习（team learning）

在集体智商高于个人智商的原则下，通过深度会谈（dialogue）等方式，进行团队内部的知识共享、问题解决及方案讨论。团队的所有成员真正一起思考，并设法找出有碍学习的互动模式（自我防卫）。团队学习是发展团队成员整体配合与实现共同目标能力的过

① 彼得·圣吉．第五项修炼：学习型组织的艺术与实践．北京：中信出版社，2009．

程，所以它需要建立在“建立共同愿景”和“自我超越”两项修炼的基础上。

5. 第五项修炼：系统思考（systems thinking）

系统思考要求组织发展出系统的思考习惯和模式，简言之，就是要更全面地看问题。很多环节之间是相互依赖的，仅考虑某一环节的解决可能会导致整体的衰退。兼具完整的知识体系和实用的价值，系统思考可以帮助我们认清问题的整体。系统思考可以帮助我们从对现状的被动反应转变为主动地创造未来，从迷失在复杂细节中到掌握动态的均衡搭配。

这五项修炼对学习型组织来说缺一不可。学习型组织的真谛在于通过持续的组织学习来保持组织与环境的匹配。学习型组织彻底打破了传统组织以权力等级来管理和控制员工的模式，而是以共同的愿景、价值观和使命感来凝聚员工。学习型组织改变了传统组织中的契约关系，在组织与员工之间建立起基于对愿景、使命、价值观和目标共同誓愿的盟约关系。在学习型组织中，领导者的主要职责是设计、指导和服务学习型组织，而不是发布命令、监管员工。

（二）学习型组织的构建

为了应对知识经济的浪潮，使自己在市场竞争中生存下去，大多数组织都意识到必须更好更快地进行组织学习，向学习型组织转化。组织学习的过程受到结构、文化、战略等各种因素的影响。在构建学习型组织的过程中，就需要对这些因素进行精心的设计。那么与一般组织相比，学习型组织究竟有什么不同？应如何构建学习型组织？下面就从组织战略、组织结构、领导力以及组织文化等方面阐述（见图 11—11）。①

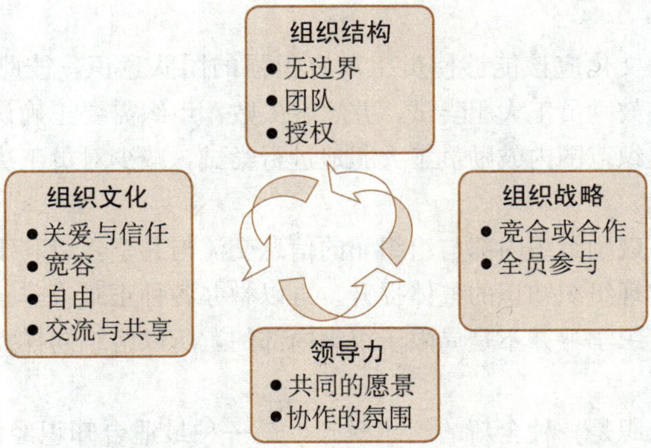

图 11—11　学习型组织的构建

1. 评价学习能力

在构建学习型组织之前，组织首先要对自己的学习能力进行评价，确定自己所拥有的资源的优劣势。马可德克（Marquardt）提出的“学习型组织轮廓”（learning organization profile）是一种评价组织学习能力现状的有效工具，它从学习、组织、人员、知识和技术

① 王凤彬，李东．管理学．4 版．北京：中国人民大学出版社，2011.

等五个子系统对组织的学习能力进行了全面的评价。学习子系统指的是组织内部学习的层次、类型与方法；组织子系统包括个体、团队和组织以及整个组织学习的环境；人员子系统由管理者、员工、顾客、合作伙伴以及相关社团构成；知识子系统是对组织获取或产生的知识加以管理的系统；技术子系统是支持、整合学习过程和信息交流的技术与网络体系。

2. 组织战略

在学习型组织中，战略决策不再被束之高阁，基层员工及利益相关者（如顾客、供应商、合作伙伴等）都可以参与战略的制定。战略的性质也从原来以竞争为导向转变为更多的合作。与传统的组织相比，学习型组织重点聚焦于战略目标，而不仅仅是传统的经济绩效至上；在战略制定过程中，学习型组织的战略是由基层员工共同参与制定的，甚至顾客、供应商都可以成为其战略决策制定的重要参与者。

3. 组织结构

组织内部没有边界的时候，组织中的知识才能迅速、高效地流动，从而更好地推动组织学习。在学习型组织中，组织成员需要在整个组织范围内跨越不同职能部门和层级，共享信息和知识，那么就需要构建无边界的组织，实现扁平化、网络化和开放化。团队是实现组织学习的基本单位。员工在团队中工作，这些团队需要被充分授权，可以自主决策。在团队中，管理者只承担倡导者、推动者和服务者的角色。

4. 领导力

在构建学习型组织的过程中，领导力起着非常重要的作用。学习型组织中的领导者应该促成共同愿景，并使组织成员朝着这一共同愿景努力。另外，领导者还应该支持和鼓励组织中有利于学习的相互协作的氛围。

5. 组织文化

学习型组织中的文化应该能够使员工具有很强的团队意识，彼此之间充满关爱和信任。同时，组织应该鼓励员工大胆尝试，并宽容失败。组织需要正确认识“错误决策”的学习价值，在整个组织范围内鼓励员工大胆地进行尝试，减少对员工决策或者行动失误的惩罚，而代之以鼓励。

组织文化还应该鼓励组织内部与组织间的信息交流与共享，以利于把员工的个人知识推广到整个组织，实现组织知识的整体提升。可以举办各种正式或非正式的交流活动。这里需要强调的是，组织学习并不是局限于组织内部的，所以组织同样需要注意推动组织间的信息交流与共享。

总之，学习型组织是一种全新的组织模式，是一种最适合知识经济时代的组织模式，它颠覆了很多传统组织模式赖以生存的准则。

三、系统思考

系统思考是五项修炼的核心，关键是要“看见整体”。系统思考能够帮助我们看清事件之间的关联性，看见物质变化的渐进积累的过程。事实上，系统思考的本质就是系统动力学的思维。系统动力学（system dynamics）是由 MIT 教授弗瑞斯特（Forrester）创立的，是基于系统行为与内在机制间的相互依赖关系，逐步发掘出产生变化的因果关系。因此，可以说第五项修炼就是彼得·圣吉将系统动力学的思维方式应用于组织学习的结果。

下面对系统思考的主要方法进行简要的介绍。

（一）系统思考的三元素

简单来说，系统就是具有很多相互关联的事件的集合，那么系统思考就是要从整体来分析各种事件，找出与之相关的所有事件，并理清它们之间的相互关系。彼得·圣吉指出，系统思考有三种基本元素——增强的反馈（reinforcing feedback）、调节的反馈（balancing feedback）以及时间迟滞。增强的反馈就是指事件之间是相互促进的关系。增强的反馈的影响可以是正向的（发表的论文受到了广泛的关注和认可，增强了研究者的信心和兴趣，发表出更高质量的论文，如此反复）；也可以是负向的（债务到期无力偿还，再借贷，承担更多债务，如此反复）。反复调节的反馈是有目标导向的行为，系统不断地趋于某个范围（空调不断调整自己的制冷来实现室温 26℃就是调节的反馈）。时间滞延会干扰反馈过程，而使行动以渐进的方式产生。①

1. 增强的反馈：雪球效应

在增强的反馈系统中，最初的改变一般是渐进的、不易察觉的，但行动最后往往能够带来巨大的影响。看清系统往往使你有能力影响系统的运作方式。如图 11—12 所示，某管理学院培养出很多优秀的职业经理人，于是它的 MBA 项目有很好的口碑，更多优秀的管理者来到这里进修，就可以培养出更多优秀的职业经理人，在社会上就具有更高的口碑……如此反复形成良性循环。反过来，MBA 项目培养出来的学生质量不高，就可能带来恶性循环：MBA 毕业生质量不高，好的口碑减少，MBA 生源更差，MBA 毕业生质量更低。如图 11—12 所示，增强的反馈是没有目标的，也就是没有终点，会一直作用下去。事实上尽管如此，由于各种条件的限制，增强的反馈最终还是会在达到一定的水平后保持相对稳定。（这就是成长的极限问题，将在下一部分介绍。）

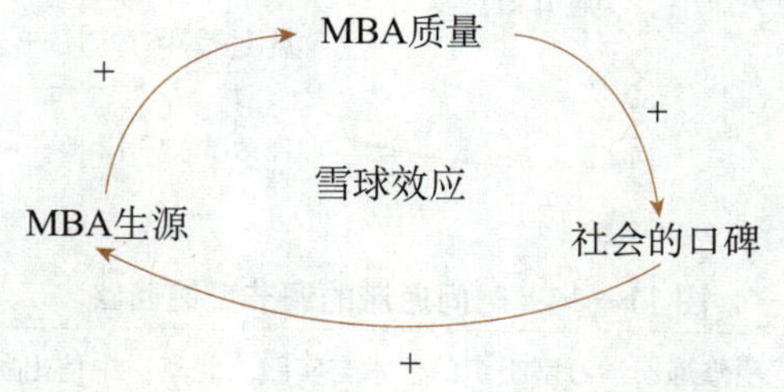

图 11—12 口碑促进 MBA 质量的增强的反馈回路

2. 调节的反馈

具有调节的反馈的系统指的是一个不断寻求稳定的系统，有一个目标趋势。比如，物理实验中的单摆会慢慢趋向于原点并保持稳定。调节的系统会不断自我修正，以实现某些目标。如图 11—13 所示，夏天的空调需要不断地制冷来实现 26℃室温，这就是一个调节的反馈的系统。在设定一个期望温度之后，空调会感知室温与期望温度之间的差距。如果室温过高，则会加强制冷；如果已经低于室温，则会停止制冷。所以，调节的反馈的系统与增强的反馈的系统之间的显著差别就在于，前者具有期望的目标。

① 彼得·圣吉. 第五项修炼：学习型组织的艺术与实践. 北京：中信出版社，2009.

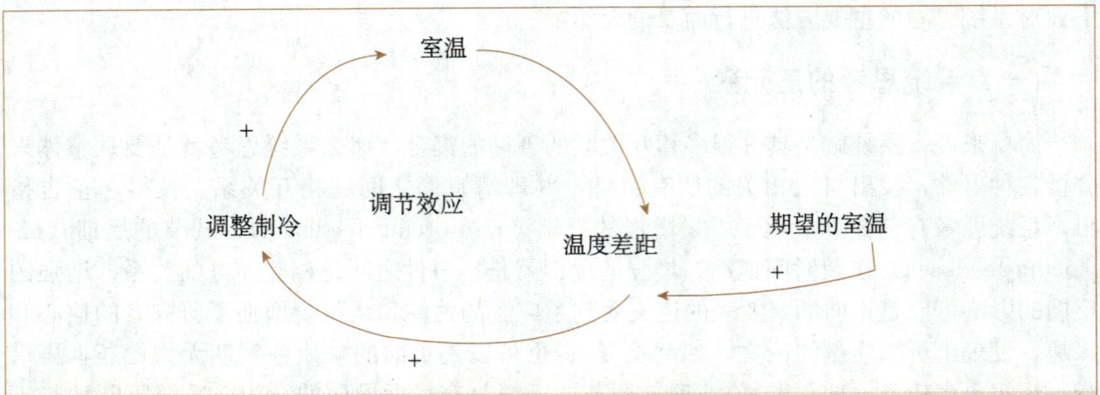

图 11—13　空调对室温的调节的反馈回路

3. 时间迟滞

时间迟滞是指行动与结果的时间差距。也就是说，系统的反馈需要一定的时间才能显现出来，而不会及时完成。如图 11—14 所示，调节花洒龙头时，开大热水输出并不会马上使水温提高，而需要几秒钟的时间，这就是时间迟滞。如果不能很好地理解时间迟滞，就可能严重矫枉过正（如经典的啤酒游戏）。但如果认清其本质，并且善加运用，就能够产生正面的效果。

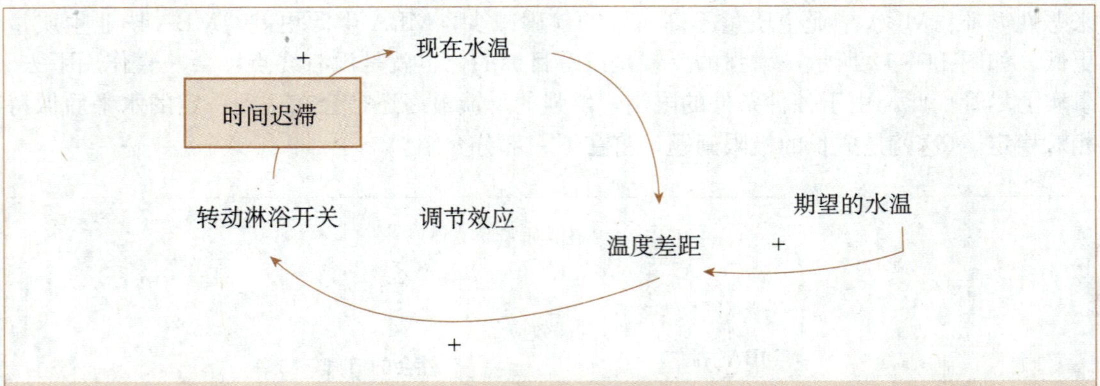

图 11—14　时间迟滞的调节反馈回路

资料来源：彼得·圣吉. 第五项修炼：学习型组织的艺术与实践. 北京：中信出版社，2009.

（二）系统模型

在了解系统思考的三种基本元素之后，下面介绍两种比较典型的系统模型。系统模型解释管理复杂现象背后的单纯之美，可以帮助我们更好地了解各类管理问题的本质。通过系统模型，我们可以更好地从整体来系统地分析问题，而不是片面的。基本上，所有的系统模型都是由增强的反馈、调节的反馈和时间迟滞三部分组成的。下面着重介绍两种最为典型的系统模型——成长上限（limit to growth）和舍本逐末。

1. 成长上限

世界上绝大部分事物都不会一直保持高速的增长。生态学中用 S 形曲线来描述种群内生物数量的变化趋势；技术管理领域用 S 形曲线来描述技术发展的变化趋势……它们都会经历出现后一段时期的加速成长，然后成长速度开始慢下来，停止成长，最后甚至可能开始衰败。这就是存在成长上限的系统。

如图 11—15 所示，初期的快速成长是由增强的反馈的系统在起主要的作用。当其成长达到一定程度（限制）的时候，成长的速度会不断减缓，这是因为调整的反馈的系统开始起主要作用。成长的限制可以是内部的，也可以是外部的。对技术来说，这种限制就是技术自身的极限；对种群来说，这种限制就是外部环境的容量。受到限制后，甚至可能出现“衰败”。这是由于增强反馈的系统开始起反向作用，使衰败加速，原来的成效越来越萎缩。

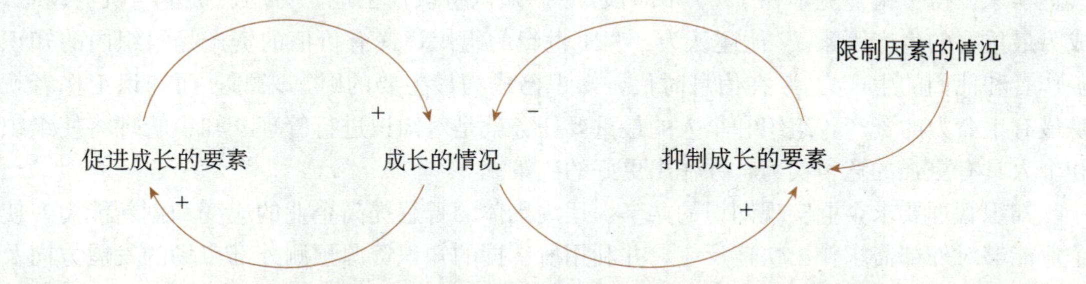

图 11—15　成长上限系统模型

资料来源：彼得·圣吉．第五项修炼：学习型组织的艺术与实践．北京：中信出版社，2009.

2. 舍本逐末

在解决问题的时候，如果只看到问题的表面，使用头痛医头的方式来处理问题，虽然可以实现短期的提升，但很难从根本上解决问题。舍本逐末、治标不治本的方法最终将会使问题越来越多。也就是说，关注短期利益的组织往往关注的是如何快速有效地解决当前问题，于是对“症状解”趋之若鹜，但是这样就会进一步导致对“根本解”的忽视（见图 11—16）。

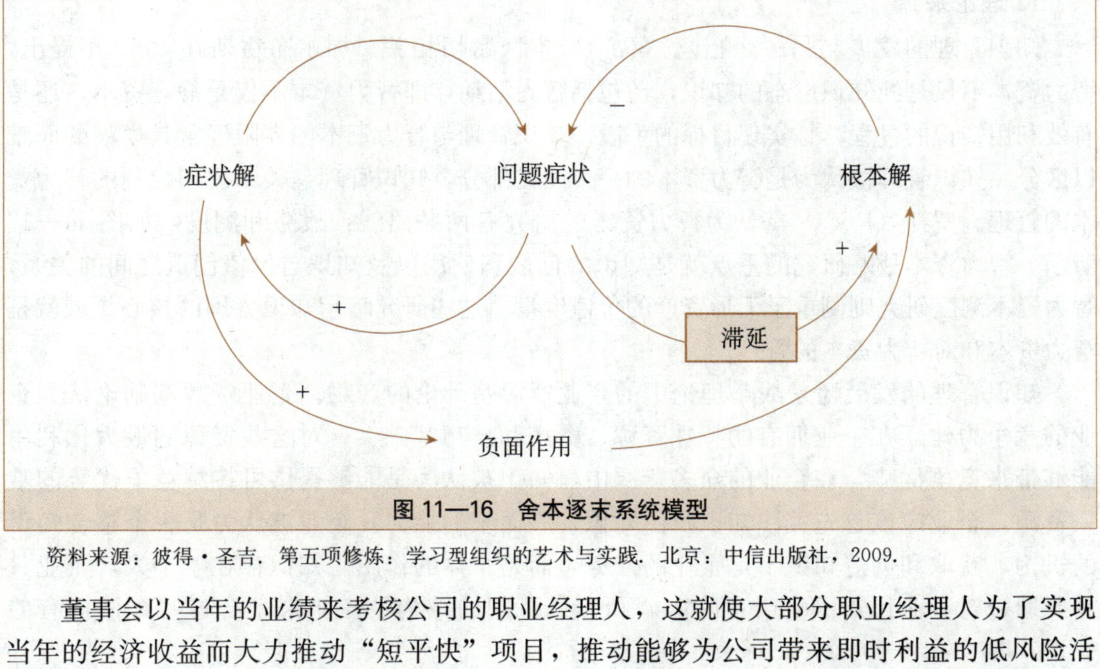

图 11—16　舍本逐末系统模型

资料来源：彼得·圣吉．第五项修炼：学习型组织的艺术与实践．北京：中信出版社，2009.

董事会以当年的业绩来考核公司的职业经理人，这就使大部分职业经理人为了实现当年的经济收益而大力推动“短平快”项目，推动能够为公司带来即时利益的低风险活动（效率、成本、质量）。而对于那些效果较不明显的高风险的创新项目，职业经理人往往会避之唯恐不及。这样的做法虽然可以为公司带来即时的利益，但是不能保证可持续发展。这就是因为他们只关注“症状解”（效率、成本、质量），而忽视“根本解”（创新）。

四、知识管理

知识管理（knowledge management，KM）是网络经济时代的新兴管理思潮与方法，管理学家彼得·德鲁克早在 1965 年即预言：“知识将取代土地、劳动、资本与机器设备，成为最重要的生产因素。”他还认为：“21 世纪的组织，最有价值的资产是组织内的知识工作者和他们的生产力。”在信息时代，知识已成为最主要的财富来源，而知识工作者就是最有生命力的资产，组织和个人的最重要任务就是对知识进行管理。知识管理将使组织和个人具有更强的竞争实力，并作出更好的决策。

知识管理要求企业实现知识的共享，运用集体的智慧提高企业的应变和创新能力，使企业能够对外部需求作出快速反应，并利用所掌握的知识资源预测外部市场的发展方向及其变化。在知识经济时代，企业如果离开了知识管理，就不可能具有竞争力。

知识管理是企业在新经济时代提高自身核心竞争力的新管理模式。从广义外延的角度讲，知识管理辐射到企业管理的各个层次，以资源整合、潜力挖掘和价值实现为目标，是一个超越了信息、人力资源和智力资本等的崭新管理体系。这个体系中，包含知识管理对企业各个方面如智力资本管理、组织设计管理、企业资源计划、供应链管理、客户关系管理、研发管理、人力资源管理、企业文化建设等的相应的解决方案，由此形成一整套知识管理群组模式。

（一）知识管理的起源

1. 理论来源

知识管理的发展与另一个概念“智力资本”密切相关。加尔布雷斯在 1969 年提出，智力资本不仅是纯知识形态的知识，还包括智力活动，即智力资本不仅是静态资本，还是有效利用知识的过程，是实现目标的手段。知识管理与智力资本的界限经常是模糊的而难以区分。知识管理被认为是智力资本的一个内在部分，知识管理是关于公司控制的智力资本的管理。罗斯（Roos）等认为智力资本的研究有两条路线：战略和测度，如图 11—17 所示。智力资本战略研究的重点就是知识的创造和使用以及知识与价值创造之间的关系；智力资本测度研究则侧重于无形资产的价值度量。这些研究暗示知识管理的核心领域就是智力资本和对智力资本的管理。

知识管理的发展还是战略理论中的企业资源基础论的产物。企业资源基础论认为企业的竞争力建立在企业拥有的特殊资源、资产和技巧基础上，对这些资源的最大化利用能够带来竞争优势。在企业的众多资源中，知识被认为是能够提供可持续竞争优势的唯一资源，企业应该首先关注知识及由知识发展而来的能力。企业被认为是一个整合知识的机构，获取和创造知识不是企业的任务，而是个体的作用。知识存在于个人，企业只需要通过对专业化知识生产者的协调和合作机制的结构性安排来整合这些个体拥有的知识。

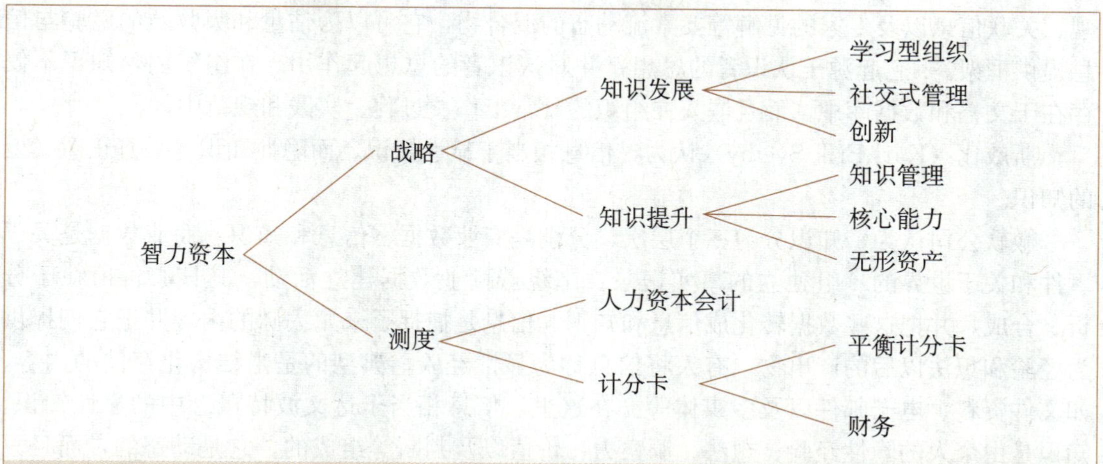

图 11—17　智力资本研究分类

2. 实践背景

知识管理不仅受到理论界的重视，企业同样对知识管理投入了热情。对企业而言，知识管理不仅仅是一个热门话题，而是来自实际的需要，有需求拉动与技术推动两方面原因。首先，知识管理从某种程度上说并不是新事物，人类一直在用隐性的方式管理知识，对知识进行显性的、系统的管理是经济、文化和工业发展的自然结果。企业既要满足顾客对产品和服务的复杂要求，又要面临全球化的竞争，二者结合产生了企业对知识管理的需要。其次，知识管理的出现与经济环境中的两个变化相关：裁员和技术发展。从 20 世纪 80 年代开始，由于竞争的加剧，裁员成为企业增加利润的一种普遍策略，但是这种裁员策略导致了重要知识的丧失，企业开始采取“知识管理”战略，试图存储和保留符合企业未来利益的员工知识。企业试图利用技术和系统来攫取存在于员工头脑中的知识，以使这些知识能在组织内共享。当知识被存储，它就成为能够提供竞争优势的可重复利用的资源。技术的发展既为企业进行知识管理提供了支持，又进一步强化了知识管理的必要。IT 技术的发展改变了人和组织的生存方式，被大量的信息包围反而容易错过有用的信息，知识管理试图应对信息的爆炸，但是技术的发展也使得信息的分享更为便利，它可以为企业有效利用知识提供工具，可以说知识管理是从信息管理发展而来的。

（二）知识的定义

知识是推动社会发展和人类进步的主要因素，而在知识经济时代，知识更是成为企业获得竞争优势的重要保障，成为企业除土地、劳动力、资本之外的另一种重要资源，因此知识管理也成为现代企业管理者不可回避的问题。

企业界和学术界对知识的定义有很多：

野中郁次郎（Ikujiro Nonaka）认为，知识是一种有价值的智慧结晶，可以以信息、经验心得、抽象的概念、标准的作业程序、系统化的文件、具体的技术等方式呈现出来。[①]

托马斯·达文波特（Thomas Davenport）认为，知识是一种包含结构化的经验、价值

---

① 野中郁次郎，竹内广隆．创造知识的公司：日本公司是如何建立创新动力学的．北京：科学技术部国际合作司，1999.

观、关联信息以及专家的见解等要素流动态的混合物，它可以为估量和吸收新的经验与信息提供框架。[①] 它起源于认识者的思想，并对认识者的思想起作用。在组织内，知识不仅存在于文档和数据库中，而且嵌入在组织的日常工作、过程、实践和规范中。

斯威比（Karl Erik Sveiby）认为，信息相当于显性知识，而隐性知识才是真正意义上的知识。

微软公司认为，知识分为三个层次，分别是商业数据、信息和知识。商业数据是关于事件和关于世界的一组独立的事实记录。围绕着商业数据建立活动，其核心价值在于分析、合成，并把这些数据转化成信息和知识。信息是捕捉了来龙去脉的内容并把它们提供为经验和想法以后的产出物。有人将信息称为显性经验，典型的是半结构化存储的内容，如文件资料、电子邮件以及多媒体等。在这里，信息相当于达文波特概念中的显性知识。知识是由个人的隐性经验、想法、洞察力、价值以及判断等组成的。它是动态的，而且只能通过与有知识的专家直接合作与交流才能得到，相当于达文波特概念中的隐性知识。

显性知识与隐性知识的特征比较如下：

（1）显性知识：可以客观地捕捉并用明确的语言或符号表达和编码；能够方便地在组织、团队或个人之间进行传播、交流和扩散；具有语言性、结构性/半结构性、客观性、理性、有序性和编码型等特点。

（2）隐性知识：存在于个人头脑中，难以口语化和形式化；一般通过人的经验、印象、熟练的技术、文化、习惯等方式表现出来，可以经由师徒传授方式进行转移；具有主观性、感性、现时性和模拟性等特点。

不管是显性知识还是隐性知识，作为企业的一种资源，都具有以下共同的特征：知识是无形的；知识具有取之不尽的特征，可以持续增长和扩张；知识具有外部性，可以实现低成本共享；知识具有广度和深度；知识具有关联性。

（三）知识管理的界定

知识管理近来受到越来越多的关注，一方面是因为企业之间商业竞争差异化程度在降低，智力资本的价值在增加。根据公司资源和能力的理论，知识是竞争优势的一个重要来源。事实上，绝大多数的有形资产都来自组织的外部，所以，竞争优势主要来自产品中特殊的知识应用方式。另一方面，每个企业及个人都面临信息溢出的状况，如何通过知识管理过滤出正确的知识，以快速制定准确的决策已经成为当务之急。另外，信息技术的高速发展为知识管理提供了良好的硬件支持，保证了知识管理实现的可能性。

一些公司为了加强创新、取得竞争优势，已经开始实施内部的知识审计工作。在大多数情况下，公司的无形资产往往没有被财务分析师和总经理充分地认识，这样公司的潜力就没有被充分地发掘。公司的高层领导应该注意到这些情况，因为公司的无形资产和创新能力是决定公司未来竞争力的实质所在。

一般的知识管理定义为："知识管理就是让合适的人在合适的时间获得合适的知识，帮助员工在实践中沿着正确的方向共享并利用知识，以改善组织的绩效。"

也有学者把知识管理定义为："为了实现组织目标，管理知识的创造、扩散和利用等

---

① 托马斯·H. 达文波特，劳伦斯·普鲁萨克. 营运知识：工商企业的知识管理. 南昌：江西教育出版社，1999.

一系列过程的综合。”达罗克（Darroch）和麦克诺顿（McNaughton）在 2002 年指出，知识管理就是组织为了取得长期利益而进行的包括创造或获得知识、管理组织内部的知识传播、保证知识有效利用的一种管理功能。[①] 这些定义有一个共同的特点，就是都认为知识管理是一个非常复杂的过程，需要有一系列的因素来支撑，包括战略、文化、评价、技术等，因此所有这些因素的设计都应该与知识管理过程相适应。

由此，本书认为，知识管理是管理者为了组织以及组织中的个体利益，获得、沟通和使用知识（可用的思想）的一系列过程。

知识管理的目的是产生创新，知识管理的层次包括知识的获取、存储、共享和利用四个基本方面。因此当今有效的知识管理要求公司建立基于技术的系统，提高知识的生产力，重视员工的思想和行为。知识竞争重要性的增强使得公司开始注重对知识的管理（Grant 1996[②]，Kogut and Zander 1995[③]）。这个观点指出了公司存在的最主要的合理性就在于知识的创造、传输和应用，这是基于资源的公司理论的一个扩展。随着企业对知识管理认识的加深和应用的增加，已经有越来越多的企业开始实施知识管理，涉及的范围在日益扩大，使用的方法也在不断地改善和创新。就目前我国的现状而言，知识管理涉及的领域包括：

- 对知识和最佳业务经验的共享；
- 对共享的宣传；
- 积累和利用过去的经验；
- 将知识融入产品、服务和生产过程；
- 驱动以创新为目的的知识生产；
- 建立专家网络；
- 理解知识的价值；
- 利用知识资产；
- 客户知识；
- 专家网络管理；
- 技术的目标；
- 创新；
- 灵活性和响应能力；
- 社会资本。

（四）知识管理理论模型

知识管理研究已出现了若干模型，这些模型大致可分为三类：知识分类模型、智力资本模型和创新导向的知识管理模型，分析这些模型是了解知识管理理论的一条途径。

---

① DARROCH，J.，MCNAUGHTON R. Examining the link between knowledge management practices and types of innovation. Journal of Intellectual Capital，2002，3（3）：210－222.

② GRANT R. M. Toward a knowledge-based theory of the firm. Strategic Management Journal，1996（17）（Winter Special Issue）：109－122.

③ KOGUT，B.，ZANDER，U. Knowledge of the firm，combinative capabilities，and the replication of technology. Organization Science，1992（3）：383－397.

1. 知识分类模型

这类模型中最广为人知的就是野中郁次郎的 SECI 螺旋模型。[①] 这个模型以知识划分为显性知识和隐性知识为基础，提出了知识创造和转化的过程（包括 socialization，externalization，combination 和 internalization，简称 SECI 过程），如图 11—18 所示。按照这个模型，隐性知识可以通过社会化过程转移给另一个主体，也可以通过外化过程转化为显性知识；显性知识可以通过合并的过程转移给其他主体，也可以通过内化过程转化为其他主体的隐性知识。

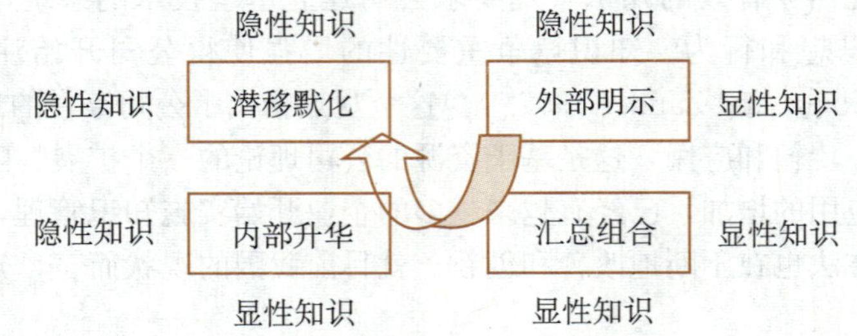

图 11—18 显性知识与隐性知识的 SECI 螺旋模型

知识的演化有三层含义：一是知识由低级形式向高级形式演化；二是隐性知识和显性知识相互演化；三是知识按照生物进化规律不断地进行新老交替的演化。其中，隐性知识和显性知识的相互演化是企业进行知识管理的关键组成部分和目标，包括：（1）隐性知识转化为显性知识，称为知识的外化或编码化，主要通过对人脑中存在的隐性知识进行归纳、总结并以编码的方式表现出来；（2）显性知识转化为显性知识（知识扩散），称为知识的组合化，主要是对现存的显性知识通过组合形成新的显性知识；（3）显性知识转化为隐性知识，称为知识的内在化，主要通过人在工作中运用显性知识的体验来形成；（4）隐性知识转化为隐性知识（知识增值），称为知识的社会化，主要通过企业文化氛围和有效的知识传递环境来实现。

野中郁次郎还和赫德伦德（Hedlund）一起构建了一个更具体的模型，如图 11—19 所示。[②] 这个模型假设在组织中存在四个不同层次的知识"携带者"，分别是个人层次、群体层次、组织层次和跨组织层次（如重要顾客、供应商和竞争对手），每个层次携带的知识又按照可表述的知识和默示知识进行分类。

博伊索特（Boisot，1987）把组织中的知识按照可编码的和不可编码的、扩散的与不扩散的两个维度进行了分类，如图 11—20 所示。[③] 可编码的知识指容易转移、传递的知识如财务数据，而不可编码的知识指难以转移的知识如经验；扩散知识是容易共享的知识，而不扩散知识是不易共享的。如果知识既是可编码的又是不扩散的，那么就是产权知识，

① 野中郁次郎，竹内广隆．创造知识的公司：日本公司是如何建立创新动力学的．北京：科学技术部国际合作司，1999．

② HEDLUND，G.，NONAKA，I．Models of knowledge management in the West and Japan // LORANGE B. Implementing strategic processes，change，and cooperation．London：Macmillian，1993．

③ BOISOT M. Information and organizations：the manager as anthropologist．London：Fantana/Collis，1987．

	个人	群体	组织	跨组织
可表述的知识	知识累积	绩效分析的文件	组织章程	供应商的专利和工艺文件
默示知识	跨文化沟通技巧	团队协调	企业文化	顾客对产品的态度和期望

图 11—19　野中郁次郎和赫德伦德的知识管理模型

可编码	产权知识	公共知识
不可编码	个人知识	常识
	不扩散	扩散

图 11—20　博伊索特的知识管理模型

这部分知识可以传递，但必须有选择地限制在需要知道的一部分人范围内；不可编码且不扩散的知识属于个人知识；可编码和扩散的知识是公共知识；既不可编码又易扩散的知识是常识，这部分知识是通过一个缓慢的社会化过程建立的，包含制度和习俗。

博伊索特的分类和野中郁次郎的有相似之处，可编码知识和不可编码知识类似于显性知识与隐性知识。综观知识管理的研究文献，可以发现知识的这种二分法已被许多研究者接受并运用。关于知识的划分具有较大的启发性，既给知识管理提出了研究路线，也为以后的研究提出了挑战：如何实现组织内部的隐性知识和显性知识的相互转化。

2. 智力资本模型

由于知识管理与智力资本的密切关系，知识管理研究文献中有许多智力资本模型，其中最典型的就是斯堪的亚（Skandia）模型。作为第一个在年度报告中公布智力资本的公司，斯堪的亚公司的智力资本模型最早让人重视智力资本的存在。这个模型假设智力资本或知识管理可以分为两个大类：人力资本和结构资本或组织资本，如图 11—21 所示。这种模型方法假设知识可以通过科学方法进行度量并且资本化，这既是它的优点也是它的缺点：智力资本模型来自实践，从斯堪的亚模型到平衡计分卡都是在实践中运用并改进，其实践意义不容怀疑，但是该智力资本模型过于注重智力资本的测度，假设知识作为资产可以像其他有形资产一样，而忽视了知识的社会内容，试图用客观的方法去测度主观的因素，决定了其在本质上比较机械。

拉斯托基（Rastogi）反对把智力资本划分为若干组成部分，然后通过汇总各部分之和来评估智力资本。他认为智力资本的本质和逻辑是以快于竞争对手或产业变化节奏的速度，发展和组合以知识为基础的竞争优势以创造价值。① 一个企业为它的顾客创造有竞争力的价值的能力取决于企业有能力、有创造性和有知识的员工被激励后的协作努力，这些

① RASTOGI D. N. The nature and role of IC：rethinking the process and value creation and sustained enterprise growth . Journal of Intellectual Capital，2003，4（2）：227 - 248.

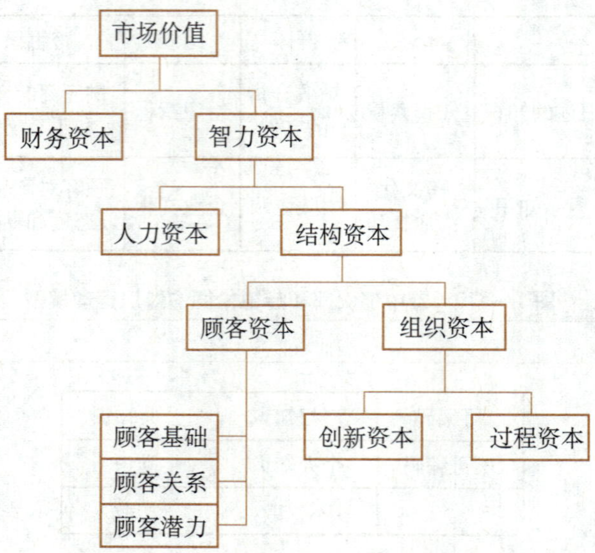

图 11—21 知识管理的智力资本模型（Skandia）

员工构成企业的人力资本（human capital）；员工的激励和协作与企业的社会资本（social capital）相关，社会资本包括共同的价值观、愿景、个人的使命感以及组织内部信任和关心的氛围。员工的技巧、能力、创造性和知识反过来又受企业创造、发展、共享、整合和使用知识资源的活动影响，这些活动构成企业的知识管理（knowledge management）。社会资本、人力资本和知识管理相互作用，共同形成了一个关系结构——知识管理关系结构（knowledge management nexus），这个结构中的任何一个组成部分发展较差，企业都不能持续地、有竞争力地创造价值。智力资本就是这三个部分相互作用的结果，其本质和效用与知识管理关系结构的质量密切相关，如图 11—22 所示。拉斯托基提出的知识管理关系结构模型强调了智力资本对企业价值创造的作用，提出了智力资本和知识管理关系的新观点，代表了目前对智力资本的一种看法，即智力资本不仅仅是组成部分加总之和，而是取决于各部分的相互作用。相比过去的智力资本模型，这个模型是有机的、动态的。

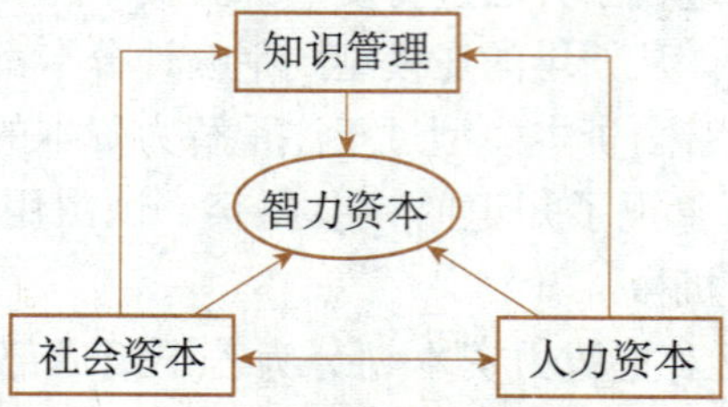

图 11—22 智力资本的产生过程

3. 创新导向的知识管理模型

童亮（2006）提出了复杂产品系统创新的知识管理模型，他认为，文化、基础设施（组织结构）和 IT 技术是影响复杂产品系统创新的主要因素，贯穿于整个知识管理的过程，从知识的获取到传播，再到利用等一系列知识管理的实践（见图 11—23）。在个体层次上，因为个体感知的特性，知识的获取和利用具有差异性，而且知识的获取更多的是需要专业化而不仅仅是知识的综合，因此当企业进行跨企业的复杂产品系统创新活动的时候，组织创造的内部环境决定了到底是鼓励还是降低知识应用及组合的程度。知识的获取在特殊的领域需要个体的专业化，而知识应用在不同的知识领域需要的是知识综合；同时，知识的来源和接收者的类型也是影响知识综合和传播的重要因素。

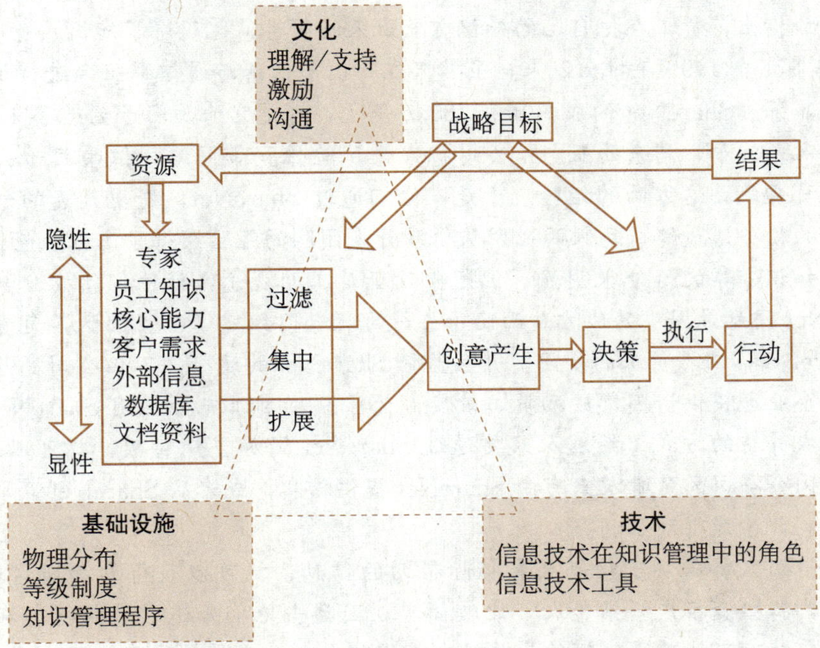

图 11—23　复杂产品系统创新的知识管理模型

资料来源：童亮．基于跨组织合作联结的复杂产品系统创新知识管理机制研究．杭州：浙江大学博士论文，2006.

西门子的知识管理

作为传统企业代表的西门子公司，多年以前就通过构建和利用适合自身发展的知识管理体系，达到了整体提升公司核心竞争力的目的。西门子的知识管理体系分为企业内外两个部分：外部主要涉及企业日常的对外活动、活动场所和活动主体，内部可以分为战略及评价、运作业务和支撑结构三大类。

具体包括制定将知识作为公司资产的商业战略，培育相互信赖的知识共享文化和知识型组织，建立知识市场，确定知识内容和结构，建立评估系统和模型，培养知识工人，凭借知识技术使新知识行为成为可能并驱动其产生。整个框架通过信息、最佳实践和研究、经验反馈等进行交流。西门子除了采用通信网络、文档管理、群件等常见技术外，最关键的是采用了门户技术。在一个集成的门户中，员工可以充分地交流和共享知识，并通过搜索获得所需的知识。

鉴于西门子公司在推行知识管理方面的卓著成效，美国生产力与质量中心连续两年将其评选为“最佳实践”代表。英特尔、飞利浦、福特汽车等世界级企业在推行知识管理时，都是以西门子为典范的。西门子认为，简单来说，知识管理就是集合众人的智能。西门子专门建立了 ShareNet 网站来负责公司的知识管理工作。负责 ShareNet 项目的领导人乔基姆·道龄指出，他的理念是，通过网络把遍布全球的 23 万名员工的知识集合起来，彼此互补，增强专业能力。ShareNet 包括聊天室、数据库和搜索引擎。员工可以在 ShareNet 上发布任何信息，如对成功项目的描述、PPT 的制作等，只要对他人有帮助皆可。通过 ShareNet，员工可以找到信息的提供者，通过电子邮件进一步交谈。道龄指出，员工在把自己的知识贡献出来的同时，也获得了知识。

ShareNet 自 1999 年推出以来，虽然只在西门子信息与通信事业部进行试验，但成效却相当显著。ShareNet 的成本只有 780 万美元，可是它为西门子创造了 1.22 亿美元的营业收入。例如，马来西亚电信公司拟架设试验性宽带网络，但西门子公司在当地的工作人员却缺乏这方面的经验。于是，他们通过 ShareNet，发现丹麦的一个团队承担过类似的任务。最终，马来西亚团队借助丹麦团队的经验获得了工程承包权。

尽管知识分享的好处很明显，但是要改变员工的观念，让他们愿意分享，却是推广 ShareNet 网站最困难的地方。西门子公司为此专门组建了项目团队，负责培训员工使用 ShareNet，回答员工的疑问，并且监督 ShareNet 的运行。不但公司高层管理者全力配合，企业也提供诱因，鼓励员工改变。为了鼓励员工充分利用 ShareNet，西门子采取了恩威并施的方式。经理人只要通过 ShareNet 增加了销售额，就可以获得红利。但是，各国分公司的负责人只有向 ShareNet 提供信息，或者从 ShareNet 获取资源，并因此而获利，才能得到红利。

一般员工只要提供了对他人有实际帮助的信息，就可以获得参加研讨会的机会。相对而言，将概念推广给销售人员比较简单，因为当他们知道通过获得远在他方的同事的经验，就有可能获得可观的收益时，他们就会加入。展望未来，还会向顾客开放，让顾客有机会与研发人员直接沟通，从而开发出更好的产品。员工的专业知识是企业最珍贵的资产。随着网络技术的日趋成熟，通过网络将员工的智能集合起来，将成为经理人责无旁贷的任务。

资料来源：陈劲，郑刚. 创新管理：赢得持续竞争优势. 北京：北京大学出版社，2009.

（五）知识管理的国际化——跨国公司的知识管理

跨国公司作为在全球范围内配置生产资源、寻求垄断优势的经济组织，在知识经济时代，其全球配置的重心、竞争优势的根本都已转向知识资本。在政治、经济与文化全球化的今天，跨国公司都把如何更好地全球化作为自己的经营战略。跨国公司竞争优势的获取必须通过在全球范围内识别、整合和创新知识，并在全球范围内运作和实施。

企业跨国经营的传统的运作模式仅从母国情况出发，对国内垄断知识进行单向的阶梯式的输出，这显然已不能满足新的竞争形势的需要。面对日益激烈的国际市场竞争，当代跨国公司的发展必须注重收集和获取散落在世界各个国家和地区的、掌握在不同国家和地区专家手中的知识，并在此基础上进行整合和创新，从而提供满足全球需要的产品和服务。

1. 跨国公司知识的分类

跨国公司在其成长过程中，积累了大量的国别性专有知识，这是单一民族企业所无法比拟的。根据知识作用客体的不同，可以将典型的生产制造行业跨国公司内部所拥有的知识分为三大类。

（1）操作性知识，是针对物质层面和单元（即个体）层面的知识，例如制造某一零件的技术和加工工艺、会计核算知识、人事部门对员工个体的评价等，它们是针对某一具体业务的。

（2）协调性知识，是针对行为层面的知识，用来协调两个或两个以上单元或个体（包括个人、团队、职能部门，子公司、母公司）之间的行为。例如，对小组内员工行为的协调、某一大型项目在不同研发单元之间的协调、全球生产单元之间的协调等所需的知识。

（3）理念性知识，是作用于人的精神层面的知识，是企业在处理人对物的关系中所形成的价值判断和倾向态度，如认为什么更重要，什么值得干，什么行为应受到容忍、支持或鼓励的知识。理念性知识的作用是对企业内外潜在的可用知识进行筛选和控制。例如，企业对自身与自然环境关系的认识、企业对创新失败的认识等都属于理念性知识。

从操作性知识到协调性知识，再到理念性知识，知识的复杂程度和隐性程度逐步提高，知识的可转移性则逐步降低。尤其是理念性知识，往往反映的是隐藏在企业行为背后的深层次的价值观和行为准则，因此，是跨国公司知识中隐性程度最高的部分。

2. 跨国公司知识管理的特点

跨国公司因其经营的特殊性，对知识管理的重要性理解更深，其知识管理相比一般的内向型企业，具有从战略性、全局性考虑知识资源充分利用的特色。跨国公司知识管理的特点可以概括为：

（1）将知识管理提升到战略的高度。跨国公司把知识管理作为公司战略的一部分，通过设立知识总监（CKO）职位，将知识管理纳入到整体的综合性战略计划之中，一般以制度化方式推行知识管理战略计划。

（2）力图使知识的转移达到最大化。跨国公司通过建立知识库，存储和整合获取的相关知识，并使员工容易从中获取。在跨国公司生产的产品和服务中，融入知识，以求缩短生产周期，降低成本。跨国公司一般依靠团队精神、客户关系和网络设施等达到知识的有效转移，并且采取多种鼓励手段促进知识转移活动。

（3）实行以客户为重点的知识战略。跨国公司在起始阶段就注重对客户端的知识管理，通过获取、开发和转移客户的内在需求、偏好和业务情况等方面的知识，提高企业的竞争能力。企业对客户了解得越多，就越能满足客户的需求。

（4）培育企业员工知识共享的文化。企业使每个员工认识到知识对他们工作的重要价值，使员工建立起对识别、保持和扩展自身知识，知识创新及知识共享的责任感。一些跨国公司把员工之间的知识共享与个人业绩评估体系结合起来。如惠普公司通过各种精神和物质激励手段鼓励员工积极将个人知识转化成企业共有知识，使隐性知识显性化，并将这种贡献融入到个人业绩评价中，形成惠普公司内部浓郁的共享氛围。惠普公司因此受益，其产品也得以不断推陈出新。

（5）强调从知识创新开始变革。企业的技术创新和知识创新是企业竞争优势的现实基础。不同的企业都有其不同的进入知识管理的初始领域，结合自己的经营管理状况开始变革是企业的最佳选择。如通用电气把电子商务引入业务领域，是希望通过电子商务带来的知识管理思想改造原来的各项业务模式，及时把握和参与这些变化，继续在“更快、更好地使客户满意”方面保持领先，从而保持企业发展的活力，巩固其领先地位。

3. 跨国公司知识管理的组成

对于跨国公司来说，其知识管理战略中最重要的三个环节是知识积累、知识转移与共享以及知识创新。其中，知识积累不断为跨国公司构建坚实的知识基础；知识转移与共享主要实现现有知识在更大范围内的运用，以发挥知识的乘数效应；知识创新是说跨国公司必须不断在现有知识上进行创新，才有可能保持持续的竞争优势。因此，可以将跨国公司知识管理分为以下三个子系统——知识积累战略、知识转移与共享战略和知识创新战略，三个子系统之间的关系如图 11—24 所示。

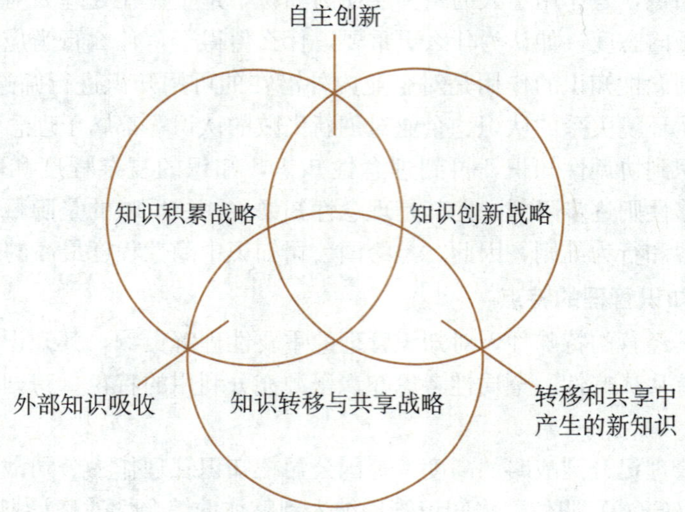

图 11—24　跨国公司知识管理子系统间的关系

任何企业包括跨国公司的知识积累过程都包含企业自主创新和外部知识吸收两部分，企业成长的过程就是一个不断将自身创造的知识与从外部吸收的知识相结合的过程，从而使企业的知识基础不断扩大。对外部知识的吸收离不开知识的转移与共享。因此，知识积累和知识创新、知识转移与共享是重叠的。

（1）子系统之一：跨国公司的知识积累。

21 世纪的企业竞争归根结底是创新能力的竞争，而创新能力的高低取决于企业现有知识存量的水平以及学习创造新知识的能力。

跨国公司的知识积累过程具有如下特点：1）历史长。许多跨国公司的历史超过百年，如通用电气公司，技术和经验的积累极为丰富。2）范围广。跨国公司在全球范围经营，随之而来的是全球范围的技术知识和管理经验的积累。3）速度快。跨国公司可以在全球范围内招聘和选拔最优秀的职业经理人和员工。

跨国公司在知识积累方面的主要实现方式有：

第一，设置专门的知识管理机构和高层知识管理职位。例如，日本公司一般设置知识产权部，下辖专利部、商品产权部等。英国公司一般设立法务部，下设知识产权组。在这些知识管理机构中设立知识主管、知识工程师、知识产权主任等。据统计，1997 年《财富》1 000 强中 40%的企业设立了知识主管，即 CKO（chief knowledge officer），也称首席知识官、知识总监。CKO 的主要任务是将公司的知识转化为公司的效益，其主要职责如下：建立和造就一个能够促进学习、积累知识和信息共享的环境；监督和保证知识库内容的质量、深度、风格，并及时更新；保证知识库设施的正常运行；加强知识的集成和创新。

第二，全球性的知识搜集系统。跨国公司通过其分支机构（如制造工厂、研发机构），将当地用户的需求变化、竞争对手的产品和战略信息等及时反馈给母公司，成为跨国公司的知识源。比如，自 1982 年以来，通用电气公司的投诉中心一直用数据库方式收集客户意见，并已将 1.5 亿个可能发生的问题及其解决办法输入该系统。

第三，建立并逐步完善企业的知识库。利用互联网技术和现有的知识管理软件，企业可以方便地建立内部知识库，为显性知识的积累、筛选、分类、整理以及实时的数据交换和更新提供物质基础。目前许多大型跨国公司都建有自己的知识库，并赋予员工不同的访问权限，一方面保证员工可以很容易地接触到与自己工作紧密相关的知识；另一方面也较好地保护了企业的知识产权。例如，施乐公司专门建立了名为“知识地平线”的内部网络，基于该内部网络的知识库包含：公司的人力资源状况；公司内每个职位需要的技能和评价方法；公司内各部门、各地分公司（或子公司）的内部资料；公司的所有客户信息；公司的主要竞争对手和合作伙伴的详细资料等。

第四，完善员工的教育和培训体系。大型跨国公司在员工教育和培训方面有许多可供借鉴之处，它们经常会选送一些员工去大学或科研机构进行深造，甚至自己开办大学。位于纽约哈得逊河谷的克劳顿韦尔管理学院被人们称为通用电气智慧的发动机，传播通用电气核心理念的催化剂。《财富》杂志称之为“美国公司中的哈佛”。通用电气的前 CEO 杰克·韦尔奇一个月访问克劳顿韦尔两次，一年大约与公司的 1 000 个管理者谈话。摩托罗拉公司创办的大学是美国企业大学中最好的一所，它拥有 400 多名专职教师和 800 多名兼职教师，每年培训 10 万多名学生。欧洲著名的国际管理学院和企业管理方法学院最初就是分别由雀巢公司和埃尔肯公司建立的。而通用电气公司、惠普公司则专门委托美国国立技术大学和英国开放大学通过卫星向分布在全球的职员提供终身教育。SUN 公司利用其内部网络建立了名为 SUN TAN 的知识管理培训系统，可以向分布在世界各地的员工提供远程教学和信息服务，员工可以随时随地根据自己的需要上网进行学习。

跨国公司在其经营过程中，不断积累操作性和协调性知识，并将它们标准化，形成人们利用知识、发现知识的能力，获得理念性知识的积累。

（2）子系统之二：跨国公司的知识转移与共享。

知识的转移是有成本的，知识的隐性程度与转移的难度和成本成正相关关系。现实中，麦当劳等跨国公司能够快速扩张，说明相对于一般企业而言，跨国公司母子公司之间的知识的确以一种高效率、低成本的形式在流动。

首先，跨国公司母子公司之间特殊的股权和非股权的联结方式，保证了母公司对子公司强有力的控制，在这种强有力的控制之下，母公司的战略意图自然容易贯彻。

其次，跨国公司完善的选聘和培训制度保证了跨国公司海外子公司的总经理等高层管理人员多数是由母公司委派，即使是在东道国或第三国选聘，也必须到公司总部接受严格的培训，以保证充分代表母公司的意图。

再次，跨国公司总部大多位于发达国家，它们希望通过知识的再利用创造更多财富，同时发展中国家为了自身经济的发展，会采取各种优惠措施吸引外来投资，这就为跨国公司的对外直接投资提供了机会，也为知识的流动和转移提供了可能。

最后，竞争对手、目标地区也同本组织产生信息流动。在竞争性市场中，竞争对手的行为无疑影响了公司的决策。公司可以通过学习、模仿或与竞争对手建立网络关系获得有用的知识。而组织与区位间的知识流动包括分支机构的学习、当地能力和资源的利用，其实现依赖企业对信息的评估、过滤、选择以及吸收能力的提高。企业通过国际扩张可以接近当地群落和商业网络，获得企业集聚的好处。

知识的类型不同，其流动、共享的方式和难易程度也不同。符号化知识的流动和共享，可以通过手册、知识库以及互联网等形式完成。可交流知识常常通过员工讨论（面对面或网上讨论）实现共享，接受者的掌握程度依赖于其自身的知识背景和理解能力。而隐性知识是最不容易转移和共享的，一般要通过观察或亲身体验来找出最佳操作方法。

跨国公司由于母公司和各个子公司相距遥远，员工的社会文化背景千差万别，经营环境的差别很大，因而相对于单一民族企业而言，知识的复杂程度和模糊程度都更深。另外，当意识到他所拥有的专门知识可能为他带来特殊利益时，人们往往不愿意与他人分享，这就需要建立有效的知识共享激励机制，倡导并培育“知识需要者、提供者的共同体”。比如，可以用员工在某段时间内与本领域同事、同行、专家交流的频度来评价其与他人共享知识的主动程度；要对将专有知识与他人共享的员工进行相应补偿，因为专有知识的取得往往需要付出巨大努力，等等。

对于跨国公司的知识共享机制，除了一般的人员轮岗、内部知识库等方法，针对跨国公司跨文化、跨体制和跨地区经营的实际，以下方法的采用更显重要。

1）创造性的共享。知识共享的目的是知识的再利用，而特定的知识往往是在特定的环境中产生的，知识的有效性也往往是和特定的背景紧密相连的，因此在企业的知识库中，一定要将知识产生的背景纳入其中，防止在实际运用已有知识的时候生搬硬套。这一点对于跨国公司尤其重要，因为各子公司经营所处的政治、经济环境，面对的消费者和市场的成熟度可能大不相同，所以必须在其他子公司成功经验的基础上加以改造和改进，以适应本地的要求。

2）实践社区的运用。针对跨国公司知识的分散性，其内部某一领域的专家如能通过电子邮件和视频会议等手段加强沟通，对于疑难问题的解决、新知识的创造将是十分有益的。一个来自惠普公司的实例是，惠普公司有一个由北美地区的产品交付顾问组成的实践社区，每月通过电话会议交流。社区主要关注一种名为高可用性的软件产品，该软件可以将客户的电脑故障时间缩至最短。社区不仅帮助他们解决了沟通不畅的问题，而且成员发现他们有许多共同的问题，互相能学到很多东西。

3）对员工进行多文化背景的培训。针对跨国公司知识的模糊性，一方面可以采取统一的知识交流工作语言，另一方面可以加强多文化背景的培训，以提高员工对外来知识的理解程度。

4）内部组织结构的扁平化、网络化。跨国公司经过多年的经营，其组织结构往往很庞大，如不进行组织结构的扁平化、网络化，会导致组织的协调成本过高。组织结构的扁平化可以通过减少信息传输的环节来减少信息的失真和时滞。

（3）子系统之三：跨国公司的知识创新。

跨国公司知识创新机制的具体实现方式有：

1）建立鼓励知识创新的企业环境。最重要的是，建立创新失败宽容机制。这是因为人们对于风险的好恶不同，风险喜好型自然会对创新比较热衷，而风险厌恶型则会回避创新。回避创新的主要原因是害怕失败，为了让所有的员工都能创新，就必须建立创新失败宽容机制。韦尔奇曾经以“有想法的人就是英雄”来鼓励创新，通用电气的创始人爱迪生于 1931 年去世时，共获得 1 093 项专利，此后的数十年中，通用电气将此记录扩大到了 6 万多项，其中约 1.6 万项至今仍有效。

2）明确企业的知识需求。一方面，明确企业对员工的知识需求，使员工的学习和知识创新活动更有针对性和目的性。随时把握顾客对企业所提供产品和服务的需求，跨国公司经营的跨文化、跨体制和跨地区特点，促使其更深入地了解不同国家和地区的顾客在特定的价值观、文化和支付能力的前提下对公司产品和服务的需求，这些高度差异化、个性化的需求正是跨国公司不断进行创新的强大动力。

3）研发全球化。随着经济全球化和一体化的发展，大型跨国公司为适应其全球战略，越来越多地由原来集中化的研发体系向全球一体化的研发体系转变，以便利用分布于全球的有价值的科研技术成果和人才。

（六）Web 2.0 下的知识管理

互联网信息最初是以静态 HTML 形式存在的，后来为了便于信息的发布、组织与用户的交互，采用了动态 HTML 形式，也就是通过各种 CGI 程序来发布。动态网页依靠技术手段从服务器的数据库中取出数据，再结合既定的格式以 HTML 形式呈现在用户浏览器中，它的出现带来了互联网信息组织方法的一次革命。但这两种方式都有一个共同点：主要信息存储在服务器上集中提供给使用者，不同用户的信息使用模式主要取决于所提供的信息，缺乏创造性和真正的信息个性化。这个阶段的互联网称为 Web 1.0。

Web 2.0 概念的提出改变了这种状况。它是一次从核心内容到外部应用的革命，使用并不具有革命性的技术手段来承载革命性的信息传播方式，内容更丰富、联系性更强、工具性更强。在 Web 2.0 环境下，信息不仅“可读”，而且“可写”和“可交互”。作为网络用户，对信息有完全的自我主动权，个体是信息的生产制造者，同时管理信息，和信息使用者进行交互。作为互联网发展的一个阶段，Web 2.0 由区别于服务器信息推送的不同应用组成，比较典型的有 Blog（博客）、Wiki（维基）、Tag（互动标签）、SNS（社交网络服务）、RSS（联合组织规范技术）等应用。①

1. Web 2.0 在信息传播思想上的革新

将六度关系理论应用于信息传播。20 世纪 60 年代由美国的心理学家米格兰姆提出的“六度关系”理论认为，最多通过 6 个人，你就能够认识任何一个陌生人。这一理论在一般情形下都存在，成为人际关系世界中无可否认而又令人震惊的特征。人们在社会中联系的普遍性是很难想象的。研究发现，世界上许多其他的网络和人际关系网络有极相似的结构。比如，人际网络和互联网的架构几乎完全一样。通过超文本链接的网络、经济活动中的商业联系网络、生态系统中的食物链，甚至人类脑神经元以及细胞内的分子交互作用网络，有着完全相同的组织结构。六度关系理论应用于信息传播是通过“社会性软件”（social software）的方式实现的。这些软件支持人们建立更加互信和紧密的社会关联。比如，Web 2.0 的典型应用 Blog 就是其中一种。因为 Blog 写作所需要的个性和延续性，Blogger 圈这种典型的物以类聚的生态形式，已越来越像真实生活中的人际圈。

---

① 朱德利. 基于 Web 2.0 信息传播思想的知识管理策略. 情报方法，2006（6）.

社会性软件的核心思想其实是一种聚合产生的效应。人、社会、商业都有无数种排列组合的方式，如果没有信息手段聚合在一起，就很容易损耗掉。Web 1.0将文本、图形聚合在一起，使互联网真正走向应用；Web 2.0通过“六度关系”产生的聚合，将产生一个可信任的网络，避免了互联网的虚拟性，使信息与人的联系更加可靠、切合实际。

Web 2.0将六度关系理论应用于信息的传播，强调通过个人与个人的交流促进信息本身的交流，这一思想在促进Web 2.0的几种形式的信息交流中起到了巨大的作用。

信息传播以微内容为基础。微内容（micro content）是将信息传播对象分解成很小的单位，类似于信息管理领域研究的数据元、信息元、知识元。对微内容的重新发现和利用，是互联网所开创的平等、民主、自由风气的自然衍生，也是互联网相关技术削减信息管理成本之后的一项成果。每一个个性网络用户每天都生产众多的微内容，也消费着同样多的微内容。Web 2.0信息传播的主要任务就是要解决帮助用户管理、维护、存储、分享、转移微内容的问题。

大众信息传播着眼于用户个体。集中服务、用户分散浏览的传统方式只注重信息的提供，各种服务是分散的，更缺少用户的参与性和创造性。Web 2.0形式的信息传播特别重视个性化用户，而不是笼统的用户概念，同时，通过技术手段使网络服务可以互相集成，从而诞生更多新的服务，可以说是一种“去中心化”的互联网。

Web 2.0强调信息需求的个性化。信息的发布不再是从速度和数量来堆砌，而是通过Tag和RSS对内容进行筛选和分类，最终使用户得到最个性化的信息服务。用户的体验和感觉成为影响信息传播效果的关键因素。

Web 2.0注重信息交流的双向性。由于网络是可读写的，用户的信息反馈可以随时进行，信息源同时也可以随时更新信息，这是一种真正的双通道交流模式。

正是着眼于用户个体，Web 2.0给用户提供了一个用于微内容的收集、创建、发布、管理、分享、合作、维护等的平台，强调开源、参与、个人价值与合作。当越来越多的互联网应用采取与用户互动的方式，越来越多的内容由用户产生，越来越多的用户参与到互联网创造的过程中的时候，互联网的内容和形式就由量变开始发生了质变。

Web 2.0将六度关系理论应用于信息传播表明，知识管理应该注重人的社会关系，通过改善知识管理环境、加强员工的互动性来提高知识管理水平；Web 2.0信息传播以微内容为基础提醒我们，知识管理是一个动态的过程，以知识共享为核心，就要对知识的内涵进行认真细致的分解，以消除由于知识的默会性和产生梯度引起的障碍；Web 2.0的大众信息传播着眼于用户个体的特点表明，知识管理重视个体信息交流必须落到实处，要为此建立一个开发的信息交流平台，并以用户需求为导向，将个体交流的信息内容进行整合。

从技术上看，Web 2.0的Blog激发了个人的创作力，Tag分类技术体现了以人为本的个人特色又不失社会性网络应用，SNS激发了用户的自我操作和相互交流能力。这些功能若用到知识管理中，则对解决隐性知识向显性知识的转化是很有帮助的。

2. 基于Web 2.0的知识管理框架

建立一个知识管理系统的时候，必须考虑基础、条件、环境三个因素。在设计基于Web 2.0的知识管理框架的时候，对这三个问题是这样考虑的：在分析信息技术、人和信息资源的属性的基础上构建Web 2.0技术平台，作为知识管理的基础设施，鼓励人与人之间在这个平台上的合作和交流。

在企业进行知识管理过程中，以本平台系统作为知识集约、应用、交流、创新的空间；设计好针对组织实际情况的知识组织和表现方式，提高知识的可见度。这是要达到知识管理效果的必要条件。这种知识组织和表现的方式必须能够识别企业的关键知识，将其标识在企业的知识地图上，通过知识地图、黄页和超文本来展示知识在组织中的价值并且可以编码后存储于知识库中。

以此为前提再给用户提供易于使用的功能强大的搜索引擎，实现知识方便地共享。要形成利于知识共享的氛围和环境，就要通过鼓励知识共享，主动发现和贡献知识，建立尊重知识的文化，创新组织管理的结构和方式，建立富有弹性的网络化组织。这是关系到知识管理成败的关键。具有以知识为导向的企业文化，才能够自然而然地共享知识；具有一个优秀的团队，才能促进显性知识与隐性知识的充分互相转化，拓宽知识创新的空间；具有富有弹性的网络化组织，才能充分发挥人的主动性和创造性，减少知识传递的时间与空间。

知识管理过程不仅仅是一个基于 Web 2.0 的 IT 项目，也不仅仅是业务流程重组，而是和各种因素联系在一起的系统工程，图 11—25 为基于 Web 2.0 的知识管理框架。

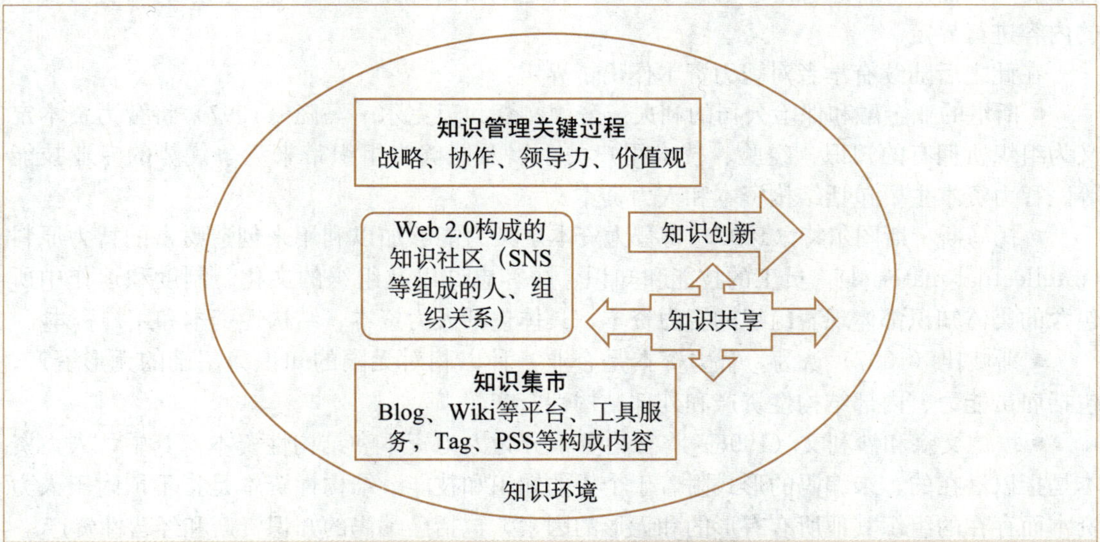

图 11—25　Web 2.0 下的知识管理框架

如图 11—25 所示，该框架结合以上对知识管理三大要素的考虑，突出了知识社区、知识集市、知识环境和知识管理关键过程四个方面。

通过 Web 2.0 的社会性网络系统 SNS 和六度关系理论构成的知识社区，可以使组织中各个领域的知识通过社区交流得到共享，使员工对业务的相关主题进行经验交流，充分利用已有的成功经验。这种体验型知识交流方式让用户在分享知识的同时，也成为知识分享的受益者。

知识集市由 Web 2.0 常用的系统 Blog，Wiki 等构成其平台、交流工具和服务方式，由 Tag，RSS 构成其内容组织方式，以提高知识的可见度，同时利于检索。如果说知识社区建立了人和人、人和组织以及组织和组织之间的联系，知识集市则提供了有关知识的关系。Web 2.0 的技术和思想保证所有员工能够访问最佳实践资源。

知识环境主要是在环境方面对组织知识管理提供支持，即需要在组织战略及价值观等方面来推进知识管理在企业的实施，在组织中形成知识交流的气氛和知识共享的文化，使员工能够有效地进行“干中学”“分布学习”以及“虚拟团队学习”。

知识管理关键过程包括战略、协作、领导力、价值观等，它主要由一些管理因素构成，可以使企业在知识共享、知识应用、知识创新等方面均上一个新台阶。

（七）智力资本管理

智力资本随着知识经济的不断发展日益显示其重要性，从经济时代的变迁看，其重要性更为显著，也显示着从对人的体力的关注到对物的关注又回归到对人自身的关注，即对人的智力（或脑力）的关注。本书认为，如果说知识管理是从微观视角探讨组织实现知识增值的过程，那么智力资本管理就是基于中观视角的思想和实践。智力资本管理更注重从人的角度对知识创造、共享、利用和更新进行研究，而知识管理则偏重于技术层面的研究。

1. 智力资本的基本概念

最早提出智力资本概念的是美国经济学家加尔布雷斯，他在 1964 年写给波兰经济学家米哈尔·卡莱茨基的信中提到了智力资本的概念。他认为智力资本不仅仅是一种静态的无形资产，而是一种思想形态的过程，是一种达到目的的方法。不过，他没有对智力资本的内容进行界定。

在此之后陆续有学者对智力资本作出了界定：

● 斯堪的亚金融和保险公司的利夫·爱德文森和迈克尔·马隆（1997）将智力资本定义为组织所拥有的知识、经验、技术用户关系以及能够为组织带来竞争优势的专业技能等。智力资本主要包括结构资本和人力资本。

● 托马斯·斯图尔特（1997）将智力资本定义为能够加以利用来创造财富的智力原料（intellectual material），员工的技能和知识、顾客忠诚以及组织的文化、制度和运作中所包含的集体知识都体现着组织的智力资本，具体包括人力资本、结构性资本和用户资本。

● 斯威比（1997）认为，智力资本是企业一种以相对无限的知识为基础的无形资产，包括雇员能力、内部结构性资产和外部结构性资产。

● 埃德文森和沙利文（1996）将智力资本分为人力资本和结构性资本。其中，人力资本是指以潜在的、未编码的形式附着于个人的知识和技能；结构性资本是指不依附于人力资本而存在的组织其他所有有形的和无形的因素，包括已编码的知识资产和经营性资产。

● 安妮布鲁金（1998）把公司得以运行的所有无形资产都称为智力资本，包括市场资产、知识产权资产、人才资产和基础结构资产。

由图 11—26 可知，智力资本的概念框架主要包括三个方面的内容：一是体现在员工身上的知识、技能和能力，即人力资本；二是强调体现在组织结构、规章制度、组织文化、营销渠道、市场或客户数据库中的结构性资本；三是体现在品牌、企业信誉、用户满意度、知识产权、商业秘密中的绩效型资本。

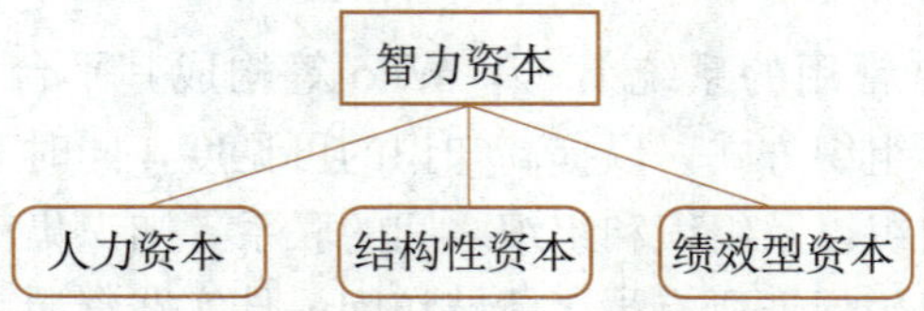

图 11—26 智力资本的内容

2. 智力资本的特征

智力资本具有学习性、抽象性、高增值性和不稳定性四个特征。

学习性是指组织中的智力资本通过人与组织、人与人、人与外部相关主体以及组织与外部相关主体之间具有相互学习的特征，表现为人的主观能动性。

抽象性是指组织中的智力资本看不见摸不着，它本身没有物质实体，但人们能够察觉到智力资本的客观存在，智力资本只是组织中某种创值特权的象征。

高增值性是指智力资本在价值创造中的巨大作用是物质资本无可匹敌的。其一，一个管理有效的组织其智力资本由于学习性特征而使其本身价值不断积累；其二，组织中不断累积的智力资本价值创造轨迹持续演进。与之相反，任何物质资本一旦投入生产经营过程便会逐渐磨损，随着价值转移而消耗殆尽。智力资本则在生产经营过程中可以不断地挖掘、创新和无限期传递与放大，从而创造出“超额剩余价值”。

不稳定性是指在一定时期内，智力资本本身的价值不是一个相对恒定量。作为其构成要素的人力资本、结构性资本和绩效型资本都具有高度的不确定性，智力资本本身价值的不稳定性会引起价值创造的不确定性。由此可知，维护和增值智力资本是十分重要的。

3. 智力资本管理的一般框架

基于智力资本的内容，我们可以从四个方面构建智力资本管理的框架，如图 11—27 所示。

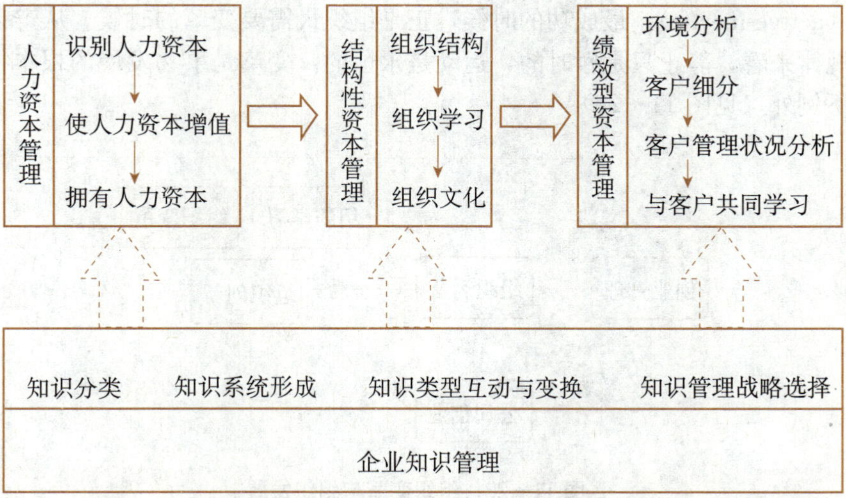

图 11—27 智力资本管理的基本框架

资料来源：袁庆宏．企业智力资本管理．北京：经济管理出版社，2001.

（1）人力资本管理。人力资本管理是对智力资本生成源泉的管理，它的基本思路是：人力资本价值的识别—人力资本价值的增值—人力资本价值的拥有。可见，人力资本管理的思路和过程与人力资源管理是一致的，而人本管理则是人力资本管理的要求和结果。

组织应该建立以人力资本管理为中心的“一体两翼”智力资本管理模式。在智力资本管理体系中，应当突出人力资本管理的战略地位，知识管理与人力资本管理合为一体构成智力资本的主干内容，结构性资本和绩效型资本被视作这一体系中的两翼，形成突出重点、整体协调的“一体两翼”管理模式。

（2）结构性资本管理。它是创建鼓励智力资本运行的组织环境，或者说为智力资本增值提供组织支持。其思路是：组织结构—组织学习—组织文化。

（3）绩效型资本管理。绩效型资本管理是实现智力资本的市场价值的关键。其基本思路是：环境分析—客户细分—客户管理状况分析—与客户共同学习。

（4）企业知识管理。知识管理是推动智力资本增值的杠杆。与智力资本管理的中观视角相比，知识管理基于微观视角。其基本思路是：知识分类—知识系统形成—知识类型互动与变换—知识管理战略选择。

此外，组织应该设立企业知识主管。知识主管是整个企业智力资本管理的决策者，其基本职责包括制定企业的知识管理发展战略，沟通企业内外知识提供者之间的联系，负责企业智力资源的分配，设计和构建企业智力资本管理的基础设施，管理企业内部的知识管理者，即知识分析者、知识工程师、知识干事等智力资本的中层管理者。设立知识主管专门职位能够从组织上保证智力资本管理的规范化和科学化。必须指出，设立知识主管之后，务必协调好知识主管与相关职能部门之间的业务关系，厘清权责，避免相互掣肘。

第3节　组织变革

在《成功不坠》一书中，唐纳·萨尔（Donald Sull）指出，组织必须打破日积月累的行动惯性（active inertia）。最成功的时候，正是组织最需要变革的时候。从辩证法揭示的事物发展规律来看，静止只是暂时的，运动是永恒的。变革是事物发展的根本特征，对组织来说也不例外（见图 11—28）。

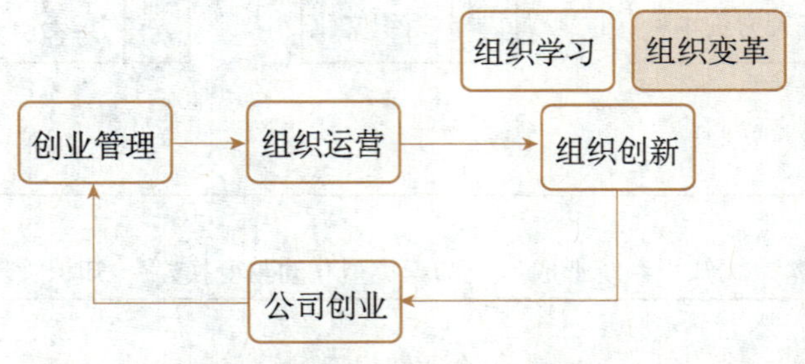

图 11—28　组织变革与组织发展

当今的环境完全不同于以往，顾客需求不断多样化，产品生命周期不断缩短，技术发展不断加速，唯一保持不变的就是变化。快速的变化已经成为组织生存环境的最主要特征。组织的成功取决于其与环境的匹配性，因此组织也需要随环境一起进行变化。如果把组织的小幅变化称为组织学习和发展的话，那么组织变革就是剧烈的改变。

一、组织变革的定义和本质

组织变革（organization change）是指组织打破以往的模式，而采用新的理念、结构以及文化等。组织变革必须是彻底改变组织文化以及员工素质、思维和行为模式等，通过不断更新来提升组织绩效。需要特别指出的是，组织变革与一般的组织改善不同，改善只是部分、小幅的改变，以积少成多的方式提升绩效，而变革则是更大范围和幅度的改变。

在组织变革的过程中，应该注意两个方面的问题：第一，在战略上，是否有明确的变革理念与发展规划；第二，在资源管理上，如何对各种资源善加运用以减小变革阻力、提升竞争力。①

具体来说，组织的变革过程主要包括员工、结构、流程、文化和技术等五个方面，广义的组织变革还将组织战略包括在内。②

员工是组织的主体，也是推动组织变革的主体，但是在很多情况下，组织成员也会成为组织变革的阻力。比如要对组织进行“瘦身”，就意味着必须裁减很多岗位，辞退很多冗余的员工，此时大部分员工就会成为阻力。

文化是变革的对象，同时又是变革的条件。组织变革往往需要对文化进行变革，而文化的成功变革又可以推动其他方面的变革。文化是一种隐含的、“刚性的”组织特性，想要对其进行变革是非常困难的，正所谓“江山易改，禀性难移”。但是一旦攻破文化堡垒，组织变革就可以顺水推舟了。

结构和流程是组织变革中另外两个比较重要的方面。20 世纪 80 年代以前，人们更多地关注组织结构（明茨伯格提出的机械式组织、有机组织、创新组织、创业组织和愿景组织等）；80 年代中后期，迈克尔·哈默提出了流程再造的概念，后人将其不断系统化发展，于是流程变革成为组织变革的核心内容。

技术也是组织实现其变革的关键一环。现代的组织变革往往需要一定的技术体系来支持。在科技高速发展的今天，组织想要实现竞争优势，就必须采用新的技术和设备，实现更高水平的自动化、智能化和信息化。

二、组织变革的原因

组织以往的成功经验并不能够保证其未来的可持续发展，组织变革已经成为组织不得不采取的措施。推动组织变革的因素来自组织的外部或者内部。它们对组织造成了某种程度的冲击，带来了机会与威胁。下面就从外部因素、内部因素和内外力互动三个方面来分析组织变革的推动力。

（一）外部的变革因素

组织变革的主要推动力是外部环境变化的冲击。组织需要通过一定的变革来适应外部环境的变化。外部的变革因素主要有市场的变化、社会与政治的变化以及技术的变化等三个方面。

1. 市场的变化

市场的变化将会促使组织改变其策略、产品属性以适应市场需求，同时必须与顾客、供应商、合作伙伴建立新的关系结构和交易流程。当一种新兴产业或者新的营销方式出现的时候，会对现有的产业产生影响。例如，阿里巴巴 B2B 电子商务平台出现之后，对整个国际贸易方式进行了颠覆。很多出口导向型的中小企业纷纷通过阿里巴巴进行国际贸易，

① 台湾中山大学企业管理系．管理学：整合观点与创新思维．台北：前程企业管理有限公司，2005.

② 许庆瑞．管理学．2 版．北京：高等教育出版社，2005.

这就需要设立专门的人员负责进行网络订单处理、客户管理等。

2. 社会与政治的变化

组织需要遵守所在地区的政策法规，当政府有新的政策和法规出台时，就可能推动组织的变革来与之适应。例如，我国为了建设自主创新型国家，推出了一系列优惠政策来推动产业结构升级和企业的自主创新。这些政策推出后，很多企业都积极地进行组织调整，增加对研发的投入，增招优秀的研发人才，提高研发部门的地位等。

3. 技术的变化

技术进步推动着企业加速运用高科技来提升竞争力。技术进步是推动企业组织变革的巨大动力。ERP，MRP 等的兴起推动了组织的流程再造，使组织资源的管理模式发生了天翻地覆的变化。

（二）内部的变革因素

除了上述外部环境因素之外，组织内部的某些因素也会影响组织的变革，主要是领导层的变更、沟通机制的改变等。

1. 领导层的变更

组织领导层的变革往往会带来新的发展思路和政策，从而带来战略的变化和组织结构的调整。相对保守的领导者往往会注意对已有技术、产品的进一步优化，倡导开发式学习；如果组织的新任领导具有极强的开拓精神，就会更加关注对未来新技术、新产品的开发，鼓励探索式学习，从而对原有组织进行变革。

2. 沟通机制的改变

组织内部的沟通机制发生变化，也会引起相应的组织变革来适应。很多组织开始在内部构建局域网络，高层领导与基层员工就可以直接沟通，那么此时中层管理者作为“上情下达，下情上达”的沟通桥梁功能就会逐渐削弱，组织进行扁平化变革就成为必然。

（三）内外力互动的动态结果

组织变革是内外部环境相互作用的动态结果。外部环境因素是在不断变化的，变革过程蕴涵于环境的变革之中，并随时间与环境共同演化（co-evolution）。也就是说，组织变革发生于组织与环境的相互作用过程中。

组织与环境的互动性表现在很多方面。国家各种政策的制定需要对各种微观组织情况进行有效的分析，即环境受组织的影响；反过来，国家的制度、条例和法规等将影响到组织的发展与变革，即环境影响组织。在组织与环境的互动变革过程中，组织的洞察力、吸收能力和反馈能力起着重要的作用，有助于组织适应环境变化，形成和完善自身的变革与创新过程。

三、组织变革的管理

在了解组织变革的本质及其原因后，管理者需要考虑的是如何有效地管理变革。一方面，组织变革必须选择适当的变革模式，制定周详的计划落实执行；另一方面，组织变革必须适应内外部环境的变化，要考虑所有利益相关者对待变革的态度，尽量减少阻力。

（一）组织变革的模式

在进行组织变革的过程中，需要保证变革的模式及其实施与组织的特点相适应。虽然组织变革就是大幅改变，但是在组织变革过程中不可以冒进，而应该循序渐进地逐步进行，否则可能会前功尽弃。以下列举几种典型的组织变革模型。

1. Lewin 模型

组织变革的最经典模型来自堪称“变革理论之父”的勒温（Lewin）。勒温认为，组织变革就是改变维持组织系统稳定的力量，构建新的平衡。组织在变革过程中会受到两种力量的作用：维持原状的力量（restraining forces），即组织变革的阻力；促进组织变革的力量（driving force），即组织变革的动力。如果阻力大于或者等于动力，那么组织变革将难以取得进展。此时，就必须采取措施削弱阻力或增强动力，才能推动组织变革顺利开展。勒温的变革理论将组织变革分为三个阶段，也就是著名的勒温三阶段模型——解冻、改变和再冻。

（1）解冻（unfreezing）。任何组织都会对变革产生一定程度的消极和阻碍，因此在实施变革之前，必须消除维持原状的力量，刺激组织成员改变原来的态度、行为。一般可以通过刺激性的主题或者事件，使组织成员了解变革的情况和必要性。这个阶段就好像冰块的融化过程，因此称为解冻过程。

（2）改变（changing）。按照组织变革的计划，开展相应的具体变革行动（如组织结构的扁平化、组织文化的创新化），这是组织变革的实质性阶段。为了防止变革过于激进，往往将此阶段分为试验和推广两个步骤。在全面实施变革计划之前，在小范围内进行尝试，以便总结经验。这个过程就相当于把融化的冰水倒入预设的模子里，称为改变阶段。

（3）再冻（refreezing）。实施变革行动并不意味着变革的完成，还需要进一步强化组织的新结构、新流程或者新文化，并使之内化稳固。这个过程就相当于把模子里面的水再冻成冰，称为再冻阶段。

2. Leavitt 模型

组织变革领域另一个著名的模型是由学者李维特（Leavitt）提出的，如图 11—29 所示。李维特把组织变革分为三个不同方面——结构、技术和行为。这三种方面是相互依赖、相互作用的，其中任何一方面变革都可能引起其他的变革。

（1）结构。根据外部环境，对组织的战略、结构、制度规范等进行变革。

（2）技术。对组织流程进行再造。

（3）行为。对考评、激励以及训练等的改变，主要是组织行为方面。

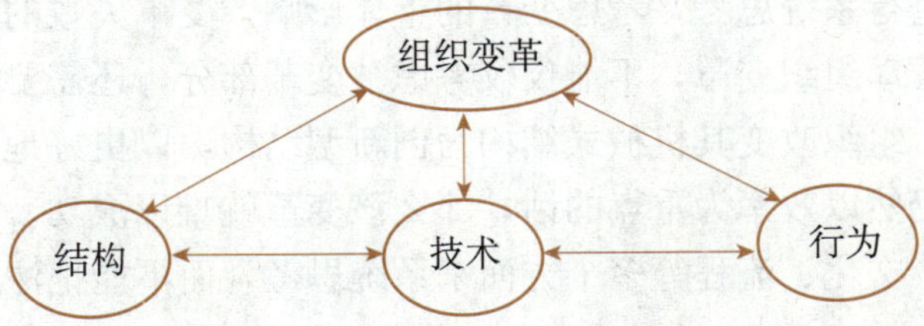

图 11—29 Leavitt 组织变革模型

（二）组织变革的阻力

组织变革的失败往往是由于内部的变革阻力（即勒温所说的维持原状的力量）过强，因此就需要了解变革阻力的可能来源。在变革过程中，组织会遇到来自各个方面的阻碍力量。组织一旦构建完成，就会形成一种使人们抗拒变革的惰性，而且变革往往给组织成员带来威胁。人们抗拒变革的原因有很多，下面主要从组织成员、组织层次和外部环境三个方面来阐述。

1. 组织成员的阻力

组织成员对变革的阻力主要是担心变革的不确定性和既得利益的损失。变革就是用不确定性代替以前的确定性。例如，管理者会担心学不会六西格玛而产生抵触情绪。变革往往会对部分员工造成一定的利益损失。例如，管理信息系统的应用使管理层级减少，中层管理者被削减。

2. 组织层次的阻力

组织层次的阻力包括现行组织结构的束缚、组织运营的惯性以及追求稳定、保守型风险规避的组织文化等。这些都是可能影响和制约变革的因素。此外，组织内部各部门之间存在着一定程度的相互依赖关系，这也会影响变革的顺利进行。[①]

3. 外部环境的阻力

组织的外部环境条件也可能成为组织变革的阻力来源。社会对变革发动者的态度及相关的舆论，以及整个社会或民族的文化特征，都是影响企业组织变革成败的重要力量。此外，充分竞争的市场会推动组织变革，而缺乏竞争性（垄断程度高）的市场往往会造成组织的安逸心态，束缚组织变革的进程。

（三）组织变革的成功实施

了解变革的阻力之后，管理者应该想方设法减少阻力，推动变革。如何将阻力降至最低，推动组织变革的顺利实施成为变革的焦点。下面将简要介绍组织变革成功实施的方式。

1. 全员参与变革决策

使全体组织成员都参与组织变革的准备和决策，可以将阻力转变为动力，因为全员参与变革会大大激发员工主人翁精神，提高员工的主动性和积极性。而且员工的全体参与有助于了解源于员工的阻力，从而在变革初始阶段就加以有效的解决。

2. 系统思考

组织变革需要进行系统思考，考虑变革的整体影响。变革失败的一个常见原因就是缺乏系统性。要成功推动组织变革，不能仅仅考虑被变革部分，还需要考虑变革对与之相关的其他部分的影响。组织改变其机械式结构为创新型结构，以更好地进行自主创新。但如果评价和激励制度仍然以效率为重点的话，那么该变革就难以成功。因此，成功的变革一定要从战略、结构、文化、流程等多个方面来系统思考，而不能把注意力放在单一功能或部门上。

---

① 王凤彬，李东．管理学．3版．北京：中国人民大学出版社，2007.

3. 加强沟通、监督与反馈

组织变革过程中，应该与组织成员进行实时的交流与沟通，通过面对面交谈、小组会、报告等多种形式对变革的目标进行深化宣传，对变革过程进行监督与反馈。交流沟通可以消除管理层和员工之间的隔阂，营造相互信任的气氛；监督与反馈可以使变革者及时了解变革的情况、变革的阻力，并立刻采取措施进行调整予以解决。

通用电气的变革

杰克·韦尔奇在 1981 年接任通用电气总裁之后，立刻大刀阔斧进行企业改造行动，不断与企业内外部进行沟通，以及运用智慧进行变革计划，终于让员工逐渐摆脱组织惯性以及旧有的官僚作风。通用电气公司的转型是美国企业史上规模最大、最成功的组织变革计划。经过大刀阔斧的转型之后，通用电气公司从一个老旧庞大的官僚体系，摇身一变成为美国最成功的企业之一。

通用电气公司变革成功之道主要源于它在四个方面的成功：无边界管理（boundarylessness）、学习型文化的创造、重视人力资源以及品质上的优势。通用电气公司经历了重新调整事业架构，只留下市场上数一数二的事业，缩编员工数，终结不解雇政策，管理层级扁平化，使这家百年老店在现今竞争激烈、变化快速的环境中仍然屹立不倒。通用电气公司组织变革成功的关键要素如图 11—30 所示。

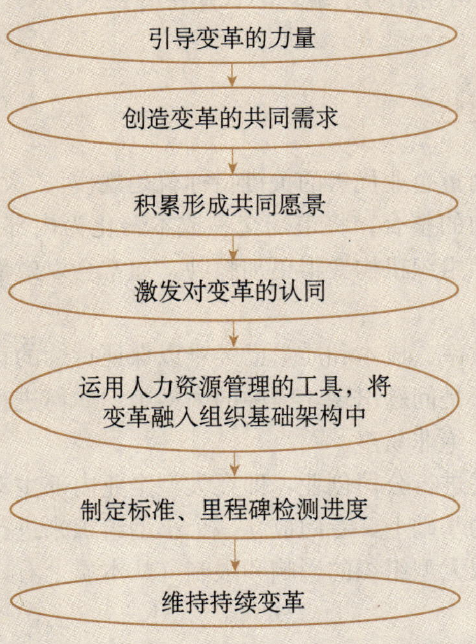

图 11—30 通用电气公司组织变革成功的关键因素

综上可知组织变革成功的关键因素。首先必须塑造共同愿景、建立共识、引导变革的力量，落实执行变革计划直至彻底改变运作模式与组织文化，变革自然就可以顺利开展。

怎样让员工接受变革

“联邦快递之父”弗雷德·史密斯曾经说，为了能有效地执行变革，你必须赢得高度的信任，具备出色的沟通能力。在进入陆运业务的时候，我们并不想让在公司从事快递业务的员工感觉到威胁，所以我们付出了巨大的努力同他们沟通。我在公司的闭路电视上现身，向员工发表演讲，还四处奔走，通过邮件和出版物与他们交流。只要能让他们感到自己是变革的一部分，并且阐明我们要变革的原因，我会去做任何事情。对于公司来说，我们也在做同样的事情。我们没有到那儿去说：好了，知道出了什么事情吧，你们当中许多人要被裁掉。我们处理此事的时候非常谨慎，认为必须花时间和精力告诉员工变革的必要性，让员工明白变革是不可避免的，变革是一个机遇，而非大难临头。如果你让这种理念融入公司的文化，那么我想你的公司就有可能发展到非常大的规模。

第 4 节　公司创业

公司创业（corporate entrepreneurship）指的是在公司内部培养出创业行为以促进企业成长并提高利润。[①] 公司创业对于组织的长期生存至关重要，并逐渐受到企业界的广泛认同。

一、公司创业的必要性

在工业经济时代，衡量企业优劣的关键指标就是规模。“大就是好”，很多企业希望通过不断进行纵向或者横向的整合，将市场交易成本转化为内部沟通成本，实现规模经济。随着组织规模不断扩大，组织机构变得更加臃肿，通常会以效率为导向，建立科层制组织结构。

在知识经济时代，效率、成本和质量已经难以保证持续的竞争优势，唯有创新才是企业的可持续发展之路。于是问题出现，臃肿的大型组织如何进行创新？想要在较大范围内推动从效率向创新转变，绝非易事。

解决难题的方法就是进行公司创业，即在大型企业内部主动地进行新事业的开发。在保持大型组织已有业务的基础上，专门成立一个小型组织来进行新业务的研发、试产、商业化等过程，并不受所属大型组织的影响和限制（从本质上看，公司创业就是利用前面提到的二元的思维）。

所以，公司创业是解决组织持续发展难题的有效途径。组织发展一般要经历初创、成长、成熟以及衰败等四个阶段，也就是说组织的衰败是不可避免的。通过公司创业，从组织内部衍生出一个处于初创期的新组织，就可以将组织从衰败中解救出来（实际上，原有组织的衰败是不可避免的，但新创组织是原有组织的延续，从而实现真正的“基业长青”）。

---

① 丹·海瑞格尔，等. 管理学：基于能力的方法：第 10 版. 北京：清华大学出版社，2009.

二、推动公司创业

既然公司创业是组织基业长青的必由之路，那么应如何推动组织内部的公司创业活动呢？下面就从组织结构、组织文化、评价与激励以及控制等方面进行阐述。

1. 组织结构

公司创业的组织结构应该完全独立于原有组织，而且应该是简单的、非正式的、灵活的。公司创业的组织不应是正式的、严格的或者多层级的结构形式，而应尽可能灵活，使组织决策、反馈尽可能迅速。

2. 组织文化

在组织文化方面，公司创业应该获得更多的信任、自由和宽容。组织的领导层应该鼓励公司创业进行自由的发挥，给予创业组织更多的信任，对创业活动的失败给予最大的宽容。

公司创业是一项高风险的活动，失败在所难免。而一旦成功，将会为组织的绩效带来非常大的贡献。因此，在公司创业活动中，组织高层应该更多地给予宽容，而不是风险规避。

3. 评价与激励

公司创业不仅意味着很大的失败风险，而且即使成功，也需要很长的时间才能够体现出来。那么，对创业团队进行评价与激励就不能按照传统的模式。组织高层需要给予公司创业团队及个人足够的基本激励，保证他们没有后顾之忧，专心进行公司创业活动。同时，还应该给他们以具有吸引力的创业成功激励，以使他们能够为公司创业活动作出最大的努力。

4. 控制

在对公司创业活动进行管理的过程中，还要把握好控制的程度。组织高层需要给予创业团队足够自主权。对实施创业的团队的日常管理，高层管理者应该予以“放纵”。成功的内部创业者需要相当大的自由度，以保证他们可以自由地进行发展规划、资源配置、人才选拔等。但组织高层也不能完全放弃对创业活动的控制权，仍然需要及时地了解创业活动的基本情况，把握创业进程，并避免创业活动中的不负责任现象。

三、公司创业的措施

在推动公司创业过程中，组织有两种不同的选择。一种是成立专门的、正式的部门来进行创业活动，即新事业发展部；一种是鼓励内部创业者进行非正式的、业余的创业活动，一旦成功将给予极大的支持。

1. 新事业发展部

一项意义重大、对组织生存发展具有重要战略影响的创业活动，通常需要投入很多的人力、物力和财力资源，这就需要一种专门的、正式的组织来负责——新事业发展部。

新事业发展部是大型组织为了进行公司创业而设立的组织形式，往往伴随很大的风险，因此又被称为风险事业部。风险事业部应该拥有很大的决策权，直接受高层管理者的领导。它还应该是永久性的、独立于现有运营体系的分权组织，是企业进入新的领域的重要方式之一。

2. 内部创业者

有的组织并没有专门设立部门来推动公司创业，而是允许自己的员工在一定时间内离开本岗位，从事自己感兴趣的创业活动，并且可以利用企业的各种资源（资金、设备等）。这些员工就被称为内部创业者。3M 公司就允许员工利用 15%的工作时间去从事公司创业的活动。

内部创业者往往是一个人或少数几个人，基本上没有分工，更谈不上集权或分权，也很少受部门或企业整体战略决策的影响。其运作方式基本上是非正式的，因此这种创业活动的结构最简单，行动最灵活。

本章小结

◇ 创新就是从创意产生到成功实现商业化的过程。一般可以分为产品创新、流程创新、商业模式创新和服务创新等。从不同的角度又可以分为渐进性创新与突破性创新、开放式创新与封闭式创新。

◇ 组织学习就是创造、完善和管理组织的知识体系，以更好地指导组织行为，提升组织绩效。只有通过不断的学习，组织才能适应不断变化的环境。

◇ 系统思考对学习型组织的构建最为重要。

◇ 知识管理是管理者为了组织以及组织中的个体利益，获得、沟通和使用知识的一系列过程，基于微观视角。智力资本管理包括人力资本管理、结构性资本管理、绩效型资本管理以及知识管理四个方面，基于中观视角。

◇ 组织变革是指组织打破以往的模式，而采用新的理念、结构以及文化等。组织变革是对组织进行较大幅度的改变，会遇到来自各方面的阻力，需要通过有效的措施予以解决。

◇ 公司创业是指在公司内部培养出创业行为以促进企业成长并提高利润。

思考题

1. 如何理解组织创新、组织学习与组织变革之间的关系？
2. 构建学习型组织的关键是什么？
3. 谈谈你对系统思考的理解。
4. 领导者在组织的知识管理过程中起到什么样的作用？
5. 知识管理的成效是否受领导者的管理方式的影响？
6. 应如何管理组织变革过程？
7. 公司创业的意义是什么？应如何进行公司创业？

案例应用

宝钢的开放式创新

宝钢集团公司是我国最具竞争力的钢铁企业，年产量约 2 200 万吨，盈利水平居世界领先地位，产品畅销全球。在 2006 年全球企业 500 强的排名中，宝钢以营业收入 215 亿美元名列第 296 位。

卓越的创新管理不断发挥着巨大的推动作用，宝钢的创新成果层出不穷。宝钢集团公司成立以来，专利申请数量每年以20%以上的速度增长，2005年申请专利数606件，其中发明专利227件，基本上每个工作日都有两项专利。宝钢在技术创新链的各个环节——包括研发、中试、市场化或技术输出等——均贯彻开放的理念，充分利用社会资源进行开放式技术创新实践，从而使宝钢始终保持着良好的活力和适应性，成为世界最具竞争力的钢铁企业。

一、引进先进技术

宝钢坚持走开放式技术发展道路，坚持引进先进适用的技术与自主创新相结合，在较短时间内迅速提升创新能力和市场竞争力，取得了令人瞩目的成绩。

宝钢一期工程于1985年正式投产，引进技术设备占88%，集中引进了日本、德国、美国等国家70年代末的最新技术设备。为避免陷入“引进—落后—再引进—再落后”的怪圈，宝钢坚持消化吸收、渐进创新、动态跟踪的技术创新模式，在学习和消化国外先进技术上狠下功夫，保证了一期工程的投产、达产和超产。二期工程于1991年建成投产，国产化率达40%；三期工程于2000年全部建成，足以形成年产粗钢1 100万吨的生产规模。在三期工程建设中，宝钢更是在精选的基础上实现了高水平的“拿来”，技术装备水平一举跃居21世纪国际先进水平，其中属世界领先水平的项目有158项。

二、全员创新

宝钢提倡“全员创新，大有可为”的新观念，将创新的基点建立在每个岗位、每个工序、每个部门的员工在日常工作中的改进提高上，鼓励员工人人参与发明创造；提倡“容忍失败，营造创新氛围”的新观念，使员工在新领域中大胆地试验探索，极大地增强了企业的创新活力。

1987年，宝钢正式建立了合理化建议的管理制度，把合理化建议活动纳入正规的管理渠道。经过几年的运转，从1990年开始，宝钢的合理化建议活动走上快速发展道路。合理化建议活动奠定了全员创新的良好基础，充分调动了广大员工的积极性，为宝钢的技术创新作出了很大贡献。2006年，宝钢员工提出合理化建议148 160项，开展自主管理课题614项，完成攻关课题1 246项。

三、与用户合作

宝钢推行“先期介入”的模式，建立与用户合作的“技术创新链”，引导用户需求。汽车板是钢铁市场价值含量最高的产品，也是宝钢的第一主导产品。宝钢相继携手一汽、上汽和东风三大集团，建立战略合作伙伴关系。在用户尚处于车型开发阶段时，宝钢科技人员就参与其新车型的设计、制造和选材过程中，开展零件冲压成型仿真模拟分析、模具调试用材的合理选择，根据用户的不同需求加快开发新产品。

2005年，宝钢与奇瑞公司签订汽车用钢协议，以奇瑞现有车型和新开发车型为基础，在车身开发以及汽车用钢相关技术领域共同合作，实现产、用、研一体化，充分利用双方技术优势以及相关资源推进奇瑞新车型车身开发项目，促进宝钢汽车材料技术研究，实现双赢。

四、与供应商合作

宝钢集团积极与供应商合作，充分利用供应商的技术资源为本企业的产品创新服务。2004年，宝钢股份与日本公司签订技术合作协议，双方将在钢铁表面处理化学品和应用技术研发等方面开展广泛合作。双方将组建联合研发团队，及时有效地进行沟通，落实开展具体项目。同时，日方公司将派出服务工程师为宝钢股份提供有力的现场技术支持，双方将通过技术交流和共同研发实现双赢。

五、产学研合作

除了整合系统内的资源、推进技术创新外，宝钢还广泛借助社会科技力量来促进企业技术进步。多年来，宝钢坚持产学研合作，推进企业内部支持体系与社会化支持体系相结合，提升企业的自主创新能力。宝钢与北京科技大学合作进行的“宝钢冷轧机第四机架振动问题的研究”，解决了德国专家几次来厂调试未果的振动问题。宝钢与复旦大学合作进行的“高炉人工智能专家系统开发”，是一项瞄准国际钢铁工艺先进水平的科研课题，双方合作解决了数据采集、计算机接口等技术难题，成功将计算机智能应用到高炉工艺中。

六、与知名钢铁企业合作

宝钢积极与全球知名钢铁企业合作，实现优势互补，提升自身的创新能力。最引人注目的就是与全球最大的钢铁制造企业阿塞洛和第二大钢铁制造商新日铁建立合作关系。宝钢与欧、日两大钢铁龙头企业合作，加快提高自己的技术水准，以满足大多数跨国汽车公司对国内汽车板的技术要求，并借此机会开拓国际市场。

资料来源：陈钰芬，陈劲．开放式创新：机理与模式．北京：科学出版社，2008.

[讨论题]

1. 宝钢是如何实施开放式创新的？
2. 开放式创新对宝钢有什么意义？

惠普的组织变革

惠普是一家知名的IT企业，其主要产品是打印机，占公司利润的2/3。2004年，惠普的打印机领域几乎贡献了公司的所有市值，因为其他两个领域（服务和计算机）一直在亏损。简言之，打印机就是惠普皇冠上的宝石。

然而，20世纪90年代后期，惠普的管理者意识到其稳固的地位——特别是终端产品的地位——开始下滑。具体而言，惠普的一个竞争对手——利盟公司（Lexmark）引入了高质量的打印机，而其零售价格低于100美元。不久，利盟的市场份额就上升到了14%。

为了应对环境中的变化，惠普打印机分部的主管沃迈斯·乔什认为，惠普必须进行变革。乔什认为，惠普必须建立一条新的打印机生产线，以使惠普能够生产出比当时最便宜的打印机还便宜30美元的打印机。这将促进打印机的零售价格低于100美元。他还要求其团队利用3年时间（正常一般需要4年时间）做到一步到位——从想法产生到将打印机配送到零售商店中。

大多数惠普管理者认为生产一台49美元的打印机是不可能的。一位关键的项目经理（汤姆·亚历山大）意识到，必须对旧有观念进行有效的改变，以开发员工的潜能。于是，在一次团队会议上，他做了一个比较，使团队成员认识到了解冻与变革的必要性。

在听到许多人说生产一台相当便宜的打印机是不可能的任务后，亚历山大拿起一台惠普打印机，放在地上，然后站上去——他足足有200磅重。在那一刻，房间里的所有人都明白了这一行为传递的信息，认识到了变革的障碍。惠普打印机过于牢固，而这种牢固是不必要的。他们不需要制造和组装牢固得足以垫脚的工具。额外的工艺、材料和制造成本是相当明显的，这使它不可能降低成本以与利盟竞争。

最后，惠普的管理者开发了一条14针打印机平台和基于两个成本节约平台的“七合一”打印机生产线。新的生产线以预期成本准时投入生产。它还包括成本为49美元、零售价格低于100美元的打印机。这些新产品使得惠普打印机的销售额达到了5亿美元（年增长率为12%），边际利润率达到了16.5%（增长14%），市场份额提高到17%，其中大部分是从利盟那里抢夺过来的。

资料来源：迈克尔·希特．希特管理学：原书第2版．北京：中国人民大学出版社，2009.

［讨论题］

1. 惠普的变革体现了哪种变革模式？

2. 你认为组织变革的主要阻力是什么？

推荐书目

1. 潘蒂·西丹曼拉卡．智慧型组织：绩效、能力、知识一体化管理．上海：上海交通大学出版社，2003.

2. 伊丽莎白·哈斯·埃德莎姆．德鲁克的最后忠告．北京：机械工业出版社，2012.

3. 克莱顿·克里斯坦森．创新者的窘境．北京：中信出版社，2010.

4. 克莱顿·克里斯坦森，迈克尔·雷纳．创新者的解答．北京：中信出版社，2010.

5. 杰夫·戴尔，赫尔·葛瑞格森，克莱顿·克里斯坦森．创新者的基因．北京：中信出版社，2013.

6. 斯科特·安东尼．创新者的转机：经济不确定时期的创新指南．北京：中信出版社，2010.

7. 杰弗里·摩尔．公司进化论：伟大的企业如何持续创新．北京：机械工业出版社，2014.

8. 亨利·切萨布鲁夫，等．开放创新的新范式．北京：科学出版社，2010.

9. 亨利·切萨布鲁夫．开放式创新：进行技术创新并从中赢利的新规则．北京：清华大学出版社，2005.

10. 戴维·罗伯逊，比尔·布林．乐高：创新者的世界．北京：中信出版社，2014.

11. 艾德·卡特姆，埃米·华莱士．创新公司：皮克斯的启示．北京：中信出版社，2015.

12. 欧内斯特·冈德林．创新沃土：美国3M公司创新机制．北京：华夏出版社，2001.

13. 克里斯·阿吉里斯．组织困境：领导力、文化、组织设计．北京：中国物资出版社，2013.

14. 克里斯·阿吉里斯. 克服组织防卫. 北京：中国人民大学出版社，2007.

15. 彼得·圣吉. 第五项修炼：学习型组织的艺术与实践. 北京：中信出版社，2009.

16. 彼得·圣吉，等. 第五项修炼：实践篇. 北京：中信出版社，2011.

17. 彼得·圣吉，等. 第五项修炼：变革篇. 北京：中信出版社，2011.

18. 彼得·圣吉，等. 第五项修炼：心灵篇. 北京：中信出版社，2010.

19. 奥托·夏莫. U型理论：感知正在生成的未来. 杭州：浙江人民出版社，2013.

20. 奥托·夏莫，凯特琳·考费尔. U型变革：从自我到生态的系统革命. 杭州：浙江人民出版社，2014.

21. 詹姆斯·马奇. 马奇论管理：真理、美、正义和学问. 北京：东方出版社，2010.

22. 詹姆士·奎恩，乔丹·巴洛奇，卡伦·兹恩. 创新爆炸：通过智力和软件实现增长战略. 长春：吉林人民出版社，1999.

23. 野中郁次郎，绀野登. 知识经营的魅力：知识管理与当今时代. 北京：中信出版社，2012.

24. 野中郁次郎，德冈晃一郎. 日产，这样赢得世界. 北京：中国人民大学出版社，2010.

25. 野中郁次郎，竹内弘高. 创造知识的企业：日美企业持续创新的动力. 北京：知识产权出版社，2006.

26. 野中郁次郎，胜见明. 创新的本质：日本名企最新知识管理案例. 北京：知识产权出版社，2006.

27. 竹内弘高，野中郁次郎. 知识创造的螺旋：知识管理理论与案例研究. 北京：知识产权出版社，2012.

28. 多萝西·伦纳德，沃尔特·苏尔普. 潜智：如何培养和传递持久的商业智慧. 北京：商务印书馆，2005.

29. 托马斯·A. 斯图尔特. "软"资产：从知识到智力资本. 沈阳：辽宁教育出版社，2003.

30. 帕特里克·沙利文. 智力资本管理：企业价值萃取的核心能力. 北京：知识产权出版社，2006.

31. 戴布拉·艾米顿. 创新高速公路：构筑知识创新与知识共享的平台. 北京：知识产权出版社，2005.

32. 德内拉·梅多斯. 系统之美：决策者的系统思考. 杭州：浙江人民出版社，2012.

33. 迈克尔·C. 杰克逊. 系统思考：适于管理者的创造性整体论. 北京：中国人民大学出版社，2005.

34. 丹尼斯·舍伍德. 系统思考. 北京：机械工业出版社，2014.

35. 约翰·科特. 超速变革：甩开竞争，有效聚焦新机会的行动方略. 台北：天下杂志股份有限公司，2015.

36. 约翰·P. 科特，丹·S. 科恩. 变革之心. 北京：机械工业出版社，2013.

37. 约翰·P. 科特. 领导变革. 北京：机械工业出版社，2014.

38. 约翰·P. 科特. 紧迫感：第2版. 北京：中信出版社，2012.

39. 克里斯托弗·G. 沃利，戴维·E. 海池因，沃尔特·L. 罗斯. 佩珀代因商学院战略变革课：组织发展如何创造可持续竞争优势. 北京：中国青年出版社，2013.

40. W. 沃纳·伯克. 哥伦比亚大学组织发展课. 北京：中国青年出版社，2013.

41. 约翰·科特. 哈佛商学院企业诊疗课. 北京：中国青年出版社，2013.

42. 维杰·萨思. 公司的企业家精神：高层管理者和业务创新. 北京：中国人民大学出版社，2008.

第 12 章

人力资源管理

学习目标

- 掌握人力资源管理的核心内容
- 了解战略性人力资源管理与公司战略的关系
- 了解战略性人力资源管理与传统人事管理的区别
- 理解人本管理思想

问之以是非而观其志；穷之以辞辩而观其变；咨之以计谋而观其识；告之以祸难而观其勇；醉之以酒而观其性；临之以利而观其廉；期之以事而观其信。

——诸葛亮识别人才的七条标准

管理者的追求之一是“用最少的人办最多的事”。“人”是组织最重要、最关键的资源，有效地运用人力资源管理方法，做到人尽其用，才能促进组织活动更好、更有效地开展。尤其是在组织边界日益模糊的今天，管理者平衡利用组织丰富的人力资源，产生“1＋1＞2”的效应，是实现组织可持续发展的关键。

人力资源是组织最活跃的资源，因此人力资源管理是组织的重要任务之一。在设计合理的组织机构和结构的基础上，需要为不同岗位配备合适的人员，人员配备是组织设计的延续。这项工作的任务是：通过分析人和事的特点，谋求人与事的最佳组合，实现人与事的不断发展。

毛泽东思想中的人力资源管理

毛泽东十分了解人的重要性，他把人看作革命最宝贵的财富。在《唯心历史观的破产》一文中明确指出：“世间一切事物中，人是第一个可宝贵的。”天地间人为贵。一切事情都是要人做的。正是在这样的原则下，毛泽东把“重人”的理念放在第一位。在现代企业中，员工也是第一位的。企业管理者要把员工看做自己的合伙人。

在毛泽东看来，整个世界中，人是第一位的，世界上没有比人更有价值的东西。他还提出：一切东西都是要人做的……做就必须先有人根据客观事实，引出思想、道理、意见，提出计划、方针、政策、战略、战术，方能做得好。毛泽东在延安召开的中国共产党全国代表会议上的讲话中指出，指导伟大的革命，要有伟大的党，要有许多最好的干部。在一个拥有四亿五千万人的中国进行历史上空前的大革命，如果领导者是一个狭隘的小团体是不行的，党内仅有一些不识大体、没有远见、没有能力的领袖和干部也是不行的。中国共产党早就是一个大政党，经过反动时期的损失，他依然是一个大政党，他有许多好的领袖和干部，但是还不够。

资料来源：冯成略. 毛泽东思想与企业管理. 北京：中央文献出版社，2007.

本章主要概述人力资源管理的内容，深入阐释战略性人力资源管理与公司战略的关系以及与传统人事管理的区别，总结人本管理的思想，并从创新型人才的特征出发阐述其培养和激励问题。

第 1 节 人力资源管理的内容

人力资源管理是指组织为了实现共同愿景或特定的战略，有效地获取、配置以及提升组织人力资源的过程，主要包括吸引、培养、留住以及有效利用人力资源四个方面。本节将人力资源管理的内容分为七个方面：（1）人力资源计划；（2）工作设计与工作分析；（3）招聘与配置；（4）培训与发展；（5）绩效管理；（6）薪酬管理；（7）员工关系。

其中，人力资源计划、工作设计与工作分析以及招聘与配置三部分内容可以归结为组织如何吸引优秀的人力资源；培训与发展和绩效管理两部分内容可以归结为组织如何培养优秀的人力资源；薪酬管理和员工关系用来阐述组织如何留住优秀的人力资源。①

一、吸引优秀的人力资源

人力资源管理的首要目标是吸引那些有成为有价值的、有创造力的、令人满意的员工的迹象的员工。吸引优秀劳动力的第一步是人力资源计划，即管理者或人力资源专业人士根据当前空缺的类型预测组织对新员工的需求情况，并进行相应的工作设计与工作分析；第二步是借助招聘程序与潜在的求职者沟通；第三步是从求职者中选拔被认为对组织最具潜在贡献价值的人；最后一步是欢迎新员工加入组织。

组织吸引员工是基于匹配模型，组织和个人试图利用匹配模型来匹配彼此的需要、利益和价值观。人力资源专业人士努力确定合适的匹配。例如，一家规模很小的软件开发商可能要求有创造力的、技术精湛的员工长时间工作。作为回报，它可以给予员工不受官僚体制约束的自由，容忍古怪的行为以及支付高薪的可能。

（一）人力资源计划

人力资源计划是指为实施企业的人力资源战略，企业根据所处的内外部环境的变化，

---

① 理查德·L. 达夫特. 管理学：第 7 版. 北京，清华大学出版社，2009.

进行企业人力资源供需和预测，并使供给和需求达到平衡的过程。它包括总体计划与各项业务计划两个层次。人力资源总体计划是指在计划期内人力资源管理和开发的总目标、总政策、实施步骤以及总预算的安排。各项业务计划是人力资源总体计划的进一步展开和细化，包括人员补充计划、退休计划、劳动关系计划等。

一个完整的人力资源计划应该包括以下方面：

（1）总计划。人力资源总计划阐述了人力资源计划的总原则、总方针和总目标。

（2）职务编制计划。职务编制计划阐述了企业的组织结构、职务设置、职务描述和职务资格要求等内容。

（3）人员配置计划。人员配置计划阐述了企业每个职务的人员数量、人员的职务变动、人员空缺数量等。

（4）人员需求计划。通过总计划、职务编制计划、人员配置计划可以得出人员需求计划。需求计划中应阐明需求的职务名称、人员数量、希望到岗时间等。

（5）人员供给计划。人员供给计划是人员需求计划的对策性计划，主要阐述了人员供给的方式（外部招聘、内部招聘等）、人员内部流动政策、人员外部流动政策、人员获取途径和获取实施计划等。

（6）教育培训计划。包括教育培训需求、培训内容、培训形式、培训考核等内容。

（7）人力资源管理政策调整计划。计划中明确计划期内的人力资源政策的调整原因、调整步骤和调整范围等。

（8）投资预算。即上述各项计划的费用预算。

制定人力资源计划的程序包括以下步骤：

第一，调查、收集和整理各种相关信息。人力资源计划所涉及的信息包括组织外部环境信息和企业内部信息。外部环境信息除政治、法律、经济、社会文化和科学技术等宏观环境因素外，还包括行业内部竞争状况、替代与潜在进入者的威胁等产业环境因素；企业内部信息主要包括企业的战略计划、产品结构、消费者结构、企业产品的市场占有率、生产和销售状况、技术装备的先进程度、人力资源现状等。人力资源计划的首要任务就是相关信息的收集，它是人力资源需求和供给预测的基础。

第二，人力资源需求和供给预测。人力资源需求预测包括长期预测和短期预测、总量预测和各个岗位需求预测，它主要是根据组织战略规划和组织的内外条件选择预测技术，然后对人力资源需求的数量、质量和结构进行预测。人力资源供给预测包括组织内部供给预测和外部供给预测。

第三，人力资源计划的制定和实施。首先，根据预测的需求量和供给量，确定人员的数量、质量、结构和分布情况，对比得出人员净需求量。其次，根据净需求量，制定相应的计划政策，以确保人员的供求平衡。最后，在人力资源计划政策的指导下，确定具体的实施计划。

第四，人力资源计划的控制和评估。对人力资源计划进行动态的调整，对过程及结果进行监督、评估，并重视信息的反馈，使人力资源计划更加符合企业发展的实际，更好地促进组织目标的实现。

第五，人力资源计划的反馈与修正。在人力资源计划的进行中，应及时反馈各种信息，并对出现的差错进行纠正。

（二）工作分析与工作设计

首先，我们区分一下职业、工作以及任务的差别。一个人的职业（occupation）是一个综合性的说明，并不与特定的组织有关；一个人的工作（job）则必须与企业组织相关；至于任务（task），则是工作中所必须履行的各项工作内容。

20 世纪早期，在泰勒的科学管理学派的影响下，许多制造企业都对生产流程进行任务分析，希望能够设计出最有效率的工作安排。随着企业经营环境与理念的改变，工作设计当然不再局限于生产流程。事实上，这些年流行的授权（empowerment）、企业精简（downsizing）、业务流程再造（business reengineering）、扁平化（delayer）等管理理论的实施，都必须先进行系统的工作设计与分析。

人力资源管理的第二步工作就是工作设计与分析。任何一家企业都有不同的工作，但这些工作的设计安排是否合理，每个工作应该包括哪些任务，透过一定的程序，新的工作可能被创造出来，旧的工作可能被调整或消除。

工作分析，又称职务分析，是对组织中某个特定工作职务的目的、任务或职责、权力、隶属关系、工作条件、任职资格等相关信息进行收集与分析，以便对该职务的工作作出明确的规定，并确定完成该工作所需要的行为、条件、人员的过程。工作分析所形成的工作描述书、工作规范书是人力资源开发与管理中必不可少的环节或重要的工作，它与其他人力资源管理方面的工作有着密切的关系。工作描述书是职务分析结果之一，即关于某种工作职务所包括的任务、职责以及责任的说明，主要包括工作职务目的、任务或职责、权力、隶属关系、工作条件等内容。工作规范书，也称工作说明书，是工作分析的另一结果，即一个人为了完成某种特定的工作所必须具备的知识、技能、能力以及其他特征的说明，主要包括完成工作所需要的知识、能力、行为以及人员条件等内容。

工作设计是根据实际工作需要，并兼顾个人的需要，科学、系统地进行工作的合理配置，以满足企业正常运营的需要的过程。工作设计的主要内容包括工作内容、工作职责和工作关系的设计三个方面。

- 工作内容，是工作设计的重点，一般包括工作的广度、工作的深度、工作的自主性、工作的完整性以及工作的反馈五个方面。
- 工作职责，主要包括工作的责任、权力、方法以及工作中的相互沟通和协作等方面。
- 工作关系，表现为协作关系、监督关系等各个方面。

通过以上三个方面的有效的工作设计，可以为组织的人力资源管理提供依据，保证工作岗位与人力资源的优化匹配，从而得以事得其人、人尽其才、人事相宜，为员工创造更加能够发挥自身能力、提高工作效率、提供有效管理的环境保障。

机械式方法（mechanistic approach）源自科学管理，所设计的工作通常都属于劳动密集型工作，例如传统生产线工人的工作、搬运工作等。机械式方法的主要理念是对工作详细分析切割成各个单纯的任务，每项任务都有标准动作与规则，工作人员因此可以很容易地被教育训练，也可以很容易地被替换。人因方法（human factor approach）则是对机器进行设置，使之能符合人因工程学。例如，恰当的办公家具或办公室设计，可以提高员工的绩效，也可以降低员工的职业伤害。动机方法（motivational approach）则针对员工的心理需求来设计工作。根据海克曼（Hackman）与奥得海姆（Oldham）的研究，在五项工作特质上的改善，可以提高员工对工作意义的认同，进而提升员工的工作动机、满意度以及出勤率。

在动机方式的工作设计下，企业通常用三种方式来提高员工的工作满意度以及提升员工的素质，即工作轮换、工作扩大化及工作丰富化。

（1）工作轮换（job rotation）。工作轮换属于工作设计的内容之一，指在组织的不同部门或在某一部门内部调动员工的工作，目的在于让员工积累更多的工作经验。工作轮换有两种具体形式：一是受训者到不同部门考察工作，但不会介入所考察部门的工作；二是受训者介入不同部门的工作。工作轮换有利于促进员工对组织不同部门的了解，从而对整个组织的运作形成一个完整的概念；有利于提高雇员的问题解决能力和决策能力，帮助他们选择更合适的工作；有利于部门之间的了解与合作。

（2）工作扩大化（job enlargement）。工作扩大化是指工作范围的扩大或工作多样性，从而给员工增加了工作种类和工作强度。工作扩大化使员工有更多的工作可做。通常这种新工作同员工原先所做的工作非常相似。这种工作设计将导致高效率，是因为不必把产品从一个人手中传给另一个人而节约时间。此外，由于完成的是整个产品，而不是在一个大件上单单从事某项工作，这样在心理上也可以得到安慰。该方法是通过增加某一工作的工作内容，使员工的工作内容增加，要求员工掌握更多的知识和技能，从而提高员工的工作兴趣。工作扩大化的途径主要有两个："纵向工作装载"和"横向工作装载"。"装载"是指将某种任务和要求纳入工作职位的结构中。"纵向工作装载"是指增加需要更多责任、更多权力、更多裁量权或更多自主权的任务或职责。"横向工作装载"是指增加属于同阶层责任的工作内容，以及增加目前包含在工作职位中的权力。

（3）工作丰富化（job enrichment）。工作丰富化是指在工作中赋予员工更多的责任、自主权和控制权。工作丰富化与工作扩大化、工作轮换都不同，它不是水平地增加员工工作的内容，而是垂直地增加工作内容。这样员工会承担更重的任务、更大的责任，有更大的自主权和更高程度的自我管理，以及对工作绩效的反馈。

（三）招聘与配置

1. 招聘与配置概述

招聘是指组织为了发展的需要，根据人力资源规划和工作分析的要求，采取一些科学的方法，寻找、吸引那些具备资格的有能力、有兴趣到本组织来任职的人员，并从中选出适宜人员予以录取和聘用的过程。招聘是现代管理过程中一项重要的、具体的、经常性的工作，也是人力资源管理活动的基础和关键环节之一，它直接关系到组织中各级人员的质量和各项工作的顺利开展。

人员配置分析涉及人与事的关系、人自身的状况等要素，具体包括以下五个方面的内容，即人与事总量配置分析；人与事结构配置分析；人与事质量配置分析；人员的工作负荷是否合理分析；人员使用效果分析。

（1）人与事总量配置分析。人与事总量配置分析涉及人与事的数量关系是否对应，即有多少事，就要有多少人去做。当然，这种数量关系不是绝对的，而是随着社会的发展不断变化的。人浮于事或者有事没人做，都是组织不希望存在的现象。

（2）人与事结构配置分析。人与事的结构配置是指事情总是多种多样的，应该根据不同性质、特点的事，选拔有相应专长的人去完成。组织人员配置的一个重要原则是把各类人员分配在最佳发挥其专长的岗位上，做到人尽其才、才尽其用。

（3）人与事质量配置分析。人与事的质量配置是指人与事之间的质量关系，即事的难易程度与人的能力水平之间的关系。组织应该根据事的难易繁简程度，选拔具有相应能力水平的人去承担。人与事的质量配置不合理主要有两种情况：一是现有人员素质低于现任岗位的要求，可考虑采用职业培训或降职等方法来进行调节；二是现有人员素质高于现任岗位的要求，可考虑将其提升到更高的岗位，以发挥其最大的潜力。

（4）人员的工作负荷是否合理分析。人与事的关系还体现在事的数量是否与人的承受能力相适应，使人员能够保持身心健康上。因此组织的各项活动是一个相互联系、相互依赖、前后衔接的有机整体，每个部门的人力资源配置都应与其所承担的工作量相适应，使工作负荷与人的承受能力相适应。如果工作负荷过重，应减轻其工作负担，或新设一个岗位来分担原岗位的工作；若工作负荷不足，则应考虑合并岗位，或增加该岗位的工作内容。

（5）人员使用效果分析。人与事的配置分析最终还是要看岗位上人力资源的使用效果，这是动态衡量人与事关系的重要内容。

2. 人员选聘途径

人力资源规划是组织招聘人员的基本前提，规划的结果决定了组织是通过内部招聘来满足人员需求，还是通过外部招聘补充人员不足，规划还决定了外部招聘人员的数量、结构和类型。

（1）内部选聘。内部选聘是指对企业内部员工按其具备的胜任力进行合理的岗位配置。内部选聘是人员选拔的方法之一，在大规模企业比较常见，这种方式的特点是费用极低，能极大提高员工士气，申请者对公司相当了解，适应公司的文化和管理，能较快进入工作状态，而且可以在内部培养出一人多能的复合型人才。

内部选聘主要采用内部提升、横向调用和工作轮换等途径。

● 内部提升。内部提升是指从组织内部提拔那些能够胜任的人员来填补组织中的各种空缺职位。它意味着组织中的一些人将从较低的职位被选拔到较高的职位，承担更重要的工作。

● 横向调用。横向调用是指在相同或相近的级别间调动人员进行组织岗位空缺的填补。这一方式能使员工扩展兴趣范围，掌握多种技能，对组织来说也是不断增强竞争力的一个方面。

● 工作轮换。当横向调用进行不止一次时，就形成工作轮换。工作轮换是指人员在组织内部不同的部门间更换工作，每隔一段时间更换一个部门，学习各种专业技能。通过工作轮换，可以鼓舞员工的士气，发现每个员工的兴趣点和长处，发挥其专长，增强组织凝聚力。

内部选聘一般通过查阅员工档案资料、发布招募广告、管理层决策者制定以及推荐等方式来完成。

（2）外部招聘。在现有人员不足以胜任出现的空缺职位时，就要考虑从组织外部寻找合适的人选。外部招聘可以通过一定的媒体广告等形式向特定的人群传播有关组织空缺职位的消息，并以此吸引他们。借助广告进行招聘，组织需要考虑如何选择媒体，也就是要决定在报纸、杂志上刊登广告还是利用广播、电视或网络进行招聘宣传。从外部招聘人员，还可以采用员工介绍、中介机构、进入大中专院校等途径。在利用各种途径进行外部招聘时，一定要考虑各种方法的利弊，结合空缺职位的具体特点进行综合权衡。

(3) 内部选聘的优缺点。

许多组织都赞成从内部选拔提升人员，认为从内部选聘有利于组织目标的实现。其优点主要是：组织对候选人的长处和弱点都看得比较清楚，人选比较准确；被选聘者对组织的历史、现状、目标以及现存的问题比较了解，能较快地胜任工作；可激励组织成员的上进心，努力充实提高自身的知识和技能；组织成员感到有晋升的机会，可提高兴趣和士气；可使组织的培训投资获得回报，获得比当初投资更多的培训投资效益。

尽管内部提升有许多优点，但也存在一些不可忽视的缺点，主要是：组织内部的人才储备在数量或质量上不能满足需要，采用内部选聘，就会使组织失去得到一流人才的机会；容易造成“近亲繁殖”，不易带来新的观念，而不断创新则是组织生存与发展不可缺少的因素；提升的人员数量毕竟有限，若有些人条件大体相当，但有的被提升，而有的仍在原来的岗位，就会影响员工的工作积极性。

(4) 外部招聘的优缺点。

外部招聘的优点是：候选人员来源广泛，具备各类条件和不同年龄层次的求职人员，有利于满足企业选择合适人选的需要；有利于组织吸收外部先进的经营管理观念、管理方式和管理经验，内外结合不断开拓创新；对外招聘管理人员，在某种程度上可以缓解内部候选人竞争的矛盾。当有空缺职位时，一些人往往会通过自我打分而存有被提拔的希望。如果参与竞争的人条件大致相当，竞争比较激烈，却又都不太合适，从外部选聘就可以缓解这一矛盾，使未被提拔的人获得心理平衡。

而外部选拔的缺点包括：对应聘者的测评有一定风险，应聘者实际水平和能力很难准确判断，因此不称职者会占有一定比例；应聘者带来的文化可能与企业文化有冲突；应聘者入职后对组织的各方面情况要有一个熟悉的过程，即不能迅速进入角色开展工作；如果组织中有胜任的人未被选用或提拔，外聘人员的做法会挫伤员工的积极性。如果形成外聘制度，则更需慎重决定，因为其影响面可能更大。

从以上对人员选聘途径的讨论来看，无论是内部选聘还是外部招聘，都不是十全十美的，在实际工作中还是要对其进行正确的平衡。当组织内有能够胜任空缺职位的人选时，应当从内部提升；当空缺的职位不太重要，并且组织已有既定的发展战略时，应当考虑从内部提升。当组织急需一个关键的专业人员，而组织内又没有能胜任这一重要职位的人选时，就需要从外部招聘。

二、培养优秀的人力资源

选拔结束以后，人力资源管理的主要目标是把雇员转变成优秀的劳动力。培养包括培训与发展和绩效管理。

（一）培训与发展

1. 培训

培训与发展是一个为提供员工信息，从而促进员工了解公司及其目标的过程。此外，培训与发展可以帮助员工，使其能以特殊的表现持续对公司作出积极的贡献。在职员工可能因为晋升、调配或组织引进新的技术而需要加以培训。培训依照其目的与内容，有下列几种不同的方式。

（1）新员工的培训。新员工的培训是员工进入公司社会化的首要过程，其目的在于向新进人员提供公司的基本资讯，以协助他们成为公司的一分子。新员工培训的指导原则包括：新员工培训应该从最相关且立即需要的信息开始，其次是公司一般性的政策；应采取新员工感到舒适的方式进行；新员工培训的内容主要应该包括公司的历史与价值观、公司的组织结构与行政程序以及与工作内容相关的部分；新员工应该由有经验的同事或基层主管来指导，可以适时回应问题；新员工应该循序渐进地被介绍给未来可能合作的员工，而非在入职的第一天就给所有人做草率的介绍；在增加工作要求之前，新员工应有足够的时间来适应新的工作环境。

（2）在职培训。在职培训（on-the-job training）是最广泛运用的培训方法。据估计，60%的培训发生在工作中，员工被安排在真实的工作状况下，由有经验的员工或主管传授工作秘诀。在职培训是在实际工作中学习，无须另外的设施，所以费用较为节省。值得注意的是，许多公司没有时间从事新员工培训便直接让其工作，将任职初期的前几个月视为在职培训。事实上，在职培训是一个严肃的课题，培训的目的、课程进度、教材、设备等均需经过事前的规划。

（3）角色扮演。角色扮演（role playing）可让被培训者自然地演练发生在人际关系中的问题，有助于了解自己的行为对周遭他人的影响。角色扮演最常用来教授人际关系与销售技巧，可以让被培训者有机会练习所学的技巧。

（4）陈述。陈述（lecture）是一种被动的学习方式，只注重单向的沟通，通常无法持续吸引学员的注意力。此种方式最适用于以传授知识为主的训练，若陈述者能使讲课内容生动有趣，并与被培训者提出问题讨论，则可达到培训的目的。

（5）案例研究。案例研究（case study）是以案例的方式要求被培训者分析实际的工作状况。案例研究假设人们如果经过“指导发现”（guided discovery）而达成共识，就会很愿意将所学的应用到工作中。案例未必有正确或错误的答案，因此案例教学法的目标不在于教给被培训者正确的答案，而是教导他们认识、解决问题的方法。

2. 发展

员工的发展一直是许多企业战略规划的重要部分。发展与培训二者的界限不是很清晰，但本质上，员工培训比较偏重于操作技巧的培养，而发展则着重观念性的启发与解决问题潜在能力的培养。下面介绍几种员工发展中使用的方法。

（1）工作轮换。前面已多次提到，工作轮换是指人员在组织内部不同的部门间更换工作，每隔一段时间更换一个部门，学习各种专业技能。通过工作轮换，可以鼓舞员工的士气，发现每个员工的兴趣点和长处，发挥其专长，增强组织凝聚力。

（2）导师制。导师（mentor）往往是具有经验的主管，他们与新任经理建立起关系，并积极辅导其职业发展。

（3）特殊计划。有时候企业会指派特殊、非例行的工作职责给职位申请人，为将来的工作指派做好准备。

（二）绩效管理

所谓绩效管理，是指管理者在与员工之间就目标及如何实现目标达成共识的基础上，通过激励和帮助员工取得优异绩效从而实现组织目标的管理方法。绩效管理的目的在于通过激发员工的工作热情和提高员工的能力及素质，达到改善公司绩效的效果。

实施绩效管理，从某种意义上说，是企业对自己目前现状作出的反思与展望。企业喜欢把更多的时间花在目前正在进行的工作上，却很少花时间对过去进行反思，很少总结过去的成败得失，而是一门心思地往前走，生怕因为总结过去而耽误了赚钱，耽误了发展。以前的观念是“别老坐在这里了，赶快去干活吧”，而现在人们更多的是提倡“别忙着干，先坐下来想一想”。后一句话更为中肯，因为它告诫人们在做一件事情的时候不要忙乱，而是要想好了再做，这样才能保证始终在做正确的事情，而不仅仅是把事情做正确。

绩效管理的困境

● 把绩效考核当作绩效管理。只是把考核结果作为决定员工的薪酬、奖金和晋升或降职的依据，并没有认识到绩效管理的重要性。

● 管理者认为绩效管理是人力资源部门的事情。管理者没有意识到绩效管理是一个系统，没有认识到绩效目标的实现是企业目标实现的基础，每一个管理者绩效目标的实现是由员工绩效目标的实现来支持的。

● 人力资源经理地位尴尬、内功修炼不够。人力资源经理在组织实施绩效管理时力度跟不上，在推广绩效概念和实施绩效管理体系上遇到了很大的障碍，处于尴尬的地位。

● 绩效管理流于形式，各级管理者对绩效管理有抵触情绪。由于不能系统地看待绩效管理，不能将绩效融合在管理的过程中，只是为管理者提供了简单乏味的绩效考核表，空洞且缺乏说服力。

资料来源：张艳芳，刘又礼．我国企业绩效管理中存在的几个问题与对策．http：//www.cjol.com/article/employment/87045.htm.

三、留住优秀的人力资源

管理者和人力资源专家如何留住已经招聘和培养出来的优秀劳动力？这涉及薪酬管理和员工关系的问题。

（一）薪酬管理

薪酬管理，是指一个组织针对所有员工所提供的服务来确定他们应当得到的报酬总额以及报酬结构和报酬形式的过程。在这个过程中，企业就薪酬水平、薪酬体系、薪酬结构、薪酬构成以及特殊员工群体的薪酬作出决策。同时，作为一种持续的组织过程，企业还要持续不断地制定薪酬计划，拟定薪酬预算，就薪酬管理问题与员工进行沟通，同时对薪酬系统的有效性作出评价并不断予以完善。

相比人力资源管理中的其他工作而言，薪酬管理有一定的特殊性，具体表现在三个方面。

（1）敏感性。薪酬管理是人力资源管理中最敏感的部分，因为它牵扯到公司每一位员工的切身利益。特别是在人们的生存质量还不是很高的情况下，薪酬直接影响他们的生活水平；另外，薪酬是员工在公司工作能力和水平的直接体现，员工往往通过薪酬水平来衡量自己在公司中的地位。所以每一位员工对薪酬问题都会很敏感。

(2) 特权性。薪酬管理是员工参与最少的人力资源管理项目，它几乎是公司老板的一个特权。老板，包括企业管理者，认为员工参与薪酬管理会使公司管理增加矛盾，并影响投资者的利益。所以，员工对于公司薪酬管理的过程几乎一无所知。

(3) 特殊性。由于敏感性和特权性，每个公司的薪酬管理差别会很大。另外，由于薪酬管理本身就有很多不同的管理类型，如岗位工资型、技能工资型、资历工资型、绩效工资型等，所以，不同公司之间的薪酬管理几乎没有可参考性。

（二）员工关系

员工关系指员工与公司、员工与员工之间的关系，企业以此引导建立积极向上的工作环境。员工关系会对企业的发展潜力产生强烈的影响，这种关系取决于不同的社会环境以及管理者对员工的基本看法。管理者既要把员工看做需要通过资源投入才能够形成的一笔财富（即真正的人力资源），也可以将员工仅仅看成是实现支出最小化的一项成本。

对任何一个企业来说，建立积极正向的员工关系可以吸引并留住优良员工，提高员工生产力和员工对企业的忠诚度，提升工作士气和公司绩效，降低旷工、缺勤率。员工缺勤率提高，增加了由于员工福利、补充员工、培训和绩效损失带来的企业经营成本。员工离职率提高，增加了由于招聘、培训和绩效损失带来的企业经营成本。

有一些知名企业如雅芳、IBM、宝洁等，都设有员工关系经理，专门负责员工关系的管理工作。信息技术，尤其是互联网，允许公司在更广阔的区域进行技术创新和研发活动。

国际化对技术创新人力资源的选择与获取的影响

国际化带来的新的事实是，需要不同技能人员的共同努力来创造性地解决问题以及创造新产品。人力资源如果不是知识经济时代创新的唯一重要因素，至少也是重要因素之一。拥有全球化的思维倾向和行为改变的人，是全球化的重要部分。对许多公司而言，开发合适的人员是“全球性思考”的真正含义。

1. 聘用海外人员的动机分析

在跨国公司的海外公司和分支机构中从事研究和开发工作人数的比重大幅提高的同时，跨国公司技术创新国际化中的海外本地化研发和管理人员的比例大大增加。跨国公司往往大量招聘东道国中原有的高素质的技术人员、工程师、科学家和经验丰富的管理人员来从事高新技术产业的开发以及企业的经营决策，在海外分支机构中当地科研人员、管理人员的数量大大增加。东道国人力资源的数量和质量、科研水平以及相应的科研基础设施，逐渐成为吸引跨国公司研发活动直接投资的关键因素。跨国公司技术创新国际化中聘用海外当地的研发和管理人员的主要动因包括：

(1) 拥有或接近东道国优秀的人才。在当今企业之间竞争日趋白热化的形势下，对高质量的创新人才需求日益加强，拥有优秀创新人才是跨国公司赢得优势的根本；而另一方面，人才的培养需要较长的周期，且供应数量和质量又受多方面因素的制约，研发人才短缺是许多国家面临的共同难题，所以在国际范围内网罗创新国际化的相关人才，可以弥补国内人才的短缺。

（2）比母国成本更低的人力资源。技术创新国际化的好处之一是可以利用地方的技术基础，分公司可以获得高质量的地方专家，他们具有所需要的技能，可以被雇用并且可以直接投入工作，从而减少昂贵的组织内部培训。如20世纪90年代以来，跨国公司纷纷抢滩中国的研发领域，其中一个重要动机就是为了利用中国同样丰富和廉价的科技人才：中国具有世界公认的高智力人群，科技人员一般具有扎实的科学基础、良好的研究素质和敬业精神，但中国现有的科技体制使得他们很少有机会使自己的知识、智力得到最充分的发挥，在这种情况下，跨国公司只需要使用比国际上低得多的投入，就可以调动他们的积极性，利用他们的才干。技术发达国家或地区在技术落后国家和地区进行技术创新和研发的投资，其主要动机之一就是获得相对廉价而优秀的海外本地的人力和其他资源。

（3）促进国际化创新中的交流与沟通。全球化创新活动的创造性和创新活动地理位置的分散性，使得在创新国际化中的信息交流与沟通具有极端重要性。但另一方面在跨国公司的国际化创新活动中，创新和研发信息从一个个体情景转向另一个个体情景，从一个地理位置转向另一个地理位置，在一定程度上很可能被扭曲或过滤；跨国公司中由来自不同公司、不同国家、不同文化的人组成的国际化创新团队会形成自身特有的“语言”、亚文化以及探索和分析环境的方法；各国在语言、民族文化、风俗习惯、环境等方面存在各种差异等原因，使得国际化创新活动的信息在传递过程中失真度提高，信息具有不对称性。

2. 国际化技术创新活动的项目经理/领导者的选择

团队领导者的选择对于创新的成功非常重要，管理人员和团队首先要选择和培训项目经理/领导者。虽然越来越多的公司开始从事复杂的跨边界的项目，但多数缺乏合适的项目经理。随着国际化，项目管理变得更有挑战性、更不可预测、更不确定和具有更多的变化。这就需要技艺高超的专业的项目经理。如果选择了经验欠缺的项目领导者，常常会使项目从一开始就陷入困境。由于许多公司选择项目经理的标准是“最容易找到的”，而不是“最合适的”，所以指定的项目经理在知识和经验上都不足以领导项目流程，不熟悉跨国公司内的沟通网络中有哪些潜在的相关合作者，也就不会向他们征询意见，从而导致组织氛围混乱不堪。

3. 国际化技术创新研发人员的选择

即使在发达国家，今天由传统工业部门所创造的产值也远远落后于由高新技术产业部门所创造的产值，国民经济知识化的倾向越来越明显，知识型人才的开发、培养和使用将是当今世界各国所面临的一个共同的主题，但研发人员的短缺又是所有国家所面临的一个难题，所以接近和利用海外当地的优秀的研发人员是技术创新国际化的一个重要战略，尤其是高技术研发人才。高技术人才需求递增引发的外国跨国公司与东道国企业之间的人才争夺战也愈演愈烈。

除了具有卓越的专业技术能力之外，为有利于全球化的有效沟通和协调，保持组织创造性和高效率，技术和研发人员必须具有利用现代通信技术的能力、沟通能力，适应性强，愿意学习，有团队工作能力，能创造性地工作。

资料来源：陈劲. 创新全球化. 北京：经济科学出版社，2003.

第 2 节　战略性人力资源管理

战略性人力资源管理（strategic human resource management，SHRM）是企业提升竞争优势的途径之一。战略性人力资源管理需探讨下面三件事情：企业需要何种人力资源才能达到战略目标；企业需具有何种独特的资源或机会，才能吸引员工为战略目标努力；如何提升员工未来的竞争力。这三件事说明了一家公司若经由人力资源管理来达到竞争优势，就要进行战略规划，以配合经营战略的需要，使人力资源能有效地分配与应用。

一、战略性人力资源管理概述

战略性人力资源管理产生于 20 世纪 80 年代中后期，近年来这个领域的发展令人瞩目。对这一思想的研究与讨论日趋深入，并被欧、美、日企业的管理实践证明为是获得长期可持续竞争优势的战略途径。相对于传统人力资源管理，战略性人力资源管理定位于在支持企业的战略中人力资源管理的作用和职能。战略性人力资源管理可以定义为：为使企业能够实现目标所进行和所采取的一系列有计划、具有战略性意义的人力资源部署和管理行为。

二、战略性人力资源管理和公司战略的关系

比尔·盖茨曾经说过，如果把我们最优秀的 20 名员工拿走，微软将变成一个无足轻重的公司。在现代社会，人力资源是组织中最具能动性的资源，如何吸引优秀人才，使组织现有人力资源发挥更大的效用，支持组织战略目标的实现，是每一个领导者都必须认真考虑的问题，这也正是企业的最高领导者越来越多出自人力资源领域的一个原因。战略性人力资源管理认为，人力资源是组织战略不可或缺的有机组成部分，包括公司通过人来达到组织目标的各个方面。

一方面，企业战略的关键在于确定自己的客户，经营好自己的客户，实现客户满意和忠诚，从而实现企业的可持续发展，但是如何让客户满意？需要企业有优良的产品与服务为客户创造价值，带来利益，而高质量的产品和服务，需要企业员工的努力。所以，人力资源是企业获取竞争优势的首要资源，而竞争优势正是企业战略得以实现的保证。另一方面，企业要获取战略成功的各种要素，如研发能力、营销能力、生产能力、财务管理能力等，最终都要落实到人力资源，因此，在整个战略的实现过程中，人力资源的位置是最重要的。

如图 12—1 所示，战略性人力资源管理强调通过人力资源的规划、政策及管理实践达到获得竞争优势的人力资源配置的目的，强调人力资源与组织战略的匹配，强调通过人力资源管理活动实现组织战略的灵活性，强调人力资源管理活动的目的是实现组织目标。把人力资源管理提升到战略的地位，就是系统地将人与组织联系起来，建立统一性与适应性相结合的人力资源管理。

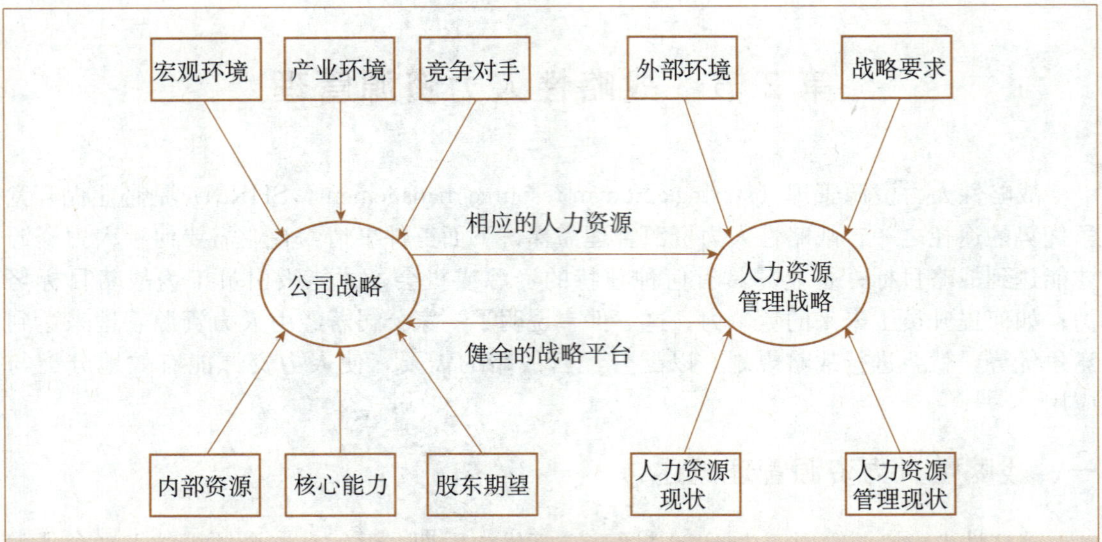

图 12—1　战略性人力资源管理

三、战略性人力资源管理与传统人事管理的区别

战略性人力资源管理指组织为达到战略目标，系统地对人力资源各种部署和活动进行计划和管理的模式，是组织战略不可或缺的有机组成部分。传统人事管理指为完成组织任务，对组织中涉及人与事的关系进行专门化管理，使人与事达到良好的匹配。

第一，战略性人力资源管理以“人”为核心，视人为资本，强调一种动态的、心理的调节和开发，属“服务中心”，管理的出发点是“着眼于人”，达到人与事的系统优化、使企业取得最佳的经济和社会效益的目的。传统人事管理以“事”为中心，将人视为一种成本，把人当作一种“工具”，强调“事”的单一方面的静态的控制和管理，属“权力中心”，其管理的形式和目的是“控制人”。

第二，战略性人力资源管理作为企业的核心部分，是企业经营战略的重要组成部分，主要通过促进企业长期可持续发展来实现对经营战略的贡献；它涵盖组织建设、文化建设与系统建设各个方面，通过企业文化整合战略、组织和系统，保证企业战略的执行和实现、推动企业长期稳定地成长。传统人事管理属于企业的辅助部分，对企业经营业绩没有直接贡献，主要的工作是负责员工的考勤、档案及合同管理等事务性工作。

第三，战略性人力资源管理要求人力资源管理者从企业战略的高度，主动分析和诊断人力资源现状，为决策者准确、及时地提供各种有价值的人力资源相关数据，协助决策者制定具体的人力资源行动计划，支持企业战略目标实现。传统人事管理则只能站在部门的角度，考虑人事事务等相关工作的规范性，充其量只能传达决策者所制定的战略目标等信息。

第四，战略性人力资源管理体现企业全员参与人力资源管理的特色，因为人力资源工作要想切实有效，没有各职能部门的执行、配合是不可能实现的。

对决策层：所有的管理最终都会落实到人，只有管理好“人”的资源，才抓住了管理的精髓。

对人力资源管理工作者：只有企业全员参与人力资源工作，才能真正体现自己的价值，才能上升到战略伙伴。

对直线经理：参与企业人力资源工作，不仅能确保部门任务的顺利完成，而且可以使部门员工及自己得到调动与晋升的机会和空间。

对员工：更好地领会企业战略，根据部门目标结合自己的发展计划，科学、合理地安排自己的工作与学习，实现自己的理想职业生涯规划。

传统人事管理基本上是单兵作战，似乎与其他职能部门的关系不大；关系比较紧密的部门是财务部门，因为工资的计算与发放、社会保险的缴纳大多是由财务部门负责的。

战略性人力资源管理并不是泛泛而谈，它有清晰的传导路径：企业的整体战略→人力资源管理部门→确立相应的人力资源战略→制定合适的人力资源政策→员工需求得到满足→员工满意度提高→生产率/服务提高→客户满意和忠诚→企业的可持续发展。

第 3 节　人本管理

德鲁克[①]指出："组织是一种特定的工具，它可以使人的优点发挥作用，使人的弱点被中和，并在很大程度上化为无害的东西。"

知识经济时代，组织间的竞争日益聚焦于以知识为基础的知识资源开发和利用，使人在组织经济活动中的地位和作用变得比以往任何时候都更加突出和重要。因此，组织的管理活动中，也只有以人为本，将人作为管理的出发点和中心，组织的人力资源才能发挥最大的效用，组织才能实现预期的目标。管理的对象是人，公司真正重要的是人——他们的知识、能力及其相互关系。[②]

"以人为本"要求以人的全面发展为核心，即人的发展是组织发展乃至社会发展的前提，组织的发展是组织成员发展的结果。

一、人本管理概述

所谓人本管理，不同于"见物不见人"或把人作为工具、手段的传统管理模式，而是在深刻认识人在社会经济活动中的作用的基础上，突出人在管理中的地位，实现以人为中心的管理。它是与以"物"为中心的管理思想相对应的。人成为企业最核心的资源和竞争力的源泉，而企业的其他资源（如资金、技术、土地）都围绕着如何充分利用"人"这一核心资源、如何服务于人而展开。"以人为本"的管理就是指在企业管理过程中以人为出发点和中心，围绕激发和调动人的主动性、积极性、创造性展开的，以实现人与企业共同发展的一系列管理活动。

具体来说，主要包括如下含义：

（1）依靠人——全新的管理理念。在过去相当长的时间内，人们热衷于片面追求产值和利润，却忽视了创造产值、创造财富和使用产品的人。在生产经营实践中，人们越来越认识到，决定一个企业、一个社会发展能力的，主要并不在于机器设备，而在于人们拥有的知识、智慧、才能和技巧。人是社会经济活动的主体，是一切资源中最重要的资源。归

---

① 杜拉克. 杜拉克管理应用词典. 北京：九州出版社，2002.

② 伊丽莎白·哈斯·埃德莎姆. 德鲁克的最后忠告. 北京：机械工业出版社，2012.

根到底，一切经济行为，都是由人来进行的；人没有活力，企业就没有活力和竞争力。因而必须树立依靠人的经营理念，通过全体成员的共同努力，去创造组织的辉煌业绩。

（2）开发人的潜能——最主要的管理任务。生命有限，智慧无穷，人们通常都潜藏着大量的才智和能力。管理的任务在于如何最大限度地调动人们的积极性，释放其潜藏的能量，让人们以极大的热情和创造力投身于事业之中。解放生产力，首先就是人的解放。我们目前所进行的改革，从根本上说，正是为亿万人民聪明才智的充分发挥创造良好的环境和机制。

（3）尊重每个人——企业最高的经营宗旨。每个人——无论是领导者，还是普通员工——都是具有独立人格的人，都有做人的尊严和做人的应有权利。无论是东方还是西方，人们都把尊严看做比生命更重要的精神象征。我国是社会主义国家，理所当然地应当使人受到最大的尊重，使人的权利得到更好的保护；不允许任何侮辱人格、损害人权的现象存在。一个有尊严的人，他会对自己有严格的要求，当他的工作被充分肯定和尊重时，他会尽最大努力去承担自己应尽的责任。作为一个企业，不仅要尊重每一名员工，更要尊重每一位消费者、每一个用户。一个企业之所以能够存在，是由于它被消费者接受、承认，所以应当尽一切努力，使消费者满意并感到自己是真正的上帝。

（4）塑造高素质的员工队伍——组织成功的基础。一支训练有素的员工队伍对企业是至关重要的。每个企业都应把培育人、不断提高员工的整体素质，作为经常性的任务。尤其是在急剧变化的现代，技术生命周期不断缩短，知识更新速度不断加快，每个人、每个组织都必须不断学习，以适应环境的变化并重新塑造自己。提高员工素质，也就是提高企业的生命力。

（5）实现人的全面发展——管理的终极目标。改革的时代，必将是亿万人民精神焕发、心情舒畅、励精图治的时代，必将为人的自由而全面发展创造出广阔的空间。进一步说，人的自由而全面的发展，是人类社会进步的标志，是社会经济发展的最高目标，从而也是管理所要达到的终极目标。

（6）凝聚人的合力——组织有效运营的重要保证。组织本身是一个生命体，组织中的每一个人不过是这个有机生命体中的一分子，所以，管理不仅要研究每个成员的积极性、创造力和素质，还要研究整个组织的凝聚力与向心力，形成整体的强大合力。从这一本质要求出发，一个有竞争力的现代企业就应当是齐心合力、配合默契、协同作战的团队。如何增强组织的合力，把企业建设成现代化的有强大竞争力的团队，也是人本管理所要研究的重要内容之一。

沃尔玛的创始人萨姆·沃尔顿直至今天仍然会开着沃尔玛的运货卡车穿梭在城乡之间，对各个分店进行每年至少一次的走访活动，与每个商店经理见面，并能够在年度会议中一下子叫出他们的名字。他还会在下午2：00的时候来到商店的物流配送中心，与那里的员工分享小食品。他的这种做法不是偶尔一次的作秀，而是早在20多年前沃尔玛只有18家分店的时候就开始了。每一位员工都会从萨姆·沃尔顿的一次次拜访中感受到尊重和关注。

资料来源：迈克尔·贝里达尔. 赢遍全世界：沃尔玛创始人萨姆·沃尔顿10堂课. 北京：中国社会科学出版社，2008.

实施“以人为本”的管理，就是要最大限度地激发人的主动性、积极性和创造性，致力于人的素质和创新能力的提高，推动人的全面发展；就是要充分运用多元化和人性化的管理方法，如员工参与决策、实行权变领导、工作扩大化和丰富化；就是要努力构建使企业员工都有施展才华的机会的激励机制；就是要创造有利于人的知识、能力以及良好的心智模式的培养和提高的环境；就是要了解和满足员工的需要，注重工作中人际关系的沟通与交互作用，营造互相尊重、和谐、愉快、合作、积极向上和不断进取的文化氛围，充分发挥企业员工的主动性、积极性以及想象力、创造力，在企业员工潜能的释放和自我价值的实现过程中促进企业的发展，达到人与企业的高度和谐，使人与企业能够和谐共振、互相促进、共同发展。

总之，“以人为本”的管理理念以个人全面进步与企业整体发展相统一作为其价值取向。要全面理解人本管理的内涵，首先要把人看做管理活动的核心，使企业管理在思想理论、制度设计以及管理方式等方面都能体现人本管理的内容。

二、人本管理的组织特点

人本管理的组织结构有别于传统的金字塔形等级结构，也不同于目前新兴的网络化、扁平化结构，当然，它可能具备了其他组织结构的优点，突出人本管理组织以员工共同发展、尊重、民主、参与和公平的特点，能够适应瞬息万变的市场需求。这样的组织结构不应再是平面的，而应该是三维的、立体的。它应该既便于指挥，也可以让高层很快地直接听到底层的意见和反馈。

在这样一个立体的圆锥体中，员工依然在底层，这一点很难彻底改变，因为工人大多数是在第一线的，许多决策、命令到他们这里就停止了，转变为实际的产品或服务。和员工同处底层的是各种具体任务。员工是这些任务的直接执行者。他们对任务可以具有一定的决定权和发言权。员工处于圆锥体底层的中心意味着任务的分配是以员工为主，可根据他们的能力、经验、意愿等来进行任务的分配。中间一层是中层管理者。他们分布在各个职能部门，但又同处一个平面。他们既分工又协作。他们也要对各生产任务或服务负责，从某种程度上说，任务由他们布置给一线员工，他们同时和员工有着最直接的沟通。最上面的高层领导和任务也有关系，只是他们的职能更多的是决策。他们需要具有站得高、看得远的目光。他们与中层有双向交流。

在这个圆锥体的组织形态中，最与众不同的是底层的员工和高层的决策者有直接联系的渠道。双方可以不经过中层而直接交流。这对完成任务、加快反应有一定的效果。通用电气前 CEO 韦尔奇的办公桌上就有一部直线电话，专门和一线采购员联系，了解钢材的价格，以便对是否购买作出最快的决策。在这样一个组织结构中，虽然层级依然存在，但层级之间的相互联系还是相当密切的。根据海克曼和奥得海姆的工作模型，人本管理组织结构较好地保证了员工经历两个心理历程，从而达到高产出、高效率和高激励。另外，这种组织结构还适用于管理不同层次的员工，因为结构中既含有等级制，又有扁平化；员工既听命于其上级，又可直接和最高层联系，提出自己的看法。新组织结构并不意味着消除一切等级，它必须包括一些一成不变的东西，比如职务阶层，因为这是无法真正消除的。

因此，在人本管理下，组织具有以下特点：

（1）规模小。现在世界上存在着许多大型公司，尤其是 500 强企业，大多员工队伍庞大。例如，沃尔玛的员工数量大约在80万人，通用汽车则拥有60万名雇员。大型企业的大规模生产可为企业带来巨大的成本效益，但在对员工的管理上，尤其是积极性的调动和员工忠诚度的培养上，这些大公司基本上实行符合人类天性的机制，进一步划分小群组。如在沃尔玛，每个零售店都有各自的群体文化。在一个150人左右的组织中，人类的各方面才能最容易发挥，人和人之间可以建立起特别的心理联系。

（2）权力分散。为了得到员工对大公司的认同，就必须缩小公司规模或营造小企业的氛围。这确实是个大难题，因为大企业必须由庞大的管理机构来掌管。为此，大公司的权力必须分散。瑞典的ABB集团就作过有效的尝试。在该公司占据市场头把交椅时，ABB集团企业的CEO波西巴内维克把组织结构分成社团大小的单位。他的灵感来自在小规模家庭工厂成长时留下的记忆。他的“多家庭”策略将大公司分为小型工厂和服务单位，并让他们进行自治，在他的领导下，该公司严格保留一个极精简的总部。现在，公司已经发展成为遍布全球25个国家的大型跨国公司，拥有的工人数量非常庞大，有1 300个各级单位，每个单位的平均人数仅为40人，而其管理结构在任何一个单位中都不超过5个等级。

总之，人本管理的组织结构既不是完全虚拟或无界限的，也不是像金字塔式的等级繁多。它是生产、个人、企业很好地组合，消除界限或完全撤销组织实体而运用虚拟组织，是不符合人性的。即使在韦尔奇创导的无界限组织的通用电气公司，传统的地位和功能之间的界限依然存在。信息时代带来了许多新工种，如远距离工作，它模糊了工作和休息、家庭和办公之间的界限。然而，信息技术在给人类带来这些好处的同时，也使人类面临巨大的危险，即人类缺少面对面的交流，而这又是人类所必需的。所以，人本管理的组织结构模糊了具体的职能部门，而仅分员工、中层和高层管理三个层面。但层级必须存在，因为对有的员工来说，一下子在缺乏指导的情况下面对任务可能会不知所措，而且员工的着眼点可能不如高层管理者全面。

三、自我管理

德鲁克认为，不仅经理必须管理自己，一般员工也需要自我管理，即每个人实际都是管理者。面对正在到来的知识经济社会，对于知识工作者来说，他对人生有更大的期望。随着生活质量的提高，经济上的不满足只是一种威慑因素，经济因素对员工而言将不再是决定性的激励因素。个人内在价值和理想的比重正不断攀升，实现的可能性也在增大。

随着更多隐性知识的外化，以及社会的流动、变迁和开放，人们会有过去无法想象的选择机会。面临多元的生存状况，人们必须进行有效的自我管理。个人的进步和完善在更大程度上依赖于自己的管理。你同组织可以进行良好的合作，但是组织不可能实现你的全部理想和人生意义，而且许多企业组织的寿命不会比其员工的生命更长久。

获得成就的人不是那些百万富翁，而是能作出贡献、享受充实的人生和实现自己人生意义的人。而这种成就需要围绕如何发挥自己的优势和实现自我价值，依靠好的、自觉的自我管理来获得。自我管理，既指可运用于具体情境的实践方法，也有生涯管理和贯穿整个人生的内涵。因而，它具有根本性的人本意义。自我管理、自我完善、自我实现构成一个统一的过程，自我管理是基础和途径。

管理和组织的核心是人的问题，组织与个人的关系是达到人本目标的实践基础和条件，自我管理则是自我实现的根本途径。管理的根本目的在于它对人的意义；只有在实际组织的实践活动中，人的潜在价值才能得以实现；只有通过表现本身积极力量的自我管理，人的真正自由、主体价值和工具价值的统一、自我价值和社会价值的统一才能实现。

谷歌公司的 1 万名员工中几乎一半在小型的自我管理团队工作，平均每个团队有 3 名工程师。[①] 甚至是像谷歌邮箱这样的大型项目，只聘用了大约 30 人，也被分成三四个团队，每个团队为特定的服务改进工作，例如建立垃圾邮件过滤器和改善转发功能。每个团队都有“最高技术领导”，这个职位根据项目要求在团队成员之间轮换。大多数工程师为几个团队工作，改变工作任务的团队不需要人力资源部审批。“尽所有可能，我们希望员工承诺做事，而不是根据安排做事。”谷歌业务运营高级副总裁索纳·布朗说。

第 4 节　创新型人才的培养与管理

知识经济的本质是创新，创新的基础是人才。如何迎接知识经济的挑战，塑造创造型人才，并组织协调好创造型人才，使每一个创造型人才都有用武之地，发挥他们最大的潜能，是知识经济时代企业发展的必然要求。组织要想实现持久的创新和发展，创新型人才是必不可少的重要因素之一。

一、创新型人才的特征与素质

创新型人才是 21 世纪知识经济的主体，是国家和组织进行创新和发展的根本保证。那么，创新型人才究竟有哪些特征与素质呢？本书概括为以下几点。

1. 多元化的价值观

创新型人才应具有多元化的价值观，也就是说，创新型人才在其发明创造的过程中，所追求的不是单一的价值目标，不是以个人利益和需要的满足为人生理想的价值，而是把个人的追求与社会发展、人类进步的需求有机结合。这种多元化的人生价值观是创新型人才素质中最为重要的特征。

2. 丰富的创造性思维

创造性思维对创新型人才来说是非常重要的。正如法国思想家狄德罗所说：“精神的浩瀚、想象的活跃、心灵的勤奋——这就是天才。”一切创造和创新活动都离不开人的思维和想象，特别是创造性思维。创造性思维是创造与创新的源泉，没有创造性思维就没有创造和创新活动。

人类发明创造史的大量事实证明，缺乏创造性思维的人是很难在科学事业上作出贡献的。创造性思维应是多维的思维方式的综合。人类有五种科学思维形式——抽象思维、形象思维、灵感思维、社会思维、特异思维。创造性思维是综合运用各种思维形式。比如，牛顿能把苹果与月球联系起来并揭示苹果和星球之间的统一性，这绝不是单纯的形象思维或灵感思维的一维的思维方式所能得出的结论，而是各种思维的综合运用。所谓综合运用各种思维形式，意思是人的每一种对象性思维活动，都不会是单纯的一种思维形式起作

① 加里·哈默，比尔·布林. 管理大未来. 北京：中信出版社，2008.

用。比如创造者的科学思维过程不是单纯运用抽象思维，或单纯运用社会思维，总要有形象思维和灵感思维相配合，否则就无法创造了。

3. 多样化的个性品质

创新不仅取决于人的智力因素，非智力因素也是创造创新中重要的内在因素。在一定的知识基础及思维状态下，创新型人才的素质高低、创造创新能力的大小、创造创新活动的有效程度等，往往取决于人的信念、志趣、爱好、情操、人格等非智力因素影响的程度及独特的心理品质。但人的个性品质各有不同，因此必须创造各种环境和条件，使良好的个性品质得到张扬，使个性品质多样化。

美国心理学家对 800 名男性 30 多年的跟踪研究表明，成就最大与最小之间，最明显的差异不在于智力水平，而在于是否有自信心、进取心、坚持性、不屈不挠、不自卑等个性品质。从古今中外的创造发明家中，无论是离经叛道的哥白尼，还是在逆境中奋斗的开普勒，无论是兴趣广泛的达尔文，还是胸怀大志的李四光，都可以发现他们具有某些突出的个性品质。而且这些个性品质对发明创造的成功起到了推波助澜的作用。

4. 复合型知识结构

知识的综合性是科学技术和社会发展到一定程度后的必然趋势，也是知识经济时代对创新型人才的必然要求。知识经济时代的多元化的经济活动与社会活动要求创新型人才对知识的掌握应是多学科的综合性的知识结构。只有综合运用自然科学、技术科学、社会科学、人文科学等多门学科的知识，才能获得创造创新活动所预想的效果。同时，只有多学科的交叉、渗透、融合、撞击，才能迸发新的思维火花，形成新的观点，产生新的结论，从而产生创造创新所需要的新视角、新思路、新途径、新方法。因此，合理的综合性知识结构是形成创造创新能力的基础，是创新型人才必须具有的重要素质之一。

二、创新型人才的激励

创新型人才管理是企业内部一项复杂而关键的工作，其目的是充分发挥其作用，实现企业市场竞争能力的最大化。要针对创新型人才特点，制定相应的政策，创造相应的企业文化氛围，实现创新型人才能力发挥的最大化。

针对创新型人才的激励机制是创新型人才管理的一个重要方面。一个人创新能力再强，如果没有创新意愿，就不可能作出创新成果，成为创新型人才。而一个创新能力不强的人，如果有强烈的创新意愿，就有可能不断提高自身创新素质，最终作出创造性的贡献。也就是说，创新活动需要有创新意愿来驱动。但是，创新意愿从哪里来呢？应该说激励机制就是创新意愿的动力。好的激励制度，有利于创新型人才成长，并能激发潜在的创新型人才通过努力成为创新型人才。这就是企业创新型人才的激励机制的意义所在。

对于企业而言，企业激励机制与创新机制都极其重要。前者是企业管理机制的基础之一，后者则是企业长期可持续发展的关键。因此，构建企业创新型人才激励机制就显得至为重要。企业创新型人才激励机制理论是以激励理论和创新理论为基础，探讨企业创新型人才的创新动力，并予以维持、激发的理论，该理论可以为企业创新型人才的管理实践提供理论指导。

公平、合理和规范的激励机制是吸引人才、留住人才，发挥广大员工工作主动性、积极性和创造性的有效手段，创新型人才是为企业再创辉煌出谋划策或贡献才智的动力源泉。每个创新主体的创新动机和需要是不同的，因而对企业创新型人才的激励也是很复杂的，必须因人而异，并不存在唯一的最佳答案。激励不能仅仅理解为金钱，它有多种形式，如在工作中能够感受到的胜任感、成就感、认同感，以及工作之外获得的工资、福利、晋升、赞誉和深造机会等，都是激励的内容。

结合创新型人才的特点，企业针对创新型人才的激励应力争做到：为创新型人才提供施展才华的舞台，也可以说给创新型人才提供晋升机会。当代社会竞争越来越激烈，知识更新的速度也在不断加快，对个人而言，个人发展和晋升的机会在绝大多数情况下比金钱的激励作用还大。这是因为组织给创新型人才提供个人发展和晋升的机会，个人在未来时期拥有的资本就越来越雄厚，其在社会生存发展的空间也会越来越大，从而更能在未来社会中生存。而给企业创新型人才提供晋升的机会，会满足一部分创新型人才的权力需要，当这种权力的需求被满足时，随着个人职位的提升，个人的责任心和工作积极性也会提高。这种提高为创新主体下一轮的创新行为提供了动力和足够的空间，个人自我实现的机会也相应增大。同时，对有缺点的创新型人才也要敢于提拔重用，把创新型人才放在适当的位置上，才能够使创新型人才发挥作用。还可以为创新型人才提供“特种福利”和“套餐福利”。

由于每位创新型人才的需要不同，让创新主体享受特种福利，比如高级人员的轿车、星级宾馆出差待遇，可以满足企业创新主体自尊和受尊重的需要。而推出项目不同的福利套餐组合，在给定每位创新型人才福利开支总额的前提下，让创新型人才自行决定福利结构，可以满足企业不同创新型人才个体的需要，从而达到群体激励的作用，具有较大灵活性。当然，还应该积极为创新型人才显露才华提供机会。例如，为创新型人才能够出席各种专业会议、参加各种专业组织提供条件，使其增广见识、广泛联络、相互切磋；为创新型人才提供发表独到见解的园地；为创新型人才提供必要的工作条件，如资金、设备、资料和助手等。此外，应尊重创新型人才的劳动，给予高报酬，最好是带有长期激励的期权股权等。

本章小结

◇ 人力资源管理是指组织为了实现共同愿景或特定的战略，有效地获取、配置以及提升组织人力资源的过程，主要包括吸引、培养、留住以及有效利用人力资源四个方面。

◇ 战略性人力资源管理是，为使企业能够实现目标所进行和所采取的一系列有计划、具有战略性意义的人力资源部署和管理行为。

◇ 人本管理是在深刻认识人在社会经济活动中作用的基础上，突出人在管理中的地位，实现以人为中心的管理。

◇ 创新型人才具有以下特征：多元化的价值观；丰富的创造性思维；多样化的个性品质；复合型知识结构。

思考题

1. 招聘、绩效考评和薪酬等人力资源管理活动是如何与公司战略相关联的？
2. 实施人本管理的组织具有什么特点？
3. 如何激励创新型人才？
4. 结合现实中优秀企业的实践，谈谈它们是如何在组织中推行自我管理的。

案例应用

萨姆·沃尔顿的人力资源管理

2001年度，收入高达2 189亿美元的美国零售业巨人沃尔玛公司终于超越美国石油巨头埃克森公司，跃居世界500强的第一位。这是一个重大的突破，也是一个非凡的奇迹，因为在1995年之前，世界500强企业中，根本就见不到零售业公司的踪影，而此时，沃尔玛公司的连锁店已达4 000多家，遍布全球，并呈继续发展的趋势。与此同时，经营沃尔玛公司的沃尔顿家族也以超过650亿美元的资产名列全球富豪的榜首。

这一辉煌成功的始创者便是白手起家创业的美国著名企业家萨姆·沃尔顿。

从外表来看，萨姆·沃尔顿是一个普通人。他在美国经济大萧条时期长大，第二次世界大战期间曾在军中服役，正是这个名不见经传的人后来创建了世界上最大的零售企业。萨姆有着极强的竞争意识和冒险精神，他意识到，沃尔玛要想获得成功，除了为顾客提供低价位的商品外，还必须超越顾客对优质服务的期望。萨姆倾其毕生精力为此理念而不懈努力。他激励并鼓舞员工，并身体力行地实践他所倡导的一切。正如第一家店那样，今天的沃尔玛依然为三项基本信仰所推动。萨姆一直以勤奋、诚实、友善、节俭的原则要求自己。虽然他已在1992年去世，但随着沃尔玛业务的扩展，这些精神依然在不同的国家和文化中得以体现。沃尔玛之所以获得今天的成功，是源于其从不对公司现状自满。沃尔玛是一个有远见的公司，它非常珍视自己的过去，并善于从中总结经验教训，但不会停滞不前。

萨姆·沃尔顿曾总结出其事业成功的“十大法则”：

- 全力以赴，激情满怀；
- 和帮助过你的人一起分享成功；
- 激励自己和他人实现梦想；
- 与他人交流，并显示出你对此很重视；
- 重视和赏识他人的努力和成就；
- 为你自己和他人的成就庆祝；
- 倾听他人的意见并从别人的观点中获得新知；
- 超越顾客或他人对你的期望值；
- 控制支出，保持节俭；
- 逆流而上，坚持自我，挑战现状。

这“十大法则”中有七条与员工关系有关，由此可见沃尔玛把员工关系放到了多么重要的位置。

萨姆·沃尔顿当初为争取后来成为沃尔玛CEO的大卫·格拉斯加盟，曾以其百折不挠的精神来游说他，前后整整花了12年的时间，这个虔诚的“传道士”终于使格拉斯加盟了沃尔玛，于1984年出任沃尔玛总裁。从这里多少可以看出沃尔玛“吸纳、留住、发展”的用人原则。而现在沃尔玛人力资源的基本战略已发生了转变，“留住、发展、吸纳”成为其用人的指导方针。这不是简单的位置调换，它意味着沃尔玛更加重视从原有员工中培养、选拔优秀人才，而不是在人才匮乏时一味地从外部聘用。沃尔玛的人力资源战略已越来越侧重于从内部挖金子。

经过几十年的发展，沃尔玛创立了极具价值的企业文化，这成为其吸引、留住人才的关键所在。萨姆·沃尔顿有段名言："对员工要像对待花园中的花草树木，需要用精神鼓励、职务晋升和优厚的待遇来浇灌他们，适时移植以保证最佳的搭配，必要时还要细心除去园内的杂草以利于他们的成长。"这段话可谓道出了沃尔玛企业文化的精髓。沃尔玛把员工作为企业的合伙人来对待，管理者与员工的关系也是真正意义上的伙伴关系。沃尔玛几乎所有的经理人员都用上了刻有"我们关心我们的员工"字样的包纽扣，他们非常注意倾听员工的意见。为真正把员工当作合伙人，沃尔玛于1971年实行了利润共享政策。萨姆·沃尔顿认为，如果公司与员工共享利润，不论是以工资、奖金还是以红利、股票折让等方式，那么流进公司的利润也就会源源不断。因为员工会不折不扣地以管理层对待他们的态度来对待顾客。如果员工善待顾客，顾客们感到满意，就会经常光顾商店，而这正是连锁店行业利润的真正源泉。现在沃尔玛公司已有80%以上的员工或借助利润分享计划，或通过雇员认股计划直接拥有公司的股票，这将公司和员工结成了一个利益的共同体，使员工将公司看成是自己的，对公司的认同感也大大增强，从而更加努力地工作。

除了经济利益方面的措施，沃尔玛公司还比较重视对员工的精神鼓励，其总部和各个商店的橱窗中都悬挂着先进员工的照片，对特别优秀的管理人员会授予"萨姆·沃尔顿企业家"的称号。"沃尔玛词典"里还有一个词汇叫"分享信息"。分享信息和分担责任是构成沃尔玛合伙关系的另一项重要内容，它使人产生责任感和参与感。在各个商店里，沃尔玛公布该店的利润、进货、销售和降价情况，并且不仅仅是向经理及其助理们公布，而是向商店的每个员工、计时工和兼职雇员公布各种信息。虽然部分信息也会流传到公司以外，但他们相信与员工分享信息的好处远大于信息泄露给外人可能带来的负面作用。实际上，到目前为止，这样做并没有对沃尔玛构成损害。

沃尔玛不但有留住人才的良好平台，而且有一套挽留人才的制度。门户开放政策确保无论何时何地任何员工有关于自己或公司的意见、建议、想法、投诉等，都可以口头或书面形式报告给公司管理层，而不必担心遭到打击报复。沃尔玛有专门的人来从事员工关系工作，受理投诉，听取员工意见，为员工排忧解难，开展各种娱乐活动，让每位员工感受到沃尔玛大家庭的温暖。离职面谈制度确保每位离职员工离职前有机会与公司管理层坦诚交流和沟通，从而能够了解到每位同事离职的真实原因，有利于公司制定相应的人力资源策略。挽留政策一方面可以将员工流失率降到最低；另一方面即使该员工离职，也可成为公司的一名顾客。

尊重每位客人、尊重每位员工是沃尔顿的经营哲学。萨姆·沃尔顿曾经说过："谦虚谨慎的经营态度，几乎使任何企业都能靠它获得效益。"萨姆说这是他的一贯作风，尤其是在对待人的问题上，更需要有一定的技巧。

在沃尔玛，主管和经理不是老板，而是教练，所有的人都在努力营造一种友好、愉快、和谐的工作氛围。沃尔玛坚信，管理者不仅要精通业务，而且要有能力帮助手下的员工成长。萨姆总是强调：公司规模越大，脑子就要越清醒。最好的成绩当然是所有员工、商店经理以及公关中心工作人员共同努力的结果。管理者要尊重他们，以他们为中心，而不能以自我为中心发号施令。因此，公司越大，就越要摆脱和防止专制管理。

以人为本，就是那么简单，但在沃尔玛却有无穷无尽的内涵。

资料来源：迈克尔·贝里达尔. 赢遍全世界：沃尔玛创始人萨姆·沃尔顿10堂课. 北京：中国社会科学出版社，2008.

［讨论题］

阐述沃尔玛在人力资源管理各方面采取的具体措施。这些措施对于中国企业有何借鉴价值？

传化集团构建和谐劳动关系的实践与体会

传化集团是在党的改革开放政策引领下成长起来的一家民营企业。经过多年的发展，传化集团从1986年借款2 000元起家，发展为目前销售收入145亿元、总资产150亿元的企业集团；从生产纺织化学品为主的精细化工企业，发展为业务范围覆盖化学、物流、农业、科技城、投资五大事业领域；从几个人的家庭作坊，发展为拥有7 400多名员工的企业集团。

传化之所以能实现这样的发展，一靠党的改革开放政策；二靠各级政府和社会各界的关心支持；三靠全体传化人的共同努力。传化过去什么都没有，因为有了广大员工的共同创造才有了今天，为此传化人始终怀着一颗感恩的心。

一直以来，传化以建设共赢共荣的健康企业为目标，紧紧依靠员工来发展企业，努力营造“企业关爱员工，员工热爱企业”的氛围，着力构建“利益共同体、事业共同体、命运共同体”，在和谐劳动关系建设上展开了持续的探索和实践。

第一，传化重在员工的学习与发展、氛围与环境、分配与保障等员工最关心的问题上做工作、下功夫。

1. 高度重视员工的学习与发展

事业以人为本，发展以人为先。传化认为，员工的“天花板”就是企业的“天花板”，唯有员工发展了，企业才能发展，关心好员工的学习与发展，提升员工的职业竞争能力，是传化最重要的工作任务。

在学习提高上，传化十分重视自主学习的机制建设，鼓励员工“在工作中学习，在学习中工作”；大力实施了主管指导人计划，广泛建立“师带徒”关系，仅2010年就新结成128对；积极开展大量有针对性的培训，传化建立了化工技能鉴定站，举办工商管理研修班、销售经理特训营、骨干学习班，无论是普通员工、中层经理，还是高级管理者，传化不仅把他们送出去学，还把老师请进来教，帮助员工提高，让员工实现专业化，能够履职、称职。2010年，传化共实施各类专业培训5 300多项，年人均培训达38课时。

在职业发展上，传化首先是不断做大产业发展平台，为员工创造更多的职业发展机会；二是建立员工职工发展的多通道，让各种专业方向的人都有非常清晰的职业发展路径；三是设计好职业发展的“赛马机制”，让所有员工有公平的发展机会。由此，传化把企业发展与员工发展紧密结合起来，让员工充分感受到工作有平台、作为有机会、发展有空间。

2. 大力营造良好的工作氛围和环境

传化特别重视软环境建设，营造同事之间既和谐共处又你追我赶，既相互关心又相互竞争的生动活泼的局面。传化开展“好上司、好同事、好下属”大讨论，进行“打造优秀管理者、打造优秀管理团队”大交流，极大地改善了工作氛围；传化还每两年开展一届职工运动会和职工技能大比武，既强健了体魄、提升了技能，又营造了“比学赶帮超”的氛围；每年传化组织召开总结表彰大会，对重大战略成果、攻坚克难项目、合理化建议、先进个人等进行隆重表彰，员工的成就感和荣誉感得到了极大的激发。

传化还十分重视硬件环境建设，强化车间与厂区环境的建设和劳动保护工作，为员工营造健康、舒适、安全的生产环境。在生活环境上，保障员工的吃、住、行、文娱体育活动和学习需要，在所有厂区建立了员工餐厅，实行福利性用餐；建设了设施齐全的员工社区，解决员工住宿与青年员工的结婚用房，建造高级人才居住的专家楼；为了解决员工的上下班交通问题，成立了车队，方便员工的往来；在文娱体育设施建设上，网球、篮球、羽毛球和乒乓球四大类球场齐全，并建设有各类文化活动场所，为员工创造了安全、舒适的工作与生活环境。

3. 持续做好员工的分配和保障

企业是员工创造的，企业发展了，成果要与员工共享，让员工得实惠、有保障。

在分配上，传化认为员工工资的增长不应该是通过加班和延长劳动时间来实现的，而是通过能力与效率的改善来实现的。传化建立了员工收入与企业效益增长同步的机制，形成了制度保证。2005—2010 年，企业利润年均增长 12.8%，员工收入年均增长 16.6%。近几年，员工收入增长进一步向一线倾斜，2010 年，员工平均工资 8.49 万元，其中普通员工平均工资 5.49 万元，并形成了不低于 3 万元的最低保障线。

与此同时，传化高度重视员工的福利保障，让员工没有后顾之忧。1996 年传化推进了内部储蓄式养老保险；2000 年，浙江省进行了民营企业社会养老保险的试点，传化成为首批三个试点企业之一；2006 年实现“五险两金”全覆盖，并建立了困难职工帮扶基金；2008 年传化不仅全面贯彻实施了新的劳动合同法，还设计了多层次补充福利保障项目，把员工关怀工作做到细微之处。

第二，通过持续推进和谐劳动关系建设，员工的智慧、热情和创造力得到了极大的激发，企业的凝聚力不断增强，形成了健康发展的良好态势。

1. 广大员工以企业为家，与企业结成了紧密的命运共同体

传化从来不担心春节后的“用工荒”，员工返乡过节后都能全部按期回到公司上班；传化的员工队伍比较稳定，员工离职率尤其是关键人才离职率一直保持在较低水平，传化引进的首批 18 名应届大学生，目前还有一半留在传化，他们已经发展成为重要的中坚力量。虽然传化实行双休，但仍有不少员工自愿来到公司加班加点或加强学习；每逢台风、暴雪等恶劣天气，总有不少员工自发来到公司参与抗台、扫雪。他们已经从内心里把企业当成了自己的“家”。

2. 广大员工以发展为本，主体价值得到了充分的发挥

企业关爱员工，充分激发了员工的工作原动力，员工的主体作用成为推动企业创

新发展的源泉。在广大员工的共同努力下，传化的技术创新工作跃上了一个新的台阶，多家企业成为行业标准的起草单位；传化开创了“公路港”物流模式，荣获国家管理创新成果一等奖；传化探索了“公司＋基地＋农户”的发展模式，走出了一条农业产业化路子，传化负责运营的农业园区被认定为国家级农业科技示范园区。

在日常工作中，广大员工乐于接受新的挑战，在重要任务和攻坚克难项目面前，争先恐后，主动担当。近年来，通过发挥员工的智慧，成功完成 80 多个影响集团战略发展的重大攻坚克难项目。同时，来自基层的管理创新活动不断涌现，仅 2010 年就有基层管理创新项目 50 多项。

3. 广大员工以贡献为荣，参与企业管理的热情高涨

员工不仅立足于本职岗位开展好工作，还积极为企业经营发展建言献策。2010 年，员工提出合理化建议 3 163 条，建议采纳率 73.2%，产生了 1 300 多万元的经济价值，奖励金额达 84.9 万元。合理化建议平台已经成为重要的“智慧航线”。

在实践中，传化有以下几点体会：

第一，只有全心全意依靠员工，企业才能获得持续的发展。

员工始终是企业最宝贵的资源和财富，是企业最基本的依靠力量。企业关心员工，员工就会加倍地爱护企业，企业才能拥有强大的组织凝聚力和创造力。作为一家在党的政策指引下成长起来的企业，传化始终坚信企业必须要有健康的文化和经营理念，要全心全意地依靠员工办企业，充分尊重员工的价值创造，并让广大员工共同分享企业的发展成果。

关心员工要用真心、恒心。好心情制造好产品，好氛围打造好团队，好团队才能成就优秀的企业。创新的智慧不是被管理出来的，是靠好的环境、好的心情、好的氛围激发出来的。一个人不愿意回家，一定是这个家有问题；一个员工不愿意上班，一定是这个企业有问题。要让员工愿意上班，企业首先要营造家的氛围，让员工把企业当成家。

第二，和谐劳动关系建设是持续的系统工程，要建立长效机制，使之制度化、规范化、常态化。

按国家政策法规办事，是企业发展以及和谐劳动关系建设的基础。传化一直强调承担社会责任，将诚信作为企业的立身之本。传化严格执行国家有关劳动保障的法律法规，多年来没有发生一起劳动纠纷仲裁案件；传化严格执行工会法，让员工有知情权、话语权、协商权、表决权。

在内部规范管理方面，传化既强调亲情，又严格管理，鼓励竞争，强调执行，重视绩效。企业作为员工的家，是一个“有规矩的家”，是一个朝气蓬勃、健康向上的家，由此保障和谐劳动关系建设的常态化。

第三，党群组织在构建和谐劳动关系中发挥了不可替代的作用。

传化是浙江省最早建立党组织、工会和共青团的民营企业之一。多年来，经营组织与党群组织形成了“目标同向，作用互补，相互监督，共同发展”的工作格局。

在和谐劳动关系建设上，党群组织发挥了不可替代的作用。有党组织在身边，员工的健康成长和企业的健康发展有了更好的组织保障；有工会组织在身边，企业的战略意图和变革举措能够很好地在员工中得到贯彻，员工的心声和要求也可以很好地转化为企业的管理行为，工会对员工来说是“家”，对企业来说是“娘舅”；有共青团组织在身边，员工工作和生活氛围更加活跃，企业创新发展的活力更为彰显。

紧紧依靠员工办企业，着力构建利益共同体、事业共同体、命运共同体，为传化迎接新一轮战略发展奠定了坚实的组织基础。传化深知，和谐劳动关系建设是伴随企业始终的工作，传化还只是开了个头，尽管过去做了一些工作，但离党和政府的要求，离员工的期望还有较大的差距。为此，传化将不断努力，把企业办好，把员工关心好，为和谐社会建设作出应有的贡献！

[讨论题]

1. 请结合传化案例，谈谈企业应如何进行员工关怀。
2. 你对传化的员工关怀项目有哪些建议？

推荐书目

1. 爱德华·E. 劳勒. 人才：使人才成为你的竞争优势. 北京：机械工业出版社，2009.

2. 苏曼德拉·戈沙尔，克里斯托弗·巴特利特. 以人为本的企业. 北京：中国人民大学出版社，2008.

3. 克里斯·阿吉里斯. 个性与组织. 北京：中国人民大学出版社，2007.

4. 戴维·尤里奇. 高绩效的HR：未来HR的六项修炼. 北京：中国电力出版社，2015.

5. 戴维·尤里奇. 变革的HR：从外到内的HR新模式. 北京：中国电力出版社，2016.

6. 戴维·尤里奇. 人力资源转型：为组织创造价值和达成成果. 北京：电子工业出版社，2015.

7. 戴夫·乌尔里克，韦恩·布罗克班克. 人力资源管理价值新主张. 北京：商务印书馆，2008.

8. 布莱恩·贝克尔，马克·休斯里德，理查德·贝蒂. 重新定义人才：如何让人才转化为战略影响力. 杭州：浙江人民出版社，2016.

9. 乔恩·沃纳. 双面神绩效管理系统. 北京：电子工业出版社，2015.

10. 彼得·卡佩利. 员工管理新变革：管理受市场驱动的员工队伍. 北京：商务印书馆，2006.

11. 马克·A. 休斯理德，布赖恩·E. 贝克尔，理查德·W. 贝蒂. 员工记分卡：为执行战略而进行人力资本管理. 北京：商务印书馆，2005.

12. 比尔·康纳狄，拉姆·查兰. 人才管理大师. 北京：机械工业出版社，2012.

13. 诺埃尔·M. 蒂奇. 高管继任：伟大的公司如何搞砸或迈向卓越. 北京：机械工业出版社，2016.

14. 杰里·W. 吉雷，安·梅楚尼奇. 组织学习、绩效与变革：战略人力资源开发导论. 北京：中国人民大学出版社，2005.

第四篇

领　导

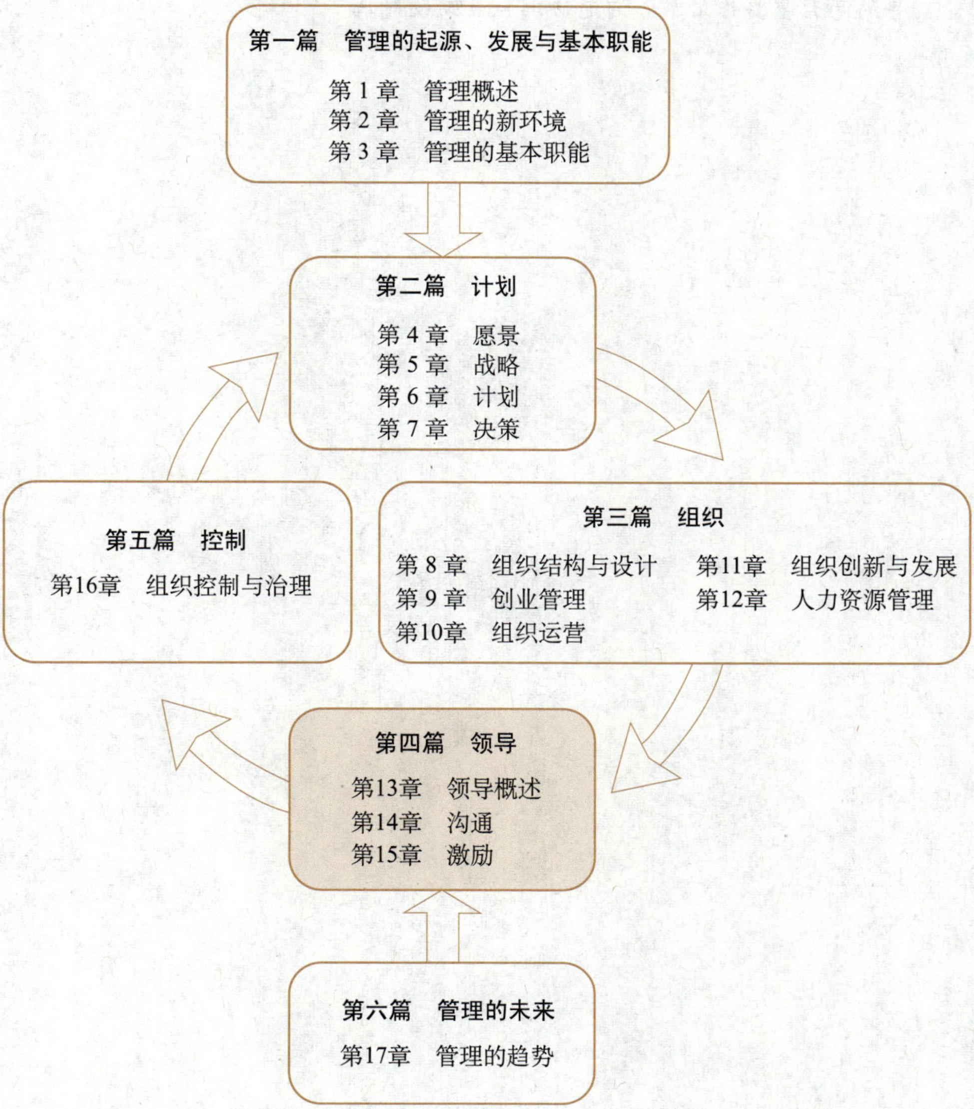
第一篇　管理的起源、发展与基本职能
第 1 章　管理概述
第 2 章　管理的新环境
第 3 章　管理的基本职能
第二篇　计划
第 4 章　愿景
第 5 章　战略
第 6 章　计划
第 7 章　决策
第三篇　组织
第 8 章　组织结构与设计
第 9 章　创业管理
第10章　组织运营
第11章　组织创新与发展
第12章　人力资源管理
第四篇　领导
第13章　领导概述
第14章　沟通
第15章　激励
第五篇　控制
第16章　组织控制与治理
第六篇　管理的未来
第17章　管理的趋势

领导作为管理的基本职能之一，贯穿于管理活动的整个过程。领导（过程）是领导者率领、引导和影响人们在一定条件下实现某种目标的行为过程。任何领导活动都是借助他人来实现的，领导工作的绩效是通过被领导者的活动绩效来体现的。管理的基本特征之一，也是管理的核心问题，是处理好人际关系。在组织的各种要素和资源中，人是最重要、最活跃的要素和资源，人的要素直接或间接地影响组织的绩效。因此，调动人的积极性，发挥人的创造力，处理好人与人之间的关系，是管理的核心问题。

本篇阐述领导的作用、领导者的关键行为，介绍早期及当代的经典领导理论，总结领导发展的新趋势，辨析领导与管理的辩证统一关系，并重点阐述领导的两大重要作用——沟通协调和激励鼓舞。

第 13 章

领导概述

学习目标

- 掌握领导的关键行为
- 掌握领导与管理的区别和联系
- 掌握领导的新趋势
- 了解经典的领导理论

领导是通过他人的作用实现目标的特殊活动。

——德鲁克

领导是领导者及其领导活动的简称。领导者是组织中那些有影响力的人，他们可以是组织中拥有合法职位的、对各类管理活动具有决定权的主管人员，也可能是一些没有确定职位的权威人士。领导活动是领导者运用权力或权威对组织成员进行引导或施加影响，以使组织成员自觉地与领导者一起去实现组织目标的过程。

领导的概念包括三个基本要素，用公式表示如下：

领导＝f(领导者，被领导者，环境)

这一公式表明，领导者、被领导者和环境三者是领导的参数；f 表示函数关系。

第 1 节　领导与领导者

一、领导的作用

领导意味着组织成员的追随与服从。正是来自其下属和组织其他成员的追随与服从，才使领导者在组织中的地位得以确立，并使领导的过程成为可能。而下属和组织的其他成员追随和服从某些领导者的原因就在于，他们所信任的这些领导者能够满足他们的愿望和需求。正是在充满艺术性的领导过程中，领导者巧妙地将组织成员个人愿望和需求的满足与组织目标的实现结合起来。当然，要实现这种结合，领导的过程就不可避免地要与沟通、激励等发生关系，这也揭示了领导工作实际上包含了其他与人的因素相关的活动内容。

领导活动对组织绩效具有决定性影响。领导的这种决定性作用具体体现在以下三个方面（见图 13—1）。

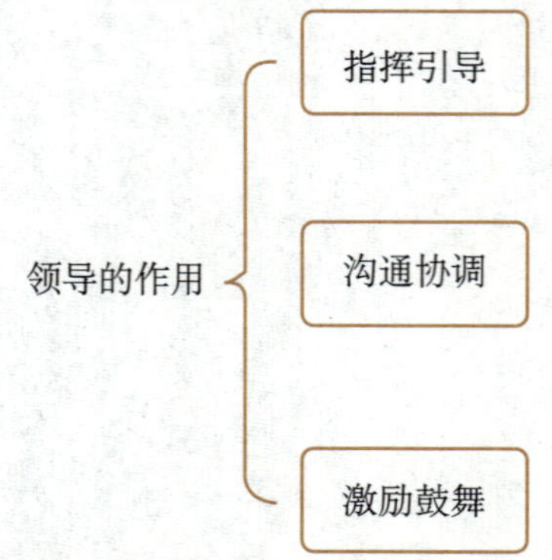

图 13—1 领导的作用

（1）指挥引导。在组织的集体活动中，领导者应当通过引导、指挥、指导或先导活动，帮助组织成员最大限度地实现组织的目标。尽管引导、指挥、指导和先导等活动在形式上略有差异，但共同的要求都是：领导者不是站在组织成员的后面去推动、督促，而是作为带头人来引导他们前进，鼓舞他们去奋力实现组织的目标。领导者只有站在群众的前面，用自己的行动带领人们为实现组织的目标而努力，才能真正起到指挥的作用。

（2）沟通协调。组织的目标是通过许多人的集体活动来实现的。即使组织制定了明确的目标，但由于组织成员对目标的理解、对技术的掌握和对客观情况的认识因他们个人知识、能力、信念等方面的差异而不同，他们在思想认识上发生分歧、在行动上出现偏离目标的现象都是不可避免的，因此需要领导者来协调他们的关系和活动，使他们步调一致地朝着共同的目标前进。

（3）激励鼓舞。任何组织都由具有不同需求、欲望和态度的个人所组成，组织成员的个人目标与组织目标不可能完全一致。领导活动的目的就在于把个人目标与组织目标结合起来，引导组织成员满腔热情地为实现组织目标作出贡献。领导工作的作用在很大程度上表现为调动组织中每个成员的积极性，使其以高昂的士气自觉地为组织作出贡献。如果领导不具备激励、鼓舞的能力，那么即便组织拥有再多的优秀人才，也很难发挥其整体作用。

二、领导者的关键行为

领导者在组织中的地位日益重要，使得组织开发领导才能的任务更为紧迫。管理者与领导者的最大区别是两者的行为不同。管理者以任务为中心，通过配置资产、监督流程和运转系统，指挥行动，监测结果并进行调整。而领导者的关键领导行为有五项，如图 13—2 所示。形象地说，领导者就像是 15 世纪葡萄牙的船长——设定目标、规划航线、鼓舞水手们的勇气；管理者的责任就是保证船上物资、人员的能效得到最大限度的发挥。

如果没有领导者，人们将缺乏启航和探索新世界的远见和勇气；如果没有管理者，船在抵达目的地之前就可能会沉没。[①]

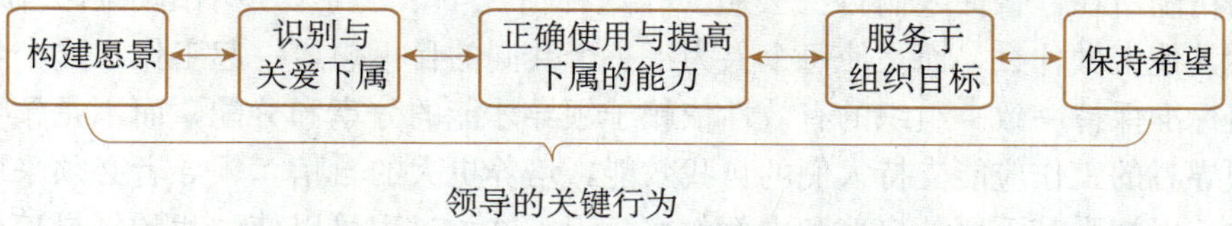

图 13—2 领导的关键行为

1. 构建愿景

领导者必须确定一个奋斗方向，如实现组织目标、改变战略方向、摆脱危机等，同时应确定实现愿景的最佳路径。那些能够持续成功的公司都保持着稳定不变的核心价值观和核心目的，尽管它们的经营战略和实践互动总是不断地适应着变化的外部世界。这种在不断发展的过程中保持其核心不变的动力，正是使一些公司成为常青企业的原因，例如，惠普公司、3M 公司、强生公司等。关于这部分，在计划与愿景部分已经论述过，这里不再赘述。

2. 识别与关爱下属

真正的领导者必须深刻了解其下属的痛苦与挫折、欢乐与奋斗、目标和抱负，通过仔细倾听和敏锐体察，能认识到下属的需要，并提供满足其需要的手段。然而，只有当人们信任领导者的能力，并相信领导者会考虑员工的最大利益时，他们才会听从忠告和建议。理解并赏识下属的需要和价值观，从而建立起信誉，这在当前复杂的工作环境中变得更为困难。企业必须更加全球化，必须雇用更多不同性质的劳动力，必须对顾客更广泛的要求作出反应，而且必须面对更为关切的股东。企业还要同少数供应商发展更为密切的关系，更多地关注其所在的共同体的需要。不论是在董事办公室还是在生产一线，领导者都处于巨大关系网的核心。当今，各种关系日益多样化而不是趋同化，领导者必须充分了解其下属的观点和态度，这些下属可能同领导者想象的完全不同。从根本上看，领导者向他人表示尊重和认可的最佳方式，就是注意倾听和学习。

3. 正确使用与提高下属的能力

领导者的基本任务是不断地提高其下属把共同的价值标准付诸实践的能力。领导者要增强下属的能力和自信，以提高团队、部门或组织履行并实现其诺言的能力，从而建立领导者的威信。当整个组织更具有能力，组织成员更有效率时，领导者的声誉也就会提升。领导者认识到，只有对他们的下属进行这种投资，他们的资产基础才能扩大。领导者必须提高组织成员按共同价值标准行事的能力。为了提高这种能力，领导者必须扩大或实现他们所领导的任何组织的潜在能力，必须把组织及下属带入一种更完善或更好的状态。领导者必须确保个人有受教育的机会，以便增加其知识和技术。领导者必须提供资源和其他组织上的支持，使其下属能够将其能力投入有益的用途。在复杂的组织里，这一任务意味着

---

① 托马斯·达文波特，斯蒂芬·哈丁．管理者是什么：发挥你组织中的竞争优势．上海：上海社会科学院出版社，2013.

对工作进行超越传统的规划和设计，扩大每个人的工作范围，尤其是那些位于一线的人员。

有效的领导者往往使他们的下属变成领导者。这就是领导者使他们的组织完成不平凡的事情的精髓所在：督促人们自己去做。在这种情况下，领导者并不是亲自去做一些事，或者告诉其他人做什么，而是使每个人为了一个共同的目标想要一起工作，这个目标与共同的价值标准保持一致。组织的有效性依赖于领导才能的分享和分配，而不是领导才能的储藏。领导者的工作应能支持人们的自我效能，培养更大的自信。领导者必须采取行动并创造条件，以加强其下属的自尊和内部效率意识。这一过程可以使“我的领导信任我，因此我也应该相信自己”这种感觉得到加强。

4. 服务于组织目标

领导者的职责就是为目标服务，这样他们才能够在各自岗位上做好本职工作，为组织的利益相关者努力服务。领导者服务于目标，也服务于所领导的人。他们将组织的指导原则置于首位。当领导者选择了对组织的未来承担起责任时，在他们看来，为别人服务是其最光荣和最有收获的使命。我们观察到，那些最信奉服务观的人，那些担当公仆式领导角色的人，同时也是成功的领导者。正是为他人服务的这种信念，使得这些人能够进行领导，使得其他人能心甘情愿地服从。领导者就是那些为目标服务且愿意按自己的信念行动的人。

5. 保持希望

下属都希望自己的领导者能显示才能，能真正信任他人并增强他人意志，能找到成功之路并对未来充满乐观和信心。下属都希望领导者在困难和挫折面前具有热情。在今天这个充满不确定性的时代里，积极、自信、勇于面对生活和事业的领导者变得相当重要。

领导者必须让人们充满信心。他们必须努力让人们相信，只要对生活付出了努力，明天就会有更多的希望。而信任来自领导人和下属之间相互支持的亲密关系，这种关系以双方能同舟共济为基础。为了激发人们的希望，领导者应承担起对自己和下属的责任，以此显示他们的信念和自信心。即使所有的事情都变得很糟，或者出现了很大的挫折，领导者也会承担起责任，重新振作起来。领导者通过描绘对未来的积极想象来使自己和下属保持希望，他们乐观向上，带动下属也积极地看待未来。

第 2 节　领导理论

领导力的核心，在于一个领导者改变他人思维模式和思维结构的能力。

——沃伦·本尼斯

一、早期领导理论

早期领导理论关注领导者（领导特征理论）以及领导者如何与其下属成员相互作用（领导行为理论）。

（一）领导特质理论

最早的领导研究主要致力于分离出领导者的特质。特质理论假定某些基本的人格特质令领导者与非领导者区分开来，只要定义出这些特质，就可以挑选出潜在的领导者。这些特质包括体型、外貌、社会阶层、情绪稳定性、说话流畅性以及社交能力等。

20 世纪二三十年代，人们为了找出重要的领导者特质进行了大量研究。然而，结果表明不可能有这么一套特质始终能够把领导者与非领导者区分开来，即使是一开始看上去有效的领导特质也存在多种不同的解释。例如，许多领导者都表现出良好的沟通技能和自制力，但这些特质与其说是原因，不如说是他们在获得领导地位后的表现。不过，后来一些研究试图找出与领导（领导过程而不是领导者）高度相关的特征，这些研究则更为成功。与有效领导相关的七种特质及其简要描述如表 13—1 所示。

表 13—1 与有效领导相关的七种特质

特质	简要描述
内在驱动力	领导者表现出很高的努力程度，具有相对较高的成功欲望，进取心强、精力充沛，对所从事的活动坚持不懈、永不放弃，并具有积极主动性
领导欲	领导者有强烈的欲望去影响和领导他人，乐于承担责任
诚实与正直	领导者诚实、可靠且言行一致，与下属建立了信任关系
自信	领导者表现出强烈的自信，使下属相信自己制定的目标和决策具有正确性
智慧	领导者需要具备足够的智慧来收集、整理和解读大量信息，能够提出愿景、解决问题和制定正确的决策
工作相关知识	有效的领导者应十分熟悉本企业、本行业以及相关技术事项，能够作出睿智的决策，并了解这些决策的意义和影响
外向性	领导者应精力充沛、充满活力，善于交际、坚定果断，很少沉默寡言或孤僻离群

资料来源：KIRKPATRICK S. A.，LOCKE E. A. Leadership：do traits really matter？. Academy of Management Executive，1991，5：48-60. JUDGE T. A.，BONO J. E.，ILIES R.，et al. Personality and leadership：a qualitative and quantitative review. Journal of Applied Psychology，2002，8：765-780.

研究者最终认识到，仅依靠特质并不足以识别有效的领导者，因为仅以特质为基础的解释忽略了领导者与其下属之间的相互关系以及情境因素。从 20 世纪 40 年代末期到 60 年代中期，研究者转而关注其他变量，特别是领导者的行为或行动。

（二）领导行为理论

1. 密歇根大学的研究

20 世纪 40 年代末，密歇根大学的研究者在李克特（Likert）的领导下开始研究领导行为，希望识别与工作绩效相关的领导者行为特征。通过对大量领导者（经理）与追随者（下属）进行研究，研究者发现了两种基本的领导行为——以工作为中心（job-centered）和以员工为中心（employee-centered）。以工作为中心的领导者强调工作层面的任务，具体表现为注意下属工作、解释工作程序、对结果表现出极大兴趣。以员工为中心的领导者强调人际关系，具体表现为关注建立和谐的工作群体、保持员工对工作的满意，其首要关注点是员工福利。密歇根大学的研究者得出结论：以员工为中心的领导行为更加有效，即能实现高水平的群体生产率和群体成员满意度。

2. 俄亥俄州立大学的研究

1945 年起，即大约在李克特研究的同时，在拉尔夫·斯托格蒂尔（Ralph Stogdill）的指导下，俄亥俄州立大学的研究者也对领导行为进行了研究。研究者收集了大量的下属对领导行为的描述，经归纳认为领导行为可用两个维度加以描述——定规（initiating structure）维度和关怀（consideration）维度。定规行为是指领导者为实现目标而定义自己的角色及群体成员的角色，具体包括领导者界定组织工作、工作关系及目标。关怀行为是指领导者与群体成员建立相互信任的工作关系，尊重其意见和感受，关心下属，建立温暖、友好和支持的气氛。俄亥俄州立大学的研究结果与密歇根大学的研究结果相类似，但是两者存在一个重要区别：前者的研究并不将行为解释为单一向度，认为两个维度的行为是相互独立的，即领导者可以同时表现出不同的定规行为和关怀行为。研究发现，高定规维度、高关怀维度的领导者有时会实现高水平的群体任务绩效和群体成员满意度，但也并非总是如此。

3. 管理方格

另一种领导行为理论是管理方格（managerial grid）理论。管理方格提供了评估领导风格以及使领导者转向理想行为风格的工具。管理方格中包括两个行为维度——关注员工（方格的纵轴，类似于以员工为中心和关怀行为）和关注生产（方格的横轴，类似于以工作为中心和定规行为）。图 13—3 描述了管理方格。虽然管理方格有 81 种潜在的领导风格，但是研究者只命名了图 13—3 中所示的 5 种领导风格。根据这一理论，理想的领导风格是（9，9），可经过一种包括 6 个步骤的课程培训达到这一风格。然而，从实践来看，虽然许多企业运用管理方格获得了适度的成功，但其真正效力缺乏科学证据的支持。同时，管理方格只为领导风格的概念化提供了一种框架，并未正面回答什么使一位领导者成为有效领导者的问题。

领导行为理论在当代领导理论的发展中起到了重要作用，它告诉我们不应关注领导特质，而应关注领导行为。但是，这些理论同样对有效领导的构成作出了普遍规定，行为理论学者试图发现领导行为与员工反应之间存在的一致性关系，但他们总是失败。该领域的研究者发现，尽管人际维度和任务导向维度有助于描述领导行为，但是无法用于预测或指导领导行为，需要某种更为复杂的工具。于是，他们开始考察情境的影响，即哪种领导风格可能适用于何种类型的情境，领导理论的下一步发展就是情境理论的创立。

二、领导权变理论

我们将考察三种权变理论：费德勒模型、情境领导理论、路径—目标理论。每种理论都致力于界定领导风格和情境，并尝试回答“如果情况或情境是……那么应采用的最佳领导风格是……”

（一）费德勒模型

第一个综合的领导权变模型是由弗雷德·费德勒（Fred Fiedler）提出的。费德勒权变模型将领导者的特质研究与领导行为研究进行有机结合，主张行为风格是领导人格特质的反应，并将其与情境分类相联系开展研究。该模型基于如下前提假设：不同的情境需要不同的领导行为，总有某种领导风格是最为有效的。问题的关键是：第一，界定领导风格及不同的情境；第二，确定风格与情境的正确组合。

为了测量领导风格，费德勒开发了“最难共事者”（least-preferred coworker，LPC）问卷。该问卷包括 18 组对照形容词，如愉快—不愉快、冷淡—热情、枯燥—有趣、紧

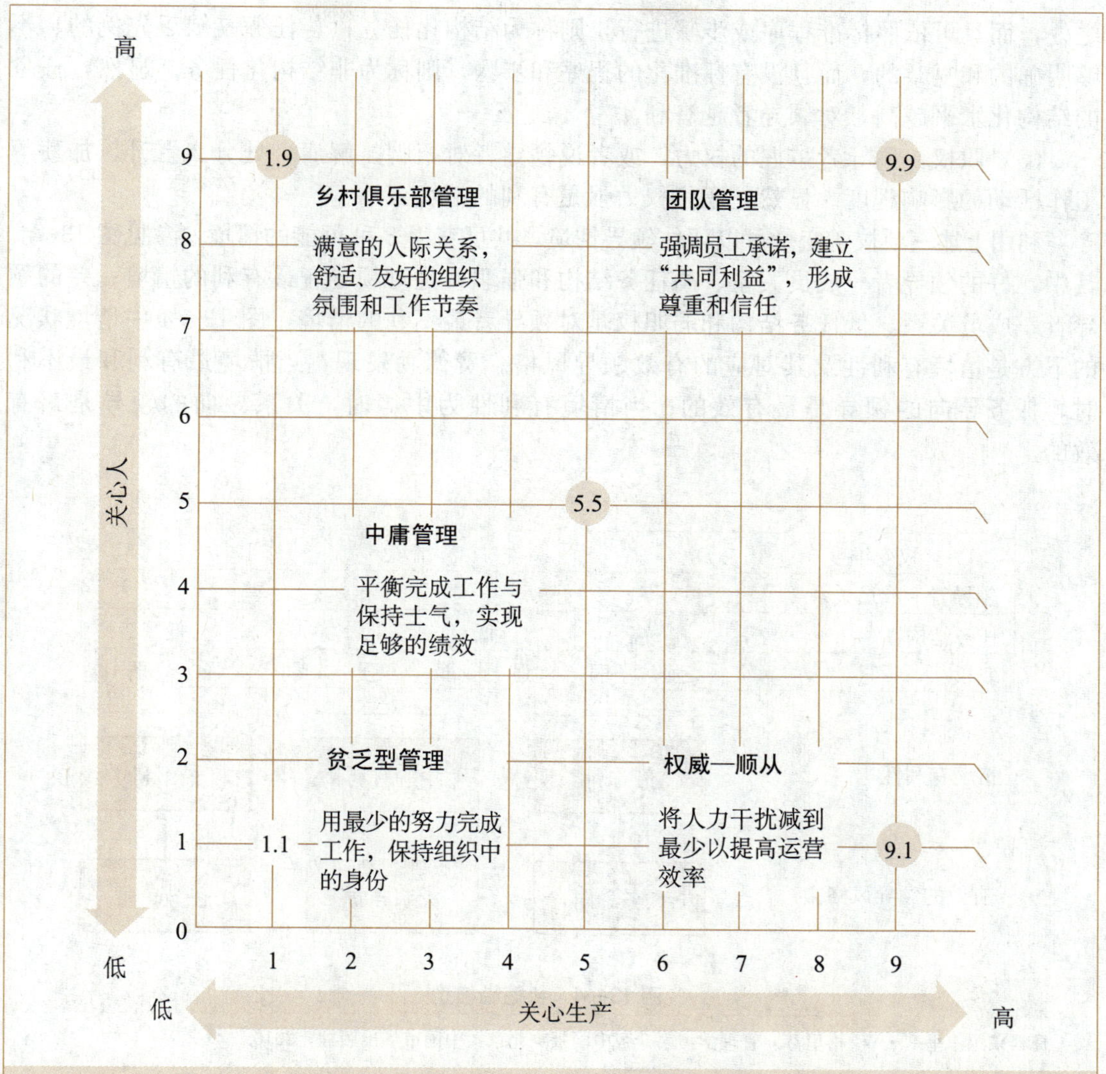

图 13—3　管理方格

资料来源：BLAKE R. R.，MOUTON J. S. The Managerial grid Ⅲ. Houston：Gulf Publishing，1984.

张—放松等。其中，“1”始终代表各组中极端的贬义词，“8”始终代表各组中极端的褒义词。作答者被要求基于这 18 组对照形容词来评估每位同事，并根据总得分确定一个最难共事者。高分代表积极品质，表明该领导者与同事建立了良好的人际关系，其领导风格可以描述为关系导向；低分代表消极品质，表明领导者主要对生产率以及完成工作任务感兴趣，其领导风格可以描述为任务导向。费德勒也承认，有小部分人介于上述两者之间，并且无论何种领导风格均有利弊，不存在十全十美的领导风格。

在评估了领导风格后，需要对情境进行评估，以便将两者进行匹配。费德勒的研究提出了三项权变维度——领导者—成员关系（leader-member relation）、任务结构（task structure）和职权（position power）。

（1）领导者—成员关系：员工对其领导者信任、爱戴、尊重和拥护的程度。显然，好的关系是有利的情境。

（2）任务结构：工作任务的结构化程度。若任务是例行的、易理解的，不存在模糊之处，而且可依照标准程序或步骤进行，则称为结构化任务；若任务是缺乏先例的、不够明确的和复杂的，而且没有标准化的程序和步骤，则称为非结构化任务。显然，任务的结构化水平越高，对领导者越有利。

（3）职权：领导者掌握的权力，或者说领导者对招聘、解雇、处分、晋升、加薪等工作活动的影响程度。显然，职位权力强是有利的情境。

利用上述三项权变变量可以评估领导情境，共可获得 8 种可能的情境，参见图 13—4。其中，好的领导者—成员关系、高任务结构和强职权是对领导者最有利的情境；差的领导者—成员关系、低任务结构和弱职权是对领导者最不利的情境。图 13—4 中情境状况的下方是情境有利性及其对应的有效领导风格。费德勒发现，当情境最有利和最不利时，任务导向的领导是最有效的；当情境有利性为中等时，关系导向的领导是最有效的。

权变维度	情境							
领导者—成员关系	好				差			
任务结构	高		低		高		低	
职权	强	弱	强	弱	强	弱	强	弱

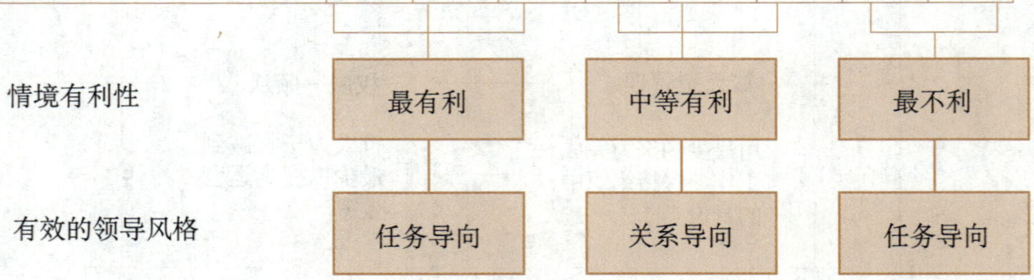

图 13—4　费德勒模型

资料来源：里基·W. 格里芬. 管理学：第 9 版中国版. 北京：中国市场出版社，2010.

费德勒认为，无论情境如何变化，一个人的领导风格是固定不变的，领导者不可能改变行为以适应特定情境的要求，因为领导风格是与特定的人格特质相联系的。如果领导风格与情境不能匹配，为了保证领导效果，费德勒的建议是：第一，引入一位领导风格更适合该情境的新领导者；第二，改变情境来适应领导风格，如重新构建工作任务，使任务结构化（制定规定和程序），或增大职权，或改进领导者—成员关系。

虽然大量研究证据支持费德勒模型，但是该理论也受到了批评，主要是 LPC 问卷缺乏有效性，情境变量难以评估，个人无法改变自己的领导风格的假设不切实际等。尽管如此，费德勒模型仍帮助很多领导者认识到自己必须面对的重要情境因素，促进了对领导的情境本质的大量思考。

（二）情境领导理论

情境领导理论（situational leadership theory，SLT）由保罗·赫西（Paul Hersey）和肯·布兰查德（Ken Blanchard）提出，是一个聚焦于下属成熟度的权变理论。所谓成熟度（readiness），是指员工完成某项具体任务的能力和意愿程度。赫西和布兰查德重视下属在领导效果方面的作用，是因为下属可以接纳或拒绝领导者的命令，领导者的领导效果经常取决于下属的行为和活动，而这一重要维度却被许多领导理论忽视或低估。

情境领导理论使用了费德勒模型确定的两个领导维度——任务导向和关系导向。不过，赫西和布兰查德向前迈进了一步，认为两个维度均有低有高，从而形成四种具体的领导风格，即告知型（telling）、推销型（selling）、参与型（participating）和授权型（delegating）。同时，情境领导理论还对下属成熟度的四个阶段进行了定义，具体如表 13—2 所示。在表 13—2 中，下属成熟度阶段与适用的领导风格在每行一一对应。

表 13—2　下属成熟度阶段与适用领导风格的对应关系

下属成熟度阶段	具体解释	适用的领导风格	具体解释
第一阶段（不成熟）	下属没有能力和意愿完成某项工作，他们缺乏能力或信心不足	告知型（高任务导向—低关系导向）	领导者界定各种角色，向下属明确告知工作内容、工作方式、时间和地点，强调直接指挥
第二阶段（初步成熟）	下属没有能力但愿意执行必要的工作任务，他们有积极性，但是缺乏足够的技能	推销型（高任务导向—高关系导向）	领导者既给下属以一定的指导，又注意保护和鼓励下属的积极性
第三阶段（比较成熟）	下属有能力但不愿去做领导者希望他们承担的工作，他们能够胜任工作，但是不想去做	参与型（低任务导向—高关系导向）	领导者与下属共同参与决策，领导者的主要作用是给下属以支持、促进内部的协调与沟通
第四阶段（成熟）	下属有能力且愿意做领导者要求他们去做的工作	授权型（低任务导向—低关系导向）	领导者很少发出命令或提供支持，下属独立地开展工作、完成任务

情境领导理论强调下属的重要性，“领导者可以弥补下属在能力和动机方面的缺陷”的观点具有其逻辑基础。然而，情境领导模型存在内在的模糊性和不一致性，如下属的能力和意愿不易界定、不易赋予权重等。虽然该理论很有吸引力，但是应谨慎对待。

（三）路径—目标理论

20 世纪 70 年代初，一种新型的领导权变理论颇受重视，这就是加拿大多伦多大学教授罗伯特·豪斯（Robert Howse）的路径—目标理论（path-goal theory）。该理论是对激励期望理论的直接扩展，我们将在第 15 章对期望理论进行介绍。路径—目标理论认为，领导者的主要职能就是在工作场所中报告有价值的和符合期望的奖励，使员工明确哪些行为可以导向目标实现和奖励，即明确实现目标的路径。

与费德勒的理论相反，路径—目标理论认为领导者可以根据具体情境改变自己的领导风格和行为。豪斯提出了四种领导行为——指导型、支持型、参与型和成就导向型。

（1）指导型领导。领导者让下属知道对他们的期望，制定工作计划，提供规定和指导，具体安排工作。

（2）支持型领导。领导者关注下属的需求，并平等、友善地对待他们。

（3）参与型领导。领导者咨询下属的意见、征求建议并让下属参与决策。

（4）成就导向型领导。领导者设定具有挑战性的目标，期待下属表现出最佳绩效，并鼓励下属、对其能力表现出信心。

路径—目标理论提出了两类能够影响领导行为—结果关系的情境因素（或称为权变变量）：环境特征（任务结构、正式职权系统等）；下属个人特征（如经验、认知能力等）。环境特征决定了需要哪种类型的领导行为；下属个体特征决定了领导者行为和环境是如何被解读的。领导者需要同时考虑两方面的因素选择领导行为，以使下属的结果绩效最大化。

（1）环境特征：包括下属无法控制的外部因素，如任务结构、正式职权系统和工作群体的性质。例如，当任务结构水平较高时，支持型领导会带来高水平的员工绩效和满意度，此时指导型领导的效能较低，因为下属不需要领导者告诉自己如何完成工作；正式职权关系越明确、等级越森严，领导者越应开展支持行为，此时指导型领导的效能较低；若工作群体无法获得社会支持和满意，则员工需要领导者的支持。

（2）下属个人特征：包括下属对自身能力的看法和控制点。若下属认为自己缺乏能力，则可能需要指导型领导帮助他们更好地理解路径—目标关系；若下属认为自己能力很强，则会厌恶指导型领导。控制点是一种人格特质。拥有内部控制点的人相信结果是自身努力和行为产生的，而拥有外部控制点的人则将结果归于命运、运气或“系统因素”；拥有内部控制点的人可能偏好参与型领导，而拥有外部控制点的人则偏好指导型领导。领导者不可能改变下属的个人特征，但可以通过改变环境（如提供奖励、使任务结构化）来利用这些个人特征。

路径—目标理论关于高效率领导行为的预言，经验证并未得到一致性结果，这可能是因为领导行为的测定方式以及工作结构的测量尺度不完善。因此，与其他权变理论一样，路径—目标理论只是对领导过程进行了合理的、良好的描述，有助于帮助未来研究者探索各种关系并修正理论，必须进一步研究以提高其有效性。①

三、领导的新趋势

（一）服务型领导

21世纪，在不断扩大的全球化、信息化后，传统的管理已显疲态。在后现代化之后，管理衰弱是我们不得不承认的事实。本世纪的最大特点就是技术、社会、政治、经济和商业状况处在持续多变的环境之中。由于面对的环境复杂多变，所以对领导的要求更多，尤其是对工商业领导和管理者。它要求在企业中发挥领导作用的人必须是发展成熟的人，而且对自己、雇员、公司以及更广泛系统的良好行为负责。

随着技术的发展，个人和组织获取的信息无穷无尽，常常导致信息不对称现象，这也成为发挥领导力的一种阻碍。所以，领导者必须获得技术和能力。另外，生产力迅猛发展的一个结果是产业结构调整的加速和第三产业的兴起。目前，在欧美发达国家，有50%以上的员工在第三产业工作。第三产业的特点是一般没有物质产品，其产品主要是服务。服务质量的竞争是第三产业竞争的主要形式。

因此，许多企业家和管理学家认为，服务制胜的时代已经到来。我们按古典管理—现代管理—后现代管理—未来时代的时期序列给出管理、领导和服务的发展趋势曲线，如图13—5所示。

---

① 里基·W. 格里芬. 管理学：第9版中国版. 北京：中国市场出版社，2010.

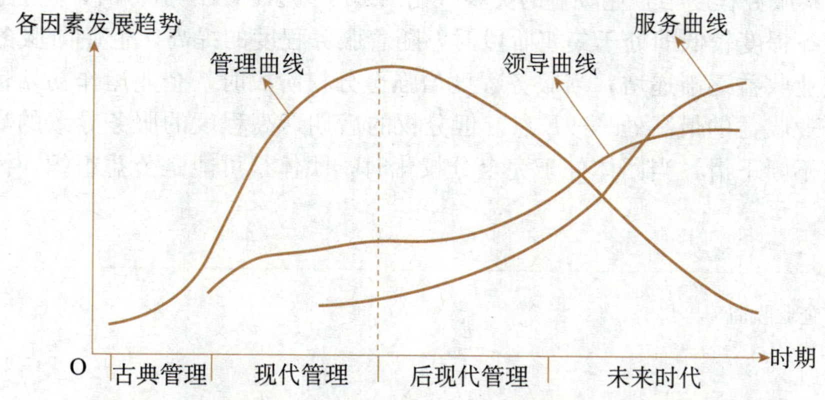

图 13—5　管理、领导和服务发展趋势图

服务型领导就是能够将他人的需要、愿望及利益置于自己之上的领导。服务型领导能够作为大家的公仆，在群体中处于不显眼的岗位，默默无闻地为群体的其他成员提供资源和支持，而不乞求他人的承认或答谢。通过不间断的服务行为，服务型领导最终能够成为决定群体生存的关键人物，并担当领导职位。

服务型领导强调个人发展和对下属授权，服务型领导发自内心的愿望就是服务他人，服务他人是服务型领导的第一选择。服务型领导的主要动机就是服务，而不是领导。服务型领导将领导岗位当作服务他人的机会，服务的最终目的就是帮助他人也成为服务者，从而使整个社会受益。是否具有服务动机是区别服务型领导和其他类型领导的重要标志。服务型领导的动机源于领导者的原则、信念、价值观或谦逊品质及远见卓识，这些内在的激励因素使领导者自然而然地承担了服务型领导的角色。

服务是继管理和领导后的第三因素，在没有服务时，企业的运营由于管理和领导的存在仍存在一定的“广义管理”效用和企业收益。对于一个团体，当服务程度提高时，其成员满意度和数量都将提升。团体“广义管理”效用随服务程度的提高而增加。“广义管理”是指企业的整体运营，包括传统管理（包括计划、组织和控制）、领导和服务。服务效用如图 13—6 所示。

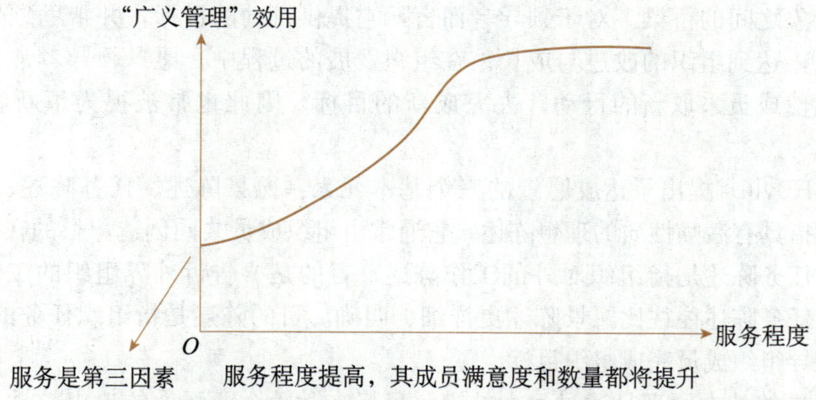

图 13—6　服务程度效用图

下面考察服务程度与企业收益的关系（见图13—7）。当没有服务时，企业仍有少量的收益；当服务程度较低即处于集权阶段时，随着服务程度的提高，企业向服务型领导模式靠近，企业收益逐渐递增；当服务程度增强至分权阶段时，企业运作初始良好，而且可以到达企业收益的最高处——E点。但分权的后期，高程度的服务导致的高成本使得企业的收益不断下滑；当团体处于完全分权化时，团体很可能是公益组织，团体收益趋于零。

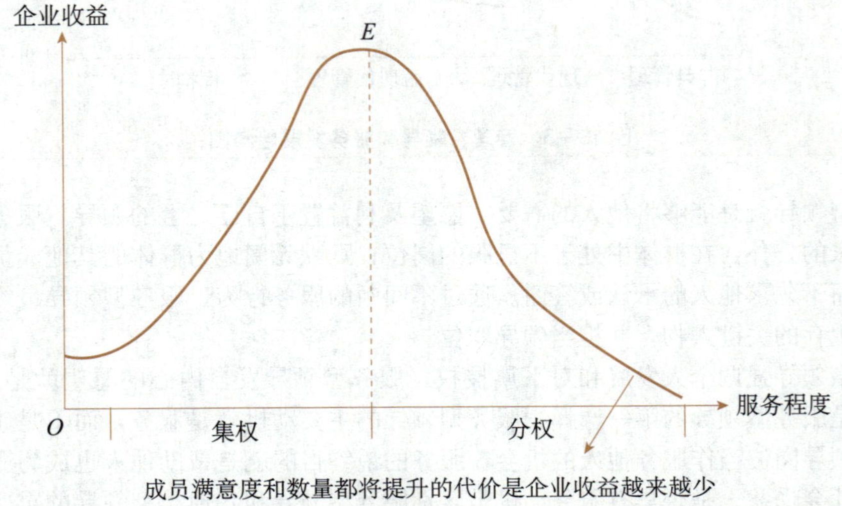

图13—7 服务程度企业收益图

（二）愿景领导

纳努斯（Nanus）在《愿景领导》一书中正式提出“愿景领导”一词，并强调领导者对愿景的影响最深远。

愿景领导是指组织可靠的、真实的、有吸引力的未来，它代表所有目标努力的方向，能使组织更成功、更美好。愿景包括组织长期的计划与未来发展的景象，是组织现况与未来景象之间的桥梁。对于领导者而言，它提供行动的目标，并帮助领导者，超越目前的情境，达到组织的改进与成长。在组织发展的过程中，愿景领导者常会提出真知灼见，并驱使成员采取新的行动，去完成新的目标，因此也常被视为革新者或理想的楷模。

霍乐（Hoyle）提出了达成愿景的三个基本元素：愿景陈述、任务陈述、目的陈述。愿景陈述是指具有激励性质的理想陈述，它通常由组织成员共同创造，目的在于激励成员不断努力。任务陈述是指组织对外的工作陈述，目的是要告诉外界组织的工作目标和过程。因此，任务陈述往往比愿景陈述更详细、明确。目的陈述是指组织任务的具体陈述，目的在于引导组织成员完成组织目标。

愿景领导的基本原理是通过远大的抱负目标来激励企业强大的追求拉动力，使各级管理者沿着充满野心的、似乎是胆大妄为的理想不断前进。它是基于这样一种哲学的基本假设：人的生命是短暂而有限的，职业者应将其个人发展融入到企业发展之中以共同实现社会价值，因此，人的潜能是无限的，并且应该以高不可攀的目标来激发这样的潜能。

愿景领导本质上是一种哲学思辨模式、一种思想工具。这样的思维模式是要告诉员工应该从 2 万米的高度，而不是下一个季度销售收入预测（即从 100 米的高度），来关注企业的战略计划。这是一个远远超脱于生硬照搬战略管理概念及流程的思维模式。大部分中国企业管理人员目前仍停留在愿景、哲学、文化是虚无缥缈的，只相信战略计划本身才是成功的关键，同时认为应当坚持使用战略计划的套路，在月度、季度和年度进行战略评估与调整，以便对战略方向有足够的把握。

我们认为战略计划并非不重要，但仅仅停留在对于战略计划的依赖，只能使高层管理人员的思维束缚于现有问题的解决，而难以放远眼光，掌控全局，展望未来。得到普遍认可的传统的战略计划是制定战略决策的主要办法，大家以为一个正式的严密的程序就能够创造战略，但这并非解决问题的最终途径。企业高层的愿景对每一个企业规划过程至关重要。战略计划并不能独自产生愿景，而且，战略计划离开了愿景就毫无价值。

本书前面用一章的内容阐述了组织的共同愿景，而愿景领导在组织愿景的开发与规划过程中起到了非常重要的作用。

（三）跨文化领导

在文化交流和文化融合的时代，领导已经被注入了崭新的内容，即领导活动不再受制于单一文化体系和单一价值观念的束缚，跨文化领导使领导活动在更为广阔的空间焕发了前所未有的生命力。

跨文化领导是在经济交流和市场扩展的过程中逐渐产生的一种独特的领导现象。在跨文化领导产生之前，我们关注的是单一文化体系中的领导现象。例如，西方社会中以工作为导向的领导文化是存在于个人主义和结构主义这一传统理念之中的，而东方社会中以关系或人员为导向的领导文化是存在于集体主义这一传统理念之中的。所以，我们以往在关注领导活动时，总是局限于某一特定的文化体系之内，对领导方式和领导方法的研究都具有特定的文化含义。例如，美国学者在研究领导现象时，就比较注重美国文化中的个人主义传统与自我意识，而亚洲学者则比较注重领导活动中的集体主义特性，领导活动被深深地打上了某一特定文化体系的烙印。但是，跨文化领导的崛起使得领导活动必须在多种文化体系的交融中才能得到完整的理解。当不同的文化在一个跨国组织中相遇的时候，文化之间的碰撞与交融就是不可避免的。在单一文化体系中非常有效的领导方式和领导方法，有可能在多元文化的碰撞中丧失其原来的有效性。因此，对于那些想要在多元文化共存的格局中取得成功的领导者来说，了解跨文化领导的独特性显得非常重要。

那么，什么是跨文化领导呢？有两种理解。一种是从组织的角度来理解跨文化领导，即跨文化领导就是领导者在由不同国籍、不同价值观念和不同文化背景的员工构成的组织中所实施的一种统领和协调的行为。从这个角度来说，跨文化领导是存在于跨国企业和跨国组织之中的。另一种理解是从文化交流和文化变迁的角度，把跨文化领导视为适应全球化浪潮和服务世界性文化浪潮的一种新型领导活动。从这个角度来说，跨文化领导是考验领导者驾驭和适应文化挑战能力的一种独特现象。前一种理解对中国正在兴起的跨国企业具有重要的参考价值，后一种理解则对中国各级政府的领导干部意义非同一般。

领导不同于管理的本质特征在于它是一种变革的力量。领导者能否担负起推动一个组织乃至一个国家发生巨大变革的责任，关键不仅在于其能否提出一个被员工和社会接受的愿景目标，而且在于其能否提出一个适应文化变迁的价值目标。在许多情况下，价值目标比笼统的愿景目标更能创造奇迹和释放人们自身的能量。显然，这一价值目标的提出越来越多地与文化的交流和经济的全球化联系在一起。西方学者在研究报告《未来组织设计》中曾提出："来自全球性巨型企业和以知识为基础的、敢于创新的企业家的竞争不断加剧，将驱使企业去寻求能带来竞争优势的新资源和新的同盟者，以在竞争中生存下去。"同样，一个地区、一个国家的竞争力的提高，也迫切需要领导者在文化交流与碰撞的过程中拓展和更新对领导活动的理解。在全球化浪潮中诞生的跨文化领导者，不仅是驾驭新型文化环境的能手，而且是吸收先进领导理念和融合各种文化资源的巧匠。对于中国来说，这样的跨文化领导者显然是一种稀缺的资源。

跨文化领导是一种追求知识的活动。由于跨文化领导是在具有差异性的文化交流过程中形成的，对各种价值观念、风俗习惯、制度惯性的了解，就成为对跨文化领导者的特有要求。显然，跨文化领导与原来的单一文化体系中的领导相比，对领导者知识素质的要求是较高的。因此，有人认为，这是一个孕育"追求知识的领导"的时代。

今天，任何一位领导者都必须养成提高个人智能的习惯，并且有能力吸收、解释与分析各种对制定战略决策有用的相关信息。但是，这些信息资源与知识显然是不同的。因为信息存在于各种零散的事件中，而知识则与领导者的归纳能力和见识直接相关，它能帮助我们从各种零散的信息碎片中找出相互关联的东西，并通过归纳与整理形成自己的见识和判断。拥有丰富的知识资源，可以帮助领导者增强辨别各种信息的价值及其相关性的能力。这对处于信息爆炸的全球化时代的领导者来说，显然是必不可少的。如果说知识资源对传统的领导者来说是一种补充性力量的话，那么在全球化时代，知识资源就有可能成为跨文化领导者的必要条件。

（四）变革型领导

变革型领导是继领导特质论、领导行为论、领导权变论之后，在 20 世纪 80 年代由美国政治社会学家詹姆斯·麦格雷戈·伯恩斯在他的经典著作《领袖论》中提出的一种领导类型。变革型领导理论具有很大的包容性，它对领导力的作用过程进行了广泛的描述，包含了领导过程中多层次、多角度、已有广泛基础的观点，是一种很有理论和实践意义的领导学理论。

总的来说，变革型领导理论把领导者和下属的角色相互联系起来，并试图在领导者与下属之间创造出一种能提高双方动力和品德水平的过程。拥有变革型领导力的领导者通过自身的行为表率、对下属需求的关心，来优化组织内的成员互动。同时，通过对组织愿景的共同创造和宣扬，在组织内营造变革的氛围，在富有效率地完成组织目标的过程中推动组织的适应性变革。

变革型领导作为一种重要的领导理论是从政治社会学家伯恩斯的经典著作《领袖论》开始的。在他的著作中，伯恩斯将领导者描述为能够激发追随者的积极性从而更好地实现领导者和追随者目标的个体，进而将变革型领导定义为领导者。通过让员工意识到所承担任务的重要意义和责任，激发下属的高层次需要或扩展下属的需要和愿望，使下属为团队、组织和更大的政治利益超越个人利益。巴斯（Bass）等人最初将变革型领导划分为六个维度，后来又归纳为三个关键因素。埃维利奥（Avolio）在其基础上将变革型领导行为的方式概括为四个方面：理想化影响力（idealized influence）、鼓舞性激励（inspirational motivation）、智力激发（intellectual stimulation）、个性化关怀（individualized consideration）。具备这些因素的领导者通常具有强烈的价值观和理想，他们能成功地激励员工超越个人利益，为了团队的伟大目标而相互合作、共同奋斗。

（1）理想化影响力。理想化影响力是指能使他人产生信任、崇拜和跟随的一些行为。它包括领导者成为下属行为的典范，得到下属的认同、尊重和信任。这些领导者一般具有公认较高的伦理道德标准和很强的个人魅力，深受下属的爱戴和信任。大家认同和支持他所倡导的愿景规划，并对其成就一番事业寄予厚望。

（2）鼓舞性激励。领导者向下属表达对他们的高期望值，激励他们加入团队，并成为团队中共享梦想的一分子。在实践中，领导者往往运用团队精神和情感诉求来凝聚下属的努力以实现团队目标，从而使所获得的工作绩效远高于员工为自我利益奋斗时所产生的绩效。

（3）智力激发。智力激发是指鼓励下属创新，挑战自我，包括向下属灌输新观念，启发下属发表新见解和鼓励下属用新手段、新方法解决工作中遇到的问题。通过智力激发，领导者可以使下属在意识、信念以及价值观的形成上产生激发作用并使之发生变化。

（4）个性化关怀。个性化关怀是指关心每一个下属，重视个人需要、能力和愿望，耐心细致地倾听，以及根据每一个下属的不同情况和需要，区别性地培养和指导每一个下属。这时变革型领导者就像教练和顾问，帮助员工在应对挑战的过程中成长。

第 3 节　领导与管理的辩证统一

首先，领导与管理有诸多相似之处。两者都涉及对要做的事情作出决定，建立一个能完成某项计划的人际关系网，并尽力保证任务得以完成。从这种意义上讲，两者都是完整的行为体系，而非对方的一部分。那些认为管理是领导执行过程的一部分的人忽略了一个事实——领导有自己的执行过程，那就是组织群众奔向一个新的发展方向并激励群众实现目标。同样，那些认为领导是管理执行过程的一部分（激励部分）的人，忽略了领导具有的确定经营方向的特性。表 13—3 中第 1 列显示了两者的相似之处。

表 13—3　　领导与管理的异同

	管理	领导
制定计划	计划和预算：确定实现计划的详细步骤和日程安排，调拨必需资源以执行计划	确定经营方向：确立将来——通常是遥远的将来——的远期目标，并为实现远期目标制定进行变革的战略
发展完成计划所需的人力网络	建立组织结构和配备人员：根据计划要求建立企业的组织机构，配备人员并赋予他们执行计划的职责和权力；制定政策和程序对人们进行引导，并采取某些方式或创建一定系统监督计划的执行情况	联合群众：通过言行将所确立的企业经营方向传达给群众，争取与有关人员的合作，并形成影响力，使相信愿景目标和战略的人们形成联盟并得到其支持

续前表

	管理	领导
执行计划	控制、解决问题：严格地监督计划的完成情况，当发现偏差点时，制定计划、组织人员解决问题	激励和鼓舞：通过唤起人们未得到满足的最基本需求，激励人们战胜在变革过程中遇到的政治、官僚和资源方面的主要障碍
结果	在一定程度上完成预期计划、维持秩序，并具有能持续满足相关利益者主要期望的潜力（如对顾客而言是要求准时，对股东而言是要求实现利润最大化）	引起变革——通常是剧烈变革，并形成非常积极的变革潜力（如生产出顾客需要的新产品、寻求新的劳资关系协调办法、提高企业竞争力等）

其次，领导与管理之间存在极为明显的差异。管理中的计划和预算趋向于注重几个月到几年的时间范围，强调微观方面，看重风险的排除以及合理性；领导中的经营方向确立着重于更长的时间范围，注重宏观方面，强调敢冒一定风险的战略以及人的价值观念。管理侧重企业组织和人员配备的专业化，挑选或培训合适的人员承担各项工作，要求服从安排；领导侧重整体性，使整个群体朝着正确方向前进以实现已确定的愿景和目标。管理中的控制和解决问题通常侧重抑制、控制和预见性；领导侧重授权、扩展，关注不时地创造惊喜以激发群众的积极性。表 13—3 中右边的两列显示了两者的差异。

虽然领导与管理可能彼此冲突，如有力的领导可能扰乱一个有序的计划体制、削弱管理层的基础，而有力的管理可能会打消领导行为所需的冒险意识和积极性，但是两者对于企业组织发展而言缺一不可。若两者都不具备或都很弱，则企业好比一只船体有大洞的无舵之船。若两者只具备其一，则不一定能使其境况变好。若缺乏领导，则强有力的管理可能变得官僚主义、令人压抑，为了秩序而维持秩序，今天这种情况更多地出现在企业特别是成熟的大型企业中；若缺乏管理，则强有力的领导可能导致狂热崇拜，为了变革而变革，甚至使变革朝着完全不理智的方向发展。正如乔纳森·戈斯林（Jonathan Gosling）和亨利·明茨伯格（Henry Mintzberg）所言："割裂管理与领导是很危险的。缺乏领导的管理会鼓励平庸、扼杀创新；缺乏管理的领导会鼓励疏离、滋生傲慢。"① 管理过分而领导不力必然会导致以下情况出现：强调短期目标，注重细节，侧重回避风险，很少注重长期性、宏观性和敢冒风险的战略；过分注重专业化，要求服从规定，很少注重整体性、联合群众和投入精神；过分侧重控制和预见性，而对扩展、授权和鼓舞的强调不够。

可以推测，具有上述问题的企业大多相当刻板，不具备创新精神，不能处理市场竞争和技术变革环境中出现的重大变化。可以预见，随着时间的推移，这些企业的绩效表现会逐渐恶化，即使企业原本处于极为有利的市场地位。由于缺乏新产品、无法提供创新带来的低价格，顾客必定得不到良好服务；而随着企业业绩的下降，投资者得到的利润很少甚至为零，雇员们会更强烈地感受到银根紧缩，被迫作出更多牺牲，包括最终失去工作。

只有将有力的管理与有力的领导联合起来，才能获得令人满意的效果。一个企业要成功，不仅必须持续地满足顾客、股东、雇员和其他人的目前需要，而且必须确定并适应这些主要对象随时间推移而不断变化的需求。为此，它不仅必须以令人满意的、系统的、合理的方式计划、预算、组织和配备人员，控制和解决问题，以实现预期的日常目标，而且

① 托马斯·达文波特，斯蒂芬·哈丁．管理者是什么：发挥你组织中的竞争优势．上海：上海社会科学院出版社，2013.

必须确定一个合适的发展方向，必要时不断调整这一方向，联合群众朝此方向不懈努力，即使付出巨大代价，也要激励成员进行变革。综上所述，管理与有效的领导行为相结合，能使变革过程更为有序；有效的领导与高效管理相结合，有助于产生必要的变革，并使混乱的局面得到控制，获得有效的领导效能。

本章小结

◇ 领导是领导者及其领导活动的简称。

◇ 领导者是组织中那些有影响力的人员，他们可以是组织中拥有合法职位的、对各类管理活动具有决定权的主管人员，也可能是一些没有确定职位的权威人士。

◇ 领导活动是领导者运用权力或权威对组织成员进行引导或施加影响，以使组织成员自觉地与领导者一起去实现组织目标的过程。领导活动对组织绩效具有决定性的影响。

◇ 领导的决定性作用具体体现为沟通协调作用、指挥引导作用以及激励鼓舞作用。

◇ 领导与管理之间是辩证统一的关系。

思考题

1. 领导的关键行为是什么？
2. 有些专家认为领导对于学习型组织而言尤为重要，你是否同意这种说法？
3. 每种领导权变理论的基本思想是什么？
4. 谈谈你对服务型领导、愿景领导、跨文化领导和变革型领导的认识。

案例应用

一代“禅师”菲尔·杰克逊

菲尔·杰克逊，全名菲利普·道格拉斯·杰克逊（Philip Douglas “Phil” Jackson），1945 年 9 月 17 日出生，前 NBA 球员，现任洛杉矶湖人队主教练。杰克逊被公认为 NBA 史上最伟大的主帅之一。他的业内地位是在 1989—1998 年间担任芝加哥公牛队主教练时确立的，任期内他率领公牛队获得了 6 座 NBA 总冠军。他执教的洛杉矶湖人队在 2000—2010 年获得了 5 座 NBA 总冠军。杰克逊作为主教练，总共赢得了 11 座 NBA 总冠军，打破了由阿诺德·奥尔巴赫（Arnold “Red” Auerbach）保持的纪录。

杰克逊最为人所知的是对泰克斯·温特（Tex Winter）所创三角进攻战术的使用。他同时运用受东方哲学影响的整体分析执教方式，这使得其获得了“禅师”（Zen Master）的昵称。正是在这种战术的指导下，杰克逊打造了 20 世纪 90 年代的公牛王朝和 21 世纪初的湖人王朝，并培养出两个时代的超级巨星迈克尔·乔丹和科比·布莱恩特。正是由于对三角进攻战术的创新和灵活运用，在杰克逊的执教生涯中，常规赛的胜率达到 70.5%，季后赛的胜率高达 69.7%。

“禅师”与队友的沟通方式与众不同。在每个赛季中，他会根据每位球员的特点向其赠送一本精心挑选的书，书名和内容是“禅师”最想表达和交流的信息。例如，禅师会送给科比·布莱恩特（Kobe Bryant）一本拉里·沃特森（Larry Watson）撰写的小说 *Montana*，该书讲述了关于忠诚和诚信的故事，意在提升科比的忠诚度和团队观念；他送给罗恩·阿泰斯特（Ron Artest）一本自己撰写的书《神圣的篮圈》（*Scared Hoops*），讲述他自己在公牛队如何用禅宗、土著挂件和绿野仙踪来执教篮球队，旨在使阿泰斯特感受到篮球的神圣，并教会他更心平气和地打球。他并不强迫队员去读，但还是费尽心思地寻找这些书，因为当队员遇到问题和困境时，这些书会是他们最好的指南针。此外，他还鼓励队员进行打坐冥想，达到身心合一的境界。当被问到杰克逊与其他教练的区别时，科比如是说："他教会了我们思考。"其他队员对此也非常感激。这也是那么多巨星情愿听从禅师的指导并发挥最大能量的原因。

处理队内矛盾是禅师最大的挑战，无论是当年化解奥尼尔与科比的矛盾，还是协调加索尔与科比的关系，禅师都起到了很好的润滑剂作用。尤其是在处理奥尼尔与科比的矛盾时，他一方面确立了湖人队的核心是奥尼尔，核心战术都围绕奥尼尔展开，另一方面让科比承担更多最后一投的责任，以满足科比的成就感。在日常训练中，禅师对科比并没有采用与乔丹相同的训练方式，也没有把乔丹作为科比的目标，而是鼓励科比做好自己，以自己的方式打球。在私下交流中，禅师鼓励科比尽快摆正心态，先从配角做起，逐渐成为这支球队的核心。同时，他还激励奥尼尔，向他描绘成为一位伟大球星的愿景，其动力是获得总冠军，同时让奥尼尔不断加强团队意识、照顾科比的感受，并通过牵制对方防守注意力为队员创造机会。禅师的不懈努力，成就了两位巨星的辉煌，同时铸造了湖人的三连冠。

在比赛中，禅师总是很信任自己的队员，在战术安排、关键球的处理上都给了球员足够的机会和发挥空间。例如，在2004—2005赛季的西部决赛第五场，在最后剩下0.4秒湖人球权并落后一分的情况下，当人们都在猜测会让哪位巨星完成最后一投时（当时四大巨头聚首湖人），禅师出人意料地把这个重任交给了并非巨星的费舍尔，后者不负众望，完成绝杀。

资料来源：菲克·杰克逊．终极赛季．长沙：湖南文艺出版社，2006.

［讨论题］

1. 谈谈菲尔·杰克逊属于哪种类型的领导，具备哪些领导力，分别在哪些方面有所体现。

2. 我们从菲尔·杰克逊身上能学到什么？

杰克·韦尔奇的领导

杰克·韦尔奇是1981—2001年美国通用电气公司（GE）的首席执行官。在执掌通用电气的20年中，通用电气的营业收入从当初的250亿美元上升到1 317亿美元，市值从130亿美元暴涨到最高时的5 500亿美元，给予股东的年均回报率约为23%。杰克·韦尔奇在通用电气的巨大成功也使他赢得了业界和媒体广泛的高度评价："最受尊敬的CEO""世纪经理""全球第一CEO""美国当代最成功、最伟大的企业家""20世纪最伟大的职业经理人"。著名管理大师德鲁克称之为"本世纪最优秀的公司领导"。比尔·盖茨认为杰克·韦尔奇是一个杰出的管理者。

韦尔奇在其著作《制胜之道》中总结了领导的八大规则：

- 领导者要不屈不挠地提升团队的水准，利用每个机会评估、指导以及建立员工自信；
- 领导者要确保众人不仅有抱负，而且为抱负而努力；
- 领导者让人人焕发出冲劲与乐观主义；
- 领导者以诚恳、透明和信誉建立信任；
- 领导者有勇气作出不讨好的艰难决定；
- 领导者提出最尖锐的问题，要求下属付诸行动；
- 领导者以身作则，激发员工的冒险精神；
- 领导者要常常与下属庆祝成功。

1950 年，通用电气第四任董事长科迪纳尔为了将其分权思想发扬光大，在纽约克劳顿韦尔兴建了 GE 管理发展学院。韦尔奇上任后，斥资几千万美元将之整饬一新，使之成为他传授理念、倾听下属声音的圣地。韦尔奇将公司内最优秀的员工汇集于此，亲自培训，并倾听其声音。在克劳顿韦尔，从一开始的演讲到后来热烈的互动，韦尔奇将 GE 新的价值观和战略思想有效地传播出去。克劳顿韦尔最早成为 GE 最活跃的、上通下达的信息集市。由于只有成绩突出者才能去克劳顿韦尔听课，因此在韦尔奇时代的 GE，去克劳顿韦尔上课意味着成就和晋升。

有人称韦尔奇的管理为“大象无形的管理”。在管理上，韦尔奇最为著名的独特方法莫过于“聚会”“突然视察”“发手写便条”。韦尔奇懂得“突然”行动的价值。他每周都突然视察工厂和办公室，匆匆安排与比他低好几级的经理共进午餐。韦尔奇偶尔对某个具体业务进行深度介入。当他发现医疗部门的 CT 机销量不佳时，他就自己去做调查、找出症结。GE 的 CT 机虽然水准一流，但其显像管只能使用 2.5 万次，而其竞争对手的产品至少能用 5 万次。为此，他亲自组建一个小组，命令其必须将使用次数提高到 10 万次。而到他退休时，在他有效的催动和相关措施的开展下，该产品的使用次数已达到 50 万次。这种随意性的“深潜”，不仅对不及时解决遗留问题的各层管理者施加了压力，而且教会了他们解决问题的方式。

韦尔奇总是不失时机地让人感觉到他的存在，他无数次向公司员工突然发出整洁醒目的手写便条。韦尔奇的笔刚刚放下，他的便条便通过传真机直接发给他的员工了。两天之后，当事人就会收到他手写的原件。他手写的便条主要是鼓励和鞭策员工，或促使和要求下属做什么事。韦尔奇利用便条能给人以亲切和自然感的特点，巧妙地对员工施加影响。

韦尔奇认为，挑选最好的人才是领导者最重要的职责。他说：“领导者的工作，就是每天把全世界各地最优秀的人才延揽过来。他们必须热爱自己的员工，拥抱自己的员工，激励自己的员工。”韦尔奇向公司领导者传授的用人秘诀是他自创的“活力曲线”：一个组织中，必须有 20%的人是最好的，70%的人处于中间状态，10%的人是最差的。这是一个动态的曲线，即每个部分所包含的具体人员一定是不断变化的。一个合格的领导者必须随时掌握 20%和 10%的那部分人的姓名和职位，以便实施准确的奖惩措施。对最好的应马上给予激励或升迁，让最差的必须马上走人。判断标准就是四个 E 和一个 P：充沛的精力（energy）、激励他人的能力（energize）、决断力（edge）、执行力（execute）——不断将远见变为实绩的能力、激情（passion）。此前，GE已有较为成熟的期权制度，但韦尔奇认为优秀的员工应得到更多。当企业业绩与个人收益挂钩时，人们可能会更加努力。除了收入，这还意味着对人的认可：只有成绩突出者才能去克劳顿韦尔，才能获得期权，才能提升。那些好的员工会因此更愿意倾听别人的建议和他人的经验。在GE约85 000名专业员工中，每年有10 000～12 000人会得到奖励，约1/3的人获得股票期权。

尽管韦尔奇和GE本身在其“执政”的20年达到了很高的高度，但是韦尔奇仍一直强调GE是一个无边界的学习型组织，一直以全球的公司为师。他说：“很多年前，丰田公司教我们学会了资产管理；摩托罗拉和联信推动了我们学习六西格玛；思科和Trioloy帮助我们学会了数字化。这样，世界上商业精华和管理才智就都在我们手中。面对未来，我们也要这样不断追寻世界上最新最好的东西，为己所用。”

GE的奇迹与韦尔奇的人格力量、企业家特征联系在一起。影响企业家的领导能力和决策能力的，不仅仅是“智商”（IQ），还有更具活力特征的“情商”（EQ）和更具有内在恒定特征、毅力特征的“伦理商数”（MQ）。韦尔奇从小在母亲的教导下懂得独立、自信、充实自我对于人生和事业成功的价值。在任职初期，在塑造事业部鼓励竞争和相对宽松自在的环境中，他得到了充分施展自己才能的机会，培养了变革、创新、坦率、正直、机智、聪颖、自信、坚韧的伦理素质，而这些素质对于一个成功的企业家来说是必不可少的。企业家的知识、情感、意志决定了他今后的决策能力、创新能力、人际沟通能力、组织协调能力、规划判断能力、竞争能力和社交能力等。有了这些人格素质和能力特质，企业家才能在动态竞争的经济社会中富有创新精神，冲破传统，克服重重困难，带领企业走出困境、迈向成功。

资料来源：杰克·韦尔奇，等. 杰克·韦尔奇自传：第2版. 北京：中信出版社，2004.

［讨论题］

1. 这个案例在领导方面使你得到了什么启示？
2. 分析韦尔奇在领导中的关键行为。

推荐书目

1. 詹姆斯·库泽斯，巴里·波斯纳. 领导力：第4版. 北京：电子工业出版社，2009.

2. 彼得·斯科尔特斯. 戴明领导手册. 北京：华夏出版社，2001.

3. Jacob Morgan. 重新定义工作：大连接时代职业、公司和领导力的颠覆性变革. 北京：人民邮电出版社，2015.

4. 詹姆斯·麦格雷戈·伯恩斯. 领袖：插图版. 北京：中国人民大学出版社，2016.

5. R.R. 布莱克，A.A. 麦坎斯. 领导难题·方格解法. 北京：中国社会科学出版社，1999.

6. R.R. 布莱克，J.S. 穆顿. 新管理方格. 北京：中国社会科学出版社，1986.

7. 保罗·赫塞. 情境领导者. 北京：中国财经出版社，2003.

8. 拉里·C. 斯皮尔斯，米歇尔·劳伦斯. 服务型领导：卓有成效的管理模式. 北京：人民邮电出版社，2006.

9. 沃伦・本尼斯，伯特・纳努斯. 领导者：原书第3版. 北京：中国人民大学出版社，2008.

10. 冯・特姆彭纳斯，查尔斯・汉普顿-特纳. 21种领导人：创新型领导者如何管理企业. 北京：人民邮电出版社，2005.

11. 约翰・科特. 企业领导艺术. 北京：华夏出版社，2003.

12. 沃伦・本尼斯. 成为领导者：原书第2版. 北京：中国人民大学出版社，2008.

13. 诺埃尔・蒂奇，沃伦・本尼斯. 决断：成功的领导者怎样作出伟大的决断. 北京：中国人民大学出版社，2008.

14. 沃伦・本尼斯，罗伯特・托马斯. 极客与怪杰：领导是怎样炼成的. 北京：机械工业出版社，2013.

15. 罗伯特・托马斯. 领导是怎样炼成的. 北京：中国人民大学出版社，2009.

16. 诺埃尔・蒂奇，艾利・柯恩. 领导力引擎. 北京：中国人民大学出版社，2010.

17. 诺埃尔・蒂奇. 领导力循环：伟大的领导者引领企业制胜的关键. 杭州：浙江人民出版社，2014.

18. 罗纳德・A. 海菲兹，马蒂・林斯基. 火线领导：珍藏版. 北京：机械工业出版社，2014.

19. 霍华德・加德纳. 领导智慧. 北京：中国人民大学出版社，2010.

20. 比尔・乔治，彼得・西蒙斯. 真北：125位全球顶尖领袖的领导力告白：增订版. 广州：广东经济出版社，2014.

21. 斯图尔特・D. 弗里德曼. 全面领导力：追求卓越，富享人生. 北京：商务印书馆，2012.

22. 罗布・戈菲，加雷斯・琼斯. 你凭什么领导别人. 北京：商务印书馆，2008.

23. 安东尼・J. 梅奥，尼丁・诺里亚. 20世纪最伟大的商业领袖. 北京：商务印书馆，2012.

24. 刘澜. 领导力的第一本书：听大师讲领导力. 北京：机械工业出版社，2016.

25. 詹姆斯・M. 库泽斯，巴里・Z. 波斯纳. 领导力：如何在组织中成就卓越. 第5版. 北京：电子工业出版社，2013.

第 14 章

沟　通

学习目标

- 理解沟通的要素和过程
- 比较各种人际沟通方式
- 了解有效人际沟通的障碍及克服方式
- 了解当代组织中的沟通问题

沟通（communication）是管理的重要工具。为了实现共同的目标，组织需要了解外部环境条件，需要内部各部门、各环节协调配合，需要合理配置人、财、物各种资源，这些都需要通过沟通来实现。

早在 1916 年，法约尔就把管理的功能界定为计划（制定未来发展的纲要）、组织（建立一个正式承担计划任务的组织结构）、协调（把组织的某方面工作同其他方面联系起来）、领导（对需要做什么作出指示，包括奖励与惩罚）、控制（建立一个评估组织运行的系统）。研究表明，这些分类很有用，但很僵化。1970 年，亨利·明茨伯格提出了经理的 10 种工作角色——名义首脑、领导者、联络者、监听者、传播者、发言人、企业家、矛盾调停人、资源分配者、谈判者。今天，其中某些术语可能变成了愿景创造者、激励者或促进者。所有这些任务都需要有效的沟通才能完成。明茨伯格指出“语言和书面的接触是管理者的工作”，认为管理者必须尽早有效地进行沟通，必须对组织的未来发展方向达成共识。如果他们不能在这些“计划”上统一步调，那么他们就会朝不同方向用力，团队（或组织）就会垮台。明茨伯格在此击中了一个要害：无论是对危机作出反应还是制定长期计划，有效的沟通来自对听众激情的敏锐洞察力。这意味着你要召开会议、写备忘录、谈话、发电子邮件或做演讲，沟通工作的 90%都是以这些形式完成的。

沟通就是为了设定的目标，发送者在互动过程中通过一定媒体（通道），以语言、文字、符号等表现形式为载体，与接收者进行信息（包括知识和情报）、思想和情感等的交流、传递和交换，并寻求反馈以达到相互理解的过程。

沟通包括人际沟通（interpersonal communication）和组织沟通（organizational communication)。

第1节 人际沟通

一、人际沟通的方式

管理者可以从多种渠道中选择与其他管理者或员工的沟通渠道。管理者根据信息的性质，可以选择面对面讨论问题、打电话、发电子邮件、写备忘录或信函，或在即时通信中加入某些信息。即时通信（instant messaging，IM）允许用户看到哪些人在线并从他人更快地得到反馈、更舒畅地进行协调。在Web 2.0时代，微博等的兴起为组织提供了一种沟通的工具，这种方式可以满足即时的点到面信息传播与互动。很多组织通过互联网召开交互式会议，有时还增加视频功能，以提供图像信号和更高的渠道丰富度。

管理者还可以利用符号来沟通重要的内容。管理者的一举一动都会受到关注，他们的行为、外表、动作和态度都具有象征意义，可以告诉其他人他们重视什么、对其他人有何期待。

非语言沟通是指通过人的动作和行为而非言语来传达信息的沟通方式。从这种沟通中分享的大部分信息都来自面部表情、声音、态度、姿势和穿着。

非语言沟通主要是面对面进行的。一位研究人员发现，在进行面对面沟通的过程中有三种沟通暗示的来源：言语，即实际说的话；声音，包括声音的高度、音调和音质；面部表情。根据这项研究，上述三个来源在信息解释过程中的相对重要性如下：言语的影响力为7%；声音的影响力为38%；面部表情的影响力为55%。人们在某种程度上天生都会阅读面部表情。管理者可以培养这方面的技能，学习主动读懂面部表情并提高与下属联系和影响下属的能力。

这项研究充分证明了“怎么说比说什么更重要”。非语言信息和身体语言通常能够比字斟句酌的言语更令人信服地传达我们的真实想法和感情。因此，当我们有意识地组织“我很高兴”或“祝贺你升职”等语言信息时，我们的身体语言可能通过脸红、出汗、目光游离等暴露出我们的真实想法。如果语言信息与非语言信息彼此矛盾，信息接收者通常倾向于相信行为动作而非语言信息。

二、人际沟通的障碍及其克服

有些因素可能破坏沟通的效果，成为有效人际沟通的障碍。

（1）缺乏良好的倾听习惯。一般来讲，沟通中人们更多的是向对方滔滔不绝地阐述自己的观点与想法，使出浑身解数，去教育对方、说服对方，而往往忽视了有效倾听。倾听不足是影响人际沟通的重要问题。

（2）语义分歧。同样的词汇，对于不同的人有不同的意思。许多因素会影响一个人使用的措辞以及他对词汇的定义，其中年龄、受教育程度和文化背景是尤为明显的三个因素。

（3）过滤。过滤（filtering）是指故意操纵信息以使其更易被接收者认同。例如，当一名下属只向领导汇报领导想听的消息时，信息就被过滤了。

（4）情绪。接收者在收到信息时的心情也会影响对信息的解读，极端情形可能会妨碍有效沟通。

（5）先入为主。例如，如果员工已听说新领导很难相处，那么当新领导请他参加介绍性见面会时可能就会带着先入之见且讲话有所保留。

如何克服这些障碍呢？在此列举一些方法。

第一，积极倾听。积极倾听就是认真倾听当事人表达的内容；观察当事人非语言行为，如眼神、神态、身体动作、声调或语气等，并注意其隐含的意义是否与语言内容相符合；适时给予适当而简短的反应，让当事人知道我们听懂了他所说的话。积极倾听是高效沟通的基础元素，能帮助我们更加接近当事人的感觉与经验，从而减少误解的产生；帮助当事人发现自己真正的感觉是什么，帮助我们察觉当事人在沟通中此时此刻真正需要的是什么。只有做到积极倾听，才能保证沟通的顺利进行。

一般来讲，人的倾听有五个层次：一是忽视（ignoring），根本没有听；二是假装听（pretend listening），其实是一边听一边想其他的事情，如晚上吃什么呢；三是选择性倾听（selective listening），报喜不报忧，报忧不报喜；四是留意地听（attentive listening），比较注意；五是同理心倾听（empathic listening），这是最高层次。倾听的目的是要知道对方讲话的动机是什么，他说了什么，他用什么方式说，他有什么感受。倾听要做到耐心、虚心、会心。

同理心倾听是有效倾听的最高表现形式。只有做到有效倾听，才能真正了解、设身处地站在当事人的角度看问题，沟通起来才能减少障碍或无障碍。同理心就是正确了解他人的感受和情绪，进而做到相互理解、关怀和情感融洽，将心比心。同理心倾听就是要站在对方的角度，专心听对方说话，让对方感到被尊重。人都有被尊重的需要。有了尊重，沟通才有基础，才能正确辨识对方情绪，正确解读对方说话的含义。

第二，简化语言。由于语义分歧会成为一种沟通障碍，因此应根据听众调整具体措辞。只有信息被正确地接收和理解，有效沟通才得以实现。例如，医院的院长与外科医务人员沟通时所用的语言应明显不同于与办公室员工沟通时所用的语言。行话在一个了解其正确含义的群体内使用，可以促进交流和理解，但若在该群体之外使用，则可能产生诸多问题。

第三，运用反馈。许多沟通问题直接源于误解和不准确，如果管理者在沟通过程中能获得反馈——包括语言反馈和非语言反馈，就可以有效克服沟通障碍。其中，双向沟通可以加强反馈。例如，管理者可以就所传递的信息进行提问，或者要求接收者用自己的话进行重述，以判断该信息是否被接收者正确地接收和理解或者了解接收者对所接收信息的反应。①

此外，控制情绪、利用非语言线索、注意接收者的立场等也能提升沟通效果。

第2节　组织沟通

在这一节，我们将考察组织沟通的几个重要方面，包括沟通的流动方向、正式的与非

---

① 斯蒂芬·P. 罗宾斯，玛丽·库尔特. 管理学：第11版. 北京：中国人民大学出版社，2012.

正式的沟通、组织沟通网络和当代组织中的沟通问题。

一、组织沟通的流动方向

涉及整个组织的沟通通常有三个方向——下行沟通、上行沟通和水平沟通，如图 14—1 所示。

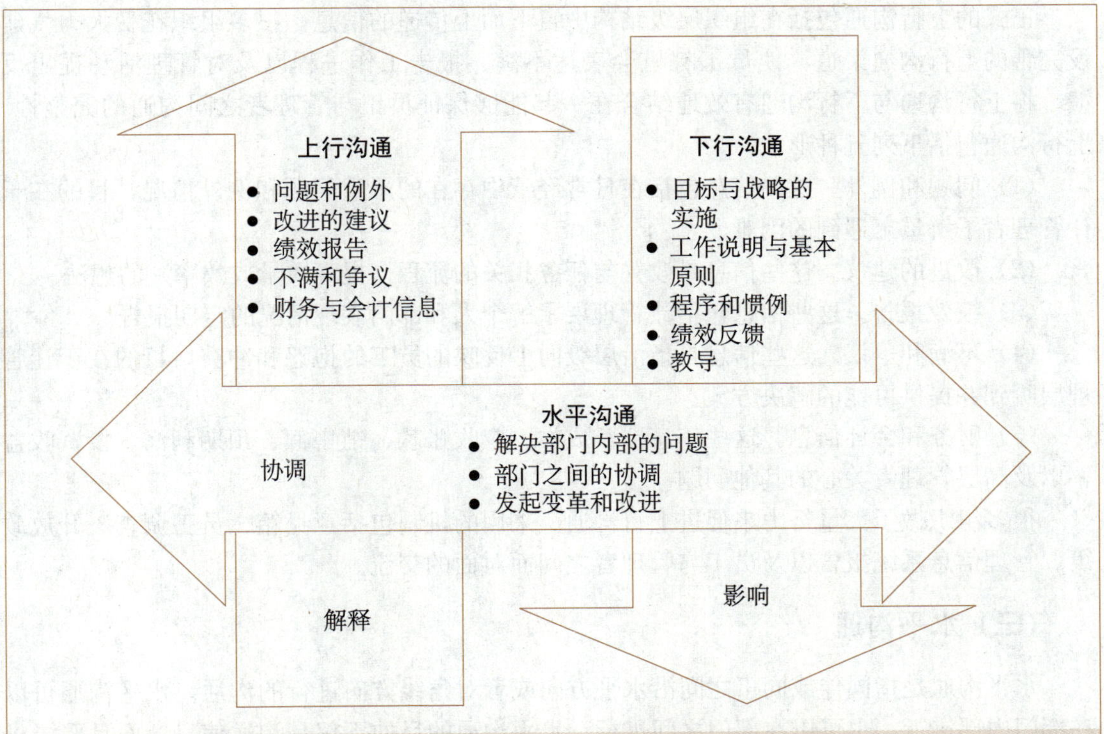

图 14—1　组织内的下行沟通、上行沟通和水平沟通

（一）下行沟通

下行沟通是人们最熟悉也最常见的正式沟通方式，它是指消息和信息从最高管理层向下传达给下属。管理者可以用很多种方式与员工进行下行沟通。最常用的几种方式包括演讲、公司时事通讯中披露的信息、电子邮件、装在工资袋中的宣传材料、公告牌上的信息、政策与流程手册等。

管理者还需要确定沟通的内容。管理者不可能事无巨细地就组织中的一切事情与员工进行沟通，因此他们必须挑选出重要的信息。下行沟通通常包括下面五个话题。

（1）目标和战略的实施。就组织的新战略和目标进行沟通，可以提供关于特定目标和预期行为的信息。这能够给组织中较低层级的员工提供指南。

（2）工作说明和基本原理。工作说明和基本原理主要是为了告诉其他人如何完成某一特定的工作，以及该工作与组织其他活动的关系如何。

（3）程序和惯例。程序和惯例详细说明组织的政策、规定、规章、福利和组织结构。

（4）绩效反馈。这些信息用来考评组织中的个人和部门的工作绩效。

（5）教导。这些信息用来激励员工接受公司的使命和价值观，并鼓励他们参加特殊的活动，如野餐会、公司庆典和晚宴等。

下行沟通的主要问题是信息离散，即信息内容的扭曲或丢失。虽然正式沟通是将信息传达给所有员工的强有力的方式，但有可能丢失大量信息。另外，如果信息从源头传达到最终的接收者需要经历一个漫长的过程，那么信息也可能会被扭曲。

（二）上行沟通

正式的上行沟通包括在组织层级结构中自下而上传递的信息。很多组织花费大力气建设完善的上行沟通渠道，使员工有机会表达不满、报告工作进程以及对管理活动提出反馈。将上行沟通与下行沟通有效地结合在一起能够保证员工与管理者之间沟通的完整性。上行沟通包括下列五种形式。

（1）问题和例外。这些信息包括在日常经营中存在的严重问题和例外情况，目的在于让管理者了解员工遇到的困难。

（2）改进的建议。这些信息是改善与任务相关的流程（提高质量或效率）的想法。

（3）绩效报告。这些信息包括让管理层了解个人和部门表现情况的定期报告。

（4）不满和争议。这些信息是指沿层级向上反映的员工的抱怨和冲突，目的在于让管理层听到并提供可能的解决方案。

（5）财务和会计信息。这些信息涉及成本、应收账款、销售额、预期利润、投资收益率以及高层管理者关心的其他问题。

很多组织做了大量努力来促进上行沟通。采用的机制包括意见箱、员工调查、开放政策、管理信息系统报告以及员工与管理者之间面对面的交流。

（三）水平沟通

水平沟通是指同伴或同事之间沿水平方向或者对角线方向进行的沟通。水平沟通可以在部门内部进行，也可以在部门之间进行。水平沟通的目的不仅是沟通信息，而且要寻求支持或协作。水平沟通包括下列三种形式。

（1）解决部门内部问题。这些信息出现在同一部门内部的员工之间，通常与任务的完成情况有关。

（2）部门之间的协作。部门之间的信息有助于促进合作项目或任务的完成。

（3）发起变革和改进。这些信息有助于在团队和部门内分享信息，以帮助组织变革、成长和改进。

二、正式沟通与非正式沟通

正式沟通（formal communication）和非正式沟通（informal communication）同时存在于组织中。正式沟通是指在规定的指挥链或组织安排内发生的沟通。例如，下属向直接领导汇报工作。非正式沟通是指不被组织的层级结构限定的沟通。例如，员工在下班后的交谈等。非正式沟通可以实现两个目的：第一，满足员工的社交需要；第二，能够提供快速、高效的沟通渠道，进而提高组织绩效。①

---

① 斯蒂芬·P. 罗宾斯，玛丽·库尔特. 管理学：第11版. 北京：中国人民大学出版社，2012.

花旗银行的"脉搏午餐"

花旗银行马来西亚办事处的管理者通过"脉搏银行"来处理顾客忠诚度下降、员工士气下滑、员工离职率上升等迫在眉睫的问题。通过在非正式的午餐场合与员工交流并听取他们的意见，也即掌握他们的"脉搏"，管理者作出了有针对性的改革，将顾客忠诚度和员工士气提高了 50%，员工离职率降至几乎为零。

资料来源：斯蒂芬·P. 罗宾斯，玛丽·库尔特. 管理学：第 11 版. 北京：中国人民大学出版社，2012.

三、组织沟通网络

横向和纵向的组织沟通可以组合成各种各样的沟通模式，也称为沟通网络（communication network）。图 14—2 显示了四种常见的沟通网络。

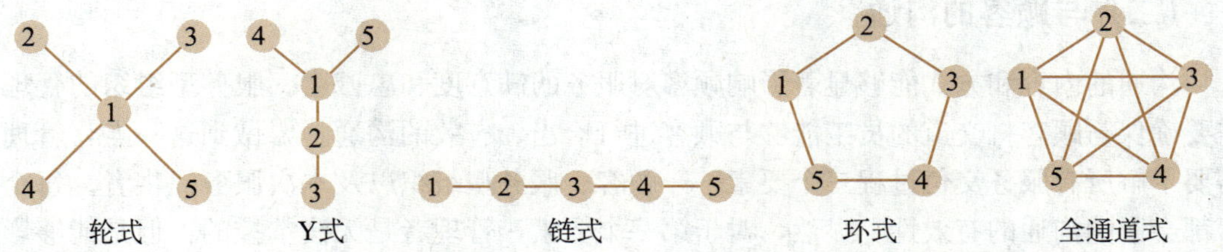

图 14—2 四种常见的沟通网络

轮式网络是最集中化的沟通网络。在轮式网络中，所有沟通都要经过一个中心人物，所有信息都由他负责收集和发布。Y 式网络是最不集中化的网络，有两个人居于网络的中央。链式网络中信息流动具有平等性，不过两端的人只能与一个人互动。环式网络中的每个人都能与两个人互动。全通道式网络最分权化，每个人都能自由平等地进行沟通，此时群体的领导者不拥有太多权力。

要说明的是，没有哪种沟通网络是最优的，具体选择取决于目标。例如，当群体任务相对简单和固定时，集中化的网络能实现有效、准确的沟通，因为主导的领导者可以通过协调信息流动促成绩效的实现。当任务较复杂和非固定时，如作出组织战略决策，则非集权化的网络可能是最有效的，因为开放的沟通有助于互动和信息的有效分享。①

四、当今组织中的沟通问题

在组织中成为一名有效的沟通者意味着要与各种人员紧密联系，不仅与员工和顾客保持联系，而且与组织的所有利益相关群体保持联系。在此考察当今组织沟通中的两个重大问题：互联网中的沟通；与顾客的沟通。

① 里基·W. 格里芬. 管理学：第 9 版中国版. 北京：中国市场出版社，2010.

（一）互联网中的沟通

互联网技术给沟通带来的两个最主要的挑战是法律和安全问题以及人际交往缺乏。

1. 法律和安全问题

电子邮件、博客、社交网站等虽然是快速便捷的沟通工具，但是不恰当使用可能导致各种法律问题。例如，员工通过公司的电子邮件系统发送了不恰当的笑话，能源巨头雪佛龙公司（Chevron）为由此导致的一起性骚扰诉讼案支付了220万美元。除了法律问题外，对互联网中的沟通还要关注安全问题。管理者需要确保机密信息的安全。员工的电子邮件和博客不应透露本公司的机密信息，无论是有意还是无意。公司的电脑和电子邮件系统应受到严密保护，免受电脑黑客和垃圾邮件的侵袭。

2. 人际交往的缺乏

互联网技术在沟通中的使用使得即使两个人面对面沟通，也并不总是能够相互理解。当人们在一种虚拟环境中进行沟通时，要相互理解和协作来完成工作任务变得尤其具有挑战性。

（二）与顾客的沟通

沟通的内容和方式能够显著影响顾客对服务的满意度和忠诚度。服务型组织的管理者需要确保与顾客打交道的员工能够与顾客进行恰当、有效的沟通。要做到这一点，管理者需要了解所有服务交付过程三个要素——顾客、服务型组织以及本次服务提供者。每个要素都会影响沟通的有效性。显然，对于第一个要素，管理者是无法掌控的，但是能够影响后两个要素。

具有强有力服务文化的组织会高度重视对顾客的关心和照顾——了解并满足顾客的需求。而这些活动都离不开沟通。此外，沟通还是组织的具体客服战略的重要组成部分。

服务提供者或与顾客打交道的员工与顾客的沟通质量会影响顾客满意度，那些与对客户服务质量不满的顾客打交道的一线员工常常是组织中最早关注到服务缺陷的人，他们必须选择与顾客沟通的合适方式和内容。同时，服务提供者要确保自己拥有必要的信息以有效率、有效果地与顾客沟通。①

本章小结

◇ 沟通就是为了设定的目标，发送者在互动过程中通过一定媒体（通道），以语言、文字、符号等表现形式为载体，与接收者进行信息（包括知识和情报）、思想和情感等交流、传递和交换，并寻求反馈以达到相互理解的过程。

◇ 沟通包括人际沟通和组织沟通。涉及整个组织的沟通通常有三个方向——下行沟通、上行沟通和水平沟通。正式沟通和非正式沟通同时存在于组织中。

思考题

1. 有效人际沟通的障碍有哪些？如何克服这些障碍？找出近期你遇到的沟通障碍。
2. 你认为组织的上行沟通中主要存在哪些障碍？

---

① 斯蒂芬·P. 罗宾斯，玛丽·库尔特. 管理学：第11版. 北京：中国人民大学出版社，2012.

3. 互联网技术对沟通带来了哪些挑战？

案例应用

沟通的要领

传奇性的领导者赫伯·凯莱赫（西南航空）、鲁迪·朱利安尼（前纽约市长）和史蒂夫·乔布斯的共同点，就是沟通能力。这些管理者都是沟通大师，他们传达信息、鼓舞员工、建立个人形象并说服客户。

这些领导者采用的最重要的沟通技术之一就是沟通的人性化。例如，看着听众的眼睛，不论是1个听众还是1 000个听众。沟通顾问盖洛说："在我的经验中，不能正视对方是最常见的沟通问题，但也是最容易解决的。我们希望对方看着我们的眼睛……人们将正视与诚实、可信、忠诚和自信联系起来——这些都是一位伟大的商业沟通者所追求的。"

在面对面的交谈中，讲话者应在70%～80%的时间里与对方保持视线接触，而在向一群人讲话时应在90%～95%的时间这样做。面对大众时，诀窍之一是将视线从一个部分转移到另一个部分。在每个部分中，选择一个或少数几个人，直视他们。福克斯新闻记者瓦尼说："这样做可以让每个人感觉到你是在对他，而不是对他们说话。我不是在做演讲，而是在交谈。"

为了保持视线接触，伟大的沟通者不用讲稿。朱利安尼擅长发表长时间的、材料细致的无讲稿演说。乔布斯也具有这样的能力。他们对自己的材料极为熟悉，仅依靠记忆而不用讲稿。如果演讲人看稿或念稿，那么听众的注意力会分散，听众会失去热情。求职者如果拿出记事本来念，会给面试官留下不好的印象。

为了做到有效的沟通，练习是必不可少的。为了不用讲稿而进行复杂的演说，朱利安尼可能要准备4个月。钱伯斯是另一个例子。他花费数小时排演每一个细节，包括幻灯片、站位、如何走动、如何打灯光等。当然，不是所有的演讲都需要这样大肆准备。但是，即使是简单的交谈或通电话也需要事先在头脑中"准备说辞和进行预演"。

另一项重要的技能是"长话短说"。研究表明，在向一大群人发表演讲时，听众的注意力在18分钟后就会转移。林肯的演讲词只有272个词，分为10段，可谓短得惊人，但它至今仍然是最常引用的内容。有经验的演讲者设法吊起听众的胃口，而在回答提问时提供更多的信息。

最后，要做到最佳的沟通还需要激情。在进行一对一交谈时，相关的和回忆的事实能够发挥最大效果。一家超市连锁店的CEO在向新招聘的员工强调控制费用的重要性时问道："25美元的杂货订单能够产生多少利润？"新员工在听到利润只有75美分时通常会大为吃惊。这个例子生动地说明了成本控制的重要性。人们常将钱伯斯与传道者或电视脱口秀主持人相提并论，因为他在讲话时充满激情，提问时与他人靠得很近，或触碰他们的肩膀。他曾被誉为"当今美国企业界最来电的演讲者"。并不是每个人都能达到他的水平，但是人人都可以通过学习成为更有效的沟通者，只要掌握一些简单的技术并进行反复的练习。

资料来源：里基·W. 格里芬. 管理学：第9版中国版. 北京：中国市场出版社，2010.

［讨论题］

1. 案例中的沟通技术是如何提高沟通效果的？

2. 案例中的企业高层管理者是如何运用非语言沟通方式的？

推荐书目

1. 杰克·韦尔奇，苏茜·韦尔奇. 赢. 北京：中信出版社，2005.

2. 科里·帕特森，约瑟夫·格雷尼，罗恩·麦克米兰，艾尔·史威茨勒. 关键对话：原书第2版. 北京：机械工业出版社，2012.

3. 罗纳德·B. 阿德勒，拉塞尔·F. 普罗科特. 沟通的艺术：看入人里，看出人外：插图修订第14版. 北京：世界图书出版公司，2015.

4. 罗杰·费希尔，斯科特·布朗. 沟通力. 北京：中信出版社，2012.

5. 埃德加·沙因. 谦逊的探询：询问而非命令的艺术. 北京：中国电力出版社，2015.

6. 霍莉·威克斯. 哈佛经典沟通术. 北京：中国人民大学出版社，2009.

7. 丹尼尔·扬克洛维奇. 对话力：化冲突为合作的神奇力量. 杭州：浙江人民出版社，2015.

第 15 章

激 励

学习目标

- 掌握激励的有关概念
- 了解激励的过程和作用
- 熟悉主要的激励方式
- 了解经典的激励理论
- 了解安全基地理论

凡将举事，令必先出。曰事将为，其赏罚之数，必先明之。

——《管子·立政》

管理的核心在于人，组织的生命力源于组织中每个成员的热忱。如何激发和鼓励员工的创造性和积极性，是管理人员必须解决的问题。只有把人的积极性真正调动起来，管理的目标才能够真正达到。而人的积极性和最大潜能的发挥，离不开有效激励。

第 1 节　激励概述

“激励”一词源于古拉丁语“movere”，该词的本义是“使移动”。在管理学中，激励是指激发、鼓励、调动人的热情和积极性。从诱因和强化的观点看，激励是将外部适当的激励转化为内部心理的动力，从而增强或减弱人的意志和行为。从心理学角度看，激励是指人的动机系统被激发后，处于一种活跃的状态，对行为有着强大的内驱力，促使人们为期望和目标而努力。美国管理学家贝雷尔森和斯坦尼尔指出，“一切内心要争取的条件、希望、愿望、动力等都构成了对人的激励，它是人类活动的一种内心状态。”所以激励也是一种精神力量或状态，它对人的行为产生激发、推动和加强的作用，并且指导和引导行为指向目标。

总之，所谓激励，就是组织通过设计适当的外部奖惩形式和工作环境，以一定的行为规范和惩罚性措施，借助信息沟通，来激发、引导、保持和规划组织成员的行为，以有效实现组织目标及其成员个人目标的系统活动。这一定义包含以下方面的内容：

- 激励的出发点是满足组织成员的各种需要，即通过系统地设计适当的外部奖酬形式和工作环境来满足企业员工的外在需要和内在需要。
- 科学的激励工作需要奖励和惩罚并举，既要对员工表现出来的符合企业期望的行为进行奖励，又要对不符合员工期望的行为进行惩罚。
- 激励贯穿于企业员工工作的全过程，包括对员工个人需要的了解、个性的把握、行为过程的控制和行为结果的评价等。因此，激励工作需要耐心。赫兹伯格说："如何激励员工？锲而不舍。"
- 信息沟通贯穿于激励工作的始终，从对激励制度的宣传、企业员工个人的了解，到对员工行为过程的控制和对员工行为结果的评价等，都依赖于一定的信息沟通。企业组织中信息沟通是否通畅、及时、准确、全面，直接影响激励制度的运用效果和激励工作的成本。
- 激励的最终目的是在实现组织预期目标的同时，也能让组织成员实现其个人目标，即达到组织目标和员工个人目标在客观上的统一。

美国哈佛大学教授威廉·詹姆斯在《行为管理学》一书中指出，通过对员工的激励研究发现，实行计件工资的员工，其能力仅发挥了20%～30%；在受到充分激励时，其能力则可发挥至80%～90%。也就是说，同样一个人在受到充分激励后发挥的作用是激励前的3～4倍。通过激励，可以使员工充分发挥其技术、特长和潜能，保持工作的高效率。工作效率的提高自然有助于组织绩效的提高和组织目标的达成。此外，激励也是形成积极向上的品牌文化的有效途径。

杰克·韦尔奇谈激励

第一次从事管理工作，你是如何调动员工积极性的？

我非常幸运地成为通用电气公司（GE）一个新部门——塑料制品部的第一批员工。当我雇用第一名员工时，我们组成了两人团体，我从没把自己看作老板，而是同事。而后我们雇用了一个又一个新员工。

我们做好了刚刚起步时的一切准备。大家一起去我家共进晚餐，一起过周末，一起在星期六加班。我们没有任何盛大的场面，也不使用备忘录，整个部门就像一个家庭杂货店，大家共同出谋划策，而无等级之分。这就是我们通常所称的"我们的生意"。

我想一个企业就应该这样运作。它是思想观念的汇集之所，而不是提供职位之地。

现在仍然像个杂货店吗？

事业走上正轨，难免会出现一些等级制度问题，但我们的团队精神和氛围仍在。当你取得成功时，你就该去庆祝。我们过去有个"百镑单俱乐部"（Hundred-Pound-Order Club），每当我们取得一些成绩，我们都会把生产线停下来，大家一起到"百镑单俱乐部"庆祝。今天在GE的各个部门，这种精神仍然存在。

挫折是否有助于你完善管理方式？

刚开始时，就像GE的其他几个新员工一样，我负责一个小项目。那时的奖励制度不合理。到了年底，每人都得到了 1 000 美元加薪，但我觉得我应得的不止这些，便打算离开，但老板要求我留下。类似的情况再也没有发生过。

这个经历让我意识到在 GE 这样的大公司里人们常会遇到此类挫折。你要把车驶入大停车场，停在一排排车之间；走进办公室，一些笨蛋告诉你要做什么、该怎么做。这根本不是你对生活的期望。如果你的成绩不被认可、遇人不淑，的确很可怕。

你对雇员有什么忠告？

我让他们了解到在这个公司不能甘于碌碌无为，因为许多人都是在碌碌无为中了此一生。他们没有适合自己的工作，或者蔫头耷脑，甚至连捣乱的心思都没有。

我鼓励他们勇敢地展示自己，谈出自己的看法，争取上司的赏识。我告诉他们："如果 GE 不能让你改变窝囊的感觉，你就应该另谋高就。"我会辞掉那些让员工产生这样心态的经理和那些不能与员工打成一片的经理。

资料来源：华尔街日报社．顶级 CEO 的原则：华尔街日报记者与 21 位最伟大 CEO 的会谈．北京：中信出版社，2003.

一、激励的过程

激励的基本组成要素是需要、驱动、动机和目标导向的行为。为了理解激励产生的过程，我们首先需要明确一些概念。

（一）需要

需要就是人对某种目标的渴求或欲望，是人的行为的动力基础和源泉，是人脑对生理和社会需求的反映（人们对社会生活中各类事物提出的要求在大脑中的反映）。心理学家也把促成人们各种行为动机的欲望称为需要。随着人类社会生活的日益进步，为了提高物质文化水平，逐步形成了高级的物质需要和精神需要。需要是人们产生激励行为的前提，正如一些心理学家所说："需要是积极性的源泉。""需要……这是被人感受到的一定的生活和发展条件的必要性。……需要激发人的积极性。""需要是人的思想活动的基本动力。"

（二）动机

如果需要是个性动力的源泉，它的具体表现形式就是动机。当一个人感觉到某种需要，且该需要处于未被满足的状态时，主体就会处于一种紧张状态，从而在身体内部产生一种内在的驱动力，也就是动机。

动机的心理学定义是：动机是直接推动个体活动以达到一定目的的内在动力和主观原因，是引发和维持个体活动的心理状态。

动机在激励中发挥着重要的作用。动机是诱发人们按照预先要求进行活动的念头。它使人们心甘情愿地付出自己最大的努力。

动机的表现形式有很多种：从表现的程度差异上看，可表现为兴趣、意图、愿望、信念和理想等；从外观的可信度差异上看，可分为真实动机和伪装动机；从物质还是非物质的角度看，可分为物质性动机和非物质性动机。

（1）物质性动机。工资、奖金、各种福利、养老计划、员工持股计划、带薪假期等，都属于物质性动机。这些动机能够吸引有竞争力的员工，减少人员的流动，提高组织的士气和绩效。

（2）非物质性动机。非物质性动机能够为员工提供个人发展和成就的机会，也被称为个人动机。研究表明，这种动机对员工的工作绩效能够产生显著的影响。例如，晋升的机会、工作中的挑战性和成就感等都是非物质性动机。

当我们对一项任务充满积极性时，通常是因为同时拥有清晰的外部诱因、内心动力和有能力成功完成这项任务的信心。高效地整合这三个要素是激励自我和他人的关键。

1. 外部诱因

外部诱因是环境提供给我们的动机，激励和督促我们采取行动。它包括正面和负面的刺激，与我们当下所处的环境息息相关，所起的作用会因每个人情况不同而不同。生活中常见的外部诱因有：金钱、资历或奖赏；赞美、地位或荣誉；期限、威胁或评估；惩罚、罚金或强制行为。

一般情况下，人们往往想要更多奖励。但是，在完成一些复杂的或创造性的任务时，过度关注外在激励反而会降低做事的效率。20 世纪 70 年代爱德华·德西（Edward Deci）曾做过一个经典的拼图实验：一组人会因完成拼图而得到金钱奖励，而另一组没有任何奖励。结果发现，完成同样的拼图，有金钱奖励的一组人所花的时间反而更长。金钱的奖励效果是复杂的，有时会使人分散注意力。

负激励也会出现类似情况。在上述实验中，向其中一组人告知未成功完成拼图任务会受到批评或威胁。结果是，这组人没有因为负面刺激而更努力地完成任务，反而比没有受到威胁的那一组更早地放弃实验。威胁或惩罚有时会由于其他一些原因而不具有理想效果。例如，当人们试图不去做一些事情时，他们反而更关注那些事情，这就是通常所称的“过程悖论”（ironic process theory）。同时，人们往往低估威胁和坏结果的威力，这也使得一些威胁不那么奏效。

不管管理者对下属采取的是正向激励还是负激励，单靠外部诱因不足以激励他人。

2. 内在动力

内在动力是人们发自内心的感受。不管外界条件如何，那些价值观、信仰和欲望都会持续不断地激励人们。常见的内心驱动因素有：享乐或兴趣；信念、价值观或目标；自尊和对他人的尊重；自主控制权；成就和满足；帮助你关心的人；改善或维系人际关系。

在人们的内心世界中，有两种力量最为强大——自主权和与他人的亲密感。人们在工作和生活中的许多行为都源于内心对这两种感受的需要。

3. 能力

当人们对一项工作充满兴趣时，除了有外部诱因和内心动力，人们还需要有胜任这份工作的信心。人们越认为自己具备完成该项工作的能力和资源，就越想完成这项任务。通常人们的信心来源于其拥有的如下方面：知识、技能和能力；自信；资源和适应力；社会地位和人脉关系；金钱和有形资产。

管理者可以通过分析上述三个要素，促使团队成员更积极地完成工作，找到恢复团队活力的办法。

资料来源：克里斯·奥拉姆. 化战略为执行：116位全球商业领袖助您战略行之有效. 北京：机械工业出版社，2015.

（三）激励模式

上述激励的组成因素在激励的过程中表现出一种固定的模式，我们将这种模式定义为激励模式。

有人说日本人是“只知工作的蜜蜂”，“住在兔子窝里像发疯一样工作”，是“工作中毒”，这种高昂的工作热情与日本企业中的激励机制密切相关。松下幸之助在总结一生的管理经验时，提出了激励员工的诀窍。例如：让每个人了解自己的地位，定期和他们讨论工作表现；给予与成就相当的奖赏；如有某种改变，应事先通知员工；让员工参与同他们切身相关的决策和计划；信任员工，赢得他们的忠诚和信赖；实地接触员工，了解他们的兴趣、习惯和敏感的事物；聆听下属的建议；如果有人举止怪异，应该了解清楚原因；尽可能委婉地让大家知道你的想法……

20世纪60年代起，日本的许多企业采取荣誉激励与物质激励并重的策略，把奖金封在红包里，数额不等，使获奖者产生潜在的荣誉感，并微妙地使它转化为彼此心照不宣的竞争力量。在公开场合，企业经营者也特别懂得如何打动员工的感情，每逢员工红白喜事，都要登门祝贺或家访慰问，还有祝贺生日、野餐会，富有人情味。丰田公司向自己的员工优惠出售汽车、住房，提供无息贷款，组织各种同乡会、同期会、同窗会，培养“丰田人爱丰田”“以丰田为荣”的集体荣誉感。

资料来源：http://cn.souhoo.com/info/337520.html.

人的行为是由动机决定的，而动机则是由需要引起的。当人们产生某种需要而未能满足时，就会引起人的欲望——想满足这种需要，它促使人处在一种不安和紧张状态之中，从而成为做某件事的内在驱动力。心理学上把这种驱动力叫做动机。动机产生以后，人们就会寻找、选择能够满足需要的目标和途径，而一旦策略确定，就会进行满足需要的活动，产生一定的行为。

如果目标能够达到，则人们会感到满足，并使紧张的心理状态得以放松。如果未能使需要得到满足，则人们往往会被自己的失败困扰，新的需要随之出现，紧张也接踵而来，从而使该过程重现。人类对美好生活的永恒追求就是一个很好的例子。因此，从需要的产生到目标的实现来看，人的行为是一个周而复始、不断进行、不断升华的循环过程，如图15—1所示。

二、激励的作用

对一个企业来说，科学的激励制度至少具有以下方面的作用。

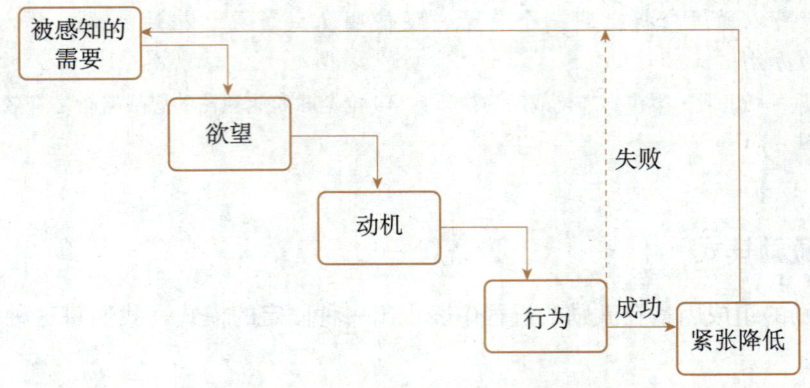

图 15—1　激励模式

（1）吸引优秀的人才。在发达国家的许多企业中，特别是那些竞争力强、实力雄厚的企业，通过各种优惠政策、丰厚的福利待遇、快捷的晋升途径来吸引企业需要的人才。

（2）开发员工的潜在能力，促进在职员工充分发挥其才能和智慧。研究表明，员工的工作绩效是员工能力和受激励程度的函数，即绩效＝F(能力×激励)。如果考虑激励制度对员工创造性、革新精神和主动提高自身素质的意愿的影响的话，激励对工作绩效的影响就更大了。

（3）留住优秀人才。德鲁克认为，每个组织都需要三个方面的绩效：直接的成果、价值的实现和未来的人力发展。缺少任何一方面的绩效，组织注定失败。因此，每位管理者都必须在这三个方面均有贡献。在三方面的贡献中，对“未来的人力发展”的贡献就是来自激励工作。

（4）创造良性的竞争环境。科学的激励制度包含一种竞争精神，它的运行能够创造出一种良性的竞争环境，进而形成良性的竞争机制。在竞争性的环境中，组织成员就会受到环境的压力，这种压力将转变为员工努力工作的动力。正如麦格雷戈所说：“个人与个人之间的竞争，才是激励的主要来源之一。”在这里，员工工作的动力和积极性成为激励工作的间接结果。

第 2 节　激励方式

管理者在进行实际操作时，需要以丰富多样的激励理论为基础，同组织特性、管理者个人特点以及组织成员的特点等因素结合在一起，综合运用多种激励方法，以实现将组织成员的个人目标统一于组织的整体工作绩效。图 15—2 是几种激励方式的简介。

一、目标激励

行为学家认为，人的动机大多源于人的需求。一种没有得到满足的需求是激发动机的起点，也是引起行为的关键，因为未得到满足的需求会造成个人的内心紧张，从而导致个人采取某种行为来满足需求以解除或减轻其紧张程度。

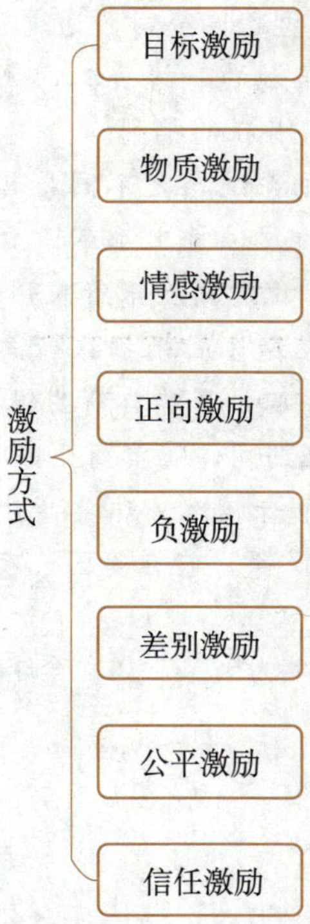

图 15—2　激励方式

目标激励就是把企业的需求转化为员工的需求。为了解除这一需求给他带来的紧张，他会更加努力地工作。在员工取得阶段性成果的时候，管理者还应当把成果反馈给员工。反馈可以使员工知道自己的努力水平是否足够，是否需要更加努力，从而有助于他们在完成阶段性目标之后进一步提高目标。

运用目标激励必须注意三点：

一是目标设置必须符合激励对象的需要。即要把激励对象的工作成就同其想要获得的期望挂钩，使激励对象表现出积极的目的性行为。

二是提出的目标一定要明确。比如，“本月销售收入要比上月有所增长”这一目标就不如“本月销售收入要比上月增长 10%”这样的目标更有激励作用。

三是设置的目标既要切实可行，又要具有挑战性。目标难度太大，让人可望而不可即；目标过低，影响人们的期望值，难以催人奋进。无论目标客观上是否可以达到，只要员工主观认为目标不可达到，他们努力的程度就会降低。目标设定应当像树上的苹果那样，站在地上摘不到，但只要跳起来就能摘到。正确的做法是将长远目标分解为阶段目标。

二、物质激励

所谓物质激励，就是从满足人的物质需要出发，对物质利益关系进行调节，从而激发人的向上动机并控制其行为的趋向。物质激励多以加薪、减薪、奖金、罚款等形式出现。在目前社会经济条件下，物质激励是不可或缺的重要激励手段，它对强化按劳取酬的分配原则和调动员工的劳动热情有很大的作用。

维珍集团（Virgin）是一家大型跨国公司，通过实施员工奖金计划对组织中不同等级的员工——无论是与客户直接接触的一线员工，还是后勤部门的支持人员——进行物质刺激，为表现出色的员工提供潜在的福利。

瑞典商业银行采取的员工奖励系统与之不同，其一大特点是不发奖金。瑞典商业银行对管理层成员和分行办公室的每位员工都不设立奖金制度，他们全部领取固定的薪资——薪资根据业绩目标而定。瑞典商业银行采用利润分红系统——Oktogonen，用奖励代替奖金，所有员工都可以在退休时根据银行总体的历史过往利润得到奖励，员工的奖励仅基于工作年限，不考虑职位。瑞典商业银行的奖励制度已被证实非常有效。在20世纪90年代瑞典银行业危机期间，瑞典商业银行是唯一一家没有寻求政府财政援助的公司。与其他实力相当的竞争者相比，瑞典商业银行持续不断地获得了更高的利润率，变得越来越强大。截至2007年，它在英国已有50家分行，而5年后这个数字增长了两倍多。

资料来源：克里斯·奥拉姆. 化战略为执行：116位全球商业领袖助您战略行之有效. 北京：机械工业出版社，2015.

三、情感激励

情感激励既不是以物质利益为诱导，也不是以精神理想为刺激，而是指领导者与被领导者之间的以感情联系为手段的激励方式。每个人都需要关怀与体贴，一句亲切的问候、一番安慰的话语都可以成为激励人们行为的动力。

运用情感激励要注意情感的两重性：积极的情感可以增强人的活力，消极的情感可以削弱人的活力。

情感激励主要是培养激励对象的积极情感。其方式很多，如沟通思想、排忧解难、慰问家访、交往娱乐、批评帮助、共同劳动、民主协商等。只要领导者真正关心体贴、尊重、爱护激励对象，通过感情交流充分体现出人情味，激励对象就会把领导者对他的真挚情感化作自愿接受领导的自觉行动。

韩国某大型公司的一个清洁工，本来是一个最被人忽视、最被人看不起的角色，但就是这样一个人，却在一天晚上公司保险箱被窃时，与小偷进行了殊死搏斗。事后，有人为他请功并询问他的动机，答案却出人意料。他说，当公司的总经理从他身旁经过时，总会不时地赞美他“你扫的地真干净”。

这么一句简简单单的话，就使这个员工感动不已。这也正合了中国的一句老话“士为知己者死”。美国著名女企业家玛丽·凯曾说过：“世界上有两件东西比金钱和性更为人们所需——认可与赞美。”

四、正向激励

1982年，美国威斯康星大学的研究人员在研究成年人学习进程这一项目时，曾经做了一个有趣的实验。研究人员让一批成人学员组成两支保龄球队，经过短暂的训练后，两队进行了几场比赛，成绩互有胜负，难分上下。研究人员将全部的比赛过程都录了下来，将录像带分别提供给两支队伍，以便他们借助录像带来提高队伍的球技。所不同的是，分发给两支队伍的录像带采用了不同的编辑方法。第一支球队收到的录像带所展现的都是他们在比赛中的失误和糟糕的表现；第二支球队收到的录像带所显示的则都是他们的出彩之处。

在仔细研究观看了录像带之后，两支球队都不同程度地提高了各自的球技。但在接下来的几场比赛中，第二支球队却均以绝对的优势战胜了第一支球队。

由此，研究人员认为，聚焦于失误和过错，会使队员产生疲惫、厌倦、责备、抗拒等消极情绪；而将注意力集中在表现优异的一面，则会使队员的创造性、激情、自信，以及渴望成功的欲望等积极情绪得到极大的提高和调动。领导者最大的误区就在于总是本能地聚焦在“失误”上，而忽略正面的引导。一个忙于改错的团队永远不会比一个自信进取的团队更出色。

正向激励特指对激励对象的肯定、承认、赞扬、奖赏、信任等具有正面意义的激励艺术。在激励方式中，它与负激励相对应。负激励特指对激励对象的否定、约束、冷落、批评、惩罚等具有负面意义的激励艺术。

正向激励和负激励作为两种相辅相成的激励类型，是从不同的侧面对人的行为起强化作用。正向激励是主动性的激励；负激励是被动性的激励，它是通过对人的错误动机和行为进行压抑和制止，促使其幡然悔悟，改弦更张。单纯的正向激励或单纯的负激励都是肯定没有什么好结果的，把握正向激励和负激励的结合点的关键是要分清楚员工的行为是正确的还是错误的。正确的行为用正向激励去强化，错误的行为只能用负激励去避免。

尽管如此，在知识型员工日益增多，人本管理成为趋势的今天，组织管理者还是应该更加重视正向激励的运用，不要轻易将员工放在组织的对立面。一直以来，“胡萝卜＋大棒”的激励理念在管理者中盛行，殊不知，只要“胡萝卜”用得好，“大棒”可以被丢到一边。

在各自训练的保龄球队员都是一球打倒了7只瓶后，第一个教练对自己的队员说：“很好！打倒了7只。”第二个教练则说：“怎么搞的，还有3只没打倒！”在之后的比赛中，第一队队员的成绩不断上升，而第二队的成绩则一次不如一次。由此可见，正向激励的效果远大于负激励，这就是著名的“保龄球效应”。在企业管理中，领导者应多考虑“保龄球效应”的激励方式。

正向激励的方式举例

面见重要人物。对许多员工来说，最好的奖赏是他们的行为被你和其他的高层管理人员注意。考虑一下，将你的员工带到下次的高层管理人员会议上，以资鼓励。在会上谈谈这个员工所从事的项目以及他的贡献。这样做你不仅会获得员工的忠诚，也会被老板看作一个好的管理者。

与公司联系起来。在认证、标准、出勤等方面设置一些部门目标，给达到这些目标的员工一些带有公司标记的物品作为奖励。例如，工厂的经理可以送一件公司的夹克衫给达到某种认证的员工；办公室环境下的经理可以送一件办公桌上的摆设给达到类似技术水平的员工。

奖励那些最重要的。奖励应该针对对于公司来说最重要的成果。你可能认为这是一个明摆的事实，其实不然。所有人都知道有这样的事情，一个管理者声称重视团队精神，却只奖励个人贡献突出的员工；一个经理指望他的高级销售人员能指导和培训新员工，却仅仅依据他们个人的业绩给予奖励；一个教导主任希望教授们不断提高教学水平，却仅仅以他们的研究和发表的文章作为奖励依据。不管怎么说，员工总是重复那些会受到奖励的活动。

把他们的名字写在门上。一个建筑物以你的名字命名，你会有什么样的感觉？在一段时间内让董事会会议室以一位杰出员工的名字命名，以此来奖励员工，让其有机会感受富人和名人的世界。挂个金色的牌子在门上，不要忘了给这位员工拍一张快照放在他们名字的旁边。

开放。一年中至少要有一天，公司向员工的家人开放。到时，你要在场并与所有员工握手，感谢他们与他们的家人。员工家人越是了解公司，越是跟公司有联系，他们就会越支持公司。

资料来源：艾德里安·高斯蒂克，切斯特·埃尔顿. 一天一根胡萝卜：365天的员工激励方案. 北京：电子工业出版社，2008.

五、负激励

根据美国心理学家斯金纳的激励强化理论，可以把激励行为分为正激励与负激励，也就是我们通常所说的奖惩激励。所谓正激励，就是对个体的符合组织目标的期望行为进行奖励，以使这种行为更多地出现，提高个体的积极性。所谓负激励，就是对个体的违背组织目标的非期望行为进行惩罚，以使这种行为不再发生，使个体积极性朝正确的目标方向转移。

在组织工作中，正激励与负激励都是必要而有效的，因为这两种方式的激励效果不仅会直接作用于个人，而且会间接地影响周围的个体与群体。通过树立正面的榜样和反面的典型，扶正祛邪，形成一种良好的风范，就会产生无形的正面行为规范，比枯燥的教条和规定更直观、更具体、更明确，能够使整个群体的行为导向更积极，更富有生气。

六、差别激励

人的需求包括生理需求、安全需求、社交需求、尊重需求和自我实现需求等若干层次。当一种需求得到满足之后，员工就会转向其他需求。由于每个员工的需求各不相同，对某个人有效的奖励措施可能对其他人就没有效果。管理者应当针对员工的差异对他们进行个别化的奖励。比如，有的员工可能更希望得到更高的工资，而另一些人也许并不在乎工资，而希望有自由的休假时间。又如，对一些工资高的员工，增加工资的吸引力可能不如授予他“A级业务员”的头衔吸引力大，因为这样可以使他觉得自己享有地位和受到尊重。每个人都有自己的性格特质。员工的个性各不相同，他们从事的工作也应当有所区别。与员工个性相匹配的工作才能让员工感到满意、舒适。

七、公平激励

公平激励源于美国心理学家亚当斯的公平理论。这种理论认为，下属的工作动机和积极性不仅受自己绝对报酬的影响，更重要的还受相对报酬的影响。下属总会把自己的贡献和报酬与一个和自己相同条件的人的贡献和报酬相比较。当这种比值相等时，就会有公平感，心情舒畅，积极性高涨；反之，就会导致不满，产生怨气和牢骚，甚至出现消极怠工的行为。

运用公平激励，要做到努力满足激励对象的公平意识和公平要求。在现实社会中，不公平的现象较多。例如，由于地区、行业、单位、个人等条件的不同，加之制度和政策上的某些弊端，造成了人们在报酬上的较大差异，并且引发了一些矛盾。

公平激励，就应积极减少和消除不公平现象，但正确的做法不是搞绝对平均主义，而是领导者要做到公平处事、公平待人，不搞好恶论人、亲者厚、疏者薄。如在对激励对象的分配、晋级、奖励、使用等方面，要力争做到公正合理，使人人心情舒畅。

八、信任激励

信任激励就是领导者要充分相信下属，放手让其在职权范围内独立地处理问题，使其有职有权，创造性地做好工作。古人说："疑则勿任，任则勿疑。"现代领导活动中的用人不疑是重要的用人原则。

运用信任激励，要注意三点：

一是用人不疑的对象必须是德才兼备，在工作上能放心放手的人才。对那种投机钻营的"奸臣"和平庸无能的"草包"，绝不可轻信重用，以免贻误大业。

二是切忌轻信闲言碎语。现实社会上，有爱才、荐才之士，也有妒才、诬才之徒。领导者一定要头脑清醒，是非分明，以免影响人才的智慧和创造性发挥。

三是授以权责之后，必须让其放手工作，不要横加干涉，否则就谈不上真正的信赖和授权。这样，才能让被任用者产生最佳心理，从而充分发挥主观能动作用。

第 3 节　激励理论与实践

早期的激励理论主要包括马斯洛的需求层次理论、麦格雷戈的 X 理论和 Y 理论、赫兹伯格的双因素理论和麦克莱兰的三种需要理论。这些激励理论为当代激励理论的发展奠定了基础。本节主要介绍当代的激励理论，主要包括目标设置理论、期望理论、公平理论、强化理论和安全基地理论。

一、目标设置理论

目标设置理论（goal-setting theory）认为，行为是有意识的目标和意图的结果。管理者通过为组织成员设定目标，可以影响其行为。

（一）早期的目标设置理论

早期的目标设置理论认为，工作绩效受两个具体目标特性的影响——目标难度和目标具体化。具体的工作目标会提高工作绩效，困难的目标一旦被员工接受将会比容易的目标产生更高的工作绩效。

1. 目标难度

目标难度是目标的挑战性和达成目标所需的努力。如果人们可通过工作实现目标，那么合理的假定是困难的目标需要更加努力地工作，而大量研究也证明了目标难度的重要性。目标应是比较现实而又有一定难度的，不应遥不可及。例如，新上任的经理要求明年的销售额增长300%，销售团队成员不会相信其可行性，也许30%的增长率是比较合适的。

2. 目标具体化

目标具体化是指目标要清晰、准确。例如，“提高生产率”的目标就不够具体，而“在第四季度实现生产力提高30%”则是一个非常具体的目标。诸如成本、销售额、利润率等目标都是可以具体化的，而诸如员工士气、工作满意度、顾客忠诚度、企业形象等则比较难以具体化。当目标难度不变时，目标具体化与绩效密切相关。

（二）扩展的目标设置理论

目标设置理论在获得了广泛的关注和研究支持后，出现了一种扩展的目标设置理论，它试图更充分地把握组织中目标设置的复杂性。

扩展的目标设置理论认为，目标指导的努力是四个目标特性的函数——目标难度、目标具体化、目标接受和目标承诺。目标接受是个体将目标接受为个人目标的程度。目标承诺是个人本身对目标的感兴趣程度。目标指导的努力、组织支持、个体能力与特质相互作用，共同决定了实际的绩效，如图15—3所示。

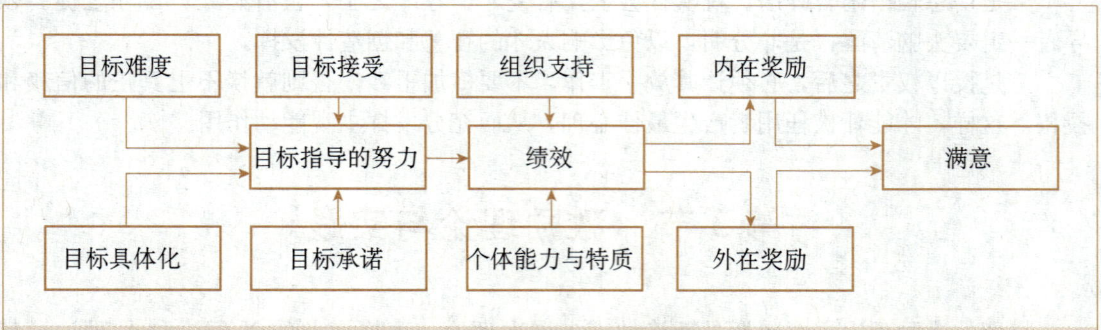

图15—3 扩展的目标设置理论

资料来源：里基·W. 格里芬. 管理学：第9版中国版. 北京：中国市场出版社，2010.

二、期望理论

期望理论由维克托·弗鲁姆（Victor Vroom）提出，认为激励取决于结果的价值和达成结果的可能性，如果个体预期某种行为会带来某种特定的结果，且该结果是具有吸引力的，那么该个体往往会采取这种行为。

期望理论基于几个基本假定：第一，假定行为由个体或环境中的各种因素综合决定；第二，假定人们在组织中自行作出行为的决策；第三，假定不同的人具有不同的需要、愿望和目标；第四，假定人们根据行为达成期望结果的可能性，从不同的行为计划中作出选择。[①]

期望理论包括三个变量或三种联系。

（1）努力—绩效期望（effort-to-performance expectancy），或努力—期望联系，即个体认为通过努力可以达到绩效的可能性。如果个体相信努力可以直接导致绩效，那么其努力—绩效期望值会很高（接近1.0）；如果个体认为努力与绩效不相关，那么其努力—绩效期望值会很低（接近0）；如果个体认为两者有关系但并不强烈，那么其努力—绩效期望值处于中间水平（介于0~1.0之间）。

（2）绩效—成果期望（performance-to-outcome expectancy），或绩效—期望联系，即个体认为绩效带来成果（获奖励）的可能性。若个体相信高绩效将使之加薪，则其绩效—成果期望值会很高（接近1.0）；若个体不相信这种关系，则其绩效—成果期望值会很低（接近0）。

（3）成果和效价，或奖励—目标满足联系。成果是行为在组织中的结果，往往是奖励。期望理论认为，个人的行为将在组织内部导致各种成果或结果。每种成果都有价值，称为效价（valence），反映了个体对具体成果重要程度的看法。若成果是个体所期望的，则效价为正，反之为负；若成果对个体无关紧要，则效价为零。

激励行为的发生需要三个条件：第一，努力—期望绩效值必须大于0（个体必须相信通过努力可以获得高绩效）；第二，绩效—成果期望值必须大于0（个体必须相信高绩效可以带来成果）；第三，成果的总效价必须大于0（某些成果具有负效价）。

管理者运用激励理论的关键是要弄清个体的目标以及上述三种联系，以及员工为何认为某些特定的奖励是有吸引力或没有吸引力。此外，期望理论关注个体的感知，认为决定个体动机（努力程度）的是其对绩效、成果（或奖励）和目标的感知，而非客观情况本身。

三、公平理论

公平理论（equity theory）由J. 斯达西·亚当斯提出。公平是个体的一种主观感受，是指个体认为自己与其他以类似方式行事的人相比得到了同等对待。根据该理论，个体通过工作获取所得时受到寻求社会公平的激励，会将自己与他人进行比较，而不公平感会影响其付出努力的程度。个体通过工作获取的所得包括收入、认可、晋升、加薪、社会关系和内在奖励等。个体对工作的投入包括时间、经验、努力、教育和忠诚。人们首先会比较自己的所得与投入，并将之看成一种比例，然后与他人的该比例进行对比。这里的“他人”，包括同一组织中从事类似工作的其他个体，以及朋友、邻居和同行等。要说明的是，比例的计算和对比过程都是非常主观、基于个体知觉的。

经过对比，会产生两种结果——公平感和不公平感。若个体认为自己的所得—投入比与他人相同，则会感到公平；若个体认为自己的该比例与他人不同，则会产生不公平感，此时个体会试图采取行动来改变这种状态。具体而言，若个体认为自己的所得—投入比大于他人，则意味着个体感到自己得到的报酬过高或付出的努力较少，此时个体一般不会要求减少报酬，而是可能自觉地增加投入，从而带来生产率提高、产品质量提高等；若个人认为自己的所得—投入比小于他人，则意味着个体感到自己得到的报酬过低，此时个体可

---

① 里基·W. 格里芬. 管理学：第9版中国版. 北京：中国市场出版社，2010.

能会要求增加报酬，或自动减少投入，甚至缺勤、离职。

最初，公平理论着眼于分配公平（distributive justice），即报酬数量以及报酬分配的公正程度。近来关于公平的研究主要聚焦程序公平（procedural justice），即用于确定报酬分配的程序的公正程度。研究发现，与程序公平相比，分配公平对员工满意度的影响更为显著；而程序公平往往会影响员工的组织承诺、对上司的信任和离职意向。① 这些发现对管理者的启示是：应保证程序和标准是清晰、客观的，并将报酬分配决策过程公开化，采取适当措施来提高员工对程序的公平感。通过增强程序公平感，员工即使对报酬、晋升或其他个人所得感到不满，也可能以积极的态度对待上司和组织。

四、强化理论

强化理论（reinforcement theory）认为，行为是其结果函数，导致奖励结果的行为可能不断重复，而导致惩罚结果的行为则不大可能重复。如果某种结果紧跟在某种行为后立即出现，并提高该行为未来重复的可能性，那么它就是强化物（reinforcer）。管理者可利用强化物来影响员工的行为。

强化的基本类型有四种，即正强化、负强化、惩罚和忽视。

（1）正强化。奖励那些符合组织目标的行为，以使这些行为进一步加强、重复出现。组织内的正强化工具有加薪、升职、赞赏和奖励等。

（2）负强化。强调事前的规避，对违规行为加以惩罚，以使违规者重视组织规定，从而加强对自己行为的约束。例如，如果员工迟到或早退可能被领导斥责或被罚款，那么员工会尽可能地减少这种行为。

（3）惩罚。运用消极结果或不愉快的结果减少甚至避免所不希望的行为。虽然惩罚可以更快地消除不合意的行为，但是其效果通常只是暂时的，而且可能带来负面影响，如工作场合的冲突、缺勤或辞职等，因此应尽可能地采取其他强化方法。

（4）忽视。对不符合要求的行为进行“冷处理”，达到“无为而治”的效果。这特别适用于减少某种曾受到肯定的行为。

为了使强化达到预期效果，还必须注意强化的时机和频率。以时间为基础的强化方法有固定间隔法和可变间隔法。前者是每隔一个固定时间即实施强化——不论行为是否发生，如每周支付薪水；后者的两次间隔并不固定，如对在不定期检查中表现良好的员工进行奖励。以数量为基础的强化方法有固定比例法和可变比例法。前者是在一定数量的行为出现后即进行强化，不考虑时间间隔——这会导致更高程度的努力；后者是在不同数量的行为发生后实施强化，是最有效的保持希望行为的方法，如一位主管在员工获得第 2 次订单时进行表扬，然后分别在第 7 次、第 10 次获得订单时进行表扬，此时员工会努力提高希望行为的频率，因为每次行为都能增加获得奖励的机会。

五、安全基地理论

（一）安全基地

“安全基地”一词源于英国精神分析师约翰·鲍尔比（John Bowlby）和玛丽·安斯沃

---

① 斯蒂芬·P. 罗宾斯，玛丽·库尔特. 管理学：第 9 版. 北京：中国人民大学出版社，2008.

思（Mary Ainsworth）在第二次世界大战后关于依附理论的研究。瑞士国际管理学院领导力和组织行为学教授乔治·科尔里瑟（George Kohlrieser）等从提升领导力的角度出发，对安全基地作出如下定义：安全基地是指能够提供被保护感、安全感和关爱，同时给人以开拓、冒险和寻求调整所需的鼓舞和能量的人、场所、目标或事物。安全基地越强大，人们在面对不利局面或压力时的适应性就会越强。对安全基地的需求植根于人类大脑，因此安全基地理论普遍适用于各种文化和不同时代的所有人。

安全基地理论中包含了矛盾对立和环环相扣的关系。安全基地既提供被保护感，又鼓励他人勇敢冒险；既要求等待时机，又要适时干预；人们既需要人的形式的安全基地，又需要目标形式的安全基地。只有当自己拥有各种安全基地时，才可能成为他人的安全基地。

1. 安全和风险

安全和风险是安全基地理论中彼此对立的、需要平衡的一对基本维度。安全体现于关爱，风险体现于挑战。安全基地提供的安全感、被保护感和关爱，使人有勇气开拓进取、承担风险。同时，安全基地阻断了大脑对恐惧、威胁，甚至生存的关注，鼓励好奇心和探索冒险。如果领导者只提供安全感，那么他可能成为员工的避风港，却无法激励员工承担风险或寻求挑战；如果领导者鼓励冒险，却不提供安全感和保障——这意味着在要求员工探索开拓的同时，却没有给予必要的支持以使其获得冒险所需的自信，那么员工会感到被暴露和易受攻击，并会因缺乏安全感而本能地进入防卫状态。如图15—4所示，在安全与风险的平衡关系中，偏废任何一方都会损害员工的绩效——他们要么太过安逸，要么过度焦虑。

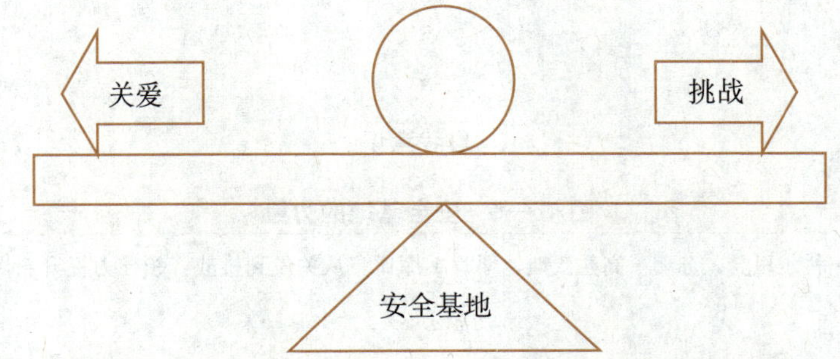

图15—4 安全与风险的矛盾

资料来源：乔治·科尔里瑟，苏珊·高兹沃斯，邓肯·库比. 从关爱到挑战：领导力提升新路径. 北京：中国电力出版社，2014.

2. 人和目标

人和目标是安全基地理论中需要平衡的另一对维度，如图15—5所示。相比之下，人与目标的关系不那么明显。人要与目标建立起纽带关系，需要给自己设立目标，并坚定地一步步去实现。为了获得自信和实现成功，人们必须执着于目标。目标能够给人提供克服困难、实现成功所需的决心和韧性，正是对目标的执着追求使人获得了前进的动力。如果仅拥有人的安全基地，而没有目标的安全基地，那么会在获得高度安全感的同时，因不敢冒险而失去发挥潜能的机会；反之，如果仅拥有目标的安全基地，而没有人的安全基地，那么可能在物质上取得巨大成功，却在情感和人际关系上遭遇挫败。因此，仅将目标作为安全基地的人，往往会沦为所谓的“独立孤独者”（independent loner）。在人与目标之间保持平衡，是实现身心健康、高度自我认知和高绩效工作的基础。一旦失衡，对失败或被抛弃的恐惧就会随之产生，人们会因为缺乏自信而放弃对目标的坚持。安全基地的任务，就是帮助人们专注于成功、摆脱不安全感。

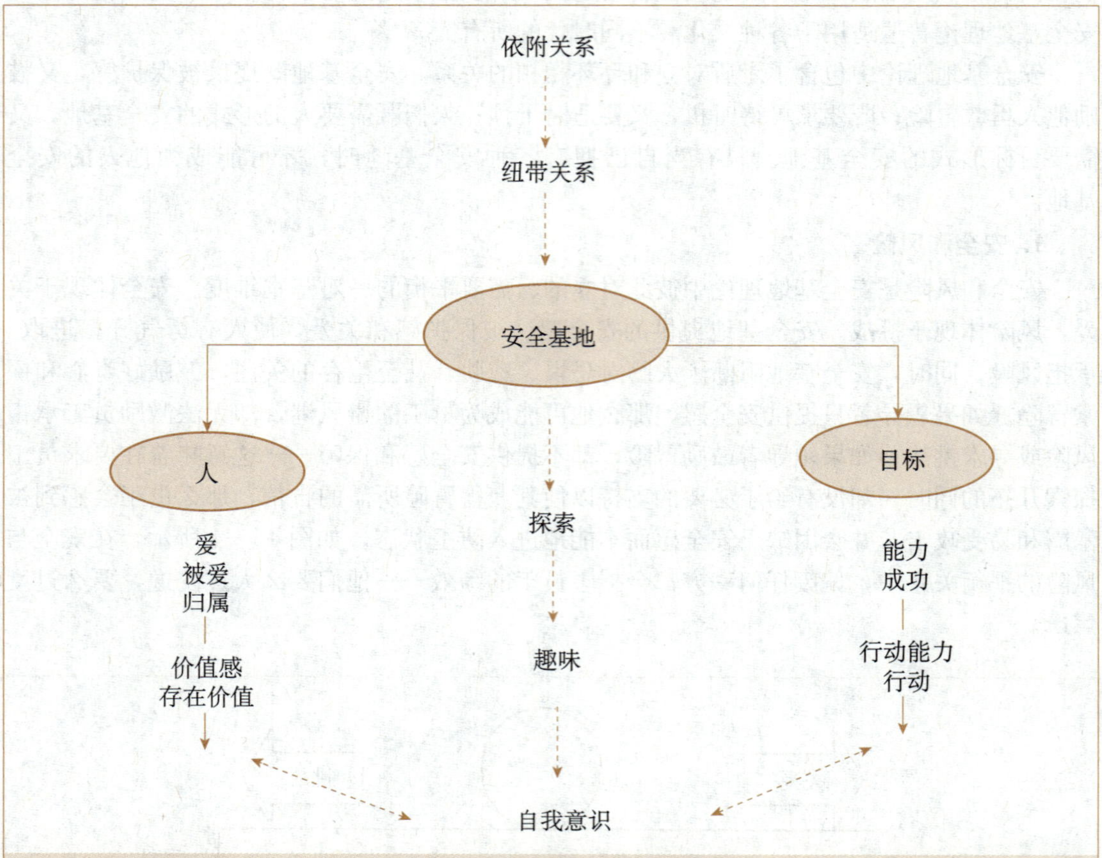

图 15—5　安全基地的力量

资料来源：乔治·科尔里瑟，苏珊·高兹沃斯，邓肯·库比．从关爱到挑战：领导力提升新路径．北京：中国电力出版社，2014.

（二）安全基地领导力

科尔里瑟对安全基地领导力做了如下定义：通过提供被保护感、安全感和关爱，以及使他人勇于探索、承担风险和寻求挑战的勇气，来建立信任和影响他人的领导方式。关爱与挑战并重，是安全基地领导力的独特之处。安全基地领导力既强调领导工作中的人际关系，也强调在实际执行中如何以积极态度完成工作，其核心在于如何激励他人。鼓舞人心的目标本身就可以成为人们的安全基地，而以人为本的领导方式能够激发和调动员工实现超越预想的成功。因此，领导者应同时将人和目标作为安全基地，如此才能使下属获得信任感、创造力、冒险和进取精神以及愉悦的心态，紧张而愉快的工作氛围通常是高绩效团队的特征。图 15—6 展示了安全基地领导力是如何释放他人的潜力以实现成功的。

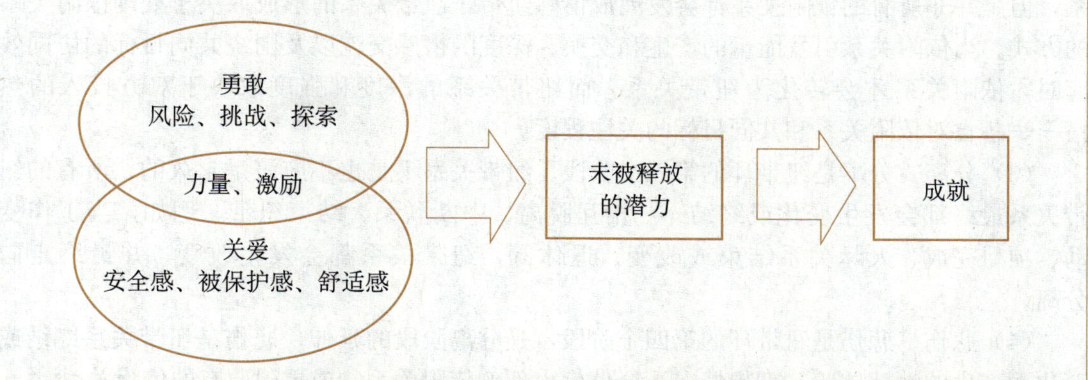

图 15—6　安全基地领导力

（三）安全基地领导者的任务

安全基地领导者能够建立纽带关系，拥抱挫折、化解悲伤，将心灵之眼投向积极方向并影响他人也这样做，以追求胜利的心态领导别人。

1. 建立信任纽带

建立纽带关系来营造安全感和被保护感，是安全基地领导者的任务之一。科尔里瑟认为，纽带关系是指“使人在身体、情感、智力和精神上产生出独立个体无法获得的更大能力的某种依附关系”。安全基地领导者与其追随者建立起纽带关系，并最终形成信任——相信领导者的行为符合自身利益，相信领导者在自身陷入困境时会提供帮助、能把握好挑战的风险。图 15—7 所示的纽带环显示了纽带关系的建立过程。由图 15—7 可知，纽带环包括四个阶段——依附、建立纽带、分离和悲伤。

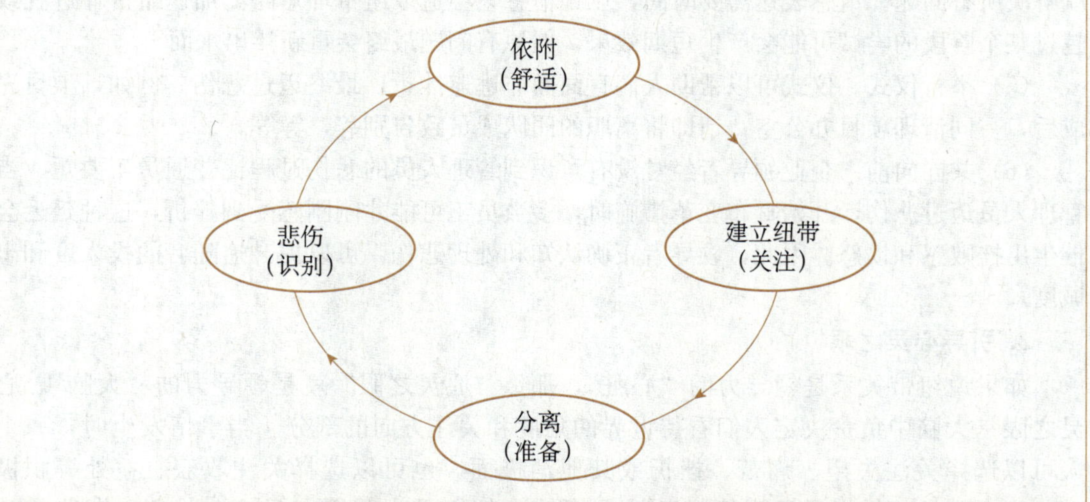

图 15—7　纽带环

（1）依附。纽带环的第一个阶段是依附。依附是人与人亲近、靠近或相互联系的驱动力。人处于依附状态时，会感到安全。

（2）建立纽带。纽带环中的第二个阶段是建立纽带。所有的纽带关系都起步于依附关系，但是并非所有的依附关系都会发展成情感纽带，纽带关系的形成取决于处理依附关系的方式。当依附关系引发能量的产生和交换、深度的情感交流以及围绕共同目标的协同效应时，依附关系才会转化为纽带关系。而纽带关系的深度和强度取决于双方投入的热情——各自对依附关系和共同目标的关注程度。

（3）分离。分离是纽带环的第三个阶段。纽带关系不是也不应该是永久的，所有的纽带关系最终都会发生变化或终结——相互脱离、中断联系、结束纽带。例如，当工作变动、项目完成、人际关系结束或改变、退休等，纽带关系都会发生改变，并最终走向分离。

（4）悲伤。悲伤是纽带环的第四个阶段，是分离阶段的延伸。悲伤是纽带关系终结或变化而产生的情感体验，理想情况下会催生出新的依附关系，或重建原有的依附关系。

2. 拥抱挫折，化解悲伤

组织总是在应对不断发生的变化，同事的离职、团队的解散、项目的结束等变化带来的难过和失落往往使人们拒绝与他人、目标或工作建立新的联系，而走出这种状态的唯一方法就是化解悲伤。安全基地领导者会采取一些具体方法来化解悲伤。

（1）拥抱悲伤。安全基地领导者将悲伤视为一种自然情绪，在面对变化时会选择将注意力放在变化带来的好处而非痛苦上。同时，由于他们与追随者建立了信任关系，因此追随者拥有了表达悲痛、发泄失望情绪的空间，从而会重新获得能量，迎接新的关系和挑战。

（2）包容情绪化。营造安全氛围，让他人自由表达情感，可以缓和变化过程中的抵触情绪。了解他人的感受，同时讲出自己对变化的看法，不要对他人的一时冲动施加惩罚。

（3）体会他人的痛苦并加以积极引导。

（4）放慢脚步。我们不可能通过召开一场会议，让大家在一个小时内各自表达情感，就解决所有问题。情感表达需要时间，压抑情感只会造成纽带环短路。加速纽带环进程或越过某个阶段的尝试可能会产生短期效果，但原有问题最终会重新浮出水面。

（5）举行仪式。仪式可以帮助人们直面而非逃避挫折，最终迈过悲伤。例如，项目完成后，一同清理项目办公室；请即将离职的团队成员致告别辞，等等。

（6）共同向前。企业领导者经常没有意识到管理人员的悲伤过程比普通员工要短。当管理人员迈过悲伤，开始宣布变革措施时，多数员工可能才刚刚感受到挫折，这种延迟会催生出挫败感和愤怒。因此，领导者正确认知和处理悲伤，可以提升追随者的投入度和忠诚度。

3. 引导心灵之眼

如果说纽带关系是领导力的“心脏”，那么“心灵之眼”就是领导力的“大脑”。心灵之眼是大脑中负责决定人们看待世界的角度和关注方向的部分。当事情发生时，一个人可以选择关注失望、痛苦、挫折或其他消极面，也可以选择关注收获、益处等积极面。安全基地领导者最重要的任务就是将他人的心灵之眼引向目标、收获、期待的结果、学习、机遇等，使得他人的潜力得到释放。具体而言，安全基地领导者主要通过三种途径引导他人的心灵之眼：积极表率；影响他人的自我意识；主动帮助他人提升自我控制力。

4. 以胜利为目标

"以胜利为目标"是一种可持续的领导模式，意味着对关爱和挑战同等重视。领导者在高度关注人际关系的同时提供高挑战性的目标，就是"以胜利为目标"，所展示的就是安全基地领导力。

（四）安全基地领导者的特质

安全基地领导者的行为方式是明确的、现实的和可学习的。表 15—1 列示了安全基地领导者的九项特质。安全基地领导者能够将这九项特质结合在一起，以正确的方式、在正确的时间给他人提供恰如其分的安全感，并鼓励对方承担恰当的风险。

表 15—1　　安全基地领导者的九项特质

1	保持冷静	6	积极的思维取向
2	接纳他人	7	鼓励冒险
3	发现潜力	8	激发内在动力
4	善于倾听和提问	9	被感知力
5	传递有力信息		

（1）保持冷静。冷静是一名优秀领导者必须具备的基本素质，优先于其他特质。保持冷静是安全基地领导者的最重要且最具挑战性的特质。

（2）接纳他人。安全基地领导者的一项关键特质是从人的角度而非从雇员或其他职业身份的角度来认识和承认他人的价值，把对人的关爱放在比事情或问题更优先的位置来考虑，始终保持对他人的尊重。接纳他人体现了对他人的价值和存在的承认、尊敬和赞赏。

（3）发现潜力。安全基地领导者可以透过当前的表现或状态发现员工身上蕴藏的潜力——并非短期潜力，而是更深层的潜力，时间跨度不是一两年，而是 10 年或 20 年。

（4）善于倾听和提问。安全基地领导者更善于倾听和提问，而非告知和主张，不会直接给出解决方法或告知在面对困难时应该如何去做。深入对话是安全基地领导者的重要工具，通过倾听和提问，领导者就可以帮助下属找到答案、释放潜能。

（5）传递有力信息。安全基地领导者具有通过简单的语言和动作来影响他人的能力，善于选择恰当时机，使用精练语句直指要害，或在事发当时的关键时刻而非过后进行"靶心交流"。所谓靶心交流，是指在正确时间传达正确信息的精练话语，具有强有力的影响力并能直指目标。

（6）积极的思维取向。安全基地领导者善于将他人的心灵之眼引向积极方向而非消极方向。即使在危急和困难时刻，他们也能帮助追随者发现自身潜力和学习机会。

（7）鼓励冒险。安全基地领导者提供明确的冒险机会，积极鼓励他人释放潜能，并尊重追随者的自主性，不使他们感到被过度控制。

（8）激发内在动力。安全基地领导者深知内在动力要比外在动力更能激发人的潜力，将内在动力置于外在动力之前。内在动力是指人们为了内在兴趣或快乐去做事；外在动力是指人们为了完成目标任务去做事。内在动力和外在动力的来源如表 15—2 所示。

表 15—2　　内在动力和外在动力的来源

内在动力的来源	外在动力的来源	内在动力的来源	外在动力的来源
学习	金钱、奖励	快乐、兴奋或好奇	升职
挑战	荣誉奖励	渴望做出贡献或有所成就	取得好成绩
成长、自我发展	名望		

资料来源：乔治·科尔里瑟，苏珊·高兹沃斯，邓肯·库比．从关爱到挑战：领导力提升新路径．北京：中国电力出版社，2014.

（9）被感知力。被感知力是安全基地的精神存在，是安全基地的“无形”能力，能在安全基地不在现场时发挥作用，可理解为可接近和被支持的感觉。安全基地领导者需要具有被感知力。

本章小结

◇激励就是组织通过设计适当的外部奖惩形式和工作环境，以一定的行为规范和惩罚性措施，借助信息沟通，来激发、引导、保持和规划组织成员的行为，以有效地实现组织及其成员个人目标的系统活动。

◇激励的基本要素是需要、驱动、动机和目标导向的行为。

◇激励能使人的潜力得到最大限度的发挥，如果管理者是有效的，那么领导的结果应是一个受到高度激发的劳动者群体。科学的激励制度具有多方面的作用：吸引优秀人才；开发员工的潜在能力；留住优秀人才；创造良性的竞争环境。

◇激励方式有目标激励、物质激励、情感激励、正向激励、负激励、差别激励、公平激励和信任激励等。

◇安全基地是指能够提供被保护感、安全感和关爱，同时给人以开拓、冒险和寻求调整所需的鼓舞和能量的人、场所、目标或事物。

◇安全基地理论中有两对需要平衡的维度：安全与风险；人与目标。它们之间是矛盾对立、环环相扣的关系。

思考题

1. 你认为正向激励和负激励孰轻孰重？为什么？本书倡导正向激励的效果优于负激励，你是否同意？

2. 从当代激励理论中选择一种，描述根据该理论领导者应如何激励员工。

3. 安全基地理论如何体现了“以人为本”的思想？作为领导者，如何成为他人的“安全基地”？

案例应用

美的集团的激励机制

2000—2008年期间，美的集团保持了稳健持续的高速增长。销售收入由2000年的105亿元增长为2008年的900亿元，平均增速超过30%；销售利润增长了11倍，平均增速超过35%。目前美的集团在中国白色家电行业中位居第二，盈利能力排名第一。

可以说，新世纪的美的取得了跨越式的高速发展。美的集团之所以取得如此快速的发展，其独具特色的激励约束机制起了重要作用。

从组织的纵向来看，高层、中层和基层管理者及员工具有不同的考核激励模式。高层管理者激励模式如图 15—8 所示。

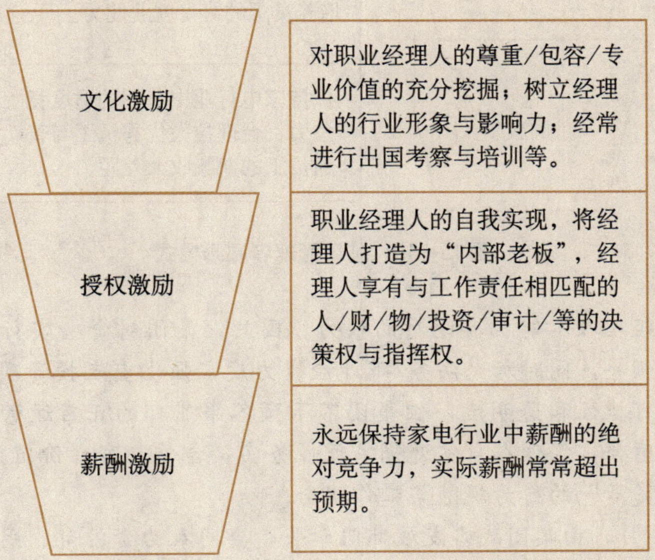

图 15—8　高层管理者激励模式

中层管理者激励模式如图 15—9 所示。

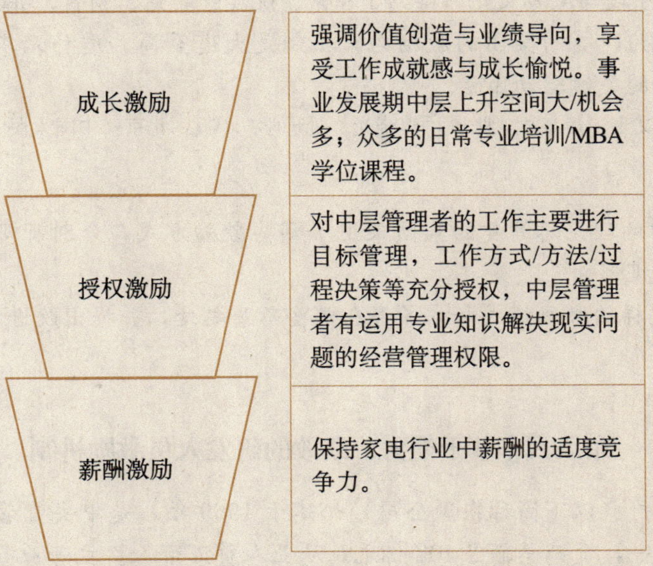

图 15—9　中层管理者激励模式

基层管理者激励模式如图 15—10 所示。

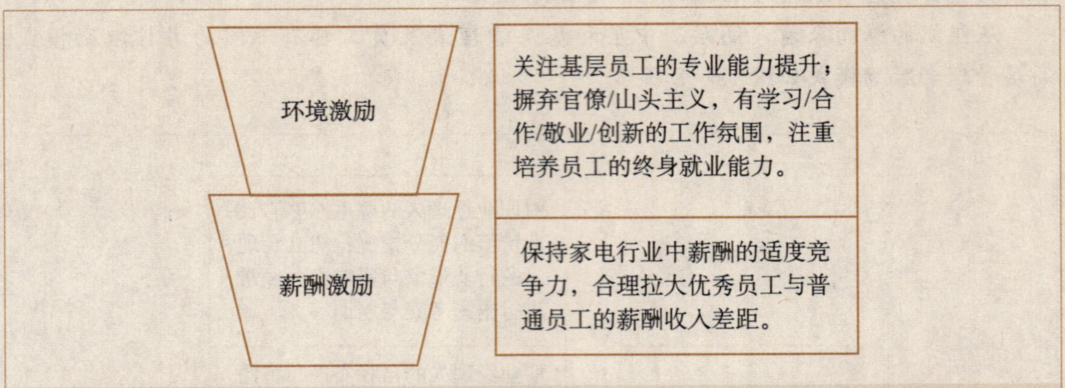

图 15—10　基层管理者激励模式

当然，职业经理人不能拥有绝对的权力。因此，集团对资金实行统收统支，对财务体系实行垂直领导，同时加大法务/审计检查力度，强化重点投资项目监管，保持经营政策与操作的可控性和透明度，但集团不干预各事业部的正常运营运作。整个集团经过多年积累与磨合，经理人自觉遵循“理性务实，合作包容，价值为尊，业绩导向，低调实干，开放灵活”的行为规范与工作理念。

每年 10—12 月，由集团战略发展部门牵头，会同人力资源部、财务部、各经营单位（事业部），共同编制下一年度的一系列规划（包括激励考核方案）。

激励考核的实施由集团人力资源部牵头，集团财务部与审计部参加，严格按照“月度检讨，季度通报，半年兑现，年度总考”原则，推进激励考核方案。至今，美的已坚持实施激励考核 15 年，全体职员认同考核、理解考核、重视考核、激励考核成为最重要的工作调控手段与激励文化，得到了积累、沉淀、凝结、创新，并持续优化与发展。

曾有评论认为，美的集团的激励约束机制是大道至简、质朴无华，但却是美的保持持续高速增长的关键驱动因素。

资料来源：杨文士，焦叔斌，张雁，李晓光．管理学．3 版．北京：中国人民大学出版社，2009.

［讨论题］

1. 试用书中的理论总结美的集团采用了哪些激励方式，分别有哪些体现，对员工产生了怎样的积极影响。

2. 试分析这样的激励模式和方式存在哪些不足之处，并提出改进意见。

东风汽车基于能力、绩效的研发人员激励机制

东风汽车公司（以下简称东风公司）始建于 1969 年，是中央直管企业、中国汽车行业三大集团之一，资产总额 2 402 亿元，从业人员万余人。主营业务涵盖全系列商用车、乘用车、发动机、汽车零部件等，形成“立足湖北、辐射全国、面向世界”的“7+N”事业布局。2014 年东风公司销售汽车 380.3 万辆，销售收入 4 800 亿元，位居世界

500 强第 109 位、中国企业 500 强第 18 位、中国制造业 500 强第 4 位。

东风公司技术中心是东风公司产品研发的核心部门，是国家发改委、财政部、税务总局和海关总署认定的国家级“企业技术中心”，国家科技部认定的国家一类科研院所，国内汽车行业第一批国家级“海外高层次人才创新创业基地”，承担着东风公司自主品牌乘用车、军用越野车、新能源汽车以及相关动力总成研发工作，多次荣获国家科技进步奖和东风公司科技进步特等奖。

为了推进人才强企战略、激发研发人才效能、稳定人才队伍，东风汽车基于能力、绩效建设研发人员激励机制。

一、立足公司人才发展战略，制定研发人员激励策略

1. 明确人才发展总体思路

东风公司按照企业发展战略，在对内外部人才环境充分调研的基础上，对“十二五”期间的人才发展工作明确提出“服从战略、聚焦自主，以用为本、持续改善，高端引领、整体开发”的指导思想，把大力培育自主创新人才和国际化人才作为实施人才强企战略的重点，建立完善人才引进、使用、培养和激励等科学配套、富有竞争力和活力的管理机制，确保人才作用得到充分发挥、人才价值得到充分体现。

2. 制定自主研发人才规划

根据“产品魅力化、技术模块化、资源国际化、管理系统化”的研发方针，东风公司确立构建具有核心竞争力的卓越自主创新人才队伍的建设目标，制定中长期人才规划，在持续开展人才聚集工程的同时，将研发人员激励机制建设和成长期员工培养作为重点课题进行推进。“十二五”期间，东风公司技术中心快速聚集自主创新研发人才，通过集团内调剂、集团外引进成品骨干人才，大力招聘优秀应届毕业生，全球招聘重点领域领军人才，自主研发人员规模由 864 人快速增长至 2 077 人，其中享受国务院津贴专家人才 10 人、海外高层次人才 15 人（其中 8 人入选中央“千人计划”）、研究员级高级工程师 71 人、高级工程师 289 人，博士 29 人、硕士 643 人，初步形成一支门类齐全、结构合理的综合性研发人才队伍。

3. 确立研发人员激励策略

东风公司技术中心首先对研发人员进行了分析和调研，发现其具有以下特点：一是具有很强的自我价值实现的需要；二是具有敢于质疑权威的精神、较强的自尊心和自律性，往往不能接受过于简单的、命令式的管理，更看重一种平等式的交流和沟通融洽的氛围，重视个人专业领域，对职业忠诚往往高于对企业的忠诚；三是从事脑力工作，工作过程难以监控，工作结果难以衡量，工作成果往往具有滞后性，有些成果的转化需要较长时间，且常常属于团队合作的成果，个体绩效评价难度大。

针对研发人才队伍的特点，借鉴有关理论，并充分考虑研发人员的心理需求和企业对研发工作的要求，东风公司技术中心将外在激励与内在激励相结合，以构建能力评估体系、完善绩效评价体系为切入点，系统建设晋升发展机制和薪酬激励机制。

二、建立能力和绩效评价标准，构建员工综合评估模型

1. 建立员工能力素质标准

东风公司技术中心充分考察产品研发工作各类岗位业绩优秀的研发人员，借助专业咨询公司的支持，系统全面地建立研发人员的核心能力素质模型（见图 15—11）。

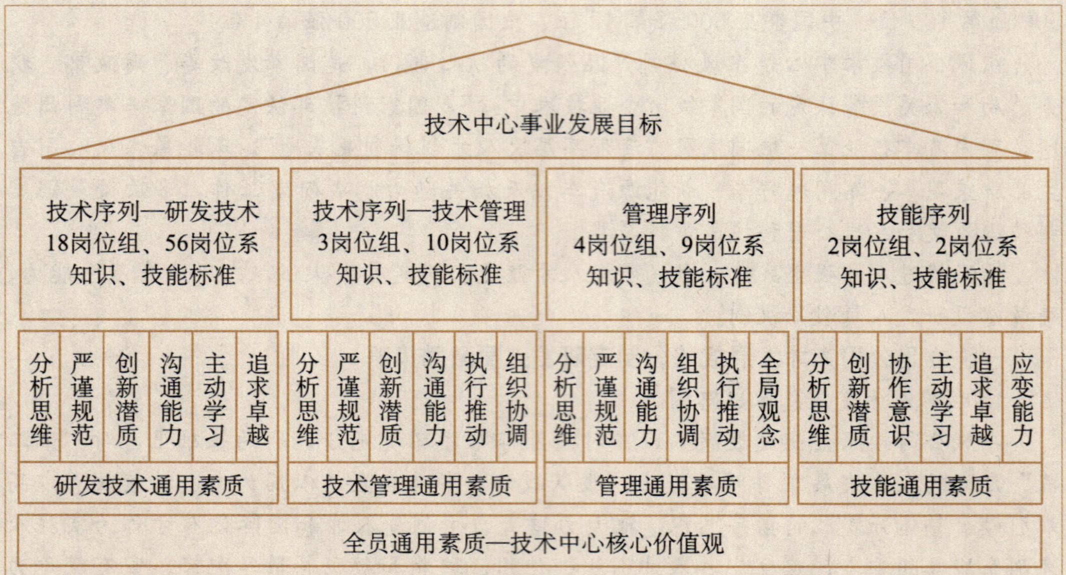

图 15—11　员工能力素质模型

技术中心的研发人员分布在产品开发、项目管理、技术管理等各类岗位上，承担着不同领域的工作职责。技术中心根据发展需要，通过调查访谈收集、确认各类岗位上绩优人员的能力素质特点，对研发技术类人员和技术管理类人员制定差异化的通用素质指标，以甄别和挖掘具有技术专家潜质和技术管理潜质的研发人才，拓宽和引导技术人员职业发展。经过一定初级、中级阶段的工作实践后，对具有专家潜质的人才提供更好的科研开发平台，鼓励其向纵深技术领域发展，成为技术领域的带头人；对具有管理潜质的人才，在项目管理、团队管理（干部）的阶梯上给予锻炼机会，使之发展为技术与管理相结合的复合型团队领导人才。

2. 完善员工绩效评价规则

技术中心结合产品开发和项目管理的实际，以有效支持技术中心绩效达成为目标，在原员工绩效评价体系的基础上，从指标设置、评价周期、平衡预算点、评价流程四个方面进行优化，重点优化“业绩＋行为”“KPI＋主要工作任务”的绩效指标设置规则及权重，强化评价流程执行管理，提升员工综合绩效评价的有效性。例如，对不同职级的员工业绩和行为指标设置不同的权重，强化综合绩效导向；其次，建立多元化的业绩指标设置规则，对主管级及以上员工实行以 KPI 为主的业绩评价方式，侧重要求员工绩效评价指标与部门 KPI 紧密衔接，对主管级以下员工实行以主要工作计划为主的业绩评价方式，侧重要求基于专业工作职责制定工作计划目标。

3. 构建员工“能力＋绩效”综合评估模型

基于员工能力素质模型和绩效评价规则，技术中心全面分析归并对研发人员能力有影响的项目，确定员工能力评估要素从隐性到显性依次为素质、知识、技能、经验，同时将成果贡献作为员工能力输出的重要体现纳入评估要素中，以此为基础建立符合研发机构特点的“能力＋绩效”的员工能力综合评估模型。同时，为使评价相对客观公正，技术中心细致梳理能体现研发人员能力特征的客观评价指标，细化能力和绩效评估维度，制定量化评分标准，探索建立员工“能力＋绩效”积分制方案，通过设置基本项、加减分项体现能力和业绩提升导向，形成员工“能力＋绩效”的综合评估量化积分体系。“能力＋绩效”积分制在员工管理工作中发挥了重要作用：一是逐步形成了员工“能力＋绩效”积分线，相对客观地体现了员工的能力特征和发展水平；二是形成了“绩效＋能力”量化积分矩阵，可根据员工在矩阵中的位置确定人才发展策略、甄别优秀人才。

三、健全员工职业发展机制，丰富员工晋升发展模式

技术中心按照先“体系”后“岗位”的方式，以专业分类的岗位族、岗位系为基础，结合对能力层次的要求和角色职责定位，建立符合研发机构特点的纵横结合的多通道序列职级体系（见图 15—12）。

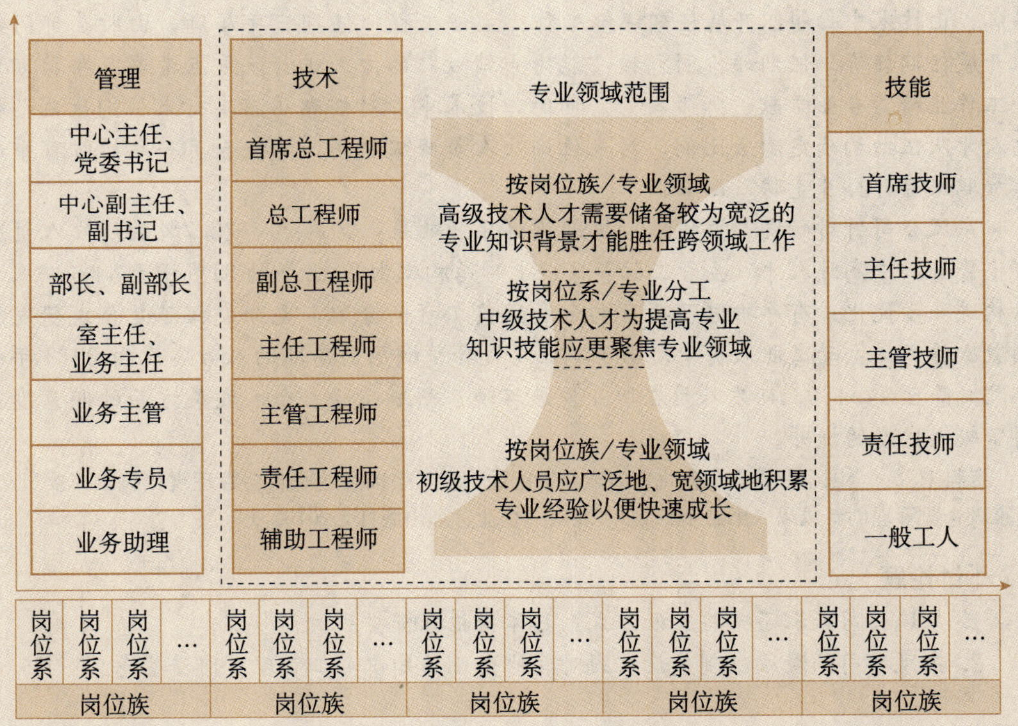

图 15—12　专业序列职级体系

四、优化研发薪酬分配模式，制定复合式的研发薪酬激励策略

一是选取国内同级别汽车企业的研发机构进行市场对标，完善宽带薪资表，建立薪酬调整机制，保持员工的标准薪酬定位在市场中端水平；二是优化项目奖金、溢价工资的分配发放规则，鼓励员工通过项目贡献、提升业绩获得达到市场高端水平的薪酬。首先，对基本薪酬、项目奖金、溢价工资进行有效组合，与员工岗位胜任力、项目贡献和业绩紧密关联。根据员工的岗位胜任力，明确标准薪酬在薪资表中的定位，平均达到市场 50 分位的收入水平；完善项目奖金分配规则，使员工按照项目贡献获得相应奖金，项目贡献多者达到市场 60 分位的收入水平。其次，通过溢价工资规则，根据员工的持续业绩表现给予加薪，使业绩突出者能够达到市场 75 分位的收入水平。

五、建立人才流动、退出机制，优化人才队伍结构

为保证研发人员激励机制长期有效落实，技术中心进一步研究制定了能进能出、能上能下的人才流动和退出机制。

1. 人才流动机制

技术中心制定了员工跨专业序列流动规则和管理流程。在部门层面，根据专业序列职级体系和研发人员发展需要，自主安排主管级及以下员工跨专业领域（岗位族）轮岗交流，培养和挖掘员工的多方面才能和潜质，拓宽员工职业发展空间；在技术中心层面，设置研发人员跨专业序列流动规则，鼓励具有管理潜质的技术岗位员工向技术管理岗位发展，成为既熟悉研发技术又具有管理能力的复合型人才。

2. 人才退出机制

技术中心全面推行中高端专业岗位任期制。其中，专业（副）总工程师任期三年届满，由技术中心组织开展任期评价工作；主任工程师任期三年届满，由所在部门组织开展任期评价。任期评价同样按“能力＋绩效”的方式进行，重点考察三年聘期中的工作业绩、专业贡献、师带徒等。同时，技术中心对任期届满实行末位淘汰制，根据人才队伍结构确定淘汰比例，对末位淘汰人员降级聘用，降级人员一年后方可重新参加职级晋升公开竞聘或评审。

东风公司针对研发人员的激励机制获得显著效果：2014 年，22.7%的研发人员获得了晋升，中高端人才（主管工程师及以上）结构比由2012 年的31%增至41%，人才结构进一步优化；有序推进了项目奖金和溢价工资的分配，充分发挥了复合式研发薪酬激励作用；主动离职人员中，出于职业发展和薪酬原因离职的人数占比由2013 年的36.5%降至17.4%，研发人员在职业发展环境、薪酬待遇、个人发展方面的满意度获得了较大幅度的提升。

资料来源：全国企业管理现代化创新成果审定委员会，中国企业联合会管理现代化工作委员会. 国家级企业管理创新成果（第二十二届）. 北京：企业管理出版社，2016.

[讨论题]

1. 东风公司采取了哪些激励方式？具体措施有哪些？
2. 东风公司的激励机制建设实践对其他企业的知识员工管理有何借鉴意义？

推荐书目

1. 乔治·科尔里瑟，苏珊·高兹沃斯，邓肯·库比. 从关爱到挑战：领导力提升新路径. 北京：中国电力出版社，2014.

2. 杰弗里·扬，威廉·西蒙. 活着就为改变世界：史蒂夫·乔布斯传. 北京：中信出版社，2010.

3. 爱德华·劳勒三世. 组织中的激励. 北京：中国人民大学出版社，2011.

4. 丹尼尔·平克. 驱动力. 北京：中国人民大学出版社，2012.

5. 埃尔菲·艾恩. 奖励的惩罚. 上海：上海三联书店，2006.

第五篇

控　制

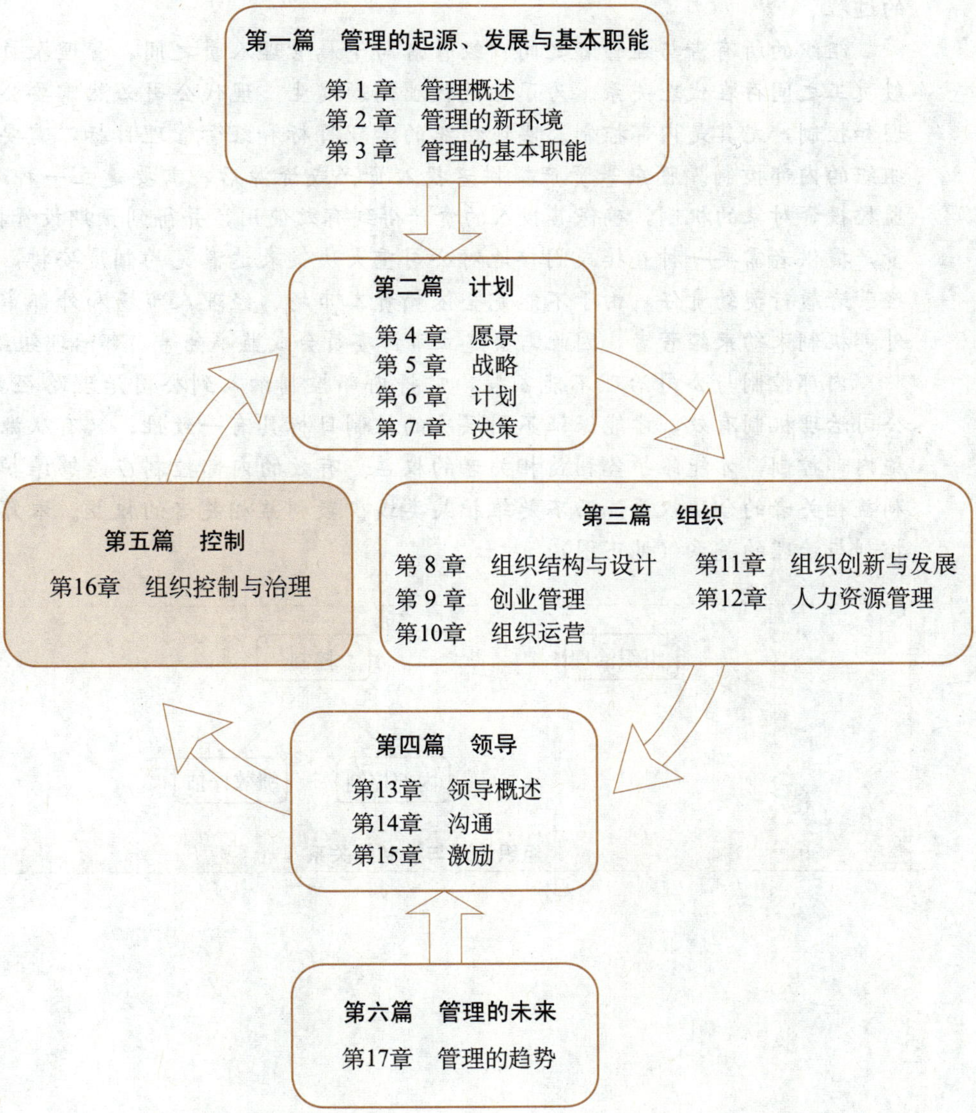
第一篇　管理的起源、发展与基本职能
第 1 章　管理概述
第 2 章　管理的新环境
第 3 章　管理的基本职能
第二篇　计划
第 4 章　愿景
第 5 章　战略
第 6 章　计划
第 7 章　决策
第三篇　组织
第 8 章　组织结构与设计
第 9 章　创业管理
第10章　组织运营
第11章　组织创新与发展
第12章　人力资源管理
第五篇　控制
第16章　组织控制与治理
第四篇　领导
第13章　领导概述
第14章　沟通
第15章　激励
第六篇　管理的未来
第17章　管理的趋势

管理的一切活动都是为了实现组织目标。计划确定了组织的目标和实现目标的途径；组织则将计划落实到人员和资源的安排；而要使计划的目标转化为现实，管理人员必须在管理工作中执行控制的职能，以使工作按原定计划进行或适当调整计划以达到预期目的。

一般来说，管理中的控制职能，是指为了确保组织的目标以及为此制定的计划能够得以实现，各级管理人员根据事先确定的标准或因发展的需要而重新拟定的标准，对下级的工作进行衡量、测量和评价，并在出现偏差时进行纠正，以防止偏差越来越大或今后再度发生的过程，或者根据组织环境的变化和发展需要，在计划执行过程中，对原计划进行修订或制定新的计划、调整管理活动的过程。

组织的所有者与经营者之间、经营者与下属管理人员之间、管理人员与一般员工之间存在代理关系。为了防范代理问题发生，现代公司必然需要公司治理和控制，尤其是内部控制。实现组织的治理目标和经营管理目标，需要借助组织的内部控制。股东等资产提供者投入资产或资源后，需要建立一种跟踪、监控投资对象的机制，确保其投入的资产得到有效使用，并得到预期投资报酬。资产提供者需要一种直接或间接地对公司重大决策表达意见的制度安排，促使经营者履行契约责任。由于不能完全依赖资本市场、经理人市场和外部审计等外部机制来约束经营者，因此需要建立审计委员会或监事会等内部治理组织。

内部控制与公司治理不能割裂，需将内部控制纳入到公司治理路径之中。公司治理机制有效，才能保证不同层次的控制目标具有一致性；只有从源头实施内部控制，才能维护各利益相关者的权益。有效的内部控制应能够维护所有利益相关者的合法权益，而不是维护某类或少数利益相关者的权益。本篇探讨控制与治理的关系（见下图）。

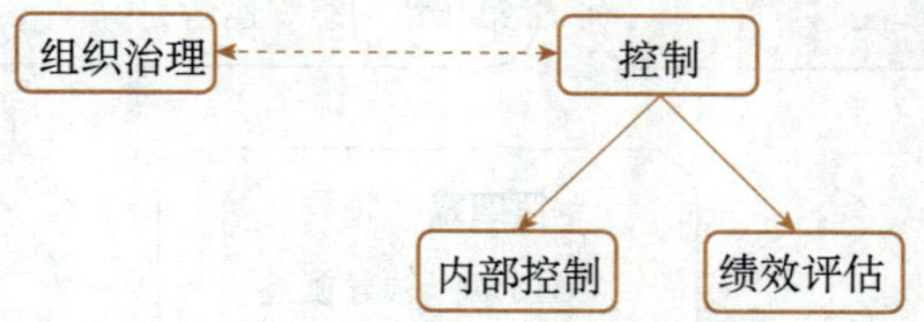

组织治理与控制的关系

第 16 章

组织控制与治理

学习目标

- 掌握组织控制的过程与方法
- 理解内部控制的要素
- 了解平衡计分卡的内容
- 了解组织（公司）治理的基本概念
- 掌握公司治理与内部控制的关系

俗话说：“无规矩，不成方圆”，明确、高效的组织控制与治理是组织成功的前提条件。上至国际组织、国家，下到班级、小组以及家庭，都需要一定的规章和制度来确保其日常的运行。

对于企业而言，组织的内部控制成功、高效与否，是组织绩效好坏的决定性因素，在外部环境快速变化的今天，唯一能乱中取胜的秘籍就是提高组织自身的修养，形成高效的内部控制体系并进行成功的规制。

组织的控制与治理过程如图 16—1 所示。

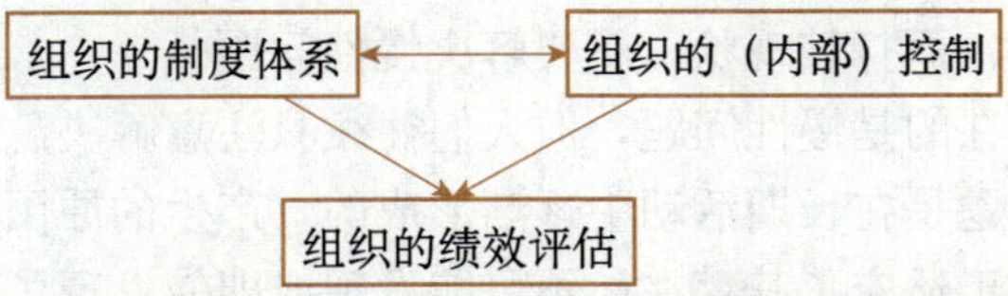

图 16—1　组织控制与治理过程

第 1 节　组织的控制

一、控制简介

从一般意义上说，控制是指控制主体按照给定的条件和目标对控制客体施加影响的过程和行为。“控制”一词最初运用于技术工程系统。自维纳的控制论问世以来，控制概念的应用更加广泛，已用于生命机体、人类社会和管理系统。从一定意义上说，管理的过程就是控制的过程。控制不仅仅是管理的一项重要职能，更贯穿于管理的全过程。

控制作为保证组织目标实现的活动，是每个管理人员的职能。实际上，无论哪一层次的管理人员，不仅要对自己的工作负责，而且必须对整个计划的实施和目标的实现负责。

在管理中构成控制活动必须具有三个条件：(1) 要有明确的目的或目标，没有目的或目标就无所谓控制；(2) 受控客体必须具有多种发展可能性，如果事物发展的未来方向和结果是唯一的、确定的，就谈不上控制；(3) 控制主体可以在受控客体的多种发展可能性中通过一定的手段进行选择，如果这种选择不成立，控制也就无法实现。

二、控制的目的和作用

在管理系统中，人、财、物、信息等要素的组合关系是多种多样、动态的，受环境影响很大，有时内部运动和结构变化也很大，随机因素很多。处于这样一个复杂系统中，组织要想实现既定的目标、执行既定计划、实现在竞争中的生存和发展，没有控制是不可想象的。

（一）控制的目的

随着社会和科学技术的进步，组织的活动规模越来越大，活动内容不断增加、日益复杂，控制的内容也随之越来越多，已不仅仅是财务审计所能概括的。

在现代管理活动中，无论采用哪种方法进行控制，要达到的第一个目的（也就是控制的基本目的）就是“维持现状”，即在变化的内外部环境中，通过控制随时将计划的执行结果与标准进行比较，在发现超出计划容许范围的偏差时及时采取必要的纠正措施，以使系统的活动趋于相对稳定，从而实现组织的既定目标。

控制要达到的第二个目的是“打破现状”。在某些情况下，变化的内外部环境会对组织提出新的要求，主管人员对现状不满，要改革、要创新、要开拓新局面。这时势必要打破现状，即修改已定的计划，确定新的现实目标和管理控制标准，使之更先进、更合理。

一个组织中往往存在两类问题：第一类是经常产生的可迅速、直接影响组织日常经营活动的“急性问题”；第二类是长期存在的会影响组织素质的“慢性问题”。解决急性问题，多是为了维持现状；而打破现状，就要解决慢性问题。

各类组织中大量存在的是慢性问题，但人们往往只注意解决急性问题而忽视解决慢性问题。这是因为慢性问题是在长期活动中逐渐形成的，产生的原因复杂多样。人们对其存在已经习以为常，以至于适应了其存在，不可能发现或即使发现了也不愿承认和解决慢性问题对组织素质的影响。而急性问题是经常产生的，对多数人的工作和利益会产生显而易见的影响，故易被人们发现、承认和解决。要使控制真正起作用，就要像医生诊治疾病那样，重点解决慢性问题，打破现状，求得螺旋式上升。

（二）控制的作用

为了实现上述目的，控制在管理活动中的地位和作用是显而易见的，它体现在以下两方面。

第一，任何组织、任何活动都需要进行控制。即便在制定计划时进行了全面、细致的预测，考虑了各种实现目标的有利条件和影响实现的因素，由于环境条件是变化的，主管人员受到其本身的素质、知识、经验、技巧的限制，预测也不可能完全准确，制定出的计划在执行过程中可能出现偏差，还会发生未曾预料到的情况。这时控制就起到了执行和完成计划的保障作用，以及在管理控制中产生新的计划、新的目标和新的控制标准的作用。

第二，控制职能使管理过程成为“螺旋上升”的闭环系统。控制职能的采取纠正措施、纠正偏差并防止再发生这个基本环节，将控制与其他职能紧密地结合在一起，使管理过程形成了一个相对的闭环系统。

在管理系统中，计划职能选择和制定了组织的目标、战略、政策和方案及其实现程序。然后，通过组织、领导等职能去实现这些计划。为了保证计划的目标能够实现，就必须在计划实施的不同阶段，根据由计划产生的控制标准，检查计划的执行情况。这就是说，虽然计划必须先于控制活动，但其目标是不会自动实现的，一旦计划付诸实施，控制就必须穿插其中进行。控制对于衡量计划的执行进度、揭示计划执行中的偏差以及指明纠正措施等都是非常必要的。同时，要进行有效的控制，还必须制定计划，必须要有组织保证和配备合适的人员，必须给予正常的指导和领导。

因此，控制存在于管理活动的全过程，它不仅可以维持其他职能的正常活动，而且在必要时，还可以通过采取纠正偏差的行动来改变其他管理职能的活动。虽然有时这种改变可能是很简单的，但是在许多情况下，正确的控制可能导致确立新的目标，提出新的计划，改变组织结构，以及在领导方法上作出重大的改变。

三、控制的类型

在实际管理过程中，按照不同的标志可把控制分成多种类型。例如：按照业务范围，可把控制分为生产控制、质量控制、成本控制和资金控制等；按照控制对象的全面性，可分为局部控制和全面控制；按照控制作用环节的不同，可分为现场控制、反馈控制和前馈控制等。各种类型的控制都有其不同的特点、功能和适应性。下面介绍几种主要的控制类型。

类型 1：开环控制

所谓开环控制，是指受控客体不对控制主体产生反作用的控制过程，即不存在反馈回路的控制。在这种控制中，控制系统的输出仅由输入来确定。在实际中则表现为控制主体在发出控制指令后，不再参照受控客体的实际情况重新调整自己的指令。其控制原理是：在对系统情况和外界干扰有了大致分析研究的基础上，通过控制初始条件，使系统能不受外界干扰的影响准确无误地转移到目标状态。这种控制如图 16—2 所示。

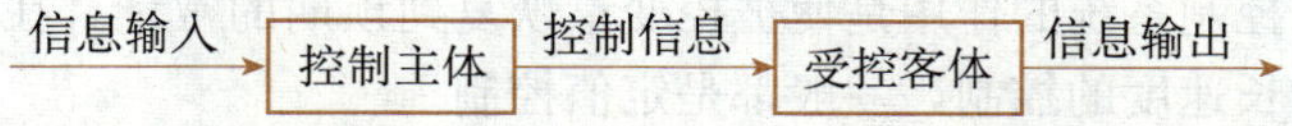

图 16—2　开环控制

在管理中采用开环控制具有作用时间短、控制成本低等优点，在外界干扰较小且变化不大的情况下，有一定的控制作用。但这种控制由于没有反馈机制，无法发现并纠正计划和决策实施中与预定目标之间的偏差，缺乏抗干扰能力，因此仅适用于那些干扰不大且能规则变化的组织活动，而在复杂多变的情况下，则不能起到有效控制作用，因此有很大的局限性。

类型 2：闭环控制

闭环控制是指存在反馈闭合回路的控制。在闭环控制中，受控客体能作用于控制主体，并使其再输出增强或者减弱，以保证预定目标的实现。其控制原理是：当受控客体受干扰的影响，其实现状态与期望状态出现偏差时，控制主体将根据这种偏差发出新的指令，以纠正偏差，抵消干扰的作用。在闭环控制中，由于控制主体能根据反馈信息发现和纠正受控客体运行的偏差，所以有较强的抗干扰能力，能进行有效的控制，从而保证预定目标的实现。管理中所实行的控制大多是闭环控制，所采用的控制原理主要是反馈原理。这种控制如图 16—3 所示。

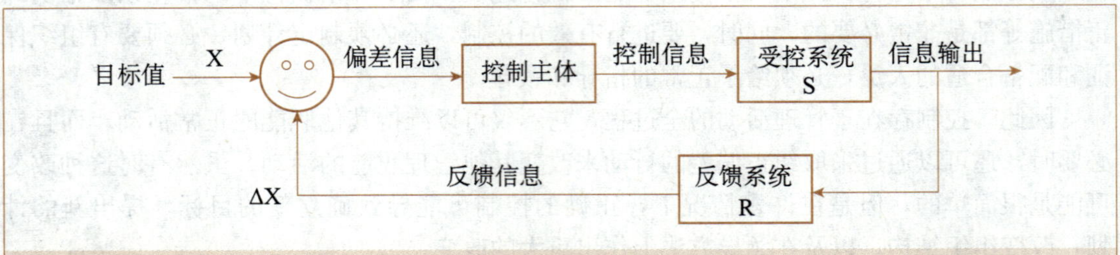

图 16—3　闭环控制

管理中所运用的反馈原理主要是负反馈原理，其反馈回路的流程如图 16—4 所示。

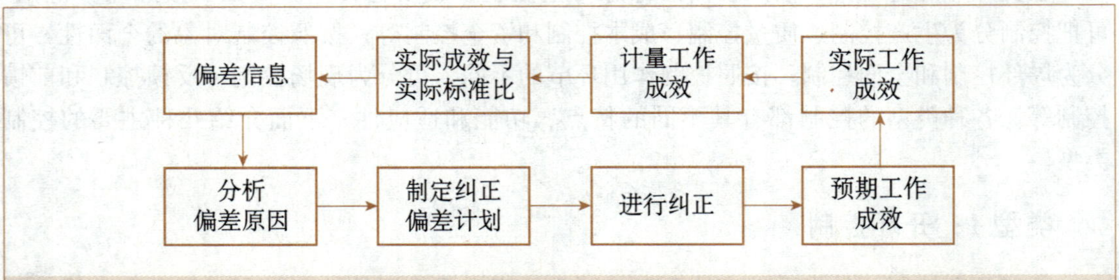

图 16—4　负反馈原理

类型 3：定值控制

这是一种使预期量不随时间而变化的常量反馈控制。在定值控制中，由于预期量是个常量，因此其控制系统的主要任务是抗拒外来的干扰。当外部干扰影响系统运行时，输出量将偏离预期值，控制系统的作用是使被控变量恢复到预期的常量。在实践中，国家对于物价水平和经济增长速度的控制，一般都是定值控制。

类型 4：程序控制

这是一种预期量是一个预先知道的时间控制程序的反馈控制。在这类控制中，预期量是一个由决策者预先规定的随时间而变化的控制程序。这种控制虽然不可避免地受到干扰，但作为一种控制方式来说，只考虑被控变量按预定规律变化的问题。如果预期量变化了一个值，被控变量发生变化，反馈后有偏差输出，从而使控制系统驱使受控对象作相应变化，如此直至两者按一定准确度发生相应变化为止。在实际中，某些长期计划的完成多属程序控制，如投资对 GDP 增长的控制。

类型 5：前馈控制

前馈控制也称超前控制、预先控制，是指观察作用于系统的可以测量的输入量和主要扰动量，分析它们对系统输出的影响关系，在这些可测量的输入量和扰动量产生不利影响前，及时采取纠正措施以消除它们的不利影响，“防患于未然”。前馈控制可以克服事后控制的时滞，具有事先预防的作用，因此在管理中有广泛的用途。

类型 6：反馈控制

控制论的基本原理，也是管理控制职能最基本的原理，就是反馈的机理。所谓反馈，是指系统的输出信息返回到输入端，与输入信息进行比较，并利用二者的偏差进行控制的过程。如果输出信息的作用是抵消输入信息，则称为负反馈；若作用是增强输入信息，则称为正反馈。反馈控制具有使系统稳定、跟踪目标、抗干扰三个方面的性质。反馈控制不仅是管理系统，而且是自然界和人类社会中普遍存在的一种现象。

类型 7：过程控制

过程控制也称自动控制，是指在无人直接参与的情况下采用自动化装置使各生产或其他活动环节能以一定的准确度自动调节的控制。这种控制多用于生产中的自动操作系统，在市场经济条件下自觉运用价值规律和市场机制的调节，从某种意义上说也是一种自动控制。

类型 8：优化控制

优化控制是指在给定的约束条件下寻求一个控制系统，使给定的被控系统性能指标取得最大值或最小值的控制。一般进行优化控制必须具备三个条件：一是给出系统的性能指标；二是给出约束条件；三是寻找优化控制的机制和方法。由于在实际中情况是复杂多变的，进行优化控制不可能达到十全十美，因此优化控制只能是相对的或满意的控制，而难以做到最优控制。

随着科学技术的发展，目前智能控制已开始广泛应用。这种控制将人类的智能，例如把适应、学习、探索等能力引入控制系统，使其具有识别、决策等功能，从而使自动控制和优化控制达到了更高级的阶段。

类型 9：自组织控制

自组织控制是指工作条件和外部环境发生不确定性变化时，组织能及时调整自身的组织结构，以达到预期的理想目的的一种控制。自组织控制是适应性控制的进一步发展，它不但能适应外部环境和条件的变化，改变原定策略及某些参数，而且能改变管理系统的组织结构。实行自组织控制要不断测量系统的输入和输出，积累经验、深入研究，以求在低成本的情况下，使组织结构与环境变化相适应，取得较好的控制效果。

四、控制的过程

（一）确定控制标准

1. 确立控制对象

确立控制对象，是决定控制标准的前提。控制的对象一般有组织的人员、财务活动、生产作业、信息及组织绩效等。组织活动的成果应该成为控制的重点对象。

2. 选择控制重点

管理者必须选择需要特别关注的地方，以确保整个工作按计划要求执行。因此，需要特别关注的控制点应当是关键的，它们或是经营活动中的限制因素，或能够比其他因素更清楚地体现计划是否得以有效实施。

控制原理中一条最为重要的原理——关键点控制原理，强调有效控制要求关注那些关键因素，并以此对业绩进行控制。标准大致有实物标准、成本标准、资本标准、收益标准、计划标准、无形标准、指标标准以及作为策略控制点的策略计划。

3. 制定标准方法

最理想的是以可考核的目标直接作为标准，但更多的情况往往是将某一计划目标分解为一系列的控制标准。进一步可分为定量标准和定性标准，前者是控制标准的主要形式，后者主要是有关服务质量、组织形象等难以量化的标准。在工业企业中，最常用的定量控制标准有四种——时间标准（如工时、交货期等）、数量标准（如产品数量、废品数量）、质量标准（如产品等级、合格率）和成本标准（如单位产品成本）。组织中所有作业活动都可依据上述四种标准进行控制。对于一项工作，人们总是可以近似或准确地找出数量、质量、时间及成本间的内在联系，如生产控制往往注重质量和时间控制，而销售控制更多侧重于成本和数量控制。

常用的制定标准的方法有三种：利用统计方法来确定预期结果；根据经验和判断来估计预期结果；在客观的定量发现的基础上建立工程（工作）标准。

（二）评估实际绩效

绩效评估是评估主体利用其掌握的信息，运用一定的方法、程序、指标等，对评估客体在一定时期内的行为表现作出某种判断的过程。

1. 绩效评估客体

公司内部控制的目的，一是确保生成真实、正确的会计信息，使其符合公认会计准则和会计信息质量特征的要求；二是通过会计工作与会计信息影响和控制公司的经营过程和获利情况。但是在双元控制主体的现代公司中，最突出的矛盾是所有者与经营者双方利益不一致和信息不对称。公司所有者希望通过经营获利使资产增值，实现公司价值最大化，但却不能直接进行管理和经营，只能通过会计信息间接控制；经营者直接控制公司经营的过程和会计信息的生成及报告方式，希望由此解脱受托经济责任并获得期望报酬。绩效评估和报酬确定是实施激励机制不可或缺的两个方面，激励机制的合理性会直接影响到管理人员的日常经营管理业绩，甚至影响经理人员为获取相应报酬而对绩效评估所采取的支持配合方式。我国大部分上市公司采取年薪制作为激励手段，由于经理人员的年薪与公司的本期和上期业绩挂钩，与公司的未来关系不大，公司价值的变动与经理人员的当前收入几乎不存在相关性，因此上市公司经理就会产生短期行为。以持股或股票期权作为激励方式通常能有效地激励经理致力于提高公司的长远绩效，使经理人员在某种程度上成为公司的所有者，可以降低代理成本和平衡代理人与所有者的利益，使代理人的收益依赖于公司的市场价值而非账面收益，代理人就会注重长远利益而非短期行为。这样，代理人与所有者的利益趋于一致，从而有效遏制代理人的道德风险。然而，只有在公司股价能够基本反映公司长远绩效的情况下，这种形式才有可能有效地发挥激励作用。要做到这一点，还有待于股票市场的发展和完善。

目前我国资本市场尚不健全，股价并不能准确反映公司经营业绩，股价与公司业绩的相关系数很小。因此，持股或股票期权还不能作为上市公司经理的主要激励方式，而应与公司经理人员的基础年薪、效益薪金、补充养老金等方式混合使用。

2. 绩效评估指标

绩效评估指标作为一个完整的体系，应该是多层次的，既要满足国家宏观调控的需要，又要有利于股东、债权人对公司的客观评估和公司进行自我评估与考核。应根据不同主体的需要，建立不同的绩效评估指标权重体系。在确定多重权重体系时，应考虑需求主体、行业以及环境、区域的不同。应明确规定每个具体权重体系的适用对象及适用情况，并在公司绩效评估报告中对所采用的权重体系予以说明，改进公司发展能力状况的修正指标。

目前得到公认的非财务指标是市场占有率、产品质量与服务指标，具体包括产品瑕疵率、返修率、退货率、顾客满意度指标、生产率指标、人力资源指标、子公司创新能力指标和过程控制指标。

3. 绩效评估时的注意事项

第一，通过绩效评估，检验标准的客观性和有效性。利用预先制定的标准去检查各部门、各阶段和每个人工作的过程，也是对标准的客观性和有效性进行检验的过程。检验标准的客观性和有效性，是要分析对标准执行情况的测量能否取得符合控制需要的信息。

第二，确定适宜的衡量额度。额度是指数量，有效的控制要求确定适宜的衡量额度，即衡量频度不仅要体现在控制对象的数量（即控制目标的数量）上，而且要体现在对同一标准的测量次数或频度上。适宜的衡量额度取决于被控制活动的性质、控制活动的要求。对那些长期的较高水平的标准，适用于年度控制。而对产量、出勤率等短期、基础性的标准，则需要比较频繁的控制。

第三，建立信息反馈系统。为纠正偏差应该建立有效的信息反馈网络，使反映实际工作情况的信息既能迅速收集，又能适时传递给管理人员，并能迅速将纠偏指令下达给相关人员，使之能与预定标准相比较，及时发现问题，并迅速地进行处置。

有两类反馈控制的形式：一类是可自我纠正的，即无须从外界采取纠偏措施进行干预就能自我调节；另一类是不能自我纠正的，即在纠正措施发生前需要外界干预。

从管理控制工作职能的角度看，除了要求信息的准确性以外，还有以下要求：

● 信息的及时性。及时有两层含义：一是对那些时过境迁就不能追忆和再现的重要信息要及时记录；二是信息的加工、检索和传递要快。

● 信息的可靠性。信息的可靠性除了与信息的精确度有关外，还与信息的完整性相关。要提高信息的可靠性，最简单的办法是尽可能多地收集有关信息。

● 信息的适用性。信息适用性有两个基本要求：一是管理控制工作需要的是适用的信息；二是信息必须经过有效的加工、整理和分析，以保证在管理者需要的时候能够提供精练而又满足控制要求的全部信息。

（三）进行差异分析

通过将实际业绩与控制标准进行比较，可确定这两者之间有无差异。若无差异，则工作按原计划继续进行。若有差异，则首先要了解偏差是否在标准允许的范围内，在分析偏差原因的基础上进行改进；若差异在允许范围外，则应深入分析产生偏差的原因。

1. 找出偏差产生的主要原因

有些偏差可能是计划本身和执行过程中的问题造成的，有些偏差可能是偶然的、暂时的局部性因素引起的，不一定对组织活动的最终结果产生重要影响。在采取纠正措施以前，必须对反映偏差的信息进行评估和分析。

管理者必须将精力集中于查清问题的原因，既要查内部的因素，也要从外部环境的影响寻找问题的本质。评估和分析偏差信息时，首先要判断偏差的严重程度，判断其是否会对组织活动的效率和效果产生影响，然后要探寻导致偏差产生的主要原因。

2. 确定纠偏措施的实施对象

在纠偏过程中，需要纠正的可能是企业的实际活动，也可能是指导这些活动的计划或衡量活动的标准。因此，纠偏的对象可能是进行的活动，也可能是衡量的标准，甚至是指导活动的计划。

计划目标或标准的调整是由两种原因决定的：一种原因是最初制定的计划或标准不科学，过高或过低，有必要对标准进行修正；另一种原因是所制定的计划或标准本身没有问题，但客观环境发生了变化或一些不可控制因素造成大幅偏差，使原本适用的计划或标准变得不合时宜，有必要重新调整原有的计划或标准。

（四）采取纠偏措施

1. 纠偏工作中采取的主要方法

针对产生偏差的主要原因，在纠偏工作中采取的方法主要有：第一，对于由工作失误造成的问题，控制工作主要是加强管理、监督，确保工作与目标的接近或吻合；第二，计划或目标不切合实际，控制工作主要是按实际情况修改计划或目标；第三，若组织的运行环境发生重大变化，使计划失去客观的依据，控制工作主要是启动备用计划或重新制定新的计划。

管理人员可以运用组织职能重新分派任务来纠正偏差，还可以采用增加人员，更好地选拔和培训下属人员，或最终解雇、重新配备人员等办法来纠正偏差。此外，管理人员还可以对工作作出更全面的说明和采用更为有效的领导方法来纠正偏差。

2. 纠偏措施的类型

具体的纠偏措施有两种：一是立即执行的临时性应急措施；二是永久性的根治措施。对于那些迅速、直接地影响组织正常活动的急性问题，多数应立即采取补救措施。例如，若某一规格的部件一周后不能生产出来，则其他部门就会受其影响而出现停工待料，此时不应花时间考虑应追究什么人的责任，而要采取措施确保按期完成任务。管理者可以凭借手中的权力采取如下行动：要求工人加班加点，短期突击；增添工人和设备；派专人负责指导完成，等等。危机缓解以后，则可转向永久性的根治措施，如更换车间管理人员、变更整个生产线或重新设计部件结构等。现实中不少管理者在控制工作中常常局限于充当“救火员”的角色，没有认真探究“失火”的原因，并采取根治措施消除偏差产生的根源和隐患。长此以往，必将自己置于被动的境地。

3. 需要注意的问题

第一，使纠偏方案双重优化。使纠偏方案双重优化的第一重优化，是指考虑纠偏工作的经济性问题。如果管理人员发现纠偏工作的成本大于偏差可能带来的损失，那么管理人员将放弃纠偏行动。若要纠偏，则应使纠偏的成本小于偏差可能带来的损失。第二重优化是在此基础上通过对各种纠偏方案的比较，找出其中追加投入最少、成本最小、解决偏差效果最好的方案来组织实施。

第二，充分考虑原先计划实施的影响。对客观环境的认识能力提高或客观环境本身发生变化而引起的纠偏需要，可能导致对部分原先计划甚至全部计划的否定，从而要求对企业活动的方向和内容进行重大调控。这种调整类似于“追踪决策”的性质。

追踪决策是相对于初始决策而言的。初始决策是指所选定的方案尚未付诸实施，没有投入任何资源，客观对象与环境尚未受到决策的影响和干扰，因而是以零为起点的决策。进行重大战略调整的追踪决策则不然。企业外部的经营环境或内部的经营条件已经由于初始决策的执行而有所改变，是“非零起点”。因此，在制定和选择追踪决策的方案时，要充分考虑到伴随着初始决策的实施已经消耗的资源，以及这种消耗对客观环境造成的种种影响和人员思想观念的转变。

第三，注意消除组织成员对纠偏措施的疑虑。控制人员要充分考虑到组织成员对纠偏措施的不同态度，特别是要注意消除执行者的疑虑，争取更多的人理解、赞同和支持纠偏措施，以避免在纠偏方案实施过程中可能出现的人为障碍。

五、控制方法

管理控制中采用了许多不同的控制手段、途径和方法，统称为控制方法。

（一）预算控制

1. 预算控制概述

在管理控制中使用最广泛的一种控制方法就是预算控制。预算控制最清楚地表明了计划与控制的紧密联系。预算是计划的数量表现。预算的编制是作为计划过程的一部分开始的，而预算本身又是计划过程的终点，是一种转化为控制标准的计划。然而，在一些非营利组织（如政府部门、学校等）中普遍存在计划与预算脱节的情况，二者是分别进行且往往互不通气的。在许多组织中，预算编制工作往往被简化为一种在此基础上的外推和追加的过程，而预算审批则更简单，甚至不加研究调查，以主观想象为根据任意削减预算，从而使预算完全失去了应有的控制作用，偏离了其基本目的。正是由于存在这种不正常的现象，促使一些新的预算方法发展起来，它们使预算这种传统的控制方法恢复了活力。

2. 预算的性质和作用

预算就是用数字编制未来某一时期的计划，也就是用财务数字（例如在财务预算和投资预算中）或非财务数字（例如在生产预算中）来表明预计的结果。西方与我国习惯采用的“预算”概念，在含义上有所不同。在我国，预算一般是指经法定程序批准的政府部门、事业单位和企业在某一定期的收支预计；而西方的预算是指计划的数量说明，不仅仅是金额方面的反映。

第一，预算是一种计划，编制预算是一种计划工作。预算内容可以简单地概括为三个方面：“多少”，即为实现计划目标的各种管理工作的收入（或产出）与支出（或投入）各是多少；“为什么”，即为何必须收入（或产出）这么多、支出（或投入）这么多；“何时”，即何时实现收入（或产出）以及何时支出（或投入），必须使收入与支出平衡。

第二，预算是一种预测，它是对未来一段时期内的收支情况的预计。确定预算数字可以采用统计方法、经验方法或工程方法。

第三，预算主要是一种控制手段。编制预算实际上就是控制过程的第一步——拟定标准。由于预算是以量化的方式来表明管理工作的标准，其本身就具有可考核性，因此有利于根据标准来评定工作成效，找出偏差（控制过程的第二步），并采取纠正措施、消除偏差（控制过程的第三步）。无疑，编制预算能使确定目标和拟定标准的计划工作得到改进。而预算的最大价值还在于它对改进协调和控制的贡献。当为组织的各职能部门都制定了预算时，就为协调组织的活动提供了基础。同时，由于预期结果的偏离更易被查明和评定，因此预算也为控制工作中的纠正措施奠定了基础。可见，预算可以带来更好的计划和协调，并为控制提供基础——这正是编制预算的基本目的。

要使一项预算对任何一级的主管人员真正具有指导和约束作用，预算就必须反映该组织的机构状况。只有充分按照各部门业务工作的需要来制定、协调并完善计划，才有可能编制一个足以作为控制手段的分部门的预算。

把各种计划缩略为一些确切的数字，以便主管人员清楚地看到哪些资金由谁来使用，将在哪些单位使用，并涉及哪些费用开支计划、收入计划和实物表示的投入量和产出量计划。主管人员明确了这些情况，就有可能放心地授权给下属，以使之在预算的限度内去实施计划。

3. 预算的种类

预算在形式上是一整套预计的财务报表和其他附表。按照不同的内容可以将预算分为经营预算、投资预算和财务预算三大类。

（1）经营预算（operational budget）。预算是指企业日常发生的各项活动的预算。它主要包括销售预算、生产预算、直接材料采购预算、直接人工预算、制造费用预算、单位生产成本预算、营销及管理费用预算等。其中，最基本和最关键的是销售预算，它是销售预测正式的、详细的说明。由于销售预测是计划的基础，加之企业主要是靠销售产品和提供劳务所获得的收入维持经营费用的支出和获利的，因此销售预算也就成为预算控制的基础。生产预算是根据销售预算中的预计销售量，按产品品种、数量分别编制的。生产预算编好后，还应根据分季度的预计销售量，经过对生产能力的平衡排出分季度的生产进度日程表，或称为生产计划大纲。在生产预算和生产进度日程表的基础上，可以编制直接材料采购预算、直接人工预算和制造费用预算。这三项预算构成对企业生产成本的统计。而营销及管理费用预算，包括制造业务范围以外预计发生的各种费用明细项目，如销售费用、广告费和运输费等。对于实行标准成本控制的企业，还需要编制单位生产成本预算。

（2）投资预算（investment budget）。投资预算是对企业的固定资产的购置、扩建、改造和更新等，在可行性研究的基础上编制的预算。它具体反映在是否进行投资、投资多少、资金从何处取得、何时可获得收益、每年的现金流量为多少、需要多少时间回收全部投资等。由于投资的资金来源往往是任何企业的限定因素之一，而对厂房和设备等固定资产的投资又往往需要很长时间才能回收，因此投资预算应当力求和企业的战略以及长期计划紧密联系在一起。

（3）财务预算（financial budget）。财务预算是指企业在计划期内反映和预计现金收支、经营成果和财务状况的预算。它主要包括现金预算、预计收益表和预计资产负债表。必须指出的是，前述的各种经营预算、投资预算中的资料，都可以折算成金额反映在财务预算内。这样财务预算就成为各项经营业务和投资的整体计划，故亦称“总预算”。

1）现金预算。现金预算主要反映计划期间预计的现金收支的详细情况。在完成初步的现金预算后，就可以知道企业在计划期间需要多少资金，财务主管人员就可以预先安排和筹措，以满足资金的需求。为了有计划地安排和筹措资金，现金预算的编制期越短越好。西方国家有不少企业以周为单位，逐周编预算，甚至还有按天编制的。我国最常见的是按季和按月进行编制。

2）预计收益表。预计收益表（或称为预计利润表）是用来综合反映企业在计划期生产经营的财务情况，并作为预计企业经营活动最终成果的重要依据，是企业财务预算中最主要的预算表之一。

3）预计资产负债表主要用来反映企业在计划期末那一天预计的财务状况。它的编制需以计划期间开始日的资产负债表为基础，然后根据计划期各项预算的有关资料进行必要的调整。

综上所述，企业的预算实际上是包括经营预算、投资预算和财务预算三大类，由各种不同的个别预算所组成的预算体系。

4. 预算工作中的危险倾向

预算工作中存在着一些使预算控制失效的危险倾向。预算过繁是一种危险。由于对极细微的支出也进行了琐细的规定，因此主管人员管理自己部门的自由都丧失了。预算究竟应当细致到什么程度，必须联系授权的程度认真酌定，过细过繁的预算等于使授权名存实亡。

预算工作中的另一种危险倾向是让预算目标取代了企业目标，也就是说发生了目标的置换。在这种情况下，主管人员只是热衷于使自己部门的费用尽量不超过预算的规定，却忘记了自己的首要职责是千方百计地实现企业的目标。例如，某个企业的销售部门为了不突破产品样本的印刷预算，在全国的订货会上只向部分参加单位提供了产品样本，因此丧失了大量的潜在用户，失去了可能的订货。目标的置换通常是由以下两个方面的原因引起的：

第一，没有恰当地掌握预算控制的度，如预算编制过于琐细，或制定了过于严厉的制裁规则以保证遵守，还可能制定了有较大吸引力的节约奖励措施，以刺激主管人员尽可能地压缩开支。

第二，为职能部门或作业部门设立的预算标准没有很好地体现计划的要求，与企业的总目标缺乏更直接、更明确的联系，使这些部门的主管人员只是考虑如何遵守预算和程序的要求，而不是从企业的总目标出发考虑如何做好自己的本职工作。为了防止在预算控制中出现目标置换的倾向，一方面应使预算更好地体现计划的要求；另一方面应适当掌握预算控制的度，使预算具有一定的灵活性。预算的详细程度和预算控制的严格程度都应有一个合理的限度，一旦超出了这个限度，预算控制就会背离其目的走向反面。

预算工作中经常可以见到的另一种潜在危险是效能低下。预算有一种因循守旧的倾向，过去花费的某些费用可以成为今天预算同样一笔费用的依据；如果某个部门曾支出过一笔费用购买物料，那么这笔费用就成了今后预算的基数。此外，主管人员常常知道在预算的层层审批中原来申请的金额多半会被削减，因此申报者往往将预算费用的申请金额有意扩大——远远大于实际需要。必须采取一些更有效的管理方法扭转这种倾向，否则预算很可能变成掩盖懒散、效率低下的主管人员的保护伞。这样的方法一种是编制可变预算，另一种是零基预算法。

（二）非预算控制

除了预算控制方法以外，管理控制工作中还采用了许多不同种类的控制手段和方法。有些属于传统的控制方法，如亲自观察，诸如计划评审法等则代表了新一代的计划和控制方法，它说明科学技术的进步、社会活动规模的扩大必然伴随着管理理论的发展和管理技术的进步。

1. 视察

视察也许算得上是一种最古老、最直接的控制方法，它的基本作用就在于获得第一手信息。作业层（基层）的主管人员通过视察，可以判断出产量、质量的完成情况以及设备运转情况和劳动纪律的执行情况等；职能部门的主管人员通过视察，可以了解到工艺文件是否得到了认真贯彻，生产计划是否按预定进度执行，劳动保护等规章制度是否被严格遵守，以及生产过程中存在哪些偏差和隐患等；而高层管理人员通过视察，可以了解到组织的方针、目标和政策是否深入人心，可以发现职能部门的情况报告是否属实以及员工的合理化建议是否得到认真对待，还可以从与员工的交谈中了解他们的情绪和士气等。所有这些都是主管人员最需要了解的，但却是正式报告中看不到的第一手信息。

视察的优点还不仅仅在于能掌握第一手信息，它还能够使组织的管理者保持和不断更新自己对组织的感觉，使他们感觉到事情是否进展顺利以及组织这个系统是否运转正常。视察还能够使高层管理人员发现被埋没的人才，并从下属的建议中获得启发和灵感。此外，视察本身就有一种激励下级的作用，它可以使下属感到上级在关心他们。所以，坚持经常亲临现场视察，有利于创造一种良好的组织气氛。

当然，主管人员也必须注意视察可能引起的消极作用。例如，也存在这样的可能，即下属可能误解上司的视察，将其看作对他们工作的一种干涉和不信任，或者是看作不能充分授权的一种表现。这是需要引起注意的。尽管如此，亲临视察的显著好处仍使一些优秀的管理者始终坚持这种做法。一方面，即使拥有计算机化的现代管理信息系统，计算机提供的实时信息和作出的各种分析仍然代替不了主管人员的亲身感受、亲自了解；另一方面，管理的对象主要是人，是要推动人们去实现组织目标，而人所需要的是通过面对面的交往所传达的关心、理解和信任。

2. 报告

报告是用来向负责实施计划的主管人员全面系统地阐述计划的进展情况、存在的问题及原因、已经采取了哪些措施、收到了什么效果、预计可能出现的问题等情况的一种重要方式。控制报告的主要目的是提供一种如有必要即可用作纠正措施依据的信息。

对控制报告的基本要求是必须做到：适时；突出重点；指出例外情况；尽量简明扼要。通常运用报告进行控制的效果，取决于主管人员对报告的要求。管理实践表明，大多数主管人员对下属应当向他报告什么，缺乏明确的要求。随着组织规模及其经营活动规模的日益扩大，管理也日益复杂，而主管人员的精力和时间是有限的，因而定期的情况报告也就愈发重要。

为满足上级主管人员的上述四项要求，在一个有效的报告制度中通常规定需要报告的内容。以通用电气公司为例，报告主要包括计划执行情况、高层管理人员决策、采取行动需要的关键信息和组织方面的情况等。

3. 盈亏分析

所谓盈亏分析，就是根据销售量、成本和利润三者之间的相互依赖关系，对企业的盈亏平衡点和盈利情况的变化进行分析的一种方法。它是一种很有用的控制方法和计划方法。

盈亏平衡分析是进行经济分析的一种重要工具。

第一，盈亏平衡模型可以用来进行成本控制。这一模型将固定成本与变动成本分列，容易发现实际费用与预算的背离情况，可将注意力集中于那些可能采取纠正行动的领域。

第二，经营杠杆率是进行盈亏平衡分析的另一有用工具。它是指产品销售量变化 1% 而引起利润变化的百分数，其公式为：

经营杠杆率＝利润变动百分数/销售量变动百分数

经营杠杆率高的企业，其利润对销售量变化的反应敏感性强，即销售量的一个较小的变化将导致利润较大幅度的变化。通过这样的分析，就可以测定利润随销售量变化的情况，以便加强对销售量与利润的控制。

4. 比率分析

对于组织经营活动中的各种不同度量之间的比率分析，是一种非常有益的和必需的控制技术或方法。“有比较才会有鉴别”，也就是说，信息都是通过事物之间的差异传达的。

一般来说，仅从有关组织经营管理工作成效的绝对数量的度量中是很难得出正确的结论的。例如，仅从一个企业年创利 1 000 万元这个数字上很难得出明确的概念，因为我们不知道这个企业的销售额是多少；它的资金总数是多少；它所处的行业的平均利润水平是多少；该企业上年和历年实现利润是多少，等等。所以，在我们作出有关一个组织的经营活动是否有显著成效的结论之前，必须首先明确比较的标准。

企业经营活动分析中常用的比率可以分为两大类，即财务比率和经营比率。前者主要用于说明企业的财务状况；后者主要用于说明企业经营活动的状况。

（1）财务比率。

企业的财务状况综合地反映了企业的生产经营情况。通过财务状况的分析可以迅速、全面地了解一个企业资金来源和资金运用的情况；了解企业资金利用的效果以及企业的支付能力和清偿债务的能力。常用的财务分析比率有以下几类。

1）资本金利润率。对于一个企业来说，分析其资本金利用效果的出发点和归宿，是用资本金利润率这一重要指标。它是财务绩效的最佳衡量尺度，是一种高度综合的计量比率。

资本金利润率的计算公式如下：

$$资本金利润率=\frac{利润总额}{资本金总额}\times 100\%$$

式中，利润总额指的是税前利润；资本金总额指的是企业在工商管理部门登记的注册资金。

资本金利润率说明的是一定时期企业投入资本的获利水平，它是直接衡量企业经营成果的尺度，具有重要的现实经济意义。企业人、财、物、供、产、销等各方面工作的好与坏，都会影响这项指标。企业的固定资产利用率高，流动资产周转速度快，用同样的资本可获得更多的财务成果。资本金利润率应高于银行存款利率或债券利率，企业才能继续经营下去。

2）销售利润率、营业收入利税率。销售利润率，或称销售收入利润率，用于反映实现的利润在销售收入（或营业收入）中所占的比重。比重越大，表明企业获利的能力越强，企业的经营效益越好。其计算公式为：

$$销售利润率=\frac{利润总额}{产品销售收入（或营业收入）}\times 100\%$$

营业收入利税率，是衡量企业营业净收入获取盈利的指标。其计算公式如下：

$$营业收入利税率=\frac{利润总额+销售税金}{营业收入总额}\times 100\%$$

3）成本费用利润率。成本费用利润率指利润总额与营业成本（销售成本）之间的比率。它是衡量企业营业成本、各项费用获利水平的指标，表明企业在成本降低方面取得的经济效益。其计算公式如下：

$$成本费用利润率=\frac{利润总额}{产品销售成本}\times 100\%$$

销售利润率、成本费用利润率均是收益性指标，受企业机械化、自动化程度的影响，但不受生产规模大小的影响，因此可以比较企业不同时期的经济效益。

以上三种指标属于评价企业盈利能力的比率指标，分析这些指标的目的在于考察企业一定时期实现企业总目标的收益及获利能力，企业以一定的劳动占用和劳动耗费取得多少盈利。

4）资产负债率。资产负债率指企业负债总额与企业全部资产的比率，即在企业全部资产中负债总额占多大比重，用以衡量企业利用债权人提供资金进行经营活动的能力，也就是反映债权人借出资金的安全程度。因此它是企业长期偿债能力的晴雨表，负债的比例越低，表明企业的偿债能力越强，债权人得到保障的程度越高。其计算公式如下：

$$资产负债率=\frac{负债总额}{全部资产总额}\times 100\%$$

5）流动比率。流动比率指流动资产与流动负债的比率，用以衡量企业流动资产在短期债务到期以前，可以变为现金用于偿还流动负债的能力。计算公式如下：

$$流动比率=\frac{流动资产合计数}{流动负债合计数}\times 100\%$$

企业流动资产大于流动负债，一般表明企业偿还短期债务的能力强。同时，用流动比率去衡量企业资产流动性如何，一般要求企业的流动资产在清偿流动负债以后，应基本满足日常生产经营中的资金需要，但并不意味着流动比率越高越好。从企业的角度看，过高的流动比率说明经营管理不善，因为它很可能是一种不能利用的现金超出周转需要的各种存货和造成过于扩张的应收账款这种拙劣的赊销经营方式的信号，这也就意味着企业流动资产占用较多，会影响企业经营资金周转率和获利能力，同时企业很可能没有充分利用它当前短期信贷的能力。当然，如果比率过低，说明企业偿债能力较差。经验表明，2∶1左右的流动比率对大多数企业来说是比较适合的。但各行业生产经营方式、生产周期不同，对资产流动性的要求并不一致。因此，要根据具体情况确定标准比率，作为考核的尺度。

6）速动比率。速动比率指企业速动资产与流动负债的比率。所谓速动资产，是指流动资产减去存货等非速动资产后的差额。其计算公式如下：

$$速动比率=\frac{速动资产合计数}{流动负债合计数}\times 100\%$$

速动比率是衡量企业短期偿债能力的指标，反映企业流动资产中可以立即用于偿付流动负债的能力。速动资产具体来讲，只包括流动资产中的现金、银行存款、应收票据、短期投资、应收账款和有价证券等能变现的资产。作为企业面临困境时对偿付能力的有效的测量，这种比率是非常有用的。一般认为这个比率低于0.6，就说明某些事情或某些地方可能很糟糕；而低于0.4，就已经接近破产的边缘。在美国，一般认为这个比率在100%以上为好。从经营的动态性角度来看，速动比率应为多少合适，最好还应同时分析企业在未来时期的经营情况。

以上三种比率是用于评价企业偿债能力的指标。企业在经营中需要从银行或其他途径获得贷款或投资。作为贷款者或投资者必然有两方面的考虑，他们既乐于投资到一家经营成功的企业中，但又非常小心地判断该企业有无发生清算破产的可能性以及收不回其资金的风险。因此，在国外，贷款者或投资者通常使用上述三种比率来估计企业偿还债务的能力。

7）应收账款周转率。应收账款周转率指企业赊销收入净额与平均应收账款余额的比率。它是衡量企业收回应收账款效率的指标，反映企业应收账款的流动程度。其计算公式如下：

$$应收账款周转率=\frac{赊销收入净额}{平均应收账款余额}\times 100\%$$

8）存货周转率。存货周转率指销货成本与平均存货的比率。它是衡量企业销售能力和管理存货效率的指标。其计算公式如下：

$$存货周转率=\frac{销货成本}{平均存货}\times 100\%$$

$$平均存货=\frac{期初存货+期末存货}{2}$$

存货周转率反映企业存货在一定时期内利用的程度，即利用存货的效率如何或存货是否过量。在一定时期内周转率越高，即周转次数越多，周转一次所需的时间越少，表明资产的利用效率越高。以上两个比率是用于分析企业运营能力的指标。

（2）经营比率。

前面已指出，财务比率是衡量一个企业生产经营状况和财务状况的综合指标。此外，还有一些更直接的比率，可以用来进一步说明企业的经营情况。这些比率称为经营比率，常用的有以下几种。

1）市场占有率。市场占有率又称市场份额，指的是企业的主要产品在该种产品的市场销售总额中所占的比重。对大公司来说，这是一个最重要的经营比率，是应当为之奋斗和捍卫的目标，因为只有取得了稳定的市场占有率，企业才能在激烈的市场竞争中取胜，才能获得可观的利润。而市场占有率的下降，是一个企业开始衰败的最显著特征。值得引起注意的问题是，市场占有率的下降，可能被销售额的缓慢增长掩盖。例如，公司在一个增长率为10%的市场中年销售额增加5%，这仍然说明它的市场占有率在下降。

2）相对市场占有率。当缺乏总的市场规模的统计资料时，可以采用相对市场占有率作为衡量的指标。常用的相对市场占有率指标有两种：一种是某公司的销售量与该公司所在市场中占领先地位的头三名竞争对手销售量总和的百分比；另一种是与最大的公司销售量的百分比。

3）投入—产出比率。用作控制度量的投入—产出比率是对投入利用效能的直接测量标准。其中一些比率采用的是实物计量单位。下面是几项常见的投入与产出之间的测量标准。

- 投入方面：工资及资金；实用工时；生产能力；主要原材料；能源，等等。
- 产出方面：产品产量；销售量；销售收入；工业总产值，等等。

几乎每项投入都能够同产出的任何一项对应成一对比率，以衡量某一方面的经营或管理效果和效率。例如，工业总产值比工时总数（或工作日总数）为时（或日）劳动生产率；能源消耗量与工业总产值之比为产值能耗率，等等。

（三）程序控制

程序控制即对经常性的重复出现的业务，要求执行人员按规定的标准化程序来完成，以保证业务处理质量达到控制目标和要求。程序控制要求按照牵制的原则进行程序设置，主要业务活动都要建立切实可行的办理程序。即按生产流程，每道工序的终点为程序控制点，每道工序的终点的生产者为质量控制者，对不合格的加工、不合格的配制有责任也有权提出改正，这样使每个人在生产过程中都受到监控。

程序控制可以避免业务工作无章可循、职责不清、相互推诿，有利于及时处理业务和提高工作效率，以及追究有关责任人的责任。

例如，按厨房生产流程，从加工、配制到烹调三个程序中，每道工序的终点为程序控制点，每道工序的终点的生产者为质量控制者，配制厨师对不合格的加工、烹调厨师对不合格的配制有责任也有权提出改正，这样使每个人在生产过程中都受到监控。

在讨论计划的种类时已阐述过程序的概念。程序是对操作或事务处理流程的一种措施、计划和规定。组织中常见的程序很多，例如决策程序、投资审批程序、主要管理活动的计划与控制程序、会计核算程序、操作程序、工作程序等。凡是连续进行的、由多道工序组成的管理活动或生产技术活动，只要具有重复发生的性质，就都应当为其制定程序。

(1) 程序是一种计划。它规定了如何处理重大问题以及处理物流、资金流、信息流等的例行办法。也就是说，对处理过程包含哪些工作、涉及哪些部门和人员、行进的路线、各部门及有关人员的责任，以及所需的校核、审批、记录、存储、报告等，进行分析、研究和计划，从中找出最便捷、最有效和最便于实行的准确方案，要求人们严格遵守。

(2) 程序是一种控制标准。它通过文字说明、格式说明和流程图等方式，把一项业务的处理方法规定得一清二楚，既便于执行者遵守，也便于主管人员进行检查和控制。程序所隐含的基本假设是，管理中的种种问题都是因为没有程序或没有遵守程序造成的。

(3) 程序还是一种系统。一个复杂的管理程序——如新产品开发、成本核算等——往往涉及多个职能部门、多个工作岗位、不同的主管人员和专业人员，各种计划、记录、账簿、报告，以及各种类型的管理活动，例如调研、计划、设计、会审、校核、登账和核算等，因此应将之看作一种系统，用系统观点和系统分析方法分析和设计程序。从系统的观点来看，一个管理系统的程序化水平是这个系统“有序”程度的一种标志。

程序的重要性是毋庸置疑的。但由于程序的计划和控制工作单调枯燥，看似简单平凡，所以主持其事的人往往得不到最高主管人员的关心和支持。在我国，真正对程序的计划和控制持认真态度的企业或其他组织还不多，即使在这些组织中，有的也只是“认真”过一个时期，后来由于各种原因而流于形式。所以，真正实行程序化、标准化管理并不是件容易的事。不过，我们也应看到，随着改革开放的深入进行，随着各方面管理工作的不断完善以及引进、吸收、消化国外先进的管理方法、技术、手段等，不少组织已真正开始重视并认真对待其管理当中有关程序的制定和控制工作，取得了良好的效果。实践经验证明，推行管理的程序化和标准化，是改革传统管理方式、实现管理现代化的重要步骤。

（四）控制方法总结

为了使管理者对常用的管理控制方法有一个系统的把握，这里对 11 种控制方法的标准、信息来源与应用范围作一个综合概括，详见表 16—1。

表 16—1　　常用管理控制方法的特征

方法名称	控制标准	控制信息来源	应用范围
预算	简单收益率 回收期 贴现收益率	规划成本 收入、资产生命周期的资料	收入、支出、积累、产量、成本、利润、时间、人力资源等
审计	法律 制度	账目、凭证、财务、债务、结算关系	财务与管理活动的保证监督
财务报告分析	贸易、金融及经营等方面取得的经验	资产负债表、收入报告	利润、资金周转、收入、支出、生产率等
挑选人员	职务规定的技术、经验	考核成绩、证书、背景资料	人员的选用、晋升与调任
选择原材料	在容许范围内的缺陷	投入物资的抽样	原材料的质量把关与数量控制
指导	从最终结果看所要求的工作表现	计划与职务规定	活动的进度与效果
标准成本控制	技术研究中得出的标准时间或使用量	成本会计制度	成本
质量控制过程	与销售策略一致的缺陷范围	抽样程序	质量
人员成绩鉴定	与职务有关的成绩标准	管理方面的观察个人报告	人员的晋升、工资
网络分析技术	资源利用的最佳值	时间、成本	活动的进度、时间、资源等
平衡计分卡	顾客满意度、员工满意度、股东满意度、社会满意度	管理审计与调查	组织的综合业绩

以下以平衡计分卡（balanced scorecard，BSC）为例进行详细说明。

平衡计分卡是 1992 年由哈佛大学商学院教授罗伯特·S. 卡普兰和复兴国际方案总裁

戴维·P. 诺顿设计的。[①] 该方法一经提出，就迅速在美国乃至多个发达国家的企业和政府中得到广泛的应用，而且效果越来越显著。平衡计分卡最突出的特点是：将企业的愿景和发展战略与企业的业绩评价系统联系起来，把企业的使命和战略转变为具体的目标和评测指标，以实现战略与绩效的有机结合。平衡计分卡以企业的愿景和战略为基础，并将各种衡量方法整合为一个有机的整体。它既包含财务指标，又通过顾客满意度、内部流程、学习和成长的业务指标来补充说明财务指标，而这些业务指标是财务指标的驱动因素。这样就使组织一方面追踪财务结果，另一方面密切关注能使企业提高能力并获得未来增长潜力的无形资产等方面的进展，从而使企业既具有“硬”的财务指标，同时又具备能在竞争中取胜的“软”指标。

平衡计分卡不仅仅是一种新的绩效评价系统，更重要的是企业管理过程的核心组织框架，并且只有在平衡计分卡被从衡量系统改造为管理系统时才具有更大的威力。图 16—5 描绘了平衡计分卡的四个方面及其相互间的关系。

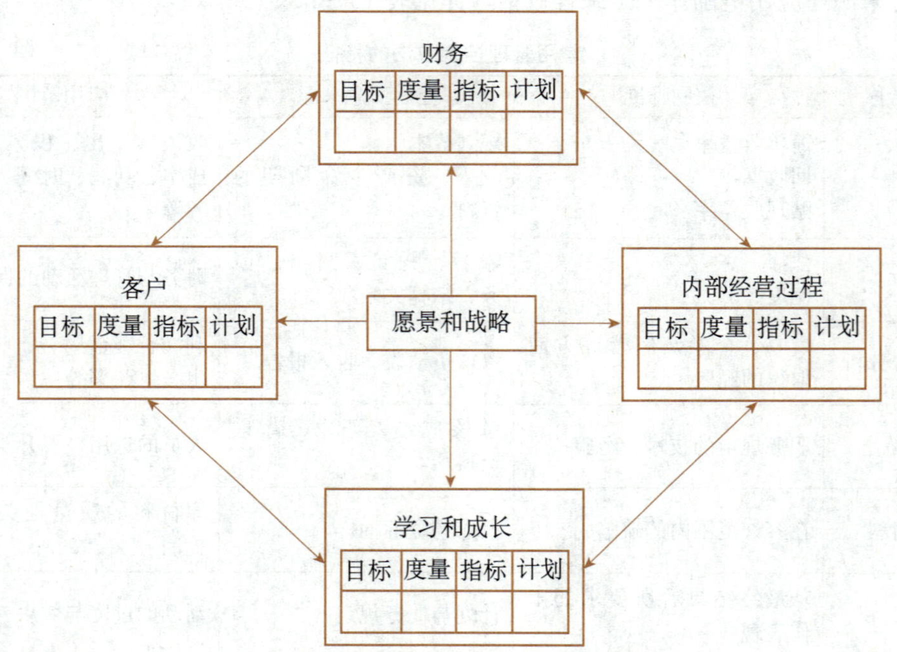

图 16—5　平衡计分卡控制图

1. 财务方面

其目标是解决“股东如何看待我们”“要在财务方面取得成功，我们应向股东们展示什么”这类问题。告诉企业管理者，他们的努力是否对企业的经济收益产生了积极作用，因此财务方面是其他三个方面的出发点和归宿。总之，财务方面是描述已经发生的事情，与传统的计量并没有不同。财务指标包括销售额、利润额和资产利用率等。关于总财务目标的驱动因素呈现为这三项经营战略与三个财务主题构成的 3×3 矩阵，如图 16—6 所示。

---

① 罗伯特·S. 卡普兰，戴维·P. 诺顿. 综合计分卡：一种革命性的评估和管理工具. 北京：新华出版社，2002.

		战略性财务计划		
		收入增长	降低成本/提高效率	资产利用/投资战略
业务部门战略	增长	按部门划分的销售增长率；从新产品、服务和客户中得到的收入百分比	收入/员工	投资（占销售额的百分比）；研究与开发（占销售额的百分比）
	维持	新做法增加的收入百分比；客户与生产线利润率	成本与竞争者成本之比；降低成本率、间接开支（销售百分比）	工作资本比率（货币转化为货币的周期）
	收益	客户与生产线利润率；非盈利客户百分比	单位成本（每单位支出、每项交易）	回报/收入

图 16—6　评估战略性财务计划

2. 客户方面

其目标是解决“顾客如何看待我们”这类问题。通过客户的眼睛来看一家企业，从时间（交货周期）、质量、服务和成本等方面关注市场份额及客户的需求和满意度。客户方面体现了企业对外界变化的反应。客户指标包括市场份额、客户保持率、客户获得率、客户满意度和客户盈利率等，如图 16—7 所示。

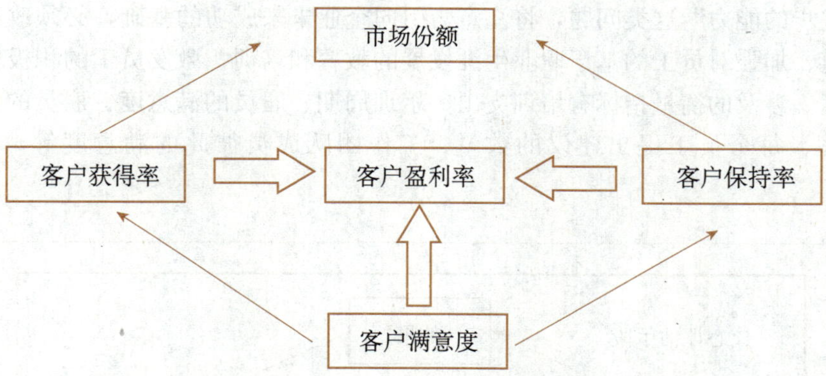

图 16—7　客户指标

● 市场份额用于衡量在给定的市场中（可以是客户的数量，也可以是销售的数量）企业销售产品的比例。

● 客户保持率是指企业继续保持与老客户交易关系的比例（可以是绝对数，也可以是相对数）。

● 客户获得率指标用于计量企业吸引或获得新客户的数量或比例（可以是绝对数，也可以是相对数）。

● 客户满意度指标是通过一定的方法（如函询、会见等）对客户的满意程度作出估计。

● 客户盈利率是指企业为客户提供产品或劳务后所取得的净利润水平。对于有盈利的客户，企业应争取和保持。

3. 内部经营过程方面

在内部经营过程方面，应本着满足客户需要的原则来制定衡量指标。其目标是解决“我们擅长什么”这类问题，报告企业内部效率，关注导致企业整体绩效更好的过程、决策和行动，特别是对顾客满意度有重要影响的企业过程，如生产率、生产周期、成本差异、合格品率、次品率、返工率、新产品开发速度、对故障反应的速度、售后服务成本及一次成功率等。内部经营过程是企业改善其经营业绩的重点。虽然每个企业都有自己独特的确定客户的价值及实现财务业绩的程序，但是普通的价值链模式可以为公司在确定业务程序时提供一个模板，包括三个原则性的经营程序，即改良、经营与售后服务，如图16—8所示。

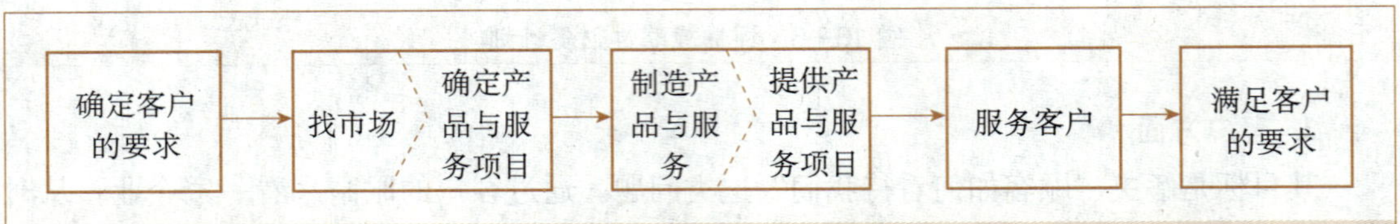

图16—8 确定业务程序

4. 学习和成长方面

在这方面，关键因素是人才、信息系统和组织程序。其最终目标是解决“我们如何保持变革和进步的能力”这类问题，将注意力引向企业未来成功的基础，必须改善企业内部的沟通渠道、加强对员工的基于职业生涯发展的教育和培训、激发员工的积极性和提高员工的满意度。涉及的衡量指标有培训支出、培训周期、雇员的满意度、雇员的保留率、信息覆盖比率、每个员工提出建议的数量、工作团队成员彼此的满意度等，如图16—9所示。

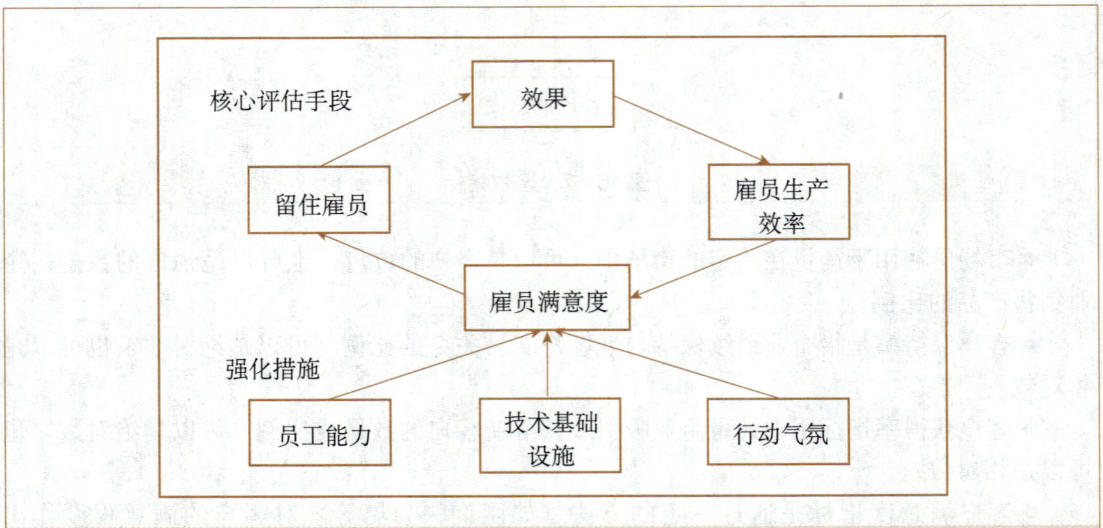

图16—9 学习与成长评估手段框架

平衡计分法中的“平衡”是指在以下四个方面之间保持平衡：在长期目标与短期目标之间；在外部计量（股东和客户）和内部关键计量（内部流程/学习和成长）之间；在所

追求的结果和这些结果的执行动因之间；在强调客观性测量和主观性测量之间。

一个合理的平衡计分卡可以反映企业的策略，并将企业的策略转化为一系列相互联系的指标（这些指标由长期决策目标和达到这些目标的途径共同决定），明确结果指标和产生这些结果的执行动因间的因果关系。

图 16—10 为美国联邦政府采购系统的平衡计分卡，该计分卡保留了传统的平衡计分卡的四大要素，同时加上了第五大要素——向雇员授权，以强调联邦政府的雇员在注重客户的政府机构中必须发挥的关键作用。

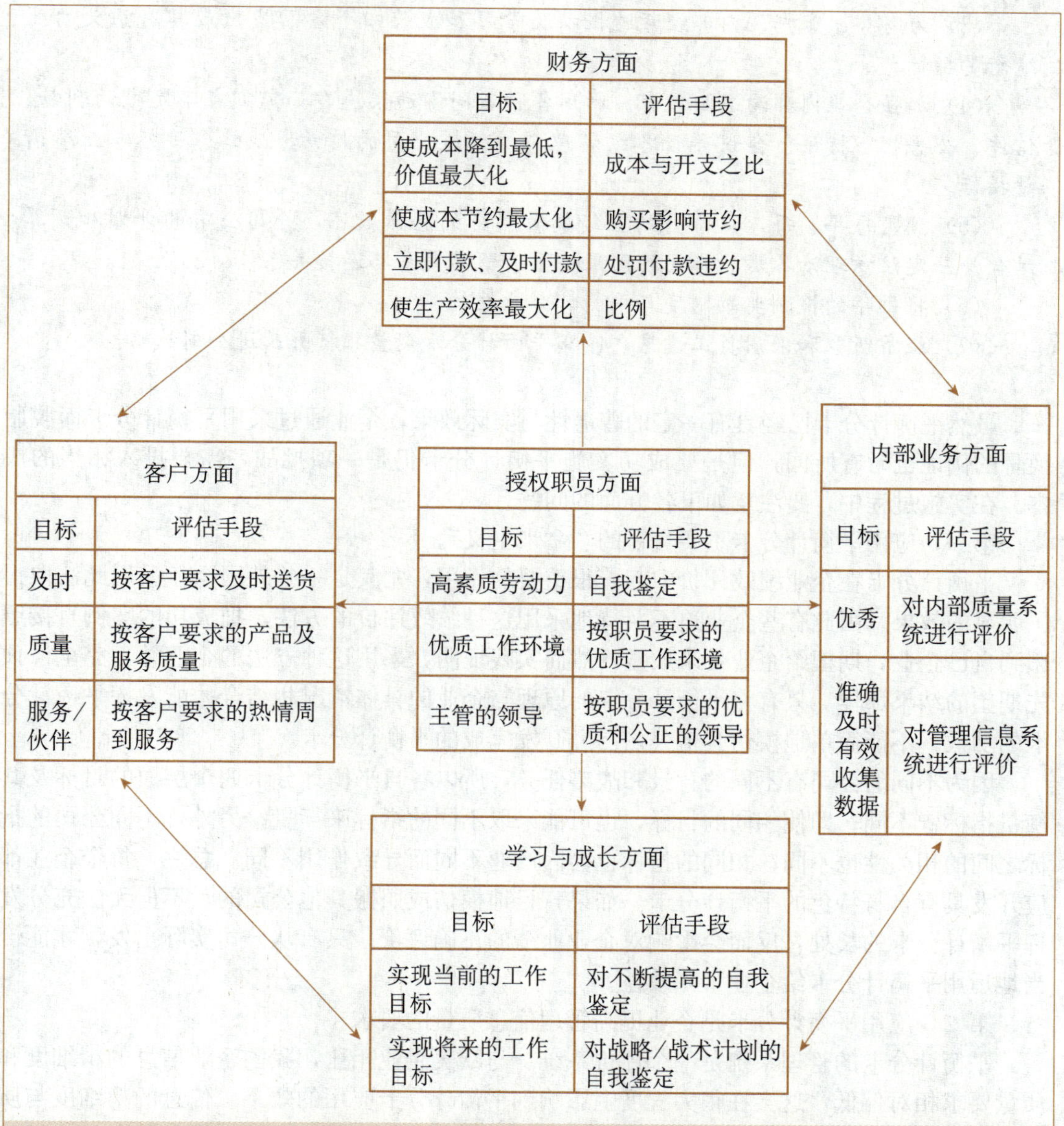

图 16—10　联邦采购系统的综合计分卡

资料来源：罗伯特·S. 卡普兰，戴维·P. 诺顿. 综合计分卡：一种革命性的评估和管理工具. 北京：新华出版社，2002.

平衡计分卡的实施程序

（1）建立公司的愿景与战略。公司的愿景与战略简单明了，对每个部门均具有明确意义，使每个部门都可以采用一些业绩衡量指标去实现公司的愿景与战略。

（2）在企业的高级管理层中对公司的愿景及战略达成共识。成立平衡计分卡推行小组或委员会去解释公司的愿景和战略，并确立财务、客户、内部经营过程以及学习和成长四个方面的具体目标。

（3）为财务、客户、内部经营过程以及学习和成长四个方面找出最具有意义的业绩衡量指标。

（4）加强企业内部沟通与教育。利用各种不同沟通渠道，如定期或不定期的刊物、信件、公告栏、标语、会议等让各级管理人员知道公司的愿景、战略、目标与业绩衡量指标。

（5）确定每年、每季、每月的业绩衡量指标的具体数字，并与公司的计划和预算结合。一定注意理清各类指标间的因果关系、驱动关系与连接关系。

（6）将每年的报酬奖励制度与平衡计分卡挂钩。

（7）经常听取和采用员工意见，修正平衡计分卡衡量指标并改进公司战略。

虽然平衡计分卡已经具有一定的普遍性与实际效果，企业通过采用平衡计分卡而脱胎换骨的例证也时有所闻，但是要成功实施平衡计分卡仍是一项挑战，需要投入相当的成本。在实施过程中，要注意如下各方面的问题。

第一，应用平衡计分卡不要盲目的“拿来主义”。

平衡计分卡在企业绩效评价中起着很重要的作用，尤其是一些外国企业采用此法取得了明显的效果。因此有些企业迫不及待地采用这种绩效评价的方法，把成功的案例直接照搬到自己企业，期望给企业带来效益。然而实践证明，采用这种方法的企业并不完全像预先期望的结果那样。只有将平衡计分卡的原理与企业的具体情况相结合才能发挥平衡计分卡的功效，不能简单地模仿其他公司已经开发完成的平衡计分卡。

因为不同的公司有不同的背景和战略任务，所以各自平衡计分卡四个层面的目标及其衡量指标皆不同；即使相同的目标，也可能采取不同的指标来衡量；另外，不同公司的指标之间的相关性也不同；相同的指标也会因产业不同而导致作用不同。总之，每个企业都应开发具有自身特色的平衡计分卡。如果盲目地模仿或照搬其他公司的，不但无法充分发挥平衡计分卡的长处，反而会影响对企业业绩的正确评价。只有从公司实际出发，才能恰当地运用平衡计分卡给企业带来效益。

第二，应用平衡计分卡是企业提高管理信息质量的要求。

平衡计分卡的管理系统是一个评价系统。与欧美企业相比，我国企业信息的精细度和质量要求相对偏低，这会在很大程度上影响到平衡计分卡应用的效果。信息的精细度与质量的要求度不够，会影响企业实施平衡计分卡的效果，如导致所设计与推行的考核指标过于粗糙，或不真实准确，无法有效衡量企业的经营业绩。此外，无法正常发挥平衡计分卡的应有作用还会挫伤企业对其应用的积极性。

第三，正视平衡计分卡实施时获得效益不能立竿见影的问题。

平衡计分卡的四个层面彼此是连接的，要提高财务方面首先要改善其他三个方面，要改善就要有投入，因此实施平衡计分卡首先出现的是成本而非效益。更为严重的是，效益的产生往往滞后很长时间，使投入与产出、成本与效益之间有时间差——可能是 6 个月，也可能是 12 个月，或更长的时间。因此，往往会出现客户满意度、员工满意度、效率也提高了，可财务指标却下降的情况。关键的问题是在实施平衡计分卡的时候一定要清楚，非财务指标的改善所投入的大量资金，在可以预见的时间内，可以从财务指标中收回，不要因为实施了 6 个月没有效果就没有信心了，应将眼光放得更远些。平衡计分卡不一定能立竿见影，它是一个长期的过程，不能急于求成，欲速则不达。

第四，平衡计分卡的执行要与奖励制度结合。

企业中每个员工的职责虽然不同，但使用平衡计分卡会使大家清楚企业的战略方向，有助于群策群力，也可以使每个人的工作更具有方向性，从而增强每个人的工作能力和效率。为充分发挥平衡计分卡的效果，需在重点业务部门及个人等层次上实施平衡计分卡，使各个层次将注意力集中在各自的工作业绩上。这就需要将平衡计分卡的实施结果与奖励制度挂钩，注意对员工的奖励与惩罚。总之，应用平衡计分卡，要让每个员工都参与进来，以战略思维来指导其行为。企业通过策略学习组或认知培训班，从上至下地提高企业中每个成员对平衡计分卡的认识。这样，企业中的每个经济单位、部门甚至每个个体都会建立平衡计分卡。一旦战略思想在企业各个层次都能融会贯通，就可以帮助部门和个人创建新的途径去支持组织的策略，同时，这种新途径又在一定程度上有助于企业转变，形成一种良性循环。

六、内部控制

内部控制是一种企业自律行为，它是由企业董事会、管理层和企业员工共同实施的，为实现财务报告的可靠性、经营的效果与效率以及遵守适用法律法规等目标而提供保证的过程。

相对于战略的制定，我国企业在战略执行特别是内部控制上存在的缺陷更为严重。一些企业的效益下滑、MBO 的操作失败等，都与企业内部控制有着相当大的关系。企业会计信息失真、违法经营、经营失败等情况在很大程度上也可以归结为企业内部控制的缺失或失控。因此，加强企业内部控制已成为我国企业需要面对的现实问题。内部控制作为社会经济发展到一定阶段的产物，是现代企业管理的重要手段，其管理意义重大，已成为衡量现代企业管理水平的重要标志之一。有效的内部控制不仅关系到企业的各项经营目标能否实现，更是当前我国企业建立现代企业制度的一项根本要求。

（一）内部控制的构成要素

内部控制是一个系统工程，是贯穿于企业经营活动的一系列行动，这个系统由五个相关联的要素组成，相关的构成要素涉及企业管理的各个方面，如图 16—11 所示。

（1）控制环境。控制环境是对企业内部控制的建立和实施有重大影响的各因素的统称，主要反映管理者和其他人员对内部控制的态度、认识和行动。它是内部控制其他要素的基础。任何企业的控制活动都存在于一定的控制环境中，控制环境直接影响员工的内部控制意识、企业内部控制的遵循和执行，以及企业经营目标、整体战略目标的实现。

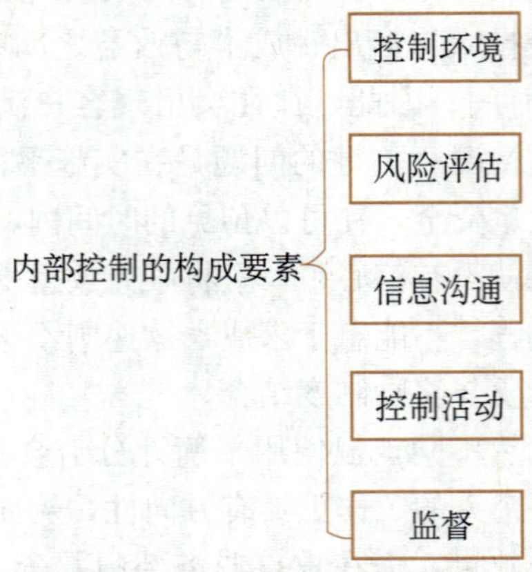

图 16—11 内部控制的构成要素

（2）风险评估。风险评估是管理者识别和分析相关风险以及对企业目标实现会产生影响的工作。经济、行业、监督环境和运营状况不断变化，管理者的风险评估作为设计和运用内部控制的一部分，目的是使错误和不合法行为降到最低水平。

（3）信息沟通。该要素不仅包括企业内部产生的数据，而且包括在进行决策和编制外部报告时所需的关于外部事件、活动和状况的信息。企业应在广泛的范围内进行有效沟通，包括自上而下、自下而上以及企业内部沟通。管理层要清楚地告知所有员工必须严格执行各自的内部控制职责，以及他们自身的活动与其他人工作的互动关系。员工应有向高层报告重要信息的途径，并且能与外部各方进行有效沟通。

（4）控制活动。控制活动有助于确保管理层的指令得到实施，从而使企业实现其目标。这些活动在公司范围内的各个层面和工作环节中进行，涉及批准、授权、核实、调节、经营绩效审查、资产安全性以及职责分工等方面，如职务的恰当分离、恰当的审批手续等。

（5）监督。监督是由管理者对内部控制的设计、执行过程和运行效果进行经营或定期的评价，以确定内部控制是否按照既定的目标运行，以及对特定情况下发生的变化进行适当的修正。对内部控制的评价和修正所需的信息，来自内部审计人员的报告、有关管理机构提交的报告、经营人员的反馈信息以及顾客的意见等各个方面。

以上五个构成要素相辅相成、紧密联系，构成一个有机循环的整体。

（二）内部控制的强化

完善企业内部控制的对策主要有以下几点。

1. 优化内部控制环境

（1）健全公司的法人治理结构。要强化董事会在公司治理结构中的主导地位，突出董事会在建立和完善内部控制体系过程中的核心作用；要实行独立董事制度，适当引入外部的独立董事；要明确董事会内部分工，设立包括审计委员会、预算管理委员会、价格委员会等在内的各项专门委员会，从而加强内部管理控制。

（2）准确把握授权的“度”。当今企业出现重大经济舞弊案件，大多数是授权不当引起的，且多为授权过度。为此，在具体授权时要讲究授权艺术，事先要做大量细致的调查研究工作，准确把握实际情况，然后根据工作、管理、控制的需要进行授权，以避免盲目而带来的过度授权。

（3）提高被控制对象的受控程度。第一，要增强内部控制制度建立和运行的科学性；第二，要准确设计主要决策者的受控程度；第三，要加强道德规范，建立良好的文化氛围，创造舒适的人文环境；第四，要树立“以人为本”的理念，积极培育和发展经理人市场，因为经理人是内部控制的执行者和有关情况的反馈者，他们在提高内部控制效力方面的作用非常大；第五，要积极采纳外部中介机构的建议，特别要重视注册会计师在对单位内部控制测试后向管理层提出的建议书。

2. 进行全面的风险评估与风险管理

风险评估是决定风险如何管理的基础。经济业务和运营环境不断变化，风险随之而来，识别并处理这些风险十分必要。每个单位均应评估来自内部和外部的不同风险。在实施风险评估时，必须判明企业完成既定目标存在的外部风险，分析各种风险的类型和程度，为风险管理提供依据。在企业日常的内部控制过程中，应该针对自身的优势与劣势、长处与短处、机遇与风险进行风险评估；应加强对环境改变时的事务管理，及时发现问题，防范和化解企业可能面对的经营风险和财务风险。

3. 实施及时的过程控制

过程控制是确保管理层的指令得以实现，帮助企业对使企业目标不能达成的风险迅速采取必要行动。过程控制覆盖整个企业内的各个层次与各种职能部门，包括核准、授权、验证、调节、复核营业绩效、保障资产安全以及职务分离等多种活动。

（1）通过业绩评价建立有效的激励机制。为了保证企业内部控制制度能有效地发挥作用，并使之不断地得到完善，企业必须定期对内部控制制度的执行情况进行检查与考核，看企业内部控制制度是否得到有效遵循、执行中出现了什么问题、为什么某项内部控制制度不能执行或不完全执行、估计可能产生或已经造成什么后果。对于严格执行内部控制制度的单位和个人，给予适当的精神鼓励和物质奖励；对于违规违章的，坚决给予行政处分和经济处罚，并与职称升降挂钩。只有做到压力与动力相结合，才能最终达到内部控制的目的。

（2）加强对人和事的管理。控制活动是针对关键控制点而制定的，企业在制定控制活动时，关键就是要寻找关键控制点。企业一般根据其经营活动的五大循环即采购循环、销售循环、付款循环、收款循环和理财循环等分别设计其控制活动，以使员工职务分离，并保证企业资产安全。

4. 强化企业内部、外部监督

（1）加强内部监督。在内部控制的监督过程中，有两项工作发挥着重要作用。一是内部审计。内部审计具有极其重要而特殊的地位。内部审计既是企业内部控制的一部分，也是监督内部控制其他环节的主要力量。二是内部控制的自我评估。企业内部控制实行“控制自我评估”（control self appraisal，CSA），是指企业不定期或定期地对自己的内部控制系统进行评估，评估内部控制的效率、效果，以期能更好地达成内部控制的目标。

（2）加强外部监督。财政、税务、审计等部门要合理分工，建立相关工作人员的岗位责任制，并注意加强彼此间的信息交流，定期互通情报，形成有效的监督合力；应加强对企业内部控制的了解、检查与监督，加大执法力度，增强威慑力；有关部门必须切实抓好对注册会计师执业质量的监管，使注册会计师的社会监督职责到位；鼓励与支持广播、电视、报刊等新闻媒体对企业（特别是上市公司）违法违纪行为曝光，以充分发挥舆论监督的作用。

（三）内部控制的辩证关系

1. 现实性和前瞻性的关系

在建立内部控制时，首先要针对企业中存在的薄弱环节制定内部控制措施，如目前企业中存在的会计信息质量不高、管理不善等问题；其次要有超前意识，不能让内部控制成为阻碍。对企业内部控制可能存在的缺陷，例如，随着电子计算机信息技术的发展，高科技犯罪频频出现，需要运用先进的管理思想和管理方法做好预控。只有这样，企业才能不断适应市场变化，生产经营才有足够的动力，制定的内部控制措施才能既解决现实问题，又不断推进企业管理向更高层次迈进。

2. 控制与效率的关系

内部控制的核心是内部牵制，既然要牵制，一项经济业务就要由多个部门或人员参与共同完成，这必然会影响效率。如果没有牵制，又可能造成有关人员不受限制地处理、支配财产物资，可能导致财产物资的大量流失。因此，企业在实施内部控制时应处理好控制与效率的关系，既不能因过分控制而导致效率低下，也不能因讲效率而放弃控制。在具体设计内部控制制度时，要抓住关键点，对具有固定风险的重点经济事项进行严格控制。

3. 理论性与操作性的关系

企业内部控制措施能否得到有效实施，在很大程度上取决于其可操作性。一般来讲，可操作性越强，其控制效果越好。因此，在制定企业内部控制措施时，应立足于企业经营管理实际，坚持岗位分工与责权利相结合、定量与定性相结合的内部控制原则，在制定具体控制程序和规则时，应使理论性的描述立足于操作性，并加以量化，做到条理分明、定性恰当、定量合理。不能执行或执行后达不到预计效果的内部控制措施对企业来讲就相当于不存在。只有注意了二者的结合，企业内部控制才能真正发挥作用。

4. 控制点和控制面的关系

完善的内部控制不仅要对企业经营管理的各个方面实行全方位的有效控制，而且要对企业经营管理的重要方面、重要环节实行重点控制。面的控制与点的控制要有机结合。各项控制目标分别需要通过若干相应的控制因素予以实现，而这些控制因素作用的发挥需要对某些容易发生错弊的业务环节进行针对性控制，不同的控制点有着不同的业务内容和控制目标，因此需要采取不同的控制手段和方法，才能预防和纠正各种错弊。

第 2 节　组织的治理

企业、非营利组织以及政府等不同类型的组织都有自己的治理模式。习近平总书记十分重视国家治理问题，在他亲任起草组组长起草的中国共产党十八届三中全会审议并通过的《中共中央关于全面深化改革若干重大问题的决定》中，首次提出了推进国家治理体系和治理能力现代化的战略目标。这是坚持和发展中国特色社会主义的必然要求，也是实现社会主义现代化的应有之义。习近平指出，国家治理体系和治理能力是一个国家的制度和制度执行能力的集中体现，两者相辅相成；必须适应国家现代化总进程，提高党科学执政、民主执政、依法执政的水平，提高国家机构的履职能力，提高人民群众依法管理国家事务、经济社会文化事务、自身事务的能力，实现党、国家、社会各项事务治理制度化、规范化、程序化，不断提高运用中国特色社会主义制度有效治理国家的能力；没有坚定的制度自信就不可能有全面深化改革的勇气，同样，离开不断改革，制度自信也不可能彻底、不可能久远；坚定制度自信，不是要故步自封，而是要不断革除体制机制弊端，让制度成熟而持久。

公司治理是最具有代表性、最成熟的治理模式。大多数非营利组织也是依据公司治理结构，通过设立理事会的形式来行使组织内部的决策和领导职能。鉴于此，本章以公司治理为着眼点，阐述组织治理的方方面面。

公司治理是一个多角度、多层次的概念。从这一问题的产生与发展来看，可以从狭义和广义两方面理解。狭义的公司治理是指所有者与经营者之间的一种监督与制衡机制，即通过一种制度安排，合理地配置所有者与经营者之间的权力与责任关系。广义的公司治理则不局限于股东对经营者的制衡关系，还涉及广泛的利益相关者，包括股东、债权人、供应商、雇员、政府和资本市场等与公司有利益关系的集团，通过一套包括正式或非正式的、内部或外部的制度来协调公司与所有利益相关者之间的关系，保证公司健康经营，维护公司各方面利益。

公司治理方法也包括公司内部利益相关者及公司治理的众多目标之间的关系。主要利益相关者包括股东、管理人员和理事。其他利益相关者包括员工、供应商、顾客、银行和其他贷款人、政府政策管理者、环境和整个社区。公司治理制度是公司管理中最为核心和基础的结构，就像一栋楼的地基，如果公司治理有缺陷，公司的管理迟早会失控。

公司治理一词意味着许多东西。它也许描述：

- 公司指挥和控制的过程；
- 鼓励遵守公司手册；
- 投资于技术；
- 在经济方面学习出现在分离拥有权和控制上的问题。

毛泽东在带兵打仗过程中采用制度化管理来约束军队，不仅使人民军队保持了强大的战斗力，而且赢得了广大人民群众的支持。毛泽东不但给军队制定了严格的纪律，而且十分注意思想政治工作制度的建设，同时为广大官兵制定了行为守则，引导人们自觉遵守制度，严格执行制度。比如，他为中国人民解放军总政治部起草了新的“三大纪律八项注意”。

三大纪律如下：一切行动听指挥；不拿群众一针一线；一切缴获要归公。

八项注意如下：说话和气；买卖公平；借东西要还；损坏东西要赔；不打人骂人；不损坏庄稼；不调戏妇女；不虐待俘虏。

这统一了全军纪律，加强了部队思想建设和作风建设。企业管理者也要注意引导自己的员工遵守企业的各项规章制度。

资料来源：冯成略. 毛泽东思想与企业管理. 北京：中央文献出版社，2007.

在最宽广的层面，公司治理包含规则、关系、制度和程序，都在这个框架之内由信托当局在公司中行使和控制。恰当的规则包括当地可适用的法律和公司的内部规则。而关系包括所有相关人士之间的关系，最重要的是创始人、董事会董事、经理、雇员和整个社区。制度和程序则要应对一些事态譬如当局、工作指标、保证机制、报告要求和责任的代表团。这样公司治理结构明白解说为在公司事务上作出决定的规则和方法。它还提供可以设定公司宗旨的结构，并且获得和监测那些宗旨如何表现的手段。

由于利益相关者影响从现代组织的控制中分离，因此，为了代表利益相关者要求减少代理费用和资讯不对称性而实施了公司管治控制制度。公司治理用来监测结果是否与计划符合，并且为了维护或修改组织活动鼓励充分地通知整个组织。

公司治理是一个多面的主题。公司治理中一个十分重要的部分是面对受托责任，对股东和其他人的资料披露、审计及控制机制。这样公司治理负责人应该依从各方面的守则。另一个重要的焦点就是经济效率，包括公司内部（譬如最佳的实践指南）和公司外部（譬如全国制度体系）。中国企业在公司治理方面至少存在几个观念上的误区：

- 认为公司在治理问题上是清楚的，回避核心的问题；
- 认为有些问题是无法解决的，在国有企业中，这种情况比较多；
- 默认一些潜规则，一些领导利用公司治理上的弱点为自己谋利；
- 客观上认为公司治理的价值不大，没有认识到公司治理制度的价值。

中国企业的管理已经从一种粗放的阶段开始朝精细化和系统化的方向发展，这就要求我们在管理上保持全面的重视。虽然管理中的体系建设是一个长期的任务，但如果能够从公司治理这样的一个点开始，从管理的最基础的地方开始，就可以打开管理结构的门户，尽量缩小我们在管理上与发达国家的差距。

一、公司治理的结构

在现代企业中存在内部治理机制和外部治理机制。其中，内部治理机制包括董事会、股东大会、监事会等，而外部治理机制主要是资本市场和公司治理市场。这些都将对公司现在的经理们产生足够的压力，促使他们的决策以各种利益相关者的利益最大化为目标，如图 16—12 所示。

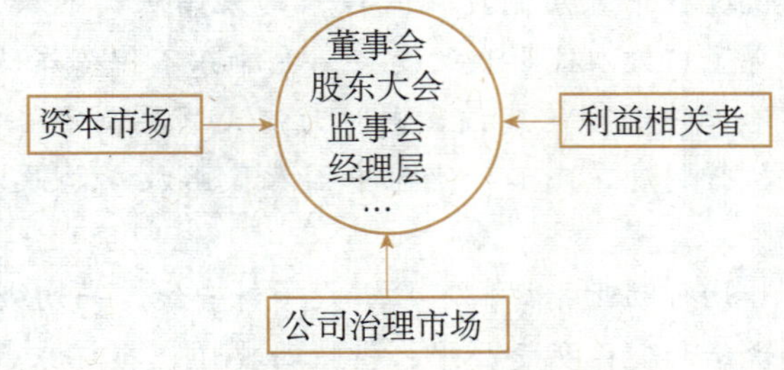

图 16—12　公司治理结构

（一）董事会

董事会是股东大会或企业职工股东大会这一权力机关的业务执行机关，负责公司或企业的业务经营活动的指挥与管理，对公司股东大会或企业职工股东大会负责并报告工作。股东大会或职工股东大会所作的有关公司或企业重大事项的决定，董事会必须执行。

股份公司成立以后，董事会就作为一个稳定的机构而产生。董事会的成员可以按章程规定随时任免，但董事会本身不能撤销，也不能停止活动。董事会是公司最重要的决策和管理机构，公司的事务和业务均在董事会的领导下，由董事会选出的董事长、常务董事具体执行。

1. 董事会的职能

关于董事会的职能，学术界有不同表述，但都强调董事会的战略管理职能以及选择和监督总经理（CEO）的职能。这些职能有的侧重于公司内部，有的侧重于公司所处的外部环境；有的侧重于过去和现在，有的侧重于将来。所有这些职能中，更重要的是保证公司有一个能干的总经理及其所领导的管理系统。按照上述划分，董事会的职责和作用可用图 16—13 表示。

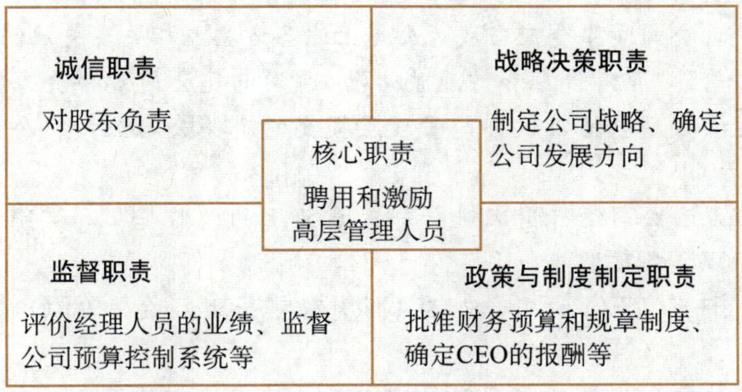

图 16—13　董事会的职责

图 16—13 只是说明董事会的活动领域而非董事会的风格和具体工作，也并未指明董事会是否向管理者提供建议、指导和咨询，或者监督、质询管理者，同时也没有指出董事会在每个领域应分配多少努力。实际上，不同公司的董事会对上述四个活动领域的重视表现出很大差别，如一些董事会重视公司当前的业绩，而另一些则重视长期的战略决策。调查发现，许多董事认为他们需要更多时间考虑公司的战略问题，但常常由于短期事务而不得不将注意力集中在监督指导经理层上。

关于董事会的具体职责，全美公司董事联合会蓝带委员会列举了以下 9 条：

- 确立公司的经营理念和使命；
- 选拔、监控、评估、酬劳和替换 CEO 及其他高级执行官员，并确保管理层的继任；
- 审议和批准管理层的战略计划及业务计划；
- 审议和批准公司的财务目标、计划和行动，包括重大的资本配置和开支；
- 审议和批准非经常业务的重要交易；
- 将公司业绩与战略计划和业务计划相比较并进行监控，包括定期监督运营结果来评价公司业务是否得到较好的管理；
- 确保道德行为及遵循法律、审计和会计准则以及公司自己的治理文件；
- 评估自身实现这些职责和其他董事会职责的有效性；
- 行使法律规定的或在公司治理文件中划归董事会的其他职责。

通用电气公司董事会的角色和职能

在通用电气公司，以CEO为代表的高级管理层的职责是，指挥和指导高级管理人员、经理人员和其他雇员开展公司的有关业务。而公司董事会被股东选举产生的一个假定要求是，监督公司管理层的行为，即担当“监督者”的角色。与此关联的另一个假定要求是，公司董事会应当认真关注和保证股东的长期利益，即担当“照看者”的角色。

为了使股东的长期利益得到保证和提升，公司董事会应当负责任地使公司利益相关者的意见得到应有的反映。通用电气公司董事会认为，公司利益相关者和有关对象——包括公司的员工、临时雇佣者、顾客、供应商、公司所在社区、政府官员以及更大范围的社会公众，对公司的关注是公司的业务能够得到不断提升的重要因素。从这个意义上说，公司董事会应当成为公司上述各方利益相关者关注的“反映者”。

作为“监督者”“照看者”和“反映者”，通用电气公司董事会每年举行8次全体会议。会议的主要议题包括审议公司管理层提交的有关公司业绩、公司发展计划等情况的报告。

除了对管理层和公司运行情况进行一般意义上的“监督”和“照看”以外，公司董事会还要履行以下各项职能：

（1）选择、评价CEO的工作，为CEO确定薪酬，监督CEO的继任计划及其执行；

（2）挑选、任命和发展公司高级管理人员并确定他们的薪酬，实施监督，提供相关的参考和评估意见；

（3）对公司重要的财务和业务战略、重大行动实施审议、批准和监督等程序；

（4）对公司面临的主要风险进行评估，检查缓解风险的方案；

（5）保证维护公司诚信的要求得到落实——包括财务诚信、守法和道德诚信、对顾客和供应商的诚信，以及在处理与其他利益相关者关系方面的诚信。

资料来源：王志平．美国GE公司董事会的理念与构成．外国经济与管理，2003，25（5）：19-24.

个人的智慧和能力终归有限，要全面发挥董事会的职能，就应根据董事会的职责对董事会成员构成的要求，以及下面要分析的内外部董事的特长与不足，对不同董事的知识、技能、特长和年龄进行搭配，以形成合理有效的董事会结构。

2. 董事会的影响

尽管公司所有权有日趋集中的倾向，但在大多数公司中，所有权分散的情况仍占明显优势，这意味着个人股东对大企业经营行为的控制和监督仍然有限。这就显示了公司还得主要依靠董事会进行治理。

董事会是由股东选出的、代表股东利益来行使对企业高层执行官的监督和控制的群体。董事会成员分为内部董事、相关外部董事和独立董事三种类型。内部董事指那些公司中被选进董事会的主要高层经理。相关外部董事由不参与公司日常经营但与公司有一定联系的个人担任。独立董事由完全与公司经营活动无关的个人担任，他们主要为公司决策提供咨询和建议。

人们认为，许多董事会并没有尽到保护股东权益的责任，因为董事会可能成为经理人的工具，有时内部董事控制了董事会，并利用他们与董事的个人关系来影响企业决策。一般来说，拥有大比例内部董事的董事会往往会缺乏对经营层行为的监督。因此，批评家提倡对董事会结构进行改革，使外部董事占到董事会的大多数。但过多的外部董事也会带来一些问题。外部董事由于不参与公司日常经营，因而不易获得有效评估经营层决策和行动所需的信息。反之，内部董事由于他们的职位而拥有获取这些信息的优先权，所以拥有多数内部董事的董事会可以更有效地获得与公司战略意图和战略行动有关的信息。而由大多数外部董事组成的董事会由于缺乏上述信息的途径，会更强调财务评估，而不是战略评估。这种评估使风险转移到高层经理人头上，由此高层经理人会本着自我利益作出降低职业风险的决策，包括减少研发投入，扩展公司多元化经营等。

由于董事会在公司治理中的重要性及股东们特别是大型机构投资者的日益严格的监察，许多董事会进行了变革，包括：增加董事会成员背景的多样性，如从公共服务业、学术界中选择外部董事；加强内部管理和公司财务控制系统；建立正规的董事会表现评估程序。

（二）股东大会

股东大会是公司的最高权力机关，它由全体股东组成，对公司重大事项进行决策，有权选任和解聘董事，并对公司的经营管理有广泛的决定权。股东大会既是一种定期或临时举行的由全体股东出席的会议，又是一种非常设的由全体股东所组成的公司制企业的最高权力机关。它是股东作为企业财产的所有者，对企业行使财产管理权的组织。企业一切重大的人事任免和经营决策一般都要经过股东大会认可和批准方才有效。

1. 股东大会的性质

股东大会的性质主要体现在两个方面：

第一，体现股东意志。股东大会是由全体股东组成的权力机关，它是全体股东参加的全会，而不应是股东代表大会。现代企业股权分散，股东有上万甚至几十万人，不可能全部出席股东会。因此，股东不能亲自到会的，应委托他人代为出席投票，以体现全体股东的意志。

第二，企业最高权力机关。股东大会是企业经营管理和股东利益的最高决策机关，不仅要选举或任免董事会和监事会成员，而且企业的重大经营决策和股东的利益分配等都要得到股东大会的批准。但股东大会并不具体和直接介入企业生产经营管理，它既不对外代表企业与任何单位发生关系，也不对内执行具体业务，本身不能成为企业法人代表。

2. 股东大会的职权

股东大会行使下列职权：

- 决定公司的经营方针和投资计划；
- 选举和更换董事，决定有关董事的报酬；
- 选举和更换由股东代表出任的监事，决定有关监事的报酬事项，审议批准董事会的报告；
- 审议批准监事会的报告；
- 审议批准公司的年度财务预算方案、决算方案；
- 审议批准公司的利润分配方案和弥补亏损方案；

- 对公司增加或者减少注册资本作出决议；
- 对公司发行债券作出决议；
- 对股东向股东以外的人转让出资作出决议（本项为有限责任公司股东大会特有的职权）；
- 对公司合并、分立、解散和清算等事项作出决议；
- 修改公司章程，以及公司章程规定需由股东大会决定的事项。

（三）经理层

经理是指为公司管理事务并有权为其管理事务签名的公司行政负责人，是主持公司的日常经营管理工作，在法律、法规、规章及公司章程规定和董事会授权范围内，由董事会聘任的、代表公司从事业务活动的高级管理人员。经理指挥整个公司的行政工作，是通过经理部门来进行的。经理部门大致包括总经理、副总经理、总经济师、总会计师、总工程师和各职能部门的经理。

综观世界各国的公司法，世界上多数国家的公司法并没有对经理层，尤其是总经理的具体职权或权限作出明确的规定。在绝大多数情况下，经理层的职责和权限或者是由公司章程进行规范，或者是由董事会来明确。公司法只是笼统地界定了经理层的职责，或者泛泛地明确经理层的行为准则。

董事会或多或少地实际行使着部分管理职能，经理层也或多或少地行使着指导职能，也就是说，无论对董事会和经理层的职权划分何等泾渭分明，董事会与经理层均不可避免地会存在职能交叉和衔接的现象，这种交叉和衔接主要表现在指导职能和管理职能上。有人将这种交叉衔接的重叠之处，称为董事会职能与经理层职能的过渡地带。对于这种过渡地带，日、美等发达国家作了一种制度性安排，即在企业治理结构中设立一个常务执行委员会，有人认为这个委员会的主任就是公司 CEO。常务执行委员会在董事会休会期间履行董事会的某些职责，实际上是董事会职能的延伸，使其在董事会与经理层之间发挥桥梁作用。常务执行委员会主要由部分执行董事、部分高层管理人员组成，开会频率较高。常务委员会的职权小于董事会，大于经理层。

（四）监事会

在现代公司制度中，所有权与控制权的事实分离使股东一般难以直接管理或控制公司，公司交由董事会治理。为了避免代表所有者的董事会因追求自身利益而损害公司、股东、债权人、员工的权益，必须通过一定的制度安排对董事会进行制约和监督。当然可以通过公司法的规范性条款、股东大会等方式对董事会及董事进行监控，但这难以彻底防止董事和董事会滥用权力。为此，多数国家设置了监事会作为公司的专门监督机构，形成了股东大会、股东、监事会对董事会及董事权力的多层监控机制。

1. 监事会的设立

监事会与公司其他机构相比，是各国公司法和不同公司中差别最大、变化也最大的组织机构。在不同类型、不同规模的公司中，监事会的性质与规模各不相同。在有限责任公司，监事会一般是公司的任意机构，公司可设监事或监察人一至数人，也可不设。有些国家对资本数额或员工人数较少的小型公司监事会的设置与否，原则上不加干预，由公司自己决定；对于资本数额、员工人数达到一定规模的公司，规定必须设置监事会。在股份有限公司，各国对是否设置监事会的规定也不尽一致，大致有三种模式：有的国家在股东大会下同时设置监事会和董事会，如德国、日本、中国；有的国家在股东大会下设置董事会，但是否设置监事会由公司章程确定，如法国；有的国家在股东大会下只设置董事会而不设监事会，如英国、美国、澳大利亚。

2. 监事会的组成

监事会由全体监事组成。

监事的资格基本上与董事相同，并且监事必须经股东大会选出。监事可以是股东、公司员工，也可以是非公司专业人员。其专业组成类别应由公司法规定和公司章程具体规定。但公司的董事长、副董事长、董事、总经理、经理不得兼任监事。监事会设主任、副主任、委员等职。监事的任期最长不得超过 3 年，但可连选连任。监事必须是自然人，不能由法人担任。

关于监事会的人数，各国公司法对有限责任公司一般无强制限制，多由公司章程予以确定；股份有限公司的监事会成员多规定为 3 人以上，具体人数一般视公司的股本规模、员工人数而定。我国公司法规定监事会成员不得少于 3 人，设监事会召集人一名；监事会召集人不能履行职权时，由该召集人指定一名监事代行其职权。有限责任公司规模较小、股东人数较少的，可以不组成监事会，只设立 1～2 名监事。

3. 监事会的职权

在实行不同公司组织机构和治理方式的国家，监事会的职权范围有着很大的差异，有的职权广泛，有的职权有限；有的规定详细而严格，有的规定粗疏而宽松。不过，各国公司制度的实践经验业已证明，制度健全、职权广泛的国家，监事会的监督效果较好；反之，则难有监督之实。对于监事会的具体职权范围，大多数国家公司法采取了概括的方式予以规定。综观各国的公司立法，监事会的职权主要包括财务监督、业务监督和管理者监督等三个方面。

第一，财务监督。各国公司法普遍规定，监事会有权随时调阅检查公司财务，调查公司的业务及财产状况，并将调查结果向股东大会汇报。监事会对董事会拟提交股东大会的财务报告、营业报告和利润分配方案等财务资料，应进行核查，发现疑问的，可以公司名义委托会计师、审计师等专业人员帮助复审。

第二，业务监督。许多国家规定，监事会应当监督公司的业务执行和财务状况。监事会可以要求董事或经理提出公司的营业报告，以随时了解公司的业务执行和财务状况，实施有效的监督。如德国股份公司法规定，监事会应监督执行业务。

第三，管理者监督。这是各国公司法普遍赋予监事会的主要职权。监事会的监督权限主要有：一是监督董事会或董事、经理履行职务的情况。监事会成员可以列席董事会会议，听取董事会的报告，对董事、经理违反职责的行为进行监督。二是纠正或停止董事和经理违反法律、公司章程的行为。当监事会发现董事或经理超越权限的行为或其他违反法令、公司章程的行为，有可能对公司产生显著的损害时，可以要求董事或经理予以纠正，或者请求停止董事、经理的行为。三是代表公司与董事交涉或者对董事起诉或应诉。这是各国立法普遍赋予监事会或监事的又一项职权。当公司与董事进行交涉，或者当公司对董事或董事对公司提起诉讼时，由监事会或监事代表公司。

此外，有些国家的监事会还有一些特定的权力，如赋予监事会特定的经营事项的决定权，独立召集或提议召开临时股东大会。为了保证董事会的经营权限与监事会监督职能的相互独立，多数国家公司立法均规定监事会不参与公司的经营，但德国采取了独特的公司权力分配制度。

（五）CEO 体制与内部治理

在既定的公司治理模式下，管理层为实现公司的目标而采取的行为决定着企业价值的创造和确保各方的利益得到有效实现。公司治理的终极目标与公司目标之间的关键联结点就在于公司的战略管理层次，它包含战略的决策、执行等行为。伴随着资本全球化和机构投资者的全球性崛起，社会经济和技术的巨大发展，公司在规模、技术、市场竞争等方面发生了深刻变化，这些变化在为公司带来机遇的同时，也带来了挑战。

现代经济中企业之间竞争的激烈和竞争态势的变幻加快了企业在市场中的决策速度并加大了其执行力度。市场的不完美导致信息不对称现象的存在，在这种情况下，获取信息就需要花费成本，而经理人员直接与市场接触并在企业实际运行过程之中，往往比董事会成员和监事会成员具有更大的信息优势。因此，公司在实现企业价值最大化的公司目标的过程中，对各种信息的处理越来越要求企业的决策系统和执行系统高度协调。而在传统的“董事会决策，经理层执行”的公司体制中，战略管理的功能是由治理结构中的董事会完成的，由于层级众多，决策链条过长，就必然会出现一些反应迟钝、决策缓慢、脱离现实、抑制创造力和创新精神的问题。所以，在新经济和全球化的冲击下，传统的“董事会决策，经理层执行”的公司体制已难以满足决策的需要。如果说在工业大规模生产时代这些问题还不足以形成致命的威胁，那么在竞争日益激烈、创新和更新日益迅速、企业的触角伸向全球并且呈现出多中心趋势的情况下，上述体制形式的公司就可能被市场淘汰。

从公司治理的角度来看，CEO 是企业治理架构中的一个重要职位，同时也是企业管理组织中的一个岗位。设置 CEO 的主要目的是出于严格规范公司治理结构和经营决策效率的考虑，以使组织的管理层次和管理幅度更为合理，使企业高层管理岗位的职、责、权、利更对称，从而提高组织管理的效率。CEO 与总裁，形式上二者都是企业的“一把手”，但 CEO 既是行政一把手，又是股东权益代言人，是董事会成员，总裁则不一定是董事会成员；CEO 对企业经营负根本责任，但不会像总裁那样过多介入公司的具体事务；CEO 作出总体决策后，具体执行权力就会下放。所以，形象地说，CEO 就是 60%的董事长加上 40%的总经理，CEO 有很大的自主权来制定一些政策以及策略，实现公司的长期目标，如图 16—14 所示。

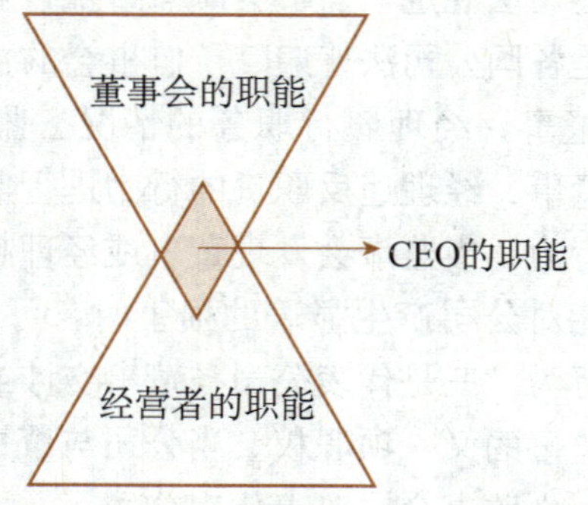

图 16—14　CEO 的职能

作为公司内部治理结构中一个主要的角色，CEO的设立体现了公司经营权的进一步集中，它承担了全权负责企业运作的最主要责任。德鲁克曾说过：在企业中，必须有人负责，这就是我们设立CEO职位的原因。[①] 一般而言，CEO是作为公司董事会的代理人而产生的，其权力授予是由公司董事会决定的。但需要指出的是，董事会决策制和CEO负责制是两个不同的决策范围，决策的方式也不一样。董事会是集体决策，一人一票制，董事长也只有一票的权利。CEO决策则是以个人为主导，公司内部非董事会设立的各种委员会其实只是CEO的辅助决策机构，委员会的表决结果对CEO来说只是起参考作用。

（六）利益相关者与公司治理市场

1. 利益相关者

组织是一个利益相关者群体的系统。利益相关者是能够影响企业业绩或受其影响的个人或群体。利益相关者通过为公司提供资金、资源或接受公司的服务来支持公司的发展，因此组织与利益相关者相互依靠。然而，企业并不是在任何时候，也不是与所有利益相关者都有同等的依靠关系。一个利益相关者与企业的协作关系越深，企业对它的依赖就越强，这样就导致利益相关者对公司业务、决策和行动产生更强的影响。当今，企业战略决策者所面临的重大挑战就是如何平衡拥有关键资源的利益相关者与组织的关系，使各方面力量的利益形成均衡。

参与企业运作的利益相关者可分为三大集团，分别是资本市场利益相关者、产品市场利益相关者和组织内利益相关者。

资本市场利益相关者包括公司股东和其他出资者（如银行），股东和其他出资者都期待公司能够使其投资保值增值。如果出资者对公司不满，那么他们就会对以后的资本借贷提出更苛刻的要求，股东则会抛售股票（用脚投票），甚至要求罢免高层经理（用手投票）。

产品市场利益相关者主要包括顾客、供应商和所在社区。其中，顾客总是要求价廉物美，而供应商则希望找到愿意出高价的忠诚顾客，社区希望公司能够永驻此地以提高税收收入。

组织内利益相关者是企业的所有员工以及建立的工会。组织成员总希望能够有一个待遇好、福利高、充满活力、有大量提升机会的工作环境，工会则关注为工人寻求稳定和舒适的工作环境。员工也可通过离开、通过工会或员工大会对企业的决策产生影响，特别是对有关报酬、分红和兼并等重大决策产生重要的影响。

每家公司都必须有效平衡潜在的利益冲突。首先，公司应识别所有重要的利益相关者。其次，当公司无法满足所有的利益相关者时，就必须对他们区别对待，讨价还价能力和紧急程度是判断利益相关者重要程度的最主要依据。当公司有足够的收入与利润时，就可以较好地满足几乎所有利益相关者的需要，由此形成更密切的协作关系。

在考虑三类利益相关者的重要性时，社会价值和文化差异也起到影响作用。在美国，股东对他们所投资的公司拥有相对较多的发言权，而员工没什么影响力；在很多欧洲国家，股东的权力较小，工人的权力较大；而在日本，管理者可以根据自己的判断来决策

---

① 伊丽莎白·哈斯·埃德莎姆. 德鲁克的最后忠告. 北京：机械工业出版社，2012.

（内部控制），股东和员工很少干预。

2. 公司治理市场

当内部公司治理机制失效时，公司治理市场作为外部公司治理机制而起作用。公司治理市场是由企业收购者组成的市场。企业收购者通过购买那些潜在价值被低估的企业的整体或一部分，获取收益。最有可能被收购或兼并的企业是那些经营不善的企业。在被兼并或收购后，原公司的经理层很容易被认为对导致公司业绩低下的战略决策和实施负有责任而被撤换。因此，如果存在有效运作的公司治理市场，公司经理层就会自我约束并努力改善经营，这就形成对经理人员的间接控制。

公司治理市场在整体上并不十分有效。研究表明，许多收购针对的是处于行业平均水平的企业，这会导致高昂的收购价格和激烈的收购战，因此，公司治理市场并不能成为对企业经理层的有效治理。当然，不管其有效性多大，公司治理市场毕竟造成了对公司经理层决策的约束。

二、不同治理模式的比较

以上是对公司治理结构的阐述，而在不同的公司治理模式下，其运作特点和侧重点是不相同的。当前主流的公司治理模式有三种，分别为以英美为代表的单层委员会制、以德国为代表的双层委员会制和中国的双元委员会制。

（一）英美单层委员会制

以英美为代表的单层委员会制以经营者控制为特征，高度依赖资本市场，主要通过外部治理实现对企业制衡，所有权集中度较低，是一种以股东意志为主导的治理模式。其特点主要是：

- 股东高度分散，以股票市场和经理人市场为主导的外部控制机制高度发达。
- 只设董事会，不设监事会。英美公司治理结构由股东大会、董事会及 CEO 三者构成。股东大会是公司最高权力机构，董事会是公司决策和监督机构，拥有较大的权力。
- 在运行机制上，主要是以 CEO 为首的行政决策系统指挥管理公司，很多公司的董事长兼任 CEO。

单层委员会制的主要优点是：股东主权加竞争性资本市场的外部治理模式和“用脚投票”约束机制，对业绩不良的经营者产生持续的替代威胁，以最具效率的方式分配稀缺资源，提高决策效率。其不足是：容易导致经营者的短期行为，忽视企业长远发展，管理者过分担心来自外部的威胁，不能集中精力于企业的经营管理，缺乏内部直接监督约束等。

（二）德国双层委员会制

德国双层委员会制以法人控股和职工参与控制为特征，所有权高度集中，对外部环境或资本市场依赖较弱，强调股东、经营者与职工共同决策。其特点主要是：

- 股东相对集中、稳定。在德国，法人相互持股，商业银行也可以是公司的主要股东，股东监控是主动和积极的。
- 设立监督委员会和管理委员会，执行职能与监督职能相分离。
- 工会力量强大，职工监事参与企业的治理。

德国模式是世界上比较成功的公司治理模式之一，该模式的优点是执行与监督分离，在监督力度上，也不因两者分离而减弱；分工明确，外部董事、职工监事参与和“主银行”的介入有效避免了大股东侵犯小股东权益问题的发生，提高了监督委员会与管理委员会的效率。

（三）中国双元委员会制

中国的双元委员会制名称上类似德国的双层委员会制，公司治理结构由股东大会、董事会、监事会、经理层组成，但二者有实质不同。中国双元委员会制的治理结构主要特点有：

- “三权分立”，即通过董事会行使决策权，监事会行使监督权，经理层行使经营管理权，形成三权分立与制衡的权力结构。
- 从职能上看，中国公司治理结构下的董事会依然具有战略管理、经营决策和各项监督职能，是一种“全能”董事会。从立法者的角度看似乎仅此不够，还需外加监事会督促董事、经理勤勉尽责，而德国的双层委员会制下监督委员会只有监督职能，没有战略管理和决策职能，管理委员会也遵循执行与监督分离的原则，机构简单，权责明确，效率高效。
- 公司党委会、职代会、工会，通过法定程序选举代表成为董事、监事候选人，然后经股东大会选举认定，参与公司治理。

目前中国的双元委员会制还存在以下问题：股权过于集中，存在“一股独大”问题；董事会、监事会按委员会制行使职权，表面上是民主决策，实际是职责不清，有权无责；董事会远离市场，对决策无法拍板；内部人控制问题严重。

三、董事会委员会制度

为了更好地行使董事会的决策与监督专业化的职能、防止董事会滥用权力，资本市场成熟的国家尤其是英美国家的组织，纷纷通过设立若干由独立董事占多数组成的董事会内部常设职能化组织来应对这种专业化运作的需求，在此基础上成立的这些董事会内部常设职能化组织被称为董事会的专业委员会。在此，需要特别说明的是，在当今社会，很多公司为了经营的需要可能设立由经理层专家组成的委员会考虑公司经营的问题，这种委员会属于公司执行业务的经理层的一部分，并非董事会的专业委员会。此外，董事会可能任命部分董事和董事之外的专家组成某种委员会为公司提供咨询意见，这种委员会也不属于董事会的专业委员会。只提供咨询或者属于经理层的委员会都不是董事会的专业委员会，董事会的专业委员会必须是在一定程度上可以代替董事会行使权力并由董事（其中独立董事占多数）组成的委员会。

董事会委员会制度具有以下作用：

第一，可有效地克服董事会作为会议体机关存在的缺陷。

董事会是公司的必设和常设机关，但董事会是会议体机关，其重大决策和监督权的行使只有在董事会会议上可以进行，即董事会行使权力必须召集董事会会议，由全体董事在董事会会议上集体讨论并形成董事会决议，董事个人包括董事长在董事会会议之外均不能单独决策或行使监督权。而在大型公司，董事的人数通常较多，召集和举行董事会会议并非易事，董事会会议每年召开的次数有限，董事聚集在一起讨论和作决议的时间一般比较短，难以有效地行使董事会权力。

更重要的是，由于董事会是会议体机关，董事会通常比较适合对已经形成的议案进行讨论和表决，而议案本身的形成和提出，诸如公司董事候选人的挑选、经理人员的挑选、董事和经理层的薪酬方案等事项因为具有相当的专业性，所以需要依靠个人的专业技能，并需要董事会开会讨论之前的广泛调查和深入研究方能形成周密的议案，这些议案是很难通过董事会集体讨论在短时间内形成和提出的，它们通常需要常设的机构在董事会闭会期间草拟和提出，供董事会会议讨论和表决。另外，诸如评估经理层的表现及对董事和经理层执行职务的审计，也需要监督主体在董事和经理层日常履行职务的过程中加以考察和评估，仅仅依靠董事会会议的讨论也是不够的。董事会作为会议体的局限是十分明显的。董事会专业委员会的设立和良好运行可以帮助董事会形成议案并在董事会闭会期间发挥董事会的作用，以克服董事会作为会议体的缺陷。

第二，能有效克服CEO中心主义的弊端。

在CEO中心主义的公司文化下，董事会作用发挥的实际效果可以想象。而通过在董事会内部设立专业委员会并使其发挥作用可以在一定程度上克服CEO中心主义的现象。专业委员会的运行尤其是审计委员会在董事会闭会期间的运行将使董事拥有更多的信息，减少对CEO的依赖；提名委员会的运行也将有助于解决董事提名程序不合理的问题，确保董事独立于公司的经理层；薪酬委员会的运行有利于制定更为合理的薪酬方案的，从而为包括独立董事在内的公司高级管理人员提供有效的激励。如果董事会不设立专业委员会，独立董事的作用也难以得到充分的发挥。

第三，可有效缓解董事存在的角色冲突。

某些国家尤其是美国和英国，由于制定公司战略的需要，公司经理层兼任董事的现象非常普遍。美国公司的CEO通常兼任公司的董事甚至董事长，这往往会造成角色的冲突，CEO作为董事处于自己监督自己的地位。很多董事会的决议事项，诸如评估CEO的表现、制定CEO以及其他高层管理人员的薪酬方案、公司高层管理人员的任免，当CEO或者其他高层管理人员在场时，并不适合对这些事项进行讨论和作出决议，这些事项由全部由独立董事组成的专业委员会决定更能保证董事会的独立判断。

第四，有助于董事会内部分工的合理化。

董事会行使重大决策和监督权决定的重要事项往往具有相当的专业性，无论是董事和CEO候选人的挑选、薪酬方案的制定，还是公司内部的审计都需要一定的专业技能。在董事会内部设立相应的专业委员会，便于董事之间的分工，提高董事的素质和经验，也更容易明确董事的义务和责任。

四、公司治理结构与内部控制的结合

2004年11月29日，新加坡上市公司中航油因错判油价走势，在石油期货投资上累计亏损5.5亿美元，决定向新加坡高等法院申请破产保护。作为一个成功进行海外收购被称为“买了个石油帝国”的企业，违规的石油期货交易不仅让充满潜力的中航油轰然倒下，也暴露了我国国有企业在公司治理、内部控制和风险管理方面的巨大缺陷。

中航油事件的发生首先说明，形式上十分完备、规范的公司治理结构并不能保证一定是有效的。中航油公司在新加坡注册成立，其治理结构完全按照新加坡关于上市公司监管的要求建立，因此中航油公司并不缺乏完善的公司治理结构和相应的制度安排，但总裁陈久霖个人仍然可以凌驾于制度之上，违反国家有关期货方面的规定，违规进行期权投机交易和场外期货交易，完全绕开董事会自己操盘进行交易，使公司治理的一系列制度安排形同虚设，不能发挥应有的作用。

其次，中航油事件说明了公司内部控制在运行机制上应进一步完善，尤其是风险的控制方面。从中航油的案例看来，公司授予陈久霖的权力过大，以至于他本人对规则极端漠视，造成高层控制无效。在具体的交易业务执行上，中航油公司的 10 位交易员能够一致执行陈久霖的错误决策而没有及时进行制止并向公司董事会报告，已经存在交易员与总裁的串通舞弊，造成内部控制失效；尽管中航油内部有一支由专职风险管理主任等人员组成的风险控制队伍，但当中航油在期货市场上继续亏损时，公司内部的风险控制机制仍然完全没有启动。中航油事件表明，一方面，应当采取措施使公司治理结构有效地实施；另一方面，公司的内部控制运行机制应当能够防止由于高层决策失误而导致的风险和损失。表面上看，这属于两个互不相关的问题，但公司治理结构应当与内部控制机制结合起来，寻求实现两者目标的最佳结合。两者结合有其必要性和可能性。①

企业发生重大危机时不仅与高级管理人员（公司治理结构）有关，而且与公司的业务执行部门（内部控制）有关。良好的公司治理结构和有效的内部控制只有结合起来，进行有效的配合与互动，才能有效防范企业面临的风险。这要求我们在管理中必须同时考虑公司治理结构与内部控制，在优化公司治理结构时充分考虑内部控制的保障，在执行内部控制时考虑公司治理的影响。

（一）二者结合的必要性

首先，公司治理结构与内部控制相互依赖而发挥作用。从广泛的意义上讲，公司治理结构是用以处理不同利益主体相关者及股东、债权人、管理层与员工之间关系的一整套制度安排。它的基本点是：如何配置和行使控制权；如何监督和评价董事会、经理人员和员工；如何设计和实施激励机制。

公司治理结构主要是侧重于处理所有权与经营权的配置、监督与激励方面，形成股东大会、董事会、监事会与经理层之间的制衡机制。而对于内部控制来说，COSO 对内部控制的定义是：一个由机构的董事会、管理层和其他人员完成的过程，其目的是为了给以下目标的实现提供合理保证：运行的效果和效率；财务报告的可靠性；遵守法律和规章。内部控制由五个要素组成，即控制环境、风险评估、控制活动、信息沟通、监督。内部控制侧重于企业各项具体活动的控制，主要应用于经营管理部门的决策及执行。在实施公司治理结构时，配置和行使控制权必须以内部控制来保障和约束；监督和评价董事会、管理人员和员工时，也必须以内部控制的执行结果为依据。设计和实施激励机制最终通过内部控制程序体现出来。内部控制活动是公司治理活动的具体化，没有控制活动，公司治理结构就成为空中楼阁。从另一方面来说，公司治理结构又影响着企业内部控制的建立及运行效果。如果没有一个清晰有效的公司治理结构，公司治理结构混乱，管理者就容易发生道德风险和自利行为，千方百计地绕过企业的内部控制。缺乏足够的高层的支持，设计再好的内部控制也会失效。因此，内部控制作用的发挥依赖于公司治理结构的效果。

---

① 张利华．公司治理结构与内部控制结合分析：中航油事件的启示．价值工程，2006，25（3）：98-100.

内部控制与公司治理结构存在作用弱化区域。内部控制虽然是由董事会、管理层和其他人员完成的过程，但在实际执行时，内部控制点主要集中在管理层以下的财务会计系统和业务执行系统，主要控制程序还是被限定在CEO之下，而对于企业的高层即董事会与管理层的控制点较少，仅仅限于某些事情的高层授权。因此，内部控制存在高层控制弱作用域，仅凭内部控制并不能完全保证防止、发现并及时纠正重大的错误与舞弊的发生。对公司治理结构来说，有效的公司治理结构在于实现公司控制权、所有权、监督权的制衡，其基本点侧重于股东会、董事会、监事会、经理层之间的权责关系的制度安排，目的是避免经理层出现损害股东利益的行为。对于经理层之下的业务执行部门，公司治理结构并不重视，因此，公司治理也存在基层治理弱作用域。如果公司的业务执行部门缺乏有效的内部控制，不能及时地防止、发现舞弊并向董事会报告，经理层的错误决策就可能畅通无阻。从以上两者的弱作用域可以看出，必须同时考虑内部控制与公司治理结构，寻求两者之间有效的连接方式。

（二）二者结合的可能性

首先，从产生的基础上看，两者都是基于受托经济责任而产生的。现代企业制度下，企业的所有权与经营权分离，企业的所有者把企业委托给经理层经营，需要对其行为进行监督与激励，使其保障所有者的利益。同时，经理层也对企业的债权人以及其他利益相关者负有一定的责任，公司治理问题由此产生。从另一方面看，企业的董事会与经理层之间、经理层与下属部门之间又存在着多重的受托经济责任关系。每个管理层级需要对上级负一定的经济责任，对下属的行为予以监督与激励，由此产生了内部控制问题。两者在产生上的同源性，意味着两者在实施时，在方式、手段上可以相互借鉴。

其次，参与主体的重合性。经典的公司治理结构理论认为，公司治理机构的参与主体主要包括股东、董事会、监事会、经理层，其中董事会是公司治理结构的核心。债权人、经理层以下的员工等属于利益相关者，一般来说不作为公司治理结构的参与者。对于内部控制来说，内部控制的参与主体有董事会、经理层以及经理层以下各级业务执行部门。其中经理层及其以下的执行部门是主要的参与者。董事会与经理层既参与公司治理的过程，又参与内部控制的过程，是两者联系的桥梁。

最后，目标上的衔接性。公司治理结构追求公平和效率目标，在实现各利益主体利益均衡的基础上，增加股东的利益，其目标具有战略性。内部控制的目标是运营的效果和效率、财务报告的可靠性、法律规章的遵守。可见，内部控制目标的实现是公司治理结构的基础和保障。只有实现了运营的效率，提供了可靠的财务报告，保证遵守了国家的法律和公司的规章，才有可能维护股东利益，追求公平和效率的目标。因此，两者的目标是相互衔接的，这使两者在运行时可以达到目标上的一致，而不至于出现相互偏离的倾向。

（三）二者结合的途径

首先，内部控制与公司治理结构在实施的方式手段上的相互借鉴。在公司治理结构中，引入更多的程序性控制措施，形成高层决策人员之间的相互牵制和制衡，避免赋予单个高层人员过大的权力。尤其是董事会与经理层之间，董事会成员不应任职于经理层，实现不相容职务分离，可以有效解决内部人控制问题。在内部控制方面，改变以往以程序性控制为主的控制手段，将相应的激励措施引入业务执行层，提高基层人员参与内部控制的主动性和积极性，特别是主动识别经理人员错误决策并及时报告董事会的能力。

其次，建立监事会、审计委员会与内部审计部门之间的三位一体的风险管理监督机制。实现内部控制与公司治理结构之间的有效结合，防范企业的风险，关键在于协调两者参与主体之间的关系。由于监事会、审计委员会以及内部审计部门在企业中的特殊地位，通过规范三者组织构成以及协调关系，可以实现内部控制与公司治理结构的有效结合。

（四）风险管理监督机制

前面提到的风险管理监督机制有以下要点：

(1) 内部审计是公司的一项重要控制活动，是内部控制的一种特殊形式，是对内部控制的再控制。现代内部审计强调在对内部控制进行检查与评价的基础上，充分考虑组织所面临的内部和外部风险，为组织提供可行的建议，增加组织价值。为保证内部审计部门的独立性，内部审计部门应由董事会下设的审计委员会领导，并对其负责。内部审计部门对业务执行部门的内部控制活动进行及时的评价和反馈，对可能面临的风险进行充分的估计，及时上报公司经理层和审计委员会。

(2) 经理层在了解可能面临的风险时，将对自己的决策进行重新审视。审计委员会将对内部审计部门所反馈的控制活动信息和风险信息作出积极反应，及时上报公司董事会，并对公司董事会与经理层之间的业务控制进行评估与监督，防止经理层作出损害股东利益的错误决策。同时，审计委员会将及时向公司的监事会反映公司董事会和经理层可能使公司面临重大风险的决策情况。监事会将对董事和经理人员的行为进行监督，检查其行为的合法性，在必要的情况下召开临时股东大会汇报情况。这样可以防止出现董事会成员损害股东利益的行为，促使其按公司章程履行职责。

(3) 监事会、审计委员会与内部审计部门之间存在垂直的沟通关系，它们应当独立于各自监督的对象。内部审计部由审计委员会领导，其本身不参与企业的业务执行。审计委员会由董事会成员组成，董事会成员应与公司的经理层人员实行严格的职务分离，可以在审计委员会中引入适当数量的独立董事。监事会成员应独立于董事会成员，拥有适当的职权，以实现对董事会和经理层的有效监督。

本章小结

◇ 内部控制是一种企业自律行为，它是由企业董事会、管理层和企业员工共同实施的，为实现财务报告的可靠性、经营的效果与效率以及遵守适用法律法规等目标而提供保证的过程。

◇ 绩效评估是评估主体利用其所掌握的信息，运用一定的方法、程序、指标等，对评估客体在一定时期内的行为表现作出某种判断的过程。

◇ 平衡计分卡以企业的愿景和战略为基础，并将各种衡量方法整合为一个有机的整体，它既包含财务指标，又通过顾客满意度、内部经营过程、学习和成长的业务指标来补充说明财务指标，而这些业务指标是财务指标的驱动因素。

◇ 公司治理制度是公司管理中最为核心和基础的结构，就像一栋楼的地基，如果公司治理有缺陷，那么公司的管理迟早会失控。

思考题

1. 组织在内部控制的过程中，是否需要进一步考虑组织外部环境的影响，从而与之交互匹配？

2. 绩效评估过程如何反馈和影响组织规制和制度的演化？

3. 非营利组织（NGO）的治理模式和组织方式与企业相比有哪些异同？

4. 董事会、理事会制度是否同样奏效？

5. 如何正确处理组织治理与控制之间的辩证关系？

案例应用

阿贡国家实验室的内部结构

阿贡国家实验室由 UChicago Argonne 有限责任公司单独进行管理。UChicago Argonne 由芝加哥大学创立，通过理事会对实验室进行管理。理事会的主要作用是：在技术问题、长期目标、预算和设施计划、合作研究和发展、推广、技术转移、员工问题以及与美国能源部的关系方面，对实验室进行指导和监督并提出建议。按照规定，理事会由 29 位杰出的理事组成，包括芝加哥大学的董事、官员、教师以及来自其他大学的代表和行业领袖。理事会成员最多只能连任两届，一届任期为三年。按照规定，理事会成员不得受到任何条款限制。理事会有七个常设委员会，包括行政与预算委员会，审计委员会，薪酬委员会，环境、安全、保卫和健康委员会，执行委员会，提名委员会及科学政策委员会。此外，如有必要，理事会或执行委员会可设立其他常设的审查或特别委员会。理事会全体成员每年会晤三次，通常在 2 月、6 月和 10 月。常设委员会也在这段时间进行会晤。执行委员会和环境、安全、保卫和健康委员会每年会晤六次。

行政与预算委员会与实验室主任和其他高级管理人员一起保证管理、财务和人员系统在正确的商业方法和公正的管理下有效运转，委员会同时对技术转移和项目预算等进行审核。审计委员会确保实验室管理人员、内部审计人员和独立公共会计师履行职责。薪酬委员会主要负责薪酬相关问题，特别是薪酬计划、实验室人员的奖励以及实验室薪酬结构的完善，包括股本补偿计划和福利计划。环境、安全、保卫和健康委员会主要负责审核和监督涉及雇员、顾客以及公共安全、保卫和健康等的政策、计划和实施情况，包括核运行的安全和环境保护问题。执行委员会被授权代表理事会开展活动。提名委员会作为唯一机构，为芝加哥大学推举理事会成员。科学政策委员会为实验室的发展提供战略和科学咨询，致力于提高实验室的科学能力，加强国家的技术基础和人员储备，提高伊利诺伊州竞争联邦政府研发基金的能力。

阿贡实验室最高领导层包括实验室主任和项目副主任，实验室主任下设 4 个项目副主任，项目副主任直接向主任报告，每个项目副主任管理若干个研究部门。具体的组织结构如图 16—15 所示。

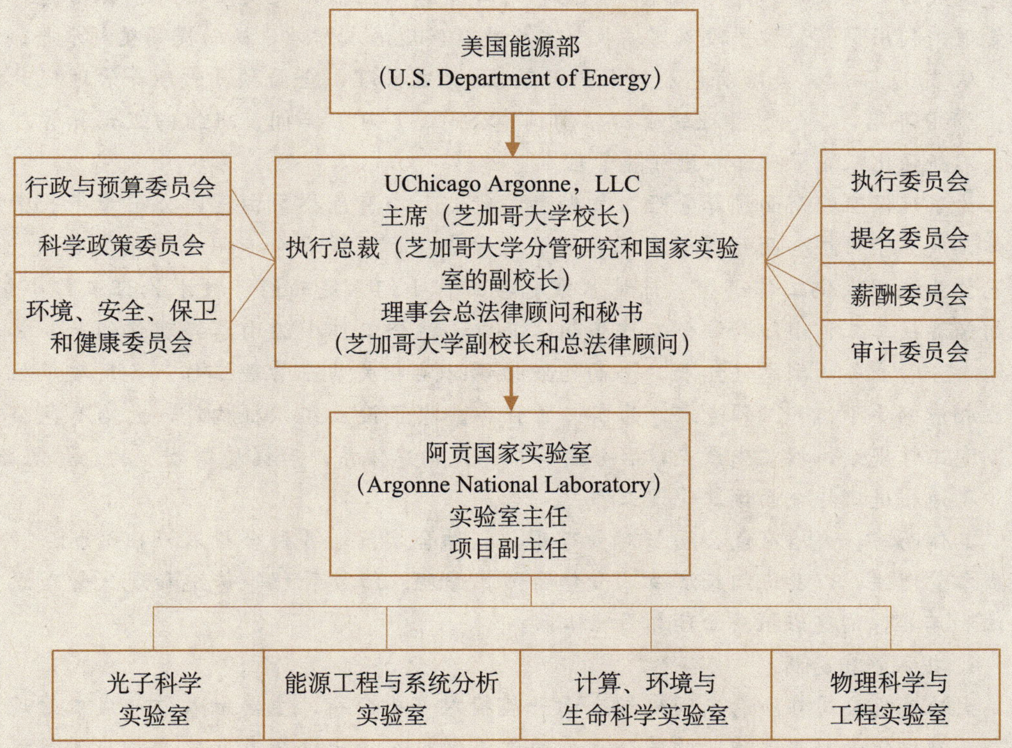

图 16—15 阿贡国家实验室组织结构

资料来源：根据阿贡国家实验室网站（http：//www. anl. gov）资料整理。

［讨论题］

1. 阿贡国家实验室的治理结构有何改进之处？
2. 中国情境下组织的治理结构应作何种调整？

基于精益思想的班组全面预算管理

大冶有色金属集团控股有限公司（以下简称大冶有色公司）系中国 500 强企业，成立于 1953 年，是国家“一五”时期建设的 156 个重点项目之一，已发展为集采矿、选矿、冶炼、化工、压延加工、余热发电、综合回收、科研设计、地勘井巷、建筑安装、机械修造、动力运输等于一体的国有特大型铜业联合企业。其下辖 56 家控股、全资子公司和多家参股公司。2014 年，其在职员工为 1.4 万人，销售收入达千亿元。

在后金融危机背景下，大冶有色公司的主产品价格持续下滑，加之人工等固定成本刚性增长，公司的利润空间逐渐变小。同时，大冶有色公司长期实行经营承包责任制，以包代管、管理粗放，存在很多浪费——不仅存在生产过程中的物料消耗的浪费，而且存在作业工序不协调、计量不准、指标不科学、管理职责不清、缺乏岗位绩效考核等造成的管理浪费。外部环境的变化和内部组织的短板，促使大冶有色公司进行预算管理，利用预算管控手段落实增收节支措施、实现降本增效，从而提高盈利水平。

从 2007 年起，大冶有色公司开始开展 5S 精益管理、全面预算管理等管理提升活动。2010 年后，其预算管理的重心转向构建公司、厂矿、车间、班组四级预算管理体系，不断强化基础管理和推进精益管理。

为了确保班组全面预算管理工作顺利推行，大冶有色公司由集团公司董事长亲自挂帅，成立了班组全面预算管理工作实施领导小组，下设 5 个专门工作领导小组——工艺作业流程优化工作小组、计量体系完善工作小组、定额经济技术论证工作小组、班组经济核算工作小组和综合工作小组。其中，综合工作小组由总经理任组长，其他小组由分管业务的副总任组长，全面组织协调落实相关基础管理工作。各厂矿单位均设立相应领导小组和工作专班，落实工作任务。除了设立组织机构外，大冶有色公司还制定工作规划，按“先试点，后全面推广；先构建体系，后提质增效”的总体思路，有步骤地推进班组全面预算管理工作。

具体而言，大冶有色公司针对管理现状、结合实际，并融合投入产出分析法、作业成本管理法，以及班组经济核算、全面预算管理、绩效管理等传统和现代管理思想方法和工具，构建班组全面预算管理体系。

1. 投入产出分析

大冶有色公司在所有车间班组全面开展投入产出分析，主要融入作业成本管理的思想，在细化分解工序作业的基础上，通过编制投入产出分析表和建立相应的投入产出模型，对生产活动中的所有投入（不限于材料、能源消耗、人工、时间、设备等）、产出（包含最终产品、中间产出或作业活动、残次废品）进行梳理、剖析，明确主要资源消耗、投入与产出的动因关系、影响关键因素、关键控制节点、控制措施和控制指标，实现以最小投入获取最大合格品产出的目的。

2. 作业流程优化

大冶有色公司的作业流程优化是对生产工艺、作业流程、物流、劳动组织等进行梳理、改善和优化活动。重点是开展流程分析，利用价值链分析原理甄别增值作业和非增值作业、影响作业的瓶颈，进而讨论改善空间、提出流程优化方案，在经过技术经济论证和试验检验后实施，从而达到流程通畅、简洁，提升效率，减少不增值作业，消除浪费，节约成本的目的。大冶有色公司以厂矿车间为单位，先后拟定并实施优化方案 350 多个。

3. 构建班组预算管理指标体系

大冶有色公司将预算目标层层分解，最终落实到岗位，形成上下衔接、完整系统的指标库。各级预算指标主要是结合上级责任中心下达的预算目标和利用投入产出分析法梳理得到的关键控制指标来建立的。该指标体系具有以下主要特点：一是体现了全面性和重要性，即指标类型包含产量/作业量指标、质量指标、生产消耗和成本费用指标、经济技术指标、设备利用和运行情况指标、劳动生产率指标等；二是指标分解到最末级，即到班组、机台或岗位，责任体系完整；三是体现了逐级转化的思想，即由结果指标转化为过程标准，由价值量指标转化为操作性指标。

4. 建立班组预算控制标准

合理确定产量作业控制标准、质量控制标准、技术控制标准、各类定额消耗水平、成本费用开支标准、岗位操作标准和员工作业行为标准，以实现所有投入产出、每个岗位、各生产工序环节都有控制衡量标准和依据，保证生产任务完成和达到成本控制的要求。

5. 编制班组预算

大冶有色公司通过建立预算编制手册、规范预算表单、实行预算逐级审核，下达预算批复，提高预算编制质量。编制班组预算的目的是判断上级预算目标任务能否最终承接、有无缺口，同时将工作任务分解到岗位、机台和个人，将预算责任做实，使每个班组员工做到目标明确、心中有数。班组编制的预算既有结果指标，又有过程指标，其中过程指标全部细化到过程控制标准和要求，如每天的作业量和消耗水平等，并与岗位责任人和岗位绩效考核办法相连。

6. 班组经济核算与分析

以班组为单元，运用统计核算、业务核算、会计核算和经济分析等方法，对生产中的消耗和成果——投入和产出进行记录、计算、对比分析、监督和控制，使车间班组员工知道干什么、管什么、算什么以及怎么干、怎么管、怎么算，同时为成本控制和员工岗位绩效考核提供数据支持。在经济核算方面，大冶有色公司下发《班组经济核算指导意见》，各班组编制《班组经济核算细则》，并通过开展班组经济核算达标验收活动巩固和加强班组经济核算工作。在预算分析方面，大冶有色公司要求所有班组制定预算分析制度和分析模板，将定期偏差分析、综合分析与专题分析相结合。其中，定期偏差分析以班、日、周、月为周期，强调时效性，主要分析较大的指标偏差；综合分析按月或季度进行，强调全面性和系统性；专题分析根据需要进行，主要针对生产过程中存在的问题。

7. 班组预算控制与成本管理

班组预算控制是根据班组确定的预算目标和控制标准，在班组经济核算分析的基础上实施的反馈、预警、纠偏等控制活动。一是尽可能按日、按班进行控制，提高控制的时效性。二是结果控制与过程控制相结合，尤其重视通过过程的控制保证结果的实现。三是通过编制指标控制曲线进行动态分析和预警。四是对于出现的异常偏差，采取班组集中讨论方式和“问题票”方式查找问题、寻找对策、及时解决。

8. 班组全员岗位绩效考核

大冶有色公司实行全覆盖的班组全员岗位绩效考核，将绩效完成情况与班组员工收入挂钩，从而调动班组员工劳动生产和管理控制的积极性，保证班组预算管理取得成效。一是组织绩效与个人绩效挂钩，建立增收节支与班组员工收入直接关联的激励传导机制。二是主要工作任务和80%以上成本支出纳入岗位绩效考核。三是岗位绩效考核针对各班组的实际情况采取多种方式，如计件工资模式、按工时取薪模式、设置岗位系数分配模式、成本节超支直接奖罚模式、行为考核计分模式等。四是及时核算、及时考核兑现。

9. 班组基础管理工作

班组基础管理工作具体包括：定额管理，主要包括劳动定额，原材料、燃料、动力消耗定额，设备利用定额，物资储备和资金占用定额等；计量管理，包括关键计量点的梳理与设置、计量设施配备与维护、计量数据采集和使用、网上计量管理流程等；配套质量管理，包括材料领用审批制度、修理费预算与控制制度、修旧利废奖励制度等。

大冶有色公司通过实施全面预算管理，2014 年实现矿山铜产量 2.46 万吨，比上年增加 0.27 万吨，矿山铜的单位成本与上年相比下降 9.6%，全年可控成本节约 0.17 亿元；阴极铜产量 42.64 万吨，比上年增加 5.36 万吨，阴极铜的单位成本比上年下降 9.8%，全年可控成本节约 0.48 亿元。

资料来源：全国企业管理现代化创新成果审定委员会，中国企业联合会管理现代化工作委员会. 国家级企业管理创新成果（第二十二届）. 北京：企业管理出版社，2016.

［讨论题］

1. 从控制过程的各环节来看，大冶有色公司的预算管理采取了哪些措施？

2. 大冶有色公司采取了哪些预算方法？除此之外，你认为该公司还可采取本章讲述的哪些预算方法？

3. 你认为大冶有色公司的预算管理实践对其他企业具有哪些借鉴价值？

推荐书目

1. Amy Shuen. Web 2.0 策略指南. 北京：机械工业出版社，2009.

2. 唐·泰普斯科特. 维基经济学. 北京：中国青年出版社，2007.

3. 迈克尔·哈默，詹姆斯·钱皮. 企业再造. 上海：上海译文出版社，2007.

4. C.K. 普拉哈拉德. 金字塔底层的财富. 北京：中国人民大学出版社，2005.

5. 罗伯特·卡普兰. 平衡计分卡：化战略为行动. 广州：广东经济出版社，2004.

6. 罗伯特·卡普兰，大卫·诺顿. 战略地图：化无形资产为有形成果. 广州：广东经济出版社，2005.

7. 罗伯特·卡普兰，戴维·诺顿. 战略中心型组织：平衡计分卡的致胜方略. 北京：中国人民大学出版社，2008.

8. 罗伯特·S. 卡普兰，戴维·P. 诺顿. 组织协同：运用平衡计分卡创造企业合力. 北京：商务印书馆，2010.

9. 罗伯特·西蒙斯. 控制. 北京：机械工业出版社，2004.

10. 罗伯特·西蒙斯. 战略实施中的绩效评估和控制系统. 大连：东北财经大学出版社，2002.

11. 罗伯特·安东尼，维杰伊·戈文达拉扬. 管理控制系统：第 12 版. 北京：人民邮电出版社，2010.

12. 迈克尔·古尔德，安德鲁·坎贝尔，马库斯·亚历山大. 公司层面战略. 北京：人民邮电出版社，2004.

13. 乔纳森·查卡姆. 公司常青：英美法日德公司治理的比较. 北京：中国人民大学出版社，2006.

14. 拉姆·查然. 顶级董事会运作：如何通过董事会创造公司的竞争优势. 北京：中国人民大学出版社，2003.

15. 玛丽·奥沙利文. 公司治理百年：美国和德国公司治理演变. 北京：人民邮电出版社，2007.

16. 兰德尔·K. 莫克. 公司治理的历史：从家族企业集团到职业经理人. 上海：格致出版社，2011.

17. 苏珊·F. 舒尔茨. 董事会白皮书：使董事会成为公司成功的战略性力量. 北京：中国人民大学出版社，2003.

18. 科林·B. 卡特，杰伊·W. 洛尔施. 董事会的作用与效率：如何在复杂的环境中设计公司董事会. 北京：商务印书馆，2006.

第六篇

管理的未来

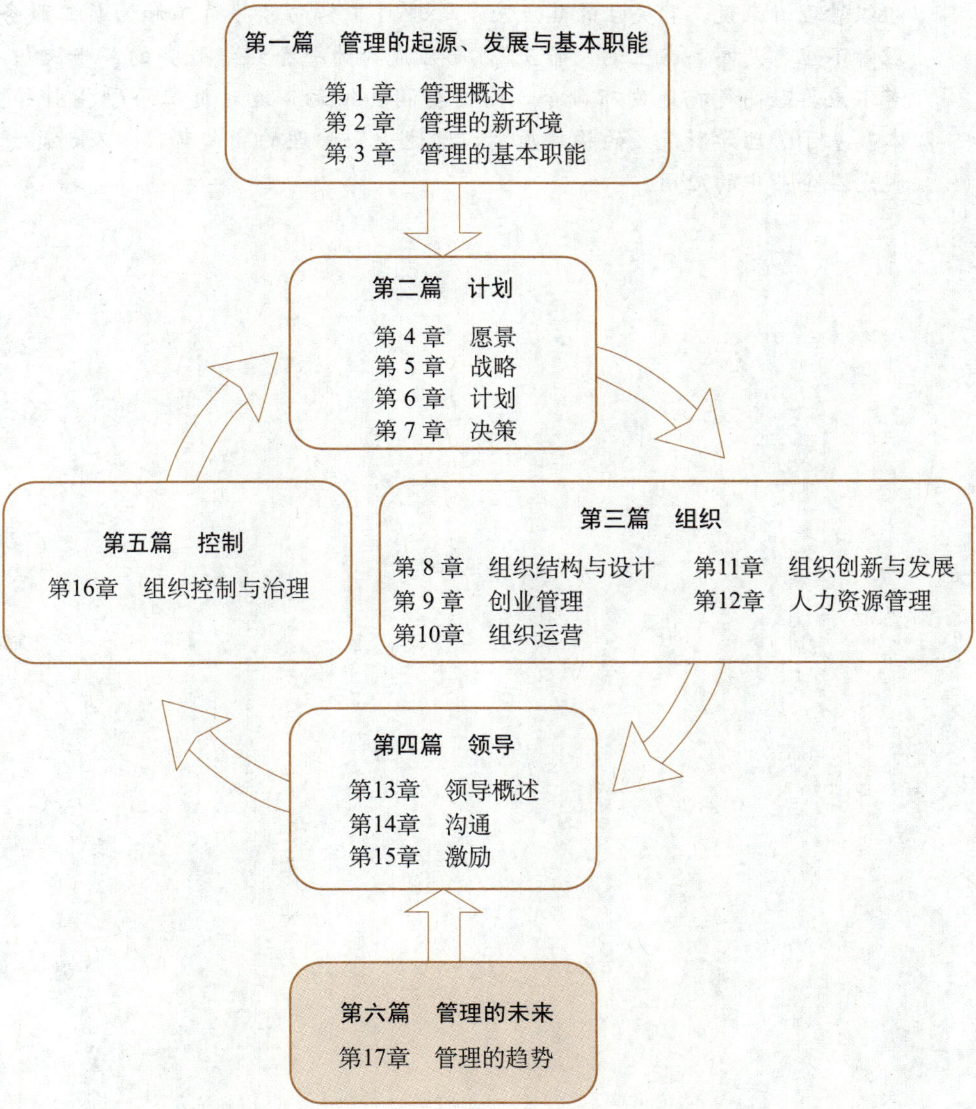
第一篇 管理的起源、发展与基本职能
第1章 管理概述
第2章 管理的新环境
第3章 管理的基本职能
第二篇 计划
第4章 愿景
第5章 战略
第6章 计划
第7章 决策
第三篇 组织
第8章 组织结构与设计
第9章 创业管理
第10章 组织运营
第11章 组织创新与发展
第12章 人力资源管理
第四篇 领导
第13章 领导概述
第14章 沟通
第15章 激励
第五篇 控制
第16章 组织控制与治理
第六篇 管理的未来
第17章 管理的趋势

未来的管理将是什么样子？不妨放眼10年或20年，然后再问问自己：明日最成功的企业将如何组织和管理？会有哪些新的和非正统的管理实践出现？那些领先组织的管理者会做什么，不会做什么？未来的企业在管理人才、配置资源、开发战略、测度业绩方法上有与众不同的方式吗？

——加里·哈默

在知识经济时代，传统管理的作用将逐渐削弱，而代之以领导和服务。对组织管理者来说，其关注的焦点应从管理员工转向领导员工和为员工服务。管理者不应再是高高在上的“帝王”，而应成为为整个组织服务的“平民”；管理者不应再趾高气扬地发布命令，而需要润物细无声地对员工给予指引和支持。本篇基于管理学新范式的构建原则，阐述未来管理的新趋势，以及新思想和新观念在企业中的应用。

第 17 章

管理的趋势

学习目标

- 了解未来管理的主要趋势
- 认识不同管理思想和观念在企业管理中的作用
- 理解实践中的企业变革

传统管理理论建立在经济人、社会人的基础上，因此专业化、标准化和等级制等是传统管理的显著特征，由此造就了数以亿计的高效率、官僚性的组织。当今时代是知识经济时代，变革和创新是组织面临的新议题，所有企业都处于瞬息万变的市场环境中。顾客需求愈加多样化，科技创新的速度越来越快，产品的生命周期越来越短，全球价值链中的专业化竞争不断加剧。组织员工多受过优良教育，是知识型工作者。当今组织面临的最大挑战是如何持续创新并不断激发员工的积极性和创造性，以保持持续的竞争优势。许多形成于 20 世纪的管理理论和组织结构已经逐渐暴露出僵化、滞后的缺陷，新时代的管理应更多地关注从营运导向到创新导向、从封闭到开放、从资源到能力、从控制到民主、从经济到伦理的行动转变，把握管理创新发展的新趋势和新要求，不断创造和拥有更新的思想和观念，增强企业的核心技术优势，优化和调整企业内部资源配置，充分发掘企业内部潜力，增强竞争实力，促进企业的长远发展。

第 1 节　从营运导向到创新导向——创新型组织的管理

戴维·斯密克在《世界是弯的》一书中分析，中国经济的未来取决于创新思想和日益提升的知识产权创造力，而不是结构性的刺激因素，也不是政府对股市的大力推动和支撑。中国已不能再依靠向全世界出口廉价产品的发展模式了，而必须依靠基于科学和创新思想构建的新一代产品和服务体系。

很明显，创新型企业能够提供改变世界、让世界更美好的产品和服务体系，因此比一般企业具有更大的市场价值和更强的国际竞争力，其存活期远长于那些保守僵化的组织。

战略大师哈默呼吁：让创新成为每人每天的工作！中国企业在逐步获得市场意识和制造能力后的一个重要努力方向，就是不断提升其创新能力。在获得全球化和信息化先机的情况下，如果中国企业能同步提升创新力，那么中国经济发展将持续居于全球前列。

提升组织创新力需要明确的方向和不懈的坚持，主要应做好以下四个要点。

一、将创新植入组织的战略框架

IBM 首席执行官塞缪尔·帕米萨诺曾说："如果你想在这个环境中兴旺发达，那么就必须在技术、战略以及商业模式上不断创新。"提升企业创新力的第一步，是将创新植入企业的战略框架，加强战略管理与创新管理的融合。

当前中国企业在创新上面临诸多挑战，需要更多思考移动互联商业、城镇化建设、资源能源开发、基础设施建设、人口健康、信息或知识经济、经济全球化等带来的新机遇。成功的企业家应进一步发挥独特的想象力和冒险精神，充分利用这些新机遇，积极开展企业战略研究，不断开发长远性的、超越顾客需求的产品和服务。提高企业创新能力的根本点是企业家的超前思考和企业的战略决策能力。

例如，中集集团不断进行创新探索和实践，通过完善网络布局、创新业务模式，不断提升集团在集装箱制造产业的竞争力，逐步拓展全球机场的登机桥供应业务，进而提升全球化营运水平，从而成为全球领先的专用车供应商和装备制造商，乃至全球海洋油气勘采装备提供商。中集集团适时地启动适合集团的、有生命的、有能力整合的新业务，真正将创新植入企业战略框架中。

二、重新设计有利于创新的组织体系

成功的创新不再是牛顿式的线性模式，而是进一步演化为量子般的网络整体性。为保障创新的顺利开展，企业需要重新设计有利于创新的组织体系，将多元化思想最大化，既关注组织内部的联系和交流，又开放组织的边界，在全球范围内整合资源并迅速创新，构建组织的网络化能力。

创新的实质是"创造性的碰撞"。突破性创新是不太关联的想法和领域通过相互作用而产生的。企业内部形成一个相互联系、彼此交流和相互作用的氛围（场），对于企业创新力的形成至关重要。

对于外部资源，企业需要进行开放式创新，动态地确认自己的领先供应商和领先顾客，并与之建立战略性的、真诚的信任和合作关系，同时应与各类科研教学机构、政府以及非营利组织建立广泛而密切的关系。

国际上许多著名企业通过成功实施开放式创新取得了持续的竞争优势。例如，宝洁公司通过"联发"（联系与开发（C&D））这一全新的创新模式，与世界各地的组织合作，在全球范围内搜寻技术创新来源，其35%的创新想法来自公司外部的连接。从"非此地发明"的抵制态度转变为"骄傲地在别处发现"的热情态度，历经100多年风霜的宝洁公司成功地保持了创新活力，实现了持续创新。

三、为创新注入足够的资源

企业需要提升研发定位，构建创新基础平台，加强研发与创新机构建设，提升研发人员层次，扩大研发人员规模，有条件的企业还应设置“科学家”这一岗位。企业只有不断提升研发定位，才能吸引全球的高端研发人才，获得内生的创新成果。同时，企业应进一步加强战略与咨询部门建设，加强科技研发与战略研究和市场研究的协同，加大企业技术创新与战略创新、商业模式和服务创新结合的力度，以新的模式、新的机制运营企业的研发与创新机构。

企业还需要增加创新投入。研发投入是创新成果产生的必要条件，充分的研发投入不仅能产生高水平的新产品、新工艺和新服务，而且是吸引和留住高水平研发人才的关键，是激励全体员工产生创意的保障。而高水平研发人才的引进和培养又是实现自主创新的关键。同时，企业还应进一步加强员工创造力的开发。

例如，华为公司拥有来自 156 个国家和地区的超过 15 万名员工，其中研发人员占总员工人数的 45.36%，外籍员工人数接近 3 万。华为公司在海外设立了 22 个地区部、100 多个分支机构，可以更贴近并快速响应客户。它还组建了 2012 实验室，承载集团创新、研究和平台技术（芯片等）开发的使命，专注于基础性的、前瞻性的研究。华为公司长期保持研发投入不少于销售收入的 10%，并坚持将研发投入的 10%用于预研，对新技术、新领域进行持续不断的研究和跟踪——它是对创新资源高度投入的典范。

四、重新塑造有利于创新的制度和文化

第一，企业创新绝非资金、设备和人才的堆积。成功的创新型企业具有有利于创新的文化氛围，特别是努力倡导鼓励冒险的价值观。要让创新发生，就必须鼓励员工打破现状并尝试提出更好的解决方法。这种现状可能是产品、服务或管理方式等。一个富于创新的企业，其产品、服务、管理模式和内部结构等一定不是长期静态的，这些因素需要不断地被打破和重构，以适应新的客户需求和内外部环境。因此，企业家应努力培育员工的创新勇气，持续鼓励员工提高积极思维能力，及时消除员工的恐惧感，以不断产生出色的、具有深远影响的创意。

第二，容忍失败。创新是一种高风险行为，创新失败的可能性非常大。创新的执行者在失败后会面临巨大的压力。正是这种压力，使得很多员工不愿意实施创新行为，在无形中扼杀了很多创新的可能性。一个有创新精神的企业，必须容忍创新失败，甚至奖励失败——只要企业认为这项创新的失败是合理的，甚至应帮助员工建立“永不失败的成功系统”。只有做到这一点，才能解除创新发起者和执行者的后顾之忧。

打造创新型组织的“安全基地理论”

安全激励理论中有两个对立的基本维度——安全和风险。安全体现于关爱，风险体现于挑战。安全基地提供的安全感、被保护感和关爱，使人有勇气开拓进取、承担风险。同时，安全基地阻断了大脑对恐惧、威胁甚至生存的关注，转而鼓励好奇心和探索冒险。

安全基地的领导者在很多方面与攀岩运动中的保护员很相似。尽管对不同的岩壁状况或室内攀岩要求的保护措施各不相同，但基本原理是相通的。如图 17—1 所示，绳索的一端穿过固定在攀爬区顶部的锚点后，紧扣在攀岩者身上；另一端，保护者使

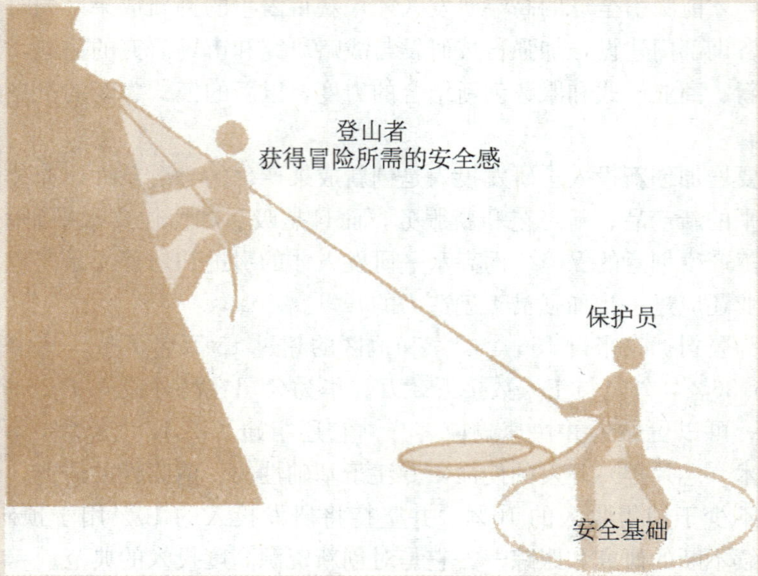

图 17—1　登山保护与安全基地领导力

用专门设备控制绳索的收放，既保证攀岩者有足够的移动自由，又避免因绳索过于松弛而出现滑坠。在攀爬过程中，保护员要始终全神贯注，并根据需要调节绳索松紧。

安全基地就是这样激发人的内在潜能的。如果组织只提供安全感，那么组织可以成为避风港，但无法激励成员承担风险或寻求挑战。反之，如果组织鼓励冒险，却不能提供安全感和保障，那么组织在要求员工探索开拓的同时，并没有给予必要的支持以使之获得冒险所需的自信。在这种情况下，员工会感到被暴露和易受攻击，并因缺乏安全感而本能地进入防御状态。因此，安全基地理论中包含矛盾对立、环环相扣的关系。安全基地既提供被保护感，又鼓励他人勇敢冒险；既要求等待时机，又要适时干预；人们既需要人员形式的安全基地，又需要目标形式的安全基地。

在没有提供安全保护的情况下，鼓励他人攀岩显然是不负责任的做法。同样，在没有搭建起安全、可靠的平台前就让他人开展挑战性工作，也可能导致挫败和消沉的结果。因此，培养安全基地领导力的第一步就是通过互相间的纽带关系来营造安全感和被保护感。当你鼓励他人冒险和挑战时，实际上就是在强化相互之间的信任关系，因为你在告诉对方："我相信你，你一定行。"安全基地领导力的力量正作用于这种自我强化的过程。安全基地的领导力就是"通过提供被保护感、安全感和关爱，以及使他人勇于探索、承担风险和寻求挑战的勇气来建立信任和影响他人的领导方式"。

资料来源：乔治·科尔里瑟，苏珊·高兹沃斯，邓肯·库比．从关爱到挑战：领导力提升新路径．北京：中国电力出版社，2014.

营造活泼、舒适和富于想象力的工作环境和氛围，可以提升组织成员的工作效率和创造力，甚至能激发其灵感、使之顿悟。好的工作情绪有助于激发创造性思维、推进创新实现。相关研究表明，"快乐使人成功"。公司内部积极的人际关系也会大大促进企业绩效和创新能力的提升。企业应该鼓励员工高效率地休息和工作。例如，谷歌、苹果、ZARA 等公司建立了使员工快乐的工作环境，被称为“性感的公司”，其管理模式已从现代走向后现代。

全食超市——创建目标社区

从美国零售业的超级市场业态来看，该领域似乎最不可能进行管理创新、引发商业模式变革。半个世纪以来，主要的超级市场在竞争中都采取同样的做法：在货架上堆满“加工食品”，用降价促销、优惠券打折和会员卡制度来刺激消费者购买。零售业增长缓慢，利润率下降。面对市场份额的持续下滑，零售企业意欲削减工资成本，导致劳资纠纷不断。

在全食超市购物，你会有完全不同的全新体验。全食超市的商业模式建立在一个简单而强有力的假设基础上——人们愿意为那些有利于身体健康、有助于环境保护、有品位的商品额外支付更高的费用。全食超市的商品陈列方式让顾客感到购买食品好像一个美食体验旅程，而非传统的家务事。不像那些缺乏创新、只会采用促销手段和低价运作模式的竞争者，全食超市提供超新鲜的环保食品，消费者也愿意为之支付更高的费用。现在，全食超市已成为健康意识越来越强烈的消费群体的坚定选择。

如今全食超市拥有 194 家分店，每年的销售总额近 60 亿美元。全食超市是美国按单位面积计算利润最丰厚的食品零售商。同时，它实现了丰厚的投资回报。在 1992 年首次新股发行上市后的 15 年间，公司的股价增长了近 3 000%，其投资回报表现远优于食品零售业的竞争者。2002—2007 年间，全食超市开业至少 1 年以上的单店的销售收入年均增长 11%——该数字是同行的 3 倍。2006 年，全食超市每单位面积收入为 900 美元，是同行传统竞争者的 2 倍。

全食超市在管理上将民主与纪律、信任与义务、团结的共同体与激烈的内部竞争完美地融合在一起。

1. 高度自治的团队竞争

在全食超市，最基础的组织单元不是门店，而是团队。精练的授权型团队被赋予零售业中空前高度的自治权。每个门店由约 8 个团队组成，他们对门店的各个环节进行管理，从海鲜食品到食品制作、收银。这种突破性的分权管理精神贯穿于全食超市管理模式的每个环节。小型团队负责所有的核心经营决策，包括产品定价、商品陈列、人员招聘和促销策略。每个门店都有其独特的产品组合。按规定，每位新来的同事都会被分配到某一团队。在经过 4 周的试用期后，团队成员投票决定这位新同事的命运——新同事需要获得 2/3 以上的赞成票才能受聘于全职岗位。全食超市相信，关键的决策问题应由那些受该决策结果影响最大的人作出，如雇用谁应由未来与之共事的人决定。

每个团队就像一个利润中心一样运作，以劳动产出来评价绩效。在高度授权的同时，职员也承担高度的责任。全食超市每隔 4 周都会计算每个门店各团队每单位劳动工时创造的利润。总部管理者和区域主管共同采取 300 种方法对每个门店进行绩效评价，每年进行 10 次绩效评价。各门店的“客户印象”评价则由其他门店进行。全食超市采取这种方式来激发员工间的相互竞争。

绩效超过一定额度的团队将获得奖金。每个团队都有权了解公司全部的绩效考核数据，如门店内部某团队的考核数据或其他门店同类团队的考核数据。没有一个团队愿意成为落后者，因此每个团队都备受激励地努力工作。

这种高度自治的管理方式传递了一个简单且令人振奋的信息：员工自我掌控，自身而非管理者决定个人成败。员工被赋予的高度自治权与高度责任感是相互匹配的，它们在保障员工自由运用决策权的同时，推动了公司的发展。自治权与责任感的紧密联系，不仅避免了员工士气被削弱，而且降低了科层控制的必要性。麦基说："我们很少由奥斯汀总部制定各门店的管理规则，我们有许多自我检查措施。来自同事的压力替代了传统科层体制下自上而下的管理压力，而来自同事的压力促成的高度忠诚在传统的科层体制下是无法实现的。"

2. 透明开放的公司信息

员工只有相信公司高层管理者能够通过发放奖金使员工分享高效的劳动生产带来的成果，才能获得持续的激励。全食超市为了形成员工与高层管理者之间的这种双向性，在多方面付出了努力。例如，每位员工都有权查阅其他门店员工的薪资状况。这种透明化管理要求管理者在薪水决策方面必须做到完全公正，不搞任何偏袒或特殊待遇，同时也能激励员工提升自身技能水平、承担更多的工作责任——因为他们可以清楚地看到哪些工作、哪类员工可以获得最丰厚的薪水回报。

事实上，对于其他许多公司敏感的经营数据和财务数据，如每天各门店的销售状况、团队销售绩效、产品成本和利润等，在全食超市都是向每位员工开放的。这种制度的设立主要是因为每个门店团队在制定订货、定价决策时需要相应的财务数据，体现了全食超市"无秘密"的管理哲学——因为"无秘密"的开放管理是构建信任的基础。通常许多普通公司的标准管理方式是将信息保密制度作为控制员工的手段，但这种做法对于建立相互信任关系极其不利。相比之下，全食超市的高层管理者认为，若想构建高度信任的组织，则不能对员工保守公司的秘密。

3. 限制高层薪水的公平社团

无数迹象表明，全食超市员工在公司内部的关系更像是社团关系而非科层关系。全食超市在其制定的"独立宣言"中阐述了自己的使命："全食是一个为他人创造价值而共同努力工作的社团。"

全食超市认为，高层管理者的薪水是普通员工的100倍与全食超市社团管理的精神不符，100倍的薪水差距将导致怨恨并破坏信任，因此公司规定高层管理者的最高薪水不得超过普通员工平均薪水的19倍。① 此外，全食超市的非管理人员控制公司93%的股票期权。而普通公司的通常情况是，由5名或少于5名资深的高层管理人员控制75%的股份。为了进一步深化社区和共生的思想，全食超市在每次会议结束时都以"感恩"作为结束语，让每位与会者都感激他们的同事作出的贡献。

4. 积极健康的公司使命

社区建立在共同的感知和目标的基础上，全食超市也不例外。对于许多公司员工

① 根据《财富》500强公司的数据，高层管理人员薪水与普通员工薪水的比例平均是400：1。

而言，在全食超市工作展示了他们的生活风格和价值理念：出售营养丰富的食品，为农场的可持续发展作出贡献，支持无杀虫剂农业。这些理念凝结在全食超市的口号——“健康的食品，强健的人类，生机勃勃的星球”中。

正是这种对共生命运的分享、对共同使命的忠诚，使得全食超市成为一个共生社区。基于团队的报酬体系、透明的财务信息制度、高层管理者的最高薪资限额制度，都是对“共生命运的分享”的最好诠释。“对共同使命的忠诚”体现在全食超市提倡并正努力改变世界的农业方式和食物供给。对此，以下例子可以说明：

- 运用自身的采购权改变了现代农业生产，使动物在屠宰前能得到更为人道的对待。
- 创建了“行动”中心，使顾客能了解到鲑鱼的 PCB（多氯联苯）水平、农场饲养的鸭群的生活状况。
- 作为全美唯一拥有自己的海鲜养殖场的超市，公司的鲑鱼捕获政策被海洋管理委员会认定是可持续的。
- 2006 年 1 月，全食超市从风能发电厂购买了其所有门店、工厂、烘焙作坊、配送中心、办公室以及美国和加拿大的总部使用电量的可更新能源证书（REC），成为在美国和加拿大使用绿电最多的《财富》500 强企业。

全食超市与众不同的管理实践使得它成功应对了管理挑战（见表 17—1）。

表 17—1

管理创新的挑战	全食超市与众不同的管理实践
如何在减少管理的同时保证被授权的员工遵守纪律且明确重点	给员工提供大量的决策机会，为他们提供作出明智选择的充足信息，由员工对决策结果负责
如何创造一个用共生社团精神凝聚员工的公司	深信股东的利益是共生的，并据此进行管理；构建高度透明的财务体系；消除薪酬分配不平等
如何构建被普遍接受和认可的目标（使命），并对公司作出更多贡献	使员工认同全食超市的使命（健康的食品，强健的人类，生机勃勃的星球）与追求利润一样真切和可感知

自 1998 年《财富》杂志正式发布“100 家最佳雇主”的企业榜单，全食超市年年榜上有名。2007 年，全食超市更被评为“全美最值得为之工作的公司”第五名。管理创新切实帮助公司克服了传统管理存在的员工缺乏激情、忠诚度低的通病。

面向未来，没人能预知全食超市是沉是浮。即使未来全食超市走向衰败，也绝不是因为缺乏野心和激情。在其年度报告中，一位高管大胆地写道：“我们希望成为最好的食品商店，持续为客户提供所期盼的高品质商品。”如果全食超市在未来 25 年间能够像它在过去 25 年间那样推进管理模式的演化，那么上述崇高的目标必然实现。截至目前，可暂用一句简单的话概括全食超市——一个以共生社团模式运作的公司。

资料来源：加里·哈默，比尔·布林. 管理大未来. 北京：中信出版社，2008.

第2节 从封闭到开放——互联网时代与组织管理

一、互联网时代组织的新特点

（一）企业外部合作的新趋势

互联网时代，一切都是开放的。随着竞争的加剧，企业若仅依靠内部自主创新，则会面临过高的成本，从而很难适应市场的快速变化。自我封闭的管理方式已成为企业发展的障碍。互联网时代企业间合作呈现出如下新的特点：

（1）全方位合作的思维。企业在建立开放的生态系统时，需要树立全方位开放的观念，既要对外开放，也要对内开放，如与产业链上下游企业合作、与竞争对手合作等。

（2）无边界式寻求外部资源接入。进入互联网时代前后企业内外部的全方位开放程度是有区别的：在进入互联网时代前，企业只能实现一定程度上内外部开放，企业边界较为清晰；而在互联网时代，企业开放的趋势和极致就是无边界。

（3）网络化降低交易成本。网络化就是以互联化、去中心、无领导、分散化和社区化等形式将资源紧密整合、有效连接，从而最大限度地降低交易成本、缩短沟通距离。网络化的组织结构是全方位和无边界的必然结果，同时与组织扁平化相辅相成。网络化在初期表现为外部网络化和内部网络化，而真正成熟的网络化是内外部打通的无边界的网络化。

（4）平台化基础设施构建。平台是一个综合性、中介性的基础设施，能够快速、有效地配置资源，满足在平台上运行的各方需求。平台提供了许多不同规格的接口，任何外部资源在符合基本规则和准入条件的情况下都可以自由接入。从目前的商业实践来看，平台模式至少分为两种类型——业务平台和企业平台。

（5）免费化产品/服务圈。在互联网时代，开放战略的重要特征之一是免费化。免费作为一种商业模式，代表着数字化网络时代的商业未来。越来越多的企业不再苛求所有业务都具有盈利性，而是着眼于更大的商业循环以获取收益，并基于此提供越来越多的免费产品。[①]

（二）组织内部与员工的新关系

未来组织员工将有更加灵活的工作环境，并与工作建立关联。员工将享受更加弹性的工作，这意味着员工可以在任何时间工作、在任何地方工作，将整体重心放在产出而不仅仅是投入上。未来员工工作的方式可能会是[②]：

（1）工作环境灵活，可以随时随地工作；享有自由和选择权，而非被强求用规定的方法做事。

（2）能够塑造和定义自己的职业路径，而不是走他人预设好的道路，即能够定义自己的工作。

---

① 石泽杰．开放式战略：互联网＋商业模式颠覆式创新．北京：中国经济出版社，2015.

② Jacob Morgan．重新定义工作：大连接时代职业、公司和领导力的颠覆性变革．北京：人民邮电出版社，2015.

(3) 在组织内部以公开、透明的方式实时共享信息。对于共享信息的员工而言，知道自己的想法、建议和信息正在被同事和上司采纳和探讨，会增强自身的参与感和赋权感；对于组织而言，员工共享的信息可能转化为新的产品理念、新的服务、新的机会，甚至成本削减方案。

(4) 即使不是管理者，也有机会成为领导者，即在内部协作平台上表现活跃的员工可能成为其中的领导者。

(5) 使用新的方式进行协作和沟通。电子邮件将成为未来员工沟通和协作的辅助方式，其地位将被更有效、更高效的协作平台取代。员工在这些平台上可以根据工作需要进行讨论、快速启动视频通话、存储想法、合作创建文档、查询人员和信息或者做其他事情。因此，选择权被转移到员工的手里。

(6) 从知识型员工转变为学习型员工。世界的变化如此之快，大学生在毕业时，其求学期间所学的很多知识可能已经过时，不适应社会的需要。这意味着知识和经验不再是最重要的法宝。员工应该随时通过任何一台接入互联网的设备获取知识，利用知识比拥有知识本身更重要。员工的创新能力以及批判式思维、沟通和合作等技能，远比学术知识更重要。

(7) 自由地学习和指导他人。员工将更多地通过集体智慧解决问题，信息变得更加民主化。在未来的职场中，员工将互相帮助，自由地学习和指导他人。

(三) 自由职业者经济

未来会有很多人喜欢对自己的工作方式拥有充分的自主权和掌控力，能够以自己喜欢的方式做自己喜欢的事情，甚至可以一边旅行一边工作。所谓自由职业者经济，是指人们能够利用自己的技能和专业知识找工作，而无须在某个专门的公司寻求全职工作，企业也可以调动这一群体来完成组织工作。

在未来的组织中，绝大部分员工都是外部的自由职业者，只有很少一部分才是内部的正式聘用员工。通过雇用自由职业者，组织能够迅速组建任何领域的专案小组，满足在不同时间需要不同技能的要求。同时，雇用自由职业者的成本通常低于雇用一名全职员工，因为组织通常无须支付持续的间接成本，只需支付所需服务的费用。可见，雇用自由职业者是高效的。在中国，海尔公司就实现了固定员工的逐步减少，绝大部分的创新和产品都源于外部资源的挖掘与利用。

自由职业者经济最有吸引力的一点是，它能使组织不断丰富其人才库。虚拟和灵活的团队正成为时下普遍采取的组织形式，这意味着潜在的团队成员不需要住在离公司较近的地方以方便上班。企业将能找到全球最优秀、最有才华的员工，无论他们是否在同一个城市或地区。

同时，越来越多的员工也在寻求在现有工作之外利用和发挥自己的技能和专长的途径，希望参与自己喜欢或感兴趣的项目，或自行决定工作时间和工作地点。

关于自由职业者经济的启发性问题

- 在未来是否会有更多这样的组织：组织内部固定的全职员工逐渐减少；拥有越来越多的临时雇佣人员，这些人员能够按需（on demand）即时组建，在顺利解决问题后立即解散，以等待下一次新的组建？如果有，那么这样的组织会出现在哪些行业？

● 为了能够成功组建这些为满足不同需要即刻组建的团队，组织和所在行业需要具备什么条件？

● 信息技术的迅猛发展使组织的管理变得更加高效和科学，那么管理过程中的高度信息化和电子化是否会对组织产生一些负面影响？

● 群智共享的平台运行需要哪些必要的条件或保障？

二、传统企业与互联网结合的方式

传统企业与互联网结合的第一步是提升运营效率。而在供需双方都产生增量后，企业的重点是必须建立新的经营形态。企业可以进行以下流程改造。

（1）创新商业模式，建立新的经营逻辑。企业首先应改变传统的经营形态，以创新的思维改造传统的经营模式，打破原来传统行业链条的利益分配模式，创建新的经营逻辑，以更加开放、多元的方式运作企业，并调动和整合企业外部资源来支持企业运营。

（2）重塑产业价值链，提升运营效率。以互联网的思维打破原有的价值链、打通信息壁垒、减少中间环节、减少不必要的损耗、重新分配传统产业的核心要素、重构生产关系，以此提升整个价值链或平台运营的高效性。

（3）改造生产流程，打造智能制造形态。个性化、定制化是“互联网＋”生产产品的主要方向，利用物联信息系统（cyber-physical system，CPS），将生产中的供应信息、制造信息和销售信息数据化和智慧化，最后实现快速、有效、个性化的产品供应。

（4）升级供应链，促进产业协同。突破传统内部边界的制约，延伸和拓展企业范围，连接形成供应链网络，构建上下游业务伙伴协同供应链。

（5）变革管理体系，实现平台化沟通。打破传统的层级管理，构建高效的信息传递管理系统。在公司平台上活跃着无数团队，团队之间是平行关系。它们可以轻松地将产品进行模块化分解，每个团队认领一个或几个自己擅长的模块进行生产和组装。先化整为零，再化零为整。

（6）运用大数据，使数据价值化。收集和分析日常经营数据，依托外部机构构建数据存储和分析平台，实现数据的有效利用。量化决策、需求驱动、精准营销和高效协作，并利用数据进行便捷的信用融资。

（7）技术驱动，提升竞争实力。技术是互联网时代企业进化的原动力。除了利用便捷、高效的互联网外，企业更应利用新的技术提升竞争实力。

（8）走向物联网，一切智能化。物联网是互联网的延伸，它包括互联网及互联网上的所有资源，兼容互联网所有的应用。以新的方式将传感器、控制器、机器、人和物等连在一起，实现人与物、物与物相连，构建信息化、远程管理控制和智能化的网络。

Uber与互联网时代

2009年成立于美国硅谷的创新科技企业Uber是全球即时用车软件的鼻祖。Uber凭借“不管什么情况都帮你快速叫到车”的理念，给予了用户完全不同的商业体验。

如今，Uber 已发展成为一家业务遍布 58 个国家的 311 个城市的科技企业。2014 年，Uber 的估值达到 400 亿美元，已超过很多传统世界 500 强企业，是当今全球最热门的企业之一。2015 年 5 月，Uber 发布了 15 亿～20 亿美元的融资计划。在融资完成后，其总资产价值将增加到 500 亿美元以上。

现在的 Uber 已从一个名词变成一个动词，就像“谷歌”“百度”代替了“搜索”，Uber 被赋予了“共享经济”的内涵。从创业初期到迅速崛起，直至成为一种文化现象，Uber 仅用了 6 年时间。在这 6 年里，它以一种不可想象的速度完成了全球扩张。而在过去，这个时间往往是几十年。无论是发展速度，还是商业模式，这一切似乎都要归功于互联网。

一、Uber 是什么

如果你生活在一个庞大的城市，当然会知道在路边等半小时出租车是一种多么焦急而糟糕的体验。Uber 平台实时提供私家车司机和乘客的信息，并将他们进行匹配。用户可以在任何地方通过 Uber 的手机应用软件发出租车请求。通过 GPS 定位后，Uber 会派离用户最近的司机迅速开车到达用户所在地，这一过程需要 5～10 分钟。司机到达后会向用户发出信息进行确认，确认后用户就可以乘车并告诉司机要去的地方。到达目的地后，包括小费在内的乘车费用会通过信用卡支付自动完成。在上下班高峰时段或深夜去机场这些很难等到出租车的时候，使用 Uber 的叫车服务非常方便。

更重要的是，在传统的叫车服务中，如果你预约一辆出租车，那么出租车公司和司机会告诉你司机已出发，但是你并不知道他到哪里了。而在 Uber 中一切都是可见的，用户可以看到预约车辆的实时地理位置信息，系统也可以计算出汽车到达的时间。定位、挖掘和匹配，移动“互联网＋”技术无疑大大提高了出行效率，并有效降低了服务提供方与需求方之间的信息不对称程度。

在保障用户体验方面 Uber 也做得相当好：Uber 司机没有选择用户权，也没有拒载权。一旦用户发出了叫车信息，Uber 会自动将之分配给最近的空载车辆司机，不想去也得去。为了提高司机和乘客对匹配的满意度，Uber 为双方增添了一些新的机制：为了满足客户预期的车费预算、乘车体验和出行方式，Uber 除严格实施质量控制政策外，还提供了不同车型以供选择——从高端的奢华轿车到经济的普通私家车；客户评分系统允许司机根据客户以前的乘车评分记录，决定是否让该乘客搭乘自己的车辆。

二、Uber 的特点

1. 颠覆低效

Uber 的创新在于它创造了一个连接物品所有者与需求者的平台，改变了人们对物品所有权的概念，使信息、物品和服务流动起来，并通过“中心调度＋按需分配”的方式显著提升了效率。事实上，Uber 提供了一种更开阔的商业视角——想想看，我们手边有多少东西是我们天天用到的，又有多少东西用了一次就被闲置，电钻、婴儿车、冲浪板……大多数时候，我们需要的是产品的使用价值，而非产品本身。一个随时能得到所需的平台就是 Uber 模式的核心，共享经济刷新了我们对所有权的认识。

一项针对投资者和专家的调查显示，继餐饮业、交通业和酒店业后，超市购物、零售、家政服务、商务和娱乐活动是最可能被 Uber 模式改造的第二批行业。以 Uber 为代表的共享经济模式重构了社会关系结构。它让我们发现：每个人都有很多闲置资源，如果能将这些资源有偿地让渡给他人，就会使资源发挥出最大价值；同时，个体也能够摆脱对传统组织和传统中介的依赖，使得以前的生产制造协同关系被改变，市场中双方的角色被重新定义。

2. 改造劳动市场

事实上，Uber 模式不仅使用户获益，而且使更多的劳动力——闲置的私家车主进入市场，并获得灵活的劳动时间。从运营模式来讲，Uber 与司机属于合作关系而非传统的雇佣关系，司机可以自主选择工作时间及时长。从这一角度讲，这种工作模式似乎为每个人——特别是广大中产阶层——提供了自由工作的可能性。一位 Uber 司机告诉《企业观察报》的记者："白天我有自己的正式工作，晚上下班后没事的话顺路拉两趟，多一份收入。"

这正是 Uber 模式大获成功的地方——弹性的、可选择的工作方式。想做的时候门槛很低——只要有一辆车且会开；不想做的时候可以随时选择不做，不受出勤制度或劳动合同的约束。这种轻松促使更多的私家车主加入这一行列。

《纽约时报》报道说，未来我们很可能会像 Uber 司机那样接单工作。就像 Uber 对出租车行业的影响一样，新兴科技拥有这样一个潜能：它可以把大量传统工作分割成互相独立的任务，并在需要时将之分配出去。相应的报酬由供需关系动态决定，且每位工作者的表现将不断被追踪、评估，而并非接受顾客满意度的严厉监督。

3. 新型社交关系

（1）Uber 之于司机。Uber 的司机不同于一般的出租车司机，他们有自己的事业，很多人并不指望靠 Uber 赚钱。很多开着豪车做 Uber 司机的人是公司白领、创业老板、富二代……有些个体老板只是在下班回家时接单，以便接触不同的人，聊聊天，听听他们的故事，在交流过程中了解潜在客户或用户的需求，从而为自己的产品和服务升级提供帮助。

（2）Uber 之于乘客。大部分 Uber 的乘客是公司的白领和写字楼里的上班族，每天忙于工作，下班后又疲惫不堪，自由社交的时间被压缩了很多。尽管移动互联网的碎片化社交为他们提供了更多的机会，但是虚拟世界中的无表情社交显然不如面对面的交谈情真意切。而 Uber 很好地解决了这一问题，从线上虚拟社交转移到线下场景社交，满足了人们对真实这一需求的渴望。

Uber 司机多数有自己的事业，他们或许是你的同行、合作伙伴，或许是与你的事业毫不相干的人，因此交谈不会显得那么乏味，了解对方的行业或许有意想不到的启发。其实，与一个人的工作和事业关系最密切的社会关系并不是强连接，常常是弱连接。

三、业务发展

早期 Uber 在旧金山的业务主要是为用户提供豪华出租车，旨在为用户提供奢华的交通体验，而非单一地将乘客从一个地方送到另一个地方。凭借对服务质量的良好把控，Uber 在消费者中得到了良好的口碑，从而得以进行二次、三次宣传。此外，Uber 在应用软件中增加了推广功能，鼓励乘客向朋友分享 Uber 的优惠码。作为回报，乘客能够得到额外的奖励。

在旧金山上线业务后，为了更好地服务用户，Uber 每次对新城市的扩张都基于能为之前上线的城市提供完善的服务项目，而不是进行毫无底线的扩张。首先，该城市必须具有足够多的需求以满足 Uber 长期在该城市发展的目标，如该城市有大量的餐厅和夜生活场所；其次，该城市居民必须有足够多的外出计划，如健身、购物和聚会等活动。

除了出租车行业外，现今 Uber 还基于这一理念开发了一系列类似产品。例如，UberRush，一款在纽约地区的按需同城快递服务，即用户可通过 Uber 召唤附近的自行车快递员为你送快件，而且可以在递送全程随时方便地查看包裹的实时位置；UberEats，一款试行于洛杉矶地区的食物快递服务；UberBoat，一款在波士顿开展的叫船服务；UberChopper，叫直升机服务；UberKitties，Uber 在全美爱猫日可将可爱的小猫送到你身边陪你玩 15 分钟；UberBBQ，Uber 针对得克萨斯州人爱烤肉的喜好而推出的递送得州烤肉服务。

1. 信息策略

Uber 是一个数据驱动的公司，拥有专业的数据科学团队对客户的位置及时间数据进行长期的收集和分析，从而提高服务质量和提供更高质量的乘车服务体验。该平台根据 Uber 用户在城市内的行动以及在不同时段的行为来预测其需求，从而缩短乘客的等待时间。同时，数据在 Uber 的价格策略中也扮演着至关重要的角色，它使得 Uber 在不同时段、不同需求量下实施动态价格机制变得具有可行性。例如，Uber 在新年前夕提高了收费，并通过提高市场供应量来满足乘客的乘车需求，而当同一区域的出租车流量变大时又下调收费。

2. 合作伙伴网络

Uber 拥有一个很广泛的合作网络来维持并扩大运营体系。为了实现支付的便利化和制度化，Uber 在美国和国际支付上与 Braintree service 合作。Braintree service 为 Uber 专门设计了方便手机交易的支付网关。2014 年 2 月，Uber 在宣布进军中国市场的名字为“优步”后，便声明基于 iOS 操作系统的应用程序将同时接受更为本土化的支付宝支付方式。

Uber 与一些品牌的合作也增加了乘客的接纳渠道，使更多的消费者能够顺利认识并接纳 Uber。比如，Uber 与谷歌地图结合，使大量的谷歌地图用户在计算导航路线时可以看到 Uber 打车选择。同时，Uber 也允许外部应用程序将 Uber 嵌入其平台，依靠其平台体验 Uber 的功能，如费用、时间估算或一些具体的客户信息及活动。为了促进车辆供应，Uber 与通用汽车、丰田汽车和一些金融机构合作，帮助它们减少汽车的成本开销并获得更多的融资渠道。

3. 信任安全与忠诚

在 Uber 这个平台中，安全和信任对于乘客和司机而言一直是一个关键问题。Uber 采取了各种各样的措施保证双方的安全并提高双方的信任度，包括利用手机软件的定位功能跟踪乘车路线、多次调查司机背景、采用双方监察系统以及对 Uber 司机提供 100 万美元的责任保险和无现金支付系统。

投资者看好 Uber，并不仅仅是因为它有能力打赢价格战，进而有能力利用手机大规模地圈住消费者，而是因为它有能力管理出租车司机，有能力为出租车司机的服务做信用背书，有能力经营庞大的消费者社区。

四、结语

未来，不仅仅是叫车、知识和一切长尾需求都可以通过按需共享来满足。Uber 将影响快递业、外卖业、租车业、代驾业、社交平台和婚恋业等诸多行业，甚至会影响政府的一些现行体制和职能（如车牌限制、汽车管理、汽车保险、出租车管理和行业税费等）。

企业家和投资者为其中蕴涵的巨大机遇和潜力感到兴奋。不过，也有人担心经济“Uber 化”会让一些优秀的全职工作变成弹性的临时活计。“Uber 化”虽然会使工作更有弹性，让我们根据自己的时间安排一份或多份工作，而非根据工作安排自己的时间，但是也让你的收入不可预测，也可能会使长期雇用没有保障，而且它也许会让人忘记追求毕生的事业是什么感觉。

同时，选择“Uber 化”的行业也要慎重。许多潜在因素导致按需服务市场颠覆出租车行业的时机已成熟：这是一项商品化服务，其消费频率高、时效性强。尽管这些特质并不是出租车行业独有的，但是并非所有行业和领域都有类似情况。因此，针对一个尚未开发的市场，宣布要做“该行业的 Uber”，并不能保证会取得成功。

资料来源：曹磊，柴燕菲，沈云云，曹鼎喆．Uber：开启“共享经济”时代．北京：机械工业出版社，2015．

王超一．Uber 是什么？北京：中国商业出版社，2015．

施钰涵．爱恨 Uber：一个硅谷“坏小子”在中国的冒险．商业周刊（中文版），2015（22）．

第 3 节　从资源到能力——个性化与组织发展①

资源和能力是组织发展的基础，只有兼具高水平的能力和资源，企业才能够获得持续竞争优势。组织必须识别并获取有用的、关键的资源，并将之转化为动态的核心能力，从而形成组织的竞争优势。反过来，出色的核心能力又能够帮助组织更加高效、成功地获取关键资源。这样就形成了资源与能力相互转化的循环。

一、组织的资源

竞争优势是企业在行业或市场中业绩出众的能力，也是获得比同行企业更高利润率的能力。企业要想获取竞争优势，就必须比竞争对手创造更高的价值，而企业创造更高价值的能力又来源于其自身资源的存量以及在使用这些资源的过程中所积累的独特能力。所以，资源是企业战略的实质，是持续竞争优势之基础所在。传统经济理论认为，在常规情况下，如果市场是完善的，超额的经济租金将会因新竞争者的不断加入、竞争加剧而变得不可能。企业资源观认为，企业如果拥有超常资源，并且通过一定形式的隔离机制防止资源稀释，就有可能赚取可持续的超常回报。

（一）资源的概念及分类

资源是指组织拥有的客观存在的各种要素，是人们进行经济分析的基本单位，包括有

① 本节内容参考巴特利特等的《个性化的公司》（南京：江苏人民出版社，1999）。

形资源和无形资源。其中，有形资源是指物力资源、财力资源，如设备、厂房、人员、土地和资金等；无形资源也称智力资本，包括市场资本、知识产权资本、人才资本和基础结构资本。市场资本是企业拥有的与市场相关的无形资产潜力，包括各种品牌、客户及其信赖、长期客户、备用存货、销售渠道、专利专营合同协议等。知识产权资本包括技能、商业机密、版权、专利专营合同协议等。人力资本由体现于企业员工身上的群体技能、创造力、解决问题的能力、领导能力、企业管理技能等构成。基础结构资本是使企业得以运行的技术、工作方式和程序，包括企业文化、评估风险方式、管理销售队伍的方法、财务结构、市场或客户数据库等。这里的基础结构就是组织能力和管理资源。与有形资源相比，无形资源或智力资本在竞争优势中发挥着越来越重要的作用。

（二）关键资源的特征识别

资源基础理论认为，并非所有的资源都可以成为企业竞争优势和高额利润的源泉，因为在竞争性市场结构中，土地、设备甚至人力资源等资源是可以通过市场交易获得的，稀缺资源也可以通过公开拍卖获得。能给企业带来长期竞争优势的资源是关键资源。所谓关键资源，就是能够获取竞争优势、保持竞争优势并且有效击败模仿者的资源。关键资源具有明显特征，下面介绍识别关键资源的两个视角——巴尼（Barney）提出的 VRIN 属性和玛格利特·A. 彼得拉夫（Margaret A. Peteraf）提出的租金属性，它们本质上是一致的。

1. 关键资源的 VRIN 属性

巴尼关于资源关键特征的研究最具代表性，成为资源基础理论的基本框架。巴尼认为，能够产生持续竞争优势的资源必须具备以下四个属性（VRIN）。[①]

（1）价值性（value）。若某企业执行的价值创造战略不能为任何当前或潜在竞争对手同时执行，则企业具备竞争优势；若某企业执行的价值创造战略所带来的利益不能被当前或潜在竞争者复制，该企业即拥有持续竞争优势。价值性是关键资源最基本的判断准则。当资源能够使企业制定和执行提高其效率和效果的战略时，它们就是有价值的。

（2）稀缺性（rarity）。只有拥有高效资源的企业数目少于产生完全竞争的企业数目时，该资源才可能产生竞争优势。资源即使再有价值，一旦为大部分公司所拥有，它也不能带来竞争优势或者可持续的竞争优势。

（3）不完全模仿性（imperfectly imitable）。资源的价值性和稀缺性足以保证产生竞争优势，但不能保证竞争优势的持续性。要使竞争优势能够持续，资源还必须是难以模仿的。

（4）不完全替代性（non-substitutable）。资源的不完全替代性指的是资源不存在战略替代物。如果不同的资源能够使企业执行同一战略，则这些资源在战略上就具有相互替代性，不论它们是否相似。如果某高效资源存在战略替代资源，而该战略替代资源的供应又是不受限制的，那么该高效资源将没有任何优势可言。一句话，关键资源不能够存在一种既可复制又不稀缺的替代品。

在其后来的研究中，巴尼认为资源的不完全替代性是不完全模仿性的一种特殊形式，因此资源的关键特征实质上只有三个。

---

① BARNEY J. B. Firm resources and sustained competitive advantage. Journal of Management，1991（17）：99－120.

2. 关键资源的租金属性

玛格丽特·A. 彼得拉夫[①]认为不同企业的资源条件和能力条件存在差异，一些企业凭借拥有更具生产效率的资源而获得了竞争优势。她从经济租金的视角界定关键资源的特征，认为构筑企业持续竞争优势的资源必须具备四种特性，即异质性（heterogeneity）、前竞争限制条件（ex ante limits to competition）、后竞争限制条件（ex post limits to competition）和流动性缺陷（imperfect mobility）。

（1）异质性。资源的异质性是指企业拥有的独特的、与其他企业相比更加优质的资源。拥有异质资源的企业在市场竞争中将更具效率，进而能够获得高于平均利润的收益。基于资源的观念，可从两个角度解释异质资源与超额收益的关系：首先，异质资源可能使企业获得李嘉图租金，即拥有异质资源可使企业的成本低于平均水平，从而企业可获得超额收益；其次，异质资源可能使企业的产品具有差异性，从而企业可凭借垄断效应获得超额收益（垄断租金）。

（2）前竞争限制条件。前竞争限制条件是指企业在获得异质资源时不会因为激烈的竞争而付出过高成本，因为获得异质资源的成本过高会抵消获得该资源后的高收益，进而难以维持企业的竞争优势。

（3）后竞争限制条件。所谓后竞争限制，是指在企业拥有异质资源并获得超额收益后，还必须存在限制竞争的力量，防止竞争侵蚀异质资源的超额收益。如果异质资源是可以模仿的，那么竞争对手就能够通过模仿提高资源质量、分享超额收益；如果异质资源是可以替代的，那么竞争对手就会利用替代资源分享超额收益。后竞争限制能通过不完全的可模仿性和不完全的可替代性两种形式成功地阻碍竞争对手的侵入。不完全的可模仿性使得竞争对手既难以模仿该关键资源，也难以模仿关键资源作用下的竞争战略。不完全的可替代性堵塞了超越不完全可模仿性之路。难以模仿其关键资源的竞争对手可以通过制造替代性产品——使用一种不同的、更易获取的资源——来超越这一障碍，而不完全的可替代性可以阻碍或阻止这种替代行为。

（4）流动性缺陷。流动性缺陷是指关键资源不具备良好的流动性，或者说资源不可交易或虽然可以交易但对所拥有的企业的价值要大于其他企业。企业要保持其关键资源，就必须使资源具有不完全流动性，以阻止该资源输给竞争对手或丧失其所创造的竞争优势。与后竞争限制条件所不同的是，不完全流动性涉及企业对资源本身及其价值的控制程度，而不是竞争对手赶超它的能力，抵制的是竞争对手对资源的掠夺而不是对资源的模仿。二者的相同之处在于，它们都是为了维持竞争优势，而不是创造竞争优势。不可交易性可以防止竞争对手从资源所有的企业手中将其竞标买走，如企业的良好信誉就是不可交易的资源之一。

上述四个特征不是互相排斥的，而是相互联系、相互作用的。资源的异质性是企业创造竞争优势的最基本条件，如果企业拥有同质资源，那么这些资源不会是竞争优势之源。前竞争限制条件是必需的，因为如果获得该资源投入的成本与价值相抵消，那么就没有竞争优势可言。综上，异质性和前竞争限制条件是为了获取竞争优势，而不是为了保持竞争优势；竞争优势的保持主要来自两个特征——后竞争限制条件和流动性缺陷。

---

① MARGARET A. PETERAF. The cornerstones of competitive advantage: a resource-based view. Strategic Management Journal, 14 (3): 179 - 191.

（三）资源利用的途径

组织要想善用资源，要注意五个问题，即更有效地将资源集中在关键战略目标上；更有效地积累资源；用一种类型的资源补充另一种类型的资源，以期产生更高的附加值；尽可能保存资源；缩短支出与回收之间的所需时间，以迅速回收资源。

1. 集中资源

集中资源是指将企业有限的资源集中用于有限的目标。这就要求做到以下三点：一是要统一目标。对单一战略意图的长期追求，能够把个人、职能部门及事业单位的力量统一到一个目标上。如果对企业成长和开发新业务的优先顺序缺乏统一认识，就有可能造成资源分散。同时，企业高层班子不停换人也会使稳步积累的对未来的认识难以持续。二是要集中目标。统一目标是在长时间内目标不分散，集中目标则是在特定时间内资源不会被稀释。若把稀缺的资源分散于多个目标，结果往往是样样都不精通。企业改进的任务越重，资源基础越薄弱，就越要有重点地集中使用资源。三是要瞄准目标。瞄准目标不仅是将企业的有限资源集中在少数目标上，而且是集中到合理的目标上，即瞄准对顾客看重的价值最能发挥效用的活动。其中，关键在于如何以最低的成本创造尽可能多的顾客所感受到的价值。

2. 积累资源

积累资源就是通过内部挖掘和外部借用来达到增加企业资源的目的。任何企业都是一个存储经验的仓库，其员工随时都要接触新客户，对竞争对手有更多的了解，想出解决问题的新方法，并在其他方面有所长进。但企业之间的差异不在于有些企业的经验比别的企业深入、丰富，而在于能否从积累的经验中挖掘知识、吸取经验。如何从积累经验教训中挖掘出改进创新的构想，是善用资源的重要内容。借用其他企业的资源也是善用资源的一种方式，通过战略联盟、合作经营、内部授权和外包，都可能获得企业以外的技术和资源。如果运用得好，不仅可以获得合伙对象的技术，还可以把这些技术内部化，据为己有。当然，如果企业想通过借用的手段善用资源，那么其自身的吸收能力与创新能力是同等重要的。

3. 互补资源

互补资源要求企业在使用资源的过程中善于整合不同类型的资源，同时能平衡各种类型的资源。整合资源是指企业要有能力整合不同类型的资源，以发挥每一种资源的最大价值。这是企业对资源进行加工转换过程的关键。就整合方式而言，有技术整合、功能整合及新产品想象力。技术整合的关键不在于企业拥有个别而零散的技术，而在于能否将这些技术整合为一体，制造技术一流的产品，提供一流的服务。功能整合就是成功地将各不相同的研发、生产、市场营销和业务等功能整合为一体，生产出成功的产品。平衡资源是指企业要平衡地使用资源，以拥有能使关键资源或核心能力充分发挥作用的相关资源。企业要正常运行，就必须平衡其在新产品开发、加工生产和市场营销方面的能力，使之相互配合默契。如果企业在某一方面存在不足，就会影响整体能力的发挥。

4. 保护资源

保护资源的方式就是对资源的重复利用。一方面，某种技术或专长的重复利用率越高，资源善用就越成功。比如，佳能公司将其在光学技术方面的专长应用于照相机、复印机、眼科检测仪器、半导体生产设备、便携式摄像机等多个项目。夏普公司将其液晶显示专长应用于计算机、袖珍电子日历、微型电视机、大屏幕投影电视机和笔记本电脑。本田公司将与发动机相关的核心技术重复利用到摩托车、小汽车、船用马达、发电机和割草机上。另一方面，保护资源还要求企业进行对外结盟活动，即有时企业可以联合潜在的竞争对手一起对付共同的敌人；有时可以通过合作建立新的技术标准或开发新的技术；有时一群企业为某项立法而联手行动。这些做法的目的在于联合其他公司的资源以扩大自己在行业和市场中的影响力和实力。同时，了解竞争对手的一举一动，寻找其防御不严的竞争空间作为自己进入市场的切入点，是保护资源的另一种方法。

5. 回收资源

善用资源的另一个决定性因素是资源支出与资源回收之间所需经历的时间。回收指从市场上获得经营收入。回收的速度快，便可增加资源的利用率。回收速度比相同条件下的竞争对手快一倍，就代表着双倍的资源运用优势。这种简单的算术可以说明为什么日本企业要缩短新产品开发的周期。

企业技术创新国际化成熟阶段的创新资源流

技术创新国际化成熟阶段的企业，是一种真正的全球化的技术创新。这类企业一般规模实力强大，其技术创新的目标指向国际市场和国际技术。它们直接在海外投资建立研发分支机构，雇佣海外当地的研发人员，在海外进行研发活动。国内研发中心的地位弱化，而各个研发机构的独立性增强，所有的研发机构和国内的研发中心形成一个相对统一和协调的网络组织。在这个网络组织中，所有的知识和技术能够共享。不仅有海外研发机构对母公司传递技术知识和信息，同时也加强母公司总部和研发中心对海外研发机构的技术知识和信息的传递，并由此逐渐增加海外研发分支机构之间信息和知识的传递。从人力和资金资源来看，海外研发机构人力和资金的投入增加。这种投入的增加，除了来自公司总部，还包括总部以外的多方面的资源，如图17—2所示。

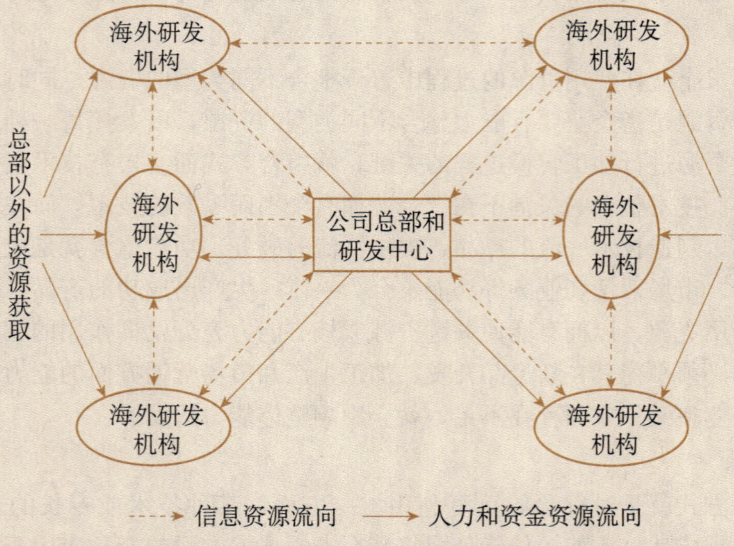

图17—2　技术创新国际化成熟阶段的创新资源流向模式

资料来源：陈劲．创新全球化．北京：经济科学出版社，2003.

二、组织的能力

企业能力是指企业适应、协调、驾驭内外部环境，成功地从事经营活动的能力，也就是有效使用资源使其相互作用从而产生新的能力与资源，其本质是组织在某一方面的知识，它随着时间的变化而变化，比资源更具有动态性。从某种程度上讲，能力是相对的，如果一个企业使用资源的能力不如市场上其他企业，我们则认为它缺乏这种能力，或者说这种能力为零。企业能力的大小也是相对于其他企业的能力而言的，只有通过横向或纵向的比较才能确认其大小——这也是能力与资源的区别之一。

（一）核心能力

1. 核心能力的概念

1990 年，美国著名的管理学家普拉哈拉德和哈默在发表于《哈佛商业评论》的《公司核心能力》一文中提出核心能力概念，将“核心能力”定义为“组织对企业拥有的资源、技能、知识的整合能力，即组织的学习能力。一套强有力的核心能力的存在是企业成长的源泉”。之后，众多中外学者分别从知识载体、元件、构架、整合、协调、组合、技术网络、产品平台、技术能力、组织学习等不同角度，对核心能力的概念进行了界定。例如：美国麦肯锡咨询公司认为，核心能力是指“某一组织内部一系列互补的技能和知识的结合，具有使一项或多项业务达到竞争领域一流水平、具有明显优势的能力”；伦纳德·巴顿①认为，核心能力是“使公司区别于其他公司，并对公司提供竞争优势的一种知识群，是一种行动能力，是一个组织长期形成的专有能力，是为顾客提供价值的关键所在”。这些基于不同视角表述的观点尽管不尽相同，但是对核心能力是企业在市场竞争中获取持续竞争优势的能力、企业在竞争中的制胜之本、实现企业可持续发展的基础的认定是一致的。依照普拉哈拉德和哈默关于核心能力的定义，核心能力是企业通过有效整合多种知识、技能和技术，在长期生产经营活动中逐步积累而形成的，蕴藏于企业的每个层面、每项职能、每步流程和每个员工之中。你可以感受到它的存在和作用，可以描述它，但核心能力不是某种具体的东西，不能将它与核心技术或关键产品等同。同时，核心能力是一种综合能力，而非某种单一的能力。企业的开发创新能力、战略管理能力、组织管理能力、市场营销能力、生产制造能力、人力资源开发与管理能力、企业文化以及企业历史等，既是构成企业核心能力的基本要素，也是核心能力的载体和体现。

综上所述，企业核心能力可以描述为蕴藏于组织所涉及的各个层次（包括环境、组织、技术、产品等）、由能力元和能力构架组成的、能使企业高效整合并获得持续竞争优势的知识系统。

飞利浦：以市场定位的价值创新打造企业核心能力

飞利浦公司以市场为基础，通过价值创新不断提升企业的核心能力。

一、以市场定位进行技术创新，实施价值创新战略

在产品技术创新上，飞利浦有着其他企业无法比拟的优势——全球数十个科研中

① 多萝西·伦纳德·巴顿. 知识与创新. 北京：新华出版社，2000.

心支持着飞利浦的技术创新。只有通过周密的市场调查、预测、分析和比较，才能做好产品研发定位，开发出的产品才能让消费者满意，企业才能具有更坚实的市场基础。技术代替不了市场，高新技术产品同样存在市场风险，而产品的技术创新以市场为基础会降低这种风险。

飞利浦实施价值创新战略，追求创新产品与市场上同类产品的差异。在显像管技术普及、各主要显像管厂商的产品差异日益缩小的今天，飞利浦作为全球显示器和显像管的重要供应商，将更多的精力放在显示器电路设计上。随着健康、环保等科学消费概念的普及，人们越来越关注视频产品对眼睛的保护。飞利浦敏锐地捕捉到消费者的这一需求，开发研制了一款新产品 107P，完成了行业领先的创举，使得当前 100Hz 扫描频率的电视机成为消费者的首选产品。

人才是飞利浦技术创新的核心，是飞利浦领先世界数字技术的法宝。为了保持持续的技术领先优势，飞利浦与中国多所大学或学院进行了长期合作。飞利浦高度重视校园招聘活动，为中国大学生提供良好的工作机会，吸引有志之士加入飞利浦的团队。为了培养世界级的管理人才，飞利浦有完整的计划对每位新加入的员工进行系统培训，包括职业发展规划、职前培训、职位轮换及海外就业等。

二、强化质量管理，提升产品价值

质量是产品的灵魂，是企业的生命，是价值创新战略的重要基础。飞利浦明确规定，所有各级部门的经理均须以“全公司质量改进计划”为工作重点，其目的是充分利用公司内外的一切资源，推行质量改进计划。为了激励公司员工坚持质量管理的要求，飞利浦在集团内部设立了“飞利浦质量奖”和“飞利浦卓越经营奖”。质量奖使得员工追求的目标尺度更加明确，考核准确反映所有工作人员的工作进展状况，成为员工进行竞赛的强大推动力。

提高产品质量必须建立严格的质量管理制度，培育严谨的工作作风。飞利浦作为一个老牌的欧洲企业，具有欧洲人特有的严谨的工作作风。这种企业文化给产品带来的是独一无二的优良品质。飞利浦在进入中国市场后，虽然销售乃至部分产品的设计制造已经本地化，但是这种精益求精的产品质量和严谨的工作作风丝毫没有改变。

三、坚守价值创新的营销理念

在电子产品领域，竞争优势除了源于产品技术外，价格合理、优质服务也是价值创新战略的重要组成部分，是赢得消费者的基本因素。如今商品流通渠道的竞争日益激烈，飞利浦向经销商提供的产品不仅具有高性能、高技术和高品质，而且能够使之获得合理的利润。同时，飞利浦还会推动经销商发展，将它在全球近百年营销成功的经验传授给经销商。此外，飞利浦还为顾客提供一流的服务，强调为顾客提供售前、售中和售后的全过程服务。

资料来源：包晓闻，刘昆：企业核心竞争力经典案例 • 美国篇．北京：经济管理出版社，2005.

2. 核心能力的特征

组织的核心能力具有五个特征——价值性、异质性、延展性、路径依赖性和核心刚性。核心能力的价值性、异质性和延展性可以帮助组织获得最初的竞争优势，也会让组织陷入路径依赖和核心刚性的泥潭，阻碍持续竞争优势的继续获得。如果组织不能克服核心能力的路径依赖性和核心刚性，那么结果就像“温水煮青蛙”。

（1）价值性。企业核心能力是企业独特的竞争能力，是企业持续竞争优势之源，富有战略价值。[①] 一个企业的竞争优势归根结底产生于企业为顾客创造的价值。核心能力以实现顾客的价值为目标，对顾客所最看重的价值，即顾客的核心利益作出关键的贡献，同时为企业带来独特的价值和利益。

（2）异质性。企业核心能力是企业中的“积累性学识”，是企业对多种知识、技能和技术的有效整合，是企业中各种能力要素相互协调、相互作用，在长期的生产经营活动中积累形成的，深深打上了企业特殊组成、特殊经历的烙印，具有企业不同的“基因”特征。它是企业独一无二的，不易被其他企业模仿和替代。

（3）延展性。企业核心能力是企业获得持续竞争优势之源，具有延伸和拓展的功能。延伸是从纵向看，主要是指已有产品的升级换代；拓展是从横向看，主要是指开拓新的产品，涉足其他经营领域。核心能力的价值性和异质性使企业能够充分利用核心能力构成要素的优势，根据市场需求（包括潜在需求）不断地使产品升级换代，开拓新的产品或涉足新的经营领域，使企业具有旺盛的、永不衰竭的、持久发展的生命力。企业一旦建立了自己的核心能力，就能以核心产品为平台将其组合到相关的业务中，从而不断地推出创新成果。也就是说，企业某一方面核心能力的形成可以在相关领域衍生出许多有竞争力的技术或产品，给企业带来进入多个潜在市场的途径，从而为企业带来规模优势和经济效益。延展性是企业进行多元化的出发点，也是企业保持持久生命力的根本保障。如佳能公司利用其在光学镜片、成像技术和微处理控制技术方面的核心能力，成功地进入了复印机等 20 多个市场领域。

（4）路径依赖性。核心能力包括企业的独特技术技能、操作技巧和诀窍、组织管理和文化特征，大多是难以用语言、文字、符号来直观表示的，深藏于企业的管理体制、企业文化、企业技术水平和市场占有中，对外界甚至对其自身来说都是隐性的。因此，缄默性、因果模糊和无法传授等特点决定了核心能力对企业具有很强的路径依赖性。这种路径依赖性使得核心能力难以交易和被复制，增大了以较低成本获得比竞争对手更高的价值增值或较高质量的可能性。

（5）核心刚性。所谓核心刚性，就是在企业核心能力形成和逐步稳定的过程中发挥了积极作用，又对核心能力的发展和更新产生负面影响的因素。核心能力的异质性、价值性、延展性等特征决定了企业能够获得高额的经济回报。然而，成功企业经常面临两难困境：一方面，为了赢得优势，应不断加强现有能力，因为核心能力可为企业创造具有特质性的、差别化的、难以让竞争对手复制的优势；另一方面，当企业竭尽全力挖掘和利用现有资源和能力并形成路径依赖时，竞争对手的行动、环境的变化以及新技术的出现可能会使企业精心培育和构筑的核心能力衰竭和废弃。伦纳德·巴顿（Leonard Barton）指出，企业的核心能力一旦形成，往往会出现核心刚性（core rigidities）问题，即在快速变化的环境中核心能力常常无法随之改变，此时企业原有的核心能力不仅不能为企业带来持续的竞争优势，反而会成为企业竞争优势发挥的阻碍。[②] 核心刚性与核心能力相伴而生，它们就像一枚硬币的正反两面。追溯核心能力形成和发展的过程，可以发现核心刚性形成与发

---

① 安德鲁·坎贝尔，凯瑟琳·萨默斯·卢斯．核心能力战略．大连：东北财经大学出版社，1999.

② LEONARD BARTON D. core capabilities and core rigidities：a Paradox in managing new product development. Strategic Management Journal，1992（13）：111－125.

展的过程和相关因素。核心刚性形成的原因包括忽视环境变化、过分强调目标、决策的有限理性、知识积累的客观结果、转移成本和组织惯性。正是由于核心刚性的存在，组织需要一种能够根据环境变化而动态匹配、更新的能力。

查帕拉尔钢铁公司的核心能力

查帕拉尔钢铁公司是一家美国公司，在美国钢铁行业排名第10。在过去的20多年里，它多次创造了世界纪录。1990年，它生产1吨钢材耗时1.5小时，而美国平均是5.3小时、日本是5.6小时、德国是5.7小时。它还是美国第一家获准使用日本产业标准认证其普通结构钢材的公司。

查帕拉尔钢铁公司的核心能力是将新技术迅速地运用于产品和工艺。那么，这种核心能力是如何构建的呢？查帕拉尔钢铁公司的核心能力实质上是一个由诸多相互影响的要素组成的系统，包括员工技能和知识系统、物理技术系统、管理系统以及价值与规范四个方面。

蕴藏在员工身上的技能和知识系统是构成其核心能力的最重要因素。这种知识既包括一般的、大众的科学知识，又包括产业知识（对于查帕拉尔钢铁公司而言是钢铁冶金知识）。同时，查帕拉尔公司的冶炼部门员工经常向该领域的专家咨询，从世界各地寻求技术突破。工人们在生产实践中形成了公司独有的知识。例如，通过与德国公司合作，公司的工人发明了新型模具等。显然，从一般的科学知识到产业知识再到公司知识，知识的编码程度越来越低，其转移性也就越来越差。竞争者可从公开的出版物中得到科学知识和产业知识，但存在于员工头脑中的知识却难以复制。

员工身上的技能和知识随着时间的推移不断完善、整理和编码，逐渐形成了软件、硬件和设备，以及专利、工作程序和工艺流程等，这就是物理技术系统。例如：员工们改进了轧钢机，将设计能力从生产8英寸厚钢板提高到生产14英寸厚钢板，以至于供应商想购买该技术；当查帕拉尔公司采取连铸连轧法时，世界上具备这种能力的厂家只有两家。这些不是公司某个人在短时间内可以做到的，而是不同专家经过长期积累、相互补充和完善形成的，是公司集体智慧的结晶。

管理系统的作用是引导技能与知识的积累和配置，包括激励、教育和提升系统等。查帕拉尔公司的员工如此积极学习、探索与研究新方法，是因为他们在激励中找到主人翁的感觉、从培训中获得满足感和成就感。查帕拉尔公司有一个独特的学徒式技能培训计划，该计划面向全体工人，涉及从课堂教育到在岗锻炼。培训计划是根据工作中的各项任务来设计的，效果衡量是基于实际工作任务指标。担任教师的是相关岗位的负责人，他们具有丰富的实践经验。

前三个系统的建立在很大程度上依赖于公司的价值观，即基于公司文化而建立。查帕拉尔公司有助于创建学习型环境的价值观有尊重员工个人、允许创新失败、对外来的观念持开放态度等。正是在这种背景下，查帕拉尔公司的员工不断学习、不断超越、向现状挑战，取得了丰硕的成果。

上述四个系统相辅相成、不可分割，共同构成公司的核心能力。如果没有“鼓励个人创新、允许失败、对外来新观念持开放态度”的企业文化和价值观以及相应的管理系统，员工就不可能不断地主动丰富自己的知识、提高操作技能，就不会不怕承担失败的风险、积极创新，将新知识、新技术迅速转化为产品和工艺，公司就难以形成快速的产品开发能力。同样，如果没有员工的技能和知识系统以及在实践中不断转化为生产工艺、流程和操作规范等的物理技术系统，公司也就没有将新技术迅速转化为产品的能力，也就没有竞争优势可言，核心能力也就不复存在了。

由此可以看出，企业的核心能力是在长期的生产经营实践中以特定的方式、沿着特定的技术轨道逐步积累起来的，与公司的组织体系、公司文化密切相关，同时也是难以观察、难以模仿的。

资料来源：吕萍，李正中．领先者的奥秘：查帕拉尔钢铁公司的核心竞争力分析．企业管理，2002（3）．

（二）动态能力

核心刚性的存在以及环境的动荡变化，促使学术界和企业界寻求新的组织能力。20 世纪 90 年代初，随着战略管理理论的发展，动态能力理论逐步发展为企业能力理论的一个分支。相对于传统的企业能力理论，动态能力理论将研究重点从导致竞争优势的资源和能力的特征及市场条件逐步转向具有 VRIN 属性的资源能力是如何产生、发展和演化的。动态能力观研究的基本问题是：在动态的市场环境中企业为何和怎样建立持续的竞争优势；企业如何表现不同的绩效。动态能力观整合演化经济学、技术创新、组织学习与战略管理理论等领域来解释这些问题。①

动态能力理论强调能力与环境相适应。不论是企业资源基础观还是核心能力理论，在解释企业竞争优势时都具有明显的静态特征。首先，它们的前提假设为外部环境是不变的，然而，20 世纪 90 年代以来技术和市场快速变化，企业面临的环境充满不确定性。在急剧变化的环境中，技术创新、消费者偏好改变等都会使企业的竞争优势荡然无存。其次，竞争优势从确立的那一刻起就处于模仿者和革新者的强烈破坏和冲击之下。这决定了它不可能永远维持现状，只能维持到竞争对手成功模仿或超越时。企业要想基业长青，关键不在于能在短期内或某个时点上获得竞争优势，而是能在长期内抵御竞争者的侵蚀或适应外界变化，拥有持续的竞争优势。核心能力理论出现后，人们一度认为核心能力是企业持续竞争优势的来源，核心能力理论是培养企业持续竞争优势的最佳理论。但是，随着知识经济的到来，科技发展日新月异，人们逐渐认识到核心能力同时具有核心刚性，很难适应环境的变化。在动态多变的环境中，曾经的核心能力不可能永远维持企业的持续竞争优势。

动态能力（dynamic capability）是指企业在快速变化的环境中整合、建立和重构内外竞争力，获取持续竞争优势的能力。“动态”是指更新竞争力的能力，从而与变化的商业环境相一致；“能力”则强调了战略管理中恰当地配置、整合和重组内外部组织技能、资源和职能竞争力，以与变化环境的要求相匹配的重要作用。

动态能力的提出，一方面克服了资源基础观中均衡分析的不足，以反均衡的演化经济学为基础；另一方面，它是针对核心能力的刚性发展起来的，是企业改变的能力，秉承了熊彼特的“创造性毁灭”的特点。

---

① 江积海．动态能力与企业成长．北京：经济管理出版社，2007．

动态能力蕴涵着动态机制，使企业通过动力机制、配置机制与学习机制将内部与外部资源进行整合，共同作用而更新企业的能力。拥有动态能力的企业会自动适应内外部环境，抓住机会，避开威胁，并产生差异性的竞争优势。企业本身是一个系统，不断与外界进行资源、能量与信息的交换。企业系统必须时刻洞察周围的环境，控制、协调内外部资源，获得经济利益。成功的企业一定是那些具有动态性、对环境具有适应性的企业。

动态能力观就是企业动态地适应内外部环境，整合内外部资源，以创造新的竞争优势的一种观念。企业动态能力观的培养需要动力机制、配置机制和学习机制在企业内部不断运转，需要企业与外部环境不断互动。动态能力观的提出使企业由原来只关注企业内部扩展为关注企业内部与外部。企业只有协调好内部与外部的关系，才能适应外部环境，避免内部能力的惯性与刚性。企业必须依据外部环境的变化，通过组织学习与知识积累，不断调整与提升自身的资源和能力，最终形成持续的竞争优势。

三、从资源到能力

（一）理论演化

美国经济学家彭罗斯（Edith Penrose）是最早提倡企业资源基础观的学者之一。早在1959年她就提出："企业不仅仅是一个行政管理单位；企业更重要的存在形式是生产资源的集合。行政单位的角色和作用是，通过其行政决策来决定这些资源在不同使用者、不同时间的配置。当我们从这个角度来审视私人公司和评判其规模时，最好的标准是它们所操控的生产资源。"[①] 巴尼（Jay Barney）被公认为资源基础理论之父。他认为，在公司之间可能存在一些异质或差异，正是这些差异使一部分公司保持着竞争优势。因此，资源基础理论强调战略选择，认为公司管理的战略任务就是找出、发展和配置这种与众不同的关键资源，以谋求最大化的经营回报。20 世纪 80 年代中期以来，资源基础理论（resource-based view，RBV）崭露头角，并得到迅速发展。沃纳菲尔特（Wernerfelt）的文章被认为是企业资源基础观复兴的重要标志。[②] 从 1984 年到 20 世纪 80 年代末，对企业资源基础观的理论探讨主要集中于阐释企业独特资源和能力是持续竞争优势之源、企业资源的获取和培育途径等。这些基本观点为企业能力理论的出现准备了理论基础。

20 世纪 70 年代，学者们正式提出了企业能力的概念。理查德森（Richardson，1972）在所著的《工业组织》一文中用"能力"（capability）描述企业的知识、经验和技能。普拉哈拉德和哈默认为企业是一个能力体系或能力的集合，企业能力将最终决定企业的竞争优势和经营绩效，并明确提出核心能力就是"组织对企业拥有的资源、技能、知识的整合能力，即组织的学习能力。一套强有力的核心能力的存在是企业成长的源泉"[③]。该理论强调企业内部的资源、核心技术、技能等核心能力要素对企业成长的重要性，但忽视了不断变化的外部环境对企业成长的影响。

随着企业能力理论研究的进一步深入，蒂斯（Teece）、皮萨诺（Pisano）和苏恩（Shuen）明确提出动态能力战略观，认为信息时代的市场变化和技术进步迅速改变着整个

---

① PENROUSE E . T. The Theory of the growth of the firm. New York：M. E. Sharpe，Inc. White Plains，1959.

② WERNERFELT B. A Resource-based view of the firm. Strategic Management Journal，1984，5（2）：171－180.

③ HAMEL G.，PRAHALAD C. K . The core competence of the corporation. Harvard Business Review，1990.

经济结构，环境迫使企业对能力存量不断进行质的改变，能力更构成产业动态性的驱动力，并构建了包括三个关键要素——资产定位（position）、组织过程（process）、发展路径（paths）的动态能力基本分析框架，如图 17—3 所示。① 资产定位是指企业当前拥有的技术/智力资产、互补性资产、客户基础、与供应商/合作者的外部联系等；组织过程是指组织惯例或当前活动和学习的范式；发展路径是指企业的战略选择可能性、收益增长的可能性和路径依赖等。企业动态能力存在于企业的组织过程中，其形成是由企业的资产定位与发展路径决定的。

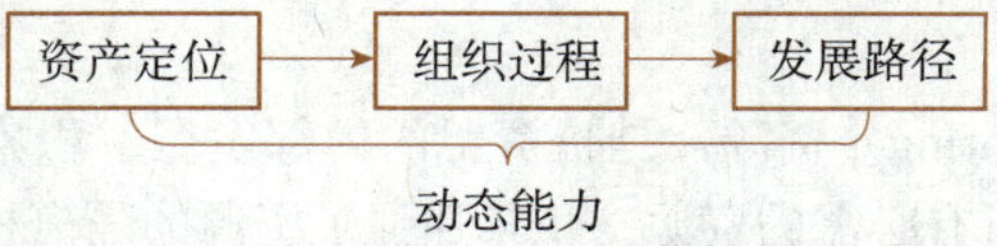

图 17—3　动态能力的三个维度

图 17—4 显示了从资源到能力的理论演化。

图 17—4　从资源到能力的理论演化

（二）资源—能力的转化

西蒙②提出的关于组织资源、能力的管理框架是迄今为止对组织内部的资源管理过程描述最细致的概念模型。该模型将这一管理过程分为构建资源组合（structuring the resource portfolio）、整合资源形成能力（bundling resources to build capabilities）、发挥能力（leveraging capabilities to exploit market opportunities）三个阶段，每个阶段又包括三个子过程，如图 17—5 所示。

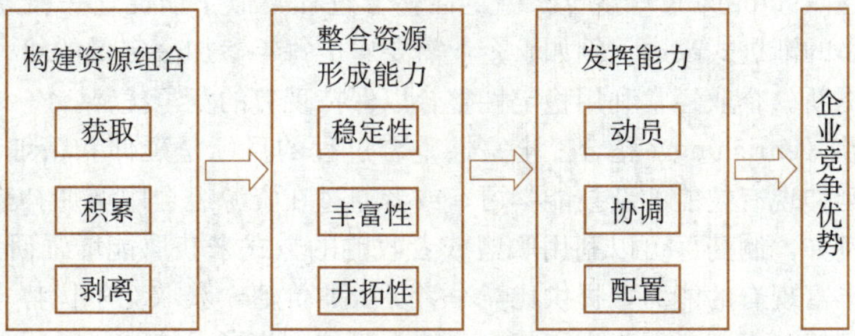

图 17—5　资源、能力的转换过程和企业竞争优势

---

① TEECE D. J.，PISANO，G.，SHUEN A. Dynamic capabilities and strategic management. Strategic Management Journal，1997，18（7）：509－533.

② SIMON D. G.，HITT M. A.，IRELAND R. D. Managing firm resources in dynamic environments to create value：looking Inside the black box. Academy of Management Review，2007，32（1）：273－292.

1. 构建资源组合

构建资源组合是企业获取、积累和剥离资源的过程。[①] 企业的资源组合是企业所有和控制的有形和无形资源的集合。资源组合约束了某时点上企业潜在价值创造的上界。

(1) 获取（acquiring）资源，是指从战略要素市场上购买资源。[②] 从土地、劳动力、设备到生产技术、业务组合，都可通过直接购买或收购及兼并从战略要素市场中获取。为获取资源支付的价格很大程度上影响资源对企业创造价值的贡献，特别是在所有者财富方面。芯片设计公司AMD在2006年为了收购图像处理公司ATI支付了高达54亿美元。一年后，AMD股价下跌了54%，不得不承认当初的收购价格过高，因此将注销ATI的商誉价值。

(2) 积累（accumulating）资源，是指资源的内部发展。积累是必需的，因为战略要素市场不能给企业提供所有必需的资源。积累加强了资源的隔离机制，这种隔离机制减少了被竞争者模仿的威胁，提高了企业在该资源基础上获得竞争优势的持续性。[③] 在外界环境不确定的条件下，没有合适的资源，企业就可能无法对没有预料到的机会或者重要的竞争者的行动作出反应。这种反应的无力就会被竞争者利用。在环境的丰裕度低的情况下，内部资源的发展更为重要。在这种环境中，资源不易甚至无法从外部要素市场获取。

(3) 剥离（divesting）资源，是指企业对所控制资源的摆脱。积极地评估现有资源，剥离企业内没有价值的资源，以收购和积累更高价值的资源。不能为发展和维持竞争优势作出贡献的资源或者不能有效整合和平衡的额外资源，是战略性剥离活动的候选资源。如解雇低绩效员工，剥离非核心经营业务，出售专有资产，拆分经营业务，外包一些职责等，都是战略性剥离的例子。

2. 整合资源形成能力

整合是一个能力形成的过程。某种资源与其他资源相结合所创造的价值往往高于其独立发挥作用所产生的价值。整合资源形成能力的过程实际上代表着一种企业配置与整合资源来实现理想状态的能力，是把组织资源整合在一起的因素。它产生于有形资源和无形资源之间的复杂互动。不同类型的整合过程产生特定的能力。稳定性整合、丰富性整合和开拓性整合是三种不同的整合过程。

(1) 稳定性（stabilizing）整合。稳定性整合过程类似于惯性这一概念。它是在已有能力中作出很小的渐进式改进。例如，企业需要雇员每年参加一定量的培训，以保持他们的知识和技能更新。企业经常利用稳定性整合以保持现有的竞争优势。

(2) 丰富性（enriching）整合。丰富性整合过程的目标是延伸和精细化现有的能力。能力可以通过延伸现有技能的新技能学习，或者通过在资源组合中增加补充性的资源至现有资源结构。例如，制药厂可以利用联盟或者收购的方式来获取能增强研发能力的知识。企业可以通过丰富现有的能力，提供比竞争者更大的价值，获取竞争优势。然而，经过丰富的能力仍有可能被模仿，因为它们代表了能力延伸。为了保持一段时间的竞争优势。通常需要新的能力。企业利用开拓过程创造新的能力。

---

① 刘小玫，李垣，刘衡. 企业战略类型与资源战略管理的匹配. 现代管理科学，2008 (9).

② BARNEY J. B. Strategic factor markets: expectations, luck, and business strategy. Management Science, 1986 (32): 1231-1241.

③ BARNEY J. B. Firm resources and sustained competitive advantage. Journal of Management, 1991 (17): 99-120.

（3）开拓性（pioneering）整合。开拓过程是特殊的，需要在已有知识基础上探索式学习。探索式学习使开拓过程可以涉及整合全新的资源。开拓这一子过程通常建立在以创建新的竞争优势为目的的熊彼特逻辑基础上。创造性和广泛深入的知识基础刺激了新能力的产生。

3. 发挥能力

发挥是应用企业能力为客户创造价值，为所有者创造财富的过程。发挥过程在企业内部能力与外部环境条件的匹配中是非常关键的。企业需要在特定环境下运用、施展能力来实现竞争优势。外部市场是一系列小环境和机会的组合，企业可以从中选择以更好地发挥自己的能力。市场的复杂性和异质性给企业创造了众多机会，以发挥它们的异质能力，为客户创造价值。发挥能力包括三个关键子过程：能力动员、能力协调和能力配置。如同寻找并激励人员、将他们组织形成团队、将团队调派到战略任务目标处的军事行动流程一样，发挥能力的三个子过程必须以互补的方式一起运行。

（1）能力动员（mobilizing）。动员的内容是识别需要的能力，设计必需的能力构造。能力动员需要整个企业持续的调整。为了优化价值，必须用适合的能力产生一系列行动，为不同市场上的不同客户创造价值。主导性逻辑的发展便利了能力的动员。但主导性的逻辑能够产生一种路径依赖学习过程，束缚了未来战略的设计。因此当能力动员的时候，企业必须对可能引起的刚性的路径依赖学习过程保持敏感。

（2）能力协调（coordinating）。协调的内容是整合已动员的能力，以一种有效的方式发挥能力。主动的协调活动会使用联合的、基于经验的方式去整合能力。建立在内部社会资本基础上的企业外部网络便利了知识的共享和能力的协调。此外，技术设施的投资对协调能力很重要。协调的目标是使竞争者难以观察和复制企业具有的能力。一个有竞争力的协调过程通过给客户提供独特的、创新性的价值来为企业竞争力做贡献。

（3）能力配置（deploying）。企业为客户创造价值的能力通过成功的配置得以实现。这是一个通过使用协调产生的能力组合支持企业制定的战略的过程。经过动员和协调的团队被分配完成一个指定的任务环节，组织内的各个团队完成各自任务，以实现整体战略目标。

企业核心能力能够为企业创造持续竞争优势，使企业在竞争中保持长期主动性。鉴于此，企业应把培育核心能力作为重要的发展战略目标，紧紧抓住核心能力培育这一主线，将企业有限的人力、物力、财力等战略性资源优化配置到有利于企业长期生存和发展的方向上。

索尼整合资源、提升核心能力的实践

索尼公司是世界上生产视频设备的最大厂商，长期以来一直是日本大学毕业生就职的首选目标企业。索尼在整合外部资源的基础上打造自身核心能力的做法值得借鉴。

一、积极引进外部技术资源

索尼非常关注和重视外部的技术资源，只要有机会，就加以引进。盛田昭夫曾说过，在技术进步如此快的今天，一个企业要全揽某一方面的技术是不可能的，要尽可能利用各种关系引进自己所需的技术。在这种思想的指导下，索尼不断引进新的技术，如与 IBM 联盟生产计算机用磁盘、与飞利浦联盟共同开发 CD 光盘、与微软和苹果公司合作共同开发软件等。虽然在引进技术、对外合作的过程中索尼也有失败的经历，但是密切关注外部技术变化、及时引进消化吸收对于索尼的发展起到非常积极的作用。

二、重视独创性、培养技术能力

索尼在成立初期就确立了公司的经营理念。早期的《成立意向书》中明确宣言：享受有益于公众的技术进步、技术应用和技术革新带来的真正乐趣；弘扬日本文化，提高国家地位；做开拓者，不模仿别人，努力做别人不做的事情；尊重和鼓励每个人的才能和创造力。

索尼在引进技术、开发新产品之际，非常注重开发、培育自己的核心技术。每当出现新的技术时，只要与自己的研究、生产活动相关，索尼就会及时抓住机会，迅速应用于自己的产品。有些技术在欧美刚走出实验室，索尼就开始考虑购买其专利、实现商业化。索尼的新产品不断打破日本或世界纪录，成为日本或世界首创的产品。在索尼发展史上，仅 20 世纪五六十年代，索尼就成功开发了 5 项日本首创、16 项世界首创的产品，其研究院的江崎玲于奈还凭借在半导体隧桥技术方面的突破而获得诺贝尔奖。索尼的很多核心技术和能力——半导体技术、生产技术、材料技术、通信技术、信号处理能力、信息处理能力、系统技术、部件生产能力等——都是在生产实践过程中逐步掌握的，索尼被公认为富于创新的企业。

资料来源：韩中和．组合资源，不断创新：索尼公司建立核心能力案例分析．研究与发展管理，2001（6）．

第 4 节　从控制到民主——以人为本与管理创新

企业对人的管理经过了三个阶段：第一阶段，20 世纪初泰勒等倡导科学管理，以提高劳动生产率为目标，在操作规程、工作定额、差别工资制度、职能分工、管理原则等方面进行了一系列探索；第二阶段，20 世纪二三十年代侧重于研究人的需求、行为动机、人际关系和激励理论等，主张通过多种方式激励人的积极性；第三阶段，第二次世界大战后，数学方法和计算机的运用使得管理工作的精确化、科学化水平日益提高，随着社会的不断发展，人们逐渐认识到人是企业的主体，企业只有进行“以人为本”的管理，才能依靠员工的自我指导、自我控制以及顺应人性的管理等实现企业效益的最大化，才能不断适应时代的变化而走在先进行列。[①]

一、以人为本的概念[②]

人本管理是现代企业管理的新模式，其核心是尊重人、关心人，激发人的热情，满足人的合理需要，实现人的价值。这里的“人”既包括组织内部人员——他们是管理活动的核心和组织的最重要资源，也包括组织外部的众多利益相关者——他们可以激活企业的整

---

① 史月勤．浅谈企业管理的核心：以人为本．新疆有色金属，2011（3）．

② 申明，李剑．以人为本．北京：经济科学出版社，2012．

体竞争力，保证组织更健康和自由全面地发展。通过企业文化建设，培育全体员工共同的价值观，运用各种激励手段充分调动和发挥人的积极性和创造性，企业可以引导全体员工实现经营目标，依靠全体员工的共同努力促进企业的不断发展。

在组织管理过程中，管理者要积极倾听组织内每位成员的意见和感受，努力保证所有人都理解并认同组织要采取的行动。管理者需要意识到，组织里的每个成员都承担着重要角色——即使在某些时候其中一部分人看上去可能并没有分到什么任务。在与团队成员互动的过程中，搭建活跃、顺畅的平台或沟通渠道是十分重要的。

二、以人为本的内容[①]

（一）决策与沟通

1. 工作情绪

情绪作为人们基本的心理过程之一，是心理活动的组织力量，影响着人们的决策和行为。已有研究表明，许多情境影响因素正是通过情绪和情感的桥梁来对员工的行为和态度乃至工作绩效发生作用的，有关情绪和情感的讨论已渗透到组织研究的许多方面。Weiss and Cropanzano（1996）提出了情感事件理论（affective events theory，AET），认为组织成员在工作中经历的种种事件都将引发个体的情感反应，进而影响其工作态度及行为。情感反应有两种影响行为的方式：一是直接方式，即通过情绪唤起直接引起情感性攻击；二是间接方式，通过影响工作态度来间接影响工作行为。该理论在解释工作情境与组织成员的态度和行为间关系的黑箱时具有独特作用。[②]

管理者需要处理好组织中的情绪及与之相关的行为，尤其应该重视团队中的情绪氛围。管理者应对团队成员的情感需求以及团队成员间的情绪关系给予更多关注，同时应关注工作中所需情绪劳动的要求。研究发现，团队积极的情绪氛围对团队情绪资源建设和团队效能感有积极的促进作用，团队领导者应在团队中向员工逐渐灌输一种积极情绪，有效提升员工的工作热情，鼓舞团队士气，营造团队和谐人际关系，建设更加和谐积极的团队情绪氛围，以促进团队创新和团队情绪恢复，尤其是团队任务中对情绪劳动要求较高的团队更应注重营造和维护积极的团队情绪氛围。[③]

脑科学——脑中的镜像神经元与沟通中的情感传递

大脑中镜像神经元（mirror neuron）的存在使我们的大脑能够模拟身边人的感觉和情感。当身边的人做出一个动作时，我们的大脑会促使我们感受到部分对方的感觉（Rizzolatti and Fabbri-Destro，2009）。同样，当身边的人处于某种特定的情绪状态时，我们也会或多或少地受这种情绪的影响。即使别人一个小小的微笑或皱眉，也会让我们觉得自己似乎也在做同样的事情（Dimberg et al.，2002）。

---

① 哈里·奥斯曼．人性管理．北京：中国财政经济出版社，2005.

② 王宇清，龙立荣，周浩．消极情绪在程序和互动不公正感与员工偏离行为间的中介作用：传统性的调节机制．心理学报，2012（12）.

③ 刘小禹，刘军．团队情绪氛围对团队创新绩效的影响机制．心理学报，2012（4）.

情感压抑的人会让你觉得很有压力，对你微笑的人会让你觉得很放松。我们大脑中的这种反应是自发形成的，即使我们并不想受身边人的影响，我们大脑中的镜像神经元也会自发地让我们感受到相应的反应，有时连自己都没有觉察到。当然，就像我们会受别人的影响一样，我们的情绪也会影响他人。当我们情绪低落时，我们可能会使身边的人也觉得沮丧。当你开心时，全世界都可以和你一起笑——至少从心理学的角度可以这样讲。

情绪会传染，工作场合中要注意自己情绪可能带来的影响，让周围人的心情好一些会帮助你与顾客和同事建立更加积极的关系。在团队中，如果能有意识地创建一种愉快的氛围，保持冷静、乐观的情绪基调，就可以显著地提升整个团队的生产力和幸福感。领导者在其中起着更加关键的作用。优秀的领导者会有意识地利用自己的情感感染身边的人，有效地引导员工调整到最佳的工作状态。

资料来源：GIBSON A. A Mind For Business：Get Inside Your Head to Transform How You Work. FT Press，2015.

2. 积极沟通

随着世界经济的发展，企业管理发生了深刻变化。泰勒的科学管理理论因对被管理者个人的社会需求尊重不足而受到广泛批评。在现代人力资源管理理论中，人力资源在企业中是最具潜力和最具弹性的。员工个人的工作热情、工作态度、对组织的认同是极为重要的因素。美国人类学家爱德华·霍尔（Edward Hall）使用文化语境概念检测“沟通”维度。在低语境文化（low-context culture）中，沟通是明确、简单、直接、准确的，听懂表面意思即可；为实现沟通清晰，人们喜欢重复表达和书面交流。在高语境文化（high-context culture）中，沟通是复杂、微妙、间接的，听话往往需要听音；书面沟通较少，多为口头交流；听者要通过说话者的遣词用句猜测其潜台词。

著名组织管理学家巴纳德（Barnard）认为，“沟通是将组织中的成员联系在一起以实现共同目标的手段”。没有沟通，就没有管理。① 完善沟通技能在很大程度上就是要处理好管理沟通的5个方面的问题，即克服认知差异、抑制情绪化反应、保持积极倾听和建设性反馈、获取沟通对象的信任、避免沟通中言语和非言语的矛盾。②

那些分处不同地区的员工不太方便联系和支持对方，彼此间的社交距离偏长，需要花费更多精力进行有效沟通。因此，缩短社交距离对于跨区域团队主管来说是最大的管理挑战。管理者可以借助有效促进组织沟通的SPLIT体系③，其中5个字母分别代表一个组成部分——结构（structure）、流程（process）、语言（language）、身份（identity）和技术（technology）。

脑科学——有效的沟通

有哪些因素会影响人与人之间沟通的效率？

---

① 赵耀鹏．浅谈企业管理发展中如何有效沟通．经营管理者，2013（7）．

② 浅谈在管理中如何进行有效沟通．http：//www.xzbu.com/9/view-3222192.htm.

③ 采戴尔·尼利．用SPLIT体系：全球团队无障碍沟通．哈佛商业评论，2015（10）．

1. 语言表达

在与他人沟通时，我们需要将脑子中的想法“编码”成文字传递给对方，对方再将我们的信息“解码”，然后试图理解我们的想法和感受。不过，这一过程中往往会出现很多误解，因为有时我们想要表达的意思与所用文字的语义会存在差别。

不仅如此，人们还经常试图从字里行间揣摩对方的意思，以填补语言可能造成的缺漏。电影《奏出新希望》(*Brassed Off*) 中有一个很好的例子。女主角想邀请一位男士喝一杯咖啡，但这位男士很简单地回答说他不喜欢喝咖啡。从字面来看，男士的回答只是表达了他自己的一种口味偏好，但是当将这个回答与生活经验和文化背景相联系时，它似乎有另一层含义。

一种较为简单的解决办法是，在表达过程中多使用图像或符号，也许有时它们并不能完整地表达我们的意思，但是其效果也许要更好。

2. 文化价值观

如果进行沟通的双方有相似的文化背景和价值观，那么沟通效率会很高。其实，我们所用的语言本身也会影响我们的思维方式。讲英语的人通常会说“约翰打碎了这个花瓶”，这清晰地描述了谁造成了这一后果，而讲西班牙语或日语的人一般会讲“这个花瓶被打碎了”。居住在澳大利亚昆士兰的人习惯于用方位而非左或右描述方向，这反映了当地人良好的海上导航能力。

3. 非语言沟通

我们讲话时的动作和行为会向他人展现我们当时的情绪和身体状况。身体上的细节很容易被别人观察到，如此人是否紧张或疲惫。一个看上去面容憔悴的人说自己此刻十分兴奋，或不停地咬手指甲却声称自己此刻非常放松，其言辞很难令人相信，因为人的动作和行为会向他人传递语言之外的信息。此外，语调和语速也十分重要。当说话的内容与腔调不匹配时，对方很可能不会相信你。

4. 网络交流

当人们不是面对面地进行交流时，由于缺少对表情、声音和行动等辅助标志的判断，双方需要通过想象揣测对方的感情和意图，这会引发很多误解。在表达中多致以友好善意的问候和称赞，多使用积极和愉快的文字，并考虑对方当下所处的环境，都会提高沟通效率。

资料来源：GIBSON，A. A Mind For Business：Get Inside Your Head to Transform How You Work. FT Press，2015.

3. 计划与战略决策①

战略对于组织而言非常重要，但是人们总是混淆战略与计划。战略决策相对来说更难，因为它是一种可能导致不同方向的创造性行为；而计划相对更直接，因为它是一种分析性的理性行为。换言之，战略决策过程并不是简单地从收集数据开始，其核心是富有创造力的整合过程，这一过程是数据的积累和分析过程无法取代的。计算机或许可以按照程序进行分析，但却永远无法进行战略部署。管理者必须学会如何与真实的管理世界——一个具有多面性、复杂性和不确定性的真实世界——打交道，而他们也能在这个世界中不断

① 哈里·奥斯曼. 人性管理. 北京：中国财政经济出版社，2005.

成长。计划是一种分析，是一种正式的、有条理的、引起人们对做某事的注意力的过程，其结果通常是制定计划书等文件。

更好的计划：共同参与法。越来越多的组织意识到，要想使人们支持和参与某一计划，需要给人们说话的机会。参与对计划的讨论实际上就是订立了一种心理合约，即使最终结果并不是他们所期望的，也愿意支持最终结果，因为他们亲自参与了整个过程。

更好的决策：做出决定的过程。Chung and McLarney 分析了战略决策的制定过程。管理者可以吸取的一些教训包括：不要高估竞争性情报的关键作用；过去成功的行动不一定带来未来的成功；在变幻莫测的商业环境中，采用灵活机动的决策方法要比十几年前更为重要，要能针对意料之外的事情设计不同对策；战略决策是一种以大脑认知的现实为基础的脑力活动，而我们的大脑并不总是可以信赖的，应鼓励其他人尤其是那些与你的想法不同的人参与决策过程，多元化对决策活动是有好处的。

脑科学——大脑创造力的产生机制

当我们面对一个难题时，直觉告诉我们要专注并认真思考。其实，创造性思维是一种工作机制：有意识地完成一件任务有时反而难以高效地找到解决方案。就像乔纳森·斯库勒（Jonathan Schooler）所说的，“（我们）总是假设只要集中注意力就可以完成更多工作……但实际上这是错误的”。

丹尼尔·卡内曼（Daniel Kahneman）提出了大脑的“双系统思维”，指出大脑中的“系统1”负责处理人类的感性活动，“系统2”负责处理理性思考。人们使用“系统1”解决问题时会倾向于对大脑施加更强的控制，使我们的思考方式变得狭小和线性化，难以建立联系和发现意外的解决办法。我们越关注问题本身，就会越忽略潜在的解决方法之间的联系。考夫曼和辛格（Kaufman and Singer）的研究表明，当人们放松“系统2”，用下意识的、感性的“系统1”处理问题时，常常会产生创意。

因此，若想在工作中产生更多创意，不妨多试着放松和转换脑筋，使自己的思绪自由发散，散步至少20分钟甚至允许自己的工作环境有一些轻微干扰（但不是噪声），都会提高我们的创造力。

资料来源：GIBSON A. A Mind For Business：Get Inside Your Head to Transform How You Work. FT Press，2015.

（二）鼓励员工自主行动

1. 参与目标设定

过去很多管理著作倡导的原则和方法常忽略被管理者的因素，通常会讲到雇佣关系中一方做事对另一方产生的影响。这基本是单向关系——管理者做事，被管理者做出反应。这是因为人们总是期望管理者积极做事。而现在更有影响力的做法是，“让员工自己设定工作目标”。

员工为自己设定目标会感到一种内在的主人翁意识，那种为成功奋斗的心理动力是巨大的。在实际工作中，员工自己设定的目标通常比管理者制定的目标更有难度。于是，管理者的责任变成确保目标设定清楚且切实可行，同时进行监督检查。需要注意的是，管理者成功协调员工设定的目标在很大程度上取决于询问技巧，而非命令控制的技巧。管理者能否协调好员工设定的目标，关键在于最终目标是否真的来自员工。

管理者的任务在很大程度上是教育性的，因此其性质与教练任务的性质很相似。体育运动中的教练帮助运动员设立可以实现但有挑战性的目标，双方沟通的重点是什么是需要的、什么是可能的、什么是应该改变的以使目标得以实现。而最终做决定的还是运动员，因为教练是为运动员服务的，真正参加比赛的是运动员。

2. 衡量人才管理①

原则一：不要从衡量标准本身着手。

人力资源部门的工作人员在阐述人力资源对企业绩效的贡献时经常面临压力。出于多种原因，管理者可能从具体的衡量标准着手，但这样做是错误的，组织需要制定使人力资源管理更具战略性的衡量标准。

战略性人才管理的衡量标准应该反映人才管理策略对企业战略实施过程的贡献。为了衡量这个贡献，企业需要从“战略是如何创造价值的”这一问题入手，分析那些能为企业绩效带来成功的战略驱动因素。战略性人才管理的最大挑战是人力资源部门的工作与最终的战略成果之间的逻辑链条很长、因果关系不直接。但是，“对员工评估什么，员工才会用心管理什么”。在人力资源部门真正理解这一战略逻辑前，最好先不要确定具体的衡量标准。

原则二：不要依赖外部标准。

用外部标杆作为衡量组织战略性绩效的标准，其背后的假设是“每个公司都有同样的战略，也有同样的实施体系”。标杆对比是一种无差异化的人才管理策略，与其说它提供了解决方案，不如说增加了一种新的病症。

原则三：不要通过改变衡量标准来掩盖不足。

管理者需要认识到，如果现有的人才管理策略无法实现组织期望的战略影响，无论怎样改变衡量标准都不可能“点石为金”。人才管理的衡量标准要能真正地体现其对组织战略实现的贡献。

常见的错误的人才管理衡量指标有：

（1）单位雇用成本和招聘周期。它们会鼓励员工努力将结果值最小化，鼓励招聘人员在选择应聘人员和招募渠道时不要再仔细挑选。更好的替代衡量标准是，新人入职后的绩效表现以及 A 级员工在 A 类职位上的稳定性。

（2）HR 费用因子。盈利较多的企业花在人力资源管理上的费用要比盈利少的企业多。在正常的人才管理策略中，一部分管理费用应被视为投资，因此简单地比较汇总费用是毫无意义的，这会对人力资源管理的战略作用形成误导。

（3）人力资本投资回报率或人力资本增加值。衡量公司全部战略性人力资本的投资回报率的标准应针对每个公司的具体情况而定，取决于公司的战略能力以及驱动这些战略能力的人才发挥的作用。同时，这个过程是自下而上的，谨防使用汇总的投资回报计算公式对员工管理数据进行重新组合——这与财务结果不同。

（4）培训费用因子。真正重要的不是在培训上花了多少钱，而是如何花费这些培训费

---

① 布莱里·贝克尔，马克·休斯里德，理查德·贝蒂. 重新定义人才：如何让人才转化为战略影响力. 杭州：浙江人民出版社，2016.

用。这些投资应高比例地投给战略性人才。

（5）人员流动率。人员流动对企业绩效的影响大小取决于这些人员流动是否发生在A类职位上或是否在A级员工中间。C级员工层面有较高的人员流动性其实是一件好事。人员流动率是一种有用的甚至战略性的衡量标准，但前提是它们是针对战略性思维与战略性人才的，而非对很大范围内员工流动数量的汇总。

原则四：聚焦人才管理的战略影响力。

要衡量人才管理工作的有效性，最重要的是要明确人才管理如何影响关键的战略驱动因素。以研发部门来做类比，与注重研发部门的生产成果对等的衡量标准就是，依据新产品概念引起的企业年度收益变化情况评价研发部门的绩效。战略地图能够揭示企业领先和滞后的战略驱动因素，对这些驱动因素应有相应的衡量标准。例如，企业应分析常规的招募与搜寻人才的衡量指标，受训人员数量、单位受训人员成本等常规衡量指标在反映人力资源部门的行政管理效率方面仍然有用。然而，它们只有在能够影响组织战略驱动因素时才具有战略价值。

原则五：要从战略性人才管理架构的角度进行思考。

人力资本的创造与管理是一个系统的架构，衡量这一过程的绩效自然需要从架构的角度考虑。企业在管理人才体系的构成部分时必须注意它们之间的相互关系，否则会影响“架构”转换为战略资产的有效性。同时，人才管理架构应对“什么是具有战略重要性的”这一问题与组织整体战略地图传递出清晰一致的信息。

原则六：要衡量“水平”，也要衡量“关联关系”。

关注衡量标准之间的关联关系，而不仅仅关注它们各自的完成水平，其实是对领先指标和滞后指标进行战略思考的自然结果。比如，人力资源体系的各构成要素需要与战略性员工的绩效保持契合，那么可以考虑建立“客户关系经理对人力资源系统契合度衡量的看法”这一衡量标准与他们的“绩效评级”和“人员流动率”两个衡量标准的关联关系。

3. 自我管理的工作团队

在近20年里，很多公司开始强调员工参与决策和控制决策的实施，同时出现了“自我管理团队”这一新形式。自我管理团队作为一种有效的团队组织形式，有利于培养员工的积极性和主动性，培养其主人翁意识，同时让他们对团队中其他成员的工作进行监督和指导有利于培养其团队精神和团队合作意识，提高进行决策的能力，从而提高创新中的工作效率。

自我管理团队是一种扁平化的开放型组织，不同于一般组织的是：第一，团队成员间没有等级差别，责任主要由个人或团体共同承担；第二，没有既定的管理人，可由团队自主决定，也可以不属于团队，管理者主要充当服务者的角色，在团队中并不占有核心位置；第三，团队有极强的自主性，可决定员工选择、工作分配、作息时间以及自主决策等；第四，团队存在的时间随任务完成时间而定，团队无固定合作期限，任务完成后团队就解散，当有新任务时再自愿组合成新的团队；第五，管理的对象以团队而非个人为基础，无论是考核、评价或激励都是针对团队和整体任务的，不针对个人，内部分配由团队成员自行协商；第六，团队目标来自团队外部，是由组织分配给团队的任务，而团队成员的工作目标则由团队内部自行协商分配；第七，团队内部事务由团队自主管理，组织只提供必要的支持，不能进行其他干涉；第八，良好的沟通性，由于自我管理型团队中不存在上下级别，所有成员都在一个平等、开放的平台上沟通信息，通过沟通消除矛盾、冲突，使团队成员达成一致。[①]

人单合一：海尔的管理学尝试

"人单合一"模式作为教学与研究案例，被哈佛商学院、沃顿商学院和西班牙IESE商学院与瑞士IMD商学院等国际顶级商学院不约而同地收入各自的教科书中。

1. "人单合一"新结构

从启动到探索，海尔的"人单合一"模式已演进8年时间，如今基本成形。按照张瑞敏的解释："人"是指员工，"单"是指用户，"人单合一"就是员工给用户创造价值的同时实现自身的价值，即双赢。目前海尔的8万多名员工自我组织成为2 000多个自主经营体，最大的自主经营体数百人，最小的只有7个人。自主经营体分为三级：直接按"单"定制、生产、营销的一级经营体；为一级经营体提供资源和专业服务的平台经营体；主要负责创造机会和创新机制的战略经营体。

不同层级的自主经营体通过契约合同关系实现相互承诺、资源协同以及利益捆绑。除战略经营体长即原来的高层管理者保持相对稳定外，其他两级经营体长采用竞聘方式产生，拥有决策权、用人权和分配权，但无固定任期，2/3以上的经营体成员可以联名淘汰不合格的经营体长。自主经营体是一种自主运行、自负盈亏的弹性组织，员工以"抢单"方式进入，按单而聚、单毕而散。同时，自主经营体之间可以相互兼并，排在后10位的自主经营体实行自我淘汰。

2. 结构变化引发角色转变

"人单合一"模式彻底颠覆了传统的企业组织形态。科层制是自泰勒开始一直延续至今的工业企业组织管理方式，虽然以通用汽车和丰田公司为代表的改革旗手通过砍削中层而将原有组织结构从金字塔式压缩成扁平式，但是层级化和官僚化的管理本质依然没有根本改变。观察由自主经营体构成的海尔组织脉络，可发现金字塔式的结构影像荡然无存，扁平化的色彩也非全然，海尔的组织结构是一种全新的倒三角形网络化平台组织。在这个组织体系中，传统意义的"中层"已经消失，原有组织的人事、财务、研发和供应等后台系统在合同契约关系的倒逼下，主动向一级经营体提供资源服务，成为面对用户和黏住用户的一个个节点。企业的内部资源不仅由此得到了高效的优化配置，而且整体组织对市场的协同反应灵敏度大大提升。

组织的重新解构必然引起管理者与员工的角色和身份的转变。科层制结构中，管理者的职责就是决策、分配和监督，其与员工之间是一种绝对化的纵向隶属关系；而在"人单合一"模式下，一线自主经营体与客户直接对接，根据市场变化和用户需求进行自运转、自创新和自驱动，员工从过去被动服从领导变成主动响应市场。在这种情况下，管理者最重要的任务已不再是做指示，而是按照经营体中一线员工的需求帮助整合资源，共同完成为客户创造价值的市场目标，其与员工的关系已不是领导—被领导，而是平台上的并联关系。

不仅如此，在"人单合一"模式下，员工不是靠完成上级的指令挣工资的，因此

---

① 葛荣光. 创新中的自我管理团队建设. 企业改革与管理，2011 (10).

管理者的最重要职责也不再是考核员工的指标和效益，而是为员工成为“自己的 CEO”（彼得·德鲁克语）创造机会和提供平台。不难看出，无论是在权力运行还是信息传递和组织沟通等方面，海尔的“人单合一”模式都呈现出与传统企业完全不同甚至相逆的管理路径。

3. 从消费引导到消费参与

打破组织边界从而再造生产与市场的利益关系，在微观层面彰显了“人单合一”模式的革命性意义。工业时代的管理往往建立在分工的基础上，分工带来生产者与消费者（人与单）的隔离，厂商利用信息不对称的优势将主动权掌握在自己手中，实现对消费者消费倾向的主导，整个生产流程体现为先生产后消费的时序。而通过“人单合一”模式，海尔借助自主经营体的节点即时追踪用户需求并以最优方案满足用户需求，消费者甚至可以参与到自主经营体中，参与前端设计和提供解决方案，原有生产者与消费者的“分工”关系演变为“合工”关系。

在供应端，自主经营体可以将原属于外部资源的分供方吸纳进来，在进行价格谈判的同时更多地让对方参与产品增值设计方案过程。例如，钢材供应商更懂得钢材质地，可为冰箱外壳更好取材提供建议。这样，海尔作为生产企业与供应商之间原有讨价还价的“零和”关系变成了“共赢”关系。这种无边界的组织形态实际上使海尔面向整个“地球村”构筑了一个庞大的资源协同与价值创造网络。

很难说海尔模式具有普适价值，国内产业界和学术界对“人单合一”模式也莫衷一是，甚至张瑞敏自己也认为海尔一直处于试错与纠错的过程中。但客观事实是，自“人单合一”模式运转以来，海尔的利润复合增长率为35%，即便在家电业环境惨淡的2012年，海尔集团的全球营业额也达到了1 631亿元，利润总额达到90亿元，同比增长20%。据世界权威市场调查机构欧睿国际发布的最新全球家电市场调查报告，2012年海尔大型家用电器品牌零售量占全球市场的8.6%，第四次蝉联全球第一。

无独有偶，在德国慕尼黑举办的2013德国IF设计奖项评选典礼上，海尔在与全球51个国家顶级品牌的角逐中脱颖而出，所参选的6款产品同时摘得IF设计大奖。

正如著名的管理学家加里·哈默所说，组织结构变革是管理界的世界性难题，而让企业全员面对市场和服务用户在全球范围内并没有非常成功的案例，因此在颠覆传统中一路突进的海尔应是可嘉可赞的。

资料来源：人单合一：海尔的管理学尝试. 网易财经，http：//money.163.com/16/0822/17/BV3D0AK5002557RH.html.

（三）创造良好的组织文化

1. 建立职场信任

信任通常被理解为对别人的一种信心，相信在自己做出的某次安排中对方能尊重自己的底线。遗憾的是，在过去几十年中，员工认为老板会“做正确的事情”的信心大打折扣。造成这种信心下降的原因包括对制度的松懈以及扁平化组织总经理的权责收缩。例如：当公司开始走下坡路并被发现没有合理执行员工的休假和退休制度时，员工的信心就会下降；当裁员计划造成工作机会大量丧失时，员工的信心会直线下降至最低谷。

帮助管理者建立工作中信任的方法

1. 低承诺，高兑现

员工对管理者的信任部分取决于管理者兑现承诺的程度。管理者可以有意识地采取低承诺、高兑现的策略。随着时间的推移，员工会认为管理者言而有信、值得信赖。

2. 将每个人都作为知识型员工来对待

如果你认为每位员工对自己的工作具有相当水平的知识，就应给予他们应得的尊重，因为如今的工作绝大多数或正在迅速成为知识基础型工作。这种尊重员工和被员工尊重的管理方式将使管理者获得丰厚的回报。

3. 给予合理的奖励

研究表明，对于大部分人来说，无形的奖励比有形的奖励更有吸引力。比如：获得培训的可能性；获得特别支持的可能性；获得知识产权的可能性；与公认的专家一起工作的可能性；参与实验或成为企业家的可能性；可由员工部分掌握的、较灵活的工作安排；非经常性的地位奖励，如具体的职务头衔。

2. 组织文化

组织文化是一家组织的工作习惯和风格。组织文化的形成需要组织管理的长期积累。组织文化的内容涉及组织经营管理的各个层面，包括战略规划、运营控制、支持保障、队伍建设、决策程序和营销组织等。组织需要建立全员参与的经营管理机制，需要使员工知晓组织存在的意义、工作价值和自我实现途径，需要为员工提供全面的基本假设、价值观和信念以强化内部风险控制。这正是组织文化的基本功能，也是组织文化管理的核心任务。

Zappos——以人为本的企业文化

Zappos 作为全美最大的网上鞋城，十分注重公司服务、价值观和文化等方面的建设，其口号是“以服务为动力”。服务的作用体现在客户忠诚度和满意度的持续提高上，它使得 Zappos 在公司一度濒临倒闭的情况下实现了销售额突飞猛涨。如果 Zappos 是货真价实的传奇服务提供者，那么奠定其传奇基础的是什么呢？让我们先听听 7 个半小时客服电话的故事吧。

客户忠诚小组成员劳伦·斯宾塞提供了一份持续 7 小时 28 分钟的客服电话录音。劳伦说，尽管自己一开始没法满足致电客户爱丽丝的需求，但是两人还是建立了亲密的联系。她说道：“爱丽丝是个非常有意思的人。她打电话告诉我，她在医生的办公室里看到了我们公司刊登在杂志上的商品信息，但那是一本旧杂志，爱丽丝询问的商品已被售完。”在接下来的几个小时里，爱丽丝和劳伦一起回忆“昔日的优质服务”——医生上门出诊、订购的牛奶被送到家门口等。爱丽丝分享了她人生中的精彩瞬间和重大事件。虽然中途难免被打断，如劳伦换了两副电池耗尽的耳机，但是通话依然继续进行着。劳伦说：“爱丽丝是个快乐的南方老太太，很像我奶奶，她只是想找个人倾诉。老实说，我认为倾听就是我的本职工作——虽然这个例子有点极端。有人问我为什么没有因为这个电话被公司责难，那是因为这就是我们 Zappos 客户忠诚小组的工作风格。在没有通话次数、通话时长限制的情况下，我们通力合作，确保每个来电得到及时迅速的回复。”

虽然这样的传奇故事赚足了眼球，但是大众惊叹并产生情感共鸣的是小小的善意。在社交网络中，这些传奇故事出现在 Twitter 和 Facebook 上被反复分享、转发、点“赞”的微博或博文中。这些小故事通常很简洁，但直指人心。比如，Zappos 会尽力寄回客户寄来的退货包裹中不小心放入的车钥匙、遥控器，甚至打开包装盒的牛排刀；客户下单后会收到 Zappos 员工手写的感谢卡，且付款后 365 天内均可退货；客户忠诚小组成员通过手机通话帮助迷路的客户找到餐馆。一般情况下，微博或博文会得到人们的各种评论。正如客户忠诚小组成员肖娜所说，“我们的客户知道不管遇到什么情况都可以打给我们，知道我们始终是他们的坚强后盾，我们有时就像电话版的谷歌搜索”。

Zappos 的服务核心语是“传递令人惊喜的幸福”。根据该定义明确的服务的最终目的，Zappos 的领导者精心制定公司政策、提升员工“传递幸福”的能力。公司还允许员工灵活地与每位客户建立情感联系，每名员工都有权自行决定采取何种措施让客户满意。同时，为了打消员工的顾虑，Zappos 对工作熟练的客户忠诚小组成员取消了绩效考核，改用纯粹的反馈法。修改后的 Zappos 评估工具不再采取打分制度，而是改名为“快乐量表”——因为表头用醒目的字体写着“用每通电话传递快乐”。这套工具包括多个部分，涵盖了客户忠诚小组成员“打招呼、建立个人情感联系、服务、寻找或提供信息、结论”等方面，评估方式从领导给下属打分变成小伙伴间的对话，员工们变得更快乐。现在主管和员工只会讨论组员喜欢且满意的通话，以及如何做得更好。Zappos 提供的工作环境减少了防御心理，使整个公司更有追求服务进步的热情。

Zappos 鼓励员工向客户随处传达善意、周到地展现慷慨，从而使客户拥有极宝贵的体验。Zappos 品牌营销与业务拓展部门高级总监艾伦认为：“一点点真诚的关怀就能让糟糕的服务变成优质的服务。如果企业能多关注交流、少注重交易，那么客户将蜂拥而至。”打造生机勃勃的文化，使行为与企业价值观一致，将服务直接转化为客户忠诚度，这些使得以 Zappos 为代表的信奉“服务做得好，销售自会跟上”的企业创立了许多传奇品牌。

资料来源：约瑟夫·米歇利. Zappos 模式：美捷步极致客户体验的五大核心法则. 北京：龙门书局，2014.

3. 文化的多元化

企业的发展需要各种人才集思广益、共同努力，因此企业文化应具有多元包容的特性，以吸引、聘用并留住多元化的人才为公司效力。多元包容最主要体现在企业营造一个让所有员工都能够充分参与、各抒己见、尽显其能的工作环境。企业在员工招聘、雇用、培训和晋升的过程中，对其种族、宗教信仰和性别等均不带有任何歧视，使员工在工作中充满自信且互相尊重彼此的差异。

多元包容的企业文化为企业带来盈利的同时，还能满足每位员工实现自我价值的需求。一方面，企业中具有不同文化背景的员工具备的不同而互补的工作能力能够提高生产力；另一方面，多元包容的企业文化有利于企业员工实现自我价值。在此工作环境中，员工享有均等的工作机会，得以施展才华、创造价值。另外，员工在企业中的晋升和奖励是基于业绩表现的，这可以激励员工更加勤奋，从而能够推动企业发展。

多元包容在美国企业文化中普遍存在，这一特性尤其体现在IBM与惠普两家公司的企业文化中。IBM的各项活动——如雇用、晋升等——对员工的种族、宗教信仰和性别等均不带有任何歧视，公司为员工提供均等的工作机会。如此包容的企业文化吸引了多元化的优秀人才。惠普的企业文化同样充分体现了多元包容的特性。惠普的员工坚信多元包容是企业不断创新和发展的关键推动力，他们将其多元化的才智充分发挥出来，转化为强大的科技生产力，推动惠普在全球市场中发展壮大。惠普长期以来持之以恒地奉行的多元包容的企业文化，为企业带来巨大收益的同时也使其员工受益匪浅。[①]

（四）领导与变革

1. 超越个人英雄主义

人们对领导力的看法一直随着时间的推移而改变。20世纪初，学者们试图将成功领导力与“伟人”理论相联系，最终没能成功。直到20世纪60年代，情境型领导力的观念居于上风，即不同类型的组织和企业环境需要不同类型的管理者。20世纪90年代，组织变得越来越复杂，高管跳槽日益频繁，关于领导力的争论从情境转回个人，管理者与领导者有了明显区分。前者擅长有效执行流程和程序；后者负责调整流程和程序。进入21世纪，全球经济与政治环境更加复杂，对领导力的理解变得更加多元化，对领导力的素质要求也在不断更新。[②] 同时，越来越多的学者开始研究领导才能的阴暗面。这些方面包括：

（1）反射。这是指用下属的眼光看自己，并达到下属对自己的期望。这或许会鼓励领导者为提高自己的形象而非为满足组织的需求而采取行动。

（2）自我陶醉。这是一种错误的自我观察方式，会导致领导者不能接受批评、凡事不愿让步，以及允许下属对自己溜须拍马。这种倾向可能一开始会让人走上领导者的岗位，但也可能使他们基于对业务环境的错误认识采取行动，并因此使组织付出相应的代价。

（3）情盲。即不能认识和理解生活中情感的一面。具有这一倾向的人看上去很冷静、有条理、能控制局势，所有这些都使他们成为领导者的有力候选人。但是，走向这种倾向极端的人会缺乏体会他人感受、与他人联络或建设性地处理冲突的能力。

（4）害怕失去。这在很大程度上源于对职位和权力的需要，因此不能接受自己不再适合所处职位的可能性。这种倾向可能使人不惜一切代价取得成功，这种行为的极端会导致反效率。

在带领组织不断发展的过程中，一味追求个人权力的领导者在新的商业世界中可能会停滞不前。[③] 同时，虽然很多组织都表示员工是最宝贵的财富，但是却并没有真正关爱自己的员工。Chapman and Sisodia（2015）在《每个人都很重要》[④] 一书中指出，领导者应像对待家人一样关心身边的同事和员工、感受他们的生活和幸福，并营造积极乐观的组织环境。“如果领导者关爱自己的员工，那么员工就会自然地专注于工作。当领导者发自内

---

① 尹慧颖，高嘉勇，白晔．美国著名跨国公司企业文化研究．长春理工大学学报（社会科学版），2012（6）．

② 盛蕨希．用未来领导力应对未来挑战．哈佛商业评论，2015（3）．

③ GEORG VIELMETTER，YVONNE SELL．2030年需要的领导力．哈佛商业评论，2014－08－22．

④ BOB CHAPMAN，RAJ SISODIA．Everybody Matters：The Extraordinary Power of Caring for Your People Like Family．Portfolio，2015．

心地相信每个人都很重要时，员工会报以感恩。这就是领导力的秘诀。如果你信任他们，他们也会信任你。如果你愿意与他们一起规划组织的未来，并给他们以自由空间和支持，他们就会积极地、富有创造力地实现他们的目标。”组织中不乏这样的员工：他们在焦急地等待工作或其他事情的积极转变，等待真正的领导者出现，施展自身的才华。领导者要立刻组织跃跃欲试的员工，对那些仍在徘徊和修整的员工也需要保持耐心和关爱。

更多奉献型领导者明白领导力是一种关系，因此会将注意力放在别人而非自己身上。奉献型领导者能够激发员工的热情而非居高临下地发布命令，会把自己看作团队整体的一部分，并用长远眼光兼顾全球和本地。以关爱为本的领导力应遵循如下原则：以关心自己身边的人来迎接每一天；明白领导的意义是对那些将生活托付给你的人们负责；要让自己的员工每天安全、健康并满足地回家；将每个行为都视作为令人激动的未来而做出的努力；信任是所有关系的基础；看到他人身上的闪光点，并公开认可和欣赏；不要对他人提出你不会对你孩子提出的要求；用乐观的态度领导他人；认识并发挥每个人的独特之处；领导是否成功取决于如何对待接触的人。

当然，重要转变从来都不是一蹴而就的。真正能触及人心的领导力与很多教科书中描绘的领导力法则都截然不同，因为这需要领导者真诚地、发自内心地做出承诺，而能够做到这些并不容易。

同时，需要注意的是，组织文化变革的最佳时机是组织正在良好运转时，而非正面临巨大挑战或生与死的危机时——就像人们应在生重病前选择更健康的生活方式。但可惜的是，很多组织总是等到遭受严重后果时才采取行动。领导者需要未雨绸缪，从现在起就营造充满希望、耐心和关爱的工作环境。

TD工业公司——仆人式领导力的践行

1946年TD工业公司（TD Industries）成立于得克萨斯州，是美国首屈一指的机械建造和设施服务公司，凭借持续不断的创新能力一直在行业中保持领先地位。在过去的19年间，TD工业公司获得了国家建筑商和承包商协会颁发的无数奖项。这家公司在其官网声称，相比竞争对手，其最大财富就是公司的员工。同时，该公司将企业文化深深根植于仆人式领导原则中。每个进入TD工业公司的人都会感受到公司内部多元化、包容和感恩的融洽氛围。在美国《财富》杂志每年评出的“100家最佳雇主”中，TD工业公司连续19年榜上有名。

TD工业公司相信，任何一名员工都可以通过先服务他人再经过挑选而变成领导者。每名TD工业公司的员工（或公司的合伙人）都需要完成“仆人式领导项目培训”。TD工业公司将仆人式领导的文化精简地概括在以下14条原则中：

- 公司的发展需要所有人的共同努力。一个组织要想实现其最基本的价值和愿景，关键是要发挥所有人的领导力。
- 简单地说，领导者就是拥有追随者的人，能够赢得他人的认可和尊敬。
- 领导者首先是其所要领导的人的服务者，他们就像老师，是信息和知识的源泉，是标准的制定者，而不是一个只会下命令的人。
- 领导者会关心其下属，站在下属的角度思考问题，并帮助他们实现其抱负。

● 领导者不会说“去干活吧”，相反会说“让我们一起来做吧”，并且身先士卒；他们不会手持鞭子站在队伍的最后，而是站在前列、高举标牌的人。

● 领导者要认识到下属在与之合作，把下属当作自己的伙伴，与他们分享奖励，并不断发扬团队精神。

● 领导者是培养者，会帮助下属成长，因为他们知道下属的成长总是带来更多活力。

● 领导者不会压制下属，会培养和提拔下属，会在追随者需要帮助时主动伸出援手。

● 领导者对周围的人充满信心，相信别人会表现出色，而对方也会因此努力地不辜负领导者的期望。

● 领导者用脑也用心，既会用大脑分析事实，也会用心重新体会。

● 领导者不断追求高目标，自我激励，制定计划并推动实施；既是梦想家，也是实践家。

● 领导者有时会面临棘手的选择，包括协调个人与组织的利益冲突，有时不得不抛弃那些影响组织可靠性、生产力和安全的员工。

● 领导者是幽默的，不是木头一块；他们也会自嘲，时刻保持谦卑的心态。

● 领导者也可以被领导，不强调一定按自己的方式行事，总是选择最合适的方式，有开放的心态。

资料来源：http：//www. tdindustries. com.

2.“无组织”结构

一些研究者指出，未来组织的基本结构单位是小团体。他们的观点是：在竞争日益激烈的环境中，生存需要效率、灵活性和创造性，而大组织在这方面的劣势是有目共睹的。与此相反，高速运转的小团体在这些方面有着明显的优势。

本节中的小团体概念与团队或团体有着明显区别：它要求大家具有多种思维的状态，对实现某一成果怀有共同的热情；团队成员感觉自己正从事一项重要任务；这一任务完全占据了团队成员的时间，他们无法做其他事；人际关系让位于执行任务带来的兴奋感等；这种经历通常不会持续太久。

领导者可采取以下方法创造这些小团体得以发展的环境：

● 培养自主经营的小团体，但不要试图控制它们；
● 寻找合适的人加盟，而不是培训不太适合的人；
● 减少控制；
● 以整体进度而非个人贡献为标准评估团队；
● 给团队适当压力。

自主经营的小团体要尽可能减少官僚主义和等级制度。在组织、团队和自己不受损害的条件下，给予团队尽可能多的自由去运作。这种小团体的构建更多依靠的是共同的价值观、特别的技能、对知识和学习的共同关注以及动态的团队结构等机制，不同于采用一些方框、加上职位名称就可以描述清楚的传统型结构。

建立和运作这样的小团体还需要管理层的努力。不是所有的经理都有能力做好这份工作，都有足够坚韧的心理经历团队建设和发展中的起起落落，都有足够的胆量依靠这一无法长久存在的组织形态。尽管如此，小团体结构作为一种组织结构所具有的潜力仍值得人们考虑。

3. 组织变革①

社会经济的不断变化推动着组织在生产方式、商业模式、组织管理以及技术更新等方面不断变革。巴尼特和卡罗尔指出，生命周期是组织内部变革的主要原因。随着组织的发展，组织结构变革在一定程度上肯定会发生。面对组织变革，管理者可能遇到许多方面的阻力。

首先是个体层面的阻力。

（1）领导者的个性心理。对于大多数企业来说，真正促使组织变革的动力多来源于高层管理者的推动。对于领导者来说，组织变革意味着对过去行为、政策的否定，这会影响管理者在员工心目中的形象，使其领导力下降、丧失成就感。因此，领导者在一定程度上会反对变革。

（2）员工的个性心理。组织变革往往意味着不确定性，会使大多数员工感到焦虑、对个人和企业未来发展充满疑惑。此外，员工对组织变革的态度与员工个人的个性特征有着密切联系。那些敢于接受挑战、勇于创新、具有较强适应能力的员工通常更愿意接受变革；而那些安于现状、故步自封、崇尚稳定的员工对组织变革的容忍度较低，对变革的抵触情绪较强烈。如果员工这种抵制变革的情绪得不到重视和纾解，就会进一步演变为抵制变革的行为。

（3）个体认知差异。组织中每个员工的思想觉悟和经历阅历都不同，对组织变革的认知也不尽相同。由于组织变革管理者或发起者在组织变革前并没有向组织成员宣讲组织变革的重要性和紧迫性，也没有对员工宣传组织实施变革后将达到什么样的目标，因此组织成员对组织未来发展的前景缺乏清晰的认识。对组织变革认识和理解的不深刻、不全面，会导致员工在态度和行为上抵制变革。

（4）经济利益的阻力。抵制变革的重要原因是个人害怕自己的既得利益遭受损失。组织变革意味着企业资源的重新配置、利益的重新分配以及岗位职责的重新安排，这预示着企业中部分员工、管理者的职位、权力、薪酬及其他个人利益都会发生变化。此外，组织成员会担心组织变革后自己不能适应新的工作或不能承担新的职责，这样就会影响其工作效率，进而影响其经济收入。当个人利益增加时，他们对组织变革会采取积极支持的态度，但是，当个人利益受损时，他们更易对企业产生不满而抵制变革。

其次是组织层面的阻力。

在一种相对稳定的环境中，组织惯性有助于强化企业的管理控制系统，使组织内部保持一致，能够有效地控制并协调组织成员的行为。这或许有助于企业取得成功。但是，环境是瞬息万变的，一旦组织面临变革，组织惯性将会迅速转变成组织变革的障碍，组织惯性易导致对环境变化反应迟钝或失当。

（1）组织结构惯性阻力。由于组织变革会使企业各部门、各群体的利益发生重新分配，因此那些原本在组织中权力较大、地位较高的群体会将组织变革视为一种威胁，会为了保护自己的切身利益而抵制变革。此外，企业的流程再造也必然引起企业组织结构的重

① 马颖楠，黄中梅．组织变革综述．特区经济，2015（4）．

组，合并某些部门和岗位、撤销或重新界定权责，会使处于不利地位的部门和岗位的员工反对变革。

（2）组织文化惯性阻力。组织文化是在组织发展过程中形成的，为组织成员所接受认可的行为规范、价值观念的总称。员工行为在很大程度上受到组织文化的影响。在长期工作中，员工与组织、员工与领导、员工与员工之间已形成某种默契，在一定程度上已形成固定的工作关系和工作方式。一旦发生变革，这种工作关系和方式就会发生变化，可能引起员工的不满。同时，组织越成功，组织文化就越可能固化，这助长了组织文化惯性的产生。一旦组织发生变革，组织文化就会束缚员工的行为，落后的组织文化会束缚组织前进的脚步，从而成为阻碍组织变革的力量。

（3）等级链的阻碍。等级链是指组织机构从最高层到最低层形成的层级结构，实际上是一条权力线。在等级链制度下，岗位的职责、权力都有详细的规定。等级链越长意味着组织决策越慢。目前我国大多数组织都属于金字塔式结构，这种结构不仅延长了信息传递的时间，在很大程度上还会导致信息失真。有效沟通渠道的缺失使得员工对组织变革的理解不透彻，从而影响员工参与组织变革的积极性，甚至造成员工在行动上抵制变革。要缩短等级链，就必须消除一些管理层级，这会导致中层管理者丧失已有的管理职能，势必会遭到中层管理者的抵制。

应对这些情况，管理者可以尝试采用以下办法[①]：任命一位负责“变革、创新和发展”的董事；将“贡献建议”写入公司愿景/任务声明中；让经理们在创新方面做到言行一致；将“贡献建议”一项融入员工工作总结中；对创新进行年度检查；对提出建议的员工给予奖励；给予员工一定的时间和空间进行创新；鼓励团队进行集体讨论，寻找有创意的解决办法；设立跨职能小组，鼓励从不同视角看待问题；培训员工进行创造性思维；确保所有创意都得到积极的对待。

企业转型变革时必须回答的五大问题

在环境瞬息变化的当下，如果企业不使用新科技、不进入新市场、不以新方式管理员工、不以新方法或态度面对新事物，那么就可能处于“不变革，就死亡”的局面。但是，企业变革了就真的不会死亡吗？许多研究表明，事实上大部分企业变革都以失败收尾，公司投入了资源，但是却没有达到预期目标，反而赔上了员工的士气，浪费了金钱和时间。

那么，要怎样变革才能成功呢？以下五项原则值得遵守。

1. 变革是否具有加分效果

这一原则看似简单，但是企业在进行变革时却不一定做到。许多企业进行变革源于追逐最新流行趋势、满足某位主管的个人偏好等。在决定进行变革前，企业必须明确评估变革的真正价值。在评估变革是否具有加分效果时，企业应该自问：在现有环境中，这项变革是否会让企业更成功；这项变革能否提升客服或产品质量；这项变革对员工工作是否有正面影响；这项变革能否提高整个企业的绩效（对组织某部分有益

① 哈里·奥斯曼．人性管理．北京：中国财政经济出版社，2005.

的变革不一定对企业整体都有益）。

2. 变革程序是否符合变革需求

有些变革复杂且难以预期（如进入电商市场），有些变革则比较简单（如办公室改用新软件）。复杂的变革通常需要企业创造新的角色、关系、系统和程序，简单的变革则只需要采取一些新的行为，如员工学习一项新技能。在评估变革需要何种程序配合时，企业应该自问：这项变革有多复杂；这项变革是否有先例可循；这项变革是简单可预期的、简单不可预期的、复杂可预期的，还是复杂不可预期的；企业需要何种程度的投资才能确保变革成功。

3. 领导者是否支持变革

领导者在变革能否成功方面扮演关键角色。可预期的变革比较依赖结构性的、传统的运作方式，领导者只需发挥帮衬作用即可。不可预期的变革比较依赖分权和弹性的运作方式。不只是组织，领导者本身也需要变革。领导者应该自问：在这项变革中，企业的目标是什么；企业如何才能实现这些目标；如何实施变革才能在纪律与弹性之间实现平衡；变革要想成功，需要哪些资源，需要将管理重心放在何处；公司是否有决心给予该变革所需的资金及长期支持；公司如何向员工沟通变革过程中的小成果以保持变革动力（分阶段的变革比一次进行大的变革容易成功）。

4. 公司系统是否准备好迎接变革

变革失败的一个常见原因是缺乏系统性。公司要成功推动一个小变革，其他相关部分也必须随之改变。成功的变革不是将注意力集中于单一功能或部门，而是关注与之相关的所有事物。

在评估公司系统时，公司应该自问：哪些运作程序会直接或间接受到这项变革的影响，如何调整它们；要支持这项变革，各主管需要做什么，公司能够如何协助他们；公司的人力资源系统如何支持或妨碍这项变革；如何才能获得人力资源系统的配合；公司中有哪些障碍会阻挡变革；公司应该如何处理它们；对于给予变革需要的支持，公司有多少信心。

5. 员工是否配合变革

除了决策，变革时不要忽略员工。当员工相信变革是正确的且符合程序正义时，他们甚至会接受对个人不利的变革。公司应该向员工沟通变革的价值，并让员工相信变革是做得到的，如此才能争取员工的支持。员工愿意改变的原因包括顺从公司命令、追随他们尊敬的人，以及支持他们真心相信的变革。越是出于后面的原因，员工对变革的承诺越高。

思考如何帮助员工配合变革，公司应该自问：变革将对哪些人不利；公司在做决定时如何做到公平；这个改变对组织和员工在短期和长期的主要正面影响是什么；谁是员工的意见领袖（他们常常不是职阶上正式的领袖）；如何能够邀请他们参与变革；在变革步入正轨之前，主管必须不断重复哪些主要信息；能够协助定义或执行这项变革的人需要在何处参与变革；要开始和持续这项变革，员工需要哪些技能，公司如何帮助他们建立这些技能；公司必须提供哪些奖励以鼓励员工配合变革。

资料来源：帕特·麦克拉根. 企业转型变革时必须回答的五大问题. 哈佛商业评论，2014-05-21.

三、中国的人本管理[①]

中国是一个拥有5 000年文明史的泱泱大国，积淀了浩如烟海的治国之道、修身之法，形成了独具特色的管理思想和理论。同时，中国是世界上最早提出人本主义哲学并初步建立了以爱人贵民为中心的人本主义管理思想体系的国家。中国的现代人本管理体系的构建需要在民族传统文化的基础上进行。

今天，我们对它进行探索和挖掘，重新审视其内涵，目的是研究其现代价值，以求古为今用。这对于建立完整的社会主义管理学的理论体系和现代管理模式具有极其重要的现实意义。

1. 确立以人为本的管理思想

"以人为本"可以说是中国古代许多管理思想中论述最多、运用最广且较为成功的管理思想。中国传统文化的核心层是以儒家思想为正统的文化价值体系，其主要特点是重视人、倡导德。儒家对"仁"的强调、对"礼"的推崇以及"和为贵"等主张，都是为了协调、规范和平衡人际关系。在个人修养上，强调修身、齐家、治国、平天下；在谋事方面，强调天时、地利不如人和。

现在的人本管理——从东方到西方——都在强调"以人为本"的理念，要求企业管理者"居仁怀义"，追求管理者与员工的和谐、员工与员工的和谐以及员工与顾客的和谐。可以说，这些都自觉不自觉地体现了中国传统文化价值的精要。

2. 采用"德治"与"法治"相结合的管理模式

中国古代管理思想体现了"礼""德"在国家社会管理中的地位和作用，同时提倡用政令来督导、用刑罚来整治。"德"与"刑"是儒家认可的对社会进行必要控制的两种方法和手段。用于今天的现代管理中，管理者在管理中要率先垂范、以德服人，以仁爱之心待人，勉励教化人们，使被管理者在良好的道德环境中通过自我修养和自我约束服从于统一的意识思想和行为规范。要指出的是，严明的纪律和严格的规章制度是管理中必不可少的，关键是将"德治"与"法治"巧妙地结合，使管理工作达到最高境界。

3. 采取"有所为，有所不为"管理方法

老子的"无为而治"以及孟子的"人有不为，而后可以有为"的管理思想对于今天的管理者具有有益启示。所谓"无为而治"，并非无所作为的懒汉式管理方式，而是一种积极进取的管理思想。它告诉我们，现代管理者要想达到理想的管理效果，不能事无巨细地指导甚至包办、代替。高明的管理者应将主要精力用于制定长远规划以及切实可行的行动方案，为管理对象提供一个和平安定的工作环境。

4. 处理好继承与创新的关系，实现管理艺术化

中国古代管理思想是为我们提供了不竭的管理经验的源泉，我们应该不断地对之挖掘、整理、学习和借鉴。但是，我们也应该清醒地意识到，中国古代管理经验离不开特定的历史条件和民族文化背景。因此，对中国的传统文化不可抱残守缺，也不可连根拔起。首先，要保持清醒的头脑，去粗取精、去伪存真，取其精华、去其糟粕；其次，在吸收融合的同时，要不断创新，使古人留下的宝贵精神财富在运用中升华，进一步形成具有时代

---

① 申明，李剑．以人为本．北京：经济科学出版社，2012．

特色的现代管理模式；最后，企业要将科学性与艺术性进行完美结合，在管理工作中做到“运用之妙，存乎一心”。

第5节　从经济到伦理——企业美德与责任感

人们对过去几十年间发生的企业丑闻和企业欺骗行为深恶痛绝，厌恶那些企业为了实现盈利目标而采取的不择手段的行为。由此强烈地引发了人们思考：商业企业的真正目的是什么，商业企业应该具备何种美德——这种美德对于商业目的和自由经济都是至关重要的。①

威廉·罗普克在1957年出版的《人道经济》一书中写道：“自律、正义、诚实、公平、豪侠、节制、公共意识、尊重人的尊严、坚定的伦理规范——所有这些都是人们在进入市场、与别人竞争前应该具有的美德。这些美德是支撑市场和竞争、避免堕落必不可少的因素。家庭、教会、真诚的社区和传统是这些美德的源泉。”

一、美德的概念

美德的根本是信念。它是充满智慧和灵感的源泉，可以指引我们的行动，并为我们的所说和所做提供真正的目的。改变世界的卓越行为一定是源自信念的行为。美德将人和人类幸福的超自然的根源联系起来，是企业中传承的、属于信念的一切范畴内的东西，可以存在于工作团队的道德情操中，也可以存在于市场惯例中，为掌握或使用它们的人所用。

真正的企业美德不是一个华而不实的“窗户上的装饰”，也远不是嫁接式的、被称为“企业社会责任”（corporate social responsibility，CSR）的公共关系活动，而是关于内在品德、道德的学问，关乎企业的灵魂。具有美德的企业不需被告知如何对待员工、客户或所在环境，从一开始就知道可以掌管所触及的一切——就像具有美德的人一样。

二、有美德的企业家精神

亚里士多德提出的四种基本且最重要的美德——节制、勇敢、正义和明智——得到了后来哲学家和道德学家的一致认同。商业中的三个基本美德是信念、希望和慈善。虽然并不要求每个人都要具备这三个基本的商业美德，但它们是有助于企业成功的品质，可以维护企业在社会中的地位。以下是商业环境下的工作中更具体的美德，它们都基于上述三个基本美德。

1. 硬性的美德

（1）领导力。这里的领导力作为一种美德，是一种潜存于每个人内心的品质。领导者需要回答的第一个问题是“我们打算做什么样的人”，而不是“我们打算怎么做”。领导力是一个品格问题，它涉及一个人对他人的方式、对他人和自己的比较价值的认同、拒绝妥协的价值。在所有这些事情中，信念是最大的支持。

---

① 西奥多·罗斯福·马洛赫. 有灵性的企业：做有美德的生意. 北京：企业管理出版社，2014.

嘉吉公司——领导力与企业美德

嘉吉公司（Cargill）创建于140多年前，在美国中西部提供粮食储存设施。今天它已经成长为全球最大的私人企业（900亿美元），在66个国家拥有158 000名员工，其业务包括为国际市场提供食品、农业和风险管理的产品和服务。嘉吉公司将其成功归结于体现了伦理、创新和领导三个方面的公司文化，而其公司文化源于建立公司的长老会家族的美德。

1975年，嘉吉公司的总裁惠特尼·麦克米伦（Whitney MacMillan）针对全球范围内一些受到质疑的商业运作和非法活动的丑闻，向所有员工发出了一份通知，提醒他们注意公司的目的和目标。麦克米伦阐述了五个原则，强调了作为公司根基的美德。

（1）我们具有义不容辞的责任，在道德、正直的最高标准下，遵守所有与我们业务有关的国家和地区的法律，实现我们自己和我们的事业。

（2）当某一商业操作被质疑时，开诚布公的讨论应是解决问题的好办法。若此操作不能被公开讨论，则它必定是错误的。

（3）任何不是通过合法的、公开的、诚实的竞争得到东西的行为，都是错误的。

（4）任何不能被正确地记录在公司账面上并接受独立审计的商业交易，一定是错误的。

（5）嘉吉公司不想从任何不道德的或违背商业伦理的行为中获利。未以正确方式运作业务的行为必将受到纪律处分。

美国媒体将嘉吉公司社会资本的价值归于非正式网络、积累的诀窍、使组织充满效率的相互了解和信任。这种社会资本根植于嘉吉公司创始人的传统美德，给嘉吉公司带来了巨大利益。

嘉吉公司雇用有能力、态度正确的人，强化员工培训，通过实施以老带新的培养计划培养新人；公司成员在价值观方面言行一致；通过互动，向员工提供公开进行思想交流的机会；鼓励员工为公司发展献计献策；对员工发展作出长期承诺；高层管理人员与生产一线员工保持联系；每个员工都知道公司的目标。高尚的目标使得嘉吉公司能够集中精力发展。

嘉吉公司的不同寻常之处在于充分运用高水准的领导力和源于企业美德的社会资本。嘉吉公司从没有偷工减料，却可以保持极高的生产效率。这种资本可能永远不会出现在公司的资产负债表中，但是嘉吉公司已经证明这种资本的影响是真实的。

资料来源：西奥多·罗斯福·马洛赫. 有灵性的企业：做有美德的生意. 北京：企业管理出版社，2014.

（2）勇气。同时代许多面临困境而遭遇失败的企业存在的主要问题是缺乏勇气。位于英国伦敦的投资公司 Ruffer Investments 的首席执行官乔纳森·拉弗（Jonathan Ruffer）指出，勇气没有自私的属性，“只有当你追求比我更广泛、更有价值的目标时，无私的勇气才变为可能。以自私为目的的勇气仅仅是一种侵犯好斗的行为，如果没有机会反思和自我批评，那么这种勇气就是鲁莽蛮干”。

（3）耐心。“耐心”一词源于拉丁语“受苦”，表示在追求更高目标的过程中有能力承受可能的困难。没有耐心的人会因当时面临的烦恼而放弃自己的目标，或在最初面临困难时选择放弃追求而转向其他目标。具有耐心的人在面临困难时相信自己有能力克服，并会在坚持目标的情况下想尽一切可能的解决办法。

（4）坚韧。耐心与坚韧密切相关，但是在追求目标的过程中顽强不是坚韧的唯一表现形式，同样重要的是有能力在逆境中坚持做自己认为是正确的事情而不放弃——即使当时还没有看到任何希望。

（5）纪律。纪律是从事商业活动的人所需具备的美德。特别是当别人试图损害这种勇气和决心并期望你最终被打败时，一个人能更好地体现这一美德。

2. 软性的美德

勇气是人们勇于承担风险的基础，坚韧和纪律也是必不可少的，没有这些，人们就不可能通过自身努力在任何领域出类拔萃。而心思的平安和灵魂的慰藉是通过更软性、更柔和的美德——怜悯、爱和饶恕来展现的。

（1）正义。正义是成功地与他人建立友谊、与他人正常交往的基础。企业作为一个成员共同合作的组织，需要公正，不公正会迅速终结这种合作关系。

（2）饶恕。饶恕不仅可以消除冲突，而且可以开辟新路，释放被愤怒和不满扭曲的能量和自信。饶恕不仅是一种心理状态，而且是一个过程。一个愿意饶恕他人的人，不断地积极参与这个过程，既为别人也为自己。

泰森食品公司的重建

在商业中，如同所有让我们与那些感情有所保留的人建立关系的活动一样，我们经常暴露在他人的冷漠之中，遭受到自我追求的另一方无视他人而施加的伤害。一些人如掠夺者一般在经济市场中竭力掠取其所能掠取的一切，抢夺别人的劳动成果、扰乱正常的合作关系，使得饶恕的美德接受考验。

美国泰森食品公司（Tyson Foods）的口号是：致力于“成为一个受人尊敬的公司；做好委托给我们的动物、土地和环境的管理者；持续为股东赢得利润，并注重对员工、产品和生产工艺的投资；诚信经营，并相信我们所做的一切；相互尊重，并尊重我们的客户和股东”。这些是泰森食品公司自成立以来的信条，它帮助泰森食品公司成为世界上最大的多蛋白食品生产商，其雇员超过12万名，分布于美国和墨西哥。

泰森食品公司奉行员工权利章程，强调员工间要互相尊重。其董事长兼首席执行官约翰·泰森（John H. Tyson）曾自豪地说：“我们拥有的不是雇员，而是团队成员。”对于泰森而言，员工反抗公司管理或组织起来破坏生产是不可思议的事情。但是，泰森食品公司没有将律师考虑在内。美国关于民事侵权行为的“集体诉讼”条款，可让一些易被欺骗的陪审团轻信这些掠夺者（律师）对公司剥削员工的指控。

律师们受到利益的驱使，设计了集体诉讼的指控，引诱泰森食品公司的员工指控公司，提出泰森食品公司雇用非法移民而降低了本地工人的工资，本地工人应为此获得赔偿。这起集体诉讼案是律师团代表所有美国境内的、泰森食品公司合法受聘的、工作4年的员工提出的。

这次指控被立案审查。其结果是，在媒体面前，泰森食品公司的声誉遭到粗暴攻击，由此被《公司犯罪观察》节目列为十大“犯罪公司”之一，最终泰森及其公司破产。

泰森因不公正的指控和曾被认为是可靠朋友的集体的背叛而失去了一切。一个人怎样才能从这样的打击中恢复过来？答案是饶恕。泰森发现，员工受到的诱惑来自外界，而真正的掠夺者与公司没有建立任何基于信任的关系。他选择释放心头的怨恨并重新开始。泰森饶恕了那些指控他的员工，与他们和解。在接下来的很短时间里，约翰·泰森通过再融资进行经营，重新确立了泰森食品公司在市场中的领导地位。

在这个例子中，我们可以看到饶恕是如何促进事态恢复正常并挫败掠夺者充满敌意的攻击的。饶恕根本不是一个弱点，而是一种力量，表现了克服不幸的决心和企业重建的信心。如果约翰·泰森无法做到饶恕，而只是满怀怨恨和不满，那么毫无疑问他的企业永远不会恢复如初。泰森食品公司重新进入市场，约翰·泰森也帮助公司恢复了被律师打破的平静。

资料来源：西奥多·罗斯福·马洛赫. 有灵性的企业：做有美德的生意. 北京：企业管理出版社，2014.

（3）怜悯。怜悯是指企业希望为内外部的弱势群体提供资源的支持和鼓励。怜悯似乎与商业环境中的工作相距甚远，因为后者要求高效、短期利润、责任、竞争力、生产力和顽强的意志力，因此怜悯的持续更多得益于信念。

（4）谦卑。谦卑是所有美德中要求最高的，因为谦卑需要我们不断地从外到内地审视自己，从他人的角度判断自己的行动是否正确，并勇于承认自己的缺点和失败。

（5）感恩。在商业环境中，感恩的态度是企业力量的源泉：有助于向别人表达你坦率的、真诚的情感——无论他们是你的合作伙伴还是竞争对手，让这种轻松的、欢快的情感贯穿于你的日常生活中，有助于最大限度地发掘并释放工作潜能。

Chick-fil-A 鸡肉餐饮公司的发展与回馈

卡西是 Chick-fil-A 鸡肉餐饮公司的首席执行官，他在 1946 年用节省下来的 4 000 美元和 6 000 美元贷款开了自己的餐馆，并于 1967 年创办了目前的连锁餐厅。卡西在竞争激烈的餐饮市场中建立了市值 10 亿美元、拥有 1 200 家餐厅的成功企业。

卡西从创业那天起，一直坚持做一件从竞争角度看有损公司经济利益的事情，即所有餐厅在星期日关闭休息，以方便员工在安息日进行礼拜——虽然这意味着公司每周要损失 15%的销售额。

随着业务的增加，卡西对“回馈”的兴趣也越来越浓厚。例如，他鼓励分区经理们多资助当地的学校，并为员工建立了奖学金计划，鼓励他们继续学习。迄今为止，他的这项计划已支出 2 000 万美元。同时，他越来越意识到帮助儿童和青少年健康成长为正直的、有责任心的公民的重要性。他建立并资助了 14 个寄养儿童的家庭。在《塑造男孩胜过改造男人》一书中，卡西解释了自己的人生哲学，认为向青少年灌输良好的生活习惯是成年人的责任，也是通过爱和榜样容易做到的。

Chick-fil-A 鸡肉餐饮公司是一个具有独特价值观的公司。公司员工吸收了这一价值观，从而有更多的精力和责任心做好自己的工作。换句话说，感恩的美德贯穿于整个企业，并影响和改变着企业整体的行为。星期日休息造成的销售额损失对于 Chick-fil-A 鸡肉餐饮公司来说并不重要，重要的是，当员工们以饱满的精神状态返回工作岗位时，他们会给餐馆中的其他员工和所服务的客人带来积极影响。

资料来源：西奥多·罗斯福·马洛赫．有灵性的企业：做有美德的生意．北京：企业管理出版社，2014.

三、小结

利润不总是商业的目的，有时追求利润反而会得不到它。企业越想在市场经济中取得成功，很多情况下越会得到事与愿违的结果。成功往往是因为企业找准了市场定位，并且最大限度地做有价值的事。而做有价值的事必须考虑社会、道德和美德等方面，这样才能使企业以及为企业做事的人忠诚于这一目标。

美德的存在和传播源于它受到信念的支持。那些具有愿景的公司其实是利用几代人创建并保留下来的美德，建立了自己的“服务”或“魅力”或“忠诚度”的意识形态。在全球经济发展、信息革命和智能技术发展创造的新条件下，所有企业都比以往任何时候需要更丰富的美德。只有这样，企业才能在竞争激烈的国际贸易和相互联系的国际环境中取得成功。

从头脑到内心的 18 英寸旅程

人类可以送宇航员登上约 24 万英里之外的月球，可以发送卫星飞驰超过 120 亿英里到达太阳系的最远端，然而我们大多数人在正常生活中进行从头脑到内心这 18 英寸的旅行却是相当困难的。商学院和传统主义者经常不考虑“软”技能或人际交往能力，而这却是一个领导者应具备的最重要的技能。实际上，我们应该废除“硬”“软”管理与领导技能的划分。接下来，让我们一起踏上从头脑到内心的 18 英寸旅程。

第一英寸：爱。爱可以用最简单的方式表达——给人以希望或告诉一个人他很重要。

第二英寸：谦逊。谦逊开始于和结束于一句神奇的话——这不是关于你。它不是转移赞美或突出假谦虚，而是证明你爱的人、你最在乎的人以及你领导的人比你的成就更为重要。里克·沃伦在《标杆人生》一书中写道：“谦逊不是看轻自己，而是不仅仅为自己着想。”

第三英寸：关爱。太多领袖将关爱他人视为软弱的表现。在现实中，关爱他人需要力量。关注使命甚于利润，支持他人的愿景，激励他们寻找和追随某个人生目标，做到这些都需要力量。当强大的领袖关注人们的尊严并足够关爱自己领导的员工时，这些员工会真正变成共同追求组织成功的合作伙伴。

第四英寸：热忱。若某件事情对你来说如此重要，宁愿受苦也要成功，这就是热忱。它可能带来痛苦和牺牲，几乎总是伴随着艰苦的工作，但总能给我们带来快乐。无论你的工作、头衔或角色是什么，对所做的一切是否充满热忱的信念往往决定了你是获得成功还是遭遇失败。

第五英寸：无私。自私型领导者将个人的目标和议程凌驾于团队需要之上，想的都是“我”，而向心的领导者从“我们”出发考虑问题。

第六英寸：真诚。尊敬始于真诚。当人们尊敬一位领袖是因为其人格而非其地位时，人们会热烈地追随他——无论是在工作还是在生活中。

第七英寸：自我意识。优秀的领导者可以走出自我，使自己的能力不只用于看清自己的长处和弱点，同时要决定如何服务周围的人，让生活过得最好。

第八英寸：信念。领导者内心需要有支持自己一步一步往前走的信念。

第九英寸：品质。品质是当没有人在看时你做的事。它是发自内心的、领导者的一个基本特征。他们努力做正确的事情，不管别人怎么看。

第十英寸：脆弱。透明度是培养信任、建立团队和发展人际关系的最快方式。脆弱是关于分享你为何那么做的洞察。这是最具感染力的特点，因为你愿意分享给别人，别人也以开放和分享作为回报。

第十一英寸：宽恕。对人怀有恶意或负面情绪，不仅给我们的记忆带来阴影，而且会让我们的内心变得拥挤。领导者需要将怨恨和不满从心中推出去，为爱、同情和怜悯腾出空间。

第十二英寸：目标。真正的领导者的主要作用是帮助人们建立并达到一个更高的目标。

第十三英寸：鼓励。当你鼓励人们时，即当你信任他们时，你就给了他们超越自己的期望的勇气和毅力。

第十四英寸：同情。同情不仅是对某个人的怜悯或善意的表达，而且是对他人感受和情绪的更深层次的理解。富有同情心的领导人会激励其他人也这样做。当人们富有同情心时，他们的态度和面貌会得到改善。

第十五英寸：慷慨。慷慨有两个部分：渴望改变的同情心；将同情变为行动的承诺。

第十六英寸：诚实。言行方面要保持诚实和明确。诚实不仅仅是说真话，还需要倾听他人的问题和疑虑——无论他们是否喜欢所有的答案，至少他们感到有人在倾听。

第十七英寸：信任。信任是准备、协作和共同责任的产物，每个人的贡献都是至关重要的。信任是每个稳固的关系和每个强大的团队的核心。

第十八英寸：透明度。要真正发自内心去领导，你必须打开自己的内心并允许别人进入，心甘情愿地交流你对自己和业务的见解，即使这不是必须的。

资料来源：汤米·斯波尔丁. 用爱去赢：向心领导力. 北京：金城出版社，2016.

本章小结

◇传统管理促进了组织营运的规范性，但是降低了组织的适应和创新能力；传统管理使商业运转更有效率，但没能使当代商业更关注伦理价值。传统管理原则形成了纪律、精准、经济、理性和秩序，却抹杀了自由、创意、艺术、善良和勇气。传统管理既有很多贡献，也产生了许多糟粕，因此有必要对之进行革新。

◇在未来的组织发展过程中，必须调动广大员工的积极性，而不是继续施加官僚的压制，必须适当控制成本，但不要抑制人的想象力。我们需要建立一个新型组织，并使纪律与自由相互包容。

◇ 从营运导向到创新导向、从封闭到开放、从资源到能力、从控制到民主、从经济到伦理的行动转变，是组织管理发展的新趋势和新要求。

◇ 不断地激励员工每天都发挥其最佳水平、持续提升组织成员的领导力，是 21 世纪、22 世纪的管理者面临的最大任务。

思考题

1. 结合某组织的案例，分析其采用的管理原则的优点和不足。

2. 在保障组织成员持续提升领导力、创新能力和创业精神方面，组织应关注什么？

3. 除了本书提出的管理创新的五个方面，还需要关注哪些要素？面向 21 世纪的管理，组织还应注重什么？

案例应用

VISA 国际与组织的未来形态

VISA 国际（Visa International）是目前全球最大的信用卡组织——全球发卡逾 10 亿张，商户超过 2 000 多万家，联网 ATM 机约 66 万台。虽然它成立至今已有 40 多年，很多人甚至每天都在和它打交道，但是人们对它却了解不多，更没有意识到它改变了我们的生存环境。VISA 国际，这个完全不同于人们传统认识的新型组织，被其设计者迪·霍克（Dee Hock）称为“混序组织”（chaordic organization）。

一、VISA 国际的诞生

40 多年前，美洲银行在美国加利福尼亚州发行了一种蓝、白、金条纹的信用卡。与此对应，加利福尼亚州的 5 家银行于 1966 年联合成立了银行卡协会（即万事达卡组织的前身）。随着美洲银行开始提供特许信用服务，其他一些大银行也纷纷发行银行专用卡，一轮接一轮的发卡较量由此展开。至 1968 年，这个幼稚的产业完全失控了。由于发卡行根本不进行顾客资信审查，因此运营、信用和欺诈等导致的银行损失竟高达数千万美元。

在这一片混乱中，美洲银行召集各家特许机构开会讨论经营问题。会议很快变成激烈的争执，美洲银行提议成立一个七人委员会，由他们提出解决方案，再由美洲银行统一执行。

面对不同银行信用卡互不兼容的问题，委员会提出先与加利福尼亚州以外的一些银行签订合同，准许它们发行美洲银行卡。1974 年，美洲银行信用卡公司进一步与西方国家的一些商业银行合作，成立了国际信用卡服务公司，并于 1976 年正式改名为 VISA 国际，美洲银行卡也改名为 VISA 卡。由此，VISA 国际成为全球性的信用卡联合组织。

二、VISA 国际的基本特征

VISA 国际成立后，并不直接发卡，而是由其会员（主要是银行）发卡。会员银行作为独立的实体各自经营，但是它们发行的信用卡使用统一的 VISA 国际商标，统称为 VISA 卡。作为一个既高度本土化又相当全球化的组织，VISA 国际自成立以来，以 20%～50%的年增长率迅速发展壮大，目前拥有金融机构会员 2 万多家，为 200 个国家或地区提供服务，而员工仅有 3 000 人。作为新型组织，VISA 国际具有鲜明的特征。

首先，VISA 国际设有多重董事会，分别负责不同地区或不同事务，彼此没有高低之分，也没有等级观念，实行分布式管理。VISA 国际从事的是世界上最有组织性的行业，却不受世界上任何机构或组织的管辖或控制。它不是公司拥有成员，而是公司由所有成员公司共同拥有。公司的所有权不能转让、交易、买卖或剥夺，但由此产生的业务却为会员机构全部拥有。它的组织结构具有无限的可延伸性和极端的持久性，它能够轻松地适应差异和变化。现在每年 VISA 卡的全球交易额达 3.4 兆美元，每周处理的交易额比美国联邦储备委员会一年处理的还要多。财富在全球的金融组织之间有序地流通，VISA 卡改变了世界各地人们的金融生活，提供了便捷、高效和安全的支付服务。

其次，VISA 国际将管理权最大限度地下放，使员工有足够的权力实施自己的方案，而不必向上级请示并等待回复，从而极大地提高了工作效率。同时，员工对自己的行为承担相应的责任或获得相应的奖励。由于各自独立操作，因此即使单个行为失败也不会造成整体性的大损失。相反，各单个行为的成功却可以大大增加整体利益。霍克认为，“我们的现在和未来都是混序的，现在的世界是混序的，而未来我们的组织也必须变为混序的。随着社会日益多元和复杂，这是一条引领我们前往一个宜于生存的未来的通道”。混序组织创造了宽松而混序的环境和文化，充分激发了人的潜能，使组织具有强大的适应力和创新力，从而创造了组织奇迹。

最后，VISA 系统内实现了竞争与合作的完美结合。一方面，由于发行信用卡的是会员机构而非 VISA 国际本身，因此会员之间注定会激烈地竞争，不断地争夺顾客；另一方面，各会员又必须通力合作，维护 VISA 这一共同品牌，以使世界上更多的签约商户接受不同银行发行的 VISA 卡。可见，这种后来被霍克称为“混序”的系统，自动地进行协调，成功地在竞争与合作之间获得了平衡。VISA 十分关注合作各方的共同利益，通过少量条约或规则而联结。这些条约或规则的作用就像 HTML（超文本标记语言）对互联网一样，是不同合作者进行联结的纽带，其共同目标是提升和保护 VISA 品牌的价值。VISA 正是依靠强势品牌和混序组织将各合作组织联系在一起的。

VISA 没有对会员的行为进行过多限制，而是鼓励其尽可能地进行竞争和创新。会员机构可以在 VISA 品牌下自由开发新的产品和服务，并自行定价及促销。同时，在少量为了整个系统的成功而举办的活动中，所有会员又精诚合作。正是这种竞合关系的有机统一，使 VISA 国际跨越了货币、语言、法制、习俗、文化和政治差异，成为一个真正的世界性组织。在 VISA 品牌下，发卡银行是谁对于商户而言是无关紧要的，因为他们确信交易信息都将被准确无误地传递。随着品牌越来越被广泛认可，系统扩张的价值也越来越大。今天，VISA 已经被公认为世界上最值得信赖和最广泛受理的品牌。每个新商户加盟都将增加整个 VISA 系统的价值。而这种连接又是非常廉价的，因为它不以建立实物工厂为基础，而是以条约为纽带，不是以资金为载体，而是以信息为桥梁。在品牌价值的凝聚下，合作与竞争的统一使得整个 VISA 国际充满活力，并保持了目标与原则的高度统一。

三、VISA 背后：混序组织理念

“混序”（chord）一词由“混沌”（chaos）和“有序”（order）组合而成，反映的是任何自组织、自适应、非线性的复杂系统在混乱与秩序这对看似对立的事物之间表现出的和谐行为。

霍克是如何打造 VISA 国际这一混序组织的呢？正如多年后他回顾 VISA 国际的诞生时所说的，当时有三个问题困扰着大家：其一，为什么随处可见的组织——无论是商业性的、社会性的还是宗教组织——会随着规模扩大而越来越无法有效管理自身事务；其二，为什么组织中部分个体日益与组织疏远并且冲突不断；其三，为什么我们的社会和生物圈愈加混乱无序。

他认为，解决以上问题的关键是对大量传统观念进行重新思考和构建，如有关银行、货币和信用卡等。这是因为概念的基本要素在微电子环境下都将发生变化。例如，信用卡借助电子信号成为价值交换的工具，而这种交换需求将是巨大的、遍布全球的。霍克试图在组织的秩序与混乱之间寻找平衡，以在特定目的下能最大限度地发挥组织的创造力。霍克给出了混序组织的六个基本原则：

（1）权力与功能必须被最大限度地下放。任何功能，如果能被多个部门分担，那么就不可集中于一个部门；任何权力，如果能由更基层的部门行使，那么就不可控制在高层。

（2）自我组织。无论出于何种原因，任何成员都有权在任何时候、以任何规模进行自我组织管理，并且拥有不可侵犯的权利来参与更高层次乃至整个组织的管理。

（3）管理必须分散。任何个人或机构或彼此间的联盟，尤其是管理者，不得控制或支配任何层次的任何决定或结论。

（4）将竞争与合作完美结合。组织的每个部分都能以独特的方式、不受约束地自由竞争，但要彼此联系，充分了解其他成员的需求，并在需要时作为整体不可分割的部分彼此合作。

（5）具有延伸性和持久性。在保持根本目标、组织性质以及具体准则不变的前提下，能从形式到功能都不断进行自我调整，使人类的才智和精神得到充分发挥。

（6）全部成员和谐而公平地分享组织的所有权利。任何关联方都有权参与经营与管理，并享有所有权。

为了在复杂环境下求得生存和发展，组织必须具有良好的适应能力和创新活力。为了培养这两种组织必需的生存能力，领导者应放弃机械的、分割的、控制的线性思维，而要充分运用非线性的复杂系统思维，要善于创造一种环境以使组织处于混沌的边缘。无序性和不确定性已成为我们生活中不可或缺的一部分，我们必须学会与它们和谐相处，塑造与之相适应的新的行为特征，要有自我组织与自我管理能力，使竞争与合作有机统一。

资料来源：苏莉文，杜纲．基于混序组织的信息管理模型．计算机应用，2012（4）．

孙晓岭．维萨国际案例剖析：聚焦混序组织．南方金融，2005（3）．

齐振宏．VISA International：一个基于混序组织的实证分析．开发研究，2006（2）．

[讨论题]

1. VISA 国际的管理模式是否代表着未来的管理趋势？
2. VISA 国际的管理模式对中国企业有何借鉴意义？

互联网时代海尔的变革管理

创建于 1984 年的海尔集团从开始单一生产冰箱起步，逐渐将业务拓展到家电、通信、IT 数码产品、家居、物流、金融、房地产、生物制药等领域，成为全球领先的美好生活解决方案提供商。根据消费市场权威调查机构欧睿国际的数据，2016 年海尔品牌的全球零售量份额为 10.3%，海尔连续 8 年蝉联全球大型家电第一品牌。

海尔集团以 7 年为一个战略发展阶段，经历了名牌战略、多元化战略、国际化战略、全球化品牌战略到今天的网络化战略。网络化战略的提出顺应了互联网时代的发展潮流，实现了企业由封闭组织向开放平台的转型，以达到“企业无边界、管理无领导、供应链无尺度”的管理目标。

海尔集团现任董事局主席兼首席执行官张瑞敏，带领海尔进行了十多年互联网时代的持续管理变革，谱写了未来管理的新篇章。

一、海尔的互联网转型

海尔整个互联网转型过程的关键在于实现从企业到平台、从顾客到用户的转变。企业是有边界的，而平台是没有边界、对外开放的。顾客是不参与企业的运营和研发的；而用户是不断与企业交互的，是企业运营和研发的一部分。这个转型也推进了企业非技术创新生态系统的形成和完善。

早在 2000 年，张瑞敏就敏锐地意识到“不触网就死”这一关键问题。从那时起，海尔就开始为后来的互联网转型做各方面准备。

海尔互联网转型过程中的关键节点如表 17—2 所示。

表 17—2　海尔互联网转型过程中的关键节点

2000 年触网转型思想孕育 2003 年推进人人成为 SBU 2005 年推出“人单合一”管理模式 2007 年流程再造 2009 年开始开放创新平台布局 2010 年全球首推自主经营体、“两创”文化	2012 年提出网络化战略 推出小微平台 组织实现网络化 形成倒逼机制 2013 年 HOPE 平台正式上线，基于 HOPE 平台研发的产品陆续问世 2017 年人单合一模式生根、开花、结果的元年

1. 管理方面

为实现从企业到平台的转变，海尔首先进行了管理方面的创新，试水内部市场化。2003 年，海尔开创了“人人成为 SBU”的管理模式——这是 2005 年推出“人单合一”双赢管理模式的基础。“人单合一”以顾客价值为驱动力，实现了员工与顾客的双赢。“人单合一”模式究竟是怎样的呢？其一，顾客价值就是其模式的驱动力。海尔认为，只有无限地缩短与顾客的接触距离，才能真正识别顾客需求。海尔将为顾客创造的价值作为评判员工绩效的主要指标。这是一种新颖的经营成果分享机制，是一种比虚拟股权、股票期权等更为直接和有效的驱动模式。“我的用户我创造，我的增值我分享”，一切收益来源于顾客，让用户来付薪。其二，让每位员工充分发挥自己的潜能，成为生意的主人，成为可以掌握和承担盈亏的 CEO。

为保障员工、组织、企业三个转型的顺利展开，2015 年海尔聚焦两大平台的建设——投资驱动平台和用户付薪平台（见图 17—6）。其中，投资驱动平台是将企业从管控组织颠覆为生生不息的创业生态圈，为创业者在不同创业阶段提供资金支持。用户付薪平台是指创客的薪酬由用户说了算，从企业付薪到用户付薪，促使创业小微公司不断自演进和迭代升级。投资驱动平台和用户付薪平台是海尔模式创新的驱动力量。

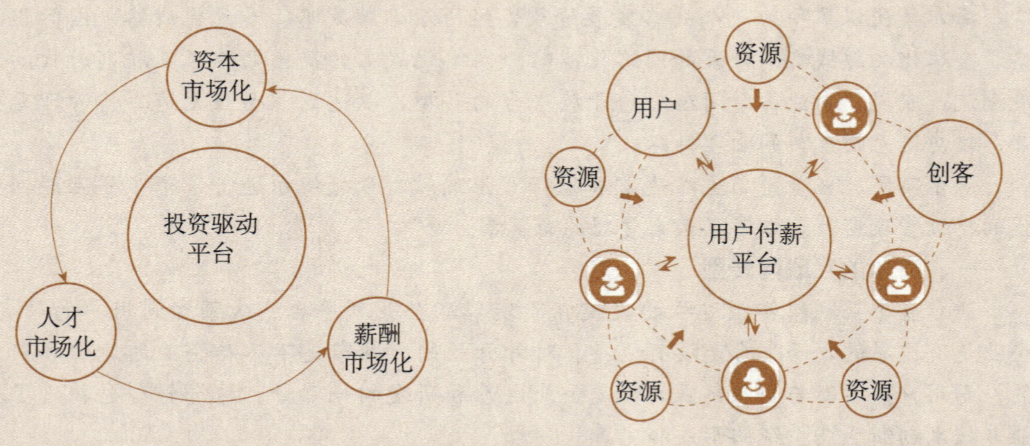

图 17—6 海尔的两大平台

海尔在“创出互联网时代的管理模式”思想的引领下，力争通过小微、创客的三自模式（自创业、自组织、自驱动），实现人单合一模式在互联网时代的国际化，实现新海尔精神、新海尔作风的迭代。具体来说：新海尔精神是以“诚信生态”赢得体验经济中的终身用户；以“共享平台”实现共享经济中有关各方利益最大化；新海尔作风强调“人单合一”是实现“诚信”“共享”的必要条件；“小微引爆”则体现了第二曲线和创业无止境的思维。海尔认为，时代的企业是采取互联网管理模式的企业，海尔应率先成为全球物联网的引爆者。因此，新海尔精神、海尔作风的迭代是将人单合一模式落地为可操作的互联网管理模式。

海尔力争使 2017 年成为在新海尔精神、新海尔作风的指引下人单合一模式生根、开花、结果的元年。为了使人单合一模式落地、生根，海尔于 2017 年发布了《海尔人单合一模式辞典》，该辞典的可操作化流程适用于不同国家和不同文化。人单合一模式的开花是实现社群经济平台上的物联网引爆，并在不同国家有因地制宜的体现。人单合一模式的结果是以诚信为核心竞争力的持续引爆，实现“引爆—引领—引爆”的周而复始的过程。

2. 组织方面

管理创新的顺利实施离不开组织创新的保障。随着“人单合一”模式的进一步推进，海尔推出了自主经营体。自主经营体是虚拟的创业创新单元，它使海尔员工真正做到了与用户零距离。2012 年，随着网络化战略的提出，海尔的组织结构由原来传统的“正三角”转变为由下向上支撑的“倒三角”，进一步真正实现了组织结构的扁平化和网络化。同时，自主经营体也将概念落地，转化成实体的小微公司，海尔正式触“网”。

海尔集团通过近 11 年的人单合一模式探索试错，成为全球第一家采用“倒三角”组织结构的大型跨国公司，形成了彰显“人的价值”的逻辑框架。应该说，张瑞敏在实施了为人熟知的“砸冰箱”后，成功采取了“砸组织”举措。此举真正落实了“管理无领导、组织无边界”，实现了“企业平台化、员工创客化”。现在的海尔，没有层级，只存在三种人——平台主、小微主和创客，他们都围着用户转。平台主从管控者变为服务者。员工从听从上级指挥到为用户创造价值，必须变成创业者、创客。这些创客组成小微创业企业，创客和小微主共同创造用户和市场。小微主不是由企业任命的，而是创客共同选举的，且创客与小微主可以互选。目前海尔正从“倒三角”组织向网络组织迈进。

3. 制度方面

制度创新是小微公司运行的动力。转型之后，企业员工成为小微公司的 CEO，成为自己“公司”的主人。鉴于之前考核体系的激励作用减弱，海尔实行了“二维点阵”和“用户点赞”倒逼体制，倒逼员工无限接近市场，通过与用户不断交互来了解用户更真实的需求。

4. 战略和文化方面

管理创新、组织创新、制度创新的顺利实施都离不开战略创新的指引和文化创新的保障。“每个人都是自己的 CEO”的文化，是小微平台的员工真正当家做主的保障。“两创”文化鼓励了企业员工的创新和创业精神，为员工成为创客提供了支持。开放性创新文化为企业连接世界资源提供了保障，网络化战略为以上不同方面的创新指明了方向。海尔强调，决定企业兴衰的一是员工，二是用户。海尔在网络化战略的引领下，将员工从执行者变为创业者，使每个人都成为自己的 CEO，实现自创业、自组织、自驱动，自主彰显自我价值。与以往认为用户需要的是高质量的产品或成套的生活解决方案不同，海尔认为互联网时代的用户需要的是持续的交互社群体验及诚信的商业生态。

5. 市场方面

市场创新是实现产品商业化的途径，是企业整体绩效的保障。为实现与用户的全流程最佳交互，海尔推出了虚实网结合的营销新模式。海尔颠覆了传统制度，实现了与用户的零距离接触，更好地了解顾客需求，生产更完美的产品，提供更完美的服务。

二、基于 HOPE 平台的创新生态圈

海尔开放创新中心成立于 2009 年。其成立初衷是为集团内部服务，在全球范围内寻找创新资源，响应内部技术需求，攻克技术难题，最终完善集团持续创新的生态系统。该部门于 2013 年开发并运营了海尔开放创新平台（Haier Open Partnership Ecosystem，HOPE）。

HOPE 平台是一个连接用户需求与创新资源的开放创新平台，是海尔与全球伙伴交互创新的社区，致力于打造全球资源并联交互的生态圈。该平台通过开放性创新实现需求与资源在平台上的交互，在交互过程中无数好的创意和项目会诞生，通过利益分享机制实现平台上所有资源和用户的利益最大化。

海尔致力于通过 HOPE 平台搭建并联交互的创新生态圈，通过社区（用户）、技术（资源）、创意三个模块，将平台上的各业务流有机对接，通过三者的有机力量产生内

部驱动力，促使平台有效运行，并通过掌握最新的行业技术动态、建立专业的交互圈、持续产生各类颠覆性创意、快速精准匹配全流程资源、创意转化全流程支持这五大核心能力的建设，快速吸引用户和资源的聚集，促进生态圈的构建和完善。

迄今，在HOPE平台的协助下，海尔集团已支持内部创业人员成立了200余家小微公司，77%的小微公司的年销售额过亿元。创业项目涉及家电、智能可穿戴设备等产品类别，以及物流、商务、文化等服务领域。基于海尔创业平台已诞生470个项目，汇聚了1 328家风险投资机构，吸引了4 000多家生态资源，孵化和孕育着2 000多家创客小微公司。越来越多的社会人士也选择海尔平台进行创业，海尔创建的生态系统已为全社会提供超过100万个就业机会。

如今HOPE平台吸引了包括斯坦福、陶氏、3M、MIT、中国国际技术转移中心、弗莱恩霍夫协会、全球创新网等众多创新创业类组织加入。HOPE平台自上线以来，已形成200万家全球资源网络，超过20万家资源在平台注册，平均每天的在线交互资源超过1 000家，平均每年产生的创意超过6 000个，吸引技术资源提交方案6 000多项，每年成功孵化200个创新项目。

2015年8月12日，海尔的HOPE“A计划”启动，其中Agent是掌握某种技术资源信息或持有某类特定技术的公司或个人。在HOPE平台上，Agent可以通过向技术需求方或技术咨询方提供技术转移、项目对接、技术情报收集或技术评估等服务获取收益。Agent是连接技术资源方、HOPE创新团队与技术需求者的纽带。通过不同的奖励方式，Agent可以加速资源匹配和技术对接，从而更快速地实现创意的转化。

海尔坚持网络化发展战略，开拓创新，通过持续地推进“人单合一”双赢模式，对内打造用户需求驱动的投资驱动创业平台，对外构建并联的开放创新生态体系，创造互联网时代的世界级品牌。在向互联网企业转型的过程中，海尔认为有六个关键要素。第一，在管理方面，要通过非线性演进实现引领目标；第二，在薪酬方面，要坚持用户付薪是企业的驱动力；第三，人人都是创客的员工；第四，在社群生态圈中获得最佳体验的用户，而员工和用户决定了企业的兴衰；第五，在战略方面，要坚持共创共赢生态圈；第六，在组织方面，要转变组织为互联网的节点。其中，战略和组织是决定企业成长的两个变量。这六大要素是海尔实现向互联网企业转型的关键。

资料来源：海尔触“网”转型：企业创新生态系统建设. 中国工商管理国际案例库（中欧案例）.
海尔集团官网.
海尔大学.

[讨论题]

1. 海尔的“人单合一”双赢管理模式在组织和人力资源管理上实现了哪些突破？互联网时代该模式的未来发展如何？

2. HOPE平台在海尔的创新生态圈建设中起到了什么作用？

3. 结合海尔案例，分析互联网时代未来管理的大趋势。

推荐书目

1. 加里·哈默，比尔·布林. 管理大未来. 北京：中信出版社，2008.

2. 西奥多·罗斯福·马洛赫. 有灵性的企业：做有美德的生意. 北京：企业管理出

版社，2014.

3. 亚力克·福奇. 工匠精神：缔造伟大传奇的重要力量. 杭州：浙江人民出版社，2014.

4. 石泽杰. 开放式战略：互联网+商业模式颠覆式创新. 北京：中国经济出版社，2015.

5. 朱利安·伯金肖. 管理是一种风格：彻底执行的上上策. 北京：商务印书馆，2012.

6. 杰伊·B. 巴尼，德尔文·N. 克拉克. 资源基础理论：创建并保持竞争优势. 上海：格致出版社，2011.

7. 杰恩·巴尼，翠西·葛曼·克里福. 不只是件白衬衫：商学院里没学到的策略实战. 台北：天下杂志股份有限公司，2011.

8. 加里·哈梅尔，C.K. 普拉哈拉德. 竞争大未来. 北京：昆仑出版社，1998.

9. 罗伯特·K. 格林利夫. 仆人式领导. 南昌：江西人民出版社，2008.

10. 里卡多·塞姆勒. 塞氏企业：设计未来组织新模式. 杭州：浙江人民出版社，2016.

11. 丹娜·左哈尔. 量子领导者. 北京：机械工业出版社，2016.

教师教学服务说明

中国人民大学出版社工商管理分社以出版经典、高品质的工商管理、财务会计、统计、市场营销、人力资源管理、运营管理、物流管理、旅游管理等领域的各层次教材为宗旨。

为了更好地为一线教师服务，近年来工商管理分社着力建设了一批数字化、立体化的网络教学资源。教师可以通过以下方式获得免费下载教学资源的权限：

在“人大经管图书在线”（www.rdjg.com.cn）注册，下载“教师服务登记表”，或直接填写下面的“教师服务登记表”，加盖院系公章，然后邮寄或传真给我们。我们收到表格后将在一个工作日内为您开通相关资源的下载权限。

如您需要帮助，请随时与我们联络：

中国人民大学出版社工商管理分社

联系电话：010-62515735，62515782，62515987，82501048

传　　真：010-62515732，62514775　　　　电子邮箱：rdcbsjg@crup.com.cn

通讯地址：北京市海淀区中关村大街甲 59 号文化大厦 1501 室（100872）

教师服务登记表

姓 名		□先生　□女士	职　称		
座机/手机			电子邮箱		
通讯地址			邮　编		
任教学校			所在院系		
所授课程	课程名称	现用教材名称	出版社	对象（本科生/研究生/MBA/其他）	学生人数
需要哪本教材的配套资源					
人大经管图书在线用户名					
院/系领导（签字）： 院/系办公室盖章					